U0450660

国家社会科学基金项目（批准号07BFX061）
成果鉴定等级：优秀

第一届全国法学博士后科研成果奖
专 著 类 一 等 奖

第二届中国法学优秀成果奖
专 著 类 一 等 奖

|第三版| 控辩平等论

Equality of Prosecution and Defence

冀祥德·著

当代中国出版社
Contemporary China Publishing House

图书在版编目（CIP）数据

控辩平等论 / 冀祥德著 . -- 3 版 . -- 北京：当代中国出版社，2022.10
　　ISBN 978-7-5154-1225-2

Ⅰ.①控… Ⅱ.①冀… Ⅲ.①刑事诉讼—诉讼程序—研究—中国②刑事诉讼—辩护制度—研究—中国 Ⅳ.① D925.218.04 ② D925.110.4

中国版本图书馆 CIP 数据核字（2022）第 168556 号

出 版 人	冀祥德
责任编辑	高　山　刘文科　邓颖君
责任校对	康　莹
印刷监制	刘艳平
装帧设计	乔智炜　鲁　娟
出版发行	当代中国出版社
地　　址	北京市地安门西大街旌勇里 8 号
网　　址	http://www.ddzg.net
邮政编码	100009
编 辑 部	（010）66572744
市 场 部	（010）66572281　66572157
印　　刷	北京中科印刷有限公司
开　　本	710 毫米 ×1000 毫米　1/16
印　　张	38 印张　3 插页　521 千字
版　　次	2022 年 10 月第 1 版
印　　次	2022 年 10 月第 1 次印刷
定　　价	128.00 元

版权所有，翻版必究；如有印装质量问题，请拨打（010）66572159 联系出版部调换。

作者简介

冀祥德

北京大学法学博士，中国社会科学院法学博士后，国务院政府特殊津贴专家。先后从事过警察、警校教师、律师、检察、法学教育、法学研究、地方志工作。曾任山东德扬律师事务所主任，北京市崇文区人民检察院副检察长（挂职），中国社会科学院研究生院法学系常务副主任、常务副书记、教授，中国社会科学院法学研究所所长助理、研究员、博士生导师，方志出版社社长、总编辑，中国地方志指导小组秘书长，中国地方志指导小组办公室党组书记、主任等职。曾获北京大学第六届研究生"学术十杰"、中国社会科学院首届"十大杰出法学博士后"、全国优秀教师、全国优秀辩护律师等称号。现就职于中国社会科学院，任当代中国出版社总编辑（法定代表人），当代中国音像电子出版社社长，中国社会科学院习近平新时代中国特色社会主义思想研究中心研究员，中国社会科学院法学研究所研究员、博士生导师、博士后合作导师，中国社会科学院大学法学院教授、博士生导师，澳门科技大学法学院教授、博士生导师。出版专著、教材 60 余部，发表论文和理论文章 300 余篇，提交内部研究报告 70 余份。曾获第一届全国法学博士后科研成果一等奖，第二届中国法学优秀成果一等奖，中国法学会、最高人民法院、最高人民检察院、司法部、教育部等单位优秀科研成果一、二、三等奖若干。

内容摘要

由于纠纷发生的即时性、多样性和不可避免性，导致纠纷解决的迫切性、多元性和模范性，所以，作为纠纷解决机制的诉讼程序总是先于立法程序和行政程序而发达。诉讼程序是法律程序的基础，而控辩平等则是诉讼程序的核心。这是因为，在纷繁的社会关系运行中，纠纷的发生具有必然性。在摒弃血亲私力救济的愚昧方式之后，理性人就在寻找一个中立的第三方裁断是非，于是法官就出现了，诉讼就形成了原告、被告和法官分别承担着控、辩、审职能的三角结构组合。然而，必须看到，这种显然的三方格局组合只是一种表面关系，其根本的动力机制是控辩关系中的控辩平等。因为，法官中立是一种具有当然性的要求，但法官中立的实现不是法官自己可以实现的，它需要一种保障机制，这种保障机制就是赋予控辩双方平等的诉讼地位。正是人们对法官的中立期望再加上控辩平等的保障机制，使得刑事诉讼结构的核心形成了一个"等腰三角结构"模式，而在其中，控辩平等发挥着核心作用。

刑事诉讼活动是从追求形式真实到实质真实的过程。虽然形式真实的过程不一定绝对导致裁判的正确，但却可以在防止法官滥用权力的程序范围内最大可能地保证实质真实地实现。一个公平的法律程序组织可以最大限度地增加作出公正的判决的可能性。程序正义的原则以及关于公平的法律程序的信念和这个组织在任何实际的决定中实现实质正义的可能性上所起的作用,应当由经验加以验证。正是因为控辩平等的构建使得刑事诉讼过程的程序运作成为名副其实。其逻辑关系是:在诉讼过程中,只要实现了控辩平等,就能实现法官中立;只要实现法官的中立,就能最大程度地实现裁判的公正。

人类文明前行的足音,必然呼吁人类个体自由度的提高和主体平等地位的确立。从1979年的《刑事诉讼法》到1996年的《刑事诉讼法》,控辩平等原则的基本精神在我国刑事诉讼法律规范中经历了一个从无到有、从少到多的过程。这是政治民主与市场经济的发展对尊重人权和强调人的尊严的必然要求。但是,"国际公认的原则是不得以牺牲司法公正或威胁基本人权为代价来控制犯罪或建立秩序"。以此检视我国现行刑事诉讼制度,可以发现,控辩平等原则在我国法律制度和司法实践中还只是雏形,其与国际公约和司法准则对控辩平等的要求依然存在较大差距,甚至在某些方面尚未达到控辩平等之最低标准要求。

在笔者看来,控辩平等从内在的权力(利)配置原则上要求,应当具备平等武装和平等保护,其中,平等武装所追求的是一种实质的平等,平等保护所追求的是一种形式的平等;控辩平等从外在的权力(利)行使目的上规范,应当包含平等对抗和平等合作,其中平等对抗是手段和现象,平等合作是目标和本质。笔者提出了在我国《刑事诉讼法》之再修改中,以控辩平等原则为基本原则,重构我国控辩关系的体系构想。其中,既包括对诉讼权力(利)的重新配置,又包括对诉讼制度的构建改造。

Abstract

Due to the immediacy, diversity and inevitability of disputes, dispute resolution is urgent, diverse and exemplary. Therefore, litigation procedure, as a dispute resolution mechanism, has always developed ahead of legislative procedure and administrative procedure. Litigation procedure is the foundation of legal procedure, the principle of equality of prosecution and defence is the core of litigation procedure. This is because the occurrence of disputes is inevitable in the complicated social relations. After abandoning the ignorant way of private relief of blood relatives, rational people look for a neutral third party to decide right and wrong, so the judge comes into being, and the lawsuit forms a triangular structure combination in which the plaintiff, the defendant and the judge assume the functions of procecution, defence and trial respectively. However, it should be noted that under this apparent triangle pattern, the fundamental dynamic mechanism is the equality of prosecution and defence. The reason is that the neutrality of judge is necessarily required, but the realization of judge neutrality cannot be realized by judges themselves. It needs a safeguard mechanism that endows both prosecutors and defendants with equal status. It is the people's expectation upon judges' neutrality and the safeguard mechanism for the equality of prosecution and defence make the core of criminal procedure structure an isosceles triangle model, among which the equality of prosecution and defence exerts core effect.

Criminal litigation is the process that pursues from formal truth to substantive truth. Though the process of formal trueness does not necessarily result in rightness of judge, it may prevent judges abusing authority to ensure the realization of substantive trueness as much as possible. A fair legal process organization maximizes the likelihood of a fair judgment. The principles of procedural justice and beliefs about a fair legal process and the role this organization plays in the likelihood of achieving substantive justice in any practical decision should be empirically verified. It is precisely because of the construction of the equality of prosecution and defence that the procedure operation of the criminal procedure becomes real. The logical relation is that, in the course of criminal litigation, as long as the equality of prosecution and defence is realized, the neutrality of judge can be achieved; as long as the neutrality of judge is achieved, the justice of the adjudication can be realized to the maximum extent.

The development of civilization inevitably calls for improving individual freedom and establishing subjects' equal status. From the 1979 *Criminal Procedure Law* to 1996 one, the spirit of the principle of the equality of prosecution and defence has evolved from nothing to being and from weakness to strongness, which is an inevitable requirement for the development of political democracy and market economy to respect human rights and emphasize human dignity. However, "The principle internationally acknowledged is that to control crimes or set up order shall not sacrifice judicial justness or imperil basic human right". Reviewing our existing criminal procedure system, it can be found that the principle of equality of prosecution and defence is still in rudimental stage in our legal system and judicial practice. There is still relatively big gap compared with international conventions and judicial standard rule, and in certain aspects it even can not reach the bottom standard of equality of prosecution and defence.

In the author's view, from the principle of power (or right) configuration, the equality of prosecution and defence shall include equal arm and equal protection, in which equal arm pursues a kind of substantive equality, and equal protection pursues a kind of formal equality; while from the purpose of exercise of power (or right), the equality of prosecution and defence shall include equal confrontation and equal cooperation, in which equal confrontation is the means and phenomenon, and equal cooperation is the goal and essence. The author puts forward the idea of the system that, in the process of amending the *Criminal Procedural Law* again, taking the principle of the equality of prosecution and defence as the basic principle, we shall reconstruct the relation between prosecution and defence. Among them, it includes both reconfigurating litigation power (or right) and constructing and reforming litigation systems.

目 录

序 一	1
序 二	1
序 三	1
第三版说明	1
第二版说明	1
第一章 绪 言	1
一、问题之提出	1
二、选题之意旨	5
（一）推动中国法变革之价值	6
（二）笔者学术经历与旨趣之蓄势	6
三、主要研究方法	7
（一）历史之方法	7
（二）比较之方法	7
（三）实证之方法	7
（四）分析之方法	7
（五）系统论之方法	7
四、主要研究内容	8
（一）控辩平等之本体意义	8
（二）控辩平等之理论基础	8

（三）控辩平等在域外之考察　　8
　　（四）控辩平等在中国之现状　　8
　　（五）控辩平等在中国之思考　　8
　五、小结　　9

第二章　控辩平等原则之产生与演进　　11
　一、平等权之产生与发展　　12
　二、美国宪法第十四修正案平等保护条款解读　　18
　三、控辩平等原则之产生与演进　　21
　　（一）弹劾式诉讼模式下之控辩关系　　21
　　（二）纠问式诉讼模式下之控辩关系　　24
　　（三）控辩平等原则之产生与演进　　27
　四、小结　　33

第三章　控辩平等之现代内涵　　36
　一、引子：两个判例之启示　　36
　二、平等武装　　45
　　（一）平等武装之根据　　45
　　（二）平等武装之内容　　49
　三、平等保护　　53
　　（一）平等保护之根据　　54
　　（二）平等保护之内容　　57
　四、平等对抗　　61
　　（一）平等对抗之根据　　61
　　（二）平等对抗之内容　　64
　五、平等合作　　67
　　（一）平等合作之根据　　67
　　（二）平等合作之内容　　71
　六、小结　　78

第四章　控辩平等之理论基础　　81
一、控辩平等之哲学基础　　81
　　(一)权力制衡理论　　82
　　(二)程序主体性理论　　87
二、控辩平等之价值基础　　92
　　(一)个人本位主义　　92
　　(二)实体公正原则　　95
　　(三)程序正义原则　　97
三、控辩平等之社会制度基础　　102
　　(一)人权思想入宪　　103
　　(二)人民主权原则　　107
四、控辩平等之诉讼制度基础　　109
　　(一)现代诉讼模式　　109
　　(二)无罪推定原则　　112
　　(三)沉默权制度　　116
　　(四)辩护制度　　120
　　(五)公正审判制度　　121
五、小结　　125

第五章　比较法中之控辩平等　　129
一、联合国文件和有关国际公约中关于控辩平等之规定　　129
　　(一)获得公正和公开审判之权利　　130
　　(二)获得有效辩护之权利　　132
　　(三)获得救济之权利　　136
　　(四)体现控辩平等之若干原则　　137
二、美英两国关于控辩平等之规定　　139
　　(一)美国关于控辩平等之规定　　139
　　(二)英国关于控辩平等之规定　　143
三、法国、德国及波兰三国关于控辩平等之规定　　145
　　(一)法国关于控辩平等之规定　　145

（二）德国关于控辩平等之规定 　　149
　　（三）波兰关于控辩平等之规定 　　151
　四、意日两国关于控辩平等之规定 　　155
　　（一）意大利关于控辩平等之规定 　　155
　　（二）日本关于控辩平等之规定 　　158
　五、小结 　　161

第六章　控辩平等在中国之考察　　164
　一、控辩平等之肯定 　　165
　　（一）无罪推定原则逐步确立并得以落实 　　166
　　（二）律师帮助权范围得以扩张，法律援助质量不断提高 　　169
　　（三）明确规定了辩护律师之调查取证权及阅卷权 　　175
　　（四）控方在审前对法官之影响受到规制 　　177
　　（五）强化了控辩对抗制庭审模式 　　179
　　（六）刑事裁判文书改革体现控辩平等之要求 　　183
　二、控辩平等之否定 　　184
　　（一）并未确立本原意义之无罪推定原则 　　185
　　（二）控辩双方诉讼地位不平等 　　187
　　（三）控辩双方诉讼权力（利）不平等 　　188
　　（四）被追诉人基本诉讼权利缺失 　　197
　　（五）辩护律师执业权利缺乏保障 　　200
　　（六）对强制措施缺乏监督与制约 　　204
　　（七）没有规定违反刑事诉讼程序之法律后果 　　205
　　（八）程序单方控制性明显 　　209
　三、小结 　　211

第七章　控辩平等原则下之辩护制度　　217
　一、问题之提出 　　218
　二、刑事辩护之基本属性 　　219
　　（一）刑事辩护之历史嬗变 　　220

（二）刑事辩护之基本属性　　222
　三、刑事辩护定位理论反思　　223
　　（一）刑事辩护功能定位　　223
　　（二）辩护律师角色定位　　226
　　（三）达马斯卡理论之启示　　227
　　（四）对我国刑事辩护功能与辩护律师角色之重新定位　　229
　四、控辩平等与有效辩护　　236
　　（一）有效辩护概念之提出　　237
　　（二）无效辩护制度之启示　　238
　　（三）我国律师辩护之现状调查　　239
　　（四）辩护低效之原因分析　　241
　　（五）有效辩护之制度保障　　246
　五、小结　　249

第八章　控辩平等原则下之讯问制度　　252
　一、口供特征与控辩平等之逻辑关联　　252
　　（一）口供特征　　253
　　（二）口供特征对人权保护之需求　　254
　二、讯问制度中之控辩平等规则　　255
　　（一）"不得自证其罪"原则与"沉默权"规则　　255
　　（二）权利告知原则　　258
　　（三）获得律师帮助原则　　260
　　（四）禁止刑讯原则　　262
　　（五）证据排除规则　　263
　　（六）口供补强规则　　265
　三、控辩平等原则下讯问制度之程序性保障　　266
　　（一）关于讯问之时间　　266
　　（二）关于讯问过程中之录音录像　　267
　　（三）关于讯问过程中之笔录　　268

四、口供获取与平等合作、平等保护　　268
  （一）口供获取与平等合作　　268
  （二）口供获取与平等保护　　270
五、小结　　271

第九章　控辩平等原则下之羁押制度　　273
一、几个主要法治国家之羁押制度　　273
二、控辩平等原则下的羁押制度之特点　　278
  （一）羁押目的之双重性　　278
  （二）羁押措施之独立性　　280
  （三）羁押之司法审查性　　280
  （四）羁押适用的比例性　　281
  （五）羁押场所设置之中立性　　282
  （六）羁押救济之现实性　　282
三、中国现行羁押制度探讨　　284
  （一）羁押适用目的之偏颇　　284
  （二）羁押是一种常态　　285
  （三）羁押之适用没有比例性原则　　285
  （四）羁押期限之不确定性　　285
  （五）超期羁押现象严重　　286
  （六）羁押措施之滥用　　287
  （七）羁押场所之设置违背中立性原则　　288
  （八）羁押制度救济功能之缺失　　288
  （九）羁押权力之失控　　289
  （十）羁押措施不独立　　290
四、中国控辩平等原则构建下之羁押制度　　290
  （一）构建中国未决羁押制度之基本原则　　290
  （二）中国未决羁押制度之构建模式　　293
五、建立中国特色羁押检察听证制度　　298
  （一）《羁押听证办法》之意义　　298

（二）《羁押听证办法》之不足 　　301
　　（三）《羁押听证办法》之完善 　　302
六、小结 　　304

第十章　控辩平等原则下之认罪认罚从宽制度　　307
一、问题之提出 　　308
二、认罪认罚从宽制度的建构与基本属性 　　309
　　（一）认罪认罚从宽制度的建构过程 　　310
　　（二）认罪认罚从宽制度之基本属性 　　312
三、认罪认罚从宽制度中控辩失衡问题反思 　　315
　　（一）控审权力失衡 　　316
　　（二）权利保障不足 　　318
四、控辩平等内涵视域中认罪认罚从宽制度的完善 　　321
　　（一）实现平等武装 　　321
　　（二）实现平等保护 　　324
　　（三）实现平等对抗 　　325
　　（四）实现平等合作 　　327
五、小结 　　328

第十一章　侦查程序之控辩平等　　329
一、侦查程序中控辩平等之功能 　　330
　　（一）权力抑制功能 　　330
　　（二）审判基础功能 　　331
　　（三）正当解纷功能 　　332
二、域外侦查程序中控辩平等之考察 　　333
　　（一）证据取得权平等 　　333
　　（二）违法性后果平等 　　338
　　（三）侦查权之控制 　　343
　　（四）侦查权之监督 　　349
　　（五）侦查机关义务承担 　　354

（六）被追诉人权利保护　　　　　　　　　　　　358
　三、中国侦查程序中控辩平等之构建　　　　　　　　359
　　（一）现状检视：控辩严重失衡　　　　　　　　　359
　　（二）立法瞻望：构建控辩平衡　　　　　　　　　362
　四、小结　　　　　　　　　　　　　　　　　　　　369

第十二章　起诉程序中之控辩平等　　　　　　　　　372
　一、起诉程序中控辩平等之功能　　　　　　　　　　372
　　（一）强化控辩职能功能　　　　　　　　　　　　373
　　（二）保障权力（利）平衡功能　　　　　　　　　374
　　（三）提高诉讼效率功能　　　　　　　　　　　　375
　二、起诉程序中控方权力之规制　　　　　　　　　　377
　　（一）审查起诉权之规制　　　　　　　　　　　　377
　　（二）不起诉权之扩张与制约　　　　　　　　　　388
　　（三）量刑建议权之实践　　　　　　　　　　　　397
　　（四）控辩平等下公诉方式之选择　　　　　　　　401
　三、起诉程序中辩方权利之武装　　　　　　　　　　406
　　（一）防御性权利之武装　　　　　　　　　　　　407
　　（二）救济性权利之武装　　　　　　　　　　　　411
　四、起诉程序中控辩双方关系之重构　　　　　　　　414
　　（一）建立良性之控辩沟通制度　　　　　　　　　414
　　（二）建立完善之证据开示制度　　　　　　　　　418
　　（三）建立我国之控辩协商制度　　　　　　　　　422
　五、小结　　　　　　　　　　　　　　　　　　　　423

第十三章　审判程序中之控辩平等　　　　　　　　　426
　一、审判程序中控辩平等之功能　　　　　　　　　　426
　　（一）诉讼结构优化功能　　　　　　　　　　　　426
　　（二）实体正义保障功能　　　　　　　　　　　　427
　　（三）程序正义保障功能　　　　　　　　　　　　428

（四）权力制衡功能　　428
　　（五）人权保障功能　　428
二、审判程序中之控辩平等　　429
　　（一）公正之法院　　429
　　（二）公平之审判　　434
　　（三）平等之对抗　　435
三、我国审判程序之改造　　440
　　（一）我国审判程序之检视　　440
　　（二）我国审判程序之改造　　445
四、小结　　450

第十四章　救济程序中之控辩平等　　452
一、控辩平等在救济程序中之功能　　452
　　（一）控辩平等在普通救济程序中之功能　　453
　　（二）控辩平等在非常救济程序中之功能　　453
二、救济程序中之控辩平等　　453
　　（一）普通救济程序中之控辩平等　　453
　　（二）非常救济程序中之控辩平等　　456
三、控辩平等下救济程序之改造　　458
　　（一）我国救济程序中之控辩关系检视　　458
　　（二）控辩平等下救济程序之改造　　463
四、小结　　466

第十五章　死刑复核程序中之控辩平等　　468
一、引言　　468
二、控辩平等在死刑复核程序中之功能　　469
　　（一）死刑复核程序之定位　　469
　　（二）控辩平等在死刑复核程序中之功能　　471
三、死刑复核程序中之控辩平等　　474
　　（一）死刑复核程序中之被告人　　475
　　（二）死刑复核程序中之辩护人　　477

（三）死刑复核程序中之被害人　　481
　　（四）死刑复核程序中之检察官　　483
　　（五）死刑复核程序中之法官　　486
　四、控辩平等下死刑复核程序之改造　　488
　　（一）死刑复核程序检讨　　488
　　（二）死刑复核程序改造　　489
　五、小结　　493

第十六章　从控辩关系看我国刑事诉讼制度的演进发展　　496
　一、无法可依状态下的控辩关系无序阶段　　497
　　（一）制度创设上的尝试　　497
　　（二）司法实践中的曲折与混乱　　498
　二、制度恢复重建时期的控辩关系失衡阶段　　499
　　（一）控辩关系第一次有法可依　　499
　　（二）有法可依中的控辩失衡　　500
　三、制度快速演进中的控辩关系对抗阶段　　503
　　（一）对抗式诉讼结构形成　　503
　　（二）控辩关系从非理性对抗到理性对抗　　507
　四、刑事诉讼制度完善中的控辩关系对抗兼合作阶段　　509
　　（一）控辩关系进入以对抗为主、合作为辅的阶段　　510
　　（二）控辩关系进入以合作为主、对抗为辅的阶段　　513
　五、刑事诉讼制度中控辩关系的纵横考察　　516
　　（一）世界范围内刑事诉讼制度及控辩关系的演进　　516
　　（二）我国刑事诉讼制度及控辩关系的近现代化　　523
　六、我国刑事诉讼制度及控辩关系的未来　　525
　七、小结　　529

参考文献　　533

跋　　550

Contents

Foreword I / 1

Foreword II / 1

Foreword III / 1

Instructions for the Third Edition / 1

Instructions for the Second Edition / 1

Chapter 1　Introduction / 1
  1. The Issues Raised / 1
  2. The Significance of Selection / 5
    2.1　To Promote the Reform of Legal System in China / 6
    2.2　The Author's Experience and Purport / 6
  3. Main Research Methods / 7
    3.1　The Historical Method / 7
    3.2　The Method of Comparison / 7
    3.3　The Empirical Method / 7
    3.4　The Method of Analysis / 7
    3.5　The Method of System Theory / 7
  4. Main Research Content / 8
    4.1　Ontological Significance of Equality of Prosecution and Defence / 8

4.2　The Theoretical Basis of Equality of Prosecution and Defence ／ 8

4.3　Equality of Prosecution and Defence in Other Country or District ／ 8

4.4　The Status Quo of Equality of Prosecution and Defence in China ／ 8

4.5　Reflections on Equality of Prosecution and Defence in China ／ 8

5. Summary ／ 9

Chapter 2　The Emergence and Evolution of The Principle of Equality of Prosecution and Defence ／ 11

1. The Emergence and Development of Equal Rights ／ 12
2. Interpretation of the Equal Protection Clause of the Fourteenth Amendment to the U. S. Constitution ／ 18
3. The Emergence and Evolution of the Principle of Equality of Prosecution and Defence ／ 21

　　3.1　Relation between Prosecution and Defence in The Adversarial System ／ 21

　　3.2　Relation between Prosecution and Defence in The Inquestional System ／ 24

　　3.3　The Emergence and Evolution of the Principle of Equality of Prosecution and Defence ／ 27

4. Summary ／ 33

Chapter 3　Modern Connotation of Equality of Prosecution and Defence ／ 36

1. Introduction：Revelation of Two Judical Precedents ／ 36
2. Equality of Arms ／ 45

　　2.1　Basis of Equality of Arms ／ 45

　　2.2　Contents of Equality of Arms ／ 49

3. Equality of Protection / 53
   3.1　Basis of Equality of Protection / 54
   3.2　Contents of Equality of Protection / 57
4. Equality of Confrontation / 61
   4.1　The Basis of Equality of Confrontation / 61
   4.2　The Contents of Equality of Confrontation / 64
5. Equality of Cooperation / 67
   5.1　The Basis of Equality of Cooperation / 67
   5.2　The Contents of Equality of Cooperation / 71
6. Summary / 78

Chapter 4　Theoretical Basis of Equality of Prosecution and Defence / 81

1. The Philosophical Basis of Equality of Prosecution and Defence / 81
   1.1　The Theory of Power Check and Balance / 82
   1.2　The Theory of Procedural Subjectivity / 87
2. Value Basis of Equality of Prosecution and Defence / 92
   2.1　Individual Departmentalism / 92
   2.2　The Principle of Substantive Justice / 95
   2.3　The Principle of Procedural Justness / 97
3. Social System Basis of Equality of Prosecution and Defence / 102
   3.1　Human Rights into Constitution / 103
   3.2　The Principle of People's Sovereignity / 107
4. Litigation System Basis of Equality of Prosecution and Defence / 109
   4.1　Modern Litigation Pattern / 109
   4.2　The Principle of Presumption of Innocence / 112
   4.3　System of Right to Silence / 116
   4.4　Defence System / 120

4.5　Fair Trial System ／ 121

5. Summary ／ 125

Chapter 5　Equality of Prosecution and Defence in Comparative Law ／ 129

1. Revelant Stipulation Concerning Equality of Prosecution and Defence in United Union Documents and Related International Convention ／ 129

　　1.1　Right to Obtain Fair and Open Trial ／ 130

　　1.2　Right to Obtain Effective Defence ／ 132

　　1.3　Right to Obtain Remedy ／ 136

　　1.4　Some Principles Embodying Equality of Prosecution and Defence ／ 137

2. Regulation of Equality of Prosecution and Defence in the United States and Britian ／ 139

　　2.1　Equality of Prosecution and Defence in the United States ／ 139

　　2.2　Equality of Prosecution and Defence in the Britian ／ 143

3. Regulation of Equality of Prosecution and Defence in the France, Germany and Poland ／ 145

　　3.1　Equality of Prosecution and Defence in France ／ 145

　　3.2　Equality of Prosecution and Defence in Gremany ／ 149

　　3.3　Equality of Prosecution and Defence in Poland ／ 151

4. Equality of Prosecution and Defence in Italy and Japan ／ 155

　　4.1　Equality of Prosecution and Defence in Italy ／ 155

　　4.2　Equality of Prosecution and Defence in Japan ／ 158

5. Summary ／ 161

Chapter 6　Reviewing Equality of Prosecution and Defence in China ／ 164

1. The Affirmation of Equality of Prosecution and Defence ／ 165

1.1 The Gradually Established and Implemented of the Principle of Presumption of Innocence / 166

1.2 The Expansion of the Scope of Right to Counsel and Improved Quality of Legal Aid / 169

1.3 Definitely Prescribing the Defence Lawyer's Rights to Investigate and Collect Evidence and to Access Case File / 175

1.4 Regulating the Influence on Judges Exerted by Prosecutors / 177

1.5 Intensify the Adversarial System / 179

1.6 The Judgement Reform Reflects the Equality of Prosecution and Defence / 183

2. The Negation of Equality of Prosecution and Defence / 184

2.1 The Principle of Presumption of Innocence in the Original Sense Yet Established / 185

2.2 Inequality of Litigation Status of Prosecution and Defence / 187

2.3 Inequality of Litigation Power (Right) between Prosecution and Defence / 188

2.4 Lack of the Basics Rights of the Accused / 197

2.5 Lack of Safeguard for Practice Rights of Defence Lawyers / 200

2.6 Lack of Supervision and Restriction over Compulsory Measures / 204

2.7 No Legal Aftermath of Violating Criminal Procedure / 205

2.8 Obvious Unilaterally Control over Procedure / 209

3. Summary / 211

Chapter 7 The Defence System under the Principle of Equality of Prosecution and Defence / 217

1. The Issues Raised / 218

2. Basic Attributes of Criminal Defence / 219
　2.1　The Historical Evolution of Criminal Defence / 220
　2.2　Basic Attributes of Criminal Defence / 222
3. Rethinking the Orientation of Criminal Defence in Theory / 223
　3.1　Function Orientation of Criminal Defence / 223
　3.2　Role Orientation of Defendant Lawyer / 226
　3.3　Revelation of Mirjan R. Damaška's Theory / 227
　3.4　Re-orienting Criminal Defence Function and Defendant Lawyer's Role in China / 229
4. Equality of Prosecution and Defence and Effective Defence / 236
　4.1　The Definition of Effective Defence / 237
　4.2　Revelation of Ineffective Defence System / 238
　4.3　Investigation of the Current Situation of Lawyer's Defence in China / 239
　4.4　Analysis on Reasons of Defence Inefficiency / 241
　4.5　System Safeguard for Effective Defence / 246
5. Summary / 249

Chapter 8　Interrogation System under the Principle of Equality of Prosecution and Defence / 252

1. The Logical Connection between Characteristics of Confession and Equality of Prosecution and Defence / 252
　1.1　Characteristics of Confession / 253
　1.2　The Need of the Characteristics of Confession for the Protection of Human Rights / 254
2. Equality of Prosecution and Defence in Interrogation System / 255
　2.1　The Principle of Privilege against Self-incrimination and the Principle of Right to Silence / 255
　2.2　Principle of Right Notification / 258

  2.3 Principle of Access to Counsel ／ 260
  2.4 Principles Prohibiting Interrogation by Torture ／ 262
  2.5 Rule of Evidence Exclusion ／ 263
  2.6 Rule on Corroboration in Relation to Confessions ／ 265
 3. Procedural Guarantee for Interrogation System under the Principle of Equality of Prosecution and Defence ／ 266
  3.1 On Interrogation Time ／ 266
  3.2 On Audio and Video Recording of the Interrogation Process ／ 267
  3.3 On Notes of Interrogation ／ 268
 4. Confession Obtaining and Equality of Cooperation, Equality of Protection ／ 268
  4.1 Confession Obtaining and Equality of Cooperation ／ 268
  4.2 Confession Obtaining and Equality of Protection ／ 270
 5. Summary ／ 271

Chapter 9 Detention System under the Principle of Equality of Prosecution and Defence ／ 273

 1. Detention System in Major Countries Under the Rule of Law ／ 273
 2. Features Detention System under the Principle of Equality of Prosecution and Defence ／ 278
  2.1 Duality of Detention Purpose ／ 278
  2.2 Independence of Detention Measures ／ 280
  2.3 Judicial Review of Detention ／ 280
  2.4 Proportionality of Detention Application ／ 281
  2.5 Neutrality of Setting up Detention Place ／ 282
  2.6 Actuality of Detention Remedy ／ 282
 3. Reflection of Chinese Detention System ／ 284
  3.1 The Deviation of Detention Application Purpose ／ 284
  3.2 Normality of Detention ／ 285

3.3 Lack of Proportionality Principle in Applying Detention / 285

3.4 Uncertainty of Detention Term / 285

3.5 Seriousness of Extended Detention / 286

3.6 Abusing Detention Measures / 287

3.7 Detention Place Set-up Violating Neutral Principle / 288

3.8 Absence of Remedy Function of Detention System / 288

3.9 Detention Power Out of Control / 289

3.10 Unseparated between Different Detention Measures / 290

4. Constructing the Detention System under the Principle of Equality of Prosecution and Defence / 290

4.1 Basic Principles for Constructing Pre-trial Detention System in China / 290

4.2 The Construction Model of China's Pre-trial Detention System / 293

5. Establishing a Detention Procuratorial Hearing System with Chinese Characteristics / 298

5.1 Significance of *the Measures for Detention Hearings* / 298

5.2 Deficiencies of *the Measures for Detention Hearings* / 301

5.3 Improvement of *the Measures for Detention Hearings* / 302

6. Summary / 304

Chapter 10 Leniency System under the Principle of Equality of Prosecution and Defence / 307

1. The Issues Raised / 308

2. The Construction and Basic Attributes of Leniency System / 309

2.1 The Construction Process of the Leniency System / 310

2.2 Basic Attributes of Leniency System / 312

3. Rethinking on the Imbalance of Prosecution and Defence in Leniency System / 315

    3.1 Imbalance of the Power of Prosecution and Trial / 316

    3.2 Insufficient Protection of Rights / 318

  4. Improvement of Leniency System from the Perspective of Equality of Prosecution and Defence / 321

    4.1 Accomplish the Equality of Arms / 321

    4.2 Accomplish the Equality of Protection / 324

    4.3 Accomplish the Equality of Confrontation / 325

    4.4 Accomplish the Equality of Cooperation / 327

  5. Summary / 328

Chapter 11 Equality of Prosecution and Defence in Investigative Process / 329

  1. Functions of Equality of Prosecution and Defence in Investigative Process / 330

    1.1 Power Restraint Function / 330

    1.2 Trial as Basis Function / 331

    1.3 Due Dispute Function / 332

  2. Reviewing Equality of Prosecution and Defence in Investigative Process in Comparative Study / 333

    2.1 Equality of Evidence Acquisition / 333

    2.2 Equality of Illegal Consequence / 338

    2.3 Controlling Investigative Power / 343

    2.4 Supervising Investigative Power / 349

    2.5 Duties Undertaken by Investigative Organs / 354

    2.6 Protecting Rights of the Accused / 358

  3. Constructing Equality of Prosecution and Defence in Chinese Investigative Process / 359

    3.1 Current Situation Reviewing:Imbalance between Prosecution and Defence / 359

    3.2 Legislative Prospect:Constructing Balance between Prosecution and Defence / 362

4. Summary ／ 369

Chapter 12　Equality of Prosecution and Defence in Prosecution Process ／ 372

1. Functions of Equality of Prosecution and Defence in Prosecution Process ／ 372
   1.1　The Function of Consolidating Duties of Prosecution and Defence ／ 373
   1.2　The Function of Safeguarding Power/Right Balance ／ 374
   1.3　Improving Litigation Efficiency ／ 375
2. Regulating Prosecutor Power in Prosecution Process ／ 377
   2.1　Regulating the Power of Reviewing Prosecution ／ 377
   2.2　Expansion and Restriction of Non-prosecuting Power ／ 388
   2.3　Practice of Power of Proposal Penalty Measurement ／ 397
   2.4　Choice of Prosecution Methods Under Equality of Prosecution and Defence ／ 401
3. Arms of Defensive Right in Prosecuting Process ／ 406
   3.1　Arm of Defending Rights ／ 407
   3.2　Arm of Remedy Rights ／ 411
4. Reconstructing Relation between Prosecution and Detence in Prosecuting Process ／ 414
   4.1　Constructing Beneficial Communication System of Prosecution and Defence ／ 414
   4.2　Constructing and Improving Discovery System ／ 418
   4.3　Constructing the Negotiation System of Prosecution and Defence ／ 422
5. Summary ／ 423

Chapter 13 Equality of Prosecution and Defence in Trial Stage / 426

1. Functions of Equality of Prosecution and Defence in Trial Stage / 426

    1.1 Function of Optimizing Litigation Structure / 426

    1.2 Function of Guaranteeing Substantive Justness / 427

    1.3 Function of Guaranteeing Procedural Justness / 428

    1.4 Function of Checks and Balances of Power / 428

    1.5 Function of Human Rights Protection / 428

2. Equality of Prosecution and Defence in Trial Proceedings / 429

    2.1 The Justness of Court / 429

    2.2 Fair Trial / 434

    2.3 Equality of Confrontation / 435

3. Reforming Trial Procedure in China / 440

    3.1 Reviewing Trial Procedure in China / 440

    3.2 Reforming Trial Procedure in China / 445

4. Summary / 450

Chapter 14 Equality of Prosecution and Defence in Remedy Procedure / 452

1. Functions of Equality of Prosecution and Defence in Remedy Procedure / 452

    1.1 Function of Equality of Prosecution and Defence in Ordinary Remedy Procedure / 453

    1.2 Function of Equality of Prosecution and Defence in Extraordinary Remedy Procedure / 453

2. Equality of Prosecution and Defence in Remedy Procedure / 453

    2.1 Equality of Prosecution and Defence in Ordinary Remedy Procedure / 453

    2.2 Equality of Prosecution and Defence in Extraordinary Remedy Procedure / 456

3. Reforming Remedy Procedure under Equality of Prosecution and Defence / 458

   3.1 Reviewing the Relation between Prosecution and Defence in Remedy Procedure in China / 458

   3.2 Reforming Remedy Procedure under Equality of Prosecution and Defence / 463

4. Summary / 466

Chapter 15 Equality of Prosecution and Defence in Procedure for Review of Death Sentences / 468

1. Introduction / 468

2. Functions of Equality of Prosecution and Defence in Procedure for Review of Death Sentences / 469

   2.1 Orientation of Procedure for Review of Death Sentences / 469

   2.2 Functions of Equality of Prosecution and Defence in Procedure for Review of Death Sentences / 471

3. Equality of Prosecution and Defence in Procedure for Review of Death Sentences / 474

   3.1 Defendants in Procedure for Review of Death Sentences / 475

   3.2 Defenders in Procedure for Review of Death Sentences / 477

   3.3 Victims in Procedure for Review of Death Sentences / 481

   3.4 Prosecutions in Procedure for Review of Death Sentences / 483

   3.5 Judges in Procedure for Review of Death Sentences / 486

4. Reforming Procedure for Review of Death Sentences under Equality of Prosecution and Defence / 488

   4.1 Reviewing the Procedure for Review of Death Sentences / 488

4.2 Reforming the Procedure for Review of Death Sentences / 489
5. Summary / 493

Chapter 16 Evolution and Development of China's Criminal Procedure System from the Perspective of Relation between Prosecution and Defence / 496

1. The Disorderly Stage of Relation between Prosecution and Defence in an Lawlessness State / 497
   1.1 Attempts at System Creation / 497
   1.2 The Twists and Turns in Judicial Practice / 498
2. The Stage of Imbalance between Prosecution and Defence in the Period of Restoration and Reconstruction of Institution / 499
   2.1 There being a Legal Basis for the Relation between Prosecution and Defence for the First Time / 499
   2.2 Imbalance between Prosecution and Defence in the Legal Basis / 500
3. The Stage of Confrontation between Prosecution and the Defence in Rapid Evolution of the System / 503
   3.1 Formation of the Adversarial Litigation Structure / 503
   3.2 From Irrational Confrontation to Rational Confrontation in Relation between Prosecution and Defence / 507
4. The Stage of Confrontation and Cooperation between Prosecution and Defence in the Improvement of Criminal Procedure System / 509
   4.1 The Relation between Prosecution and Defence Entering a Stage of Confrontation and Cooperation as a Supplement / 510
   4.2 The Relation between Prosecution and Defence Entering a Stage of Cooperation and Confrontation as a Supplement / 513

5. A Vertical and Horizontal Investigation of the Relation between Prosecution and Defence in Criminal Procedure System ／ 516
   5.1 The Evolution of Criminal Procedure System and the Relation between Prosecution and Defence Worldwide ／ 516
   5.2 The Modernization of China's Criminal Procedure System and the Relation between Prosecution and Defence ／ 523
6. The Future of China's Criminal Procedure System and the Relation between Prosecution and Defence ／ 525
7. Summary ／ 529

Reference ／ 533

Epilogue ／ 550

序 一

陈卫东[*]

初识本书的作者祥德教授,应当是1998年8月中国法学会刑事诉讼法专业委员会在山东召开的题为"刑事诉讼法修改实施一周年研讨会"。作为律师界的唯一代表,他语出惊人地"抛出"了刑事诉讼法再修改后"刑事辩护三难说(会见难、阅卷难、调查取证难)"。其敏锐的视角和犀利的见解,充分展现出了一位学者型律师的风采,给我留下了深刻的印象。

2001年11月,在我组织召开的"刑事辩护与司法公正国际学术研讨会"上,他又提出了"刑事辩护木桶说",认为刑事法治是社会法治"木桶"中最短的一块木板,而刑事辩护则是刑事法治"木桶"中最短的一块木板。其后,至少是在每年一度的诉讼法年会的交流中,经常听到他独具匠心又切中司法现实的精彩发言,如"公、检、法、律车轮说""刑事辩护准入制度说"等。他追求学术研究服务于国家法治建设与社会进步的学术立场和勤奋、刻苦、求是的治学态度以及坦诚、友善、表里如一的为人处世,让

---

[*] 中国刑事诉讼法学研究会常务副会长,中国人民大学法学院教授、博士生导师。

我们逐渐熟悉起来,成为亦师亦友的关系。

后来,在他的博士后出站报告答辩会上,我作为答辩委员会主席,目睹了他扎实的学术功底、宽广的法学知识、丰富的法律实务经验、敏捷的反应和精彩的答辩,认为这个北京大学的研究生"学术十杰"果然名不虚传。

在我国即将批准加入《公民权利与政治权利国际公约》及刑事诉讼法再修改争论正酣之际,我很高兴地看到了一部既放眼于世界法治发展、又立足于中国社会现实的刑事诉讼法学力作——《控辩平等论》。通读该专著,我认为,至少有如下三方面的突出学术贡献和理论及应用价值:

第一,该选题切中了我国刑事司法体制改革及刑事诉讼法修改的关键,既具有理论上的前沿性,又有实践上的应用性。控辩平等是世界人权研究和刑事法治发展的一个十分重要的课题。两大法系尽管对控辩平等有着不同的诠释和制度构建,但是,几乎所有的法治发达国家都在各国的刑事诉讼法典中规定了控辩平等的基本内容。我国1996年修改后的刑事诉讼法,虽然在人权保护方面迈出了很大的一步,但是,距离本义上的控辩平等尚有较大的差距。

在不少人看来,"犯罪分子只有老老实实,低头认罪",怎么能说控辩平等呢?刑事诉讼法再修改的时间之所以一拖再拖,个中缘由主要就是控辩双方权利与义务的配置。怎样认识控辩平等?控辩应否平等?中国的控辩双方如何平等?这些问题都是刑事诉讼法再修改必须解决的重大理论和现实问题。《控辩平等论》专著的出版,正是在这样一个紧迫形势之下的"雪中送炭。"

第二,该研究成果作为国内外研究控辩平等的第一部学术专著,填补了世界刑事诉讼法学研究领域的一项空白,不仅突破了诉讼法学界控辩平等主要是"平等武装"传统学说,提出了"平等保护"和"平等合作"的新的学说,对于控辩平等基础理论研究取得了突破性的进展;而且提出了"在构建和谐社会的语境之下,世界刑事诉讼发展中关于控辩平等的内涵已经有了崭新的内容","平等武装、平等保护、平等对抗、平等合作之间,相辅相成,共生共长,密切联系,缺一不可,共同构成了控辩平等理论的现代内涵——以消解国家和个人的纠纷为总目标,以控制犯罪和保障人权为基本目的,控辩双方在平等武装与平等保护的前提之下,在平等的对抗与合作之中,和谐发展","控辩平等从内在的权力(利)配置原则上要求,应当具备平等武装和平等保护,其中,平等武装所追求的是一种实质的平等,平等保护所追求的是一种形式的平等;控辩平等从外在的权力(利)行使目的上规范,应当包含平等对抗和平等合作,其中平等对抗是手段和现象,平等合作是目标和本质",通过新的系统论证,丰富和发展控辩平等的理论学说,对于指导刑事司法体制的改革和司法权的合理配置有着重大的指导意义和推动作用。

第三,该研究成果具有重大的应用价值。时下,我国刑事诉讼法的修改正在如火如荼地讨论之中。围绕控制犯罪与保障人权、公正与效率的主题,如何在构建和谐社会的背景之下,科学配置控辩双方的权力(利),构设控辩双方的义务,建立符合现代社会主义法治理念的控辩关系,成为本次修法的重点与争点。这是因为,一方面,面对形形色色的刑事案件,在犯罪率不断上升的情况下,必须进一步提高国家控制犯罪的能力;另一方面,1996年《刑事诉讼法》修改后,刑事辩护率与辩护质量降低的现实,使得辩护权扩张的呼声越来越高。如何走出这些困境是每一个司法改革者所不得不面临的现实问题,而现有的一些改革措施往往顾此失彼。该研究成果提出的中国控辩平等制度的构建为上述问题的解决给出了一个令人信服的答案。避免了学者学术研究的"自娱自乐",该研究成果对我国正在进行的司法制度改革具有很强的应用性。同时,该研究成果没有采取"就事论事"式的研究,而是提出并系统论证了构建中国控辩平等制度的刑事司法改革设想及相关配套制度研究。在对中国文化背景、司法情状与诉讼制度等审慎考察之后,即从应然的视野系统地阐论了中国建立控辩平等制度具有之该当性,又从实然的视域理性地解读了在中国目前之司法体制下尚存之障碍性因素。

该研究成果对于提出的中国控辩平等制度的构建,当须实现中国公众之契约观念及刑事价值理念,侦查权、检察权、审判权、辩护权之模式,被告人、被害人之刑事诉讼地位,证据开示、沉默权等刑事诉讼制度等观念、权力(利)、制度的多维改造,进行了缜密而又系统的论证,并论述了诉权理论在中国刑事诉讼中之成功导入对于构建控辩平等制度的重要意义。

据我所知,该专著的部分研究成果公开发表后,在法学学术界和实务界引起了很大反响,有关报纸、期刊、网站大量转载。在刑事诉讼法修改讨论中,虽然对于他提出的将控辩平等作为一项基本原则规定在总则中尚存争议,但是,立法机关已经在考虑在有关具体条款修改中体现控辩平等原则的精神。我认为,该专著作为首次提出构建我国控辩平等制度的专题研究,直接切中了我国目前刑事司法改革之要害,必将会对我国刑事司法制度的变革和刑事诉讼理念的转变,带来突破性的理论研究与实践应用价值。

2008 年 5 月 28 日

序 二

王敏远*

呈现在读者面前的这本专著是祥德博士独立承担的国家社会科学基金项目成果,也是其在博士后研究报告基础之上对控辩平等问题的深化研究。作为祥德的博士后合作导师,我既目睹感受了他勤奋刻苦、务实创新的学术态度,又熟悉了解了他正直友善、表里如一的为人处世。祥德来法学所的时间虽不长,但却是学术研究和行政管理"双肩挑"的重量级人物。他不仅作为诉讼法室的研究员在学术研究方面扎扎实实、成绩斐然,而且作为法学系的常务副主任在行政管理工作中兢兢业业、无私奉献。祥德到法学所不到四年的时间,已经出版了三部个人专著,在法学核心期刊上发表了二十多篇文章。欣闻其新作《控辩平等论》又将出版,嘱我作序,十分高兴。我认为,控辩平等是刑事诉讼中人权保护的重大课题,是国内外刑事诉讼法学研究的一个重要问题。当前,我国正处在修改刑事诉讼法的关键时期,以辩护制度改革为主要内容的控辩双方权力(利)与义务关系的重构,被认为是修改刑事

---

* 中国刑事诉讼法学研究会副会长,浙江大学光华法学院教授、博士生导师。

诉讼法的重点和难点问题。在这种背景下研究控辩平等问题，不仅对于我国刑事诉讼基础理论研究具有极为重要的推动作用，而且对于我国刑事诉讼立法等实务具有显著的积极意义。从法治发展规律的角度来看，人权保障由低到高、由弱到强的趋势，保障被追诉人的权利越来越引起国际社会和法治国家的重视的趋势，均要求刑事诉讼中建立并发展控辩平等。可以说，控辩平等原则的确立和发展，关系着现代法治的进程，是现代诉讼法治的重要标志之一。

关于控辩平等问题，从国内学术界现有的研究成果来看，尚无研究性专著对此予以关注，零星的数篇论文，主要局限于比较研究的层面上，从国外的成功做法对比我国立法与司法实务的缺陷，并提出有关的对策。就此而言，与国外有关研究的思路相比，国内有关控辩平等问题的研究范围有待拓展，研究深度有待挖掘，尤其是需要将这一问题与刑事诉讼的本质、刑事诉讼的规律、刑事诉讼的有关基础理论以及我国的社会现实紧密联系，以对控辩平等原则的现代内涵作出实质性贡献。祥德对于本课题研究的创新意义即在于此。

《控辩平等论》作为国内外学术界控辩平等研究的首部学术专著，运用了比较分析、实证分析和规范分析的方法，本着发现问题、分析问题和解决问题的思路，将研究基本立场确定为立足于中国法变革之实际，其一为当下之刑事诉讼法再修改之现实，其二为长远之刑事司法法治化之需求，应予以充分肯定。

我认为，《控辩平等论》的学术价值和社会价值主要体现在：

第一，重新解读了控辩平等的现代内涵，丰富和发展了控辩平等的理论学说。作者研究认为：在构建和谐社会的背景下，应当重新解读控辩平等的内涵，并赋予其新的含义。他提出，现代意义上的控辩平等，不仅具有此前研究者认识之平等武装与平等对抗之内容，而且应当具有平等保护与平等合作之发展。控辩平等从内在的权力(利)配置原则上要求，应当具备平等武装和平等保护，其中，平等武装所追求的是一种实质的平等，平等保护所追求的是一种形式的平等;控辩平等从外在的权力(利)行使目的上规范,应当包含平等对抗和平等合作,其中平等对抗是手段和现象,平等合作是目标和本质。平等武装、平等保护、平等对抗、平等合作,共同构成了控辩平等理论的现代内涵——以消解国家和个人的纠纷为总目标,以控制犯罪和保障人权为基本目的,以实体正义和程序正义为根本要求,以被追诉人受到公正审判为核心,以赋予被追诉人沉默权、辩护权、知情权、上诉权等防御性权利为手段,以确立不得强迫自证其罪原则、无罪推定原则、程序法定原则、禁止双重危险原则、非法证据排除原则为保障,使控辩双方在平等武装与平等保护的基础上,以平等对抗与平等合作的方式参与刑事诉讼。这一研究成果不仅是对我国刑事诉讼理论的重大贡献,也是对国际刑事诉讼理论的重大突破。

第二,厘清了控辩平等与刑事诉讼本质及其基础理论的关系,提出建立合理的刑事诉讼权力结构,对解决刑事诉讼中控辩平等的理论和现实问题具有重大推动作用。刑事诉讼的本质决定了设立控辩平等原则的必要性,而刑事诉讼基础理论则是控辩平等的理论基础。研究成果指出:对刑事诉讼本质的认知不足是侵犯被追诉人权利现象屡禁不止,从而导致控辩失衡的根本原因;刑事诉讼基础理论的研究不足及其在实务中受到忽略,是控辩平等得不到充分重视的重要原因。因此,在该问题的研究中,权力制衡、程序正义、无罪推定等基本原则在构建我国控辩平等原则的背景之下再次受到青睐。同时,研究成果认为:从结构决定功能的理论出发,没有权力制衡的科学合理的结构,就不会有刑事诉讼场域的各个权力的最佳功能的发挥;科学的诉讼权力结构,一方面是诉讼场域中的各个权力都是具有合法性和正当性的权力;另一方面是诉讼场域中的权力的制约和平衡。基于此,研究成果提出,我国的刑事诉讼场域必须纳入新的权力与权利因素,以实现刑事诉讼中国家权力和个人权利的平衡。

第三,建议尽快完善被追诉人的辩护权,理性扩张与规制侦诉机关的控权,实现二者在诉讼形态下的应有平衡。作者研究认为:被追诉人辩护权脆弱是我国目前面临的现实,也是控辩失衡的主要体现。不仅被追诉人本身辩护权之行使受到限制并缺乏通常的救济措施,而且辩护律师的法律地位、帮助辩护的效果等缺乏必要的保障。为了加强被追诉人的辩护权,不但需要完善相关的法律规范,而且更需要转变人们对律师辩护的观念。此外,加强辩护权并非仅限于简单的法律条文的增补,还需要具体而且完备的配套措施予以实现。作者针对目前立法、司法实务中存在的实际困难以及理论研究面对实务时的脱节与困惑,对于如何加强被追诉人的辩护权作出了详尽的分析,并提出了具体的让人信服的解决方案。同时,作者研究认为,应当理性扩张与规制侦查机关和起诉机关作为控方的控告权,如量刑建议权、暂缓起诉权、不起诉权的建立与完善等。在构建和谐社会的背景之下,控辩双方首先应当在平等保护的基础上平等合作,如果合作不成,则在平等武装的基础上平等对抗。

第四,主张培养执法者正确的司法理念与适格的职业素养,研究决策者与社会公众在控辩平等原则构建方面的互动机制。作者研究认为:权力的制衡需要的是一个完整的闭环监督系统,而当下我国刑事诉讼场域中对公权力的监督却是一个典型的开环结构。当然,一部刑事诉讼法无论制定得是如何精妙绝伦,但如果没有执法者正确的司法理念与适格的职业素养,那么只能造成理论的精妙衣装和实践的低劣皮囊之间严重脱节的现象。这也是 1996 年修订的《刑事诉讼法》实施后,人权保障问题颇多,刑事辩护走向低迷,控辩关系恶化的重要原因之一。还必须看到,中国法治的理念最终确定和被人民所信仰需要的还有时间,没有时间这种上帝的事业的保证,我们的社会注定是一时难以形成和确立法治思维和司法理念的。为此,作者主张培养执法者正确的司法理念与适格的职业素养。作者提出了在我国刑事诉讼法之再修改中,以控辩平等原则为基本原则,重构我国控辩关系的体系构想。其中,既包括对我国诉讼权力(利)的重新配置,又包括对诉讼制度的构建改造。这种系统论的研究问题方法是科学的、完善的,也是现实的、功利的。

除此之外,《控辩平等论》在研究的系统性上,阐述全面、精当,知识结构系统完整;在研究的可靠性上,所提出创建的理论学说前提科学、概念明确、逻辑严密、资料准确充分;在研究的规范性上,引证中规中矩,所有引用资料、观点来源清楚;在研究的语言性上,文笔优美、行文流畅、结构科学、逻辑性强。总之,是一项优秀的研究成果。期待该成果为刑事诉讼法学的理论研究和《刑事诉讼法》再修改以及司法实践活动,起到应有的指导和推动作用。

是为序。

王敏远

2008年5月25日

序 三

谢佑平*

多年来,我国学界对控辩平等的认识大多还仅仅停留在一种"理念"的层面,而冀祥德教授洋洋四十余万言的专著《控辩平等论》则将这一问题的研究推上了一个崭新的形成完整学科体系的高度。冀教授学识渊博且司法实践经验丰富,作为我国杰出的刑事辩护律师,他对控辩平等的重要性自然具有一般学者所难以企及的深刻体认。

全书字里行间,无不洋溢着作者现作为唯一国家级研究机构的研究人员经过深思熟虑之后得出的一系列真知灼见,以及对于推进我国刑事法治文明进程的强烈责任感。

学术研究的创新主要有三种,一为新观点,二为新表述,三为新材料,上述三者居其一,即属学术创新。《控辩平等论》一书则是三者兼而有之,实可谓难能可贵。

众所周知,西方各法治发达国家多年来一直被当作我国法治建设的灵感来源,但是,当我们在大量引进西方一系列先进理念或制度的时候,如果不

---

* 中国刑事诉讼法学研究会副会长,湖南大学法学院教授、博士生导师。

能准确把握其本质,则很容易落入邯郸学步的尴尬境地。《控辩平等论》始终坚持透过现象看本质的研究思路,从而得以避免当前学术界流行的照猫画虎式的"引介性"研究套路,既不乏理论深度,又切合我国刑事司法改革的现实需要。

通读全书不难看出,作者在对各国具体制度进行了一番深入的比较研究之后,并没有在这些各具特色的规则体系当中迷失方向,而是敏锐地发现,无论控辩双方的权力(利)如何配置,其核心精神均是为了实现双方的平等对抗和平等合作。换言之,目的是相同的,但方法却有多种,至于选择哪一种,则要根据各国的具体国情加以选择。这一思路在本书接下来针对我国辩护制度、讯问制度、羁押制度以及侦查程序、起诉程序、审判程序、救济程序、死刑复核程序的分析当中,始终得到了较好的贯彻。这使得作者在各个具体制度和程序的研究上,也都得出了令人信服且富有实际应用价值的结论。

本书第二个创新之处,体现在对一些学界长期关注的热点问题,采取了全新的表述方式,读来令人耳目一新,颇受启发。实际上,表述方式的转变并不仅仅是换一个说法那样简单,在同一个问题上,新的表述方式之提出,往往是以新视角的运用为前提的。而且新的表述方式往往又会让我们发现很多以往被忽略的问题。

比如,关于平等武装与平等保护作为控辩平等原则的内涵,究竟二者之间有何区别,它们的关系如何,学界一直没有形成一个统一的认识。而本书作者对这一问题的论述,则恰恰是从二者关系的角度出发,作出了一番新的解读。作者指出,平等武装所追求的是一种实质的平等,平等保护所追求的是一种形式的平等。其中,形式的平等指的是每个人均应受到同等的对待,是一种最基本层次的平等。而实质的平等则是建立在差别对待基础上的平等。法律面前人人平等是形式平等和实质平等的统一。

在刑事诉讼中对平等的实质和形式加以明确界定尤为必要,盖刑事诉讼中控辩双方主体间的实力高下之悬殊,庶几乃为各个领域之最。在此,若仅仅满足于维持一种形式上的平等,无异于掩耳盗铃,根本不可能实现平等对抗和平等合作之目的。只有在具体制度设计当中,向辩方作出相当程度的倾斜,矫枉过正之后,方可实现实质意义上的控辩平等。这就要求我们在立法和司法过程中,对辩方提供更多有实质意义的帮助。

近些年,基于一种对当事人主义诉讼模式的肤浅认识,无论是学界还是实务界,主流观点都认为,应当大力削弱司法机关的职权色彩,由控辩双方当事人主导诉讼进程。这固然是一个美好的愿望,但是,在达成这一愿望的过程中,我们所提出的一系列改革方案却屡屡受挫。究其原因,非常重要的一点便是,没有清楚认识到形式平等和实质平等之间的区别。比如,1996年修订《刑事诉讼法》对庭审方式加以调整,扩大了控辩双方对法庭审判的参与程度。这原本是为了更好地查明案件事实,并提高法庭审判之效率。但是十余年来的运作状况却表明,上述目标在很大程度上是落空了,被告人在刑事诉讼中的地位不仅没有多少实质上的提高,反倒在很多方面有所下降,其原因究竟何在?冀祥德教授的著作为我们提供了一种很有说服力的解答,那就是,庭审方式上的些许调整仅仅是在形式平等方面的努力,这种努力如果没有实质平等方面的支撑,注定只能是"竹篮打水一场空"。试想,当辩方在阅卷权、取证权、会见权等方面都没有获得足够保障的情况下,却要与控方进行平等协商合作,这不是在"痴人说梦",又是什么呢?更不用说平等对抗了。

本书在材料运用方面亦是可圈可点,实现了在使用新材料上的学术创新。这一点从书后所列参考文献之翔实程度即可窥见。

2008年5月29日

第三版说明

《控辩平等论》于2008年在法律出版社初次出版,于2018年第二次出版,此次系第三次出版。本书作为国内外专题研究控辩平等理论的第一部学术专著,首次对控辩平等体系化理论以及构建我国控辩平等制度进行专题研究。本书运用比较分析、实证分析和规范分析的方法,在着力挖掘与重塑控辩平等的理论基础和产生、演进过程的基础上,实现对新时代语境下对控辩平等内涵与外延的全方位、深层次突破性研究,力求以控辩关系为分析框架对世界以及我国刑事诉讼发展脉络进行提炼总结,对我国刑事诉讼立法与实践的基本问题进行分析解决。《控辩平等论》一书自第一版出版以来,即在法学界、法律界引起强烈反响,成为专家学者和实务部门司法人员以及法科研究生极为关注的一部理论著作。

《控辩平等论》2018年5月再版以来,刑事诉讼法理论和我国刑事司法体制改革又呈现出新发展。2018年10月,《刑事诉讼法》进行的第三次修改,将认罪认罚从宽制度、速裁程序载入《刑事诉讼法》,向笔者倡导多年的"简者更简,繁者更繁"刑事诉讼程序改革方向迈出了实质性的一步,在解决"坦白从宽、牢底坐穿,抗拒从严、回家过年"的历史性问题上有了重大突破;将缺席审判制度进行单章规定,对严厉打击惩处贪腐、恐怖主义等犯罪具有重大意义;将值班律师制度载入《刑事诉讼法》,进一步加强了我国人权司法保障。2019 年,最高人民法院、最高人民检察院、公安部、国家安全部、司法部《关于适用认罪认罚从宽制度的指导意见》的颁布,回应了认罪认罚从宽制度全面实施以来理论界和实务界出现的若干争议问题,为准确及时惩罚犯罪、强化人权司法保障、推动案件繁简分流、节约司法资源奠定制度基础。2020 年,最高人民检察院、公安部、国家安全部颁发《关于重大案件侦查终结前开展讯问合法性核查工作若干问题的意见》,为防止刑讯逼供等非法讯问行为,保障侦查讯问行为规范进行提供了制度规范。2021 年 3 月 1 日,《最高人民法院关于适用〈中华人民共和国刑事诉讼法〉的解释》(以下简称《最高法司法解释》)的施行,加强了坚持以人民为中心,强化人权司法保障的司法理念,强调要坚持以审判为中心,有效维护司法公正,进一步推动了不同诉讼阶段控辩平等原则的构建。2021 年 4 月 8 日,最高人民检察院《人民检察院羁押听证办法》颁行,通过听证审查活动规范羁押行为,深化落实了"少捕慎押慎诉"的刑事政策。2022 年 1 月 1 日,《法律援助法》实施,总结、吸收了新中国成立以来在法律援助制度构建中的成果和经验教训,成为中国特色社会主义法律体系的重要组成部分,标志着具有中国特色的法律援助制度已经初步形成。虽然,上述若干法律规范的调整以及刑事诉讼制度改革基本均在本书研究成果理论预设之中,在一定程度上证明了本书的理论与实践价值,但是,仍然有一些新问题值得关注,有一些新情况值得思考,有一些新观念值得研究。

《控辩平等论》第三版在修订时充分考虑了专家及读者意见,对著作内容进行了全面系统的修改完善。本次修订的重点主要在以下三个方面:一是以习近平法治思想为统领,充分体现党的十八大以来中央全面依法治国的精神和要求,结合本书第二版以来我国以及域外刑事诉讼立法与司法实践中出现的新内容、新问题、新情形,对相应法律条款及判例等进行了研究更新,并以此为基础对相应内容沿着控辩关系的研究脉络进行深入分析;二是增加了"控辩平等原则下之认罪认罚从宽制度""从控辩关系看我国刑事诉讼制度的演进发展"两章内容;三是对本书第二版中的文字、注释、参考文献等进行了必要修改。

本书第二版修订时,我的博士研究生张奇、任蕾等做了大量的工作。本版修订过程中,我的博士研究生李敏、刘沛宏、刘潇雨,硕士研究生张博雯、刘泽浩等帮助收集整理有关资料、补充核对最新法律法规条文。刘晨琦博士帮助补充翻译本书英文目录。我对他们表示感谢。因水平所限,本次修订仍有不足乃至失误之处,恳请读者包涵,并能一如既往地提出宝贵意见。

2022年10月

第二版说明

承蒙法律出版社的大力支持,《控辩平等论》一书于2008年得以出版。本书作为国内外专题研究控辩平等理论的第一部学术专著,自出版以来,引起诸多专家学者以及广大读者的注意与喜爱,并多次获得法学界、法律界的大奖,诸如2009年"第三届全国法学教材与科研成果奖"二等奖、2011年"第二届中国法学优秀成果奖"一等奖、2013年"第一届法学博士后科研成果奖"一等奖。

尽管笔者在创作本书之时也曾"披阅十载,增删五次",着力在重塑平等武装概念基础上,实现在新时代语境下对控辩平等内涵与外延的全方位、深层次突破性研究,力求以控辩关系为分析框架对世界以及我国刑事诉讼发展脉络进行提炼总结,对我国刑事诉讼立法与实践的基本问题进行分析解决,编辑在审读、出版等工作上亦颇费苦工,但是由于时间紧迫、精力有限等原因,本书也难免存在一些不足之处。同时,本书初版付梓以来已经十年,世界主要国家的刑事诉讼立法以及司法实践中都出现了一些新情况,尤其是我国,2012年以"尊重和保障人权"为基本理念对《刑事诉讼法》进行了第二次修改,我国《律师法》等法律、相关立法解释与司法解释以及相应的配套规定也在此后不断得以颁行与实施,我国刑事诉讼立法与司法在实现控辩平等、保障人权等方面取得了较大发展。虽然这些进步的实现以及我国目前正在进行的刑事诉讼制度改革并未超越本书控辩平等研究的理论语境,而且证明了本书对控辩平等的研究价值,但是,仍然有一些新问题值得关注,一些新情况值得思考,一些新观念值得研究。另外,本书已售罄,近期不断有读者申请购买,法律出版社的编辑老师也多次嘱我修订再版,有鉴于此,笔者决定对本书进行全面修订,以飨读者,以利法治中国的建设。

本次修订时参考了专家及读者意见,笔者对本书内容进行了全面审视与修改完善。修订的重点主要在以下三个方面:一是根据本书付梓以来我国以及域外刑事诉讼立法与司法实践中出现的新内容、新问题、新情形,对相应法律条款及判例等进行了研究更新,并以此为基础对相应内容沿着控辩关系的研究脉络进行深入分析;二是吸收近十年来我国以及世界诸国刑事诉讼基础理论发展,尤其是关系控辩平等研究的最新研究成果,结合近些年笔者对中国刑事诉讼实践的观察以及该问题的进一步思考研究,对笔者在书中的研究结论革新与完善;三是对书中一些原有的文字的注释、参考文献、笔误抑或出版错误等进行修改。

因水平所限,本次修订工作难免会有不足乃至失误之处,难免挂一漏万,恳请读者包涵,并能一如既往地提出宝贵意见,使本书通过不断打磨,臻于完善。

2018年2月

法治国不仅是一个政治概念,而且也是一个文化概念。它意味着要保护与秩序相对应的自由,与理智相对应的生命,与规则性相对应的偶然性,与计划框架相对应的充实过程。简言之,它保护那些属于目的和价值的东西,而与此相对应的,则仅仅是符合目的具有价值的东西。

法在极端对立的紧张之间保持平衡,这种平衡是交易的,经常遭受威胁而又总是被重新创造的。

——[德]古斯塔夫·拉德布鲁赫

第一章 绪 言

一、问题之提出

因刑事司法运作的失误致使无罪的人被错误追究刑事责任,是任何一种刑事司法制度和诉讼模式都难以绝对避免的。正因如此,长期以来人们似乎习惯了接受司法机关办理的错案,甚至乐于相信这只是个别司法人员的"一时疏忽",是"偶然中之偶然"。但是,从媒体竞相披露的河南胥敬祥案到湖北的佘祥林案①以及此前云南的杜培武案件,以及

---

① 笔者注意到,佘祥林等案均发生在 20 多年以前,这些冤案的发生与当时的司法制度是有紧密联系的——刑事司法的重刑倾向十分明显,强调诉讼的打击犯罪功能和社会秩序的稳定,严重忽视了法律的人权保障功能。一是指导刑事诉讼的基本原则是有罪推定。案件发生以后,侦查机关往往以猜定等方式确定犯罪嫌疑人,然后奉行有罪推定的观念对犯罪嫌疑人进行严酷的审讯和诱供,犯罪嫌疑人没有申辩的机会和可能,甚至"坦白从宽,抗拒从严"的刑事政策也容易使得他们的申辩招致更大的灾祸。二是刑事审判过于依赖口供。当时的刑事诉讼法关注更多的是证据的证明力,对于证据能力尤其是合法性问题没有给予足够的重视。裁判结果对于口供的依赖使得办案人员致力于获取犯罪嫌疑人的供述,甚至可以不择手段。三是公、检、法三机关配合有余、制约不足。诉讼模式是流水作业式的,公、检、法机关可以经常联合办案。案件从侦查、起诉到审判,几乎每个环节都可以违反法律的严格规定,甚至可以从根本上背离司法公正和独立的基本原则。在这样的背景下,个人的权利变得微不足道,刑事辩护几乎没有存在的空间。四是"民愤""秩序"使诉讼失去了正义和理性。案件发生以后,公安机关都

呼格吉勒图案、聂树斌案等一系列冤案,事实的真相让我们大吃一惊:我们看到了错案的缘起绝非办案人员的疏忽,更不是偶然中的偶然,而是权利在被肆意侵犯,司法权力被随意滥用,法定程序被置之不顾。

从某种意义上讲,佘祥林等人可以说是幸运的,毕竟他们有了最终得以昭雪的机会。但是,我们可以肯定地说,仍然存在尚未被发现的冤假错案,对于那些无辜的人,我们又能做些什么呢?

刑事司法不仅是实现国家政治统治、进行社会治理的工具,而且也应当成为公民防范司法擅断、保障个人自由的武器。作为一种社会控制的手段,刑事司法过程本身应当是合法的、规范的,它不仅受到实体法的规制,而且还必须接受程序法和证据法的制约。

《中共中央关于党的百年奋斗重大成就和历史经验的决议》指出,要"努力让人民群众在每一项法律制度、每一项执法决定、每一宗司法案件中都感受到公平正义"。这一目标的实现殊为不易,我们必须用制度来保证所有判决的慎重与公正。对于刑事司法而言,讯问制度、辩护制度、证人出庭制度、非法证据排除制度、羁押制度、上诉制度、死刑复核制度等,既有实体法层面上的,又有程序法意义上的。另外,笔者还想提醒的是,制度存在的根本性缺失固然是错案发生的至关重要之因素,但是,退一步思考,即使立法已臻法治,制度已成完善,错案就会从此不再发生吗?试想,给赵高一副手铐,给高俅一把法槌,能希冀他抓的是真凶,判的是坏人吗?错案的发生,也许并不仅仅是制度之缺失,司法实务中到底是一些什么的样人在办案?这个问题也必须引起我们的重视。①

有着迅速侦破案件以平民愤的压力,必须给案件一个确定的结果才能尽快地恢复被"破坏"的社会秩序,但法律制度并未提供一个合法的疑案处理方式。因而,犯罪嫌疑人一旦进入侦查程序就很难再脱离出去,即使是在证据不足的情况下,公安机关都不敢冒着放纵犯罪的压力撤销案件。在这种情况下,超期羁押、刑讯逼供等侵犯被追诉人权利现象的出现便成为不可避免。

① 多年前,笔者就发现,在山东省某历史文化名城中发生的一起普通刑事案件,竟然同时存在如下发人深省之问题:(1)辩护人使用手铐。该市看守所有一个多年来不成文的惯例:律师会见委托自己的当事人时,必须携带手铐,并在会见过程中,将当事人拷住,以防止其逃跑。公安、检察人员甚至审判人员提审时,对被追诉人使用手铐尚情有可原,虽然也当受审判人员司法中立之质疑,但是,让辩护律师使用手铐却有违武器警械使用

当然我们的反思不能仅止于此,这些不断重复的悲剧个案告诉

条例之规定,更何况,辩护人对自己的当事人使用手铐,背离了辩护立场,履行的是与辩护职能格格不入的控诉职能。(2)检察人员不知道最高人民检察院之规定。该案辩护律师依法会见犯罪嫌疑人时,侦查人员先是以"开会"等理由拒绝安排,后又责令辩护律师不得询问案情。辩护律师提出,根据我国《刑事诉讼法》的规定律师可以会见在押的犯罪嫌疑人,向犯罪嫌疑人了解有关案件情况。侦查人员回答说:"了解案件的有关情况就是了解犯罪嫌疑人涉嫌的罪名,以及何时被拘留、何时被逮捕等情况,不包括案情。"辩护律师问:"如此解释岂不是与《刑事诉讼法》规定受委托的律师有权向侦查机关了解犯罪嫌疑人涉嫌的罪名重复了吗?犯罪嫌疑人被拘留、逮捕的情况,《刑事诉讼法》规定必须在24小时内以通知书形式通知犯罪嫌疑人的近亲属,与你们作如此解释不是矛盾了吗?"侦查人员又说:"我们是根据最高人民检察院的规定来执行的。"辩护律师问:"2003年12月30日。最高人民检察通过了《关于人民检察院保障律师在刑事诉讼中依法执业的规定》,其第6条明确规定辩护律师会见犯罪嫌疑人时可以了解有关案件情况,包括'犯罪嫌疑人关于案件事实和情节的陈述'等7方面内容,你们是否执行?"侦查人员竟回答说不知道此规定,并称该部门多少年来没有同意过律师在侦查阶段询问案情。(3)侦查人员不懂侦查辨认规则。该案系校长、会计、出纳三人均涉嫌犯罪,犯罪嫌疑人之间利害关系明显。在案件关键证据票据的辨认中,侦查人员不仅让会计和出纳同时辨认,并将辨认结果记录于粘贴相关票据的附页之上,然后又将此票据及会计、出纳二人的辨认结果一同"责令"校长辨认,而且,也没有按照混合辨认规则之要求,将辨认票据置于同类票据之中让辨认者辨认。刑事辨认规则中个别辨认规则和混合辨认规则是侦查人员应当掌握的基本知识,但本案之侦查人员却毫不知晓。(4)妻子批捕,丈夫审判。该案刑事诉讼过程中的另一个奇怪的现象是妻子批捕,丈夫审判。妻子是本案检察机关之批捕科科长,丈夫是本案之审判长,而且本案实行的是人民陪审员制。被告人对一审判决上诉,案件发回重审后,重审一审法院组成合议庭重新开庭,原审之两名陪审员依然端坐在审判庭上。(5)判决书对非法证据谈而不论。对于侦查机关严重违反辨认规则的辨认结果,公诉人作为控诉证据举证受到质疑时,公诉人解释为"系侦查人员的失误"。辩护律师提出,这种"失误"所引起的法律后果是证据能力的丧失,从而带来的程序性制裁后果则是因证据来源不合法而必然导致之证据不被采信。但是,对于这样一个极其浅显的证据采信规则,审判人员却谈而不论。审判人员在与辩护人交谈时认为这是一组非法证据,且无法回转其合法性;判决书中对辩护人的意见"高度概括",但却对是否为非法证据不作分析评判,判决结果使一个显然不具有证据能力的证据转化为定案根据。

如果一个案件中存在上述问题中的一两个,即已足使人们对案件能否公正判决放心不下。本案中,居然一案同时存在上述问题,人们又将作何思考? 第一,无罪推定距离司法实务究竟还有多远? 辩护人有自己的手铐,规定辩护律师会见时必须铐起自己的当事人,辩护人作何叹,当事人作何思? 古今中外,此可谓先河。第二,程序正义只能是口号? 分明是非法证据却不排除,缺乏证据能力的证据在一片责难声中照样转化为定案根据,此显然已经不再是一个司法人员的业务素质问题,而是一个程序理念问题。第三,什么人在办案? 检察人员不知道最高人民检察院的重要规定,侦查人员不懂刑事辨认基本规则(据悉该案主办侦察员正是因为办理此案有功而提升为副局长),妻子批捕,丈夫审判,谁能相信这样的人不会办错案?

我们,到了必须汲取教训的时候了!

英国著名政治哲学家培根曾说,一次不公正的判决,其恶果甚至超过十次犯罪。因为犯罪是无视法律——好比污染了水流,而不公正的判决则毁坏法律——好比污染了水源。只有遵守程序公正的最基本要求,刑事司法的权威性和公信力才能得以维持。刑事诉讼兼具打击犯罪和保障人权两方面的功能,但是无论何时,维护社会秩序的需要都不能忽视司法正义的需要。

在笔者看来,对于佘祥林等案,目前最重要的已经不是佘祥林的无罪释放和随后的权利救济,而是他如何从一个无辜者而被法律确定为犯罪者的。对于个中原因,不少学者已有诸多深邃而又切中要害的肯綮之论。但是笔者反对某种社会现象出现后,一种一拥而上的就事论事的单一线形分析,因为这种分析会遮蔽事情原来诸多的真实面目,从而会使得出的结论或许仅仅在狭窄的范围内方可适用,进而会最终使佘祥林、胥敬祥等获得了正义,但是或许以后中国的司法实践上还会出现"佘祥林""胥敬祥"。

以佘祥林案件为例,从权力视角之下审视,佘祥林是在一个巨大复杂的权力场域的权力因素的交织下,一步步不可避免地滑入"杀人犯"深渊的。在这些权力中,无论是公、检、法的权力,还是政法委的权力,以及张某玉亲属的"民愤"表达权利,几乎不仅是同质的,而且是同向的。在这样的诉讼场域中,没有一种异质、逆向的权力。权力制衡理论之以权力制约权力、以权利对抗权力、以权利制约权利成为虚无。同时,仅有一种权力因素或者几种权力因素,佘祥林不可能被判处严厉的刑罚。在当下,一个刑事案件一旦启动,相关权力因素必然是接踵而来,直至案件终结。

由是观之,解决之道首先必须是建立合理的刑事诉讼权力结构。"应该被读解为一种重新安排惩罚权力的策略","改革的真正目标……与其说是确立一种以更公正的原则为基础的新惩罚权利,不如说是建立一种新的惩罚'权力'的结构,使权力分布得更加合理"。① 从结构决定功能的理论出发,没有权力制衡的科学合理的

---

① [法]福柯:《规训与惩罚》,刘北成、杨远婴译,三联书店1999年版,第89页。

结构,就不会有刑事诉讼场域的各个权力的最佳功能的发挥。科学的诉讼权力结构,一方面是诉讼场域中的各个权力都是具有合法性和正当性的权力;另一方面则是诉讼场域中的权力的制约和平衡。因为"有权力的人们使用权力一直到遇到有界限的地方才休止","一切有权力的人都容易滥用权力"①。以此检视我国的刑事诉讼场域,欲形成合理科学的诉讼结构,必须纳入新的权力及权利因素,对诉讼场域中的各项权力进行制约,从而构建国家权力相互之间以及和个人权利之间的平衡。

我国的刑事诉讼中虽然规定了公、检、法三机关"分工负责,互相配合,互相制约"的原则,但是这是一种打击犯罪的"田径接力式"的线形结构,与法治理念下以审判权为中心、控诉权和辩护权为两造的三角结构相差甚大。笔者认为,问题的关键在于控辩关系扭曲与失衡。可以断言,如果没有一种正常的控辩关系,就不可能构建合理的诉讼结构,就不可能缔造正当科学的法律程序,就绝不可能走近正义的目标。不仅人权保障成为空谈,而且"佘祥林""胥敬祥""杜培武"等冤假错案还会发生。而构建正常的控辩关系,则当须在刑事诉讼法基本原则中植入控辩平等的理念。对于以审判为中心的诉讼制度改革,最为重要的就是在彻底贯彻控辩平等理念,形成科学合理的诉讼结构。

二、选题之意旨

控辩平等乃诉讼法治之基本理论与基本理念,无疑应当成为中国现代诉讼法治之理性选择与必然追求。这是因为,在当今中国全面依法治国之进程中,不仅控制犯罪与人权保障应当同时成为刑事法律之终极追求,公正本位、兼顾效率应当成为现代司法之永恒主题,而且程序优先、实体与程序并重也应当成为现代刑事诉讼之价值选择。

控辩平等之立论,源于"平等武装"(equality of arms)理论,既

---

① [法]孟德斯鸠:《论法的精神》(上册),张雁深译,商务印书馆1985年版,第154页、156页。

包括控辩双方实体权利与义务上的平等,也包含程序权利与义务上的平等,而且在笔者看来,程序上的权利平等意义会更大。

笔者研究"控辩平等论"这一论题,意旨主要有二:一为意在推动中国刑事司法改革之进路;二为笔者学术经历与旨趣所使然。

(一)推动中国法变革之价值

研究控辩平等既要研究该理论赖以产生、发展和传播的制度根源及制度背景,也要研究该理论的本体内涵、变化历程及发展趋势,更要研究该理论在中国刑事诉讼中的成功导入。于此先人鲜有论及。

中国的司法改革正在如火如荼地进行,在诸多刑事司法制度改革中,控辩平等理论的导入是一条必须贯通其中的理论主线。而当下国人对于控辩平等的解读却并不深刻。

一个表征为,控辩平等作为一个"舶来品",乃西方诉讼法治之产物。在中国的刑事诉讼中,尤其在立法与司法领域,尚无几多人士对此青睐。甚至在此等官员的诉讼意识领域,控辩何以平等?他们对于控辩平等观念持有根深蒂固之"敌意"。

另一个表征为,中国控辩平等的鼓吹者,对于控辩平等在我国的立论与驻足有着过多的期待和理想。认为控辩平等不仅是控辩双方在庭审程序中的平等,而且在审查起诉程序乃至侦查程序中,也必须实现控辩双方的权利武装平等。

基于此,笔者之研究立场确定为立足于中国法变革之实际:其一为当下之刑事诉讼法再修改之现实;其二为长远之刑事诉讼法治化之需求。

(二)笔者学术经历与旨趣之蓄势

第一,笔者亲历过警察、法学教师、律师等不同职业,从事刑事司法实务与教学研究工作多年,对于中国现代法、尤其是对于中国控辩关系的发展历程有着亲身感悟与持续关注研究,故当能驾轻车,走熟路,"解围中道,破行中迷"。

第二,笔者对于中国刑事诉讼辩护情有独钟,多年来一直致力于该问题的实证调查与理论研究,已经积累了较丰富的调查资料与研究成果。面对中国刑事辩护的当下窘境,曾经发誓要为中国辩护律师的发展尽绵薄之力,至少做一个为推进中国刑事辩护制度深刻变革而摇旗呐喊的"旗手"。

第三,笔者之博士学位论文研究论题是"建立中国控辩协商制度研究",该制度得以构建的理论根基即为控辩平等,故研究控辩平等是笔者博士阶段研究成果的开拓与继续。另在笔者的学术研究规划中,拟将"控辩审关系论"确立为"控辩平等论"之接踵研究课题。如此,不仅是一个渐进式研究,也是一个体系化研究。

三、主要研究方法

(一)历史之方法

运用历史的方法,研究控辩平等理论产生的社会制度背景与诉讼制度背景,溯求控辩平等生成之根基土壤,探寻控辩平等之本体内涵。

(二)比较之方法

运用比较之方法,研究控辩平等在世界典型国家之成长、发展与传播状况,比较在两大法系中控辩平等模式之异同,寻找中国构建控辩平等模式之进路。

(三)实证之方法

运用实证之方法,研究控辩平等在中国之现实状况。主要采用问卷调查、分类访谈、个案剖析等方式,对警察、检察官、法官、律师以及一般社会公众予以调查,借以清楚地把握本源意义上控辩平等距离中国究竟有多远。

(四)分析之方法

运用分析之方法,研究控辩平等产生与存在之理论基础,分析中国建立控辩平等理念之障碍及其克服,厘清建立中国控辩平等模式之脉络。

(五)系统论之方法

运用系统论之方法,研究控辩平等在中国之构建。不仅研究将控辩平等作为一项原则规定在我国《刑事诉讼法》基本原则之中,而且研究我国刑事诉讼程序中之控辩平等模式构建,以及在该模式之下的各种权利配置与制度改造。

四、主要研究内容

(一)控辩平等之本体意义

主要研究控辩平等理论产生之社会背景与制度背景以及控辩平等理论之本体意义,目的在于从历史根源与理论内核上弄清控辩平等之本来面目与应有之义,准确确读控辩平等到底"是什么"。

(二)控辩平等之理论基础

主要研究控辩平等赖以产生与发展之哲学基础、价值基础、社会制度基础以及诉讼制度基础等,目的在于弄清控辩平等理论"为什么"得以产生。

(三)控辩平等在域外之考察

主要研究控辩平等在美国、英国等为代表之英美法系国家和以德国、法国等为代表之大陆法系国家以及以意大利、日本等为代表之改良主义国家之历史与现实状况,目的在于研究对于控辩平等,域外究竟"有什么","有多少"。

(四)控辩平等在中国之现状

主要研究中国法之历史与现实中,究竟有没有控辩平等,在多大意义或者多大程度上存在控辩平等,国人对于控辩平等之认识与评价几何,目的在于研究对于控辩平等,我们到底"有什么","有多少"。

(五)控辩平等在中国之思考

1. 中国控辩平等模式之构建

主要研究构建中国侦查程序中之控辩平等,起诉程序中之控辩平等,审判程序中之控辩平等以及执行程序中控辩平等,等等。

2. 中国控辩平等模式下之诉讼权利配置

主要研究中国控辩平等模式下之侦查权,中国控辩平等模式下之检察权,中国控辩平等模式下之辩护权,中国控辩平等模式下之审判权,中国控辩平等模式下之被告人权利保障以及中国控辩平等模式下之被害人权益保护等。

3. 中国控辩平等模式下之诉讼制度改造

主要研究中国控辩平等模式下,如何改造法律援助制度、沉默权制度、证据开示制度、非法证据排除制度、控辩协商制度、庭审制度以及羁押制度等。此项研究之目的,在于解决"我们应当怎么办"以及"为什么如此办"。

五、小结

权力制衡是控辩平等的根基。权力是一个在政治学、哲学、法学等诸多领域几乎不需要考虑它的意义的情况下被广泛适用的词汇。由于研究者理解不同,因而在具体的语境使用中,权力所指涉亦有不同之处。在马克斯·韦伯看来,权力是一种强制性的力量,这是权力概念的核心因素,这也与绝大多数学者的观点基本一致。他认为,"权利意味着在一种社会关系里哪怕是遇到反对也能贯彻自己意志的任何机会,不管这种机会是建立在什么基础之上。"①由此可以看出,经典的权力概念受一种本质主义观念支配,它试图精确定义权力的本质,但往往陷于一种"权力本质的神话"思维。② 笔者所赞同的是一种非本质主义权力观,"在所有关于权力的考察中被忽视的问题恰恰是最有意义的问题,比如权力意志究竟是怎样被强加在别人的身上的呢?究竟怎样使别人服从呢?"③笔者认为,重要的不是权力本身究竟是什么,因为人们在具体行使权力时未必可以精确定义,但是实际上由于共同的"理解的前在"(伽达默尔语)以及背景语境的制约,人们可以确知具体场域中的权力因素。实际上,对我们分析问题来说,重要的是在具体的场域中权力因素到底有哪些,哪些相对来说是更为重要的,它们又是如何具体运作关联的。

权力的制衡需要的是一个完整的闭环监督系统,而当下我国刑事诉讼场域中对公权力的监督却是开环结构。这样的一部刑事诉

---

① [德]马克斯·韦伯:《经济与社会》(上),林荣远译,商务印书馆1997年版,第81页。具体参见曲新久:《刑事政策的权力分析》,中国政法大学出版社2002年版,第17—21页关于权力概念的外国学者观点的引述,以及刘军宁:《权力现象》,商务印书馆1991年版,第2页关于权力在中国语境下源流的分析。
② 法律文化研究中心:《法律的本质:一个虚构的神话》,载《法学》1998年第1期。
③ [美]约翰·肯尼思·加布尔雷思:《权力的分析》,陶远华、苏世军译,河北人民出版社1998年版,第2页。

讼法律是亟需修正的。当然,一部刑事诉讼法无论制定的如何精妙绝伦,但如果没有执法者正确的法治观念,那么只能造成理论的精妙衣装和实践的低劣皮囊这样严重脱节的现象,这也是1996年修订的《刑事诉讼法》实施后,人权保障问题颇多、刑事辩护走向低迷、控辩关系恶化的重要原因之一。还必须看到,中国法治的理念最终确定和被人民所信仰需要的还有时间,我们的社会注定是一时难以形成和确立法治思维和司法理念的。

第二章　控辩平等原则之产生与演进

控诉和辩护是现代刑事诉讼的两大基本职能，二者共同寓于刑事诉讼活动规律之中，呈现出既对立又统一的辩证关系。可以十分肯定地讲，没有控诉，则没有辩护，控诉需要通过辩护的检查甄别真伪；同样，没有辩护，控诉本身就失去了诉讼的法治意义，成为专制的纠问式诉讼。控诉与辩护这种既对立又统一的辩证关系，理性地推动着刑事诉讼活动的发展，保证审判权在中立、公正、不偏不倚的前提下，辨别真伪，科学裁判。在控诉与辩护对立统一的关系中，有一个立论的基础，就是控诉与辩护的平等。如果没有二者的平等，则毋谈对立，也毋言统一。当然，控辩平等必然要求控审分离，否则，"如果控告人成为法官，就需要上帝作为律师"。①被追诉人只能是诉讼的客体，诉讼活动只能在专制和野蛮中进行。控辩平等下的对立统一关系，与中立的审判权一起，共同构成了刑事诉讼法治活动中的"等腰三角形"结构。

控辩平等作为一种重要的司法理念和诉讼原则，是平等权在刑事诉讼活动上的必然反映，其产生具有深刻的政治制度和诉讼制度背景。由此看

---

① ［德］拉德布鲁赫：《法学导论》，米健、朱林译，中国大百科全书出版社1997年版，第121页。

来,研究控辩平等原则的渊源,必须首先考察平等权的产生与发展。

一、平等权之产生与发展

从14世纪始,资本主义生产关系在封建经济内部不可遏制地生长起来,随着新兴资本主义市场的不断扩大,对工商业的发展刺激越来越大。在该种情况之下,"大规模的贸易,特别是国际贸易,尤其是世界贸易,要求有自由的、在行动上不受限制的商品所有者,他们作为商品所有者来说是有平等权利的,他们根据对他们来说全都平等的权利进行交换"。① 但是此时国家制度仍是封建的,"当经济关系要求自由和平等权利时,政治制度却每一步都以行会的束缚和特殊的特权同它相对"。"无论在哪里,道路都不是自由通行的,对资产阶级竞争者来说机会都不是平等的……而自由通行和机会平等是首要的和愈益迫切的要求。"②因此,成长中的新兴资产阶级革命力量,必然要随自己的经济力量的壮大而发起新的社会运动和思想运动,必然要求用自己的世界观来改造社会,"注定成为现代平等要求的代表者"。③ 资本主义经济生活中的商品货币关系、等价交换原则、价值规律以及劳动力商品的买和卖都要求内在的平等,经济生活中通行的原则要求政治、法律生活中通行的原则与之相适应。在这些社会运动和思想运动中,西方近代平等观念逐渐凸显出来。

资本主义生产关系的迅速发展孕育了一批启蒙思想家。公元前5世纪,著名政治思想家伯里克利在雅典阵亡将士国葬典礼上的讲话中最早提出了"法律面前人人平等"的口号。启蒙思想家的影响下,平等的观念和理论逐渐为世人所认同,演变为平等权利,并被宣布为普遍的人权。

斯宾诺莎认为,在自然状态中,每个人都是平等的,除了服从自己外,并不受任何法律约束、服从任何人。在民主政治中,所有人仍然是平等的,与他们在自然状态中无异。霍布斯认为,自然创造人

---

① 《马克思恩格斯选集》(第3卷),人民出版社1995年版,第144页。
② 《马克思恩格斯选集》(第3卷),人民出版社1995年版,第145页。
③ 《马克思恩格斯选集》(第3卷),人民出版社1995年版,第145页。

类之初,人本来是平等的,表现在人类身体和心灵的能力上的平等,"由这种能力上的平等出发,就产生达到目的的希望上的平等"。①现今所存在的不平等状态是由于市民法所引起的。② 洛克也认为,自然状态是一种平等的状态,一切权力和管辖权都是相互的,没有一个人享有多于别人的权力。极为明显,同种和同等的人们毫无差别地生来就享有自然的一切同样的有利条件,能够运用相同的身心能力,就应该人人平等,不存在从属或受制关系。"没有人享有高于别人的地位或对于别人享有的管辖权。"③人人都享有平等的生命权、自由权、财产权和惩罚罪犯的权利。"法律不论贫富、不论权贵和庄稼人都一视同仁。"④"每一个个人和其他最微贱的人都平等地受制于那些他自己作为立法机关的一部分所制定的法律。法律一经制定,任何人也不能凭他自己的权威逃避法律的制裁;也不能以地位优越为借口,放任自己或任何下属胡作非为,而要求免受法律的制裁。"⑤

卢梭的平等思想是政治法律思想的核心。"'平等'一词是从何而来的? 它来自卢梭。正是卢梭,卢梭的书籍,他的学派,把平等献给了我们的革命。"⑥他认为:"观察不平等的进展,我们会发现法律和私有财产的设定是不平等的第一阶段;官职的设置是第二阶段;而第三阶段,也就是最末一个阶段,是合法的权力变成专制的权力。"⑦第一阶段肯定了私有制,即确认了富人和穷人的状态,把不平等合法化;国家的产生,除存在财产的不平等外,还出现强者对弱者的政治统治,使不平等加深,这是不平等的第二阶段;随后,出现

---

① [英]霍布斯:《利维坦》,黎思复等译,商务印书馆1985年版,第93页。
② [英]霍布斯:《利维坦》,黎思复等译,商务印书馆1985年版,第117页。
③ [英]洛克:《政府论》(下篇),叶启芳、瞿菊农译,商务印书馆1995年版,第7页。
④ [英]洛克:《政府论》(下篇),叶启芳、瞿菊农译,商务印书馆1995年版,第88页。
⑤ [英]洛克:《政府论》(下篇),叶启芳、瞿菊农译,商务印书馆1995年版,第59页。
⑥ [法]皮埃尔·勒鲁:《论平等》,王允道译,肖厚德校,商务印书馆1998年版,第21页。
⑦ [法]卢梭:《论人类不平等的起源和基础》,李常山译,商务印书馆1962年版,第141页。

国家权力的腐败,出现专制权力和与之相联系的主人和奴隶的对立,这是不平等的第三阶段,也是不平等的顶点。这个顶点同时将成为转向新的平等的原因和起点。"这样,不平等又重新转变为平等,但不是转变为没有语言的原始人所拥有的旧的自发的平等,而是转变为更高级的社会契约的平等。"①卢梭指出,"社会公约在公民之间确立了这样一种平等,以至于他们大家全都遵守同样的条件并且全都应该享有同样的权利"。② "基本公约并没有摧毁自然的平等,反而是以道德的与法律的平等来代替自然所造成的人与人之间的身体上的不平等;从而,人们尽可以在力量和才智上不平等,但是由于约定并且根据权利,他们却是人人平等的。"③"整个社会的第一法则就是在人与人或物与物之间要有某种协定的平等。"④卢梭重视法律对于实现平等的作用,"因为事物的力量总是倾向于摧毁平等的,所以立法的力量就应该总是维持平等"。⑤ "因为在他看来,公民的平等本身,只是人们自然平等的一种形式和必然结果。因此,正当卢梭精神传播到人民中间,并为我们定下法律的时候,由全体人民大声说出的平等这个词就成为一种原则、一种信条、一种信仰、一种宗教。"⑥

平等权作为一种法定权利是在资产阶级革命胜利之后,最早见于1776年美国独立战争中诞生的《弗吉尼亚权利法案》,该法案第1条规定:"一切人生来享有平等的自由权、自立权以及一定的固有权利;在其进入社会时,其生命和自由不得以任何契约而丧失或剥夺,并且有权获得和占有财产,有权追求和得到幸福与安全。"这条规定被同年之《美国独立宣言》界定为:"人人生而平等","他们都从他们的'造物主'那边被赋予了某些不可转让的权利,其中包括生命权、自由权和追求幸福的权利"。1789年,法国历史上第一个

---

① 《马克思恩格斯选集》(第3卷),人民出版社1995年版,第180页。
② [法]卢梭:《社会契约论》,何兆武译,商务印书馆2003年版,第44页。
③ [法]卢梭:《社会契约论》,何兆武译,商务印书馆2003年版,第3页。
④ [法]卢梭:《爱弥尔》(上卷),李平沤译,商务印书馆1982年版,第252页。
⑤ [法]卢梭:《社会契约论》,何兆武译,商务印书馆2003年版,第70页。
⑥ [法]皮埃尔·勒鲁:《论平等》,王允道译,肖厚德校,商务印书馆1998年版,第21页。

宪法性权利《法国人权宣言》第 1 条规定:"人们生来并且始终是自由的,在权利上是平等的;社会的差别只可以基于共同的利益。"在第 6 条中规定:"法律是公共意志的表现,全国公民都有权亲身或经由其代表去参与法律的制定。法律对于所有的人,无论是实行保护或惩罚都是一样的。在法律面前,所有的公民都是平等的,故他们都能平等地按照其能力,并且除他们的品德与才能的差别外不得有其他差别,担任一切官职、公共职位或者职务。"继美国、法国将平等权作为一项法定权利规定之后,很快又得到诸多资本主义国家宪法的普遍认同,及至社会主义国家宪法。① 至此,平等权已成为一项实实在在的宪法权利。

可以看出,在平等权产生发展的过程中,首先规定的是权利平等,然后才规定各项具体的权利。因此,平等权在基本权利体系中居于首要地位,是一种更基础性的权利。正如皮埃尔·勒鲁所言,"要确立政治权利的基础,必须达到人类平等;在此以前,则没有权利可言"。② 平等在与自由和博爱之间占据主导地位。只有平等,才能有国人的自由和权利,同样,也只有平等,才能有人与人之间的博爱。"人类,如同单独一个人一样,连续不断地经历了这三个阶段;最终将它们连接在一起。自由成为现代人的权利;博爱成为他的义务;而平等则是他的权利和义务赖以建立的一种学说。"③历史演变的终结,无论平等怎样毫无组织,缺乏内容,平等总是灵魂的法则,各种法律的法律,它是一项法权,一项唯一的法权。④

"平等是人在实践领域中对自身的意识,也就是人意识到别人

---

① 苏联在十月革命胜利后不久颁布的《俄罗斯苏维埃联邦社会主义共和国宪法(根本法)》中规定,一切公民不分种族、民族都一律有平等权利,任何特权和歧视都将违背共和国宪法。参见陈光中、[加]丹尼尔·普瑞方廷主编:《联合国刑事司法准则与中国刑事法制》,法律出版社 1998 年版,第 116—117 页。

② [法]皮埃尔·勒鲁:《论平等》,王允道译,肖厚德校,商务印书馆 1998 年版,第 76 页。

③ [法]皮埃尔·勒鲁:《论平等》,王允道译,肖厚德校,商务印书馆 1998 年版,第 251 页。

④ [法]皮埃尔·勒鲁:《论平等》,王允道译,肖厚德校,商务印书馆 1998 年版,第 251—252 页。

是和自己平等的人,人把别人当作和自己平等的人来对待"。①"人与人的这种共同特性中,从人就他是人而言的这种平等中,引申出这样的要求,一切人,或至少是一个国家的一切公民,或一个社会的一切成员,都应当有平等的政治地位和社会地位。"②美国学者罗伯特·达尔则进一步认为,"平等是一种道德的判断,是一种内在的平等,它体现了对于人的价值的一种最为根本的观点,对于这种观点是几乎不能再用进一步理性推导加以证明的"。③

谈及平等与司法的关系,法国哲学家皮埃尔·勒鲁在1838年发表的《论平等》一文中即已鲜明地指出,"在刑法方面,人们注意什么呢",毫无疑问他们是根据一种原则进行调节的,他们当然不会像失去理智的人那样胡作非为,他们根据某个普遍的、神圣的、铭刻在他们心中的概念去制定立法。然而这个概念、这种原则、这种规则、这种准则究竟是什么呢?根据这种准则,过去法律所许可的许多行为今天被看作是罪孽,并为人们所憎恶或受到惩罚"。"这个原则,就是人类的平等。""事实上,你们不得不承认今天的司法并不在一个人与另一个人之间作出区别;既然这两个人都具有人的特征,他们在司法的眼中就是平等的。"④你们不会认为,发明这个规则为的是司法的管辖格外方便,格外正规化吧?这样来解释也是荒谬的。创造权利的东西(我指的是今天的权利)恰恰就是确认人们的平等。这种确认的平等先于司法,是平等创造了司法和构成了司法。⑤

在皮埃尔·勒鲁看来,公民的平等源于我们对一般人的平等的信仰,人们不能反对人为法,也不能用指明公民的平等经常取代人

---

① 《马克思恩格斯全集》(第2卷),人民出版社1995年版,第48页。
② 《马克思恩格斯全集》(第2卷),人民出版社1995年版,第113页。
③ [美]罗伯特·达尔:《论民主》,李柏光、林猛译,商务印书馆1999年版,第72—73页。
④ 皮埃尔·勒鲁说:"如果说司法对于他们是公正的、不偏不倚的,那唯一的理由就是他们都是人。"他举例说:"父母所以无权杀害他的孩子,因为人类的特征也体现在小孩的脸上。富翁所以无权强制可怜的穷人,因为人类的特征保护着可怜的人去反对富翁。因此,只要因为他是人,你就得承认人具有某种权利。"参见[法]皮埃尔·勒鲁:《论平等》,王允道译,肖厚德校,商务印书馆2005年版,第23页。
⑤ [法]皮埃尔·勒鲁:《论平等》,王允道译,肖厚德校,商务印书馆2005年版,第23页。

类的平等来否定我们对人类平等的感情。因为,"什么都不能战胜你们对正义的感情,这种感情并非其他,而是对人类平等的信仰"。① 皮埃尔·勒鲁尖锐地指出,当一些人不是我们的手足同胞,而受到种种暴行侵犯时,我们应当呼吁平等,不能熟视无睹。"平等是一切人类同胞所具有的权利,这些人同样具有知觉—感情—认识,他们被置于同等条件下:享受与他们存在的需要和官能相联系的同样的财富,并在任何情况下都不受支配,不受控制。平等被认为是一切人都可以享受的权利和正义。"②

本体意义上的平等就是同等情况同等对待,不同情况区别对待。由此看来,平等有形式平等和实质平等之分。每个人不因性别、年龄、民族、身份、财产及受教育状况等不同而享受区别对待,这是一种基本的平等,是一种普遍的平等。这种平等反映了人作为"人"的一种最基本的要求,是人的一种基本权利。所以,它是一种形式上的平等。实质平等则是在将适用对象按照一定标准划分为若干范畴和层次的情况下,对同类主体、同类事件、同类事物予以同等对待,对不同类主体、不同类事件、不同类行为适用不同的标准。法律作为一种抽象行为规范,对调整对象进行界定时,就是采用的这种实质平等的规范性调整方式。用皮埃尔·勒鲁的话来说,就是"一个由于贫困和生活不下去而不得不走上犯罪道路的人,和对一个任何事理都无法开导或者是罪无可恕的人科以同样的刑罚,这是什么司法?"不能像惩办成年人那样去惩办一个未成年人。司法就其本质而言,就是平等;越缺乏平等条件的地方,越难看出在刑罚平等上有什么司法。③ 这里所言平等之意义是在规范或标准的适用层

---

① [法]皮埃尔·勒鲁:《论平等》,王允道译,肖厚德校,商务印书馆2005年版,第24页。
② [法]皮埃尔·勒鲁:《论平等》,王允道译,肖厚德校,商务印书馆2005年版,第282—283页。
③ 皮埃尔·勒鲁在批判唯形式平等论时举例说:"当你们为了争夺奖金让两匹马赛跑时,你们决不允许一匹马上的装载量比另一匹马增加一倍;在这件事情上你们具有平等的兴趣和感情,甚至连骑在马鞍上的赛马骑师也得称一称重量。可是在人类的刑律方面,你们却是另一套做法。对于一个富翁的偷窃行为(当你们惩罚他的时候),和一个穷人的偷窃行为,你们却科以同样的刑罚。难道看不出穷人身上的负担要比富翁重一千倍吗?"参见[法]皮埃尔·勒鲁:《论平等》,王允道译,肖厚德校,商务印书馆2005年版,第30页。

面解读的。

二、美国宪法第十四修正案平等保护条款解读

"任何人,凡在合众国出生或归化合众国并受其管辖者,均为合众国及所居住州的公民。任何州不得制定或执行任何限制合众国公民特权或豁免的法律。任何州,未经正当法律程序,均不得剥夺任何人的生命、自由或财产;亦不得对在其管辖下的任何人,拒绝给予法律的平等保护。"这是美国宪法第十四修正案第 1 款的内容。从该条款的规定中,可以解读出平等权在美国社会和法律中的重要意义。

美国宪法制度的另一个重要特点是,确认和保障个人的自由和权利,限定和限制政府的权力和特权,禁止任何人或任何机构的武断权力和专制。从美国革命起,经过杰克逊时期,美国内战和重建,罗斯福的新政,直到 20 世纪 60 年代开始的民权运动,一代代美国人无不把平等作为追求的目标。

美国革命深受英国革命和法国革命的影响,英国革命的特点是崇尚自由,法国革命的特点是崇尚平等。① 美国革命把这两者成功地结合在一起,林肯在著名的哥弟斯堡演说中把美国称为"怀着自由理想,献身人人天生平等信念的新民族"。美国人民追求平等是从追求自由和权利开始的。在美国,追求保障个人自由和权利一样具有悠久的历史。早在 1689 年英国通过其权利法案时,北美殖民地人民就已经建立了一个十分全面的保护个人自由和权利的法律制度,例如 1641 年的马萨诸塞州《自由法》②和 1861 年宾夕法尼亚州《管理法》。③ 1776 年的《弗吉尼亚公约》作为美国的第一个州宪

---

① [法]托克维尔:《论美国的民主》(下卷),董果良译,商务印书馆 1991 年版,第 620 页。

② 马萨诸塞州《自由法》规定:未经公平赔偿不得剥夺私有财产,言论自由,公众请愿,辩护制度,陪审团等。转引自 David Koning, *Law and Society in the Puritan Massachusetts: Essex County*, 1629-1692, University of North Carolina Press, Chapel Hill, 1974, pp. 23-31。

③ 宾夕法尼亚州《管理法》规定了信仰自由,公开审判,保释制度和罚款制度。Statutes at Large of Pennsylvania, 1681, Vol. 1, p. 185.

法,提出了权利宣言,成为美国宪法主张个人自由和权利之先河。1789 年,詹姆士·麦迪逊根据各州要求制定联邦宪法权利法案的一致意见,提出了一个宪法修正案,这一修正案在第一届国会上获得通过并很快为各州批准,成为现在的联邦第一至第十修正案,也称"权利法案"。这样美国联邦宪法不仅规定了政府的基本结构,而且确认并保障了《独立宣言》中宣示的人民的生命权、自由权和追求幸福的权利。[①] 联邦宪法及其权利法案保障了美国人民享有广泛的自由。[②]

第十四修正案通过前,联邦宪法中没有任何条文明确规定保障法律的平等保护。究其原因,很大程度上是由于美国立国之初容忍了奴隶制,[③]奴隶制显然和平等、自由的观念不相容。从 1776 年美国独立到 1868 年联邦宪法第十四修正案通过前,奴隶、黑人和妇女不能享有联邦宪法及其权利法案保障的广泛自由。这种排除奴隶、黑人和妇女的"平等"观念,至少在 1868 年前,主导着美国的政治和法律文化。

美国第七任总统杰克逊时代被称为"百姓为王"的时代。杰克逊主张人民主权,主张扩大人民的选举权,他还在"还政于民"的口号下,强调人人政治上平等。[④] 南北战争废除了奴隶制。联邦宪法第十三、十四和十五修正案,特别是第十四修正案第 1 款中的法律平等保护条款,标志着美国人民争取法律平等保护的斗争获得的历

[①] 詹姆士·麦迪逊作为一个联邦党人,出于维护联邦制的考虑,提出联邦宪法权利法案应当同时适用于联邦以及各州,但是联邦参议院唯恐联邦政府滥用权力,所以删去了麦迪逊提案中的有关条文。如此一来,联邦宪法权利法案只能适用于联邦政府侵犯个人自由和权利的行为,不能对各州的权力予以限制。这种情况直到 1868 年第十四修正案的通过才告结束。

[②] 但正如首席大法官坦尼在 Dred Scott 案中指出的,《独立宣言》中所谓的"人人"并没有包括全体人类大家庭,非裔奴隶当时就并未被列入起草和通过《独立宣言》的人们之中。把黑人排除在文明世界和众合国大家庭之外,完全符合当时盛行的理念和原则。

[③] William Guthrie, *Lectures on the Fourteenth Article of Amendment to the Constitution of the United States*, pp. 106-107.

[④] 但是,杰克逊心目中的"人人"也不包括黑人和妇女。他还强调,在任何公平政府下,始终存在社会差别。人类不可能用制度来促成能力、教育或财富的平等。转引自 Jack Pole, *The Pursuit of Equality in American History*, p. 144。

史性成果。

第十四修正案第 1 款法律的平等保护条款把《独立宣言》中的平等理念变成美国人民的一项宪法权利。美国宪法学家大法官马歇尔认为，法律的平等保护并不要求以同样的方式对待任何人，只要求对类似的情况予以类似对待，其底线是不歧视。马歇尔在强调其不歧视这一底线时总结了最高法院在司法实践中遵循的三条标准，即区别分类必须是容易理解的，必须是有关的，必须是公正和合理的。[1]

美国的传统一直是维护个人权利，强调机会平等和不信任政府。[2] 由于第十四修正案的法律平等保护保障的是一种个人权利，最高法院在解释和适用第十四修正案的法律平等保护时，始终强调一个主题，就是对个人权利的损害不能导致个人权利的被剥夺。正如法国思想家孟德斯鸠指出的，在共和政府中，人人平等，但在专制政府中，人人也平等。两者的区别是，在共和政府中，人人平等地享有一切；在专制政府中，人人平等地被剥夺一切。[3]

正因为法律平等保护所涉及的权利范围极为广泛，美国法理学家德沃金从中抽象出两种基本的权利结构，一种是获得平等对待的权利，另一种是作为平等者受到对待的权利。前者表现为分享某些机会和资源，分担某些负担。后者不能分享某些权益，分担某些负担，但有权得到和其他人一样的平等尊重和关注。这种获得平等尊重和关注的权利更加深刻地体现了平等的真谛。[4]

在美国，这种获得平等尊重和关注的权利就体现在《独立宣言》宣称的人人生而平等地享有生命权、自由权和追求幸福的权利。但生命权、自由权和追求幸福的权利与其说是一种实体性权利，还不如说是一种自然权利。事实上，联邦宪法第十四修正案第 1 款法

---

[1] Geoffrey Marshall, "Notes on the Rule of Equal Law", See Roland Pennock & John Chapman, *Nomos IX: Equality*, New York: Atherton Press, 1969, pp. 267–269.

[2] Sidney Verba, Steve Kelrnan, *Elites and the Idea of Equality: A Comparison of Japan, Sweden and U. S.*, Cambridge: Harvard University Press, 1987, p. 43.

[3] Baron de Montesquiat, *The Spirit of Law*, New York: The Colonial Press, 1900, p. 72.

[4] Ronald Dworkin, *Taking Rights Seriously*, London: Duckworth, 1977, p. 227.

律的平等保护和联邦宪法保障的其他实体权利的关系,就像老子所说的,"三十辐,共一毂,当其无、有车之用;有之以为利,无之以为用"。① 以平等立论倡导的许多价值和权利,往往具有强烈的道德感召力,第十四修正案第 1 款的法律平等保护以联邦宪法的形式,把这种道德感召力和法律威慑力结合起来,因此大法官霍姆斯把第十四修正案第 1 款的法律平等保护称为美国宪法辩论中的最后手段。②

三、控辩平等原则之产生与演进

正如皮埃尔·勒鲁所言,"平等创造了司法和构成了司法"。笔者认为,从历史发展的视角看,刑事诉讼的历史,就是平等观念产生和发展的历史。纵观刑事诉讼发展的历史长河,伴随着弹劾式诉讼模式到纠问式诉讼模式再到现代混合式诉讼模式的发展与转变,平等观念在刑事诉讼活动中呈现出的是一种从无到有、从弱到强的趋势。控辩平等原则是平等观念在刑事诉讼活动中的体现和反映,是在平等原则基础上演化发展而成。

(一)弹劾式诉讼模式下之控辩关系

古代弹劾式诉讼模式是人类从未形成统治秩序前之"以牙还牙,以血还血"纠纷解决方式进化而来的。在这个被称为"血亲复仇"的历史时期,纠纷发生后的解决,既没有明确的评判标准,也没有中立的第三方作为裁判,而是依靠纠纷双方所在氏族、部落或者个人的力量,以暴力复仇的方式进行。其结果往往是在新的冲突之下产生新的纠纷并使氏族、部落的势力削弱或者毁灭。因此,随着人类文明的不断发展,人们开始寻求通过中立的第三方主持解决纠纷的方式。弹劾式诉讼模式就是在这样的一种社会背景之下逐步形成。

1. 弹劾式诉讼模式之主要特征

弹劾式(又称控告式或控诉式)诉讼模式是人类刑事诉讼制度史上的第一种诉讼模式。

---

① 《老子》,第十一章。
② Buck v. Bell,274 U. S. 200,208(1927).

它盛行于奴隶制国家,古代中国、埃及、印度、罗马、欧洲日耳曼法前期和英国的封建时期都实行这一诉讼形式。当时人类的认知水平还极为有限,社会的生产力十分低下,国家与社会还没有明显分离,原始民主色彩在纠纷解决中还得以保留。从控辩双方当事人、裁判者在诉讼中的地位及相互关系看,弹劾式诉讼模式主要有以下特征:

(1)诉讼目的是一元的"就事论事"。人们没有把犯罪提高到是对社会整体利益和秩序的侵犯的高度去认识,所以,设立诉讼模式的主要目的在于解决私人之间的纠纷或冲突,而非实现社会控制,更不是为了实现诉讼公正。

(2)起诉模式遵循不告不理原则。除了对于诸如亵渎神灵、侵害城邦等某些严重的直接危害社会公共安全的犯罪行为,任何人均可提起诉讼外,其余对犯罪的控诉主要由公民个人承担,而没有专门的国家起诉机关,诉讼的发动实行私人告诉制度。在一般情形下,告诉者为被害人或是被害人亲属。古罗马帝国时期确立的"没有原告就没有法官"的原则,就是弹劾式诉讼模式的特征描述。

(3)裁判标准采取神示证据制度。由于落后与愚昧,人们无法通过认知能力去弄清事实真相,所以在疑案的时候,借助于神的启示和帮助。神示证据制度的基本证明方法主要有对神宣誓法、水审、火审、决斗、十字形证明、卜卦和抽签等。但是,神明裁判只适用于真伪不明的案件,如果双方当事人的举证和辩论都能够查明案件事实,就不需要借助神明裁判。

(4)诉讼阶段性不明。纠纷出现后,只要原告提起诉讼,案件就直接进入审判阶段。从诉讼阶段上考察,没有明显的审前、审判程序。因此,弹劾式诉讼纵向结构不同于纠问式以及当代各种诉讼模式。

(5)纠纷解决的方式多为实体赔偿。在当时的历史条件下,由于生产力水平的限制,物质资料极度困乏,对犯罪人的制裁方法往往采用剥夺物质资料和金钱的方式。"根据盎格鲁—撒克逊法律,对于每一个自由人的生命,都可以按照他的身份而以一定金钱赔偿,对于其自身的每个创伤,对于他的民权、荣誉或安宁所造成的几乎每一个损害,都可以用相当的金钱为赔偿;金钱按照偶然形势而增加。"①

2. 弹劾式诉讼模式下之控辩关系

具体考察弹劾式诉讼模式之下的控辩关系,可以发现,在弹劾式诉讼中,控辩双方权利与义务上对等,处于同等的诉讼地位。控辩双方主导诉讼进程,双方均可举证、质证,均可以要求本方或者对方证人出庭,均可发表辩论意见等。但是,控辩关系的这种平等只是原始意义上的形式平等,由于缺乏公权力对平等的保护,而导致实质上的不平等。这是因为,在弹劾式诉讼模式下,法院或者其他裁判机构查明案件事实主要依据控辩双方的举证活动,包括控方负有将被告强制到庭的义务。试想,如果控诉一方的力量明显弱小于被告方(很多犯罪本身就是以强凌弱),控方既难以做到将被告人强制到庭接受审判,也难以依靠自身的力量调查取证。何况,在疑案的情况之下,案件的最终裁决又并非依据事实,而是借助虚幻的神的力量或者双方决斗的结果或者运气,如果犯罪人有足够的力量、亲友、运气、胆量等,控方则只能咽下有冤难伸的苦果。正是由于"他们(指日耳曼人)相信上帝时时在注意惩罚犯罪和掠夺者;他们在私人的案件上,也把决斗结果看作上帝的裁判",②这种刑事程序因惯犯和中世纪晚期的拦路抢劫的骑师而不得不予以废除。③

除此之外,古代弹劾式诉讼模式下的这种平等与对等,只适用于同一等级的当事人。如果当事人、证人或其他诉讼参与者的身份存在差异,诉讼中针对他们的行为或其行为的效力就有可能存在差异。如在古罗马和古雅典,可以对奴隶实行刑讯。另外,在弹劾式诉讼模式中,裁判者地位处于消极、对立。法院或其他裁判机构在诉讼中处于消极的仲裁地位。裁判者并不主动收集证据或查核证据,其任务是主持裁判和在听审的基础上对案件作出裁决,诉讼的

---

① 转引自[英]梅因:《古代法》,沈景一译,商务印书馆1959年版,第209页。
② [法]孟德斯鸠:《论法的精神》(下册),张雁深译,商务印书馆1985年版,第232页。
③ [德]拉德布鲁赫:《法学导论》,米健、朱林译,中国大百科全书出版社1997年版,第143页。

结果取决于双方当事人的举证和辩论或者依赖神示裁判制度,裁判的公正性则无从保障。

尽管如此,相对于原始的血亲复仇制度而言,弹劾式诉讼模式体现了古代社会的初级诉讼文明。它摒弃了复仇行为的无序性,并在一定程度上防止了复仇所产生的部落内部人力资源的消耗的消极后果。从总体上说,它是在公权力消极参与下的有秩序地解决纠纷的一种形式。在这一诉讼模式下,控、辩、审三种职能分离,原告和被告都是案件的当事人,在诉讼中的法律地位平等,享有对等的权利,承担对等的义务,控辩关系呈现平等的特征。当然,这种平等是停留在初级的、原始的、朴素的意义上的形式平等。

(二)纠问式诉讼模式下之控辩关系

随着社会与国家的进一步分离,社会的安定性逐渐变为国家的安定性,犯罪行为从破坏个人安宁的性质转变为破坏君主或者国家的安定性;它不仅侵犯了直接受害人的利益,而且对既存秩序和统治权威也是一种破坏和蔑视。一方面,犯罪行为违反了犯罪人与君主或领主之间的关系,即前者对后者的忠顺义务;另一方面,犯罪行为破坏了君主或领主对臣民的保护关系。不法行为侵害利益的转变导致了犯罪行为范围界定、惩罚方法以及追诉犯罪人的方法的变化。从实体上看,国家逐渐将原来作为侵权处理的行为界定为犯罪,原来对受害人或其亲属的赔偿变成了交给国家的罚金。放逐和平之外变成了驱逐出境,或者更为残酷的肉刑甚至死刑;在程序上,由于弹劾式诉讼受个人能力以及意思自治的限制,往往不能达到有效追究犯罪或惩戒的效果,为了实现此种目的,国家权力因素在诉讼中日益增强。此外,弹劾式刑事诉讼是国家和法律制度初创时期的产物,在很大程度上受到原始社会解决冲突的传统方式的影响,控辩双方拥有的平等的诉讼地位也带有朴素的民主色彩。总的来说,弹劾式刑事诉讼中体现的控辩平等更类似于现代民事诉讼中双方当事人之间的私权利的天然平等,与现代刑事诉讼中的控辩平等有着明显的区别。封建主义社会制度的确立,特别是封建统治权力的集中和加强,反映原始社会平等思想的弹劾式诉讼模式逐渐被体现封建专制思想的纠问式诉讼模式代替。

1. 纠问式诉讼模式之主要特征

纠问式(又称审问式)诉讼模式,其名称取自诉讼之侦查与讯问的"开始手续"。纠问式诉讼的"开始手续"对其后的诉讼进展起着支配的作用,并且对诉讼的结果产生重大的影响。① 它起源于中世纪罗马法中的教会法程序,形成于罗马帝国和法兰克王国国家权力逐渐加强的时期,在欧洲君主专制时代得以普遍实行。② 从控、辩、审三方在诉讼中的地位及相互关系看,纠问式诉讼模式主要有以下特征:

(1)诉讼目的从弹劾式诉讼的一元的平息私人纠纷转化为二元的纠纷解决与社会控制随着国家与社会的分离,统治阶级逐步认识到,犯罪不仅仅是对被害人个体权利的侵犯,更重要的是犯罪侵害了社会统治秩序和统治阶级的利益,对此,国家不能保持沉默,必须直接承担打击犯罪、维护统治秩序之责。与纠纷解决型的弹劾式诉讼相比,纠问式诉讼模式是社会控制式的刑事诉讼制度,即将刑事诉讼作为社会控制的一个重要手段或工具。

(2)起诉模式从弹劾式诉讼中不告不理原则发展为告诉与主动追诉并行在纠问式诉讼模式下,由于统治阶级认识到犯罪对统治秩序的侵害,所以,在犯罪发生后,没有被害人或其他人的控告,法院也可以主动追究犯罪。刑事诉讼程序的启动不再单纯依赖于被害人或其亲属的告诉,拥有司法权的官员一旦发现有犯罪发生,即有义务主动追究犯罪并进行审判。

(3)裁判标准从弹劾式诉讼之神示证据制度转变为实行法定证据制度神示证据制度试图通过一种超自然的力量来判断诉讼证据之真伪,不可能查明案件的真实情况,其荒谬性逐渐为裁判者所认识。同时,随着国家机关依职权追究犯罪模式的确立,各地情况和裁判者素质的差异,很难保证其统一代替帝王行使裁判权,以维护封建国家的政治稳定和地主阶级的统治,所以,就有必要按照皇帝意志在法律中预设规则,以供各地方裁判者遵循,法定证据制度

---

① [法]卡斯东·斯特法尼等:《法国刑事诉讼法精义》(上册),罗结珍译,中国政法大学出版社1998年版,第75页。
② 谭世贵主编:《刑事诉讼原理与改革》,法律出版社2002年版,第228页。

由此而生。① 法定证据制度虽然也具有明显的历史局限性,但是,它的某些规则如证人证言的审查判断、被告人口供的作用等,都是人类经验的总结,反映了诉讼制度的文明与进步。

(4)诉讼构造从弹劾式诉讼的诉讼阶段性不明发展为区分审前程序与审判程序在弹劾式诉讼模式之下,只要原告提起诉讼,案件就直接进入审判阶段。从诉讼阶段上考察,没有明显的审前、审判程序。在纠问式诉讼模式之下,开始区分审前程序与审判程序。但是,从诉讼的纵向结构考察,诉讼的中心不是庭审阶段,而是审前阶段,在纠问式诉讼中,法官不仅在审判阶段居于主导地位,而且在侦查的展开、诉讼的提起等方面均起着决定性的作用。

(5)纠纷解决方式从弹劾式诉讼之以实体赔偿为主变为多种刑罚手段并用在弹劾式诉讼模式之下纠纷解决的方式之所以是以实体赔偿为主,是因为当时社会生产力水平低下,物质资料在一定意义上将成为剥夺生命或者限制自由的手段。封建社会中,人们的物质生活水平有了进一步的提高,物质资料对人们自由、健康与生命的关系不再如前,所以,统治阶级不仅增加了刑罚的种类,而且加大了刑罚的严酷性。

2. 纠问式诉讼模式下之控辩关系

纠问式诉讼模式的功绩在于使人们认识到了打击犯罪并非是被害人的私事,国家负有不可推卸的职责。纠问式诉讼模式的错误在于将追究犯罪的任务交给法官,从而使法官与当事人合为一体。② 纠问式诉讼模式突出地反映了人类社会从私人报复制度迈向文明社会门槛的又一重大进步;但诉讼权利的不平等以及书面程序的秘密性,往往容易形成专制暴虐制度的危险。③ 在纠问式诉讼中,侦查

---

① 以16世纪欧洲一些国家关于证据分类的法律规定为例,其法律预先对证据具体分类为:(1)被告人供认(自白);(2)证人证言;(3)书证;(4)物证;(5)对强奸罪的证据;(6)被告人认为无罪的证据。我国封建社会的证据制度与欧洲各国有所不同。我国不是法定证据制度占主导地位,占统治地位的是法官擅断,但法定证据制度也有一定的表现。我国封建社会主要是五听,即看谈话、听声音、观眼神、察听力、辨言色。

② [德]拉德布鲁赫:《法学导论》,米健、朱林译,中国大百科全书出版社1997年版,第143页。

③ [美]梅利曼:《大陆法系》,顾培东、禄正平译,知识出版社1984年版,第149页。

和审判都秘密进行,不允许当事人在法庭上辩论,刑事辩护制度也随之萎缩乃至消亡。而且,对被告人实行有罪推定,被告人是诉讼客体,毫无诉讼权利,只是被拷问的对象。被告人一旦处于被追诉的地位,就必须承担证明自己无罪甚至是有罪的责任。在有罪推定的前提下,刑讯逼供也被制度化、合法化,被告人必须承担如实供述的义务。

由于国家追诉犯罪的强烈需求,其结果必然是国家权力因素在诉讼中占据主导地位,甚至法律没有授权的权力渗透程序中;与此对应,被告人有配合与忍耐的义务,只是消极地承受。刑事诉讼活动中,对被告人的审讯不公开进行。判决主要以被告人的口供笔录为依据,审判方式是书面的、间接的。

由于纠问式刑事诉讼模式没有采用控诉、辩护和审判三种基本的诉讼职能相互区分的机制,控诉职能虽然由国家承担,其主体却是行使审判权的裁判官,因而,控诉活动实际上已融入审判职能之中。虽然在中世纪后期的欧洲大陆出现了专司侦查和起诉的检察机关,但是法院仍然领导侦查、审查起诉,同样拥有追诉职能。因而,被告人作为诉讼客体不享有任何诉讼权利,在纠问式刑事诉讼模式中,控诉和辩护两种职能或被包容、或被排除,控辩平等根本无从谈起。这种立法、司法、行政诸权合一并以行政权为中心的权力格局,与当时封建集权专制的政治体制是相辅相成的。

正如梅利曼所言,这种纠问式诉讼模式最直接的结果便是刑讯逼供泛滥成灾,并进一步形成司法惯例和传统,同时结伴而生的是冤狱遍地,并导致社会公众对司法制度感到极度阴森可怕,进而招致普遍性的强烈不满。这种明显违背刑事诉讼规律的野蛮落后的司法制度,受到了新兴资产阶级的猛烈抨击,进而成为革命爆发的原因。[①]

(三)控辩平等原则之产生与演进

纠问式诉讼模式的控审合一、秘密审、刑讯逼供合法化、剥夺被告人辩护权、法定证据制度等特点决定了它的劣根性和非理性,这

---

① [美]梅利曼:《大陆法系》,顾培东、禄正平译,知识出版社1984年版,第149页。

与自由、博爱、平等为观念的资产阶级启蒙运动是背道而驰的。所以,伴随着反封建运动的风起云涌,一种新的刑事诉讼模式产生就成为必然。

从 17 世纪开始,以倡导"正义""人权""自由""博爱""平等"为核心内容的资产阶级革命不断在欧洲爆发,资产阶级革命者打出了彻底推翻封建专制统治、建立平等自由社会的进步主张。一种新型的混合式诉讼模式开始了向纠问式诉讼模式的宣战。各国资产阶级革命胜利后,在"扬弃"古代弹劾式刑事诉讼模式和封建纠问式刑事诉讼模式的基础上,根据各自国家的社会制度背景和法律文化传统,建立了特点有异的资本主义混合式刑事诉讼模式。概括而言,主要有以法国和德国为代表的大陆法系的职权主义的诉讼结构,以英国和美国为代表的普通法系的当事人主义诉讼结构和以日本为代表的兼采当事人主义和职权主义的混合式诉讼结构三种基本模式。

从各国的情况而言,一个国家采取何种刑事诉讼结构模式,取决于其价值取向。古今中外,任何一个国家在设计其刑事诉讼结构时,都不得不在惩罚犯罪与保护人权,实体公正与程序公正的价值目标间进行选择。职权主义强调社会安定和社会秩序,把国家和社会的利益作为第一位的选择,更注重惩罚犯罪。因此,在刑事诉讼中就限制辩护方的权利,在刑事诉讼结构中辩护方的地位就低于控诉方和审判方。当事人主义则强调个人尊严,个人利益至上,当个人利益与国家利益发生冲突时,优先选择个人利益,重视人权保障和程序公正。因此,在刑事诉讼中限制代表国家的控诉方和审判方权力,扩张辩护方权利,在刑事诉讼结构中辩护方的地位与控诉方、审判方完全平等。在混合式刑事诉讼结构中,是以当事人主义为主,还是以职权主义为主,则是根据各国的历史文化传统,社会治安状况,以及人权保护现状来确定。但是,在纠问式诉讼模式成为历史之后,无论采取哪种诉讼模式的国家,都克服了弹劾式诉讼模式不能有效追究犯罪和纠问式诉讼模式控诉与审判职能不分、被告人为诉讼客体、允许刑讯逼供之弊端,确立了国家追诉犯罪的模式,将控诉与审判职能分开各自由专门机关行使,赋予被追诉人以诉讼主体地位,逐步建立起控辩平等的诉讼模式。

在欧洲大陆,近世纪初期,在国家绝对主义思想支配下,纠问主义程序达到极盛时期。在刑事程序中,只根据被告之自白或者二人以上之证人的证言即可宣告被告有罪,并且允许为获取自白而进行拷问。该时代的代表性法律,是被称为"纠问主义时代的金字塔"的德国《卡洛林纳法典》。法国大革命之后,拷问被禁止,并且改采以国家追诉、控审职能分离、保障被告人辩护权为主要内容的诉讼制度。而在英美国家,当事人主义的诉讼构造早已有发展,刑事诉讼与民事诉讼一样,当事人在法庭上各自竭力进行攻击、防御,法院只是保证当事人公平地进行攻击防御之仲裁者且毋须主动查明事实真相,控辩双方当事人充分平等。①

英国刑事诉讼模式的转变发生在诺曼征服以后。与欧洲大陆国家不同的是,英国刑事诉讼模式没有经过从弹劾式到纠问式再到当事人式的转变过程,而是从弹劾式诉讼模式直接演变为对抗制的当事人主义模式。美国作为英殖民地,虽然独立战争使美国在政治上摆脱了英国的统治,但是在法律文化传统渊源上却难以割舍。英国法律中关于正当程序以及控辩双方特别是被追诉方诉讼权利的规定,也符合美国人民对自由、平等的崇尚。在美国的刑事诉讼制度中,虽然也借鉴了法国检察官制度的某些内容,但是,其刑事诉讼的基本构造还是以英国的对抗制为蓝本,表现出当事人主义的诉讼特征,强调被追诉人的权利保障以及控辩双方的平等对抗。

大陆法系国家在十六七世纪以前,因受国家绝对主义之影响,刑事诉讼中普遍采行纠问制度。但是法国在大革命以后,在借鉴英国的刑事诉讼制度的基础上,于1811年制定了《拿破仑法典》,建立了职权主义诉讼制度。一方面,在诉讼程序尤其是审前程序中保留了一些国家追诉犯罪的纠问式职权内容;另一方面,增加了诸多保障被追诉人权利尤其是在审判程序中保证控辩双方平等对抗的规定。欧洲大陆其他国家刑事诉讼制度的改革历程与法国基本相同,

---

① [日]土本武司:《日本刑事诉讼法要义》,董璠舆、宋英辉译,台北,五南图书出版公司1997年版,第13页。

法国刑事诉讼模式的转变也影响了欧洲一些国家刑事诉讼法的修改,如德国1877年的《刑事诉讼法典》即为例证。

日本在德川时代以前,实行纠问主义,明治以后接受了欧洲大陆法,并于明治五年(1872年)设立检察机关,规定检察机关有请求审判之权,但无进行审判之权。此时,立法虽然确认了审判机关只有检察机关追诉时才能开始审判,但是并没有当事人主义。至明治十三年(1880年)颁布的"治罪法",才规定了被告在法庭上有权委托辩护人等内容,大体上才采取当事人对等原则。其后明治二十三年(1890年)及大正十一年(1922年)先后制定的《刑事诉讼法》,也逐渐加强了当事人平等原则的实践。第二次世界大战以后,随着昭和二十二年(1947年)五月新宪法的施行,刑事诉讼法也进行了全面修改,该法采用英美法系当事人主义的诉讼构造,并在当事人平等原则的基础上采纳"起诉状一本主义",明定法官应该站在中立、公平的第三者立场,法官在不带有起诉书以外的任何预断下进入法庭,而且以检察官和被告、辩护人等当事人为中心进行攻击、防御来推动诉讼的进行,法院则居于使双方当事人按规则进行攻击防御的裁判员地位,明显地强化了被告的防御权。①

在我国,专制集权时间久长,清朝时期及以前均处于专制时代,统治者集行政权、立法权、司法权为一身,犯罪人是当然的诉讼客体,严刑拷打是天经地义之事,刑事诉讼模式是典型的纠问主义。自清末鸦片战争以后,随着国际来往事务的频繁增多,外国文化不断传入中国,在世界法律思想的影响下,开始变法修法。清朝光绪三年(1877年)颁行了我国第一个单行诉讼法规,除民事诉讼与刑事诉讼合为一体之外,其他内容也颇有备受诟病之处。宣统二年(1910年)修订法律馆起草了《大清刑事诉讼律》,但尚未及实行,清朝政府即被推翻。至民国十年(1921年)北京政府颁布《刑事诉讼条例》。民国十七年(1928年)国民政府公布《刑事诉讼法》,与《刑法》同时施行,不仅将"律"之名称改为"法",而且将近代刑事诉讼

---

① [日]土本武司:《日本刑事诉讼法要义》,董璠舆、宋英辉译,台北,五南图书出版公司1997年版,第14页。

的进步原则如辩护权等内容,均规定于其中。①

在现代混合式诉讼模式之下,无论是当事人主义诉讼模式还是职权主义诉讼模式,抑或兼采二者的混合式诉讼模式,都是在反对愚昧、专制、擅断,既保证有效地追究犯罪,又保障被追诉人权利的理念之下发展而来的。尽管诉讼模式各异,但对于被告人辩护权,被追诉人主体地位、控审分离等一系列体现控辩平等精神的原则,均予以立法确认。联合国也在相关文件中规定了相应之内容。例如1948年12月10日联合国大会通过的《世界人权宣言》,首次明确地确认了被追诉人接受公正审判的权利并围绕法院的中立和独立、无罪推定和审前保障界定了其内容。虽然一般观点认为《世界人权宣言》不过是一项政治性文件,并没有法律强制实施机制,但这一文件代表着把接受公正审判权利作为基本公民权利的首次世界性认可。自其通过之后,许多世界性、区域性和国家性机制确立了这一权利的法律内容。② 1966年12月16日联合国大会颁布的《公民权利与政治权利国际公约》就率先采纳了联合国公正审判原则。另外,1984年12月10日联合国大会通过的《禁止酷刑和其他残忍、不人道或有辱人格的待遇或处罚公约》,1985年11月29日批准的《少年司法最低限度标准规则》,1988年12月10日批准的《保护所有遭受任何形式拘留或监禁的人的原则》,1990年9月7日通过的《关于律师作用的基本准则》和《关于检察官作用的准则》等文件,均从不同的角度规定了控辩平等的有关内容。关于上述相关文件中控辩平等精神的阐论,详见本书第五章"比较法中之控辩平等"。

但据笔者考察,最早完整地体现控辩平等的基本精神的是19世纪早期英美法系国家盛行的"竞技司法理论"(Sporting Theory of Justice),根据这一理论,国家与被追诉者个人之间的刑事争端应由检察官与被追诉人通过平等的对抗或竞争来加以解决,为了在法庭审理时赢得最终的胜利,双方都有权独立地收集证据,任何一方都

---

① 蔡墩铭:《刑事诉讼法论》,台北,五南图书出版公司1999年版,第16—17页。
② Ana D. Bostan,"The Right to a Fair Trial:Balancing Safety and Civil Liberties", Cardozo Journal of International and Comparative Law Summer,2004.

无权强迫对方为自己提供进攻或防御的武器,否则就违反了公平竞赛或公平对抗的规则。

在大陆法系国家,19世纪末20世纪初产生的比例原则也包含了控辩平等的基本要求。比例原则的第三项子原则是相称性原则,基本含义是要求国家机关在追究犯罪时所采取的一切措施对被追诉人权利造成的损害不得大于该措施所能保护的国家和社会公益,这与控辩平等的基本精神是完全一致的。

欧洲人权委员会是最早提出并运用"平等武装"这一话语权的组织。在奥夫那与霍普芬格诉奥地利(Ofner and Hopfinger v. Austria)一案中,欧洲人权委员会在判决中指出:"检察官与被告人的程序平等(procedural equality)一般可称为'平等武装',这是公正审判的一项内在要素。"①因为欧洲人权委员会认为,案件的审理应当是对抗性的,而"平等武装"原则是这种对抗性程序的核心。它假设程序中的每一方当事人都应当拥有充分的机会陈述自己的案件,包括事实和法律上的内容,并且可以对对方提供的案情作出评论。② 在 Bulut 诉奥地利案的判决中,欧洲人权法院指出:"'平等武装'原则并不需要因程序上的不公正进一步导致可以量化的实体的不公正"。③ 1972 年第 12 届国际刑法协会大会上,讨论了刑事诉讼中控辩双方"平等武装"的主题。④

---

① Arpad Erdei, "Introduction: Comparative Comments from the Hungrian Perspective", in Comparative Law Yearbook, Martinus Nijhhoff Publishers, 1985, Vol. 9.

② Malgorzata Wasek-Wiaderek, Principle of "Equality of Arms" in Criminal Procedure Under Article 6 of the European Convention on Human Rights & Its Function in Criminal Justice of Selected European Countries, December 2000, Leuven University Press.

③ Malgorzata Wasek-Wiaderek, Principle of "Equality of Arms" in Criminal Procedure Under Article 6 of the European Convention on Human Rights & Its Function in Criminal Justice of Selected European Countries, December 2000, Leuven University Press.

④ 多数代表认为,平等武装应当成为刑事审判程序的一项必要特征,但不能完全适用于审前程序。例如有的代表认为:"至于审判前阶段,平等武装只能是从一个较广泛的意义上来理解……或许我们可以设想一下两个斗士之间的决斗,其中一个头戴盔甲,手握利剑,而另一个则只持有渔网和鱼叉。刑事审判前阶段也可以被比喻为打猎过程。而在猎手与猎物之间是谈不上平等武装的。" Arpad Erdei, "Introduction: Comparative Comments from the Hungrian Perspective", in Comparative Law Yearbook, Martinus Nijhhoff Publishers, 1985, Vol. 9.

在控辩平等原则产生和演进的过程中,大陆法系国家的控辩平等是伴随着人权保障运动的不断发展和被追诉人地位的日益提高而形成的。而普通法系国家的控辩平等则是从开始建立的形式上的平等,逐步发展为实质上的平等。对于此问题,本书将在以下内容中作专题论述。

四、小结

刑事诉讼是历史的产物,其发展历程可以说是从"弹劾主义"走向"纠问主义",再走向混合主义。纠问制度深受诟病的原因,主要在于法官独揽追诉审判大权于一身,欠缺监督制衡管道,同时,法官自行侦查追诉,本身就是原告之角色,根本不可能无偏颇之虞,更遑论公正客观之裁判。因此,为杜绝流弊,改革刑事诉讼制度将刑事程序拆解为侦查(追诉)与审判两阶段,由新创设的检察官主导侦查程序,原来的纠问法官之权力则被削弱为单纯之审判官,在侦查、审判两段分离的结构下,侦查结果仅有暂定的效力,案件罪责问题之终局确定,则由审判程序阶段来决定,自此法官被局限于被动消极的角色,刑事程序迈入现代诉讼之轨道。而控辩双方不仅其机会平等,且其地位亦对等。控辩原则应运而生。

控辩平等强调的是一种同等对抗、势均力敌的状态,揭示了在刑事诉讼过程中控诉和辩护双方的法律地位及相互关系。显然,控辩平衡这一命题是从属于刑事诉讼模式这一命题的。因此,控辩平等作为特定的研究命题的产生必然与特定的刑事诉讼模式密切相关。而从刑事诉讼模式演进历程来看,人类社会自从有了纠纷,就产生了解决纠纷的方式。原始社会最典型的解决纠纷方式就是无序的复仇。当人类文明发展到氏族、部落时代,根据纠纷性质或主体范围的不同,可以将纠纷分为部族外的纠纷和部族内的纠纷:外部的纠纷一般通过战争解决,而内部的纠纷在双方当事人之间不能自行解决时,由第三者加以裁决。这种由当事人双方和第三者共同解决纠纷的方式就是诉讼模式的雏形。

在诉讼发展史上,不同的历史时期存在不同的刑事诉讼模式;在相同时代,不同地区和国家的诉讼模式也不尽相同。因此,诉讼模式同其他社会制度一样,是动态的、发展的。它从非理性走向理性,从野蛮走向文明。从世界范围看,在漫长的人类社会历史进程中,刑事诉讼模式先后出现了弹劾式、纠问式以及混合式等基本类型。

人类社会早期,主要靠冲突主体的私力救济来解决纠纷。血亲复仇、决斗等残酷而充满血腥味的行为成为社会公认并予以接受的解决冲突的方式。暴力等同于司法,以武力对抗武力,以暴力还击暴力,成为当时解决争端的普遍方法。随着时间的推移,人们渐渐发现这种纠纷解决方式的劣根性,人们不断处于暴力死亡的恐惧和危险中,人的生活"孤独、贫困、卑污、残忍而短寿"。① 在理性的驱使下,人们不得不最终走到一起,相互达成协议,自愿地服从一个人或一个集体,相信他可以保护自己来抵抗所有其他的人,从而结成了政治国家,作为其中的一个必然的伴生物——用以解决社会冲突的法庭也就出现了。因此,人类跨进了由国家出面来解决刑事冲突的门槛。及至封建社会,统治者们对犯罪的性质发生了认识上的急剧转变,他们不再将犯罪看成仅仅是个人之间的私人冲突,而是意识到一切犯罪从根本上都是危害自身统治的行为,因此,加强国家对犯罪的追究和打击这一职能便成为必然。封建统治者们不仅将追究犯罪的权力从被害人手中收归国家,而且为了更有效地追究犯罪,还把侦查、起诉、审判三种职权交由法官一体行使。作为疯狂追求有效追究犯罪这一结果的代价,刑事诉讼在这一时期完全丧失了保障公民人权和自由这方面的价值。

资产阶级在革命和建立政权的进程中,为了迎合公民憎恶封建专制的心理和追求个人独立自由的愿望,巩固其在大众心目中的领导地位,以最终获得人民的支持,顺应历史潮流发展,大肆宣扬一系列"民主""自由""人权""正义"等进步理念,彻底抨击封建国家无限膨胀的权力对个人自由和权力的粗暴干涉,竭力鼓动公民个人充分地享有独立的意志和完全的自由。"个人主义"在这一历史时期发挥到了极致。在刑事诉讼中,便表现为强调作为辩方的公民不仅

---

① [美]霍布斯:《利维坦》,商务印书馆1985年版,第85页。

是诉讼主体,而且拥有与作为控方的国家公诉机关完全相抗衡的力量。控、辩真正成为诉讼中平等的对立方,享有相同的或对等的权力(利),作为裁判者的法官完全以对等的眼光来看待控辩双方,作为控方的国家机关在刑事诉讼这场博弈中没有任何的优越感,也不享有特权。

其后,随着经济的发展和社会的进步,现代文明越来越偏向对公民个人的人权和自由的关注。刑事诉讼作为国家为追究犯罪、惩罚犯罪而进行的最为严厉的活动,无疑最容易发生侵犯公民人权和自由的情况。随之而来的,现代人的视角也自然地转向了刑事诉讼这一领域。因此,资产阶级所创立的刑事诉讼制度中关于对人权和自由的保障不仅没有没落的迹象,反而在现代各国有加强和备受重视的趋势。控辩平等作为刑事诉讼文明进步的成果在现代社会中进一步得到了巩固。[①]

[①] 谭世贵主编:《刑事诉讼原理与改革》,法律出版社2002年版,第232页。

第三章 控辩平等之现代内涵

一、引子:两个判例之启示

关于刑事诉讼活动中的控辩平等,在美国的判例中,有两个案例值得评判剖析。

判例一

在美国 Geders v. United States 一案中,哥德斯(Geders)被指控犯有走私毒品罪。在此案件的审判过程中,他作为证人出庭,在法院宣布休庭之前已对他进行了一下午的交叉质证。在休庭之前,博格(Burger)法官同意了检察官禁止哥德斯在休庭期间与其律师进行接触的请求,将哥德斯予以隔离,而此前对控方证人却没有下达隔离禁令。在长达17小时的休庭期间,哥德斯的隔离禁令一直没有解除。哥德斯及其律师认为该法院违反了平等保护以及宪法第六修正案所赋予公民的寻求律师帮助的权利,上诉到联邦法院。联邦法庭陪审团判决被告犯有走私毒品罪。由博格大法官所签署的8-0的裁决中,法庭认为此项"隔离禁令"违反了宪法第六修正案所赋予公民的寻求律师帮助的权利,此种违反本质上是可以更改的,且没有任何证据表明此种偏见的存在是必要的。理由是法院以限制哥德斯权利的方式,以确保辩护律师不能"唆使"他在第二天早晨的交叉质证中作出虚假陈述,违反了宪法第六修正案所赋予公民的寻求律师帮助的权利。

在美国庭审制度中，有证人隔离(Sequestration)制度。隔离可被理解为"排除"(exclusion)或"分离"(separation)。在法庭常用的术语中，可理解为"依据规则安置证人"(placing the witness under the rule)或"援用规则"(invoking the rule)。证人出庭作证后，通常由初审法官下达禁令，证人退庭"隔离"，待需要他们作证时才让其重新出庭，且证人在"隔离"期间不得参与对法庭证言的讨论。

美国早期的隔离证人的实践①是通过组织证人作虚假陈述来促进查询事实真相的。当证人作虚假陈述时，则加大其虚假陈述曝光的概率。② 其理论基础在于，被允许驻留于法庭之上的证人会试着

---

① 据考证，隔离证人的制度源于如下的故事：一天，苏珊娜(Susanna)进入她丈夫的花园。有两个老人看见了她，然后过去对她说："我们爱你，因此请你答应我们，并与我们发生性关系。如果你不同意，我们就找证人证明你与别的男人有染。"苏珊娜没有答应。于是，第二天，当民众集合时，两个老人中的年长者说："我们在花园里独自散步时，这名妇女与两个仆人一块儿进来，关上了院门之后将两名仆人支开，然后一个隐藏已久的年轻人走近她并与之发生了性关系。这件事情我们可以作证。"议会相信了他们的话，因为他们是人们的长辈和享有很高的威望，所以判处苏珊娜死刑。一个叫丹尼尔(Daniel)的年轻人，对此事有疑问。他质问："你们这些人怎么能如此愚蠢，在没有查清事实真相的情况下就轻易地判处这名妇女死刑呢？将这两个人分开，我要一个一个对其进行询问。"最终两人很快露出马脚，因为他们对发生性行为是在哪种树下所作的供述不一致。于是，议会一致要求，要对两名说谎者施以严惩。(The Story of Susanna, The Apocrypha 246-48, M. Komroff ed. 1936, authorized version, 1611)

② 在 Dhammathat 也有一个类似的故事片，源于公元 1100 年印度法。不少争执双方都会为了纠纷的解决而去一个偏远村庄求教一个聪明的小男孩。其中有这样一个纠纷：三个乞丐指责第四个人偷走了他们委托给其保管的银币，而这个乞丐则坚持说是一条狗将包有钱币的手帕给抢走了。有四个证人证明钱确是被一条狗给抢走的，而实际上这四个证人与那名乞丐合伙将钱给分了。聪明的男孩儿将四个证人分开各有一段距离，并逐一询问每一个证人，狗朝哪个方向跑去了，是条什么颜色的狗。第一个证人回答是一条白狗朝东边跑去了，第二个证人则回答说是一条红狗朝南跑去了，第三个则说是一条黑狗向西跑去了，第四个证人说是一条斑点狗向北跑去了。最终，事实真相得以查明，钱币如数奉还。(J. Wigmore, A Panorama of The World's Legal Systems 230-32, 1936)美国法院的早期隔离案例，参见 Rainwater v. Elmore, 48 Tenn. , 1 Heisk. , 363, 364, 1870。诉讼当中的任何一方当事人都有权按照宣誓书中所载明的合理原因，要求法庭将对方证人隔离开，以免影响相互之间的证言。(Geders v. Unite States, 425 U. S. 80, 1976; C. Torcia, Criminal Evidence, 376 at 501, 14[th]ed. 1987)有关隔离如何更好地发挥防止证人作伪证的功能的阐述，参见 generally 6 J. WIGMORE, 1838。

将自己的证言说成与前面的证人相一致。① 像这样的虚假证词并非总是出于故意：若证人的记忆模糊且不完整，那么他是极有可能在不自觉当中受到前一个证人证言的影响。② 而当一个被隔离的证人作虚假陈述时，其必然与前面的证人的言辞不一致，就会增加矛盾出现的可能性。"隔离"禁令的目的是禁止被隔离的证人通过审判副本、媒体报道或是通过所有其他方法来知悉有关的证言。③

通常，在庭审中止时，一方会请求初审法庭对对方的证人进行隔离。在此种情况下，初审法官常常会对双方的证人均加以隔离，以体现裁判者对控辩双方的平等对待。但是，有的法官做到了，有的却没能做到。于是，就引发起当事人对法官平等保护的质疑。

达马斯卡把司法官僚结构分为等级模式与同位模式两种类型。他认为，同位模式结构由未受过法律训练的外行人组成法官，这些外行人只是临时在有限的时间内履行当局的职责，内部人和外部人的区分因而并不明显。④ 在这种同位模式结构之下，裁判者与控诉方不易形成职业认同意识，控辩平等的观念就会强化。

与之相对应，在等级模式的司法官僚结构下，职业化的官僚以及长时期的任职，均不可避免地导致专业化和程序化，而这些又导

---

① Rainwater,48 Tenn. (1 Heisk.) at 365. (拥有长期实践经验的律师不可能没有注意到，允许证人聆听他方证言的行为已严重干扰了司法公正) See also M. Graham, supra note 43,615. 1 at 595.

② 3J. Weinstein & M. Berger, Weinstein's Evidence p. 615[01](1988); 3D. Louisell & C. Mueller Federal Evidence 595-96(1979). 这种现象的一个清楚的解释出现在早期的美国案件：证人在一个诉讼中很容易变得游离不定。很可能他所见到的只是简单的文字攻击或是比武，但他也极有可能不自觉中就证明对方犯有严重罪行。在作证过程中，证人很可能会怀疑其记忆的准确性。他极易受到对方证人证言的影响，从而对自己的真实所见表示怀疑。Rainwater,48 Tenn. (1 Heisk.) at 365.

③ 3J Mclaughlin, Federal Evidence Practice Guide P13. 02[2] at 13-13(1989); see, e. g., State v. Steele,359 S. E. 2d 558,562(W. Va. 1987). ("证人隔离令包含有预防证人倾听法庭记录及前面证人证言的效用"。) Triton Oil & Gas Corp. v. E. W. Moran Drilling Co. ,509 S. W. 2d 678(Tex. Ct. App. 1974). (一个被隔离的证人阅读由观察员所做的法庭记录。)

④ Mirjan Damaška, The Faces of Justice and State Authority, New Haven and London: Yale University,1986,pp. 23-28.

致法官划定一个他们认为属于他们的领域的区域,并发展出内部之间自我认同的身份意识。逐渐地,内部人和外部人之间的区别变得严格化,从而外部人对程序的参与对法官而言变得无关紧要。① 在这种司法官僚结构之下,作为裁判者的法官由于和控诉方都是代表国家参与刑事诉讼的国家机构,加上控诉方查明案件真相的能力较强这一客观事实,法官在审判中往往容易形成与控诉方自我认同的身份意识,将控诉方当作"内部人",而将被告人及其辩护人视为"外部人",从而极易违背平等保护的基本要求。

当然,法官内心对于辩护律师的看法也会影响到其能否保持中立地位,进而影响到能否对控辩双方给予平等保护。这种担忧不无道理,美国联邦最高法院对 Perry v. Leeke 一案的审理即为例证。

判例二

南卡罗来纳州初审法院受理了黑人皮利(Donald Ray Perry)一案。21 岁的黑人皮利被指控为谋杀、绑架及性攻击的共犯。他的辩护人提出证据证明皮利并未直接参与拐骗或是谋杀,且其参加性攻击也是出于他人对其所进行的诱骗。庭审中,皮利出庭供述。在直接询问以后,主审法官宣布暂时休庭 15 分钟。离席之前,法官转向皮利的律师,命令他在休庭时不准与皮利进行接触。律师对此提出反对,告知法院不仅当事人有问题需要向其进行咨询,且作为一名辩护律师,其也有义务告知皮利他在交叉质证的过程中将享有哪些权利。主审法官以"国家公正"为由驳回了律师的反对意见。② 在皮利供述以后,他的妻子出庭作证,此时主审法官再次直接于交叉质证期间宣布暂时休庭,并命令他的妻子不得与任何人接触,包括皮利及其律师及其他任何人。皮利的律师再次表示反对:"以前的案子中还从未出现过此种情况。我再次提醒法官在法庭审判的

---

① Mirjan Damaška, *The Faces of Justice and State Authority*, New Haven and London: Yale University, 1986, pp. 18-22.

② 为了确保皮利及其律师不至于相互接触,法官将被告从法庭移至 36 平方英尺的无窗小房间进行"隔离"。小房间除了椅子别无他物,但皮利因为太紧张以至于不敢坐。直到审判重新开始时才有机会与他人说话。

过程中存在着某种偏见。"而在此前,法官在为至少3名证人举行听证时宣布过休庭。其中的两次休庭是直接于交叉质证中作出的,就像皮利的一样。然而,法官并未禁止控诉方与证人在休庭时进行接触。

初审法院判决被告罪名成立。皮利不服,上诉至南卡罗来纳州最高法院。南卡罗来纳州最高法院判决皮利罪名成立,并表示出其对辩护律师于休庭期间"教唆"被告人在交叉质证过程中进行虚假供述的可能性所存在的担忧。为了维护审判过程的"查明事实真相功能",法院作出结论:"一旦辩护律师在直接询问之后,请求法官休庭以便他与当事人在交叉质证开始之前进行接触的时候,法官应毫不犹豫地驳回律师的请求。"

皮利然后诉请联邦地区法院签发解交被拘押者到庭答辩令状,联邦地区法院撤销了判决,并判决15分钟休庭过程中的"接触"禁令确实是侵犯了被告人寻求律师帮助的权利,且当时无任何情形显示此种禁令是必要的。

此后,美国联邦第四巡回上诉法院撤销了地区法院的判决并认定皮利有罪。然而,法庭中的大多数意见既不完全赞成南卡罗来纳州最高法院的判决,也并非完全不同意联邦地区法院的判决。联邦第四巡回法院最终认定即便法官的"接触"禁令符合地区法院所举原因而构成违宪,但被告必须证明因此而产生了相应的偏见,然而没有。

最终,此案由联邦最高法院作出判决,在一份6∶3的投票中,美国联邦最高法院认为15分钟休庭过程中介于直接询问与交叉质证中的"接触"禁令并未违反宪法第六修正案赋予皮利享有的寻求律师帮助的权利。①

本案中,美国联邦最高法院认为,虽然宪法第六修正案所赋予皮利面对控方的权利使初审法官无权强制其退庭,但法官对其与他

---

① Perry v. Leeke,488 U. S. 272,284-85(1989). 在这份6∶3的投票中,法官史蒂文斯(Stevens)、伦奎斯特(Rehnquist)、奥康纳(O'Connor)、斯卡里亚(Scalia)、怀特(White)、肯尼迪(Kennedy)投了赞成票,马歇尔(Marshall)、布伦南(Brennan)及布莱克姆(Blackmun)投了反对票。

人接触进行限制还是较为合理的,而且,南卡罗来纳州初审法院与南卡罗来纳州最高法院均认为刑事辩护律师会将在交叉质证之前的休庭过程中对当事人进行"唆使"。论及"隔离"规则,法院宣称:"该条规定的合理之处就在于增加被告依据自己独立回忆提供证言的可能性"认为"未在直接询问与交叉质证阶段向律师寻求帮助的证人与利用休庭期间寻求律师帮助的证人相比更容易帮助发现事实真相"。① 其实,初审法官只是基于"辩护律师会进行非法唆使"这样一种假设而发布"接触"禁令,是法官内心对刑事辩护律师的不信任。

不难看出,南卡罗来纳州初审法院与南卡罗来纳州最高法院对此类案件的裁决不是基于一种假设,即在彻夜的休庭期间辩护律师与代理人之间的对话,不同于在短暂休庭时双方所可能交谈的内容。在彻夜的休庭期间,辩护律师和当事人会对一系列与辩护有关的话题展开讨论,包括传唤何位证人,应审技巧,甚至会涉及进行辩诉交易的可能性问题。② 然而在一个短暂的休庭期间,法院推定只可能会讨论与交叉质证相关的问题。③ 所以,法庭认为,皮利一案中的初审法官在交叉质证前的休庭期间禁止被告与其辩护律师进行接触是出于其他的目的,这将有助于防止辩护律师唆使其当事人在交叉质证中作虚假陈述或误导性陈述。

---

① Jay Sterling Silver, "Equality of Arms and the Adversarial Process: A New Constitution Right", *Wisconsin Law Review*, July, 1990/August, 1990.

② Jay Sterling Silver, Equality of Arms and the Adversarial Process: A New Constitution Right, *Wisconsin Law Review*, July, 1990/August, 1990. In Mudd v. United States, 798 F. 2d 1509 (D. C. Cir. 1984), 一位法官下令被告和他的律师不得在休庭期间谈论证词,在判决禁令违了第六修正案时,法庭提到,有足够多合理的理由能说明被告及其辩护律师直接于交叉质证间歇中进行协商是合理的:被告的律师也许想警告被告有关自证其罪的某些问题,或者是为了避免被告排除证据的一些问题,再者,被告也可在行为方式或是说话风格上得到一些律师的忠告。法官斯卡里亚(Scalia),哥伦比亚上诉法庭的成员之一,同意结果,但伦奎斯特(Rehnquist)法官在皮利一案中的判决:"我不会涉及任何有关禁令是否违反第六修正案的问题。"

③ Perry, 844 U. S. at 284. Jay Sterling Silver, "Equality of Arms and The Adversarial Process: A New Constitution Right", *Wisconsin Law Review*, July, 1990/August, 1990.

这种想法是一点儿根据都没有的,完全基于法官的假定。① 因为在彻夜的休庭期间所谈论的话题也同样可能在短暂的休庭期间进行。事实只可能是律师及其当事人之间讨论的时间越少,越可能会优先讨论法庭陈述问题,但这并不意味着其他事项就不会被涉及。而且,休庭时间越长,无职业道德的律师会更加有效地唆使当事人为某些不良行为。

马歇尔法官的观点旗帜鲜明。马歇尔认为,既然寻求律师帮助的权利适用于"诉讼的任一关键阶段",那么在交叉询问这样一个重要阶段对被告进行接触限制显然是违反宪法第六修正案的。马歇尔法官在他对哥德斯一案的意见中写道:"如果我们的对抗制诉讼按照最初的设计运行。我们就能够相信,律师们会有效注意其作为法律工作者的义务,注意其对当事人的义务。"②相应地,推测皮利一案中的辩护律师会利用休庭机会不讲职业道德而对其当事人进行"唆使"(coach),明显表明法庭并非是真正相信对抗制的功效。所以,南卡罗来纳州最高法院一些持不同意见的法官也劝他的同事(主审法官):"假如允许剥夺被告在休庭期间与其律师进行接触的权利的话,这无疑将是对刑事司法正义的最大破坏,如辩护律师们会唆使当事人在宣誓过后依然作虚假陈述。"

事实上,在 United States v. Allen 一案中,共同被告进行陈述之间有多次休庭,第四巡回法庭注意到,并非是基于律师的表现……大部分律师还是能够明确其作为法律工作者的义务,并扮演好各自在追求正义过程中的角色。

皮利一案中初审法官对控辩双方的不同处理则完全违背了平等武装原则。在休庭期间法官命令将证人带出法庭,不允许其与辩护律师进行交谈,且将他关押在一较小的空房间里。另一辩方证

---

① Jay Sterling Silver, "Equality of Arms and The Adversarial Process: A New Constitution Right", *Wisconsin Law Review*, July, 1990/August, 1990. 对于皮利一案,多数人观点认为难以推测。法院假设,一名辩护律师可能会不道德地唆使其客户,律师和客户在休庭期间只能就证词部分展开讨论,证人的诚实度与他的情感不安度直接相关,且对证词的讨论很容易与其他与审判有关的事项区分开来。

② Geders v. United States, 425 U. S. 80, 93(1976).

人,皮利的妻子,也被禁止与其丈夫或是律师进行协商。然而,控方证人则受到了完全不同的对待。尽管有至少三个证人证言被休庭打断,但无一证人被命令带出法庭或是禁止与控方进行协商。因此,这些对辩方所作的限制都使辩方处于一种弱势地位,皮利被禁止与辩护律师进行协商,阻碍了其有效实现其案件辩护,同时还使得被告无法得到有关如何实现其在交叉质证中权利的建议。① 初审法官还以另外一种方式而破坏了诉讼平衡。表面上,刑事诉讼中的被告有坐在辩护律师身边并与其进行协商的优势。为了平衡这种优势,联邦证据规则②规定了"特殊人员"规则,即允许检察官选定一个人坐在控席之上并与其进行协商,此人通常是最熟悉案件的执法人员。当然,在休庭期间也是可以的。然而,在允许控方与公诉人员进行协商的同时却禁止被告及辩方律师之间进行交谈,法庭明显破坏了控辩双方之间的平衡,从而使辩方处于明显不利的地位。

圣托马斯大学法学系助理教授简·西尔弗(Jay Sterling silver)称,他在北卡罗来纳州的几百小时的刑事诉讼记录中看到:检察官与几名控方证人(通常是身着制服的警备人员)在休庭期间与法官进行交流的现象是十分普遍的……通常情况下即便是在休庭期间陪审团成员也是坐在原地不动的。而辩护律师此时则很可能正忙于思考如何举反证或是与下一个辩方证人进行讨论,因此极有可能忽视了控方与法官之间的接触行为。③

人们不禁拷问,既然法官不信任辩护律师,必然对对抗制诉讼能否有效运作也持怀疑态度,因此法庭会面临一个困境,在它所作的每个有关被告人权利的决定时它都会遇到:法庭一方面得承认对抗制诉讼中不信任因素的存在;另一方面法庭需要严格遵守诉讼基

---

① 例如,在回答对方律师问题之前,应允许检察官提醒证人其应当允许律师提反对意见。See Mudd v. United States,798F. 2d 1509,1512(D. C. Cir. 1984).

② 联邦规则阐明,这样做的好处包括"辩护律师与当事人在审判期间可进行协商"。

③ Jay Sterling Silver, "Equality of Arms and The Adversarial Process: A New Constitution Right", *Wisconsin Law Review*, July,1990/August,1990.

本原则,①其结果必然会使法官的工作痛苦不堪,这在逻辑上也是相悖的。

伦奎斯特(Rehnquist)担任最高法院的院长时期,国会权限受到法院限缩。其对皮利所颁发的"隔离"禁令(ban on communication)与美国联邦证据规则的起草者所具有的程序公正理念及大多数意见是存在较大分歧的。该法院由于缺乏对抗制诉讼的信任及对其运作方式的深刻理解,而侵犯了美国宪法第五、第六与第十四修正案所赋予被告的权利。案中的"接触"禁令违反了控辩平等原则,未能领会"被告对质条款"(the confrontation clause)的精神②侵犯了被告寻求律师帮助的权利,这与正当程序要求是相悖的。至少在多数州的立法机关是这样看的。③

简·西尔弗(Jay Sterling Silver)认为,伦奎斯特法院对于对抗制诉讼的态度威胁到所有依据权利法案而赋予被告的传统的程序保护,不再仅仅是皮利一案中对控辩平等的破坏。④ 在美国法律传统上,对很多权利进行救济的方法是通过个案进行保护,然后再对各个案件进行扩大解释。然而,如果法院对于对抗制诉讼持怀疑态度,且对其运作方式缺乏深刻理解,必然导致在诸多判决中对控辩双方平衡造成破坏。

上述两个判例告诉我们,控辩平等不仅仅是一项抽象的诉讼原则,在刑事诉讼活动的具体运行中,用实体法律和程序规则处断鲜活的个案,同样处处凸显控辩平等的灵魂。

在笔者看来,控辩平等从内在的权力(利)配置原则上要求,应当具备平等武装和平等保护,其中,平等武装所追求的是一种实质

---

① Jay Sterling Silver, "Equality of Arms and The Adversarial Process: A New Constitution Right", *Wisconsin Law Review*, July, 1990/August, 1990.

② 被告对质条款(the confrontation clause)之设计,主要系为平衡传闻法则(the hearsay rule)之适用,即让被告有机会就指控其犯罪之证人进行交叉询问(cross-examine)及让陪审团有机会判断证人证词之真实性。

③ Jay Sterling Silver, "Equality of Arms and The Adversarial Process: A New Constitution Right", *Wisconsin Law Review*, July, 1990/August, 1990.

④ Jay Sterling Silver, "Equality of Arms and The Adversarial Process: A New Constitution Right", *Wisconsin Law Review*, July, 1990/August, 1990.

的平等,平等保护所追求的是一种形式的平等;控辩平等从外在的权力(利)行使目的上规范,应当包含平等对抗和平等合作,其中平等对抗是手段和现象,平等合作是目标和本质。

简言之,从本体意义上研析,控辩平等应当含有平等武装、平等保护、平等对抗和平等合作之意。以下分而述之。

二、平等武装

"平衡方能永葆公正"(A Just Balance Preserves Justice)。[①] 而确保平衡的最直接的途径是确认平等武装原则。前已述及,"平等武装"这一概念,最早为欧洲人权委员会所使用。其后,1972 年举行的第 12 届国际刑法学大会上首次以"平等武装"为题对在刑事诉讼中控辩双方诉讼地位的平衡问题进行了探讨。而现在,"平等武装"一词已被广泛用来描述控辩双方之间对等的程序权利义务关系。平等武装是从立法上对控辩双方之权力以及权利的配置层面而言的,它要求在立法上赋予控辩双方平等的诉讼权利和攻防手段。

(一)平等武装之根据

1. 单向当事人诉讼地位

在现代诉讼制度之下,当事人之间的"平等武装"应当是完全的、真正的、不存在任何例外的平等。但是由于其犯罪者(被追诉人)自身的特性,决定了完全的"平等武装"是不可能在刑事诉讼中实现的。与民事诉讼相比,刑事诉讼中当事人的地位是不能改变的。被告人可以为自己辩护,但是他在诉讼的特定时刻不可能充当检察官,而在民事诉讼中,提出反诉是完全允许的。此外,如果被告人败诉,将面临被判刑的风险,有时甚至是很严厉的刑罚,而检察官不可能被判刑。刑事诉讼中只有控方才有权对被追诉人施加各种强制措施,只有被追诉人才可能由于未决的审判而被羁押,而被追诉人既不可能对控方采取任何强制措施,也不可能羁押控方。这些例子可以说明刑事诉讼的特性以及参与其中的当事人之间地位上

---

① *Latin Proverb*,reprinted in W Benham,Book of Quotations,6126(1948).

本质的不平等。①

　　从诉讼的法治理念上讲,控辩平等不应当受到质疑。国家诉讼权的出现使得控辩平等观念受到了严重挑战。从根源上看,国家控诉权一方面源于犯罪行为上升为对社会的危害,国家成为实质上的原告;另一方面源于犯罪活动具有极强的隐蔽性与报复性,需要国家依据强大的力量查明犯罪人,采取强有力的控制措施。基于此,在控辩双方的地位上,认为公诉高于辩护的主要理由有二:其一,国家利益高于个人利益的前提决定了代表国家利益的控诉权高于代表个人利益的辩护权;其二,控诉方代表国家为了有效发现控制犯罪所必须拥有的庞大资源是被告人个人无法也不可能拥有的。

　　由国家利益高于个人利益的前提推导出代表国家利益的控诉权高于代表个人利益的辩护权的结论,显然是一个悖论。控辩关系设计是一个程序问题,国家利益与个人利益之孰高孰低是一个实体问题。程序设计只考虑如何在排除程序义务人主观随意性和各种外在关系的影响的前提下,实现证据判断、认定事实和适用法律的客观、公正,而不考虑程序义务人背后代表的是谁的利益。而且从另外一个意义上讲,如果程序按照义务人代表的利益设计,那程序法定就变得毫无意义了。除此之外,按照洛克的观点,人们在订立社会契约时,之所以把一部分权力交给社会,由立法机关按照社会利益所要求的程度加以处理,也只是为了用来为他们谋福利和保护他们的生命、自由和财产。社会成立立法机关行使自己的权力,也必须符合这个重大的和主要的目的,否则就叫作超出了公众福利的需求,人民有权进行反抗。② 国家利益的根本是为了实现个人利益,个人利益是国家利益的具体形式。虽然在某种意义上,国家利益优

---

① E. Muller 指出,对刑事诉讼中的平等概念不能做绝对的理解,否则就会得出荒谬的结论,这一点笔者完全同意。例如,完全的"平等武装"将意味着,如果允许警察在调查中使用秘密调查员或调查机构,那么被告人也应当可以选择同样的方式,这在现实中是不可想象的。Malgorzata Wasek-Wiaderek, *Principle of "Equality of Arms" in Criminal Procedure Under Article 6 of the European Convention on Human Rights & Its Function in Criminal Justice of Selected European Countries*, December 2000, Leuven University Press.

② [英]洛克:《政府论》,叶启芳、瞿菊农译,商务印书馆1964年版。转引自马贵翔:《刑事诉讼对控辩平等的追求》,载《中国法学》1998年第2期。

于个人利益,需要个人利益对国家利益的牺牲,但是国家利益只不过是实现个人利益的手段,国家政治法律的终极目标就是实现个人幸福安康。

由于控诉方代表国家为了有效发现控制犯罪所必须拥有的庞大资源是被告人个人无法、也不可能拥有的,而推定出控诉权高于辩护权则更为荒谬。犯罪活动的隐蔽性与复杂性使得需要赋予控诉机关强有力的司法资源和权力成为必要的,基于对犯罪的控制面对犯罪嫌疑人采取强制措施(包括羁押)也是所需,然而,此均不能成为控诉权高于辩护权的理由。而且,恰恰相反,正是因为行使追诉权的一方是以国家强制力为后盾并掌握巨大的司法资源的国家机关,被追诉人处于极端不利的地位,而且往往被羁押,双方力量对比悬殊,所以才扩大被追诉人的权利,减少其义务,同时加大控诉方的义务,限制其一定权力,以实现二者的均衡。

2. 控诉权之国家属性

从诉讼构造之本原上考察,控诉方诉讼力量具有先天强大,被追诉人的诉讼地位具有"先天不足"的特征,控辩力量的先天失衡是刑事追诉活动"娘胎"里带出来的。这主要是因为:

第一,刑事追诉活动中原始的有罪推定观念,决定了被追诉人诉讼地位的"先天不足"。有罪推定与无罪推定是相对而言的。在贝卡利亚没有提出无罪推定原则之前的漫长岁月中,刑事追诉活动中的有罪推定占据中心和主导地位。被追诉人是刑事诉讼的客体、秘密审、没有辩护权、刑讯逼供合法而制度化、被告人负有举证责任等,无一不是有罪推定的"功勋"即使在资产阶级革命胜利后,无罪推定原则被写进了宪法、法律甚至联合国文件后的若干日期,人们对有罪推定也仍然是念念不忘。我国1996年《刑事诉讼法》修改前关于无罪推定原则的几次大讨论、修改中关于是否规定无罪推定原则的激烈争论、修改后的《刑事诉讼法》第12条"未经人民法院依法判决,对任何人都不得确定有罪"是否是无罪推定原则的争议,即是例证。① 几千年来,在人们的固有观念中,警察是"无事不登三宝殿","为什么不抓别人就抓你",调查、讯问似乎是证明被追诉人有罪而进行的补充性活动。在这种根深蒂固的有罪推定观念之下,警察抓"小偷"就像"老鹰抓小鸡"一样,被追诉人的诉讼地位谈何平等?

第二,刑事诉讼证明活动的复杂性,决定了控诉方诉讼力量的先天强大。要解决纠纷,就要查明事由,尤其是通过诉讼方式处理纠纷,其诉讼证明过程是一个必然,而这个诉讼证明过程显得具有相当的复杂性,刑事追诉活动的诉讼证明尤其如是。换言之,诉讼纠纷活动的证明过程复杂于一般纠纷解决,刑事诉讼活动的证明过程又复杂于其他诉讼纠纷活动的证明过程。刑事诉讼证明活动必须围绕着犯罪人的行为是否存在,即其与犯罪事实之间的关系这一核心问题而进行,即使是被扭送以及犯罪嫌疑人自首的案件,也必须查明犯罪事实是否存在及其与犯罪嫌疑人之间的关系,相对于民事诉讼、行政诉讼而言,后者诉讼证明的核心在于对事实作出评价,明确纠纷双方在同一事实中各自应当承担的责任,进而确定其权利义务关系的分配,而纠纷事实是否存在的证明则相对简单。民事诉讼活动侧重于依据民事实体法的规定明确双方的权利和义务,行政诉讼活动侧重于对具体行政行为的合法性予以审查,而刑事诉讼活动追诉犯罪的复杂性就必然要求控诉方拥有强大的力量,以保证刑事追诉活动的成功。

第三,控制犯罪行为的现实危害性和预防犯罪人的潜在危险性,决定了被追诉人诉讼地位的"先天不足"和控诉方诉讼力量的

---

① 只要看一下当时国家重要报纸、期刊上登载的一些著名学者的文章的标题,无罪推定原则在中国的道路是何等艰辛即可略见一斑。1957 年 12 月 13 日,《光明日报》刊登了吴磊、王华两位学者的文章,题目是《驳"无罪推定"论》;1958 年《法学》第 1 期,刊登了张子培先生的文章,题目是《驳资产阶级"无罪推定"原则》;1980 年《法学研究》第 4 期,刊登了陈光中先生的文章,题目是《应当批判地继承无罪推定原则》;1982 年《中国社会科学》第 4 期刊登了宁汉林先生的文章,题目是《论无罪推定》;1983 年《中国社会科学》第 5 期刊登了林欣先生的文章,题目是《"无罪推定"还是"无罪假定"》;1997 年《法论》第 3 期,刊登了杨安军等的文章,题目是《修改后的刑事诉讼法确立了无罪推定原则吗》。关于此问题的专论详见王敏远:《刑事司法理论与实践检讨》,中国政法大学出版社 1999 年版,第 3—33 页。

先天强大的二元现象并存。国家追诉活动的一元目的是控制犯罪,二元目的是预防犯罪。由于犯罪行为发生后的现实危害性,以及被害方惩罚犯罪的强烈欲望,加之犯罪人继续犯罪、隐匿证据、逃避处罚等潜在危险性的存在,国家追诉机关对被追诉人采取未决羁押措施就有了一系列的正当化理由,而正是控诉方对被追诉方强制措施的使用,直接造成了双方诉讼地位的先天失衡。当今世界多数法治国家对被追诉人的羁押措施是由法官批准决定的,如我国尚由控诉方批准决定对被追诉方采取强制措施,且将被追诉人羁押在侦查机关管辖之拘禁场所,控诉方与被追诉人双方诉讼地位的先天失衡尤为剧之。

通过上述分析,完全可以得出这样一个确定性的结论:纠正和改变控辩力量先天失衡状况的路径唯有刑事诉讼权力(利)和义务的理性配置——平等武装。

(二)平等武装之内容

仅仅从形式意义上看,平等武装并不是现代刑事诉讼的专利。在古代的弹劾式诉讼模式下,甚至在原始的纠纷解决方式中,就已经有了平等武装的雏形。

"在这一天当中,我既没吃的、喝的,手上也没有骨头、石头、野草,也不会施任何的魔法与巫术……"①正是这样,原告与被告身穿铠甲,手中挥舞着短棒,骑上各自最好的战马向对方冲去,为了各自的生命而搏击。比赛开始于破晓,直到其中的一位被杀而停止。在宣布"胆小鬼"这个象征着耻辱与谩骂的词或等"星星出现在夜空之后",正义终得到实现,主审法官遂作出适当判决。②

与我们现有体制一样,通过搏击方式进行的远古时期的普遍法审判考验其实是一种对抗制的发现事实真相的过程:在搏击过程

---

① W. Blackstone:《英国法律评论》(英文原版),第340页。
② "胆小鬼"一词意为乞示宽恕,在崇尚骑士精神的时代是为人所看不起的。Jay Sterling Silver, "Equality of Arms and The Adversarial Process: A New Constitution Right", *Wisconsin Law Review*, July, 1990/August, 1990.

中,神父的介入是为确保对作伪证一方进行惩罚。① 一系列刚性规则确保任何一方竞争者都不会拥有相较于另外一方更好的装备优势。任何一方均"身穿铠甲,脚穿红色的便鞋,膝盖以下光腿,头上不戴任何东西,从手至肘皆为裸露,每人均手持一厄尔长的木棍以及一个四角的皮粑子……"②

文明的司法制度最终代替了搏击及其他的严酷考验,③但作为原始的搏击审判(trail by battle)补偿特性(redeeming feature)的平等武装原则则被保留下来,该项原则要求,在法庭上进行辩论的双方并不要求具有同样的技巧与智力,但从赋予双方形成并陈述各自立场的程序正当性权利而言,双方均须得到平等的武装。对抗制诉讼中此项公正和效率的根本要求在过去并未能被人们清楚认识。就像我们前面所提到的搏斗双方应当全副武装一样,参与庭审的控辩双方也应具有平等的法律武器(be equally armed for combat)。假如没有的话,司法正义将会是第一个牺牲品。④ 当然,这种司法制度是建立在以下这种假设之上的:真相极易通过积极的辩论者之间的较量而得到澄清。

1. 诉讼地位与权利对等

从本原意义上讲,平等武装意味着立法应当为控辩双方提供同等或者对等的攻防手段,这就要求法律赋予控辩双方同等或者对等的诉讼权利和义务,以使控辩双方能够真正平等、有效地参与诉讼,

---

① W. 霍兹伍丝:《英国法史》(1969年版),第310页。诺曼征服者将这种早期的审判形式引入盎格鲁—撒克逊(Anglo-Saxon law)司法体系中。(盎格鲁—撒克逊法律是指从6世纪直到诺曼人1066年征服英国后在英国流行的一批法律。)决斗是一种检验当事人双方或证人诚实与否的一种手段,通常用于重罪及所有权的纠纷上。此种决斗式的审判方式直到19世纪才正式消失。参见 G. 尼尔森:《决斗型审判》(1890年英文原版),第31—32页。

② 棍棒在底部有一挂钩,挂钩要么由动物头角构成,要么由铁器构成。此种棍棒形似战斧,长度超过一厄尔(此为旧时的量布单位,约合三英尺)。参见 F. 梅兰德:《最后的审判日》。皮粑子则为一皮盾。参见 G. 尼尔森:《决斗型审判》(1890年英文原版),第158页。

③ 对于其他考验的描述可参见 W. 布莱克斯通:《英国法律评论》(英文原版),第342—343页。

④ Jay Sterling Silver, "Equality of Arms and The Adversarial Process: A New Constitution Right", *Wisconsin Law Review*, July, 1990/August, 1990, p. 19.

促进纠纷的解决。这种平等性具体表现在,在侦查阶段,侦控方可以调查、收集证据,犯罪嫌疑人及其辩护律师也有权调查、收集对自己有利的证据;在审判阶段,控方有权向法庭提供物证、询问证人、质证,被告人及其辩护律师也有权向法庭出示物证、询问证人、质证。但是,以调查取证权为例,我们到现在也还无法要求为确保控辩平等而专门设置一个以国家资源为保证、以强制力为后盾的为辩护服务的侦查机构(这并非代表将来),所以,就产生了另外一种思维下的平等武装模式——增加控诉方的义务,加大控诉方的控诉难度;扩张被追诉方的权利,减少被追诉方的义务。于是,无罪推定、沉默权、辩护权、证据开示、非法证据排除规则等就产生了,构成了控辩平等的一系列配套规则和制度。

2. 诉讼责任与义务衡平

无罪推定原则除去对被追诉人人权保障的本体意义以外,无疑加大了控诉方的控诉难度。因为,在无罪推定原则之下,下位原则就是证明责任的控方完全承担和证明标准的"无合理怀疑"(beyond reasonable doubt)以及禁止刑讯逼供。

沉默权是赋予被追诉人的一项消极性防御权利。基于平等武装的要求,既然控诉方享有侦查讯问、调查取证等攻击性权力,那么被追诉人也应当享有与之相对应的防御性权利。"你可以问,但我可以不说",在口供证据的获取上,就是一种平等武装。

辩护权是与无罪推定和沉默权这种消极防御权利不同的积极性权利。控诉权与辩护权本质上都是一种诉权,即请求法院对于纠纷予以裁判的权利。由于被追诉人不同于精通法律的控方,加之人身自由往往受到限制,难以展开有效的证据调查和收集活动,因此,被追诉人的辩护权既可以自己行使,又可以聘请律师为其辩护,并且在被追诉人无力聘请的情况下,国家还应当承担为其指定辩护律师之义务。

证据开示是在辩护方收集证据的能力(权利)无法与控诉方匹敌的情况下,为保证平等对抗,而必须赋予辩护方的案件知悉权。当然,在实行卷宗移送主义的国家,辩护方的案情知悉权另有途径保障。在不实行卷宗移送制度的国家,如果也没有证据开示制度,控辩双方的"决斗"只能是"弱肉强食",绝不可能是平等对抗。证据开示制度或者卷宗移送制度要求控诉方不得利用其国家司法资源优势而不公平地处于审判上的优势地位。

平等武装不仅要实现形式上的平等,还要做到实质上的平等。"一个社会在面对因形式机会与实际机会脱节而导致的问题时,会采取这样一种方法,即以确保基本需要的平等去补充基本权利的平等,而这可能需要赋予社会地位低下的人以应对生活急需之境况的特权",①或者提高社会地位优势的人以实现目的的义务和标准。非法证据排除规则即是通过对控方证据调查手段的限制和约束来平衡控辩双方之间在调查取证能力上的差异。

平等武装不仅适用于审判程序,而且必须适用于审前程序。因为审前程序是审判程序的基础,且审前程序较审判程序被追诉人的诉讼地位更容易受到漠视,控辩双方的力量对比差异更大。

需要指出的是,平等武装既不是一项完美的原则,也不是绝对意义上的给控方"一支卡宾枪",同时也给辩方"一支卡宾枪",而是力量的一种相对均衡。美国联邦法院第二巡回法庭在 United States v. Turkish 一案中,已经注意到了平等武装相对性问题。在 Turkish 一案中,控方通过免责授权而获取了证言,但潜在的辩方证人却未能得到此种授权。被告对此进行上诉,认为此种不平等授权侵犯了其所享有的宪法第五修正案所赋予的权利。在维持原判时,第二巡回法庭声称,"刑事诉讼不同于民事诉讼,它并非是一次对等的诉讼"。② 法院解释说,控辩双方都各有其独特优势,因此相互抵消。例如一方面,控方拥有广泛的国家调查资源是辩方不可能享有的;另一方面,辩方依据宪法所受到的保护对于控方来说是不可能享有的。③ 法院认为,"在刑事调查与刑事审判中,控方与辩方扮演着天

---

① [美]博登海默:《法理学——法律哲学与法律方法》,邓正来译,中国政法大学出版社 1999 年版,第 557 页。
② United States v. Turkish,623 F. 2d Q769,774(2d Cir. 1980).
③ 最高法院一再注意到单反优势的存在及对全面平衡的需要。Lee v. Illinois,476 U. S. 530,540(1986);William v. Florida,399 U. S. 78,111-12(1970);United States v. Ash,413 U. S. 300,309(1973)等案件。

然不同的角色,拥有着不同的权力及权利,平等武装并非一项完美的原则"。①

有学者针对 Turkish 一案也认为:没有人会对刑事审判中双方应受到平等对待而持异议。但是那种认为我们现有的刑事审判制度已经能够给予控辩双方平等的观点是站不住脚的。现有的制度虽然是对抗制,但它的运作只是基于这样一种假设:通过承认控辩双方所存在的不同点即可实现公正。②依据逻辑及第二巡回法庭的裁决,我们制度中的公正是靠控方所拥有的广泛资源与辩方所享有的宪法性保护之间的总平衡所造就的。要想在每项程序性权利之中为控辩双方寻求平衡,既不可行,也无必要。诚然,控辩双方确实是享有各自的独特优势,且公正的实现也并非完全是依靠整体上的平衡。然而平等武装原则并不是寻求改变此种平衡。例如,如果给控方反对自证其罪的权利很显然是不符合逻辑的,且剥夺被告的此种权利也是不公正的。同时,为每位被告提供一位侦探或是犯罪实验室是不可行的。同样,对控方使用此种资源进行限制也是不能为社会所接受的。然而,平等武装权所适用的领域并非是这些为与控方享有广泛资源相抗衡而设置的交叉性宪法性权利。相反,它的使用目的在于使双方具有平等的陈述案件的权利。③所以,任何一种不平衡都将是漫无目的与令人难以忍受的,就像如何打动陪审团、交叉质证、出示证据等,这些程序性权利设置都应当在对抗平衡中得以体现。

三、平等保护

从逻辑关系上看,平等武装作为一项立法要求,为实现控辩平等制定了平等的条件,而平等保护作为一项司法原则,为控辩平等的真正实现提供了均等的机会。控辩平等原则在刑事诉讼大厦中

---

① Turkish,623 F. 2d at 774-75.
② Goldwasser,"Limiting a Criminal Defendant's Use of Peremptory Challenges: On Symmetry and the Jury in a Criminal Trial",102 *Harv. L. Rev.* 808,825-26(1989).
③ Jay Sterling Silver, "Equality of Arms and The Adversarial Process: A New Constitution Right", *Wisconsin Law Review*,July,1990/August,1990.

之架构,必须依靠立法上之平等武装和司法上之平等辩护的紧密配合与链接。

(一)平等保护之根据

古罗马时期指导诉讼进行的"自然正义"原则主要包含两个方面的内容:其一是指"任何人不得作为自己案件的法官"(memo judex in partesuah),其二是指纠纷解决者"应当听取双方当事人的意见"(audi dHernbaml)。在笔者看来,"应当听取对方当事人的意见"就是对平等保护原则的直接阐述。美国学者戈尔丁也指出"纠纷解决者不应有支持或反对某一方的偏见"。[1] 纠纷解决者"应当听取双方当事人的意见"与"纠纷解决者不应有支持或反对某一方的偏见",是从正反两个方面描述的平等保护的要求。由此可见,平等辩护历来是程序公正理念的源泉,也是衡量程序公正性的基本标准。

在刑事诉讼活动中,纠纷的裁判者是适用法律的主体,控辩双方在法律面前的平等实际上在很大程度上是通过控辩双方在纠纷裁判者面前的平等而实现,这就要求裁判者在诉讼中必须保持客观中立、不偏不倚地对待控辩双方,对控辩双方加以平等的保护。具体而言,裁判者在诉讼中应当尽力抑制自己的偏见,并给予双方平等参与诉讼的机会,对于控辩双方向法庭提供的意见和证据,裁判者应当加以同等的关注和评断,并要在充分考虑控辩双方意见的基础之上作出裁断。[2]

裁判者对控辩双方平等保护的实现,至少需要如下几个方面的保障:

1. 审判独立原则

审判独立是维持刑事诉讼构造、实现诉讼公正、做到平等保护的根本保证。根据联合国《公民权利与政治权利国际公约》第 14 条第 1 款的规定,所有的人在法庭和裁判所前一律平等。在判定对任

---

[1] [美]戈尔丁:《法律哲学》,齐海滨译,生活·读书·新知三联书店 1987 年版,第 240 页。

[2] 谢佑平、万毅:《刑事诉讼法原则:程序正义的基石》,法律出版社 2002 年版,第 227 页。

何人提出的任何刑事指控或确定他在一件诉讼案件中的权利和义务时,人人有资格由一个依法设立的合格的、独立的和无偏倚的法庭进行公正的和公开的审讯。这一规定应当包含如下主要内容:

(1)审判权独立

审判权的设置独立于国家其他权力,由审判机关独立行使,不受行政机关社会团体和个人的干涉。卡坡里蒂(Mauro Cappelletti)教授认为:"审判独立——尤其独立于行政机关——本身不具有终极的价值;它本身不是一种目的,而只具有一种工具性价值,它的最终目的是确保另一项价值的实现——法官公正而无偏私的解决争端。"①西蒙·斯特里特(Shimon Shetreet)教授也认为:"现代意义上的审判独立概念不仅仅局限于法官的个体独立,即法官的身份独立和实质独立,它还应包括审判机关整体上的独立。同样,审判独立也不仅仅旨在确保法官免受行政机关的压力或社会团体和个人的干涉,它也应包括法院的内部独立,即法官在审判时独立于其同事或上级。"②

(2)法庭独立

即依法设立的法庭应当是独立审判而无偏倚的。

(3)法官独立

法官独立在平等保护中的意义至少有二:一是法官独立行使裁判权,不受行政机关、社会团体和个人(包括控辩双方)的干涉;二是居间裁判,保持中立,对控辩双方不偏不倚。审判独立仅为法官创造了一个能够依法审理、合理裁判的外部制度环境,而法官独立行使裁判权也仅是对控辩双方平等保护的一个方面。还必须注意到,平等保护要求充分保障法官在控辩双方之间保持中立的态度和地位,避免法官偏向一方或反对另一方。这是因为,法官保持中立地位对于他公正地从事审判活动、彻底地摆脱追诉的义务或心理负担是十分必要的。法官的中立地位源于这样一个判断:他与审判结

---

① Mauro Cappelletti, "Who Watches the Watchmen—A Comparative Study on Judicial Independence", in *Judicial Independence*, Martinus Nijhoff Publishers, 1985.

② Shimon Shetreet, " Judicial Independence: New ConceptualDimensions and Contemporary Challenge", in *Judicial Independence*, Martinus Nijhoff Publishers, 1985.

局没有任何利害关系,他没有自己独立的诉讼请求,也无须对诉讼的结局承担任何直接的后果。只有保持这种地位,法官才能避免承担那些与其公正审判职责相背离的诉讼义务,避免控诉职能的集中或混淆,使被告人受到公正的对待。①

2. 公正审判原则

王敏远教授认为,"从最基本的意义上讲,刑事司法程序乃是由法院对控诉方的指控予以查验和裁断,法庭面对的是控诉者和被告人两方。所谓公平,就应是针对法庭所面对的两方而言的。这样来理解公正的程序,并不意味着公正程序只有在法庭审判中才存在。从外延上看,这种程序应当包括从侦查到起诉和审判的整个刑事司法过程","包括辩护权原则、法庭组成的公正性等一系列内容",王敏远教授认为,一切有利于控辩双方公平参加诉讼的规则,都属于公正程序范围。②

3. 程序均等原则

程序均等原则是对裁判者主观态度的规范。要求在刑事诉讼活动中,裁判者极力避免或是克服自己的先入为主或者偏见,应当具有给予控辩双方同等对待的意识,对控辩双方的询问、举证、质证以及其他有关诉讼活动的意见和建议,给予同等条件、同等机会、同等处理。一方面通过程序均等原则的实现达到保障实体公正的结果;另一方面追求程序均等原则独立于程序结果的内在价值,让控辩双方尤其是辩护方实现"看得见的正义"。

有论者认为,平等保护原则使裁判者(法院)面临着严重的心理冲突。由于作为裁判者的法院和控诉方都是代表国家参与刑事诉讼的国家机构,具有同质性和同构性,加上控侦方查明案件真相的能力较强这一客观事实,法官在审判中往往容易倾向于听取控诉方的意见,对于控诉方提交的证据,法官也更容易采信。而这事实

---

① 陈瑞华:《刑事审判原理论》,北京大学出版社1997年版,第243页。
② 王敏远:《刑事司法理论与实践检讨》,中国政法大学出版社1999年版,第317—318页。

上将造成对被告人的歧视,从而违背了平等保护的基本要求。① 更有甚者,法官内心对于辩护律师的看法也会影响到其能否保持中立地位,进而影响到能够对控辩双方给予平等保护。这种担忧不无道理,前述美国联邦最高法院对 Perry v. Leeke 一案的审理中,关于"接触"禁令的裁判即为例证。②

正如德国学者赫尔曼所言:在开庭审理程序中,尽管从法律角度更加注重实现手段同等性,但由于实际上的原因,特别是由于程序心理学方面的原因,手段同等性原则在这里受到严重限制。③ 由此观之,平等保护要求裁判者在司法活动过程中,必须突破心理上的定式和倾向,努力保持对控辩双方的不偏不倚、客观中立,对控辩双方的意见和证据必须平等关注和评断,否则,控辩双方之间的平等就无从谈起。

(二) 平等保护之内容

"保护"意为"尽力照顾,使不受损害"。④ 平等保护意为平等照顾,即裁判者在刑事诉讼活动中,对控辩双方做到平等关照,使双方均不受损害。由此看来,笔者认为,刑事诉讼活动中的平等保护至少应当包括诉讼机会平等、诉讼态度平等、诉讼条件平等和诉讼标准平等四项内容。

1. 诉讼机会平等

所谓当事人机会平等系指裁判者应当给予控辩双方参与诉讼的同等时候与时机。原告有此机会,被告亦得有之。例如,在我国台湾地区,刑事诉讼中即建立当事人机会对等原则,如当事人双方均可声请法院指定或移转管辖(我国台湾地区"刑事诉讼法"第 11 条)、声请推事回避(我国台湾地区"刑事诉讼法"第 18 条)、向法院声请停止羁押(我国台湾地区"刑事诉讼法"第 110 条)、提起上诉

---

① 谢佑平、万毅:《刑事诉讼法原则:程序正义的基石》,法律出版社 2002 年版,第 228 页。
② 笔者将在下文"平等保护之内容"中详述之。
③ [德]约阿希姆·赫尔曼:《德国刑事诉讼法典》,李昌柯译,中国政法大学出版社 1995 年版,"引言"。
④ 中国社会科学院语言研究所词典编辑室编:《现代汉语词典》(第 5 版),商务印书馆 2005 年版,第 47 页。

(我国台湾地区"刑事诉讼法"第 344 条第 1 项)及抗告(我国台湾地区"刑事诉讼法"第 403 条第 1 项)等。此外,在我国台湾地区刑事程序制度中还设有特别针对保护被告之规定,以求得控辩双方真正的机会平等。如审判长每调查一证据完毕,应该再询问被告有无意见(我国台湾地区"刑事诉讼法"第 173 条第 1 项)、审判长应告知被告得提出有利之证据(我国台湾地区"刑事诉讼法"第 173 条第 2 项)及审判长于宣示辩论终结前,最后应询问被告有无最后陈述(我国台湾地区"刑事诉讼法"第 290 条),这些都是我国台湾地区"刑事诉讼法"为贯彻当事人机会平等,保护被告权益所为之规定。

2. 诉讼态度平等

"态度"是指"人的举止神情"或者"对于事情的看法和采取的行动"。① 所谓诉讼态度即裁判者在诉讼过程中的举止神情以及对控辩双方诉讼行为的看法和采取的行动。诉讼态度平等要求在刑事诉讼过程中,裁判者对待控诉方、被告人及其辩护人的举止神情,包括语言、动作、气色等,以及要求控诉方、被告人及辩护人在诉讼活动中的语言、动作、形体规范等,以及对于控辩双方诉讼行为的看法和采取的行动应当保持一致。不能对控诉方和颜悦色,对被告人横眉冷对,对被害人不理不睬。还应当包括裁判者对待控辩双方的证人态度应当相同。

3. 诉讼条件平等

在现代汉语词典中,"条件"具有两方面的含义:其一是指"影响事物发生、存在或发展的因素";其二是指"为某事而提出的要求或定出的标准"。② 所谓诉讼条件系指影响诉讼活动发生、存在或发展的因素或者为诉讼活动的进行而提出的要求或定出的标准。在刑事诉讼活动中,诉讼条件平等即指裁判者及其相关部门应当为控辩双方参与诉讼活动提供同等的时间和空间条件。如会见时间

---

① 中国社会科学院语言研究所词典编辑室编:《现代汉语词典》(第 5 版),商务印书馆 2005 年版,第 1320 页。

② 中国社会科学院语言研究所词典编辑室编:《现代汉语词典》(第 5 版),商务印书馆 2005 年版,第 1352 页。

及会见室、阅卷时间及阅卷室、庭审发言、记录、灯光设置,均应一视同仁,不能区别对待。控辩双方有权在相同的时间条件和设备条件下举证、质证,控辩双方的证人作证的条件应当相同。

4. 诉讼标准平等

"标准"系指"衡量事物的准则",或者是指"本身合于准则,可供同类事物比较核对的。"诉讼标准是指裁判者认定诉讼行为、判断诉讼活动、衡量诉讼价值的准则。从该意义上讲,诉讼标准平等即要求在刑事诉讼活动中,裁判者对于控辩双方的所有诉讼行为,主要包括出示的证据以及发表的意见等应当予以同等关注,适用同样标准予以判断。用同一诉讼标准规范、判断控辩双方的诉讼行为。

在平等保护的分析中,必须看到控辩作为一种典型的矛盾关系,表现出天然攻击与防御的特性:控诉权是积极的,辩护权是消极的;控诉权是主动的,辩护权是被动的;控诉权是自由的,辩护权是继受的。控辩双方进攻与防御的地位天然失衡。

同时,控辩双方攻防矛盾的天然失衡,还进一步表现为可供利用的司法资源的不平等:控方有作为国家机器的警察(侦查机关)作后盾,既可以自由地采取强有力的侦查手段调查收集证据,又可充分使用搜查、扣押、逮捕、羁押等强制措施,而辩护方却只能在有限的条件下收集证据,且没有任何强制力作保障;控方拥有国家充足的财政资源,辩方却仅靠一己之力;等等。

所以,平等武装不是一般意义上的权力(利)配置,而是必须强调对被追诉人的特殊保护,赋予其一系列的"特权"(privileges)或保障,同时相应地给予控诉方一系列的特殊义务或负担。被追诉人"特权"至少包括:赋予被追诉人不受强迫自证其罪的权利;被追诉人有获得充分的时间和便利进行辩护准备,获得有效辩护的权利;被告及其辩护人对控方证人、鉴定人进行反对询问、对鉴定人陈述的可信性与证明力作出评论的权利;要求法官以强制手段保证自己所要求传唤的证人到庭的权利;要求法庭对本方证人到庭作证的自由和安全予以保障的权利。控方的"特殊义务"至少包括:承担全部举证责任;及时向辩方全面展示证据;不阻碍且无条件地配合辩护权的合法行使。

给予辩方以某种"特权"和控方以某种"特殊义务"表面上似乎会造成一种不平等印象：法官将天平一端倾向被追诉人，并使其处于受保护的优越地位。有学者分析认为，这是为克服控辩双方实质上的地位不平等而采取的措施，即以形式上的不平等换实质的平等。尤其是当我们注意到检察官地位的公正性、客观性和中立性会有一种不可避免的限度时，加强对被追诉人的特殊保护就更应被视为一种对控辩双方地位的主要平衡手段。尽管检察官地位的中立化和公正化是西方各国刑事诉讼程序的一项共同发展趋势，但在司法实务中，各国检察官几乎都倾向于通过追求对被告人定罪这一结果，证明自己诉讼的成功，要求检察官公正客观地从事追诉往往流于一句空话。同时，我们只能要求检察官在追诉犯罪过程中尊重事实真相并维护被告人的人格尊严，使被告人受到公正的定罪，但不能要他放弃追诉这一职责或削弱其追诉效果。这样，检察官的地位就必然存在一种内在的局限性，他所处的与被告人对立的地位是一种更基本的现实。①

还必须指出，与"平等武装"原则一样，平等保护原则不仅体现在审判阶段，也表现在审前阶段。从国外的做法来看，由于在审前程序中贯彻了司法审查原则，因此，侦查程序实际上是由预审法官来控制的，强制侦查措施特别是羁押措施的采用进行审查时，必须注意在国家控制犯罪的需要和保障被追诉人人权的要求之间保持平衡，对侦控方与被追诉方的利益予以平等的关注。德国学者在评价其本国法律制度时认为，"按照当今德国的法学思想，对于国家权力，必须进行划分和限制，同时对于公民，必须给予他可以要求法院审查的权利；以这种双重方式，使公民不仅在国家权力的强制性措施面前得到保护，而且还在任何的，也就是说，包括国家权力对其权利的非强制性面前得到保护"。② 在我国，审前程序中的平等保护还有很长的路要走。对于此问题，笔者将在下文中作专章论述。

---

① 陈瑞华：《刑事审判原理论》，北京大学出版社 1997 年版，第 262 页。
② ［德］约阿希姆·赫尔曼：《德国刑事诉讼法典》，李昌柯译，中国政法大学出版社 1995 年版，"引言"。

四、平等对抗

与私力纠纷解决、弹劾式诉讼以及纠问式诉讼纠纷解决方式不同的是,现代刑事诉讼程序是在中立法官的主持下,通过控辩双方的平等对抗进行的,刑事诉讼的价值是在控辩双方的平等对抗中实现的:通过控辩双方有秩有序的良性对抗,使得纠纷在受到理性控制的、看得见的条件下得到解决。

(一)平等对抗之根据

"要想熟知真相,首先就得对其进行争论。"(To become properly acquainted with a truth we must first have…disputed against it.)①美国大法官 Eldon 认为,"通过互问强有力的问题是发现事实真相的最好办法"。② 而公平审判、正当程序和事实发现趋于真相,共同构成平等对抗原则的根据。

1. 公平审判

在现代刑事诉讼中,当事人的诉讼权利除去形式上参与权利之外,同时包括实质上受到公平、公正且符合法律正义审判之权利。因为在法治国之制度背景下,人民之权利绝对受到尊重,人权若受到侵害,不管该侵害来自何处、国家都应该提供受侵害之人一个获得救济的机会,必须合乎公平与正义。换言之,人民必须有足以维护其权利之机会与手段,且判断其权利是否受到侵害之裁判者,必须是公正、客观且无偏颇的,由此才是公平的审判,其所作出之判决也才能为受裁判对象所信服。否则,将是另一种人权的侵害。

审判公平与否是相对而言的。在纠问制程序下,控诉者兼审判者之职,被追诉人只是程序进行之客体与对象,两造地位并不相等。在该种情形下,控诉方为搜集调查证据需要对被追诉方认实施强制处分,而被追诉方并未被赋予任何权利与控诉方相抗衡。追诉方为证明其追诉之发动并无不当,必定一味着重于对被追诉者不利证据

---

① Novalis, reprinted in Fragments (Carlyle, late eighteenth century), Novalis was the pseudonym of eighteenth-century German poet Friedrich von Hardenberg.

② Kaufman, "Does the Judge Have a Right to Qualified Counsel", 61 *A. B. A. J.* 569, 569(1975), quoted in United States v. Cronic, 466 *U. S.* 648, 655(1984).

之搜集,同时在审判时因早已对被告人存有成见,所以无法客观地进行裁判。现代刑事诉讼程序强调控审职能分离,裁判者居于完全中立之地位,在控辩平等原则之下,构造攻击与防御的刑事程序。控方拥有国家所赋予的强制处分权,被追诉方亦有国家法律所赋予之防御权,双方是在武器平等的状态下,进行攻击与防御,中立的裁判者能够慎重地关注争执双方之观点,使双方之主张均能获得相同的重视与评判,符合法治国家之公平审判要求。因此,在该种意义上看,控辩平等对抗是公平审判结果不可或缺的条件,公平审判则是确保控辩平等对抗实现的根据。

2. 正当程序

正当程序或曰"正当法律程序"(due process of law)是美国宪法规定的公民的基本人权之一。① 《德国基本法》第19条第4项、第101条第1项、第103条第1项及第104条等规定,也建构了公民基本人权的程序性保障。我国台湾地区则是在大法官会议释字第384号解释确立了正当法律程序在宪法上之地位。②

刑事正当程序意指刑事程序中的侦查、起诉、审判与执行等活动。必须依据法律所明定之程序规范进行,而且所有法定程序规定之内容必须是公平而正当合理,一方面使国家机关受到程序规范之拘束与限制,而能够透过此等法定程序,得以兼顾发现真实与保障人权,正确无误而公平地行使刑罚权;另一方面则使所有参与刑事程序之诉讼主体彼此间具有"武器对等性",而能处于平等之地位以参与刑事程序,并使人民得以依据法定程序参与刑事程序,行使宪法所保障之诉讼权,而受到公平之追诉与审判。③ 正当法律程序的本质是为了防止政府滥权,以"正当"的"法律程序"对政府权力加以限制,以保障人民基本权利。刑事诉讼正当法律程序之基本意

---

① 美国联邦宪法修正案第5条规定:"(联邦政府)不得未经正当法律程序,使(刑事罪犯)丧失生命、自由或财产。"第14条第2项规定:"不得未经正当法律程序,使任何人丧失生命、自由或财产。"参见林山田:《论刑事程序原则》,载《台大法学论丛》第28卷第2期,第73页。

② 刘宪英:《基本权之程序保障功能》,1995年辅仁大学法律学系硕士论文,第65页。

③ 林山田:《论刑事程序原则》,载《台大法学论丛》第28卷第2期,第72页。

义在于认为刑事诉讼之目的不仅在于发现真实,而且必须保证以维持正义、公平及不违背国民感情之方法发现真实。所以正当法律程序不仅在于避免处罚无辜,更在于维持法的正当程序,以确保人权免于受到侵害。① 例如,《日本刑事诉讼法》第 1 条规定"准确地……适用刑罚法令",即包含"正当法律程序"之意旨。②

按照正当法律程序的要求,在刑事诉讼程序中,做到发现真实并非刑事诉讼之唯一目的,同时还要保障基本人权和维护人性尊严。而要发现真实则必须遵守正当法律程序,不能以悖于公平与正义的方法,为追诉活动。具体地说,就是在公开、公平审判的程序之下,由控辩双方平等对抗。

3. 事实发现趋于真确

英美对抗制诉讼遵循着一条基本原则:真相③往往是通过平等武装的控辩双方强有力的辩论而最终浮出水面的。(the truth will most often and most completely emerge through the tension between two equally armed advocates aggressively asserting their strongest position.)④即控辩双方的平等对抗是发现真实最有效的审判方式。而在控辩平等对抗原则之下,则必须通过设有辩护制度赋予被追诉人法律专业上的对等。方可与具有法律知识素养的侦控方相抗衡。但是,在刑事程序中,被追诉人常是被动而参与刑事诉讼者。只有赋予被追诉人各种诉讼权利,使得控辩双方平等对抗,各为攻击与防御行为,方才使事实发现趋于真确,并符合公平与正义的要求。

在我国台湾地区,最近 20 多年来,正当法律程序及人权保障,

---

① 黄东熊:《刑事诉讼法》,台北,三民书局 1995 年版,第 20 页。

② [日]土本武司:《日本刑事诉讼法要义》,董璠舆、宋英辉译,台北,五南图书出版公司 1997 年版,第 15—26 页。

③ 在美国,长期以来存在着一种争论,即客观真实能否被发现。一些人认为事实争议没必要通过审判来解决,因为最终会有了解真相的人将真相说出来。而真正需要提交法庭解决的事实争议往往是那些极为模糊不清的。B. Russel,"An Outline of Intellectual Rubbish", *Unpopular Essays* 104(1950).

④ See, e. g. , "Golding, On the Adversary System and Justice", *Philosophical law* 98, 106(R. Bronaugh ed. 1978); see also Polk County v. Dodson, 454 *U. S.* 312, 318(1981); Herring v. New York, 422 *U. S.* 853, 862(1975); Resnick, "The Declining Faith in the Adversary System", 13 *Litigation* 1, 4(1986).

几已成为大法官解释宪法之主流,而刑事程序法势必要在该等宪法规范下运作,对犯罪事实之发现才具正面之意义,且亦不致使司法背离公平正义。① 正如我国台湾地区"最高法院"1998 年台上字 4025 号判决书认为,"刑事诉讼之目的,固在发现真实,籍以维护社会安全,其手段则应合法纯洁、公平公正,以保障人权。……应依正当法律程序保障人身自由、贯彻诉讼基本权之行使及受公平审判权力之保障等意旨,正是刑事诉讼法应该遵循之法则"。② 而在刑事诉讼程序中控辩平等对抗之原理作用,正是刑事诉讼的法治要求。因为,在某种程度上讲,控辩双方平等对抗是发现真实真相最为理想的手段,其本身也是正当程序的基本要求。

(二)平等对抗之内容

从词义上考察,"对抗"是"对立起来相持不下"或"抵抗"之意。③ 可见,刑事诉讼中的对抗必须是控辩双方在平等武装与平等保护的前提下,否则力量上"先天不足"的辩方是无法"抵抗"先天强大的控方,更谈不上"相持不下"了。刑事诉讼程序中的平等对抗主要表现为控诉权与辩护权的对抗,而控诉权与辩护权的对抗是通过控方的攻击(以下简称强制处分权)和辩方的防御(以下简称防御权)来完成的,呈现出"对权力的限制"以及"以权利制约权力"的本质特征。至少包括如下对应关系。

第一,控方的追诉处分权与辩方的辩护权。

第二,控方的强制侦查权与程序法定和司法审查制度。

第三,控方的讯问权与被追诉人的沉默权和律师在场权。

第四,控诉方的逮捕、拘禁权与司法审查制度、保释权。

第五,控方的调查取证权与辩方的调查取证权以及非法证据排除规则。

第六,控方的司法资源使用权与证明责任、证据开示、举证责任规则。

---

① 曾有田:《刑事诉讼法之宪法观》,载《月旦法学杂志》1999 年第 45 期,第 5 页。
② 我国台湾地区"最高法院"1998 年台上字第 4025 号判决书。
③ 中国社会科学院语言研究所词典编辑室编:《现代汉语词典》(第 5 版),商务印书馆 2005 年版,第 345 页。

1. 控方之强制处分权

赋予控方以强制处分权,从目的上看,具有刑事诉讼的程序性目的与社会保障的现实性目的之双重性。强制处分权之诉讼程序性目的主要体现在保证被追诉人到案、证据保全和保障刑罚执行三个方面;强制处分权之社会保障的现实性目的则包括制止犯罪和预防犯罪两个方面。①

有学者指出,关于强制处分权之性质,尤其侦查程序中,实务与理论之看法似乎有所不同。实务上有认为基于办案之效率性与维护社会安全,在强制处分权力行使时,人民负有忍受之义务,这种容忍之义务绝对不是单纯法定的"阻却违法事由"可以解释的,它是一种公的权力。② 而理论之看法,则有认为其本质就是侵害人民自由权利的行为。如果没有严格的条件限制,将使人民在刑事诉讼程序中处于客体的地位,那刑事程序将停留在纠问制度时代,而不是法治国家的刑事诉讼程序。因此认为对于不当的、过度的、无必要的强制处分行为,是无法构成刑事程序机关强制处分行为的违法阻却。也就是说,即使是依法所为的"强制处分行为",仍不是权力行为,而是"阻却违法"的行为。③

对于前述之不同见解,基于平等对抗原则之考量,如果认为强制处分权是公权力,人民负有忍受义务,则具有强制处分权之司法者,对人民权利将有造成严重威胁与侵害之虞。相反,如果认为其是一种"阻却违法事由"的行为,一切的强制行为必须依照法律所明文规定之要件及程序而实施,不但能避免国家机关滥权而侵害人民自由,控辩平等的原则亦较能受到保障。

强制处分依对象及处分本身是否具有强制效力,可分为对人之强制处分与对物之强制处分。对人之强制处分包括传唤、拘留、逮捕、羁押等;对物之强制处分包括搜查、扣押、查封等。在法治视野

---

① 详见本书第九章"控辩平等原则下之羁押制度"。
② 参阅财团法人华冈法学基金会举办、杨建华主持之"检察官强制处分权争议"研讨会(发言摘要),载《月旦法学杂志》1995年10月第6期,第9页。
③ 陈志龙:《侦查中的强制处分之决定》,载《月旦法学杂志》1995年10月第6期,第15页。

下,控方之强制处分行为必须遵循如下原则:

第一,合法性原则。强制处分带有一定的"预期惩罚"的意味,从宪法的观点看,剥夺公民之自由必须有法律所明文规定之程序,否则即属违法。可见合法性原则支配所有之强制处分行为。

第二,相当性原则。强制处分系法律所赋予对受处分者行使强制力并使其负担义务之制度,虽具有合法性,但因其极易引起对人权的侵犯,故赋予控方行使该权力时,不可不加以相当之限制,以符合比例原则。包括强制处分之行使不得逾越必要之限度,强制处分无必要时应即撤销,强制处分时应注意受处分人之身体及名誉等。

第三,选择性原则。即对于决定强制处分与否,能不用的则尽量不用;对于强制处分种类的使用,先考虑对于被追诉人无负担的强制处分行为,依序才是负担较轻微的、负担较重的和负担最重的。

2. 辩方之防御权

防御权系指在刑事诉讼程序中,被追诉人有权通过沉默、辩解、质证举证、获得律师帮助等一切可能之法律手段,与控方在程序与实体上予以抗辩的权利。有学者认为,被告方行使之防御权与检察官所行使之公诉权是推动刑事诉讼程序之原动力。①

辩方之防御权可以区分为积极防御权与消极防御权两种。积极防御权包括辩护权(包括获得律师帮助权与自我辩护)、陈述权(包括辩解权)、证据调查请求权、诘问权(包括对证人、鉴定人)、辩论权、回避声请权、救济权等。消极防御权包括沉默权、在庭权、人身自由和财产等不被非法剥夺等权利。

控方基于保全被告、搜集证据以求发现真实,法律特赋予其得以对被追诉人实施强制处分行为。然而在求得发现真实的背后,却隐藏着对被追诉人专断与恣意的危机。而为使被追诉人在诉讼上受到平等审判之对待,法律有必要赋予一系列防御权利与控诉权相抗衡。其中,令状主义是谋求法院对控方发动强制行为时所进行的司法抑制制度,可以说间接且消极地保护了被追诉人之对等地位。

---

① 日本学者高田卓尔认为"防御权是对应检察官之公诉权,公判程序就是检察官公诉权与被告防御权之对立与抗争的场所,因其抗争,而使诉讼程序推行进展"。参见蔡墩铭:《刑事诉讼法论》,台北,五南图书出版公司 1999 年版,第 82 页。

赋予被追诉人沉默权,则可以使得被追诉人享有当事人之地位。给予被追诉人获得律师帮助的权利,可以使被追诉人与控诉方平等对抗。

应当看到,赋予控方以强制处分权是为发现事实、控制犯罪之目的,赋予被追诉人以相当之防御权是为落实人权之保障之目的。为奠定公平审判之基础,求得正确之裁判,以实现刑事诉讼公平正义之目标,国家强制处分权与被追诉人之防御权必须尽可能地缩小其间之差距。

五、平等合作

公正和效率是现代社会司法制度的两大价值目标。随着社会的飞速发展,科技的日新月异,进入刑事司法视野的社会矛盾也越来越多、越来越复杂化。而刑事司法的资源的增长,无论是人力还是物力均具有明显的滞后性。因此刑事司法面临着这样一个必须解决的重大课题:如何在现有的司法资源配置下,有效解决刑事司法视野中日益增多的问题,控制犯罪的恶化,维持社会秩序的基本平衡。此时,效率的价值目标便与刑事司法的价值追求统一起来,即在追求公正的同时,在刑事诉讼程序中引入司法效益观。

控辩平等对抗无疑既有利于实现实体公正,又有利于保证程序公正,同时也有利于保障人权。但是对抗的前提必然是司法资源的大量占用和司法成本的高昂投入,包括辩方(被追诉人)时间、精力、物质的耗费,结果必然是诉讼效率的降低。所以,世界主要法治国家和地区刑事诉讼中的控辩关系,不断地从控辩平等对抗一步步走向控辩平等合作。

(一)平等合作之根据

通过对现代两种典型意义的刑事诉讼模式分析看,在当事人主义诉讼结构形式中,奉行的是司法竞技(Judicial Sports)理论,刑事诉讼是以控辩双方的高度对抗向前推进的。与职权主义诉讼形式相比较,当事人主义诉讼的这种运行机制导致了两种现象的必然发生:一种现象是诉讼各方(包括国家在内)需要为诉讼投入更多的资源,因为对抗会使每一个案件的处理程序变得冗长和复杂,时间、精力和财力的增加便是不可避免的。另一种现象是使得诉讼的结果更加具有不确定性,控辩双方在诉讼过程中所面临的败诉的风险更大。有时,一个律师的精巧辩护完全有可能使得一个本来有罪的被告人被无罪释放。这两种现象的存在都迫切需要一种控辩合作机制的存在,通过这一制度既可以使大量的刑事案件在动用正规的审判程序之前就已经得到解决,有限的司法资源可以投入更为棘手的案件中,又可以使控辩双方对诉讼结果有着相对确定的心理把握,即同时解决当事人主义诉讼中的高投入和高风险双重难题。从这个意义上讲,控辩平等合作就是为了弱化当事人主义诉讼的过分对抗化和竞技化所带来的弊端。

1. 平等

"平等"是控辩合作的重要内容,刑事诉讼活动是在当事人双方权利对等、义务对等、地位对等的情况下进行的,并且这种平等性要得到对方的认可。平等合作中"平等"就体现为控辩双方人格和地位的平等,这种平等可以说是对刑事诉讼中的强权和特权的否定。控辩平等为控辩合作提供了主体条件。

(1)控辩合作中的控方:在两造对抗、当事人主义的诉讼模式之下,公民和国家在诉讼中的地位是平等的,不存在行政关系中的隶属与强制。

检察官作为当事人一方参加控辩合作,与律师进行协商谈判的资本就是其手中掌握的广泛的自由裁量权,当一个案件可能负担败诉风险的时候,检察官就可以行使自由裁量权与辩方进行讨价还价,放弃部分控诉,以换取被告人的有罪答辩。由此可见,检察官在控辩合作中类似于民事诉讼中的原告,与被告处于平等的地位,享有一系列的权利处分权。

(2)控辩合作中的辩方:与检察官的自由裁量权相对应,被告在控辩合作中享有对权利的完全处分权,才能与控方进行平等的合作。

被告作为理性的个体,在自己面临被判重罪的情况下,有权选择有罪答辩,从而达到最有利于自己的目的。宪法中确立了被告人与检察官地位的平等;在刑事诉讼中,有证据开示制度保证被告方获得与控方对等的信息,使被告方有能力和控方处于实质上的平等地位;在司法实践中,有发达的辩护人队伍为被告提供合作帮助,不至于使势单力薄、缺乏法律专门知识的被告人无力与检察官抗衡。

2. 自愿

"自愿"是合作得以达成的前提,在控辩合作中被告人作出的有罪答辩必须是出于自愿,否则控辩合作不能成立。在美国,一旦被告对控方的指控作有罪答辩,就意味着被告自动放弃了宪法中规定的三项权利:反对自证其罪的权利、要求陪审团审判的权利和不利于自己的证人的质证权利。因此,法官在接受有罪答辩前,必须询问被告,确认被告是出于真正的自愿,并且告知被告作出有罪答辩的后果,一旦得知被告的意思表示是非自愿的,法官不得接受有罪答辩。在美国还有一系列的诉讼制度保障被告在作有罪答辩时是出于完全的自愿,而非检察官的威逼利诱,如沉默权的赋予、证据开示和律师辩护等。

3. 合意

控辩合作是建立在相互意见一致的合意基础之上的,每个人只对自己的行为负责,只有在这样的基础上建立起来的关系才对所有当事人有约束力,并导出合作协议必须信守的结论。控辩合作本质上是控辩双方在利益驱动之下与对方达成的一种合意,合意的内容是进行风险的交换,就控方而言,是减轻指控罪名、减少指控罪数及减轻量刑等;就辩方而言,是承认有罪。若是控辩双方达不成合意,那么控辩合作和一般民事合同一样无法成立。传统的正规刑事诉讼是非合意性的,这在我国的刑事诉讼中可见一斑,两方无法就定罪量刑进行讨价还价,更无法将讨价还价的结果交给法官,检察官承担着被告可能被判无罪的风险,被告承担着可能被判重罪重刑的风险,刑事审判的结果对双方来说都是不可预测的。而控辩合作克服了这种传统刑事审判的非合意性,满足了人们追求未来生活确定性、避免冲突的愿望。控辩双方的合意并不是一般意义的妥协,而是在平等自愿的前提下进行的,其基础还是控辩平等的对抗,只不过这种对抗是私底下的以合作协议的方式完成的。

4. 互利

从制度和功能的角度来说,合作是当事人认为对自己有利,对对方也有利的一种交易,没有这一点,双方当事人无法进入合作关系。由此可见,合作是一种世俗的实用主义的活动。在控辩合作中,互利是促使控辩双方进行合作的动力。在普通的刑事程序中,审判的结果是非赢即败,而通过控辩合作可以使控辩双方达到"双赢",检察官避免了昂贵诉讼成本之下的无罪判决的风险,节约了司法成本并达到尽快惩罚的目的;被告避免了受到最严重惩罚的风险,也避免了长期羁押的身体痛苦和公之于众的精神痛苦,被害人还可能在合作中获得被告人给予的经济补偿,控辩合作使各方得到了利益,这是一种互利互惠的机制。

5. 诚信

诚信是控辩平等合作的要素之一,控辩合作本身是在当事人合意的基础上建立的,当事人的合意自然导出"约定必须遵守"的规则,而控辩合作反过来又使诚信制度化,使得诚信通过制度化的手段和社会组织手段明确下来,对守信的人给予奖励,对不守信的人给予惩罚。例如,在辩诉交易中控辩双方达成交易协议,被告不得随意撤回答辩,检察官不得随意反悔。根据《美国联邦刑事诉讼规则》第32条(d)项规定,只有被告人说明理由,法庭才允许其撤回有罪答辩,其他情形被告人的"违约特权"也让步。作为控诉机关,也要在交易达成以后兑现承诺,被告人与政府有了答辩交易,法庭应该确保被告人获得"应得物",同时在确定政府是否履约时,可以适用控辩合作的基本原理,即如果被告人履行了协议中的义务,那么政府必须受协议的约束。如果被告从政府那里得不到充分的回报,那么控辩合作就会存在潜在的不公平。

控辩平等合作在刑事诉讼中的运用有利于贯彻人权的观念和民主精神。平等合作下的合意使得被追诉人可以和民事诉讼的当事人一样自由处分诉讼权利,被追诉人在某种程度上掌握了自己的命运,而不是被动地成为追诉和审判的客体,通过平等合作解决的案件不会出现诉讼请求被搁置、身体自由被束缚、公开审判下被曝光以及对不确定的审判结果的猜测和惶恐。由此可见,合作观念和对抗思想相比,最大的特点在于其可以为参与者能动性的发挥提供空间,从而实现其主体性,体现对人权的尊重。另外,我们通过控辩平等合作还可以看到,在最严肃的刑事诉讼领域内,政府与公民在人格上是平等的,并且这种平等通过协商机制得到实现,这是民主精神高度发达的表现,也对整个诉讼制度乃至公权领域弘扬民主精神起着典范和促进的作用。

(二)平等合作之内容

1. 强制措施之同意行为

强制措施的同意行为是见于一般强制措施适用的司法令状主义,追诉机关为了避免烦琐的程序给追诉犯罪带来的困难,被追诉人为了排除自身的犯罪嫌疑或者避免时间的耗费,同意追诉机关对其有关搜查、扣押、盘查、监听、测谎、身体检查等强制措施的适用,而法律也认可这种经过同意而采取的强制措施行为。

强制措施的同意行为作为控辩双方在侦查程序中合作的一种形式,从本质上看是控辩双方就强制措施适用的一种合意。被追诉人通过意思表示,表明其愿意接受追诉机关对于自己权利的干预,这种意思表示作为一种权利上的放弃,是通过自愿来支配或者行使自己的权利与自由。在强制措施的同意行为适用比较典型的美国和德国,同意行为的正当化构成必须同时满足三个条件:其一,同意者必须具有同意的能力,即具备理性判断的能力,正确认识事物的能力,独立自我决定的能力等,对同意事项的内容、范围、意义、后果有正确的理解与把握,避免因自身能力的缺陷而受到控方权力的侵害;其二,同意者的自愿性,即任何强制措施中的同意行为,都必须是出于自由意志的、自愿的同意,否则就不能援引同意作为干预措施的合法性基础;①其三,追诉机关必须履行规范的告知程序,保证被追诉人同意行为的自愿性。这主要是从国家诉讼义务的角度,平衡国家追诉机关和被追诉者个人之间的权力(利)落差,避免强制措施的错误风险。在美国,不仅学者主张事前告知(informing or warming)受干预者有拒绝同意的权利,甚至法院也认为警察必须事

---

① 林钰雄:《刑事诉讼法》(上册),台北,学林文化出版公司2001年版,第254页。

前告知被搜查人在自愿同意搜查之前有权合法地自由离开(legally free to go)①。如果同意行为未具备上述条件,将会导致同意无效,追诉机关凭借该同意所发动的强制措施,也就相应地不具备合法性和正当性。

"经当事人同意后的搜查"规则是美国控辩平等合作的一种形式。美国的搜查规则实行严格的司法令状主义。搜查必须经过法官的批准,并获得关于搜查的主体、时间、场所和内容的令状。搜查措施中的司法审查制度有效地保护了被搜查人的权利,但是,也在一定程度上影响了及时获取证据、控制犯罪的社会需要。所以,1973 年美国联邦最高法院在舒涅克罗斯诉巴斯达蒙特(Schnekloth v. Bustamonte)一案中确立了"经当事人同意后的搜查"规则。在没有获得司法令状的情况下,只要当事人予以合作,同意搜查,所获取的证据即可不被排除。

2. 暂缓起诉

从某种意义上讲,暂缓起诉从形式上看似乎只是检察官自由裁量权的行使,但其却蕴含了控辩平等合作的丰富内容。暂缓起诉权是指检察机关对于犯罪嫌疑人,根据其犯罪性质、年龄、处境、危害程度及犯罪情节、悔罪表现等情况,依法认为没有立即追究刑事责任之必要而作出的暂时不予提起公诉的权利。其内涵是:要求犯罪嫌疑人在一定期限内履行一定义务,如果犯罪嫌疑人在期限内经考察确实履行了规定的义务,检察机关就作出不再予以起诉的决定,诉讼程序终止;如果犯罪嫌疑人在期限内经考察没有履行规定的义务,检察机关就作出提起公诉的决定,依法请求法院进行审判。暂缓起诉制度是起诉与不起诉之间的一种过渡性措施,确立它本身就体现了保障犯罪嫌疑人合法权益精神。对此,本书将在"起诉程序中之控辩平等"一章详论。

3. 辩诉交易

辩诉交易(Plea Bargaining)源于美国,是一种典型意义的控辩平等合作。19 世纪的美国,资本主义经济蓬勃发展,犯罪率出现了

---

① Ohio v. Robinette,519 U. S. 33(1996).

惊人的增长,刑事案件成倍上升,案件积压严重。为了在有限的司法资源条件下及时处理这些积案,一些大城市的检察官开始采用与被告人及其辩护人协商和交易的方式结案,例如,以减少指控罪数或者向法官提出降低处刑幅度,与被告人进行交易,促使被告人作有罪答辩从而尽快结案。由于此种方式方便、快捷、能够有效地提高诉讼效率,节省诉讼资源,尽快处理积案,因此,在美国绝大部分州被广泛采用。辩诉交易开始只在一些大城市的刑事司法中使用,处于不公开状态。19世纪后半期,包含明示辩诉交易内容的案件开始在上诉法院出现。① 直至1970年,美国联邦高等法院在Brady v. U. S〔Brady United States,379,U. S. 742,752-53(1970)〕一案的判决中才正式确认了辩诉交易合法性。② 1971年,最高法院在对Santobell v. New York一案的判决中,再次强调了它的合法性。判决称:"如果每一项刑事指控均要经受完整的司法审判,那么州政府和联邦政府需要将其法官的数量和法庭设施增加许多倍。"判决明确指出:"辩诉交易是(美国)刑事司法制度的基本组成部分,如果运用得当,它应当受到鼓励。"③1974年4月美国修订的《联邦地区法院刑事诉讼规则》以立法的形式确认了辩诉交易在司法制度中的法律地位。笔者研究发现,尽管在美国反对辩诉交易的声音一直不绝于耳,但是美国司法界目前大多数却并不倾向于废除这一制度,而是主张在努力抑制其弊端和不断改良中,进一步发挥其任何其他制度所无法替代的功能。④ 客观地讲,辩诉交易的理论与实践是在啧啧"骂声"中,我行我素、跌跌撞撞地成熟与发展起来的,其由秘密到公开再到合法化的成长历程,完全合乎了达尔文"适者生存"的生物进化理论。可以预见,辩诉交易在美国,还将会在激烈的批评声中日臻合理与完善,并将继续在美国的刑事司法体制中发挥积极

---

① See State v. Richardson,12 S. W. 245(Mo. 1889);State v. Kring,8 Mo. App. 597(1880).
② Brady v. United States,379,U. S. 742,752-53(1970).
③ Santobell v. New York,4040. U. S. 25,260(1971).
④ See Stephen Schulhohofer,"Is Plea Bargaining Inevitable",97 *Harv. L. Rev.* 1037(1984).

作用。

辩诉交易给美国的司法实践带来了极大的"好处",也引起英国、意大利、德国、加拿大、日本、俄罗斯、西班牙、爱尔兰等其他国家和地区的兴趣,进而纷纷效仿。

英国与美国在辩诉交易所适用的案件范围上相同,轻罪案件和重罪案件都可以适用辩诉交易程序进行处理。但是英国辩诉交易的做法是,检察官只可以与被告人及其辩护律师就减轻指控进行交易,不能对量刑问题交易,量刑的轻与重完全取决于法官。同时辩护律师可以直接与法官进行交易,但检察官应当在场,被告人的有罪答辩可以导致法官将刑期轻判1/4至1/3。英国司法实践中的辩诉交易有指控交易、事实交易和答辩交易等交易形式。指控交易包括:第一,当被告人面临两项以上指控并表现出答辩无罪意图时,检察官可能撤销其中一项或几项指控,借以换取被告人作有罪答辩;第二,当被告人面临严重的指控并表现出无罪答辩意图时,检察官可以降低指控,如将故意杀人降为过失杀人、抢劫降为盗窃、强奸降为性骚扰等,借以换取被告人作有罪答辩。事实交易是指在某些案件中,控辩双方达成协议,被告人作有罪答辩,检察官承诺以特定的方式陈述案情,如不提及某个加重情节或不提及他人(如被告人的配偶、子女、朋友)参与犯罪的情况。答辩交易主要是通过量刑折扣等刺激,鼓励被告人作有罪答辩。交易的达成往往是控辩双方律师交换意见的结果。①

辩诉交易在意大利的实践发生了较大的变化。在意大利刑事诉讼中,依当事人要求适用刑罚的程序与英美普通法的辩诉交易较为相似,即都是由起诉方、被告方同法官之间对量刑进行的商讨,从而使量刑不仅仅是法官的专有职权;都需要根据当事人提出的要求进行,法官不是根据职权进行;对被告方的刑罚都有一定的减轻。但是,意大利式辩诉交易并非照搬英美辩诉交易程序,而是具有自己的特点。例如,程序适用的范围更加广泛;当事人的请求权更容

---

① Andrew Ashworthm, *The Criminal Process—An Evaluative Study*, Oxford University Press, 1998.

易行使;法官的作用更加积极;请求涉及的实体内容有所限制等。另外,美国的辩诉交易内容可以涉及定罪和量刑,而意大利的辩诉交易内容只涉及刑罚而不能涉及定罪,只允许控辩双方对施用刑罚进行磋商,不能对指控的罪名进行讨论。

德国的刑事诉讼中没有正式的辩诉交易规定,但在实际操作中有协商、协议、谅解,说法不同,但实质一致。与美、意不同的是,这种协商是以程序的结束为目的的。在德国的实践中,逐步形成了以下三种形式:一是控辩双方在诉前程序中协商(有时还有法官),被告人承认有罪,检察官不提出起诉书,而使诉讼程序在被告人支付一笔罚金的情况下终止;二是控辩双方在诉前程序中协商,被告人认罪,检察官向法官申请发布一项惩罚令,被告人接受该惩罚,从而结束该程序,这种协商可以不经过主判程序的审理;三是控辩双方在主审判程序或先前的程序步骤中协商,如果被告人被允诺判处轻微的刑罚作为回报,他就承认自己的罪行。经过曲折的发展,协商不仅已在德国的刑事诉讼中建立起来,并且还得到了法律上的承认。

在加拿大,一段时间以来,辩诉交易已成为刑事司法制度中最矛盾也许是最难以理解的一部分。1975年加拿大法律改革委员会评论它是"对于庄重的刑事司法制度而言没有地位的事物"。然而,在关于这种实践及其否定的评论发表后仅十年时间,法律改革委员会1984年在其一篇工作报告中将辩诉交易几乎当成了刑事诉讼程序的日常部分,而且到1989年,委员会评论"辩诉交易不是内在令人耻辱的实践",且建议这一实践应变得更加公开和更具有责任性。[1] 与美国的辩诉交易相同的是,加拿大的辩诉交易适用于所有的刑事案件,控辩双方就罪名、罪数和量刑均可交易。加拿大的辩诉交易比美国的辩诉交易更加灵活,控辩双方不仅在案件庭审前可以协商,而且在案件进入开庭程序后,控辩双方均可要求法官暂停审判而交易协商,这一点与德国刑事诉讼中的协商十分相像。在

---

[1] [加]柯特·T.格雷弗斯、西蒙·N.维登-琼斯:《当前刑事诉讼中存在的问题探讨》,载江礼华、杨诚主编:《外国刑事诉讼制度探微》,法律出版社2000年版,第238页。

认罪案件的庭审中,加拿大的法官有绝对自主的裁量权,对于控辩双方的协商,法官的最后量刑通常不会超重,并且经常出现法官的量刑判决轻于控辩协商意见的情形。① 加拿大的刑事案件只有5%左右进入正式的开庭审判程序,95%的案件是以辩诉交易、代替性惩罚和主控官撤销案件而被处理的。

日本现行之刑事诉讼程序中,虽然没有辩诉交易的规定,但是其刑事诉讼法中规定了简略程序,即法官可以不以开庭之方式审理案件,而是根据检察官提出的案件材料,通过简略命令对被告人处以罚金或者罚款的刑罚。需要注意的是,日本刑事诉讼中规定的简略程序,其适用的前提条件是被告人作"有罪内容陈述",并且自愿选择简略程序。据资料显示,日本检察机关起诉处分的案件有92.6%请求法院适用简略程序,法院办理的刑事案件90%以上适用了简略程序。日本的简略程序适用中,虽然没有定罪与量刑的交易,但辩诉交易的种种好处已经对其产生了深深的诱惑。日本在司法改革中,于2001年6月提出了司法改革最终意见书,描绘了日本司法改革的基本轮廓,并在政府内阁成立了"司法改革推本部",具体负责有关司法改革的法律起草工作等。本次司法改革已经决定,通过修改法律,将案件区分为有争案件和无争案件,导入英美法中的有罪答辩制度,引进辩诉交易,简化诉讼程序,实现刑事诉讼的合理化与迅速化。为此,日本政府定于2004年国会会期时,向国会提出主要的法律改革,如果获得通过,司法改革将会全面展开并在短期内完成。②

俄罗斯联邦国家杜马于2001年11月22日通过了新《俄罗斯联邦刑事诉讼法典》,该法典于2001年12月5日经联邦委员会批

---

① 笔者在加拿大安大略省考察访问时,曾经于2004年3月25日下午在省法院旁听了2小时的认罪庭开庭审判。在由一名法官主持的认罪庭开庭中,2小时审理并当庭判决了9个罪案,法官的最后判决全部轻于控辩双方的意见。该法官与笔者交谈时说,判决的目的不是单纯的刑罚,对于被告人已认罪悔罪而已经被羁押一段时间的,应当尽量考虑社区矫正和缓刑。该法官先做了33年的辩护律师,又做了13年的法官,他介绍最多一天可处理300余件罪案。这个数字在中国是不可想象的,但加拿大的实际情况是,所谓的罪案,其中诸多是轻罪案件,如偷几片面包、酒后驾车都构成犯罪。

② 王云海:《日本的刑事司法改革》,载《中国刑事法杂志》2003年第2期。

准,于 2002 年 7 月 1 日生效。该法典借鉴美国之辩诉交易以及意大利等国家实行简易程序迅速处理刑事案件的经验,规定了三种特别程序:一是因双方和解而终止刑事案件或因积极悔过而终止刑事追究程序;二是和解法官审理案件的程序;三是在刑事被告人同意对他提出的指控时作出法院判决的特别程序,即俄罗斯式辩诉交易程序或认罪程序。规定辩诉交易适用于对被告人的刑罚不超过 5 年的案件,且刑罚不得超过所实施犯罪法定最高刑中最高刑期或数额的 2/3。

西班牙在 1982 年刑事诉讼法中规定了一种程序,被告人有权通过对检察官的指控表示同意,从而放弃接受审判权。这一程序规定在实践中虽然只起着很小的作用,然而,西班牙在 1988 年却立法考虑予以推广。[①] 1988 年 12 月通过的《西班牙刑事诉讼法典》,规定检察官在起诉书中请求判处的刑罚为 6 年以下有期徒刑的案件均可适用此程序,并且规定检察官可以对所起诉的被告人请求适用较轻的刑罚,目的在于使被告人在法庭审理过程中作有罪答辩。这种以被告人有罪答辩为条件的从轻处罚制度,实际上就是辩诉交易的一种形式。

爱尔兰刑事诉讼活动中实行辩诉交易制度。爱尔兰的辩诉交易限于指控撤诉,且被告人在辩诉交易中有较大的主动性。被告人在收到检察官的起诉状后,如果有多项有罪指控,被告人可以对起诉状中某些指控作有罪答辩,从而取得检察官对于起诉状中其他罪的指控的撤诉。这种指控撤诉,往往是起诉状中那些较严重的罪的指控。在爱尔兰的辩诉交易中,检察官委派的律师参与辩诉交易尤其是接受被告人的交易时,必须得到负责人的授权。法官对于被告人自愿的有罪答辩指控通常在惩罚上给予减轻的处理,但是检察官的律师不能向被告人作出任何对于保留的指控可能受到的处刑的保证。为了保证被告人请求采取辩诉交易的自愿性,法官应当极其

---

① Joachim Herrmann,"Models for the Reform of Criminal Procedure in Europe: Comparative Remarks on Changes Trial Structure and Europe Alternatives to Plea Bargaining",*in Criminal Science in a Global Society*:*Essays in Honor of Gerhard O. W. Mueller*,Fred B. Rothman Co. ,1994.

谨慎地预先对被告人表示他对有罪答辩或定罪情况下适当量刑的态度。①

以色列最高法院在1972年的巴马特克(Bahmoutzki)案的判例中,确立了辩诉交易制度。出于公共利益的考虑,以色列赋予了检察官尤其是检察长在辩诉交易中充分的自由裁量权,以决定是否对某人或某罪提出指控。②

法国在2004年8月通过的司法改革议案中,正式确立了辩诉交易的合法性,辩诉交易成为控辩平等合作的一种形式。

我国台湾地区在1990年修改"刑事诉讼法"时,增加了具有明显控辩合作成分的条款。如在简易程序的修改条款中,增加了"被告得向检察官、法官表示愿受科刑之范围""检察官得径向法院为具体之求刑""法院依检察官、被告人之请求所为之科刑判决不得上诉"等条款。我国澳门特别行政区的刑事诉讼法在刑事诉讼程序中,也允许检察官就被告人的量刑提出交易,控辩双方平等合作。

六、小结

在本原意义上,平等指的是同等情况同等对待,它包括形式的平等和实质的平等两个方面。形式的平等指的是每个人均应受到同等的对待,是一种最基本层次的平等,它反映的是人作为人的一种基本需要,因此属于绝对的平等。但是,人的社会实践是相对复杂的,某些实践活动对作为实践主体的人的主观条件提出了特殊的要求,这就要求依据一定的标准将人划分为不同的范畴和层次,在对属于同一范畴和层次内的人实行同等对待的同时,对属于不同范畴和层次的人则根据不同的标准(如身世、性别、功绩、财产、角色、能力、国籍等)给予相称的对待即按比例实行差别对待。这种建立在差别对待基础上的平等就是实质的平等。实质的平等是一种具

---

① 汪建成、黄伟明:《欧盟成员国刑事诉讼概论》,中国人民大学出版社2000年版,第269—270页。

② Eliahu Harnon, "Plea Bargaining in Isral-The Proper Function of the Prosecution and the Role of the Victim", *Isral Law Review*: Volume 31 Numbers 1-3, Winter-Summer 1997.

体的平等而非普遍的平等,是一种按比例的平等而非无差别的平等,是一种相对平等而非绝对平等。① 作为一种社会规范,法律本身具有促进平等实现的功能,"由于所有社会都遵守规则或一般标准,所以通过规范性制度本身的运作,就可以在各地实现某种程度的平等"。② 法律面前的人人平等是形式平等和实质平等的统一。

刑事诉讼程序必须被看作一个整体,自始至终地贯彻平等的原则,仅仅考虑其中的一个阶段中程序的公正性是不可能的。③ 对抗制诉讼是查明真相的最理想方式,裁判者必须通过坚持某种程序或确认某些权利来确保控辩双方之间的平衡。至少,对抗制诉讼要想有效运作,就必须使辩护律师平等地为其当事人在法庭上寻求权利救济,平等武装必须得到有效地保障。但是,控辩平等并不意味着控辩双方应具有同样的辩论技巧或经验,也不意味着在宪法所提供的最小帮助以外,控辩双方需要达到某种特定的高度。④

从以搏斗来查明事实真相的骑士精神时代开始,对抗制诉讼已经从单纯的身体竞赛转变为更为理性的查明事实真相过程,但同时也更加要求对被追诉人权利加以有效保护,有效保护的一项基本要求就是:对手之间的平等武装(the need for an equality of arms among opponents)。美国判例中 Perry 一案中初审法官对控辩双方的不同处理则完全违背了平等武装原则,反映了法院对于刑事辩护律师的偏见,此种偏见也最终导致了对刑事诉讼中控辩双方平衡的破坏。法庭错误的分析及事实认定、对判例的曲解都值得我们去注意。法庭由于缺乏对于对抗制诉讼的信任而破坏了控辩平等诉讼模式的公正性及有效性,反过来说明赋予平等武装以宪法性地位的

---

① 谢佑平、万毅:《刑事诉讼法原则:程序正义的基石》,法律出版社 2002 年版,第 214 页。

② [美]E.博登海默:《法理学——法律哲学与法律方法》,邓正来译,中国政法大学出版社 1999 年版,第 285 页。

③ Malgorzata Wasek-Wiaderek, *Principle of "Equality of Arms" in Criminal Procedure Under Article 6 of the European Convention on Human Right & Its Function in Criminal Justice of Selected European Countries*, December 2000, Leuven University Press.

④ Langbein, The German Advantage in Civil Procedure. ,52 U. Chi, L. Rev. 823,843 (1985).

要求也变得越来越迫切。

　　刑事案件本身具有事关基本人权、案情扑朔迷离、审理周期漫长的明显特点，而为保障处于弱势的被告人能与国家追诉权平等对抗，一方面，刑事司法中规定了沉默权、不得强迫自证其罪、辩护权等充分有利于被告人的制度；另一方面，基于对于国家权力的限制，法律又对控方的取证与指控等作了严格的规范，如排除合理怀疑的刑事证明标准、非法证据排除规则等，控方的权利行使存在有一系列的约束羁绊。控方为求得对被告人的追诉，在投入了大量的金钱和精力后，能否达到追诉的成功，还要"摸着石头过河"。另外，还有案件高昂的成本和巨大的司法资源投入，如在刑事诉讼中为揭露、证实、惩罚犯罪和保障人权而由司法机关和诉讼参与人支付的人力和物力，包括当事人聘请律师的支出和担保、通信、食宿、差旅费用，控方耗费案件的人力、物力和财力，法官、陪审团审理案件所耗费的经费、时间和精力、证人出庭作证的报酬，等等。辩诉交易、诉讼协商、特别程序等"控辩合作"的出现，使得如此诸多的一系列问题都得以迎刃而解。从经济学的角度研究效益观，只有以较低的投入收到较高的产出才是合理的，也才是合乎经济正义的。而高投入低产出则是对资源的浪费，有违满足最大多数人的最大利益的基本功利原则。

　　由此观之，平等武装、平等保护、平等对抗、平等合作，是相辅相成、共生共长、密切联系、缺一不可的，共同构成了控辩平等理论的本体内涵——以消解国家和个人的纠纷为总目标，以控制犯罪和保障人权为基本目的，以实体正义和程序正义为根本要求，以被追诉人受到公正审判为核心，以赋予被追诉人沉默权、辩护权、知情权、上诉权等防御性权利为手段，以确立不得强迫自证其罪原则、无罪推定原则、程序法定原则、禁止双重危险原则、非法证据排除原则为保障，控辩双方在平等的对抗与合作中，维护社会公平正义。

第四章　控辩平等之理论基础

《圣经》云："既听其隆著者,也听其卑微者。"控辩平等对抗与法官居中裁判是公正审判的基本格局。马克思说："譬如在刑事诉讼中,法官、原告和辩护人都集中在一个人身上。这种集中是和心理学的全部规律相矛盾的。"美国学者威廉姆斯·道格拉斯也指出："权利法案的大多数条款都是程序性条款,这一事实不是毫无意义的,正是程序决定了法治和恣意的人治之间的基本区别。"①在国家对犯罪追诉的刑事诉讼活动中,无罪推定、审判独立、程序法定、控审分离和控辩平等共同构成刑事法治的基本原则,成为程序正义的基础。控辩平等作为最能彰显国家司法权力与被追诉人权利力量对比关系的原则,必然有其赖以产生和发展的理论基础。

一、控辩平等之哲学基础

控辩平等的哲学基础首先是对立统一规律,而对立统一规律在控辩平等原则中则是以权力制衡理论体现出来。诚如笔者前已述及:没有控诉,就不会产生辩护;没有辩护,控诉就必然与审判结合

---

① 转引自陈卫东主编:《刑事诉讼法》,中国人民大学出版社2004年版,第94页。

为一体,成为国家对个人的"以强凌弱"。控诉与辩护既对立,又统一,有效地推动着刑事诉讼活动的科学发展。

(一)权力制衡理论

从权力规范上分析,控诉与辩护之间的对立是权力与权利之间的对立,是通过辩护权对控诉权的制衡功用,实现刑事诉讼活动中的控辩平等。

1. 权力制衡理论之内涵

权力需要制衡,概括其原因,主要有二:

其一,从权力与权利的关系来看,权力需要予以制衡。关于国家权力的来源,历来有着很多说法。中国夏商时代认为权力来自上天的赐予,周朝则认为"以德配天";古人将皇帝称呼为"天子",是认为皇帝是上天的儿子,所以拥有无上的权力。西方早期,统治者也宣扬君权神授、世袭的观点。如英国著名哲学家费尔默曾经认为"人不是生来自由的,因此,绝不能享有选择他们统治者或政府形成的自由。君主享有绝对的而且是神授的权力,奴隶绝不能享有立约或者同意的权利;亚当曾是一个专制的君主,此后所有的君主也都是这样"。① 这是一种国家至上、王权至上的观点,意味着人民只能承担国家的义务,是统治者治理、奴役的对象,毫无权利可言。英国经验主义哲学开创者洛克推翻了这种观点,他认为,奴隶制是人类的一种可恶而悲惨的状态,人类享有天赋自由和平等;费尔默宣扬的理论是一种谬论,亚当并不因上帝的赐福而成为君主,上帝没有给予亚当支配人类和子女及其他同类的权力;自然状态下,人类处于充满恐惧和持续危险的状况,生命、自由和财产没有任何保障,为了确保正常的社会秩序,人们定下契约结合成一个政治团体——国家,脱离自然状态,保护自己的生命、自由和财产;人们所订立的契约是放弃自我保护和报仇的权利,把这种权利交给国家,然后设置专门的裁判者,使之裁判争端、修复被破坏的秩序,这些裁判者享有立法权或行政权,使人们进入国家统治的状态。在洛克的社会契约

---

① 罗伯特·费尔默:《先祖论,即论国王之自然权》,转引自[英]约翰·洛克:《政府两篇》,赵伯英译,陕西出版社2004年版,第2页。

理论下,产生国家权力的初衷是保护公民的各种权利。

由洛克的观点,我们可以推导出,权力是由权利转化而来,权力与权利的关系处于一种此消彼长、此长彼消的状态:权力膨胀,则权利缩小;权力规制,则权利扩张。由此可见,权利最大的威胁来自权力,权力需要制衡不言而喻。

这个结论还可以从资产阶级启蒙思想家卢梭的观点中看出,他认为:国家是社会契约的产物,主权在民,法律面前人人平等;政府只是臣民与统治者之间的介质,目的是使二者相互更紧密地结合,它的任务是执行法律并维护人们的自由。政府人员只是国家的官吏,以国家的名义行使统治者授予的权力。国家的扩大给予了政府官吏更多的权力,所以政府越是需要力量来治理人民,越是应该有另一种力量来制约政府。①

其二,从权力的性质上来看,权力需要制约。孟德斯鸠认为:自由只存在于权力不被滥用的国家,但是拥有权力的人都容易滥用权力是一条亘古不变的经验:"有权力的人们使用权力,一直到遇到有界限的地方才会休止";"从事物的性质来说,要想防止滥用权力,就必须做到以权力来约束权力"。② 可见,任何权力在行使权力的人手中都如同一把"双刃剑",掌权者常常希望手中的权力能够得到无限制地延伸,所以,在这个意义上来说,权力如果没有制约,掌权者人性中恶的一面——贪婪、任性、懒惰等往往便会产生作用。因此,美国麦迪逊宣称:"立法、行政和司法权置于同一人手中,不论是一个人、少数或许多人,不论是世袭的、自己任命的或选举的,均可公正地断定是虐政。"③

由上观之,一方面,国家权力由公民交出的一部分权利形成,权利是权力的源泉,对国家权力予以制衡目的是更好地保护公民权利。另一方面,权力具有无限扩张性,为限制其扩张,必须予以规制。

---

① [法]卢梭:《社会契约论》,何兆武译,商务印书馆2003年版,第71—75页。
② [法]孟德斯鸠:《论法的精神》(上册),张雁深译,商务印书馆1985年版,第154页。
③ [美]汉密尔顿等:《联邦党人文集》,人民出版社1995年版,第246页。

分权制衡是权力制衡理论中不可或缺的内容。权力的分立是为了对权力行使者有所制约,与权力制衡相伴而生。甚至可以说,权力制衡理论的发展历程也是分权理论的发展历程。分权制衡理论萌芽于古希腊时代。亚里士多德在《政治学》一书中阐述了政体三要素理论,认为:一切政体构成有三个要素,即议事机能、行政机能和审判机能。① 洛克总结了古希腊、罗马以来的分权思想并进行了自己的阐释,他认为:如果同一批人既拥有制定法律的权力又拥有执行法律的权力,那样就会给人们的弱点太大的诱惑,使他们往往急于攫取权力。他们可能倚仗那种权力使自己免于服从他们自己制定的法律,并且在制定和执行法律时,使法律适合于他们自己的私人利益,因此开始有不同于社会成员的利益。② 他想告诉人们,为了防止滥用国家权力和出现专制现象,应当把国家权力分为立法权、执行权和外交权(这里的执行权和外交权即行政权)。洛克认为:在保护公民权利而成立的国家中,如果有人独裁,把立法权和执行权合二为一,也就根本无处寻找可以公正裁判的人;只有把政治权力的各个部分交给不同的人来行使,才能使权力得到平衡,以达到人们一开始结合成立国家的目的。洛克分权制衡理论的目的是使资产阶级获得立法权,所以他没有将司法权从行政权中剥离,具有一定局限性。继洛克之后,法国资产阶级启蒙思想家孟德斯鸠提出立法权、行政权、司法权三权分立理论,认为司法权是惩罚犯罪或裁决私人讼争的审判权力,与行政权和立法权既保持各自的权限,又互相保持平衡。这种理论弥补了洛克理论的局限,将司法权从国家权力体系中分离出来,强调了三权相互之间的分立与制约。如上文所述,卢梭也在《社会契约论》中系统地阐述了权力制衡理论,成为资产阶级政治法律制度的理论基础。他首先界定社会契约的目标是自由与平等,然后认为公意与主权在民,最后确立了法治思想,阐明了法律在国家、社会、生活中的中心地位和作用,建构了庞大的法哲学理论大厦。

---

① [古希腊]亚里士多德:《政治学》,颜一、秦典华译,中国人民大学出版社2003年版,第145—157页。

② [英]约翰·洛克:《政府论两篇》,赵伯英译,陕西出版社2004年版,第2页。

随着资产阶级革命取得胜利,西方各国逐渐建立起以分权制衡为核心的制度,尤其是美国宪法的制定者创设了三权分立和制衡制度,逐步通过实践,使启蒙思想家们的理论预设得以实现,国家权力的结构原则发生了根本性的变化,权力分立代替了权力集中,司法权从行政权中独立出来,立法权、行政权、司法权成为国家权力的三个部分,由不同国家机关行使并且互相监督和制约,以保护公民的个人权利。

权力制衡的主要功能是对权力行使实行积极限制。这种限制可以有两个渠道:

一是国家权力之间的相互制衡。虽然任何一种国家权力都无权随意干涉、控制其他国家权力,但是,这使国家权力有所分化,彼此形成鼎立之势,可以相互监督和制约。同时,为了使不同的权力行使机关之间能够积极地相互监督、互相制约,可以授权其中一个国家机关对另一个国家机关行使一定的直接控制权。实践中的做法就是授权一个部门在其他部门行使职能的过程中发挥作用——一种有所限制的作用。如行政部门对立法可以有否决的权力,立法部门可以对行政长官予以弹劾。值得注意的是,每一个具体行使国家权力的机关都不是全能的,它不可以代替其他国家机关执行所有的权能。在特定的领域内,掌权者的决策自主权是不可避免和不能缩小的。所以,不同国家权力之间的制约只能在有限的范围内,依照一定的程序进行。同时,还可以设置专门机关和权力对行使国家权力的机关予以监督。这也是权力制衡的途径之一。

二是通过权利制约权力。除了权力对权力的制约,现代宪法制度下,权利也可以制约权力,这是人民主权思想的体现。上文已经提及公民的权利就是国家的义务,公民的义务就是国家的权力,确立公民权利的范围、制定保障公民权利的措施可以制约国家权力,也是衡量国家权力是否被滥用的标准。

权力分立的主要功能是分散权力的决策中心,消极地限制权力者行使权力的范围,即进行权力制衡的消极方式。它是指国家权力要有所分化,分别执行不同的职能,关键是要将国家体制划分为立法、行政和司法三个部门,每个部门都授予相应的、可确定的国家权力和职能,每个部门必须在权能范围行使权力,不允许侵蚀其他部门的权能;组成这三个国家机构的人员必须是不同的人员,任何个人都不得同时是以上任何两个或者三个部门的组成人员。只有这样,每个部门才能与其他部门形成一种制约关系,才能杜绝由某群人控制全部国家机器的现象。

2. 权力制衡理论与控辩平等原则

诉讼权力制衡理论长期以来一直是世界各国刑事诉讼法学共同面临的一个重要课题。从国家追诉犯罪的本质看,由于犯罪侵犯了国家所保护的法律关系,危害了社会秩序和公共利益,控诉机关便有了追诉犯罪的权力和责任,控诉机关和被告人之间就产生了对抗。国家追诉犯罪的特点,决定了在刑事诉讼活动中,国家的权力是最容易被滥用的,而被追诉人的权利是最容易被侵犯的。这就需要将权力制衡理论导入刑事诉讼活动,寻求诉讼权力和权利的平衡。控辩平等在刑事诉讼规则中的意义即在于此。

控辩平等原则要求国家在刑事诉讼中对控辩双方赋予平等的法律地位,使双方得到平等的法律保护。这就意味着国家应从立法上确立控辩双方平等的法律地位,使任何一方的权力(利)都不能优于另一方。一方面构建国家诉讼权力之间的制衡关系;另一方面建立被追诉人诉讼权利对国家诉讼权力的制约机制。

国家诉权在刑事诉讼中主要体现为侦查权、控诉权和审判权。由于三种权力之间天然的亲和关系,使之不仅具有同质的共性,而且极易呈现出同向的特征。这就要求通过刑事立法活动对上述三种诉讼权力予以规制。在现代法治国家中,立法权制约司法权主要通过确立程序法定原则,即让司法机关按照立法机关制定的法律程序行使权力,实现对司法权的规制;同时,通过控审分离实现刑事司法权力配置的分立,即将司法权力分别交由不同的国家机关行使,构建互相之间的监督和制约关系。

为了保护人权,实现司法公正,除了用诉讼权力制约诉讼权力外,还必须构建以被追诉人权利制约国家诉讼权力的机制。通过赋予被追诉人特殊的程序保障或特权,如建立刑事正当程序,确立无罪推定原则,赋予被追诉人沉默权,强化被追诉人的辩护权等,使被追诉人在诉讼地位和参与能力上能够与控方形成平等对抗。

(二) 程序主体性理论

对抗应当存在于平等主体之间,不平等的力量主体之间是谈不上对抗的。当辩方被视为诉讼主体,并且与控方地位平等时,控辩之间才产生对抗,控辩平等原则才真正有意义。

1. 程序主体性理论之内涵

在古代纠问式刑事诉讼模式之下,国家追诉机关在整个诉讼程序中享有可以采取包括刑讯逼供在内的一切手段来查清事实真相的权力,这种权力来源于司法裁判者有罪推定的思维方式。在这种思维定式下,只有国家追诉裁判者才是诉讼程序的主体(Subject),被告人和犯罪嫌疑人,包括被害人和证人都是诉讼的客体(Object)。被追诉人没有辩护的权利,只有如实供述的义务。在事实真相无法查清的情况下,被告人将被理所当然地判定有罪。显然,封建纠问式诉讼的主要特点是对人的主体尊严的严重蔑视。

19世纪以来,随着人的主体性哲学理论的兴起,程序主体性理论得以确立。康德首先对人的主体性理论进行了系统、精辟地阐述,他认为:人,一般来说,每个有理性的东西,都自在地作为目的而实存着,它不单纯是这个或那个意志所随意使用的工具。在他的一切行动中,不论是对于自己还是对其他有理性的东西,任何时候都必须被当作目的。① 与此相反,有理性的东西,叫作人身(Personen),因为,他们的本性表明自身存在就是目的,是种不可被当作手段使用的东西,从而限制了一切人性,并且是一个受尊重的对象。所以,他们不仅仅是主观目的,作为我们行动的结果而实存,只有为我们的价值;也是客观目的,是些其实存本身就是目的,是种任何其他目的都不可替代的目的,一切其他目的都是作为手段为他服务……于是得出了如下的实践命令:你的行动,要把你自己人身中的人性,和其他人身中的人性,在任何时候都同样看作是目的,永远不能只看

---

① [德]康德:《道德形而上学原理》,苗力田译,上海人民出版社1986年版,第46页。

作是手段。① 康德认为,任何人都没有权利利用他人作为实现自己主观意图的工具,每个个人永远应当被视为目的。每个人都是独立的,是他自己的主人。② 黑格尔继承并深化了康德的理论,他认为:人们应当过一种受理性支配的生活,其中,理性的基本要求之一就是尊重他人的人格和权利,而法律就是保护这种尊重的主要手段之一。③ 20世纪,新康德主义自然法学派吸收了康德、黑格尔的观点,其代表人物鲁道夫·施塔姆勒认为:社会的每一成员都应当被视作是一种目的本身,而不应当被当作他人主观专断的对象。任何人都不得仅仅把他人当作实现自己目的的手段。同时,他认为"正当法律"需要符合四项原则:一是绝不应当使一个人的意志内容受制于任何他人的专断权力;二是每一项法律要求都必须以这样一种方式提出,即承担义务的人仍可以保有其人格尊严;三是不得专断地把法律共同体的成员排除出共同体;四是只有在受法律影响的人可以保有其人格尊严的前提下,法律所授予的控制权力才能被认为是正当的。④ 其另一位代表人物乔治奥·德尔·韦基奥则认为,尊重人的人格自主性乃是正义的基础。每个人都可以要求他的同胞不把他当作一个工具或手段来看待。韦基奥确信,人类的进化会使人们不断增加对人的自主性的承认,因此也会使自然法逐渐得到实现,并最终获得胜利。⑤

　　基于纠问式诉讼模式的被质疑和人的主体性哲学理论的发展,程序主体主义理论应运而生,他要求不应将刑事诉讼中的被追诉人作为程序的客体,被追诉人应该是与控方平等的程序性主体,也只

---

① [德]康德:《道德形而上学原理》,苗力田译,上海人民出版社1986年版,第80—81页。
② [美]E.博登海默:《法理学——法律哲学与法律方法》,邓正来译,中国政法大学出版社1999年版,第72页。
③ [美]E.博登海默:《法理学——法律哲学与法律方法》,邓正来译,中国政法大学出版社1999年版,第81页。
④ [美]E.博登海默:《法理学——法律哲学与法律方法》,邓正来译,中国政法大学出版社1999年版,第173—174页。
⑤ [美]E.博登海默:《法理学——法律哲学与法律方法》,邓正来译,中国政法大学出版社1999年版,第175页。

有这样控辩才能形成平等对抗，真正实现司法正义。

针对程序主体性理论，国内外许多学者著书立说，从不同的角度阐述了自己的观点。如江伟教授就从法的主体性原则和宪法法理与诉讼法的关系的角度解读了程序主体性理论。他认为："欲使宪法规定的基本权获得程序保障，就应在一定范围内，肯定国民的法主体性，并应对当事人以及程序关系人赋予程序主体权，即程序主体地位。这就是所谓的'程序主体性原则'。这一原则，是立法者从事立法活动、法官适用现行法以及程序关系人（包括诉讼当事人）进行诉讼行为时，均须遵循的指针。按照这一原理，程序当事人以及利害关系人，不仅不应沦为法院审理活动的客体，相反，应赋予对程序的进行有利害关系的人以相当的程序保障"。① 左卫民教授则进一步提出了"司法之主体性理念"。他认为："在司法制度的构建与运作中，应尊重公民和当事人的意愿，保障其权利和自由，维护其尊严，让其发挥决定、支配和主导作用，避免沦为客体的司法价值观"。② 邱联恭教授认为："宪法在承认国民主体之同时，亦保障国民有自由权、诉讼权、财产权及生存权。依据此等基本权之保障规定，在一定范围内，应肯定国民之法主体性，并应对于当事人及程序之利害关系人赋予主体权（程序主体地位）。此即所谓程序主体性原则，乃立法者从事立法活动，法官运用现行法，及程序关系人（含诉讼当事人）为程序上行为时，均须遵循之指导原理。在适用此项原理之程序上，其程序之当事人及利害关系人，不应沦为法院审理活动所支配之客体"。③ 日本学者棚濑孝雄认为："参加模式由于把诉讼当事者的程序主体性提到一个明确的高度，从而能够充分体现在原有的模式中很难找到自己位置的民主主义理念。要求法官的判断作用对当事者的辩论作出回答和呼应的参加模式，不仅仅把当事者的程序主体作用限定在为了帮助法官作出正确判断而提供足

---

① 江伟：《市场经济与民事诉讼法学的使命》，载《现代法学》1996 年第 3 期。
② 左卫民：《在权利话语与权力技术之间——中国司法的新思考》，法律出版社 2002 年版，第 4 页。
③ 邱联恭：《程序选择权之法理——着重于阐述其理论基础并准以展望新世纪民事程序法学》，载《民事诉讼法之研讨》（四），台北，三民书局 1987 年版，第 576 页。

够的资料这一狭窄的范围内,而是容许当事者用双方的辩论内容来拘束法官判断的同时,把法官这个第三者的存在和决定权能纳入自己努力解决自己的问题这样一种主体相互作用的过程。承认当事者具有这种更高层次的主体性,才有可能从根本上支持现代型司法所需要的灵活性,获得根据具体情况调整程度来追求更合乎实际的解决时必要的正当性"。①

以上学者们所要表明的是,当事人应该被当作诉讼主体而存在。主体与客体的称谓是相对而言的,主体是客体的认知者,《辞海》的解释是:主体具有意识性、自觉能动性和社会历史性等基本特征,意识、思维是主体的机能和最重要的特征。客体则是被主体所认知的对象。当事人程序主体性要求当事人不再作为司法权作用下的客体,而成为可以影响司法权运作的主体。学者们同时强调程序主体性应该得到尊重,正如左卫民教授所说:"仅仅使公民和当事人在司法中不成为客体是不够的,更要使其成为司法主体中的主体。因此,当事人应成为诉讼活动的实质参与者和主要支配者,整个程序都尊重当事人的意志和尊严,保障其行为自由。"②

2. 程序主体性理论与控辩平等原则

程序主体性理论在刑事诉讼活动中的要求,更重要的凸显控辩平等原则。主要体现在如下几个方面:

一是对于刑事诉讼主体即控辩双方的平等尊重和保护。"被指控人和其他诉讼参与人的人格尊严不可侵犯原则在国家实现刑事诉讼目的方面是一条不可逾越的底线。"③国家机关在刑事诉讼活动中仅仅是诉讼参与者,不具有超越其他诉讼参与主体的权利。刑事诉讼中的程序主体性理论就是建立在这种认知基础之上的。"作为裁判者的法官如果承认和尊重被告人的诉讼主体地位,就会给予他们获得公正听审的机会,使他们充分有效地参与到裁判制作过程

---

① [日]棚濑孝雄:《纠纷的解决与审判制度》,王亚新译,中国政法大学出版社1994年版,第123、258—259页。
② 左卫民:《在权利话语与权力技术之间——中国司法的新思考》,法律出版社2002年版,第5页。
③ 熊秋红:《转变中的刑事诉讼法学》,北京大学出版社2004年版,第32页。

中来,成为自身实体利益乃至自身命运的决定者和控制者。被告人、被害人及其他社会成员也会对这一审判过程的公正性和合法性产生信任和尊重。"①

二是保障刑事诉讼主体即控辩双方的权力(利)都得以实现。保障刑事诉讼各方主体权力(利)得以实现是程序主体性原则的基础。如果不保障当事人诉讼权力(利)的实现,那么赋予当事人主体地位也就毫无意义。程序主体性理论要求诉讼当事人具有广泛的可以自主决定是否行使的权力(利),这些权力(利)不应受到其他力量的干涉,尤其应限制审判权对这些权力(利)的侵犯。这种诉讼模式是"当事人平等交涉"为中心的纠纷解决模式,它要求为诉讼当事人提供充分的权力(利)保障。"当事人之间的相互作用才是诉讼程序的中心部分这一观念,一般地或者以这样能够最大限度地发现案件真相的理由来说明,或者由当事人接受涉及自己切身利益的处理时必须得到陈述自己意见的机会……"②为当事人提供权力(利)保障,也就意味着限制法官审判权的滥用。"当事人在诉讼程序上享有的权利实际上就是对法官权力的直接限制。对当事者行使诉讼权利的程序保障也就意味着审判过程中法官的创造性作用在程序方面受到严格的制约。"③给予诉讼当事人权力(利)保障,限制法官审判权,才能确保诉讼主体地位,这就是程序主体性理论的内涵之一。

程序主体性理论经历了一个从理念存在到实然享有的历史过程。从实践角度来看,程序主体性理论经历了从以少数人为主体到以多数人为主体、从主体性不充分到主体性充分、从理论适用领域有限到适用领域广阔的过程。现代社会,程序主体性理论已经成为许多国家的司法指导理念。④ 在程序主体性理论之下,司法权应当

---

① 左卫民:《在权利话语与权力技术之间——中国司法的新思考》,法律出版社2002年版,第5页。
② [日]棚濑孝雄:《纠纷的解决与审判制度》,王亚新译,中国政法大学出版社1994年版,第123、258—259页。
③ 王亚新:《社会变革中的民事诉讼》,中国法制出版社2001年版,第42页。
④ 左卫民:《在权利话语与权力技术之间——中国司法的新思考》,法律出版社2002年版,第7页。

重新予以配置,司法公正应当赋予新的内涵,①辩方权利受到重视,控辩平等成为可能。

二、控辩平等之价值基础

前已述及,控辩平等原则是一般意义上的平等思想在刑事诉讼活动的反映。但是与一般意义上的平等思想不同的是,现代刑事诉讼构造中的控辩平等原则,本质上讲求的是个人(被追诉方)与国家(控诉方)的平等。这是因为,刑事诉讼中的控辩双方的权益冲突是国家与个人之间的冲突,在国家与个人出现利益冲突的情况下,就出现了何者为第一位的价值选择。

(一)个人本位主义

控辩平等原则的价值基础首先在于个人本位主义,即刑事诉讼中国家与个人具有平等的法律地位。不能以国家利益高于个人利益为逻辑前提,认为控诉方代表的是国家利益,辩护方代表的是个人利益,就推导出控诉方的诉讼地位高于辩护方诉讼地位的逻辑结论。从个人本位主义理论来看,这不仅是一个悖论,而且得出的结论可能恰恰相反。

1. 个人本位主义之内涵

个人本位主义是相对于国家本位主义而言的,传统国家本位主义理念的前提下,在国家与个人的关系上,个人是由国家根本派生而出的。基于此,国家利益永远高于个人利益,二者没有平等的基础。在奴隶制和封建制社会中,统治者为了维护统治秩序,夸大国家在社会生活中的作用,将国家利益凌驾于个人利益之上,个人利益只能从国家利益之附属,没有独立存在的价值和意义。如我国古代所提倡的"忠",就是所谓的忠于国家利益,实质上忠于统治者。在国家本位主义理念的支配下,国家与个人的法律地位无法实现平等,个人对国家只有义务而无权利。刑事诉讼的目的是单一的惩罚

---

① 有论者认为,"新型的正义以对有效性的探索为标志——有效的起诉权和应诉权(effective access to of action and defense),有效接近法院之权利(effective access to court),当事人双方实质性平等(effective equality of the parties)"。唐力:《当事人程序主体性原则——兼论"以当事人为本"之诉讼构造法理》,载《现代法学》2003年第5期。

犯罪，人权保护的功能无从谈起，控辩双方的平等犹如天方夜谭。所以，在刑事诉讼程序设定上，体现为一味强调维护并强化国家追诉机关的权力，弱化或根本否定被追诉人的辩护权利。

个人本位主义理念的产生可以从两方面进行追溯。一方面，从西方社会的传统观念角度来看，在欧洲思想体系中，有关人与社会的两大体系是人道主义和基督教，其核心内容包含了个人本位主义理念。人道主义认为：人是独一无二的，具有理性的品质，是道德的产物，应当遵守道德的约束。基督教教义则认为：人是上帝仿照自己的形象所创造，又因上帝的儿子耶稣牺牲得以从罪恶中救赎，人在世间万物中具有特殊地位，人是万物之灵。宗教改革运动后的新教教义认为，每个基督教徒都不是必须以教士为中介，而是都可以通过自身的感悟与上帝直接交流，并有义务履行《约翰福音》。另一方面，从社会变革角度来看，近代资产阶级革命取得胜利，自然法则论中天赋人权成为革命的口号，对国家与个人关系的认识产生了颠覆性的变化。依据自然法则论，个人早于国家产生，国家并没有创造个人权利，只能承认个人权利——个人无论在世俗中还是在逻辑上都先于国家。这种认识虽然有些偏激和武断，却成功地颠覆了封建社会政治制度的基础，即首先有了个人，才有了个人与个人的关系，随后才产生了政治机体——国家，产生国家的目的是巩固和扩张个人的权利，因而国家必须服务于个人。自然法则论本质上是一种个人本位主义理念，在这种理念中，个人先于国家，国家非个人本源，而是为个人利益服务的产物，脱离了个人利益，国家利益也就没有独立存在的价值和意义。故既然国家利益并不高于个人利益，国家的法律地位也不能高于个人的法律地位。因此，由于国家利益与个人利益相比并不优越，当个人利益和国家利益冲突时，个人应当被赋予与国家公平对抗的权利。

法学意义上的个人本位主义起源于16世纪末、17世纪初古老的自然法则论之外的自然权利理论。自然权利理论认为：人人都享有一些不可剥夺、不可转让的权利。这种个人本位主义在英美法系的思想中尤为典型。在英国，清教主义认为：个人良知和个人判断是第一位的，任何官方权威都不能强制个人行为，但是个人应该承受因自己行为而产生的后果。这种看法被称为"理性诚实的自然契约"学说。在美国,清教主义思想影响了美国法律思想的形成,使个人本位主义理念得到了巩固,它从个人利益出发,制定了诉讼程序和诉讼的辩论模式,形成了公平、抗辩式的诉讼理论,即个人主动实施法律,维护自身权利,法庭监督控辩双方的"竞赛"得以公平并不受干预地进行。这就形成了控辩平等原则的价值基础——个人本位主义在刑事诉讼领域的应用。

2. 个人本位主义与控辩平等原则

"在刑事诉讼中,我们可以拟人化地把国家看作一个拥有全部社会武力的实体,它作为控诉方,要和被称为罪犯的毫无武力可言的个人平起平坐——在法律面前,强大的国家和弱小的罪犯相提并论。"①这意味着控辩双方在本原上是力量失衡的,被告人的社会地位和诉讼地位先天不足,个人力量相较于强大的国家机关力量是微弱的,控辩双方诉讼地位不平衡是必然的结果。

个人本位主义的法治理念体现为:法律必须平等地对待政府和公民,在法律规范体系内,个人与国家在法律地位上是相同的。这种法治理念对刑事诉讼活动的要求至少应当包含如下诸方面:

(1)个人的法律人格应得到承认。

这就要求摒弃将被追诉人视为诉讼客体的传统专制观念,承认个人的法律主体地位。将被追诉人与国家追诉机关作为平等的诉讼主体,设置诉讼制度,构建诉讼程序。

(2)个人的尊严应受到尊重。

刑事诉讼过程中,对个人尊严的尊重包括对肉体和精神的尊重。这就意味着必须排除酷刑、逼供等肉体折磨,禁止侮辱、威胁等精神折磨。同时,处于同等地位的诉讼当事人应得到平等对待,受到同样的尊重。

(3)个人诉讼权利的行使应可以自主决定。

在刑事诉讼中,当事人对自己的权利可以在法律允许的范围内

---

① [斯洛文尼亚]卜思天·儒佩基奇:《从刑事诉讼法治透视反对自证有罪原则》,王铮、降华玮译,载《比较法研究》1999年第2期。

自主决定是否行使以及如何行使,除了证人以外,任何人都可以拒绝提供违背意志的证据。

(4)个人诉讼权利不应成为"民愤"或"利益"的祭品。

这意味着在刑事诉讼中,当事人尤其是被追诉人的合法权利不应以任何借口予以剥夺或限制。虽然在正常情况下,任何人都不愿意给无辜者定罪,但是当对某个人定罪可以迅速平息民愤①、恢复正常的社会秩序,甚至为了某种个人荣誉和利益,在没有牢固的个人本位主义作为价值基础的情况下,被追诉人的权利就很容易处在危险中。这种例子我国近年来被曝光的不在少数,杜培武、佘祥林、胥敬祥案件等即为例证。

由此可见,个人本位主义在法治领域中体现出来的精神就是要保护公民个体权利,在刑事诉讼领域中更是需要保护被追诉人的权利,那么控辩平等原则就成为毋庸置疑的应有之义。

(二)实体公正原则

"正义是社会制度的首要价值,正像真理是思想体系的首要价

---

① 从一定程度上说,民愤是社会公众基于公序良俗所作出的价值判断和善恶评价,体现了惩恶扬善的实质正义。但是,探究民愤的内涵,其正当性并不是绝对的。分析民愤的缘起和扩张可以看出,由于社会公众通过大众传媒所获知的外部世界其实是大众媒介依据一定的价值观、政治的或商业的意图所作的加工和制作,通过大众传媒所表达的情感和意愿是基于一定道德标准的主观评判,所以民愤是一种非理性的产物、并带有情绪化色彩,其本质上是感性的。就刑事领域而言,民愤有两种,一种是社会公众对已经发生的犯罪行为的谴责,一种是社会公众对不符预期的司法行为的不满。在民愤的非理性本质驱动下,二者随时情绪性地发生转化。这是因为,社会公众在认定"犯罪人"的行为是否构成犯罪以及应当重判或轻判上所依据的是主观的道德判断,与司法裁判所依据的客观的法定程序和证据标准无疑会存在冲突。当民愤影响到司法裁判时,常以"民愤极大"这样的姿态出现。然而,即使不考量民愤的非正当性,不探究民愤的非理性,仍然需要从质和量的角度对"民愤极大"的真实性进行探寻和识别。但是,在笔者看来,民愤却有着"复制世界"里的民愤、"熟人社会"中的民愤和"虚构场景"下的民愤之别。如在杜培武、佘祥林两个冤案中,案件发生以后,公安机关都有着迅速侦破案件以平民愤的压力,必须给案件一个确定的结果才能尽快恢复被"破坏"的社会秩序,但法律制度并未提供一个合法的疑案处理方式。因而,犯罪嫌疑人一旦进入侦查程序就很难再脱离出去,即使是在证据不足的情况下,公安机关都不敢冒着放纵犯罪的压力撤销案件。在这种情况下,超期羁押、刑讯逼供、冤假错案等现象的出现便成为不可避免。个人的诉讼权利就成为"民愤"的祭品。关于此问题的专论详见冀祥德:《民愤的正读》,载《现代法学》2006年第1期。

值一样。"①实体公正表现为罪、责、刑相适应和保护被告人的人身权、财产权两个方面,是控辩平等原则的价值基础之一。

1. 实体公正原则之内涵

一般认为,实体公正有自然法意义上的实体公正和实证法意义上的实体公正之分。"各得其所、互不侵犯"、"坚持正义、避免非正义"和"给予每个人其应得的东西",表达了自然法意义上的实体公正观点。而实证法意义上的实体公正,是指符合实体法正义的实体公正,其实现取决于实体法上规定的权利义务是否被现实地予以实现。但是,实体法意义上的实体公正首先需要满足自然法意义上的实体正义标准,即最低的道德准则,且要求实体法本身对权利义务的规定具有合目的性。

刑事诉讼的主要目的之一是通过侦查发现案件事实真相,依据事实和法律确定被告人是否构成犯罪,构成何罪,以及罪之轻重,从而最终确定是否适用刑罚或适用刑罚之轻重。这意味着实体正义的本质内涵是追求查明案件真相,达到罪、责、刑相适应的目标。

同时,在刑事诉讼中,由于被追诉人处于弱势地位,人身自由常常受到限制,其人身权与财产权很容易受到国家权力的侵犯。只有给予相应的保护,才能真正实现实体公正的要求。保护被追诉人的人身权与财产权是实体正义本质内涵的延伸。

2. 实体公正原则与控辩平等原则

控辩平等之于实体公正,也当从实体公正内涵之查明事实真相和保护被追诉人权利两个方面予以解读:

(1)控辩平等之于实体公正之查明事实真相。

就犯罪案件事实与控辩双方的关系来看,被追诉人是查明案件事实的关键。因为只有他最清楚自己究竟是否实施了犯罪或者如何实施了犯罪。而侦控方作为案件事实的非亲历者,只能根据已经成为历史事件的遗留痕迹等,回溯事件可能的本源,这种回溯的方法和过程,无疑具有推理、判断、假定等主观因素。控辩平等原则要

---

① [美]罗尔斯:《正义论》,何怀宏等译,中国社会科学出版社1998年版,第1页。

求控辩双方均有收集证据的权利和机会;控方基于追诉犯罪或职能本位,往往更注重于收集有罪和罪重的证据;辩方为了维护自身利益,必然尽力收集无罪或者罪轻的证据。控辩双方共同收集各种罪之有无、罪之轻重等证据,并在庭审中平等举证、质证对抗,会使证据的获取更加全面,证据的判断更加细致,更利于裁判者去伪存真,发现事实真相。

(2)控辩平等之于被追诉人权利保护。

刑事诉讼对被追诉人而言乃攸关大事。控辩不平等原则本身就意味着对被追诉人权利的漠视,更何谈保护,其与实体公正的双重内涵是背离的。控辩平等原则则要求尊重被追诉人的主体地位,对于控辩双方平等武装、平等保护。在保障被追诉人的合法权利不受侵犯的前提下,查明被告人应否承担或者应当承担何种法律责任。现代"法治国家"的基本理念之一便是要求法律平等地对待政府和公民(在一定意义上也就是国家与个人),在法律的规范体系之内,个人与国家具有平等的法律主体资格。正如英国著名法学家威廉·韦德指出的,"法律必须平等地对待政府和公民,但是,既然每个政府必须拥有特别权力,很显然,就不可能对两者以同样的对待。法治所需要的是,政府不应当在普通法律上享有不必要的特权和豁免权"。

(三)程序正义原则

正义是世界各国的法律制度设计者所共同追求的最高理想和目标,也是社会公众用来判断和评价一种法律制度是否具有正当根据的价值标准。刑事诉讼程序作为国家追诉犯罪的重要法律制度,必须符合正义的内在要求,才能具备一种内在的优秀品质,在刑事审判程序中实现人们对正义的期望。而这种内在的优秀品质或者价值,就是刑事诉讼程序的正当性。

1. 程序正义原则之内涵

从辞源上分析,正义是"公正的、有利于人民的道理"或"正当的或正确的意义"①。程序是"事情进行的先后次序"②。一般认为，在法律制度中，正义表现为实体正义(substantive justice)、形式正义(formal justice)和程序正义(procedural justice)三种。与实体正义和形式正义主要是一种"结果价值"相比，程序正义追求的主要是一种"过程价值"。"一项法律程序本身是否具有程序正义所要求的品质，要看它是否使那些受程序结果影响的人受到了应得的待遇，而不是看它能否产生好的结果。"③程序正义主要体现在程序的运作过程中，是评价程序本身正义性的价值标准。

刑事诉讼作为解决社会纠纷冲突的一种理性方式，诉讼程序自产生始，其价值目标就是正义，其内在要求就是应努力缩小控辩双方地位和力量悬殊的影响从而实现正义。从纠纷解决方式演进的历史路径来看，纠纷双方法律地位的平等对于诉讼程序的运作和司法正义的实现至关重要。④ 一方面，法律禁止纠纷双方武力相向和自助(私了)，通过禁止当事人一方对另一方施加武力而创造了二者之间的平等。一旦先前靠武力解决冲突变成通过法律程序来解决后，纠纷中的各方当事人就处于平等的地位；另一方面，只有在平等对抗的诉讼结构中，公共权力的滥用才能杜绝。在民主国家里，刑事诉讼必然通过对抗性司法程序进行，国家在原则上出于原告地位与被告人作为两个平等的法律主体，参与纠纷冲突的解决过程。在所有刑事诉讼中，依靠武力使程序进行，整个法律目的也就面临

---

① 中国社会科学院语言研究所词典编辑室编：《现代汉语词典》(第5版)，商务印书馆2005年版，第4740页。
② 中国社会科学院语言研究所词典编辑室编：《现代汉语词典》(第5版)，商务印书馆2005年版，第477页。
③ 陈瑞华：《刑事审判原理论》，北京大学出版社1997年版，第54页。
④ 追溯诉讼程序的起源，在尚未产生法律制度的时候，发生冲突与纠纷，往往通过武力来解决，这种解决方式的结果取决于双方武力的大小，而非事情是非曲直本身。在这种解决方式下，原来的受害者有可能因武力不敌加害者再次遇害，其正义无从伸张。随着人类文明的发展，人们对原始解决纠纷的方式深刻反思后，创造了全新的冲突解决方式。在这种新的冲突解决方式下，可以使双方当事人的武力对冲突解决结果的影响大幅度降低，直至消失。换言之，不管双方当事人本来的力量有多大悬殊，一旦进入既定的冲突解决程序，双方当事人的地位将完全平等，最终决定冲突解决结果的是冲突事实本身的是非曲直，与当事人的财富、地位、体力等因素无关。即被害者将获得救济，加害者将受到惩处和制裁，使正义得到实现。这种全新的冲突解决方式就是诉讼。

崩溃。如果法律的目的在于防止自助将与法律的目的相矛盾。① 正如美国学者所言:在刑事诉讼中,因为双方都想赢,如果不迫使他们遵守规则,他们都可能会使用不公正和欺骗的手段,程序规则创造了一个平等的竞争场所,使双方都保持诚实。②

因此可以看出,自诉讼程序产生之始就蕴涵着程序正义原则。1215 年英国《大宪章》第 39 条规定:任何人不得被逮捕、监禁、侵占财产、流放或以任何方式杀害,除非他受到贵族法官或者国家法律的审判;美国宪法修正案第 14 条规定,各州不得制定或施行剥夺合众国公民的特权与豁免的法律,也不得未经正当的法律程序,即行剥夺任何人的生命、自由和财产;③《公民权利与政治权利国际公约》第 14 条第 3 款(庚)项规定:在判定对他提出的任何刑事指控时,人人完全平等地有资格享受不被强迫做不利于他自己的证言或强迫承认犯罪的最低限度的保证等,都是程序正义原则的规定。根据国内外学者传统观点,衡量法律程序是否公正主要有两项标准:

一是自然正义原则(natural justice principle)。④ 自然正义原则既要求任何人不得做自己案件的法官,同时还要求当事人双方的意见应该受到重视。前者是指法官不能在审判中有所偏私,甚至在表面上也不能使任何正直的人对其中立性产生任何合理怀疑。后者意味着法官要给所有与案件结果有直接利害关系的当事人有充分陈述自己的意见的机会,并对双方意见一律平等看待。普通法系国家的司法制度大都确立了自然正义原则的这两项基本要求,成为法官解决争端时所要遵循的最低程序准则和公正标准。自然正义原则是衡量程序正义的一项最基本的指标。

---

① [斯洛文尼亚]卜思天·儒佩基奇:《从刑事诉讼法治透视反对自证有罪》,王铮、降华玮译,载《比较法研究》1999 年第 2 期。
② [美]爱伦·豪切斯特勒·斯黛丽·南希·弗兰克:《美国刑事法院诉讼程序》,陈卫东、徐美君译,中国人民大学出版社 2002 年版,第 26 页。
③ 《美国联邦刑事诉讼规则和证据规则》,卞建林译,中国政法大学出版社 1996 年版,第 2 页。
④ "自然正义"是一项十分古老的程序公正标准,其理论基础是自然法理论。最早出现在古罗马时期,自然法、万民法和神判法都贯穿了这项原则。详见陈瑞华:《刑事审判原理论》,北京大学出版社 1997 年版,第 55 页以下。

二是正当法律程序原则(due law process principle)。① 正当程序模式的主要特征是:确立公平原则;对犯罪嫌疑人的合法权利予以保护;正式、公开审判;赋予双方当事人平等的法律地位;赋予双方上诉权;最大限度地保护无辜者。正当程序模式要求确定事实的程序必须具有对抗性,要由一个公正的法庭主持,进行公开的审讯,只有在被告人有机会反驳控方证据之后,才能对案件作出判决,根据这一模式的要求,每个人在处理刑事诉讼的辩护资源时,都应该处于相同的位置,这也维护了公平的观念。② 正当法律程序原则是衡量程序正义的又一个重要标准。

可见,程序正义原则涵盖了法官中立、程序参与、程序控制多方面的内容。

2. 程序正义原则与控辩平等原则

程序正义原则在刑事诉讼中的体现正是控辩平等原则的要求。一方面,程序正义的实现必然要求控辩双方的平等;另一方面,控辩平等原则在刑事诉讼活动中的驻足正是承载了程序正义的理念。二者紧密联系,相互契合,不可分割。这一相互关系主要体现在刑事诉讼活动的如下方面:

(1)诉讼程序必须公正、公开、透明。

在控、辩、审的三方中,裁决者应始终保持中立的诉讼地位,即

---

① 正当法律程序起源于古希腊时代,那时虽然与现代正当法律程序不相一致,但如果未经审判或定罪而处死一个人被认为是一种暴行,是暴君统治的表现。罗马法中虽然没有关于正当法律程序价值的明确表述,但公元2世纪罗马作家阿普列乌斯的《金驴》(The Golden Ass)所讲述的故事表明当时的官员禁止动用私刑,在审判已经根据先前传统如期进行之后,必须考虑当事人双方的辩护理由(utrimquesecus allegationibus examinatis),按照法律的一般规定(rite et more maiorum)给予正当的法律判决(civiliter sententia promeretur)。在任何情况下"像野蛮人或无所忌惮的暴君那样,不经审理而处理某人"的做法都不应在和平时期采用,这将会成为可怕的先例。这里提到的不经审判的处罚正是表现了正当法律程序的价值,当时的塞内加耶陈述了这样一个原则:无论是谁作出的判决,如果他没有让其中一方当事人陈述自己的意见,哪怕判决事实上是正义的,他的行为也非正当。参见[爱尔兰]J. M. 凯利:《西方法律思想简史》,王笑红译,法律出版社2002年版,第73页。

② Malgorzata Wasek-Wiaderek, *Principle of "Equality of Arms" in Criminal Procedure Under Article 6 of the European Convention on Human Rights & Its Function in Criminal Justice of Selected European Countries*, December 2000, Leuven University Press.

"任何人都不能做自己案件的法官"平等对待控辩双方,不得偏袒任何一方;控辩双方应处于平等的法律地位,权利与义务相当,即"法律面前人人平等";应保障双方当事人充分行使自己的诉讼权力(利),包括起诉权、获得律师帮助权、上诉权、申诉权等。同时整个诉讼过程应是公开和透明的,国家行使权力的过程可以受到有效地监督,防止权力滥用,树立审判权威。正如英国前上诉法院院长丹宁勋爵所言:正当法律程序是指法院为了保障日常司法工作的纯洁性而认可的方法,促使审判和调查公正地进行,逮捕和搜查适当地采用,法律援助顺利地取得,以及消除不必要的延误等。①

(2)保障被追诉人的权利,尤其是其人身自由权利未经法律正当程序不能受到侵犯;必须赋予被追诉人以辩护权,尤其是获得律师辩护权。具体要求司法人员不依法律程序、不依法庭审判结果不得限制或剥夺被追诉人的人身自由,严禁刑讯逼供等非法手段获取证据。同时,将辩护权作为被追诉人的基本人权之一。正如日本学者谷口安平所言:正当程序原来只是指刑事必须采取正式的起诉方式并保障被告接受陪审裁判的权利,后来扩大了其适用范围,意味着在广义上剥夺某种个人利益时,必须保障他享有被告知和陈述自己意见并得到倾听的权利。② 对此,联合国《公民权利与政治权利国际公约》以及《关于律师作用的基本原则》等文件均作出了明确规定。③

---

① [英]丹宁勋爵:《法律的正当程序》,李克强、杨百揆、刘庸安译,法律出版社1999年版,第2页。
② [日]谷口安平:《程序的正义与诉讼》(增补本),王亚新、刘荣军译,中国政法大学出版社2002年版,第4页。
③ 联合国《公民权利与政治权利国际公约》第14条第3项规定:"在判定对他提出的任何刑事指控时,人人完全平等地享有以下的最低限度的保证:(乙)有相当的时间和便利准备他的辩护并与他自己选择的律师联络;(丁)出席受审并亲自替自己辩护或和由他自己所选择的法律援助进行辩护;如果他没有法律援助,要通知他享有这种权利;在司法利益有此需要的案件中,为他制定法律援助,而在他没有足够能力偿付法律援助的案件中,不要他自己付费。"联合国《关于律师作用的基本原则》第7条规定:各国政府应确保由主管当局迅速告知遭到逮捕或拘留或被指控犯有刑事罪的所有的人,他有权得到自行选定的一名律师提供协助;确保被逮捕或拘留的所有的人,不论是否受到刑事指控,均应迅速得到机会与一名律师联系,不管在任何情况下至迟不得超过自逮捕或拘留之时起的48小时。

(3) 奉行无罪推定原则。

程序正义要求在刑事诉讼中确立无罪推定原则。对此,意大利著名法学家贝卡利亚早就有英明论断,他说:"在法官判决之前,一个人是不能被称为罪犯的。只要还不能断定他已经侵犯了给予他公共保护的契约,社会就不能取消对他的公共保护。"[①]无罪推定是相对于有罪推定而言的,它要求在刑事诉讼过程中,必须赋予被追诉人不得自证其罪等一系列权利作保障。

美国学者戈尔丁概括了程序正义的标准,包括:第一,与自身有关的人不应是法官;第二,结果中不包含纠纷解决者个人的利益;第三,纠纷解决者不应有支持或反对某一方的偏见;第四,对各方当事人的意见均应给予公平的关注;第五,纠纷解决者应听取双方的论据和证据;第六,纠纷解决者应只在一方在场的情况下听取另一方的意见;第七,各方当事人都应得到公平机会来对另一方提出的论据和证据作出反应;第八,解决的诸项条件应以理性推演为依据;第九,推理应论及所提出的所有论据和证据。其中第三项至第七项标准强调的都是控辩关系的平等。美国著名法学家坎贝赖特认为,虽然任何活生生的原则、制度或价值都不能脱离历史和社会中变幻着的具体情况,但诉讼史上仍然存在构成"诉讼制度的永恒的、不可更改的组成部分"的基本原则。"平等防御"是构成公正诉讼程序的"最基本的最低限度的要求"之一。[②]

三、控辩平等之社会制度基础

本章第二部分探讨了国家离开个人利益,就没有独立存在的价值和意义,这一理念也在近代形成的人民主权原则中得到充分的体现。根据人民主权原则,国家的任务是保护公民的利益,没有公民的利益,国家没有独立的意义。被告人也是国家的公民,而且是一个合法权利容易受到侵犯的弱势群体,因而保障被告人享有宪法所

[①] [意]贝卡利亚:《论犯罪与刑罚》,黄风译,中国大百科全书出版社1993年版,第31页。

[②] Mauro Cappelletti and Bryaut G. Garth, *International Encyclopedia of Comparative Law*, Martinus Nijhoff Publishers, 1986, p. 43.

赋予的权利是人民主权原则的最高体现。① 从这种意义上看,人权思想入宪和人民主权制度的建立无疑是控辩平等原则的社会制度基础。

(一)人权思想入宪

人权思想的两大主题是自由、平等。人权思想作为资产阶级反对封建统治的理论武器,在资产阶级革命取得胜利后被写入宪法,成为控辩平等原则的社会制度基础。

1. 人权思想之内涵

"人权"(human right)一词最早出现于公元前400多年希腊著名悲剧作家福克斯的作品中。人权意识最早可以追溯到古罗马角斗士斯巴达克斯曾"为了自己的自由而战"。我国古代农民起义多以类似"等贵贱、均贫富"等口号号召广大民众。虽然基于历史局限性,人们不可能自觉地把自己的权利要求概括为人权理论,但是很显然,人们关于人权的意识从来不曾缺少过。

追溯人权思想,最早见于古希腊的自然法理论里,在自然法理论"平等人格"观念和"本性自由"观念的不断演化和融合中不断发展。不过,自然法理论依然属于神学的范畴,没有形成现代意义的人权理论。中世纪后,欧洲野蛮、残暴、愚昧和落后的君权、神权的统治遭到了人们的抵制,人权理念逐步产生。随后,胡克、霍布斯、密尔顿等思想家逐步发展人权理念,他们认为:人是自然状态中最自由、平等的,自然赋予人以人权,人权与生俱来,不可剥夺,不可让渡,亦不可许诺!他们甚至宣称:人权是神圣不可侵犯的权利,是人所固有的天然权利,甚至连上帝也不能剥夺人的权利。而洛克、卢梭等思想家则使人权思想的理论日趋完善,根据洛克的理论:在国家产生之前,人类处于原始的自然状态中,享受着生命、自由和财产占有的自然权利。但是,由于人的利己本性,在自然状态中,人们不能保证每个人永远不伤害他人,由于没有公认的是非标准和仲裁人,一旦发生争端,也就存在着导致战争的可能性。为避免战争,保

---

① [斯洛文尼亚]卜思天·儒佩基奇:《从刑事诉讼法治透视反对自证有罪》,王铮、降华玮译,载《比较法研究》1999年第2期。

护自己的自然权利,人们通过订立社会契约,把自己权利的一部分让渡于公共机关,组成国家。国家作为契约的一方,如果不能保护人的自然权利,那么它就是不合法的,作为契约另一方的人民,就可以对其采取怀疑和否定态度,以至于可以发动革命推翻它。① 这种人权思想使人们燃起斗志,不断与专制统治奋争着,并且伴随着文艺复兴运动、宗教改革运动、英国的光荣革命、启蒙运动、北美独立战争和法国大革命等运动得到迅速的发展和传播,直至在人们心中牢牢扎根、不可磨灭。1776年美国托马斯·杰斐逊、约翰·亚当斯和本杰明·富兰克林等人组成的委员会在起草《独立宣言》时,人权思想渗透其中,人权口号成为号召民众最响亮的口号。马克思将《独立宣言》称为"第一个人权宣言",他认为:人人生而平等,他们都从他们的"造物主"那边被赋予了某些不可转让的权利,其中包括生命权、自由权和追求幸福的权利。为了保障这些权利,才在人们中间成立政府。而政府的正当权力,则来自被统治者的同意。如果遇有任何一种形式的政府一旦对这些目标的实现起破坏作用时,那么人民就有权利来改变它或废除它,以建立新的政府。马克思的观点与洛克的"社会契约论"和"自然权利论"如出一辙。1789年,法国《人权宣言》以美国《独立宣言》为范本宣布:人生来而且始终是自由平等的。除了依据公共利益而出现的社会差别外,其他社会差别,一概不能成立。

继美国和法国人权运动之后,人权成了全世界范围内资产阶级推翻封建社会的革命主题和口号。同时,人权口号的提出确实起到了团结民众、启迪民众的作用。如欧洲各国的人权革命此起彼伏,为了巩固革命成果,革命胜利后,各国纷纷制定宪法将保障人权原则贯穿其中。再如各殖民地国以美国独立运动为蓝本也掀起独立热潮,结合国情规定了人权。人权革命之火燃烧到亚非拉各国,这些国家以革命或改良等不同的方式发展,同样将人权思想渗透其中,使人权理论在全世界范围内得到普遍认可和确立。随后,联合

---

① [英]洛克:《政府论》(下),叶启芳、瞿菊农译,商务印书馆1995年版,第133—134页。

国这一国际组织也顺应潮流发展了人权理论和实践,如 1946 年,联合国人权委员会得以成立;1948 年,《世界人权宣言》得以问世;1966 年,《经济、社会和文化权利公约》和《公民权利与政治权利国际公约》的通过,将《世界人权宣言》所确立的原则予以法律化,使该《宣言》成为具有法律效力、为世界各国所认可的国际准则;联合国还就人权问题陆续出台了一系列公约,对人权保护和发展起到重要推动作用。在联合国发展人权保护实践的同时,区域性保障人权的理论和实践成果也十分显著:1950 年,欧洲各国在罗马签订了《欧洲人权与基本自由公约》(以下简称《欧洲人权公约》),建立了国际申诉制度;1994 年,欧洲各国又建立了常设性的欧洲人权法院,确立了个人在人权诉讼上的当事人能力。至此,人权思想不再只是一个政治理念,它真正变成一种有法律程序保障的法律权利。

可见,人权思想萌芽于受压迫人们的内心中,孕育于自然法理论中,成熟于启蒙思想家的思想中,实现于各国革命的实践里,继而确立为一些国家国内法的基本原则,最终成为国际法所普遍确认的基本准则。而且不仅如此,人权这一概念依然不断地被注入新内容,并越来越受到各国政府及国际社会的关注。

在国内外学者关于人权的研究中,对于人权的含义一直没有达成共识,对人权的定义不下百余种。尽管如此,在这些见仁见智的含义描述中,还是可以概括出人权的一些基本特征。如人权的不可或缺性、不可取代性、不可转让性和人权的稳定性、繁衍性、共通性等。[①]

2. 人权思想与控辩平等原则

"每个人都生而自由平等。"[②]自由、平等是人的基本需求之一,是人类的自然法则。国家应保障人的这两项基本权利。在刑事诉讼活动中,国家保障被追诉人自由和平等这两大人权,无疑必须在刑事诉讼制度中构建控辩平等原则。

刑事诉讼事关公民的自由,甚至关乎公民生命,生命与自由又

[①] 谭世贵主编:《刑事诉讼原理与改革》,法律出版社 2002 年版,第 186—189 页。
[②] 卢梭:《社会契约论》,何兆武译,商务印书馆 2003 年版,第 9 页。

是人最基本的两项权利,所以刑事诉讼在保障人权上具有至关重要的意义。在世界各国的宪法中,有大量条款与刑事诉讼有关,而这些条款又多是规范刑事诉讼中人权保障问题的条款。这是因为,刑事诉讼中,国家司法权与公民个人权利产生了直接的冲突,法治国家中,怎样使司法权在适度的范围内发挥作用,怎样防止国家司法权滥用侵犯公民个人权利,成为宪法必须要解决和关注的问题。可以说,人权理念发展的历程记载了国家权力和公民权利的调和过程,而刑事诉讼法律则是衡量宪法对国家权力是否有所规制、这种规制是否有效的标准,所以宪法规定的许多基本问题都与刑事诉讼中的人权保障密切相关。

刑事诉讼在保障人权上具有根本性。如果仔细翻看各国宪法,就会发现其中规定了大量的与刑事诉讼有关的条款,而这些条款中又多与刑事诉讼中的人权保障有关。如美国的《权利法案》、德国的宪法。有论者认为,没有哪一个部门法律能像刑事诉讼法这样受到宪法如此多的青睐,究其原因是多方面的,但最根本的原因在于,宪法是规定国家权力和公民权利的根本法,而在刑事诉讼中,国家司法权和公民个人的权利发生了直接的对话。刑事诉讼事关公民的生命和自由两项最基本的权利,这两项权利是其他一切权利赖以存在的基础。正如新托马斯主义法学的主要提倡者马里旦对权利划分的观点:人的生命权高于自由权,自由权高于财产权,其次才是政治权利、劳动权利等。① 在法治国家中,如何保证国家司法权的适度行使,防止国家司法权的滥用,使其不至于任意侵犯公民个人的权利,理所当然要成为宪法关注的重要问题。从这个角度说,将刑事诉讼法看成为"人权宪法"是非常恰当的,因而,在保障人权上,刑事诉讼法也就具有了基本法的性质。②

基于上述认识,欧美各国在确立了资产阶级政权后,在建立了人民主权政治制度的基础上,对传统的纠问式诉讼制度进行了颠覆性的改革,通过规定不得自证其罪原则,保护被追诉人的合法权利,

---

① 转引自张宏生、谷春德主编:《西方法律思想史》,北京大学出版社1990年版,第456页。

② 谭世贵主编:《刑事诉讼原理与改革》,法律出版社2002年版,第199页。

规范国家控诉权力的行使,使控辩双方的法律地位逐渐趋向平等。

可见,人权思想入宪使得辩护权成为公民的一项宪法性权利,为控辩平等原则在刑事诉讼制度中的确立提供了宪法依据,使控辩平等成为可能。

(二)人民主权原则

控辩平等的政治前提是人民主权原则。人权思想是以社会个体为视角研究个体权利,相对应的人民主权思想则以社会整体统治为视角研究个体权利。探求人民主权制度的理论与实践,不难发现,人民主权制度也是控辩平等原则的社会制度基础。

1. 人民主权之内涵

人民主权观念最早出现于14世纪的意大利,当时著名的思想家马塞流主张:在国家中存在着一种至高无上的权力,其所发出的命令具有法律性质,这种权力叫"全权",应以人民全体的名义来行使。英国克伦威尔将马塞流的思想付诸实践,人民主权观念成为他用以对抗国王的有力武器。另外,还有不少思想家对人民主权思想予以论证,如独立派代表阿里哲尔南·锡德尼认为:权力只有一个唯一合理的依据,那就是人们以自己为目的而订立的自由协议。人们在建立国家政权的时候,依照维护共同利益所必不可少的尺度限制了自己的自由,但人民享有建立和推翻政府的权力。思想家乔治·劳森则认为:一切政治权力应该属于人民,人民主权是最后的、固有的和不可剥夺的,它表现为一种所有权。只有在为了全体人民的利益时,权力才能给予政府。到了近代,法国资产阶级思想家斯宾诺莎则从自由主义契约论角度出发,认为人们在订立契约之后,个人还应该保留一部分权利,特别是思想自由的权利。随着思想家们对人民主权观念的探讨,英国资产阶级思想家洛克开始将这一思想系统化和理论化,他从个人主义契约论角度出发,探讨人民主权理论,认为:人们通过契约建立国家的目的,就是为了保护个人的权利。只有由人民委托、认可的政府才是合法的政府。在政府组成之后,政府只掌握一部分有限的权力,没有绝对的权威,主权仍在人民手中。政府的权力必须按照人民的意志行使,保卫社会成员的生命和财产的安全。洛克之后,卢梭将人民主权论予以更充分的论述,并得出更科学的结论:主权是公意的具体表现,主权是不能分割和转让的。人民是国家最高权力的来源,人民订立契约建立国家,他们便是国家权力的主人,而政府权力是人民授予的。因此,国家的主人不是君主而是人民,当掌权者违背公意侵害主权者的权利,或者民主的政体蜕变为专制的政体时,主权者有权采取包括革命在内的各种方式推翻政府。

当代世界各国宪法将"国家主权属于人民"原则确立为普遍和首要的原则,如 1946 年,《日本宪法》规定:"兹宣布主权属于国民"。1947 年,《意大利宪法》规定:国家主权属于人民,由人民在宪法规定的方式及其范围内行使之。《菲律宾宪法》则规定:菲律宾是一个民主共和国,其主权属于人民,政府的一切权力来源于人民。1958 年,《法国第五共和国宪法》规定:国家主权属于人民,人民通过自己的代表和通过公民复决来行使国家主权。1993 年,《俄罗斯宪法》规定:俄罗斯联邦的多民族人民是俄罗斯联邦主权的拥有者和权力的唯一来源。我国也将"中华人民共和国的一切权力属于人民"规定于《宪法》中。为了保障人民主权原则的实现,各国宪法还规定了人民行使国家权力的形式,以赋予公民广泛的权利和自由来体现人民主权。

2. 人民主权原则与控辩平等原则

人民主权原则要求:国家机关运用权力的一切活动的最终目标都应当是保护每一个公民的利益,没有了公民的利益,国家也就没有自己独立的利益可言。被告人在没有审判定罪之前,依然适用人民主权原则,所以他们的利益也是国家保护的目标。但是,由于被追诉人是权利容易被侵犯的一个弱势群体,因而保障被追诉人享有宪法所赋予的权利被认为是人民主权原则的最高体现。① 如此,与人权思想和控辩平等原则之间的关系一样,人民主权制度确立了个人本位主义的价值选择,使被追诉人作为公民成为国家保护的对象,为控辩平等原则确立了权利基础和宪法依据。

---

① [斯洛文尼亚]卜思天·儒佩基奇:《从刑事诉讼法治透视反对自证有罪》,王铮、降华玮译,载《比较法研究》1999 年第 2 期。

四、控辩平等之诉讼制度基础

控辩平等是刑事诉讼模式进化与发展的法治产物。因为实践早已证明,在所有的人权保障手段中,法律对人权的保障无疑是最有效的。立法者在权衡各种因素之后,有选择、有目的地将人们所描述和追求的"人之作为人的权利(人权)或是已经在现实生活中存在的习惯性权利固定下来,明确具体的规定每个人在社会中的权利和地位,并赋予法律的国家强制力,以保证人权现实的实现。控辩平等原则就是伴随着立法者对被追诉人权利的保障而逐步形成的。这一形成过程真实地承载着人类处理犯罪纠纷诉讼模式的步步演进,直至现代法治意义上诉讼模式的形成。

(一)现代诉讼模式

以历史的眼光回溯刑事诉讼模式的演进历程,不难发现,在历经几个轮回之后,现实竟然和历史是如此惊人地相似。虽然,"存在就是合理",就像控审合一、刑讯逼供等也有其历史存在的合理根据。但是,仅就控辩平等而言,唯有现代刑事诉讼模式才是其真正的诉讼制度基础。如同笔者前已述及,古代弹劾式诉讼模式下的控辩关系只能是朴素意义上的平等,而在纠问制诉讼模式之下控辩平等则没有产生和存在的基础,现代诉讼模式的形成才为控辩平等产生与发展奠定了诉讼制度基础。

1. 现代诉讼模式之内涵

作为刑事诉讼结构类型的现代诉讼模式,在典型意义上,有以英国、美国为代表的当事人主义诉讼模式和以法国、德国为代表的职权主义诉讼模式之分。两种诉讼模式虽然具有各自的不同特征,但是仍然共有诸多现代法治特点:

第一,虽然英美国家证人一般由当事人各方自己传唤、控辩双方可以交叉询问,而法德国家证人则由法官传唤、一般也没有交叉询问方式;英美国家赋予辩方自行调查证据的权利且可以带本方证人出庭作证,而法德国家一般规定辩护人有讯问在场权和阅卷权,没有赋予辩方单独收集证据的权利。但是,英美国家和法德国家却都承认控辩双方在庭审中享有均等的举证、质证权。

第二,虽然英美国家的法官只负责驾驭庭审过程,不直接参与法庭调查,也不负责举证、问证,法官是消极的、中立的,而法德国家的法官不仅有权讯问被告人,还有权出示证据和传唤证人,法官是积极的。但是,英美国家和法德国家的刑事诉讼制度都强调维护法官的公正形象和裁判的权威。

第三,虽然英美国家的陪审团只负责事实审,不负责法律审,听审和判定被告人是否构成犯罪,适用法律是法官的权力,而法德国家是事实审与法律审不分,法官和陪审团共同听审、举证、问证、判决。但是英美国家和法德国家的刑事诉讼制度都规定了陪审团参与审判制度,其目的是防止法官的过分自由裁量。

第四,虽然英美国家为防止法官审判前的先入为主,均在证据开示之基础上,实行"起诉状一本主义",而法德国家则是实行庭审前全部卷宗移送法院审查制度。但是英美国家和法德国家的刑事诉讼制度中均通过法定形式保障了辩方的案件先悉权。

除此之外,两种不同的现代诉讼模式均规定了无罪推定原则、自由心证和被告人沉默权,允许辩护律师可以在侦查、起诉和审判的任何阶段介入刑事诉讼。

由上观之,典型意义上的当事人主义诉讼结构较职权主义诉讼结构更接近理想的刑事诉讼结构要求。从第二次世界大战后两种诉讼模式相互融合的情况看,更多地也是表现出职权主义诉讼模式对当事人主义诉讼模式的借鉴,日本、意大利、德国、俄罗斯、法国等国家的刑事诉讼方式改革均为例证。

2. 现代诉讼模式与控辩平等原则

现代诉讼模式是法治国家多年历史传统和政治哲学的折射,具有浓厚的社会文化底蕴。在这种现代刑事诉讼制度基础之上,控辩平等原则的生成具有该当性。而且表现为,当事人主义的对抗制特点愈明显,控辩关系就愈趋于平等。因为与典型意义上的职权主义相比较,正是当事人主义的抗辩式传统使检察官当事人身份的确立、被告当事人身份的保障、辩护队伍的空前壮大以及法官的形式中立成为可能的现实,并且为控辩平等原则的产生和发展提供了更坚实完善的制度基础。

抗辩式诉讼模式与控辩平等原则的构建,在刑事诉讼活动中主要体现在:

(1)检察官的当事人地位和自由裁量权。

在美国,检察官类似于民事诉讼中的原告,具有当事人的地位,享有广泛的自由裁量权。检察官不仅对起诉还是不起诉有自由裁量权,而且对为什么不起诉的理由也没有特殊的要求,甚至在审判前,检察官也有权随时撤回起诉。美国检察官有如此大的自由裁量权根源于其独立检察官体制,在美国各检察官独立办案不必接受来自上级检察院的监督,因为美国的检察官是行政检察官,由选举产生,联邦和州不存在隶属关系。与检察官广泛的自由裁量权相适应,刑事诉讼过程中,控方和辩方既可以平等对抗,也可以自由协商。有罪答辩前提下的辩诉交易即是一种典型意义上的控辩协商。

(2)被追诉人当事人身份的保障。

控辩平等原则在刑事诉讼活动中必然要求被告方与控告方不仅在形式上平等,而且还在实质上平等,尤其是相互抗衡的能力。这样,被追诉人当事人的保障就显得尤为重要。美国刑事诉讼法通过一系列制度来保障被追诉人的当事人权利,包括沉默权的赋予、完善的证据开示制度以及发达的律师辩护队伍。

(3)法官消极、中立的地位。

法官的根本职责是听审。在当事人主义的对抗式诉讼中,法官处于消极中立的地位,是控辩决斗的裁判者,而决不踏入决斗场半步,更不会帮助一方去攻击另一方,这一点与纠问式诉讼模式中法官充当积极的调查官截然不同。美国的达马斯丁教授曾对对抗式审判下过一个著名的定义:"理论上处于平等地位的对立双方在有权决定争端裁决结果的法庭面前所进行的争斗。"[1]法官中立要求任何人不能做自己案件的法官(回避);以正当程序和法律的明确规定保障法官自由心证权力;法官只能在程序上指挥审判,不能参与案件实质性调查;平等对待控辩双方;维护法官在庭审中的绝对

---

[1] Jenny Mcewan, *Evidence and the Adversarial Process*, Blackwell Publishers, 1992, p.4. 转引自陈瑞华:《刑事审判原理论》,北京大学出版社 1997 年版,第 305 页。

权威。

(4)控辩平等武装、平等保护、平等对抗、平等合作。

在法治视野之下,刑事诉讼中的控辩双方在地位上是平等的,刑事诉讼中的当事人类似于民事诉讼中的当事人,控辩双方都有自由处分诉讼中的请求或标的,控方不是享有特权的诉讼主体,被告也不是没有主动权利的诉讼客体,这种结构之下的被告人有自愿选择供述的权利,也有自愿选择程序结案的权利。控辩双方平等对抗的前提是平等武装,平等合作的前提是平等保护。

(二)无罪推定原则

"在法官判决之前,一个人是不能被称为罪犯的,只要还不能断定他已侵犯了给予他公共保护的契约,社会就不能取消对他的公共保护。"因为"如果犯罪是不肯定的,就不应该折磨一个无辜者,因为,在法律看来,他的罪行并没有得到证实。"① 这就是无罪推定原则最经典的表述,无罪推定原则一经确定,就使控辩平等成为可能。

1. 无罪推定原则之内涵

无罪推定原则可以追溯到古罗马诉讼中确立的"有疑,为被告人之利益"的原则。② 真正意义的无罪推定原则确立于资产阶级革命胜利后,意大利法学家贝卡利亚1764年在其名著《论犯罪与刑罚》中提出了无罪推定的主张,并为人们所逐渐接受。1789年,法国《人权宣言》引入了无罪推定原则,该《宣言》第9条规定:"对任何人,凡未宣告有罪以前,皆应视为无罪。"随后,随着人权思想入宪,刑事诉讼的价值目标转向保护人权,无罪推定原则逐渐成为现代国家重要的宪法原则和刑事诉讼准则,并被国际社会公认为一项刑事司法准则。③《世界人权宣言》第11条第1款规定:凡受刑事指控者,在未经获得辩护上所需的一切保证的公开审判而依法确认

---

① [意]贝卡利亚:《论犯罪与刑罚》,黄风译,中国大百科全书出版社1993年版,第31页。

② 谢佑平、万毅:《刑事诉讼法原则:程序正义的基石》,法律出版社2002年版,第239页。

③ 1947年《意大利宪法》第27条规定:"被告在最终定罪之前,不得被认为有罪。"1982年《加拿大宪法》在有关被指控犯罪的人享有法律上的权利部分规定:"在独立的不偏袒的法庭举行公平的公开审判,根据法律证明有罪之前,应被推定为无罪。"

有罪以前,有权被视为无罪。无罪推定原则首次在联合国文件中得以确立。随后,《公民权利与政治权利国际公约》第14条第2项"凡受刑事控告者,在未依法证实有罪之前,应有权被视为无罪"弘扬了这一原则。

联合国人权委员会对无罪推定原则所作的解释是:基于无罪推定,对控诉的举证责任应由控方承担,对疑案处理应有利于被指控人,在对指控的证明达到超出合理怀疑的程度之前,不能假定任何人有罪。而且,无罪推定蕴涵着被控人享有按照这一原则被对待的权利。因此,公共机构承担不预先判断审判结果的义务。[①] 这个解释包含无罪推定原则的五项内容:一是案件的举证责任由控方承担;二是证明标准要达到排除合理怀疑;三是被告人应享有体现无罪推定原则的诉讼权利;四是案件中的一切疑点都应该作出对被告人有利的解释;五是案件结果不能由公共机构预先决断。

具体来说,无罪推定原则的内涵至少含有如下几个层次:

第一,从政治体制来看,当资产阶级要推翻封建统治确立自己的政权的时候,他们的思想武器就是民主与法治,为了团结民众,他们赋予民众更多的人权保障,并且更加注重限制国家权力。在这种前提下,确立无罪推定原则意味着公民权利对国家权力最大限度的监督与限制。

第二,从公民权利来看,对公民权利最大的威胁,某种意义上可以说是国家权力,国家权力应该时刻保持一种理性,避免权力滥用侵犯公民权利。在这种情况下,保护公民权利就是无罪推定原则的逻辑起点和价值基础。亦即无罪推定的受益者,不仅仅是被追诉人,而是全体公民,因为,任何一个公民都是刑事诉讼的潜在主体,都有可能因为某种原因进入刑事诉讼。

第三,从诉讼程序来看,被告人被裁决"有罪"或"无罪",不是案件本身的事实真相,而是法律对案件进行法律评价的结果,只有经过法定程序和经过法院行使审判权以裁决的形式作出,社会才能

[①] 陈光中主编:《公民权利和政治权利国际公约批准与实施问题研究》,中国法制出版社2002年版,第264页。

予以承认和接受。在这种情况下,确立无罪推定原则意味着,被告人在没有被作出有罪判决前,法律上都应该将其视为无罪的人。从另外一个角度讲,判决法院应当以证据证明被告人有罪,且在有罪判决生效之前,不能因为被追诉人被逮捕、被起诉、被审判而认为其有罪。

第四,从法律原则看,无罪推定不是无罪认定。无罪推定是一个程序法原则,而不是实体法原则。无罪推定所反映的是被追诉人在刑事诉讼过程中的法律地位,而不是对刑事案件进行实体裁判的法律根据。同时,无罪推定是一种可以推翻的推定,而不是不可推翻的推定。无罪推定确定的是这样一个诉讼证明的逻辑法则:首先假定被告人是无罪的,然后通过证据去推翻这种假定。因此,无罪推定强调的是证据裁判主义,而不是罪刑擅断;追求的是刑事案件的实质真实,而不是形式真实。①

2. 无罪推定原则与控辩平等原则

无罪推定原则注重的是公民权利,保护的是被告人利益,体现的是对国家权力的限制和对人权的尊重。无罪推定原则实际上反映了国家和公民个人之间的关系。无罪推定原则的确立奠定了控辩平等的基础,使刑事诉讼结构更富有理性,使司法公正成为可能与现实。无罪推定与控辩平等的关系及其在刑事诉讼活动中的意义主要表现在以下方面。

(1)无罪推定原则的确立,可以有效防止侦控机关对案件片面认识。

王敏远教授认为,刑事诉讼的发生是基于这样的事实:无犯罪痕迹即无刑事诉讼,无刑事诉讼即无被追诉人。此说明旨在对被追诉人追究刑事责任的刑事诉讼,从立案侦查到起诉再到审判,一般都是以公安、司法机关认定被告人有犯罪嫌疑为前提的。唯物辩证法告诉我们,如果仅从一个角度认识事物就容易陷入主观片面性。"无罪推定的作用在于,在判决前应假定被告人是无罪的。这就从一个相反的角度对司法机关的认识提出了要求:它要求司法机关在

---

① 陈卫东主编:《刑事诉讼法》,中国人民大学出版社2004年版,第92页。

诉讼的各个阶段时时注意自己对犯罪事实和刑事被告人的认识,是否有确实、充分的根据,以推翻法律的这种假定。无罪推定原则正反映了对司法机关提出的防止主观认识片面性的客观要求。"①

(2)无罪推定原则保障了程序公正,夯实了控辩平等原则的价值基础。

无罪推定赋予被追诉人处于无罪的诉讼地位,是为了确保被追诉人在侦查、起诉和审判阶段能得到公正的待遇,维护其作为人的尊严,防止国家司法权力对个人权利的侵犯。但是,这并不意味着诉讼的结论就是被告人无罪,国家裁判机构可以通过对控辩双方平等武装、平等保护下的平等对抗查明案件事实真相,通过法定程序完成整个诉讼过程。可见,无罪推定原则保障了诉讼程序的公正,使控辩平等原则有了用武之地。

(3)无罪推定原则体现了刑事诉讼中人权保障原则,使被追诉人不至于因被控诉而失去人权保障,为控辩平等原则奠定了制度基础。

无罪推定最大的贡献就是通过推定被追诉人在有罪裁决前仍是无罪之人,仍然具有宪法规定的各种公民权利,使国家有责任通过立法进行制度设计来保护被追诉人。被追诉人因此拥有了对羁押的正当性、证据的合法性等予以质疑的权利和被赋予有效的辩护帮助等一套完整的防御性权利,具有了对抗控诉权的资格,为控辩平等原则在刑事诉讼程序中的驻足奠定了有效的制度基础。

(4)无罪推定原则所确立的证明责任催生了被追诉人的沉默权,使辩方拥有了一项重要的防御特权。

在无罪推定原则下,控方如果认为被追诉人有罪,就有责任拿出充分的证据对自己的主张予以证明。同时,由于被追诉人在法院裁决前仍然处于无罪地位,那么理所应当享有宪法所规定的完整人权,无须提出证据来证明自己无罪。被追诉人不应被强迫陈述与案件有关的事情,控方、审方不应以沉默为理由得出对被追诉人不利

---

① 王敏远:《刑事司法理论与实践检讨》,中国政法大学出版社1999年版,第20页。

的结论。在该种意义上,控方的侦查取证权与辩方的沉默权实现了攻击与防御的平等。

(5)无罪推定原则具有衡平刑事诉讼控制犯罪与保障人权两大目标之功能。

刑事诉讼有两大基本任务:一是发现、揭露、证实犯罪和犯罪人并正确适用法律对之追究责任;二是保障无辜者免受刑事处罚。无罪推定对于实现这两项任务,具有不可忽略及不可或缺的作用。例如,无罪推定要求赋予并保障被告人广泛的诉讼权利、禁止刑讯逼供等,不仅有助于无辜者免受刑事追究,而且有利于司法机关正确认识案件的客观情况。因此,无罪推定原则是基于刑事诉讼的客观实际情况,为实现刑事诉讼的任务而必须的,具有不可否定的客观真实性。[①] 无罪推定原则表现出的衡平刑事诉讼控制犯罪与保障人权两大目标之功能,正是控辩平等原则对刑事诉讼活动的终极追求。

(三)沉默权制度

众所周知,沉默权从一项道德权利上升到一项法律权利,进而成为被追诉人的一项现实性权利,主要体现了保障人权的原则,自由优先的原则和诉讼主体性原则。沉默权制度的构建使得控辩平等原则在刑事诉讼程序中的实现成为现实的可能。

1. 沉默权之内涵

沉默权(the right of silence)起源于17世纪英国的利尔伯恩案件,利尔伯恩以"自己不能控告自己"为由,对司法人员的讯问保持沉默,并且得到最高立法机构的认可,此后,沉默权就成为英国刑事诉讼制度的基本原则之一。[②] 英国在1912年制定的《法官规则》,明确要求警察在讯问犯罪嫌疑人之前,必须先告知其享有沉默权。

[①] 王敏远:《刑事司法理论与实践检讨》,中国政法大学出版社1999年版,第20—21页。

[②] 持不同意见的学者认为,在17世纪的英国不可能产生沉默权。因为在整个17世纪,英国采取的是"让被告人说话"的模式,直到18世纪后期,辩护律师大量介入导致刑事诉讼对抗化后,英国才正式确立了沉默权制度。参见孙长永:《侦查程序与人权》,中国方正出版社2000年版,第283—285页。

美国宪法修正案第 5 条规定:"任何人……不得被强迫在任何刑事诉讼中作为反对自己的证人。"这是美国著名的"反对自我归罪原则"。由于美国把被告人也视为证人,由此被认为在该条款中规定了被告人有保持沉默的权利。1966 年美国联邦最高法院在米兰达诉亚利桑那州(Miranda v. Arizona)一案的裁决中确立的"米兰达规则"(Miranda warning)①,将原来的"默示沉默权"正式升格为"明示沉默权"。《日本刑事诉讼法典》第 311 条第 1 款规定:"被告人可以始终沉默,或者对各项质问拒绝供述。"②《意大利刑事诉讼法典》第 64 条第 3 款规定:"在开始讯问前,除第 66 条第 1 款的规定外,还应当告知被讯问者:他有权不回答提问,并且即便他不回答提问诉讼也将继续进行。"③法国、德国等国家也有类似的规定。随着社会的进步,诉讼民主、文明的日益发展,对于保护个人的权利、限制司法专制有巨大作用的沉默权制度在英美法系、大陆法系的大多数国家迅速发展起来,成为被追诉人的一项重要诉讼权利,并逐渐在全球范围内确立起来。如联合国《公民权利与政治权利国际公约》第 14 条、《联合国少年司法最低限度标准规则》第 7 条、世界刑法学会第 15 届代表大会《关于刑事诉讼法中的人权问题的决议》第 16 条,都有关于任何人不受强迫自证其罪原则或享有沉默权的规定。至 1993 年,已有 110 多个国家先后加入了《公民权利与政治权利国际公约》,其中绝大多数国家先后确认了沉默权。这充分表明,沉默权规则已成为国际社会的一种共识。沉默权的基本含义是被追诉人在接受警察讯问或出庭受审时,有保持沉默而拒不回答的权利。在西方各国的刑事诉讼中,大都赋予被追诉人享有沉默权,并且被认为是受刑事追诉者用以自卫的最重要的一项诉讼权利。

---

① 沉默权在米兰达规则中得到了最全面的反映。概括为:(1)你有保持沉默和拒绝回答问题的权利;(2)你所说的一切都有可能在法院中用来反对你;(3)你有权利在同警察谈话之前会见律师和在现在或将来回答问题时有律师在场;(4)如果你付不起律师费,将免费为你提供一名律师;(5)如果你现在找不到律师,你有权保持沉默,直到你有机会向一位律师询问;(6)既然我已经向你告知了你的权利,那么,你愿意在没有律师在场的情况下回答问题吗?

② 《日本刑事诉讼法典》,宋英辉译,中国政法大学出版社 2000 年版。

③ 《意大利刑事诉讼法典》,黄风译,中国政法大学出版社 1994 年版。

沉默权的理论基础首先是人道主义和隐私权观念,是纠问式诉讼向弹劾式诉讼模式转变后的产物。在纠问式的诉讼中,被追诉人是刑事诉讼的客体,当然也是被讯问的客体,负有如实陈述的义务,所以在纠问式诉讼模式下,不可能存在被追诉人的沉默权。只有在弹劾式的诉讼模式之下,被追诉人成为刑事诉讼中的当事人,在诉讼中拥有防御权。正是由于当事人的防御权才进一步产生了沉默权,有权做有利于自己或不利于自己的陈述。① 其次,沉默权的理论基础是人本主义的价值理念。个人尊严是一项与人性共存的自然权利,是人之所以为人所必不可少的基本权利。刑事诉讼是国家与被追诉的个人之间的抗争,国家拥有强大的权力,处于强势地位,个人则显然处于弱势地位。根据平等对抗与民主的理念,必须约束政府的权力而保障个人的权利。沉默权体现的是"反对自证其罪"原则,也是基于维持国家公权力与个人私权利利益平衡的需要。

2. 沉默权与控辩平等原则

沉默权制度的核心是赋予被追诉人自由决定供述与否的权利。尽管在世界各国,被追诉人的口供无一不是侦控方最感兴趣的证据,但是,法治国家被追诉人口供的获取是在赋予其沉默权之后,又通过建立有罪答辩等激励机制,被追诉人自愿地供述。显然,对于被追诉方而言,赋予其沉默的权利,是刑事诉讼活中控辩平等的基础。很难想象,在一个没有沉默权的刑事诉讼制度中,还谈什么控辩平等。

由此反思中国的法律现状,不难看出,无论是被告人"如实回答

---

① 关于沉默权存在的合理性,西方司法界和学术界大致从三个方面阐述。一是为了维护刑事诉讼对抗制即弹劾制的构架和机能,必须保障被告人作为一方诉讼主体所享有的沉默权。二是由人道主义的观点出发,认为公共权力强迫被告人承认犯罪,无异于强迫被告人自戴枷锁,属于过于残酷的不人道行为。为了防止这种不人道,应当赋予被告人沉默权。三是从隐私权和自由意志出发来解释沉默权的合理性。认为公民享有人格尊严及自由,享有个人生活不受外界干涉的权利,而唯有自己才可自由支配处理属于个人生活领域的问题。是否向外界沟通自己的生活内部,属于个人的自由,即人格的尊严。而沉默权的确立,可以限制政府藐视个人的精神领域,它体现了对个人人格和每个人有权从事自己的生活的尊重,它也提供给人们在面对刑事指控时的一种自由选择:选择是否协助政府以确定自己有罪。一般认为,第三种解释是沉默权制度成立的主要的内在根据,但前两种,尤其是第一种从程序法理上的解释,也很必要。

的义务"还是"坦白从宽,抗拒从严"的刑事政策,单就其话语方式而言,就带有非常浓厚的"打击"或者说"治罪"的意味。它得以产生和存在的土壤是一种把"打击犯罪"作为基本任务的刑事诉讼制度。在这一制度之下,一个人一旦被卷入诉讼程序中,尽管尚未被法官认定为有罪,也应当无条件地配合公安司法机关的工作,其个人利益要完全服从国家利益。长期以来,这样的一套制度被认为可以最大限度地查明案件事实,其所标榜的真实性是论证自身正当性最重要的基础。

显然,在这样的制度环境中,根本不会有沉默权存在的空间,更毋言控辩平等。沉默权最初引起中国学者的关注是由于实践中屡禁不止的刑讯逼供现象。当时许多沉默权的倡导者机械地秉承"中学为体,西学为用"的思想,认为可以在不改变上述传统思维模式的情况下在中国引进沉默权,以求达到遏制刑讯逼供的目的。现在看来,这种想法过于天真了,沉默权的真正价值不在于它对处理案件所产生的实际效用,而在于它所体现的控辩平等的理念。笔者认为,在中国确立沉默权的过程至少要伴随着以下两个观念的转变:

第一,沉默权体现的是对个人尊严和意志自由的尊重,一个文明的社会不应当强迫一个人反对他自己,即使在刑事诉讼这种极端的场合,也不能以"抗拒从严"之类的手段威胁被告人做出对自己不利的供述。在这样的制度逻辑之下,个人利益与国家利益之间原则上没有高下之分,法律应给予平等的保护。因此,在中国确立沉默权就必须摒弃那种漠视个人权利和尊严的传统观念。具体就刑事诉讼而言,国家对犯罪行为进行追诉的权力应当保持必要的限度。法律应当真正赋予被告人诉讼主体的地位,而不应当再将其视为打击的对象。

当然,这种观念上的转变并非一朝一夕即可完成,但随着中国经济体制和政治体制改革的进程,以及由此带来的人们生活方式的逐步改变,保障人权、限制国家权力等控辩平等基本理念的构建,将成为中国今后发展的必然趋向。

第二,如前所述,中国现行法律之所以要求被告人如实回答审讯,是以正确查明案件事实为目的的,真实性长期以来一直被作为中国刑事诉讼制度正当性的基础。而沉默权不仅无助于司法机关准确查明案件事实,还常常成为实现这一目标的障碍。这一点也正是中国反对沉默权的人们最常援引的依据。

沉默权是以正当程序理念为基础的,它所关注的不是结果的正确性,而是过程的正当性。因此,在中国确立沉默权需要转变的第二个观念就是要把对刑事诉讼的关注点从案件处理结果转向过程,改变所谓"重实体、轻程序"的传统倾向。现代社会司法的权威应当主要来自过程的正当性,而结果的绝对真实是难以达到也无法验证的。① 在刑事诉讼程序中构建控辩平等原则的意义也在于此。

(四)辩护制度

毋庸讳言,辩护制度的建立是诉讼文明的标志,同时也是诉讼民主和进步的象征,体现了刑事诉讼制度中人权保障的根本理念和价值蕴涵,也是实现诉讼公正和诉讼结构平衡的必然要求。

1. 辩护权之内涵

从历史考察的视角,在固属自然权利之辩护权中,律师辩护权是一项能将被指控人的辩护权真正还原为一种现实权利的派生权利,所以,"刑事诉讼的历史就是扩大辩护权的历史"。"平等武装"是现代刑事诉讼的重要理念,而辩护律师积极参与诉讼程序是实现平等武装、保证国家依法治罪的重要途径。

辩护权是一项基本人权,古已有之,这从人类刑事辩护的发展史中可清晰辨明。刑事辩护史可以分为萌芽阶段、形成阶段、断层阶段和繁荣发展阶段。在对刑事辩护制度历史演变的研究中,可以看出,辩护权的本质主要表现在它是一种自然权利,一项来源于被指控人的权利的延伸权利,一项伴随着控辩平等理念产生而产生、发展而发展的权利。

2. 辩护权与控辩平等原则②

辩护权的存在赋予了被追诉人一个相对独立的地位,基于此,被追诉人不再是追诉机关压制的对象,而成为一个自主的诉讼主

---

① 汪建成、孙远:《论司法的权威与权威的司法》,载《法学评论》2001年第4期。
② 关于辩护制度与控辩平等原则之间的关系,详见本书第七章"控辩平等原则下之辩护制度"。

体,从而为控辩双方的平等对话创造了条件。在英国,如果犯罪嫌疑人要求会见律师,询问应当推迟,直至律师到达为止,除非存在例外情形;在美国,联邦最高法院通过一系列判例确立了这样的规则:在警察询问过程中,如果犯罪嫌疑人要求律师在场,询问必须终止,其间,除非犯罪嫌疑人主动开口与警察交谈,否则不得进行询问;①在意大利,《刑事诉讼法典》将律师在场视为所获得的陈述有效的必要条件。可见,英美等国家有着高度发达的辩护制度以及律师帮助传统,也正是在这些国家,最早诞生了控辩平等理论,进而产生或者移植了辩诉交易制度。"律师使得被告既能'美化'他们的故事又能避免陷阱",②为控辩双方的平等对话创造了条件。

以辩诉交易为例,在辩诉交易中对被告人作出自愿明智的有罪答辩起着重要作用的是辩护律师的帮助,没有辩护律师的参与,辩诉交易就不得进行。因为被告人往往缺乏专业的法律知识,对交易的结果难以有充分的认识。因此,辩护制度的发达就成为自然而然的要求和结果。美国的辩护制度是目前世界上最为发达的辩护制度之一,从辩护权的范围、辩护技巧的发展到辩护人的数量和专业化程度等各方面,美国的辩护制度都有着许多其他国家不可同日而语的优势,发达的辩护制度是当事人诉讼模式的产物,又反过来成为这种模式继续发展的基础。③

（五）公正审判制度

刑事诉讼的直接目的是得出审判结果,评价犯罪行为,实现对犯罪的社会控制。在整个刑事诉讼过程中,控、辩、审三方各自有其角色定位,履行不同的职责。控辩平等原则主要揭示了刑事诉讼过程中控诉方和辩护方双方的法律地位及相互关系。但是,控辩关系在刑事诉讼中不是孤立的,其与公正审判权相互依存,休戚相关。公正的审判权无疑是控辩平等原则不可或缺的诉讼制度基础。

---

① 宋英辉、吴宏耀:《刑事审判前程序研究》,中国政法大学出版社2002年版,第399页。

② 江礼华、[加]杨诚主编:《外国刑事诉讼制度探微》,法律出版社2000年版,第286页。

③ 陈光中主编:《辩诉交易在中国》,中国检察出版社2003年版,第329页。

1. 公正审判权之内涵

有学者指出,从公正审判权的字面意义上分析,它似乎只是在审判阶段才能实现或行使的权利,但实际情形并非如此简单。公正审判权是受刑事指控者在刑事诉讼中所拥有的一系列权利。①

公正审判权本身并不是传统的国际人权标准之一,②但是它的一些组成要素却是国际标准之一。例如,"禁止酷刑或施以残忍的、不人道的或侮辱性的待遇或刑罚"和"禁止超期羁押"。鉴于公正审判权在国际上认知度的日益提高,联合国组建了一个附属委员会来专门研究该项权利,并负责起草公正审判权及其救济措施的原则规范。当下,公正审判权正作为一项国际人权标准而得到广泛的承认,它包括对被追诉人审判前的权利,审判中的权利和审判后的权利的保护。③

审判前的权利包括有权及时获知被指控的罪名及理由、有权获得律师帮助、有权保持沉默、有权辩解等。审判中的权利包括在审判中一律平等的权利、接受公开审判的权利、审判时在场的权利、询问证人的权利等。审判后的权利包括上诉权、出现错案时要求国家赔偿的权利等。

这种划分方法是因为刑事诉讼程序是由侦查、起诉、审判、执行等若干阶段组成,但刑事诉讼的中心却是审判程序,只有经过审判程序才能实现国家对被追诉人犯罪行为的刑事处罚,从这个角度来说,侦查、起诉是审判程序的预备阶段,执行则是审判程序的延伸阶段。通常我们所说的审判主要是指一审,因为无论在大陆法系还是在英美法系,对被追诉人最大的"威胁"主要来自一审,所以,在此

---

① 熊秋红:《解读公正审判权》,载《法学研究》2001年第6期。
② 国际人权标准的可行性在文化相对论者和文化绝对论者之间引起了广泛的争论。文化相对论者认为没有一个国际统一的人权标准,每个国家都有权根据本国的特殊文化背景,而采取不同的公正审判权的标准。而文化绝对主义者则认为有一个统一的人权标准,这些标准是每个国家都不能违背的,是最基本的人权。Daphne Huang, *The Right to a Fair Trial in China*, Pacific Rim Law & Policy Association, Pacific Rim Law & Policy Journal, January 1998.
③ Daphne Huang, *The Right to a Fair Trial in China*, Pacific Rim Law & Policy Association, Pacific Rim Law & Policy Journal, January 1998.

意义上,上诉权划归为审判后的权利。

可见,公正审判权贯穿于刑事诉讼整个过程之中,是迅速获知指控、获得律师帮助等若干具体权利的抽象,或者说此若干具体权利的行使旨在保障被追诉人公正审判权利的获得。①

2. 公正审判权与控辩平等原则

现代社会,公正审判权作为捍卫正义和法治的一项最重要的手段,已经为国际社会所公认。《世界人权宣言》首次明确地确认了接受公正审判的权利并围绕法院的中立和独立、无罪推定和审前保障界定了其内容。《世界人权宣言》第10条规定:人人完全平等地有权由一个独立而无偏袒的法庭进行公正和公开的审判,以确定他的权利和义务并判定对他提出的任何刑事指控。随后,《公民权利与政治权利国际公约》率先采纳了联合国公正审判原则,该公约是《国际人权宪章》的重要组成部分,对公正审判的内容和目的作了详细的规定。如第14条和第15条规定了接受公正审判权利,第9条和第10条规定了审前保障措施有关的内容。② 国际人权法继而以《公民权利与政治权利国际公约》第14条的规定为核心,对司法组织和司法程序进行了详细规范,要求建立独立和不徇私的法庭与公开和公正的审判程序。与之相应的,联合国中《关于检察官作用的基本原则》《关于律师作用的基本原则》《禁止酷刑和其他残忍、不人道或有辱人格的待遇或处罚公约》《保护所有遭受任何形式拘留或监禁的人的原则》《囚犯待遇最低限度标准规则》《关于保护面对死刑的人的权利的保障措施》《联合国少年司法最低限度保障规则》等司法领域文件中对公正审判权作了详细规定。1990年,联合国成立了旨在防止歧视和保护少数人利益的附属委员会,该委员会不仅研究公正审判权,还制定出原则来定义该权利。该委员会1994年草拟了一份"关于公正审判权及其救济措施的原则"的草案。其主要内容为:

---

① 熊秋红:《解读公正审判权》,载《法学研究》2001年第6期。

② Ana D. Bostan, *The Right to A Fair Trial: Balancing Safety and Civil Liberties*, Cardozo Journal of International and Comparative Law, Summer, 2004.

(1) 审判前的权利,如任意逮捕和拘留的豁免权。

包括:为了获得公正的判决,被追诉人就必须有审判前的权利;任何人都有权免受任意的逮捕或拘留。国家因犯罪对被追诉人进行逮捕或指控时要有充足的理由;不得给无辜者定罪;严禁刑讯逼供,即当口供是在被单独囚禁期间获得或是经刑讯逼供的方式获得的,不得作为判决的根据;任何人都有权获得及时的审判,不得无故拖延。

(2) 审判中的权利,如获得独立公正审判权和获得辩护权。

包括:被告在审判过程中也应享有合法权利;确立无罪推定原则,证明被告人有罪的责任则由国家来承担;法庭应独立于任何行政机关或案件中的任何一方;除判决作出后的上诉机构外,法庭在履行其职责时不受任何机构的干涉;为了达到公正审判的目的,法庭必须在不受任何限制、不受干扰、不受引诱、不受压力、不受威胁及不受干涉的情况下作出判决;除涉及国家机密外,审判应公开进行;从第一次被拘留或指控后,被告有权自主决定是否接受法律援助;给予律师足够的时间及物质帮助准备辩护以达到充分辩护的目的。

(3) 审判后的权利,如上诉权和获得有效赔偿权。

包括:公正审判权不应在案件作出判决后就终止,而应持续到审判之后,任何被认定有罪的人都有向更高一级的法院上诉的权利;一罪不得数罚;根据公正审判权的规定,任何人的权利和自由如受到侵犯,都享有获得有效补救的权利。①

上述公正审判权,包含了保障被追诉人在刑事诉讼中的各个阶段所应享有的权利,目的直接指向平衡控辩双方的武装力量。

在我国,被追诉人公正审判权的实现还是任重而道远的。首先,公正审判权要求保护被告个人的权利。从中国的历史和文化的角度来看,我国向来强调集体而忽视个体,这就容易使人们不会自

---

① 所列举的公正审判的要素并未包含全部要素,但是涵盖了联合国附属委员会所起草的公正审判权的原则规范中的核心标准。Daphne Huang, *The Right to a Fair Trial in China*, Pacific Rim Law & Policy Association, Pacific Rim Law & Policy Journal, January 1998.

然想到,也不愿意想到作为高度保护个体权利的公正审判权。① 另外,作出一个公正的审判需要一个独立的、公正的司法体制,而这是中国目前所缺乏的。中国传统的对于司法体制的忽视,使得构建一个克服这些问题的法律体制变得尤为困难。由于打击犯罪是为了保护整个社会,因此属于集体利益。而中国犯罪率的大幅度提升使打击犯罪成为重点,因此在中国着重强调集体利益,而忽视个人利益。我国另一个实施公正审判权的障碍是长期以来对成文法和审判的忽视。而这种忽视使得被追诉人的及时审判权无法得到实现。在中国的历史上,成文的法典被认为使其背后所蕴含的道德标准含糊不清,人们更热衷于以"道德标准"来治理国家,而对成文法有所怀疑。中国的法院体系始建于 1979 年,缺乏像西方法治国家一样的经过百年文化积淀的系统强大的法律体系。况且,根据我国宪法第 62 条、第 67 条的规定,法律的解释权属于全国人大及其常委会,而不是法院。而对于根据这些解释所做的立法行为和行政形式也没有相应的司法审查体制。法律一方面规定法院的审判要公正、独立,另一方面却要求法院对人大负责,因此法院失去了作为审判机关的独立性。然而,近年来,随着世界人权运动和经济全球化的浪潮的发展和影响,中国已经加快了民主与法治的进程,不仅公正审判权会迅速载入法律规范,而且控辩平等原则在中国刑事审判制度中的构建也是指日可待。

五、小结

控辩是矛盾的两面,具有对立统一关系,两者在平等武装、平等保护的条件下,通过平等的对抗与合作,推动着刑事诉讼活动的良性发展,所以,对立统一规律不仅是控辩平等原则的哲学基础,还是整个刑事诉讼制度的哲学基础。从权力制衡理论和程序主体性理论的视角,透视现代刑事诉讼构造,作为国家权力的控诉权力必须

---

① 要想实现个人的权利,首先要改变中国五千年的儒家文化的理念和价值观念。根据儒家的理念和道德标准,中国一直是将国家列于首位,然后是集体,最后是个人。我国现行《宪法》第 51 条规定:"中华人民共和国公民在行使自由和权利的时候,不得损害国家的、社会的、集体的利益和其他公民的合法的自由和权利。"

受到司法公权力和公民个体权利的制衡;被追诉人的诉讼主体地位必须得以确立。正如日本学者中岛弘道所言,"被告不是诉讼的主体,而是专作为客体处理,对裁判官的审问,负有陈述事实的义务……在此制度下,诉讼的主体只是裁判官,不是被告人,甚至也不是起诉人"。① 因为,在程序主体性理论看来,刑事诉讼所要获取的正义是一种程序的正义或曰沟通的正义。正如德国哲学家哈贝马斯曾经指出的,真正的正义只能通过沟通或交流来求取,即在理想的对话情景下,通过人们的理性对话来表达具有正当基础的"主体间性"和"合意"。在这个意义上,实现控辩平等是刑事诉讼机制的本质要求,控辩双方在力量上的不平等不应成为双方法律地位不平等的理由,这种力量上的不平等完全可以通过法律手段加以扭正。② 控辩平等原则彰显了现代刑事诉讼中国家追诉权与公民权利的良性互动关系,有效地遏制了国家追诉权的恶性膨胀,将刑事诉讼活动真正地纳入了法治的轨道。

然而,控辩平等对抗毕竟是一种控辩利益之争,在价值本原上表现为一种典型的刑事诉讼利益冲突,而其根源,则在于刑事诉讼的目的不同。控诉方参与刑事诉讼的目的是追求控诉主张的成立,即希望法官认可其诉讼请求,实现对犯罪追诉的成功;辩护方在刑事诉讼中的目的则是追求控诉主张的不成立,通过推翻或者动摇控诉主张,使法官否定其诉讼请求,从而达到自身权益不受减损的结果。在犯罪学理论中,犯罪集中表现为对凝聚着国家意志的法律的蔑视和违抗,是个人或者组织对国家的反抗、对统治者权威的损害、对社会秩序的破坏。刑事诉讼制度的目的就在于解决国家与个人(被追诉人)之间的这一纠纷。这一解纷止争的目的,对于诉讼任何一方都不带任何的歧视和偏向,控辩审三方因犯罪现象的产生而聚合于刑事诉讼场域,各自履行相应职责,并于纠纷解决后各自离去。具体到控辩关系中,法官中立下的控辩平等对控辩双方均具有

---

① [日]中岛弘道:《举证责任研究》,载《举证责任选择》,西南政法学院1987年版,第110页。
② 谢佑平、万毅:《刑事诉讼法原则:程序正义的基石》,法律出版社2002年版,第222页。

统摄性,既不会将控诉方追求实体真实、追诉犯罪的目的强加给辩护方,也不会将辩护方的权利保障的利益追求强加给控诉方,控辩双方的目的和利益都应受到承认和尊重。在国家本位与个人本位、权力本位与权利本位的价值冲突选择中,刑事诉讼制度的设计者就应当两者相权取其重,通过个人本位主义价值的确立,让国家承担保护辩方权利的责任;通过实体公正价值的确立,使个人权利得以受到重视,控辩双方在彼此冲突中呈现案件真相;通过程序正义价值的确立,使辩方得以在公开、公正、透明的程序中,在权利被保护的情况下与控方平等对抗。

作为高度抽象化的、体现在正当程序之中并指引司法活动发展方向的理念,司法公正是刑事诉讼的最高价值目标,是社会的普遍正义在刑事诉讼中的具体化。司法公正以其超凡的价值魅力将刑事诉讼各利益主体的不同期望集中到同一个诉讼场域,在法官的主持下,控辩双方平等对抗、搏杀,而法官的公正裁判则凝聚了崇高的社会伦理而能同时代表诉讼各方的最高、也是最终的价值选择。"公正司法是人们对司法制度以及由此确定的诉讼程序和相关活动的要求与期望,也是评判国家司法权行使状况的传统价值目标。司法权的特征具有强制性和终结性。这一权力的公正行使,使人民的合法利益得到及时、有效的维护;犯罪行为受到公正、应有的惩罚;社会正义能够彻底、普遍地伸张,从而成为保障人民权利、实现社会正义的最后屏障。"①

就人们对司法的期待而言,司法的公正充分凸显于司法的权威,而司法的权威则来自司法对于大众的公信力。司法公信力的形成更重要的表现在各利益主体在刑事诉讼活动中的平等参与。换言之,司法正义只有以看得见的形式表现出来,司法对于大众的公信力才能生成。正如黑格尔在评价审判公开时所言,"根据正直的常识可以看出,审判公开是正当的、正确的。反对这一点的重大理由无非在于,法官大人们的身份是高贵的;他们不愿意公开露面,并

---

① 卞建林、李箐箐:《依法治国与刑事诉讼》,载陈光中、江伟主编:《诉讼法论丛》(第2卷),法律出版社1998年版,第31—32页。

把自己看作法的宝藏,非局外人所得问津。但是,公民对法的信任应属于法的一部分,正是这一方面才要求审判必须公开。公开的权利的根据在于:首先,法院的目的是法作为一种普遍性,它就应当让人普遍的闻悉此事;其次,通过公开审判,公民才能信服法院的判决正确表达了法"。① 同时,还必须明确,司法公信力的形成必须让公众看到国家权力在司法活动中被限制和制约。美国20世纪60年代的正当程序革命之所以能够在世界范围内产生如此强大的影响,根源就在于它果断地斩断了国家对司法伸得过长的权力之手,从而加速了世界刑事诉讼法制化的步伐。控辩平等的价值基础正在于此。

控辩平等是民主社会的产物,只有当保障人权思想被写入宪法,只有当人民被尊称为国家的主人(无论是实质的,还是形式的),控辩平等原则才有了滋生的社会制度土壤。当然,还必须看到,人类定分止争的诉讼方式从专制纠问式进化到现代诉讼模式,无罪推定原则的构建,被追诉人沉默权制度的建立,发达完善的辩护制度和被追诉人完整意义上的公正审判权,都是控辩平等原则生成和发展不可或缺的诉讼制度基础。

---

① 转引自陈卫东主编:《刑事诉讼法》,中国人民大学出版社2004年版,第326页。

第五章 比较法中之控辩平等

在比较法的视角中,关于控辩平等有关内容的规定,既可见于联合国文件和有关国际公约,又可见于英、美、法、德、意、日等一些有代表性的国家的法律规定。

一、联合国文件和有关国际公约中关于控辩平等之规定

国际社会中,关于控辩平等的规定主要见于有关人权保障的联合国文件和国际公约以及司法准则的公约中。有关人权保障的联合国文件和国际公约主要有:《世界人权宣言》《公民权利与政治权利国际公约》《欧洲人权公约》《美洲人权公约》以及《非洲人权和人民权利宪章》。综观几个文件中有关控辩平等的规定,主要体现在两个方面:一是如何限制控方权力,防止国家追诉权力被滥用;二是如何保障辩方权利,防止被追诉人合法权利被侵犯。

有关司法准则的文件主要有:《关于检察官作用的基本原则》《关于律师作用的基本原则》《禁止酷刑和其他残忍、不人道或有辱人格的待遇或处罚公约》《保护所有遭受任何形式拘留或监禁的人的原则》《囚犯待遇最低限度标准规则》《关于保护面对死刑的人的权利的保障措施》《联合国少年司法最低限度保障规则》等。这些文件进一步细化了人权保障国际公约中所确立的基本原则,确定了在刑事诉讼中充分保障被追诉人权利的具体原则和措施。

(一)获得公正和公开审判之权利

1. 及时接受审判之权利

《欧洲人权公约》第6条第1款规定:保障任何人在接受司法上的权利及义务之判决或在接受刑事追诉时,有通过依据法律设置的独立且公平的法院,在合理的期间内、接受公正且公开的审理的权利……《美洲人权公约》第8条第1款规定:人人都有权在适当的保证下和一段合理的时间内由事前经法律设立的独立公正的主管法庭进行审讯,以判定对该人具有犯罪性质的任何控告,或决定该人的民事、劳动、财政或具有任何其他性质的权利和义务。《非洲人权和人民权利宪章》第7条第1款(丁)项规定:(被追诉人)有权要求公平无私的法院或法庭在一个适当的时间内予以审判。《公民权利与政治权利国际公约》第14条第3款(丙)项规定:受审时间不应被无故拖延。

这项权利在实践中被解释为不仅是合理时间内得到审判的权利,也包括在合理的时间内得到判决的权利。[1] 人权事务委员会第二十一届会议(1984年)第13号一般性意见:第14条指出,被告的受审时间不应被无故拖延,这项规定不仅关系到什么时候开始审讯,也包括什么时候应当结束和作出裁判。审判各阶段的工作不得"无故拖延"。为使该权利生效,初审或上诉时,必须有一项程序保证审讯不会被"无故拖延"。[2]

如果被追诉人在审前就受到拘禁,为确保其得到及时审判,《公民权利与政治权利国际公约》第9条第3款规定:从其被逮捕开始,审前被拘禁者就有权利在"合理时间"内受审;一旦他们被真正起诉或指控,判决就必须"不被无故拖延"地作出,而不论他们是否

---

[1] Nowak, Manfred, *UN Covenant on Civil and Political Rights*, CCPR Commentary, N. P. Eegel Publisher, Kehl/Strasbourg/Arlington, 1993, pp. 236-237.

[2] 国际人权法教程项目组编:《国际人权法教程》(第1卷),中国政法大学出版社2002年版,第163页。

(仍然)处于拘禁中。第 14 条第 3 款(丙)项中的时间限制从被追诉人被告知当局正采取具体步骤起诉他时就开始起算。这一时间限制结束于最后确定的判决。合理时间(或无故拖延)的含义取决于案件的具体情况和复杂性。

2. 获得法庭公正和公开审讯之权利

《世界人权宣言》第 10 条规定:人人完全平等地有权由一个独立而无偏倚的法庭进行公正的和公开的审判,以确定他的权利、义务,并对控方提出的指控予以判决。《欧洲人权公约》第 6 条第 1 款规定:保障任何人在接受对其司法上的权利及义务的判决时或在接受刑事追诉时,在合理的期间内,接受合法法院公正、公开审理的权利。判决应当公开宣读,但是,在民主社会中,为了保护青少年利益或者当事人私人生活,或者法院认为公开可能影响审判公正时,以及审理中涉及道德、公共秩序或国家安全的部分或全部内容应当予以保密,不能被媒体和公众获得。《美洲人权公约》第 8 条第 1 款也作了同样的规定。《公民权利与政治权利国际公约》第 14 条第 1 款规定:任何人在法庭和裁判所前一律平等。在判定对任何人提出的任何刑事指控或确定他在一件诉讼案中的权利和义务时,人人有资格由一个依法设立的、合格的、独立的和无偏倚的法庭进行公正的和公开的审判。由于民主社会中的道德的、公共秩序的或国家安全的理由,或当诉讼当事人的私生活的利益有此需要时,或在特殊情况下法庭认为公开审判会损害司法利益因而严格需要的限度下,可不使记者和公众出席全部或部分审判;但对刑事案件或法律诉讼的任何判决应公开宣布,除非少年的利益另有要求或者诉讼系有关儿童监护权的婚姻争端。《关于保护面对死刑的人的权利的保障措施》第 5 条规定:法庭只有给予被告人各种可能保障审判公正的措施后,这些措施至少相当于《公民权利与政治权利国际公约》第 14 条所载的各种保障权利的措施,包括任何被怀疑或被控告犯了可判处死罪的人都有权在诉讼过程的每一阶段获得适当的法律援助后,经过公正审判的法律程序,才可根据法庭的终审判决对被告人执行死刑。

(二) 获得有效辩护之权利

1. 准备辩护之权利

(1) 获得被告知被指控内容的权利。

《欧洲人权公约》第 6 条第 3 款(甲)项规定:有权通过被告人能够准确理解的语言被立即告知对他提起的指控的性质和原因。《公民权利与政治权利国际公约》第 14 条第 3 款(甲)项规定:迅速以一种被告人懂得的语言详细地告知对他提出的指控的性质和原因。刑事指控的性质和原因所指的不仅是对罪行的精确描述,还包括构成这一犯罪的事实。这种告知必须充分,足以使被追诉人根据第 14 条第 3 款(乙)项准备辩护。必须告知的情形为在提出指控时或随后,在最初的司法调查开始时,或举行某些其他聆讯,而这一聆讯引起了针对某人的清楚的正式嫌疑。人权事务委员会第二十一届会议(1984 年)第 13 号一般性意见:第 14 条进一步指出,第 14 条第 3 款(甲)项"适用于所有的刑事指控,包括未被拘留者在内的刑事指控";按照关于"迅速"告知所控罪名这项权利,有关当局一旦提出指控,就应立即以规定的方式通知被告人;调查期间当法庭或检控当局决定对犯罪嫌疑人或公开称其犯罪的人采取诉讼措施时,必须顾虑到该项权利。①

(2) 获得充足时间和便利准备辩护的权利。

《欧洲人权公约》第 6 条第 3 款(乙)项规定:(受到刑事指控的人)有权拥有充足的时间和条件为自己准备辩护。《美洲人权公约》第 8 条第 2 款(丁)项规定:被告有权亲自为自己辩护或由他自己挑选的律师来协助,并能够自由地在私下里和自己的律师联系和沟通。《公民权利与政治权利国际公约》第 14 条第 3 款(乙)项规定:(受到刑事指控的人)应有相当时间和便利准备他的辩护并与他自己选择的律师联络。

充足的时间意味着根据案件情况和复杂程度予以相应的保障。便利意味着有权获悉为准备辩护所必要的文件、记录等。应当强调

---

① 国际人权法教程项目组编:《国际人权法教程》(第 1 卷),中国政法大学出版社 2002 年版,第 163 页。

的是,有充足时间和便利准备其辩护的权利不仅被追诉人享有,其辩护律师也享有,而且贯穿于审判的所有阶段。同时,准备辩护还必须包括被追诉人享有与他自己选择的律师联系的权利,律师可在充分守密的情况下与被追诉人联络。律师应能按照公认的专业标准及判断,代表其委托人给予法律指导,他不应受到任何方面的任何限制、影响、压力或不当的干扰。除此之外,准备辩护需要的不仅是时间和法律材料上的便利,还有对于控诉具体内容的知情,控方负有使被追诉人及其律师获得这些条件的义务。

2. 获得有效辩护之权利

有效辩护是被追诉人辩护权实现的保障。意指除保障被追诉人享有自我辩护权外,还应保障其获得具有法律专业知识的律师帮助的权利。同时,为保障辩护律师有效履行职能,还必须赋予辩护律师一定的权利。这些权利在国际规则中表现为:

(1)被追诉人获得律师帮助的权利。

《欧洲人权公约》第6条第3款(丙)项规定:(受到刑事指控的人)有权亲自为自己辩护,或通过自己选择的辩护律师的帮助为自己辩护,如果他没有足够的资金支付辩护律师的费用,在为了审判的公正而需要时,可以获得免费的帮助。《美洲人权公约》第8条第2款(戊)项规定:如果被告不亲自为自己辩护或者在法律规定的期间内未聘请自己的律师,他有不可剥夺的权利受到国家所派律师的帮助,并按照国内法律规定自付费用或不付费用。《非洲人权和人民权利宪章》第7条第1款(丙)项规定:(受到刑事指控的人)有权为自己辩护,包括请由自己选择的律师辩护。《公民权利与政治权利国际公约》第14条第3款(丁)项规定:(受到刑事指控的人)出席受审时可以亲自替自己辩护或经由他自己选择的法律援助进行辩护;如果他没有选择法律援助,要通知他享有这种权利;在司法利益有此需要的案件中,为他指定法律援助,如果他没有足够经济力量偿付相关费用,可提供免费的法律援助。《囚犯待遇最低限度标准规则》第93条规定:未经审判的被告人,当国家有义务提供法律援助时,为了准备辩护,应批准其法律援助的申请,并准予其会见律师以便共同商讨辩护的相关事宜,还可以给律师书写秘密指示。为此,如被告人需要文具,应遵照其要求供应。警察或监所官员对于被拘禁的被告人与律师之间的会谈,可在场监视,但不得站在可以听见他们谈话的距离内。《联合国少年司法最低限度标准规则》(又称《北京规则》)第 15 条第 1 款规定:在整个诉讼程序中,少年应有权拥有一名法律顾问代表,在提供法律援助的国家还可以申请这种法律援助。《保护所有遭受任何形式拘留或监禁的人的原则》(联合国大会)对被拘留人或被监禁人的辩护权作了详细的专门规定。《儿童权利公约》第 40 条为任何被怀疑或被指控犯罪的儿童规定了权利保障的最低限度,包括辩护权。人权事务委员会第二十一届会议(1984 年)第 13 号一般性意见:第 14 条指出,被告人或其律师必须有权勇敢地竭力进行各种可能的辩护;如果认为案件的处理不够公平,有权提出异议,在异常情况下,如有正当理由进行缺席审判,尤有必要严格保障被告人的权利。该权利可以分为三项权利:被告知可获得律师帮助权;自主选择为自己辩护的律师权;获得免费法律援助权。这是为弥补被追诉人在专业知识上的不足,使其充分行使辩护权所设立的权利。

(2)辩护律师享有的权利。

1990 年第八届"联合国预防犯罪和罪犯待遇大会"通过了《关于律师作用的基本原则》,这份文件中详细规范了律师的辩护活动。《关于律师作用的基本原则》第 8 条规定:遭到逮捕、拘留或监禁的所有人应有充分的机会、时间和便利条件,毫无迟延地在不被窃听、不经检查和完全保密的情况下接受律师来访和律师协商。这种协商可在执法人员看得见但听不见的范围内进行。《关于律师作用的基本原则》第 21 条规定:主管当局有义务确保律师有充分的时间查阅当局所拥有或管理的有关数据、档案和文件,以便使律师能向其委托人提供有效的律师协助。应该尽早在适当时机提供这种查阅的机会。《关于律师作用的基本原则》第 20 条规定:律师对于其书面或口头辩论所发表的有关言论或作为职责任务出现于某一法院、法庭或其他法律或行政当局之前所发表的言论,应享有民事和刑事豁免权。《保护所有遭受任何形式拘留或监禁的人的原则》原则 18 也规定了律师的会见权,并使其会见在保密的情况下进行。原则

18 规定:被拘留和拘禁的人有权与其法律顾问联络和磋商,当局应接受其法律顾问来访和在既不被搁延又不受检查以及在充分保密的情况下与其法律顾问联络。

3. 有效辩护之保障性权利

在上述联合国文件和国际公约中,还规定被追诉人实现有效辩护权需要享有一些辅助的辩护权利,主要有:

(1)申请传唤和询问证人的权利。

《欧洲人权公约》第 6 条第 3 款(丁)项规定:(受到刑事指控的人)有权询问辩方证人或接受询问,有权要求双方证人出庭,以及在同等的条件下对其进行询问。《美洲人权公约》第 8 条第 2 款(己)项规定:被告一方有权查问在法院出庭的证人,并有权请专家或其他能说明事实真相的人出庭作为证人。《公民权利与政治权利国际公约》第 14 条第 3 款(戊)项规定:(受到刑事指控的人)有权询问或业已询问对他不利的证人,并使对他有利的证人在与对他不利的证人相同的条件下出庭和受询问。

(2)获得译员免费援助的权利。

《欧洲人权公约》第 6 条第 3 款(戊)项规定:(受到刑事指控的人)有权在不能理解或表达法庭使用的语言时获得免费的翻译。《美洲人权公约》第 8 条第 2 款(甲)项规定:如果被告不懂或不说法庭或法院所使用的语言,他有权无偿地接受一位翻译或口译的帮助。《公民权利与政治权利国际公约》第 14 条第 3 款(己)项规定:(受到刑事指控的人)如不懂或不会说法庭上所用的语言,有权免费获得译员的援助。人权事务委员会第二十一届会议(1984 年)第 13 号一般性意见:第 14 条指出,这项权利与诉讼结果无关,既适用于本国人也适用于外国人。获得译员免费援助是绝对的,即指定译员的费用不能在定罪后由被告人支付。指派译员的目的在于保障不懂法庭所用语言的被告人获得公正的审判。当不懂或不熟悉法庭所用语言的因素成为行使辩护权的重大障碍时,这项规定尤其显得重要,即防止被告人在懵懂之间被审判,使他可以在充分理解审判内容的情况下,进行辩护活动,保障了辩护权的有效性。

(三) 获得救济之权利

1. 上诉权

刑事诉讼中,为了防止辩方权利受到侵犯,被告人拥有救济性的权利,他可以要求再次对自己进行审判,以便实现公正审判。这在控方拥有抗诉权的情况下,固然具有平等武装的意义;在控方不拥有抗诉权的情况下,也为辩方增添了一件对抗的武器。

《公民权利与政治权利国际公约》第14条第5款规定:凡被判定有罪者,应有权由一个较高级法庭对其定罪及刑罚依法进行复审。《美洲人权公约》第8条第2款(辛)项规定:(受到刑事指控的人)有权向更高一级的法院上诉。《欧洲人权公约》第7项附加议定书也作了类似的规定。该条款不仅限于最严重的犯法行为。在上诉程序中,也必须保障公正和公开的审判程序。

2. 求偿权

求偿权是指被告人无罪受到有罪的判决,从而可以要求国家赔偿的权利。刑事诉讼中,一旦错案发生,为了使受害者——被告人得以补偿,往往给予其一定的经济补偿,并公开为其消除名誉上的影响。这种权利达到了约束控方权力,使控方为自己的过错承担经济责任的目的。

《公民权利与政治权利国际公约》第14条第6款规定:在一人按照最后决定已被判定犯刑事罪而其后根据新的或新发现的事实确实表明发生误审,他的定罪被推翻或被赦免的情况下,因这种定罪而受刑罚的人应依法得到赔偿,除非经证明当时不知道的事实未被及时揭露完全是或部分是由于他自己的缘故。这条规定确定了获得赔偿的权利有两个条件:其一是对一桩刑事罪行作出了定罪的最后判决;其二是其后定罪被推翻,或被定罪的人被赦免。定罪被推翻的依据是:一是随后发现误审,即无罪的人受到刑罚;二是这种误审不是因为被定罪人的过错,即误审不是由于被告人故意隐瞒事实造成的;三是因为误审而接受了刑罚,即对被告人执行了一定程度、种类的刑罚。

(四)体现控辩平等之若干原则

1. 无罪推定原则

《世界人权宣言》第 11 条第 1 款规定:凡受刑事指控者,在未经公开审判,并获得辩护上所需的一切保证,而依法确认有罪以前,有权被视为无罪。《欧洲人权公约》第 6 条第 2 款规定:任何受到刑事指控的人在未经依法证明有罪以前,应该被推定为无罪。《美洲人权公约》第 8 条第 2 款规定:被控告犯有罪行的每一个人,只要根据法律未证实有罪,有权被认为无罪……《非洲人权和人民权利宪章》第 7 条第 1 款(乙)项规定:在由有管辖权的法院或法庭证实有罪之前,有权被视为无罪。《公民权利与政治权利国际公约》第 14 条第 2 款规定:凡受刑事控告者,在未依法证实有罪之前,应有权被视为无罪。①

2. 不自证其罪原则

《美洲人权公约》第 8 条第 2 款(庚)项规定:有权不得被迫作不利于自己的证明,或被迫服罪。第 3 款规定:只有在不受任何强制的情况下,被告供认有罪才算有效。这条原则根源在于英国的普通法,体现了公正审判的基本精神,《欧洲人权公约》第 6 条虽然没有这样的规定,但其涵盖了这项权利。《公民权利与政治权利国际公约》第 14 条第 3 款(庚)项规定:(受到刑事指控的人)不被强迫作不利于他自己的证言或强迫承认犯罪。

"被强迫"这一术语指的是各种各样直接的或间接的身体或心理压力的形式,其范围包括从第 7 条和第 10 条禁止的酷刑和不人

---

① 斯特拉斯堡的欧洲人权机构的裁决确定了上述这些规定中的权利,被告人不但包括审判程序中的被告人,还应包括提起公诉前的被指控人。一个人在被依法证实有罪之前,直到最后的上诉之后,定罪判决生效之前,都遵循此原则。检察官必须证实被告人有罪,在有疑问的情况下,按照疑罪从无的古老原则,被指控的人必须被认为无罪。因此,法官或陪审团只有在对被告有罪没有合理怀疑时,才能判他有罪。再进一步说,法官在进行刑事审判时,必须不能先入为主,事先认为被告有罪或无罪。如果过分的"媒体正义"或其他强有力的社会团体对业余或职业法官施加重要影响,国家应承担相应的积极义务确保无罪推定原则的实现。

道待遇,①到各种各样的敲诈或威胁方式,以及强加司法制裁以迫使被告供认。尽管第 14 条没有明文禁止在刑事审判中承认被告的被迫供认和声明作为证据,但人权事务委员会在其对第 14 条的一般性意见中呼吁缔约国在其法律中设定禁止使用此类证据。禁止自我归罪原则的确立使控方所拥有的以被追诉人的供述作为证据的权力遭到对抗,辩方可以自愿决定是否供认有罪,或者供认什么罪名等,使控方权力受到强有力的制约。

3. 一事不再理原则

《公民权利与政治权利国际公约》第 14 条第 7 款规定:任何人已依一国的法律及刑事程序被最后定罪或宣告无罪者,不得就同一罪名再予审判或惩罚。

一事不再理原则源于意大利和日本的倡议,规定于《公民权利与政治权利国际公约》第 14 条第 7 款中。随后,此条规定也为《美洲人权公约》第 8 条第 4 款和《欧洲人权公约》第七附加议定书第 4 条所采用。在许多国家,在极为特殊的情况中,允许进行一项新的刑事审判,即使该审判将不利于被宣告无罪或已经被定罪的人。其原因是:存在重大的程序瑕疵(伪造文件、贿赂证人或法官等)或存在新的或新发现的事实。基于这一原因、欧洲理事会的专家委员会建议对该款予以保留,有数个欧洲国家遵从了这一建议。《欧洲人权公约》第七附加议定书第 4 条中采用了类似的限制。人权事务委员会在其对第 14 条的一般性意见中,采取的立场是:在极为特殊的情况中有正当理由的新刑事审判,并不表示违反了"一事不再理"原则。②

---

① 《公民权利与政治权利国际公约》第 7 条规定:任何人均不得加以酷刑或施以残忍的、不人道的或侮辱性的待遇或刑罚,特别是对任何人均不得未经其自由同意而施以医药或科学试验。第 10 条规定:第一,所有被剥夺自由的人应给予人道及尊重其固有的人格尊严的待遇。第二,a. 除特殊情况外,被控告的人应与被判罪的人隔离开,并应给予适合于未判罪者身份的分别待遇;b. 被控告的少年应与成年人分隔开,并应尽速予以判决。第三,监狱制度应包括以争取囚犯改造和社会复员为基本目的的待遇。少年罪犯应当与成年人隔离开,并应给予适合其年龄及法律地位的待遇。

② Nowak, Manfred, *UN Covenant on Civil and Political Rights*, CCPR Commentary, N. P. Eegel Publisher, Kehl/Strasbourg/ Arlington, 1993, pp. 236-237.

4. 非法证据排除规则

国际公约中的相关记载主要在《禁止酷刑和其他残忍、不人道或有辱人格的待遇或处罚公约》中,其第 15 条规定:每一缔约国应当确保在任何诉讼程序中,不得援引任何已经确定是系以酷刑取得的口供为证据,但这类证据可作为被控施用酷刑者刑讯逼供的证据。

二、美英两国关于控辩平等之规定

(一)美国关于控辩平等之规定

美国是坚持控辩平等原则最典型的国家。它在追诉犯罪的诉讼活动中,奉行当事人主义诉讼模式,推崇控辩双方权利对等、地位平等、机会均等的原则,主张控方与辩方相对抗、法官居中裁判这样一个"等腰三角形"的诉讼关系,较为关注个人权利的保障和程序的公正。

美国刑事诉讼理念一直注重刑事诉讼的内在价值和公正价值,尤其注重通过正当法律程序实施实体法,因而用正当法律程序保障人权的价值取向渗透了其刑事诉讼法典乃至整个法律制度体系。美国"对抗制"刑事诉讼制度的目的在于确保审判程序的公正性,防止被追诉人受到警察、检察官不当行为或滥用权力行为的侵害,并以此为基础解决被告人和国家之间的争议和冲突。为此,美国控辩双方关系的基本特征是:平等对抗和合作。平等对抗是指一方面为了使个人能同警察、检察官的权力相抗衡,并尽量避免其权利受到侵害,被追诉人被赋予了极高的诉讼地位;另一方面将检察官当事人化,使其在追究犯罪时甚至不承担客观公正的义务,可以为胜诉采取极端的措施。合作是指控辩双方对抗之后的妥协,是平等地位前提下的合作,目的是减少一些不必要的对抗,提高审判效率,主要方式是"辩诉交易"制度。

美国的平等对抗原则是整个刑事诉讼程序中应遵循的原则,其主要内容包括:

(1)确立无罪推定原则。

这项原则移植于英国证明规则上的无罪推定原则,甚至上升到宪法高度。《美国联邦宪法》中规定了正当法律程序原则,对无罪推定原则作了间接阐述。无罪推定原则要求控方在刑事诉讼中承担完全的证明责任。这项原则是"当事人主义"诉讼模式的基础,在《美国联邦刑事诉讼规则》《美国联邦证据规则》等法律法规中,在一些经典的判例中,如辛普森案,都对此作了明确规定和表述。可见,这项原则已经成为美国刑事公诉制度中指导司法和立法的一种基本观念。①

(2)被追诉人享有拒绝强迫自证其罪的权利②。

1789年通过并于1791年生效的《权利法案》第5条明确宣布:任何人在刑事案件中,都不得被强迫作为不利于自己的证人。《美国联邦刑事诉讼规则》第5条规定:治安法官应告知被告人,不要求被告人作陈述。被告人如果自愿作陈述,那么所作的任何陈述可以被用作不利于被告人的证据。第58条(b)(2)D规定:法庭应告知被告人保持沉默的权利和被告人所作的任何陈述可以被用作不利于被告人的证据。③

美国学者认为,不受强迫自证其罪的权利有两层含义:不受强迫性,即沉默或陈述均出于自愿;有权拒绝提供任何证言或其他证据。这一权利作为正当法律程序原则的重要组成部分,旨在对控辩双方的诉讼地位加以平衡。可以说,"反强迫自我归罪的特权"是保证被追诉人供述真实性的一项重要规则,"如果没有反对自我归罪的权利,无罪推定将是一个空洞的承诺"。"被告人没有义务与指控者合作,并且明显地享有拒绝证明的权利,关键问题是在被告人审判之前进行的讯问期间,这项权利的扩伸程度如何。"④

---

① 孔璋:《中美控诉制度比较研究》,中国检察出版社2003年版,第199页。

② 在美国殖民地时期,审判中有"被告人说话"模式,使律师的介入与辩方证人作证受到很大限制。随着美国独立运动的胜利,人民开始要求享有公正审判等普通法权利。"不被强迫自证其罪的特权"在这种背景下被写入美国独立前各州的宪法,成为被追诉人的一项合法权利。

③ 《美国联邦刑事诉讼规则和证据规则》,卞建林译,中国政法大学出版社1996年版,第85页。

④ [美]斯黛丽等:《美国刑事法院诉讼程序》,陈卫东、徐美君译,中国人民大学出版社2002年版,第65、69页。

(3)被追诉人享有获得律师帮助的权利①。

美国联邦宪法第六修正案规定:在一切刑事案件中,被追诉人享有获得律师帮助的权利。为了使抽象的宪法性权利真正为被追诉人享有,联邦最高法院通过了一系列判决如吉第安诉韦英怀特(Gideon v. Wainwright)一案②,逐步将其细化为几项具体的诉讼规则,主要包括获得律师帮助的关键阶段规则、获得律师有效帮助的规则以及被追诉人自行选择辩护的规则。③

---

① 关于被告人对律师的需求,大法官苏德兰(Sutherland)在鲍威尔诉亚拉巴马(Powell v. Alabama,1932)案中说:被聆听权如果不包含有被律师聆听的含义,这种权利也就不会有什么意义和价值。因为即使是聪颖且受过良好教育的人,其对法律领域的相关知识也知之不多甚至一无所知。在这种情况下,一旦某人被指控犯罪,通常其都无法自行判断受指控后可能引发的后果,而且由于不熟悉证据规则,在没有律师帮助的情况下,其就有可能因不当指控而受审,甚至还会因举证不能或举证不当而被判有罪。即使其有很好的辩护途径,他也会因为缺乏技巧和知识而无法做好充分的准备。因此,他需要辩护律师在每一个对其不利的环节中为其指引。没有律师的帮助,即使是无罪的,被告人也会因为不知如何辩护和证明自己无辜而面临着被判有罪的危险。

② 在此案中,联邦最高法院的法官这样阐述辩护律师在刑事诉讼中的地位:不但是许多先例,而且推理和分析也同样使我们认识到,在我们的对抗式刑事司法制度中,除非免费提供律师,否则将无法保证那些因贫穷而无法聘请律师的被告人获得公正的审判。这对于我们来说是一个显而易见的真理。各州和联邦政府都花了大量的钱财建立审判被告人的机制。在一个有序的社会中,公诉律师被认为是保护公共利益必不可少的一群人。而那些无力聘请律师的被告人却极少能够有效地为自己准备并出庭辩护。政府雇用辩护律师,有钱的被告人聘请最好的律师,这昭示着一种广为传播的理念即辩护律师在刑事诉讼中是必不可少的,而非多余的。

③ 关于获得律师帮助的关键阶段规则:联邦最高法院认为,被告人并不必然随着司法对抗程序的开始而享有获得律师帮助的权利。在缅帕诉雷(Mempa v. Rhay)案中,联邦最高法院认为,只有在一些关键阶段(Critical stages),即那些缺少律师帮助将会影响被告人实体化权利(substantial rights)的阶段,被告人才享有获得律师帮助的权利。在吉第安诉韦英怀特(Gideon v. Wainwright, 1963)案中,联邦最高法院认为,涉嫌重罪(felony)的穷人有权在审判中获得指定律师的帮助。随后,联邦最高法院进一步规定除非已获得律师帮助或合法地放弃了这项权利,否则不得对任何人判决有罪或监禁,但缓刑、罚金和其他非监禁性的判决可以在没有律师的帮助下作出;一般而言,刑事诉讼程序正式开始时,被追诉者就享有获得律师帮助的权利。关于获得律师有效帮助的规则在史特里克兰诉华盛顿(Strickland v. Washington, 1984)案中,联邦最高法院首次以反列举的方式界定了判断律师帮助的效果的标准,认为此标准对聘用律师及指定律师均有约束力。联邦最高法院经由此案表明,如果辩护律师出现瑕疵行为、没能有效地发挥作用,或所犯的严重错误对被告人造成了不利影响、导致被告人无法获得公正的审判这两种情况,其为被告人提供的帮助是无效的。联邦最高法院在尼克斯诉怀特塞得案(Nix v. Whiteside)和莫雷诉卡利亚案(Murray v. Carrier)中分别指出被告人意图作伪证时,辩护

(4)建立证据开示制度。

"证据开示"又称为"证据先悉",是指控辩双方相互交换证据,相互向对方提出问题,为审判做好准备的一项审前程序。即控方不得向辩方隐瞒自己持有的、有关被追诉人无罪的证据,应及时向辩方透露,相应地,控方也可以要求辩方把辩方持有的证据向控方透露。建立这项制度的主要目的是防止"诉讼突袭"(Trial by Ambush)以保持诉讼公正;实现由"竞技诉讼"到"探求真实"的转变。试想,如果不实行该项制度,一旦诉讼某方掌握了一项关键证据,而对方却一无所知,一旦掌握关键证据的一方在审判中忽然抛出这项证据,就会使对方措手不及,不利于诉讼公平的实现。①

(5)被追诉人享有调查证据请求权。

《美国联邦刑事诉讼规则》第17条规定:在法庭审判开始前,被告人可要求法院以强制手段传唤本方证人出庭作证或要求有关人员交出对被告人有利的书证和物证。法院对控辩双方所提出的证人负有同等的传唤义务,并可向证人发出正式的"传证令"(witness order)……如果被告人无力承担本方证人出庭作证所需费用,而该证人出庭又是被告人为进行辩护所必需的,那么法院可要求政府支

律师的劝阻行为不构成无效帮助;当出现程序错误时,如果该错误是因辩护律师的辩护策略而导致的,则该程序错误不构成无效帮助,而只有当该错误是出于辩护律师的疏忽大意并导致被告人的不公正判决时,该程序错误才构成无效帮助。关于被告人自行选择辩护的规则联邦最高法院认为,被告人享有自行选择辩护的权利,这是自由权的一种基本表现形式。大法官斯图瓦特(Stewart)在其发表的意见中指出。宪法、法律中有关律师的条款对律师角色的界定是:"帮助"。虽然律师是法律专家,但其在辩护中所起的作用仅仅是"帮助"而已。根据立法精神和文字表述,第六修正案视律师与其他辩护手段具有同样作用,为的是帮助被告人,而非不顾被告人意愿强加其上的国家机器。如果不顾被告人意愿而强行让辩护律师为其辩护,就违反了第六修正案。在这样的情况下,辩护律师就成为主角,而第六修正案赋予被告人的个性化辩护权就被剥夺了。但是,被告人自行选择辩护的权利也不是绝对的。在韦特诉美国(white v. United States)案中,联邦最高法院认为,在共同犯罪的案件中,几个被告人不能同时选择一个辩护律师,因为共同被告人之间存在现实或潜在的利益冲突,共同的辩护律师在为各个被告人进行辩护时常常会左右为难,从而无法为被告人提供充分有效的辩护。在法勒塔诉加利福尼亚(Faretta v. California)案中,联邦最高法院认为,如果被告人能够清醒地意识到放弃律师辩护可能导致的不利情况,并且完全出于自愿,则其可以选择自行辩护。李学军:《美国刑事诉讼规则》,中国检察出版社2003年版,第118—159页。

① 李学军:《美国刑事诉讼规则》,中国检察出版社2003年版,第349页。

付这些费用。控辩双方提出的证据只要符合法律有关证据可采性的规则,法官即应将其纳入法庭调查的范围。[①] 可见,辩方可以请求法院调查证据,也可请求传唤证人,平衡了控辩双方在调查证据、传唤证人上的力量悬殊。

(二)英国关于控辩平等之规定

英国刑事诉讼也是典型的"当事人主义"诉讼模式,采取的是"对抗制",控辩双方法律地位平等是刑事审判的核心、基础和运行的关键条件。在英国刑事诉讼中,控、辩、审三方的关系历来被表述成控辩两个平等的主体在一个被动、中立的法官面前展开激烈辩论以寻求争议的解决,由陪审团来决定审判结果。法官在审判时的角色是被动的,他不能主动传唤证人,只能作为一个仲裁者来保证适当的程序顺利进行。这些通常被作为普通法系刑事诉讼程序"对抗制"的主要特征。法官的这种法律地位为控辩双方的活动留下了很大空间:他们提出证据,根据事实和法律确立自己的论点,在法庭上展开辩论。甚至可以说,"对抗制"的焦点在于证明自己的观点。但是更深入地分析必然得出这样的结论:不论是"对抗制"还是"审问制"体系,诉讼程序的目标都是寻找真相并获得程序公正。然而,在英国,发现事实最好的方法是"在司法程序中通过平等的双方和辩证的程序予以说明"。如果当事人是程序中的主要"角色",而且假定事实会从他们的陈述中浮现,那么他们必须在某种程度上处于平等的法律地位,否则对抗的双方互相争论的全部事实以及对证据和盘问的使用,就会变成空洞的理论术语,而不可能实现程序公正。

在英国刑事诉讼中,"平等武装"原则在不同诉讼阶段具有不同的范围。它在审前阶段的应用还是有限的,警察的全部调查权的设置都是为了对抗被告人享有的权利。1985 年以前,在英国,不存在法国法律体系中"预审法官"那样客观的真相调查者,也没有德国刑事诉讼中的公诉人。1985 年,英国刑事诉讼进行了改革,设置了检察机关承担公诉权。

---

① 《美国联邦刑事诉讼规则和证据规则》,卞建林译,中国政法大学出版社 1996 年版,第 58 页。

在英国,警察最基本的功能和责任就是为起诉机关提供控告的证据。因此,警察并不愿意去调查与案件相关的所有的证据,尤其是那些指向无罪的证据。考虑到嫌疑人所具有的沉默权,如果警察不使用特殊的侦查技术或者在羁押时进行审问,如果他没有使用他的特权,审前阶段的平等是有可能实现的。但是,警察经常使用他们的特权,因此平等在这个诉讼阶段被限制在相当小的程度。而且目前,特殊设备的使用和警察的权力都在增加,如果程序平等想在有限的范围内得到保持,就必须扩充犯罪嫌疑人的权利。

学者们设想了三条途径来提高英国审前程序的平等性:为警察设定一个明确的发现真相的角色,他们的任务是同时寻找有罪和无罪的证据;加强辩护方的权利和力量;引进一个类似于调查法官的角色。

英国在20世纪80年代早期创建的皇家刑事诉讼委员会提出要限制警察的权力,并制定了相应的法典,取消了警察提起公诉的责任。委员会的工作导致了1984年《治安与刑事证据法》的制定,随后,建立了一个独立的起诉机构——皇家检察院。然而,这两项改革都被批评是有限并具有欺骗性的,皇家检察院的超过警察的唯一权力就是终止已经开始的侦查。新的皇家刑事审判委员会在1993年公布了他们的结论。他们的工作结果使那些寻求真正的改革的学者失望,警察和皇家检察院之间的关系并没有发生重大变革。

正如已经强调的那样,英国"对抗制"审判最主要的特征就是被动、中立的法官角色和双方当事人的辩论。口头的审理和对证人的盘问都强调了被告人和检察官之间的平等。关于传闻证据和排除书面证据的规则也是保障双方平等交涉的主要方法。法院有权宣布不承认那些警察在审前程序中获得的证据,这可以使双方在审前调查中可能出现的不平等在审判阶段得到平衡。盘问对方传唤的证人给了双方当事人这样一个机会,使他们可以在陪审团面前证明自己对事实的描述是真实的。

传统英国司法中的"辩诉交易"(plea bargaining)制度也存在双方当事人平等的问题。认罪导致缺乏审判,判决只是一个形式。抛开所有关于这一制度实用性的讨论,剩下的问题就是认罪的原因。有时,嫌疑人仅仅因为缺乏足够的方法来证明无罪而认罪,在这种情况下,在刑事诉讼审前阶段中的不平等就无法避免。

综上所述,英国刑事审判在很大程度上以双方当事人的平等为基础,这是它"对抗制"特征的主要条件。然而,在刑事诉讼程序的审前阶段,平等原则有时也是受到限制的。①

三、法国、德国及波兰三国关于控辩平等之规定

(一)法国关于控辩平等之规定

法国刑事诉讼是典型的"职权主义"诉讼模式,现行刑事诉讼法力图给予被追诉人更多的权利保障,关注控辩双方力量平衡。

传统上,深受"审问制"影响的法国诉讼程序,将被追诉人作为查明事实真相的客体,而不是诉讼程序中积极参与的一方主体。"二战"后,《法国刑事诉讼法》修改的重要趋势之一是加强民主和人权保障。法国从事刑事诉讼理论变革的组织主要是戴尔玛斯—玛蒂委员会,②他们曾试图使根源于审问制传统的法国诉讼程序更加充分地反映现代人权观念和国家与公民之间关系的理念。这种改革的理念产生了激进的提议,这些提议的目标是使诉讼当事人——被追诉人和被害人充分地参与到诉讼过程中。尽管当时这些改革的提议被政府采纳只有几个月,③但是这些改革仍然是非常

---

① Malgorzata Wasek-Wiaderek, *Principle of " Equality of Arms" in Criminal Procedure Under Article 6 of the European Convention on Human Rights & Its Function in Criminal Justice of Selected European Countries*, December 2000 Leuven University Press.

② 该委员会由曾任法国司法部部长的皮艾尔于1988年建立,主要从事审前程序的研究。此委员似乎要对法国刑事诉讼的理念作出一些基本的变革。

③ 1993年,法国国会基于该委员会的建议通过了一系列刑事诉讼法修正案,但是两个月后,右翼势力掌权并建立了由法官和检察官占主导地位的工党,他们改变了1993年1月所作的改革。工党的报告导致了1993年8月新的立法。一些原创性的改革被取消,其他只在细节上作出变动,极少部分未作任何变动。通过取消一些更加结构性的改变,从而达到消除1993年1月激进改革的影响。自从1808年《拿破仑刑事诉讼法典》实施以来,1993年1月4日的改革是最为彻底的。这次改革不仅抨击了法国传统的预审法官制度,而且他们试图实现刑事诉讼过程中国家与个人的平等。该委员会认为被告权利的提高是公民以一种更加积极、具有参与意识的方式和国家打交道的反映。

重要的,因为它们使法国在观念中强调了被追诉人权利的理念。该委员会的人权理念源于法国1789年《人权宣言》、法国宪法和《欧洲人权大宪章》,并衍生出十个关于刑事诉讼基本的原则:要求遵守合法性原则;法律面前人人平等原则;在法官面前质疑对其自由限制的权利;人格尊严的尊重;对无辜者的保护;无罪推定原则;尊重被告的权利;双方当事人权利的平衡;提高案件解决的效率;刑罚的比例适当。根据被告方相对消极、被动的地位和有限介入权的现状,法国刑事正义目标的实现确实需要这些原则。

委员会的重要目标之一是给予被追诉人更多的诉讼参与权利。吉恩·普雷戴尔(Jean Pradel)教授曾将此目标描述为被追诉人的三个辩护特权——知情权、建议权、质询权。委员会要求充分地理解"双方对抗原则"(principle du contradictoire),该原则是指任何一方都有权利给予对方充分的时间去了解各自的看法立场和证据,以便更好地回应反击。尽管此原则在法国学术界被称为一项重要的宪法性原则,但是在《法国刑事诉讼法典》中却没有详细地提及。委员会认为这一原则应在实践中得到应用,具体内容是扩大阅卷权;要求警察或司法警官做更深一步调查和替代性专家报告的权利(如果此要求被拒绝,必须说明拒绝的理由并且可以上诉);辩护律师可以在讯问嫌疑人和询问证人时在场并提出质询;扩大被告方调查取证权利,原来由预审法官承担的侦查任务应当移交给检察官,使法官只行使审判职能。

尽管是如此激进的改革步骤,委员会也并不打算彻底改变审问制的基本传统,即由国家来查明事实真相,找出嫌疑人出罪和入罪的证据。委员会特别提到改革的目的并不是让辩护律师承担独立取证的责任,而是更早地、更积极地介入诉讼程序。委员会将辩护律师利用私家侦探去调查取证作为被告权利扩大的一种方式,并一度出现在国会的报告书中,但是此主意遭到了普遍反对。实质上,委员会的真正目标是创造一个新的制度,这个制度既比"对抗制"更加注重诉讼效率,同时更加关注双方当事人力量的平衡。因此委员会在报告中并没有推荐采用"对抗制"的结构,只是寻求一种能够兼容"审问制"传统同时又保证充分的参与权的制度。不仅如此,委员会认为"双方对抗原则"能够很好地帮助审问制基本目标的实现——查明事实。委员会曾这样描述它的重要性:"没有'双方对抗原则',就没有正义,越早引入此原则,正义目标实现的机会越大。"①

作为实现程序正义的重要因素,没有任何人能够否认被追诉人权利的重要性。法国前后两次改革的事实表明,随着"对抗原则"更加强有力的实施,既保留原来"审问制"的基本职能,又糅合体现国家和公民关系的现代的、参与性的保护个人基本权利的程序理念,这使得理念正在审慎地、但是不易觉察地深入人心。这些理念将很快地生根发芽:如宪法委员会已经宣布拘留阶段会见律师是公民不可剥夺的权利。1993年改革和宪法委员会的决定似乎表明一种态度的转变:强调控辩双方的平等是程序正义的重要保障手段。②

法国刑事诉讼制度中关于控辩平等的规定,主要表现在保障被追诉人的权利方面。包括:

(1)获得律师帮助的权利。根据法国《刑事诉讼法》第116条的规定:如果受到审查的人未提出要求律师协助的请求,预审法官应通知受审查的人有权选任律师或有权要求依职权为其指定一名律师。如受审查人已经在押,由其本人选任的律师或由律师公会会长指定的律师可以自由地与受审查人互通意见。③ 第145条规定:任何案件以及在案件侦查的任何阶段,拟对受审查的人实行现行羁押的预审法官都要通知当事人有权得到由其本人选定或依职权指定的诉讼辅佐人的协助。预审法官还应通知受审查人有权享有一定的期限,以准备辩护。律师可以当场查阅案卷,并且可以自由地同当事人交换意见。如果受审查人或其律师提出请求,要求给予一

---

① Stewart Field and Andrew West, *A Tale of Two Reform: French Defense Rights and Police Pouters in Transition*, 1995 Rutgers University School of Law Camden, NJ Criminal Law Forum.

② Stewart Field and Andrew West, *A Tale of Two Reform: French Defense Rights and Police Pouters in Transition*, 1995 Rutgers University School of Law Camden, NJ Criminal Law Forum.

③ [法]卡斯东·斯特法尼等:《法国刑事诉讼法精义》(上册),罗结珍译,中国政法大学出版社1998年版,第567页。

个准备辩护的期限,预审法官应将案件推迟至下一次开庭审理,推迟期间不得超过 4 个工作日。对这一决定不允许向上诉法院上诉。第 274 条规定:关于重罪案件,当上诉法院刑事审查庭作出移送裁定,移至重罪法庭后,重罪法庭的审判长应责令被告人:选择一名律师协助其辩护,如果被告人不选择律师,审判长或其代理应依职权为其指定一名律师。第 275 条规定:作为例外情况,审判长可以允许其父母或朋友充当辩护人。第 393 条规定:被指控犯有轻罪的被控人也有权获得自己选定或法庭指定律师的帮助。第 544 条规定:关于违警罪,如果对被追诉的罪行只能判处罚金时,被告人可以由一名诉讼代理人(律师)或一名特别权益保护人代表出庭。①

(2)律师介入刑事诉讼的时间及权利。关于律师介入诉讼的时间,法国《刑事诉讼法》第 63 条规定:在拘留 20 小时以后,被拘留人可以要求会见律师。此项要求应该以一切方法毫不迟延地通知律师公会会长。关于律师介入诉讼后的主要权利,第 63 条进一步规定:被指定的律师可以在秘密得以保守的条件下会见被拘留人。正在侦查的罪案性质,由司法警官或者在司法警官的监督下,由司法警官助理告知律师。会面不得超过 30 分钟。会面结束后,律师认为必要时,可以书面提出对案件的意见。在会见过程中,律师不得以任何人的言辞为依据,透露案件的情况。第 116 条规定:律师选定或经法院指定后,可以到法院查阅案卷,并且可以自由地与被审查人会面。预审法官应告知被审查人,未经其本人同意,不得对他进行讯问。此项同意只有当他的律师在场时方可取得。第 145 条规定:在预审中,对被审查人宣布临时羁押时,预审法官可以禁止其在 10 日内与任何人通信。此项措施可再度采取,但只能延长 10 日。在任何情况下,禁止通讯不适用于与被审查人的律师的通讯。第 148 条规定:在任何案件中,被审查人或其律师可以在任何时候请求预审法官予以释放。第 167 条规定:鉴定结束,当事人的律师可以查阅诉讼案卷。第 175 条规定:预审法官一经认定调查已经结

---

① [法]卡斯东·斯特法尼等:《法国刑事诉讼法精义》(上册),罗结珍译,中国政法大学出版社 1998 年版,第 611 页。

束,应立即通知双方当事人及其律师。第 199 条规定:在刑事审查庭的庭讯上,在法官报告案情以后,检察长和当事人的律师可以就案件提出各自的要求,发表自己的简要意见。①

(3)被告人的防御性权利。为了达到控辩之间的权力(利)平衡,根据法国刑事诉讼法的相关规定,检察官所拥有的在预审期间要求预审法官任命鉴定人、询问证人、进行新的调查等权力,均已赋予被审查人和被害人。对该项要求,预审法官有权拒绝,但检察官、被告人、被害人均可向上诉法院刑事审查庭上诉,由刑事审查庭复议。

可以说,法国关于控辩平等原则的规范在逐步发展,但其赋予被告人的权利仍然在一步步扩大,与英美等国比较起来,被告人的权利显得单薄了许多。

(二)德国关于控辩平等之规定

在德语中,和英语"fair trial"(公正审判)概念相对应的是"eines fairen Verfahrens"(一个公正的程序)。这个词是从德国 1949 年宪法第 20 条以及《欧洲人权公约》第 6 条中"Rechtsstaatsprimzip"(法治国家原则)这个词发展而来的。

德国宪法法院(Bundesverfassungsgericht)和德国最高法院(Bundesgerichtshof)在创造和解释"das faire Verfahren"(公正的程序)这一原则中起了重要作用。克劳思·罗科信将"公正审判"定义为"被告人在刑事诉讼中的权利(主张)",也就是"faires rechtsstaatliches"(公平的,并且与法治国家原则相一致)。这一原则作为一般性规范在刑事诉讼法的其他条款中有更重要的意义。因而,对其他条款的解释必须遵循"公正审判"原则。

德国宪法法院和最高法院从"faiees Verfahrens"(公正的程序)规则发展出的刑事诉讼的标准包括以下几点:证人被调查时有权要求自己选定的律师在场;如果因为经济原因无法委托辩护人,特别是在严重案件中,被告人有权获得由政府聘请的律师的辩护;排除

---

① [法]卡斯东·斯特法尼等:《法国刑事诉讼法精义》(上册),罗结珍译,中国政法大学出版社 1998 年版。

政府滥用权力取得的证据;有义务告知嫌疑人发生在审判过程中但在法庭审理之外的所有调查行为;对传闻证据的可信度进行非常谨慎的评估;尊重被告人的合理要求。

有人认为"程序保护"(Fursorgepflicht des Gerichtes)①原则同样是从"fairen Verfahrens"(公正的程序)这一概念衍生的。这个原则的核心是:所有进入刑事诉讼的机关(法院、警察、检察官)都有义务将审判的结果和各种程序行为对被告人的不利之处告知被告人,并向他提供建议。被告人是否委托了辩护律师决定了向他/她信息公开的范围。"平等武装"原则也是"faires Verfahrens"(公正的程序)的重要元素。

德国的刑事诉讼结合了"审问制"和"对抗制"两种模式,特别是受法国"审问制"强烈影响。现行《德国刑事诉讼法》具有混合型特征,增强了诉讼当事人的平等性,与法国的相关规定有类似之处。

《德国基本法》第3条规定了关于一般平等的原则。但《德国刑事诉讼法》中并没有对"平等武装"原则作出明确的表述。

关于在刑事诉讼中实现"平等武装"原则的讨论在德国并没有得出一致的结论。受到质疑的不仅仅是这一概念的范围和功能,甚至还包括它在德国刑事诉讼中的存在状态。一些学者认为它是刑事诉讼的一项原则,还有一些学者认为它是涉及各种程序的独立的宪法性原则。有人将它解释成对审讯中当事人的要求,或者作为从《德国刑事诉讼法》推导出的一个法律概念,包含了其他没有在此表述的权利。还有人认为它是一个解释条款,或是一种特征,表明被告人是程序的主体。对一些学者来讲,"平等武装"原则(Waffengleichheit)是未来刑事诉讼改革的政治和法律背景,或者是将英国概念引入德国诉讼法的一种手段。德国法中的公正审判概念受到了《欧洲人权公约》的影响,德国宪法法院从这个一般性的原则推导出了"平等武装"的要求。

一些学者认为"平等武装"原则这一表述是引人误解的。他们

---

① H. Zipf, *Strafproze Brecht*, Berlin-New York 1972, p. 82; Ch. Schroeder. op. cit. p. 31; C. Roxin, op. cit. p. 67.

认为在德国刑事诉讼模式中当事人之间并不存在真正的平等,即使在一个纯粹的程序问题中它也不能成为现实。他们认为,"平等武装"并不能成为一个正式的概念,它不意味着被告人和检察官之间权力(利)和地位的平等,由于刑事诉讼的本质和双方当事人在其中的地位,这种平等是不可能实现的。因此,依照这些学者的观点,德国刑事诉讼模式中的"平等武装"原则应当被理解为"机会平等"(Chancengleichheit)。这意味着,对一方当事人所有不平等的对待,如果不能通过他在程序中的角色被证明是合理的,那就会破坏平等的要求而将被禁止。

将"平等武装"原则定义为一种程序性原则是有道理的。它对德国刑事诉讼行为的控制与其他原则相同,因此,与几乎所有的原则一样,它也不具有严格的应用范围,会出现例外情况。①

(三)波兰关于控辩平等之规定

在波兰的法律系统中,正当程序概念和"公正审判"原则是随着政治体制从集权主义到民主的转变一同出现的。我们可以看到,波兰的人权保护从1989年起有了巨大的发展,人们强烈希望使波兰法系达到欧洲的标准。在社会主义时期,刑法和刑事诉讼法经常被当作集权政府的独裁力量和排斥异己的手段。② 人们对于过去40年中丧失了的公平的反应说明,必须在刑事诉讼中真正实现这些保障和标准,以防止将来刑事审判因为政治目的而被滥用。

从1989年波兰对1969年刑事诉讼法的修改开始,波兰的刑事审判制度向着人权保障的方向转变。1990年1月1日,对1952年宪法的修改将"法治"原则引入了波兰法律体系并在同时开始生效。宪法中"法治"这一概念的引入对刑事诉讼中"公正审判"概念的创造有着非常重要的影响。某些刑事诉讼的重要标准和对被告

---

① Malgorzata Wasek – Wiaderek, *Principle of "Equality of Arms" in Criminal Procedure Under Article 6 of the European Convention on Human Rights & Its Function in Criminal Justice of Selected European Countries*, December 2000, Leuven University Press.

② S. Frankowski, A. Wasek, *Evolution of the polish Criminal Justice System After World Two—An Overview*, European Journal of Crime, Criminal Law and Criminal Justice, No. 2/1993, pp. 143–155.

人的保护就是直接从这一宪法原则推导出的。

1993年1月《欧洲人权公约》在波兰生效,对波兰刑事审判系统产生了很大影响。波兰政府在声明中承认,依据《欧洲人权公约》第25条,欧盟委员会有权接受个人申请,欧洲法院依据《欧洲人权公约》第46条拥有强制管辖权。

以上事件对波兰刑事诉讼程序有着非常重要的意义。波兰需要对刑事诉讼法进行修改从而符合《欧洲人权公约》的要求,特别是符合"公正审判"的要求。然而,《欧洲人权公约》在其国内法中的地位,以及由波兰法院提出的关于"依其本意"对《欧洲人权公约》应用的问题直到1997年新宪法生效之后才得到了澄清。依据《波兰宪法》第91条第2款以及第89条第1款(2),《欧洲人权公约》组成了国内法律体系的一部分。并且,如果《欧洲人权公约》与国内法有矛盾,应该优先适用《欧洲人权公约》。

对于"公正审判"原则,《波兰宪法》第45条规定:"1.所有人都有权接受公平和公开的审讯,审讯必须在称职、公平、独立的法庭里进行,并且不得拖延。2.公开审讯依其性质只能因道德,国家安全,公共秩序,保护一方当事人的生命,以及其他重要的私人事务等原因才能出现例外。宣判必须公开进行。"

《波兰宪法》还规定了下列程序上的保障严禁酷刑或残忍的、反人类的或侮辱性的对待或惩罚(第40条);自由和人身安全(第41条,包括人身保护令程序和对非法剥夺自由获得赔偿的权利);法无明文规定者不为罪原则(第42条第1款);辩护的权利(第42条第2款);无罪推定的权利(第42条第3款);审判独立(第178条第1款);对一审裁决上诉的权利(第78条)。

《波兰宪法》同时也为被告人的上述权利提供了有效的保障。例如根据《波兰宪法》第79条第1款,任何人的宪法自由或权利受到侵犯时,都有权将其提交宪法法庭。宪法法庭不仅审查法律的合宪性,当法院或公共权力机关作出某种涉及宪法自由、权利或义务的具体规定时,还会审查他们的依据。

1998年9月1日,波兰新刑事法典(《波兰刑法》《波兰刑事诉讼法》《波兰刑事执行法》)开始生效,这是波兰刑事审判体系改革的重要转折点之一。新刑事诉讼法的起草者强调,在国内法律体系中实现《欧洲人权公约》所确立的公正审判的标准是新法典编纂的任务之一。由此看来,波兰的新刑事诉讼法与《欧洲人权公约》的"公正审判"标准应当是一致的。①

波兰的刑事诉讼也呈现出"职权主义"诉讼模式的色彩,标榜整个诉讼程序就是发现事实真相。波兰许多学者认为,实体真实原则是刑事诉讼的最高原则。检察官起诉的目的是寻找证明被追诉人有罪或无罪的证据;法官审判的目的也在于发现事实,为此,他们可以主动传唤证人、调查证据。但是,这个原则也有例外,如法院可以在某些案件中使用卷宗,这些卷宗中包含所有由检察机关和警察在审前程序阶段中收集到的证据。从某种程度上看,庭审就是对那些在侦查中获得的证据予以确认的程序。

与法国、德国相比较,"平等武装"原则成为波兰刑事诉讼理论和法典演进的核心内容。1928 年《波兰刑事诉讼法》中虽然没有明确的规定"平等武装"原则,但规定了以下内容:被告人有权收集证据和传唤证人;有权询问对方传唤的专家和证人;有权就审判中提出的所有问题表达自己的观点;有权对法院作"最后陈述"。这些规则与"平等武装"原则内在是一致的。1969 年《波兰刑事诉讼法》延续了 1928 年《波兰刑事诉讼法》的相关规定。其第 315 条第 1 款和第 2 款明确地表达了"兼听则明"(audiatur et altera pars)原则,这被认为是保障法院程序对抗性特征的核心条款。然而,在实践中,大多数案件的审理都以法院和当事人之间进行辩论的形式进行,有时甚至根本没有辩论。公民作证时首先被审判小组中的法官提问,

---

① 但是也有人指出,尽管波兰的刑事诉讼制度已经有了很大进步,但仍然有很多地方需要修改。例如,关于被告人出席上诉审讯的权利,以及在法院开庭时被告人获得免费翻译的权利等。尽管波兰目前的刑事诉讼法为刑事诉讼中公正的实现建立了有效的法律框架,但真正实现"公正"的标准在很大程度上还要取决于公诉机关和审判机关的实践。目前,波兰法院和公诉机关在刑事审判中面临的最迫切的问题和首要的任务就是如何提高刑事诉讼的效率。Malgorzata Wasek-Wiaderek, *Principle of "Equality of Arms" in Criminal Procedure Under Article 6 of the European Convention on Human Rights & Its Function in Criminal Justice of Selected European Countries*, December 2000, Leuven University Press.

然后才是控辩双方。这种询问顺序没有给控辩双方在审理时留下活动的空间,审判的对抗性特征受到了破坏,因而受到学界的批评。

与 1969 年《波兰刑事诉讼法》相比,1998 年生效的新《波兰刑事诉讼法》通过规定了新的提问顺序而加强了审判的对抗性。新《波兰刑事诉讼法》第 370 条第 1 款规定:应当首先由证人对有争议的事实做出自由的描述,然后由当事人提问,最后是审判小组的法官提问。

波兰刑事诉讼进程受到了欧洲人权法院的判决的影响,其第一个被欧洲人权法院调查的案件与"平等武装"原则有关,即 Belziuk 案。① 尽管 1969 年《波兰刑事诉讼法》第 401 条规定:如果一个案件要在上诉审理时被调查,法院可以命令将被羁押的被告带到法庭。在相关的实践中,一旦法院在上诉审理时发现新的证据,都会将被告人带到上诉法院。但是一般情况下,法院仅仅是依据卷宗对第一审的结果作出形式上的审查,进行这种审查时被羁押的被告人通常不能亲自在场,而检察官却在场。为此,在 Belziuk 案中,欧洲法院明确指出"平等武装原则和获得对抗性程序的权利要求允许申请人参加审理并和检察官进行辩论。"

从 Belziuk 案的判决中可以看出,"平等武装"的标准已经为波兰新的刑事诉讼法所采纳。尽管其第 451 条第 1 款规定:上诉法院可以命令被羁押的被告参加审理;第 2 款规定:法院不能自主决定被羁押的被告人是否能参加审理的情况,"如果上诉的提起是为了使被告因为他的罪行受到损害,或者上诉的目的是判处一个人有罪,或者是加重他监禁的刑期,除非法院认为被告人的辩护律师在场是足够的,法院应当要求被羁押的被告人参与审理。如果被告人

---

① 这是波兰第一个在斯特拉斯堡被审查的刑事案件。在上诉审理中,尽管 Belziuk 先生提出了亲自到场的申请,却没有从监狱被送到审理上诉的地方法院。欧洲法院认为,除非直接评价申请人亲自给出的证据,否则申请人的案件不能被准确地调查,因此,依据《欧洲人权公约》第 6 条第 3 款(c)的规定,申请人有权要求在上诉审理时在场并亲自为自己辩护。而且,法院指出,考虑到"平等武装"原则和获得对抗性程序的权利,应当允许申请人参加审理并与检察官进行辩论。法院还发现,申请人并没有从请求地区法院 ex officio 的非实质性辩护咨询中受益。法院最终宣布 Belziuk 案违反了《欧洲人权公约》第 6 条第 3 款(c)的规定,同时也认为这种宣告本身就是对申请人充足而公正的补偿。

没有辩护律师,法院应当指派辩护律师参与上诉审理"。实际上,上述规定仍然给法院留下了很大的空间,还不能使波兰的刑事诉讼法符合传统的标准。所以,有学者认为,这一条款应当进一步修改为:除非上诉法院认为被告人的辩护律师在场是足够的,上诉法院应当命令被羁押的被告人参与审理。如果法院没有要求被告人参与审理,而且被告人也没有委托辩护律师,法院应当指定辩护律师在场参与上诉审理。①

从波兰控辩关系的演进过程可以看出,1998年生效的刑事诉讼法极大地增强了全部刑事诉讼程序中诉讼当事人的平等性。譬如采纳了两个被称为"强制辩护"的附加判例,通过相当多的判例确保审判具有更多的对抗性特征,扩大了被告人在审前阶段的程序中接触案件材料的途径。另外,可以预见的是,欧洲人权法院关于"平等武装"的见解将会更加强烈地影响波兰刑事诉讼法的进一步发展。然而,波兰的刑事诉讼模式毕竟具有混合性的特征,这就意味着必然存在对抗性特征和当事人有限的平等。对比英国的对抗性模式,波兰刑事诉讼中的被追诉人与控方之间的平等看起来是受到了限制。英国刑事诉讼中的"武装"是给被追诉人的,而在波兰则是给有责任确定事实的法官的。"平等武装"原则在波兰刑事诉讼中有限的应用范围反映了刑事诉讼混合模式的特征。

四、意日两国关于控辩平等之规定

(一)意大利关于控辩平等之规定

意大利刑事诉讼中控辩双方力量随着刑事诉讼法典的四次修改,被追诉人法律地位呈现出在曲折中逐渐上升的特点。

1865年,在实现了政治统一后,意大利颁布了第一部具有近代意义的刑事诉讼法典。这部法典借鉴了1808年《法国刑事诉讼法典》,确立了无罪推定原则、自由心证原则、陪审制度等,为平衡控辩力量奠定了良好的基础。这部法典明确将刑事诉讼程序分为两个

---

① Malgorzata Wasek - Wiaderek, *Principle of "Equality of Arms" in Criminal Procedure Under Article 6 of the European Convention on Human Rights & Its Function in Criminal Justice of Selected European Countries*, December 2000, Leuven University Press.

阶段：

一是审前程序阶段。参与程序的主要有预审法官、设在法院内的检察官、警察和犯罪嫌疑人。这几方面的力量中起主导作用的是预审法官，他们可以秘密行使调查证据权、强制措施决定权、提起公诉权。检察官只是起到协助预审法官工作的作用。

二是审判程序阶段。审判法官根据预审法官所提供的证据判决被告人有罪。这部法典具有鲜明的"职权主义"诉讼模式特色，控审两个方面的力量几乎合二为一，控辩诉讼地位对比悬殊。

1913年，意大利第二部刑事诉讼法典受到当时资产阶级自由主义思想的影响，开始着手改善被追诉人的诉讼地位。由于在审前程序阶段，犯罪嫌疑人的权利容易受到警察、检察官和预审法官三方面力量的侵犯，同时，这个阶段所调查的证据实际会成为最后定罪的依据。所以，这部法典从审前程序阶段入手，扩大被追诉人在这个阶段的权利。这部法典已经开始逐步平衡控辩之间具有的悬殊对比的力量。

1930年，意大利第三部刑事诉讼法典受到法西斯政权上台、墨索里尼独裁统治的影响，明确"国家本位主义"，以打击危害国家政权的犯罪、维护社会秩序为借口维护独裁统治，压制民主力量，公民的基本权利遭到践踏。在两个阶段的主要表现是：一是在审前程序阶段中，强化了预审法官的权力，使犯罪嫌疑人在这个阶段除了负有配合预审法官讯问的义务外，再无其他权利。二是在审判程序阶段中，审判活动成为一种形式。尽管这部法典确立了直接、言辞和辩论的审判原则，但是高度集中的司法权使这些原则成为形式。预审法官提供的卷宗材料成为法院判决的基础，审判程序只是对预审卷宗进行审查和确认的程序。这部法典完全抹杀了第二部法典的进步内容，使辩方完全沦落为诉讼客体。

1988年，意大利第四部刑事诉讼法典颁布，这部法典的内容与宪法所确立的原则和宪法法院所确立的制度紧密相关。1947年，宪法确立了"人民主权""法律面前一律平等"等原则，扩大了公民的基本权利范围，尤其规范了强制措施的行使、无罪推定等。1965年到1972年间，宪法法院所制定的一系列判决逐步确立了犯罪嫌疑人及其律师参与侦查程序的相关制度。1988年《意大利刑事诉讼法典》的主要精神是:限制预审法官的权力,保护被追诉人的诉讼权利,平衡诉讼控辩力量。

相对于前三部刑事诉讼法典,意大利现行法典关于控辩平等原则的规定主要体现在如下几个方面:

(1)进一步改革了刑事辩护制度。明确规定在侦查阶段,被追诉人有权委托辩护律师。司法警察在逮捕犯罪嫌疑人后应允许他立即与辩护律师会见和通信。审前程序阶段,司法警察、检察官和预审法官在对犯罪嫌疑人进行讯问时,必须通知辩护律师到场;询问者应首先告知犯罪嫌疑人享有辩护律师协助和在讯问中保持沉默的权利;如果犯罪嫌疑人在讯问过程中作出对己不利的供述,司法警察、检察官和侦查法官应立即打断该人的陈述,并及时警告这种陈述可能导致对其不利的诉讼后果,同时还要为没有律师协助的犯罪嫌疑人指定一名律师;在没有律师在场的情况下,犯罪嫌疑人所作的供述在任何诉讼阶段都均不得被采用为证据。

(2)确立了公设辩护人制度。意大利律师一般被轮流委派担任公设辩护人,他们无偿为犯罪嫌疑人服务,且几乎不接受政府的任何物质补偿。如果犯罪嫌疑人无力委托辩护律师,他有权获得一名公设辩护人的协助。同时,犯罪嫌疑人有权获得一名候补的公设辩护人,如果第一个公设辩护人无法提供帮助,其权利也会得到有效保障。

(3)限制预审法官的权力和司法警察的侦查活动。在侦查阶段,预审法官不再负责调查和收集证据。在侦查和预审阶段中,仅设立一名预审法官负责监督检察官和司法警察的侦查活动,主持检察官和辩护律师共同参与下的预审程序。同时,引入必要性原则、适度原则和国家补偿制度等,以防止警察滥用强制措施,维护被追诉人的人身权利。法典还设立了一些新的证据规则,以便防止警察在侦查活动中侵犯犯罪嫌疑人的人身权利。

(4)限制法官审判前的实质审查。较大地限制检察官在正式起诉时向法院移送的卷宗材料内容,这项规定主要借鉴日本"起诉状一本主义"的合理之处,来防止法官先入为主。

（5）赋予被告人在审判程序中的沉默权。法庭在审判过程中应告知被告人有权保持沉默。如果被告人放弃了这项权利，他可以作为证人接受控辩双方和当事人的交叉询问。如果在审判中，被告人选择了沉默，他在侦查中向检察官或侦查法官（在辩护律师在场的情况下）所作的自愿供述可以被法庭采纳为证据。但如果被告人在庭审中作出了陈述，那么司法警察在侦查中所获取的供述笔录（在司法警察不出庭作证的情况下）可以作为不可信的证据。这种规定使在侦查阶段获得的讯问笔录的可信度大打折扣，从而会有效减少司法警察非法取证现象，有力保护被追诉人的合法权利。[①]

可见，1988年《意大利刑事诉讼法典》的修改，突出地表现在控辩双方法律地位的变化，通过法律的调整，控辩双方力量的悬殊逐渐缩小，控辩诉讼地位趋于平等。但是，与德国、法国一样，控辩平等的真正实现依然需要假以时日，依然有着很大的发展空间。

（二）日本关于控辩平等之规定

日本法律以大陆法系的法律为蓝本建立。现代以来，日本法律制度大量移植于美国，可以说，日本法律糅合了大陆法系与英美法系的特点。在刑事诉讼领域，美国是典型的奉行控辩平等原则的国家，所以，日本刑事诉讼法发展的过程就是扩充被追诉人辩护权的过程。根据日本现行刑事诉讼法，辩方的权利可分为审前程序和审判程序中的权利。

辩方在审前程序中的权利主要包括犯罪嫌疑人的沉默权和获得律师帮助权。

犯罪嫌疑人的沉默权作为基本权利首先规定于《日本宪法》，该法第38条规定：不得强制任何人对自己作不利的供述。《日本刑事诉讼法》第198条第2款规定：对犯罪嫌疑人应告知其享有沉默权。按照日本法律规定，犯罪嫌疑人不仅拥有不被拷问、强迫供述的权利，而且可以自己决定是否供述，供述什么内容。同时，他还可以在放弃沉默权的情况下作出供述，也可以随时恢复沉默权。另

---

① 周欣：《欧美日本刑事诉讼——特色制度与改革动态》，中国人民公安大学出版社2002年版，第167—180页。

外,即使他享有了沉默权,还可以自由供述。因此,沉默权与要求自白任意性的自白法则有共同之处。① 沉默权具有综合性,没有限制沉默内容,如姓名也包括在沉默权中。不能根据他行使沉默权这个行为,推定不利于他的事实。不能将行使沉默权作为有罪证据提出,也不能作为评价证据的材料。量刑时,行使沉默权这个事实不能构成对被告人不利的要素,但是可以作为被告人未反省的一个资料予以参考。②

在日本,犯罪嫌疑人获得律师帮助的权利主要包含两方面内容:一是犯罪嫌疑人获得律师帮助的权利(包括会见权、辩护人委托权等);二是辩护律师为实现这项权利而享有的权利(包括会见权;开示逮捕理由请求权、取消逮捕请求权;对逮捕、扣押等审判的准抗告权、对限制会见、扣押处分的准抗告权;证据保全请求权;辩护人讯问在场权)。

《日本宪法》第 34 条之规定保障了在押被追诉人的辩护人委托权。第 37 条第 3 款规定,刑事被告人在任何场合都可以委托有资格的辩护人。《日本刑事诉讼法》规定,羁押犯罪嫌疑人时,告知其享有辩护人委托权。《日本刑事诉讼法》第 30 条第 1 款规定:犯罪嫌疑人不论其是否在押,均拥有辩护人委托权。

为了使受到刑事指控的人可以委托到合适的律师,1984 年开始实行"刑事律师推荐制度":如果在押犯罪嫌疑人不认识特定律师,可以请求律师协会提供辩护人,但是如果被指定的律师不同意请求,犯罪嫌疑人就不能委托辩护人。在这种情况下,律师协会推荐特定律师,该律师就任该犯罪嫌疑人的辩护律师。1990 年日本开始实施"值班律师制度",目前这项制度已在全国律师协会普及。③ 法律扶助协会从 1990 年又开始设立了"刑事犯罪嫌疑人辩护

---

① 日本法律规定,强制的自白不得作为证据。这一排除自白法则从证据的效力角度保证了沉默权的实现。
② [日]田口守一:《刑事诉讼法》,刘迪、张凌、穆津译,法律出版社 2000 年版,第 86—89 页。
③ 所谓"值班律师制度",是一种犯罪嫌疑人咨询系统,即律师轮流值班,受到有关人员请求后前去接受咨询,免除首次律师费用。

人援助制度",为没有财力的犯罪嫌疑人提供辩护援助。①

对受到羁押的人来说,会见权是最重要的权利。除与辩护人会见外,犯罪嫌疑人还可与自己的亲属等一般人会见。犯罪嫌疑人希望会见时,拘留所负责人或检察官必须向辩护人传达,辩护人如不能立即会见,应该考虑允许通电话或通信。辩护人要求会见犯罪嫌疑人,但侦查机关可能以此时正是"需要侦查的时间"为由(《日本刑事诉讼法》第39条第3款)指定其他会见日期。有时因为侦查机关行使该指定权,辩护人不能在希望的时间见到犯罪嫌疑人,因此极大地限制了自由会见权。会见权被理解为辩护人固有的权利。为了防止侦查机关滥用指定权,实务中,辩护人可以提出会见,接受指定会见或对此提出准抗告,辩护人也可对不当指定会见提起国家赔偿请求诉讼。因为会见权是保证犯罪嫌疑人与辩护人相互交流的权利,所以如果不保障犯罪嫌疑人与辩护人双方的会见权,辩护权就没有意义。②

被告人在审判阶段一般享有四个方面的权利:一是被告人的基本权利,包括沉默权、辩护权、国费辩护人申请权③、会面权等。二是被告人作为诉讼主体的权利,包括到庭权、任意供述权、有罪陈述

---

① [日]田口守一:《刑事诉讼法》,刘迪、张凌、穆津译,法律出版社2000年版,第89—92页。

② [日]田口守一:《刑事诉讼法》,刘迪、张凌、穆津译,法律出版社2000年版,第86—96页。

③ 被告人的辩护人包括自费辩护人和国费辩护人,两者的权限没有差别。有权委托自费辩护人的有:被告人、被告人的法定代理人、监护人、配偶、直系亲属和兄弟姐妹。原则上从律师中聘请辩护人。但是,经法院许可,也可以聘请律师以外的人作为特别辩护人。国费辩护人是国家为被告人选聘的辩护人。国费辩护人的补贴和报酬等由国家负担。此外,被告人有支付能力并且被判处有罪的,可以命令被告人负担诉讼费用。国费辩护人分为必要的国费辩护人和任意的国费辩护人两种。必要的国费辩护人分为两种情况:被告人因贫困等原因不能聘请辩护人而请求国费辩护人时,法院根据被告人的请求选聘辩护人。贫困以外的原因还包括没有熟悉的律师或者聘请了自己熟悉的律师但被拒绝等情况。这些也属于有正当理由。所谓必要的辩护案件,是指审理的案件相当于死刑、无期徒刑或三年以上惩役或禁锢的案件,被告人没有聘请辩护人的,不能开庭。任意的辩护人也有两种情况:被告人是未成年人或70岁以上的老年人等需要特别保护的,该被告人没有辩护人时,法院可依职权指定国费辩护人。被告人属于上述第37条各款规定的未成年人等必须有辩护人的案件,被告人已经聘请了辩护人但该辩护人不出庭的,法院可依职权指定国费辩护人。

权、证据同意权、申请复议权、申诉权等。三是涉及强制措施的权利，包括公开逮捕理由请求权、撤销逮捕请求权、保释请求权等。四是涉及证据的权利，包括出示证据请求权、证据保全请求权、调取证据请求权、证据证明力争辩权、询问证人权等。

辩护人在审判阶段的权限分为代理被告人诉讼行为的权限和与代理无关的权限。代理被告人诉讼行为的权限，包括两种情况：一是即使违背被告人明确的意思表示也允许行使的所谓独立代理权，如出示证据保全请求权、逮捕理由请求权、撤销逮捕或保释请求权等；二是不能违反本人明确的意思表示但可以违反默示表示的代理权，即只要没有被告人本人的意思表示就不能代理的代理权，如申请回避权、提起上诉权等。与代理无关的权限，包括两种情况：一是只有辩护人才具有的权利，如会面权，鉴定在场权，查阅、摘抄诉讼文书和书证的权利，上诉审辩论权等；二是辩护人和被告人都具有的权利，如讯问证人时在场的权利、搜查查封时在场的权利、勘验时在场的权利、第一审审判时的最后陈述权、询问共同被告人的权利，等等。①

可以说，日本关于辩方权利的规定相对比较完善，再加上控方起诉一本主义等规定，控辩平等的格局基本形成。

五、小结

随着人权保障呼声迭起，保障辩方权利越来越引起国际社会和主要法治国家的重视，控辩平等无论从理论上还是从立法和司法实践角度都有着不同程度的发展。虽然，这并不是就意味着控辩平等原则从形式上到实质上已经得到普遍性确立。

国际社会有关人权保障的公约和有关司法准则的公约一方面反映了各国对控辩平等原则的共识；另一方面这些共识也逐渐渗透进各国的法律规定中，各国越来越重视刑事诉讼中被追诉人的人权保障。尽管各国控辩双方的关系呈现出不同的特色，但其总体趋势

---

① ［日］田口守一：《刑事诉讼法》，刘迪、张凌、穆津译，法律出版社 2000 年版，第 152—158 页。

是:法律赋予辩方越来越多的权利以防止控方滥用权力,控辩双方的法律地位正在趋向平等,尽管这种平等也许尚需时日才能真正实现。

综观两大法系关于控辩平等原则的不同特点,由于政治体制和民主化进程的不同,在确立控辩平等原则过程中的变化不尽相同,但整体趋势却是一致的,即从纠问制下的控辩不平等逐步走向现代诉讼模式下的控辩平等。

英美法系控辩平等原则的特点在于控诉权与审判权真正分开,防止法官专横,保障公正审判;强化被告人权利,加强诉讼中控、辩、审三方的互相牵制,实现控辩平等。可以说,控辩平等是当事人主义诉讼模式的必然要求和集中体现。在英美法系中,控辩双方法律地位的发展趋势是从形式上的平等转向实质上的平等。由于英美国家早期没有确立国家独占追诉权的体制,所以实行了完全的对抗式程序,这种程序与民事诉讼程序采用了相似的理念、原则和规则,整个程序贯穿了"公平竞争"原则,即为确保当事人充分展开指控和辩护活动,任何一方当事人都不得为其对手提供有利的证据,法官也无权使当事人承担类似的诉讼义务,以保障双方的诉讼地位在外观上是完全的平等。这种原则在刑事诉讼程序中的具体表现是控辩双方保持形式上的平等与对抗,为了获得胜诉结局,双方当事人可以采取任何技术、手段、方式向法官证明自己坚持的观点;为了使对方措手不及,甚至可以出其不意地提出有利于自己一方的主张和证据;在禁止为对方当事人提供有利证据的前提下,当事人拥有一种所谓的"诉讼埋伏权"(powers of ambushing),也正是这种权利常常使诉讼结局出人意料。随着英美国家逐渐确立了国家独占追诉权的体制,控辩双方的力量乃至诉讼地位上的不平等性越来越强,形式上的不平等已经无法掩盖实质的不平等。所以,新的程序正义理念认为如果法律一味地鼓励双方对抗,那么其中能力较弱的一方事实上就不能充分有效地参与诉讼,他们将永远处于劣势,直至败诉。这样,刑事诉讼无法实现公正。为了克服这种实质的不平等,法律应当允许控辩双方必要时进行适度的"合作",对较弱的被告一方给予特殊保护。在新的程序正义论的影响下,英美国家的刑事诉讼程序开始逐渐减少控辩双方不必要的对抗、保证实质平等,如辩护方"先悉权"的确立等。

在大陆法系中,刑事司法改革逐步深入,被告人的诉讼地位逐渐提升,控辩双方的诉讼地位也在逐渐平衡。19世纪,欧洲刑事司法改革废止了纠问式诉讼模式,被告人从诉讼客体转变为诉讼主体,享有了一系列的诉讼程序保障。随着"二战"的结束,各国相继开展了刑事司法改革运动,由于受到国际上人权保障思潮的影响,在改革运动中充分重视了被追诉人这一弱势群体的人权保障问题,使被告人的诉讼地位进一步提升。① 相对于当事人主义诉讼模式,职权主义诉讼模式关于控辩平等的特点在于:提起刑事诉讼后,法官依照职权主宰诉讼进程,诉讼终结与控辩双方意思关系不大。可以说,控辩平等原则在大陆法系中存在一定的缺失。如侦查阶段、侦查机关的权力几乎没有限制,其调查处于秘密状态,其采取的强制措施没有司法审查,不受外界力量监督;犯罪嫌疑人虽然享有获得律师帮助权,但实现这种权利又面临诸多限制。在起诉阶段,审前的实质审查、使法官先入为主对案件有了看法,庭审就容易沦落为形式。在庭审阶段,控审双方易结成同盟,控辩平等则难以实现。在证据排除方面,非法证据的排除很不规范,非法证据依然可以大摇大摆地成为定罪的依据。

目前,各国对控辩平等原则的态度依然不尽相同,其对控辩关系的认识和法律规定也有差异。英美国家更倾向于控辩双方平等对抗与合作,法德国家更倾向于限制控方权力保护辩方权利以有利于公正审判。不过,毕竟这些变化的实质依然朝着控辩平等原则确立的方向发展。英美法系从形式上的平等走向实质上的平等,大陆法系从辩方缺乏权利保护走向加强权利保护,这些都是控辩平等原则的实质性体现。可以说,控辩平等原则的确立关系着现代法治的进程,是现代诉讼法治的重要标志之一。但是,我们必须看到,在控辩关系的对立统一中,找寻控辩双方平等武装与平等保护、平等对抗与平等合作的平衡点,则是一项系统而久远的工程,各国立法变动的空间依然很大,尚需不断地进行理论与实践的探索。

---

① 陈瑞华:《刑事审判原理论》,北京大学出版社1997年版,第259—261页。

第六章　控辩平等在中国之考察

反思我国刑事诉讼制度的发展历程,大致可以划分为四个阶段:20世纪80年代前,20世纪80年代后至1996年《刑事诉讼法》的修改,1996年《刑事诉讼法》修改至2012年《刑事诉讼法》修改,2012年《刑事诉讼法》修改至2018年《刑事诉讼法》修改。在20世纪80年代前,刑事犯罪被认为是敌我矛盾,公、检、法三机关甚至包括律师都被界定为对敌人实行专政的工具。其后,虽然对敌专政的观念不断淡化,但是,将刑事诉讼制度仅仅理解为国家打击犯罪之目的,却仍然是理论界与实务界之共识,刑事诉讼保障人权的内在价值未能得到应有的重视。学界普遍认为,该阶段我国刑事诉讼模式为典型的职权主义,甚至有学者认为它是一种"公检法流水作业式"的超职权主义。① 这种诉讼模式下,被告人几乎成了诉讼客体,控辩平等原则缺乏赖以生存的诉讼制度环境。1996年《刑事诉讼法》的修改,是我国刑事诉讼制度重大变革的开始,人权保障思想渗透于立法精神,改革了律师辩护制度,在审判程序中引进了普通法系的"对抗制"的庭审模式等,向塑造控辩双方平等对抗的新型诉讼结构迈进了一大

---

① 樊崇义:《刑事诉讼法学》,中国政法大学出版社1996年版,第39页。

步。2012年《刑事诉讼法》及2018年《刑事诉讼法》的修订以及诉讼制度的改革则是人权保障思想进一步落实的体现,加强对辩护方权利的保障,进一步增强对抗制因素。但是,改变旧观念、确立新观念不是一蹴而就的事情,需要有一个发展的过程,控辩平等原则也不例外,其在中国依然处于初期的发展阶段,控辩不平等的立法规定和缺失问题还是显而易见。随着中国民主化和现代化进程的加快,随着人权保障思想和现代刑事诉讼理念的建立,控辩平等原则在中国刑事诉讼立法和司法实践中还需要进一步的确立和完善。

一、控辩平等之肯定

及至1996年《刑事诉讼法》的修改,在自由、平等、民主等理念的深入影响下,中国传统极"左"思潮下的"重打击、轻保护"的观念已经开始趋于淡化,人权保障的法律理念(主要是指对被追诉人的权利保障)逐步为立法和司法实务界所接受。反映在《刑事诉讼法》的修改中,在依法惩罚犯罪的前提下,开始强调对被追诉人权利的保障,如吸收了无罪推定原则的合理内核,扩张了辩护律师的权利,庭审中构建了控辩双方的平等对抗模式等。这些诉讼制度的改革,在一定程度上体现了控辩平等原则的基本精神。2012年《刑事诉讼法》的修订则进一步发挥人权保障的理念,不仅明文规定了"国家尊重和保障人权",还进一步加强辩护方地位与权利,包括明确辩护律师在侦查阶段的辩护人身份,律师持有"三证"直接会见;完善辩护制度,包括扩大了法律援助制度的适用;完善程序正义,建立了非法证据排除规则以及再审程序启动原因纳入程序重大违法等;加强平等协商,确认刑事和解制度。2018年修改后的《刑事诉讼法》以惩罚犯罪和保障人权相结合为指导思想,以程序正义原理和诉讼分流、繁简分流原理为理论根据,体现了区别对待、宽严相济的刑事政策。其中,缺席审判制度的构建,认罪认罚从宽程序和速裁程序试点经验的总结,辩护制度的完善,检察职能的调整等,对于维护国家安全、树立司法权威、提高诉讼效率、保障当事人合法权益、防止国家滥用刑罚权都具有十分重要的意义。从历史的纵向考察看,我国刑事诉讼制度一直在沿着控辩平等的方向向前发展。

(一)无罪推定原则逐步确立并得以落实

无罪推定原则是控辩平等原则的制度基础,更是控辩平等原则得以确立的标志之一,在我国现行法律和司法实践中,无罪推定原则初步确立。

1. 无罪推定原则在我国之源起

1979年《刑事诉讼法》是新中国成立后的第一部刑事诉讼法典。在浓厚的职权主义的诉讼模式下,无罪推定原则不仅没有得到任何规范的表述,其相关内容在法律规范中也没有得到充分体现,如在侦查、起诉阶段,犯罪嫌疑人不仅不享有沉默权,反而有向公安机关、检察机关如实陈述的义务;在审判阶段,没有确立疑罪从无的原则,如果证据不足、指控罪名无法成立,法院作出生效判决后,检察机关还可以重新收集证据再行起诉等。法律规范中不仅没有规定无罪推定的原则,无罪推定的精神在刑事诉讼法中也是严重缺失的。

纵观无罪推定原则在我国法律制度中实践过程,可以从两个方面予以概括:

(1)在司法解释和全国人大立法中的体现。

从无罪推定原则在我国法律制度中的实践过程来看,其相关内容经历了一个从司法解释的体现,到全国人大制定的香港、澳门基本法中的规定,再到刑事诉讼法修改中合理内核吸收的发展路径。

1989年11月4日,最高人民法院《关于一审判决宣告无罪的公诉案件如何适用法律问题的批复》(现已失效)第3条规定:"对于因主要事实不清、证据不足,经多次退查后,检察院仍未查清犯罪事实,法院自己调查也无法查证清楚,不能认定被告人有罪的,可在判决书中说明情况后,直接宣告无罪。"1994年3月21日通过的最高人民法院《关于审理刑事案件程序的具体规定》(现已失效)第127条第2项规定:"案件的主要事实不清、证据不充分,而又确实无法查证清楚、不能够证明被告人有罪的,判决宣告被告人无罪。"由此可以看出,最高人民法院在司法解释中首先确立了"疑罪从无"的规则,其作为无罪推定原则的一项基本要求,使得无罪推定原则的雏形开始出现在我国的司法制度之中。

1990年4月4日,全国人大通过了《香港特别行政区基本法》,第87条规定:"任何人在被合法逮捕后,享有尽快接受司法机关公正审判的权利,未经司法机关判罪之前均假定为无罪。"1993年3月31日,全国人大又通过了《澳门特别行政区基本法》,其中也明文确立了无罪推定原则。虽然,香港、澳门两地与内地实行的是不同的社会制度,但这两部法律的通过,依然可以表明我国立法机关首次在法律中明确规定了无罪推定原则。

1996年3月17日,全国人大八届四次会议通过了《中华人民共和国刑事诉讼法》(修正案),修改后的《刑事诉讼法》第12条规定:"未经人民法院依法判决,对任何人都不得确定有罪。"1996年《刑事诉讼法》第12条规定中虽然并未出现无罪推定原则核心要求的"假定"或"推定"无罪的表述,但实际上具有了在法院依法判决之前,任何人不得被视为有罪公民的含义。2012年和2018年修订的刑事诉讼法虽然并没有对上述法律规定作出修改,但从法学理论和实践发展的总体情况来看,无罪推定原则在法学界已经成为通说,无罪推定的理念在司法实务界逐步开始建立。

(2)在签署国际人权公约中的承认。

目前,我国已参加或缔结了联合国通过的一些国际人权保障公约,如《公民权利与政治权利国际公约》《儿童权利公约》《联合国少年司法最低限度标准规则》《联合国保护被剥夺自由少年规则》等,这些公约中为了贯彻人权保障思想,都有关于无罪推定原则的规定,我国在签订时,并未对这些条款声明保留。换言之,我国既然已经承认了国际相关公约中关于无罪推定原则的规定,标志着我国对于无罪推定原则没有拒绝,无罪推定原则在国内法中全面确立指日可待。

2. 无罪推定原则在我国法律中的体现

1996年《刑事诉讼法》的修改,关于无罪推定原则除了第12条的基本规定之外,还通过确立一系列的规则和制度,体现无罪推定原则的具体要求。

(1)确立"疑罪从无"的审判规则。1996年《刑事诉讼法》第162条第3款规定:"证据不足,不能认定被告人有罪的,应当作出证据不足、指控的犯罪不能成立的无罪判决。"这是在最高人民法院关于"疑罪从无"的司法解释基础上制定的。当公诉人不能提出充分的证据证明被告人有罪时,当法庭经过庭审和补充性调查还是不能查明被告人确实有罪时,对被告人做"无罪判决",意味着"无罪推定"这一假设未被推翻。对"疑罪"作有利于被告人的解释,这就是无罪推定原则的精神所在。2016年9月,国务院新闻办公室发布的《中国司法领域人权保障的新进展》白皮书指出,中国贯彻"疑罪从无"原则,积极防范和纠正冤假错案。在新的司法改革形势之下,"疑罪从无"的审判原则将得到更加深刻的重视和彰显。

(2)确立不得自证其罪的原则。1996年《刑事诉讼法》第43条规定:"审判人员、检察人员、侦查人员必须依照法定程序,收集能够证实犯罪嫌疑人、被告人有罪或无罪、犯罪情节轻重的各种证据。"第45条规定:"人民法院、人民检察院和公安机关有权向有关单位和个人收集、调取证据。"这意味着,被告人原则上不负有证明自己无罪的责任,证明责任首先由提出诉讼主张的侦查人员和检察人员共同承担,他们除了收集证明被告人有罪的证据,还负有义务收集证明被告人无罪、罪轻的证据。被追诉人提出无罪、罪轻和免予刑事处罚的证据,是他们依法行使的辩护权利,不是义务。2018年《刑事诉讼法》第52条对此条又进行了修改,明确增加了"不得强迫任何人证实自己有罪"的规定,这一规定直接体现了不得强迫自证其罪原则,强化了辩方在诉讼中的主体地位,减轻了原本可能附加给辩方的证明责任。

(3)确立被追诉人在起诉前后的法律地位。第八届全国人民代表大会《关于修改〈中华人民共和国刑事诉讼法〉的决定》第34条规定,公诉案件,受刑事追诉者在检察机关向法院提起公诉以前,称为"犯罪嫌疑人",在检察机关正式向法院提起公诉以后,则称为"被告人"。根据这一规定,在判决生效之前的诉讼过程中,受追诉者在法律上处于无罪公民的地位,拥有一系列特殊的权利,对抗国家追诉机关的指控。这意味着从法律上排除其"罪犯"身份,赋予其诉讼主体的地位,使其可以与控方展开积极主动的争辩和对抗,对裁判结论的形成施加影响。同时,也有利于保障被追诉人的以辩护权为核心的诉讼权利,充分发挥辩护制度的作用。从表象上看,"犯罪嫌疑人"和"被告人"只是改变了被追诉人在不同诉讼阶段的称谓,但是其包含着对长期以来"被追诉人就是罪犯"的有罪推定的否定,建立了无罪推定原则的基本理念。1996年的《刑事诉讼法》已经吸收了无罪推定的一些合理内核,体现了控辩平等原则的基本精神,2012年、2018年《刑事诉讼法》修改时,增加了有关体现无罪推定原则精神的规定,控辩平等原则进一步体现。

(二)律师帮助权范围得以扩张,法律援助质量不断提高

获得律师帮助权是构建控辩平等原则的重要内容。1996年《刑事诉讼法》的修改,不仅扩大了被追诉人获得法律援助的范围,而且首次规定律师可以在侦查阶段介入刑事诉讼,被追诉人获得律师帮助的权利明显扩张。2012年《刑事诉讼法》及2018年《刑事诉讼法》的修改,明确规定侦查阶段辩护律师的辩护人身份,不仅进一步扩张了辩护律师的权利,还发展完善了法律援助制度。2021年《法律援助法》的出台,扩大了刑事法律援助的范围,健全了刑事法律援助质量控制机制,构建了法律援助与委托辩护的冲突解决机制,推进了法律职业共同体建设,形成了司法救助合力。

1. 扩大了法制援助之范围

确保被追诉人获得律师帮助的权利,在刑事诉讼中具有不可或缺的法治意义。但是,在国家法律援助制度缺失的情况下,部分被追诉人特别是经济能力低下的被追诉人则难以充分享有此项权利。为解决这一矛盾,我国《刑事诉讼法》规定了法律援助制度,为处于弱势地位的被追诉人群体提供法律帮助。1979年《刑事诉讼法》第27条规定:"公诉人出庭公诉的案件,被告人没有委托辩护人的,人民法院可以为他指定辩护人。被告人是聋、哑或者未成年人而没有委托辩护人的,人民法院应当为他指定辩护人。"1996年《刑事诉讼法》的修改,扩大了指定辩护人的范围,其第34条规定:"公诉人出庭公诉的案件,被告人因经济困难或者其他原因没有委托辩护人的,人民法院可以指定承担法律援助义务的律师为其提供辩护。被告人是盲、聋、哑或者未成年人而没有委托辩护人的,人民法院应当指定承担法律援助义务的律师为其提供辩护。被告人可能被判处

死刑而没有委托辩护人的,人民法院应当指定承担法律援助义务的律师为其提供辩护"。2012年的《刑事诉讼法》及相关司法解释对这一规定又作了两处修正:一是援助时间的提前。把提供法律援助的诉讼阶段由审判阶段提前至侦查和审查起诉阶段,规定从"人民法院应当指定承担法律援助义务的律师为其提供辩护"修改为"人民法院、人民检察院和公安机关应当通知法律援助机构指派律师为其提供辩护";二是扩大了提供法律援助的对象范围。新增被追诉人是尚未完全丧失辨认或者控制自己行为能力的精神病人而没有委托辩护人,以及被追诉人可能被判处无期徒刑而没有委托辩护人的两种情形,同时,在死刑复核程序中,高级人民法院复核死刑案件,被告人没有委托辩护人的,应当通知法律援助机构指派律师为其提供辩护。这意味着,当被追诉人是盲、聋、哑和未成年人以及尚未完全丧失辨认或者控制自己行为能力的精神病人而没有委托辩护人或者是可能被判处无期徒刑、死刑的人,人民法院、人民检察院和公安机关都应当通知法律援助机构指派律师为其提供辩护。此外,2012年《刑事诉讼法》增加了强制辩护的规定:被告人拒绝法律援助机构指派的律师为其辩护,坚持自己行使辩护权的,人民法院应当准许。属于应当提供法律援助的情形,被告人拒绝指派的律师为其辩护的,人民法院应当查明原因。理由正当的,应当准许,但被告人须另行委托辩护人;被告人未另行委托辩护人的,人民法院应当在3日内书面通知法律援助机构另行指派律师为其提供辩护。本条规定在尊重当事人主观意志的前提下,针对特定案件的辩护作出了强制性规定,充分保障了被追诉人获得律师帮助的权利,强化了诉讼中对其人权的保护。

2021年《法律援助法》对法律援助范围又予以扩大,主要表现在:

第一,将死刑复核程序纳入法律援助的范围。《法律援助法》第25条明确规定了刑事法律援助扩大到死刑复核程序和适用普通程序审判案件的被告人。2021年12月30日,最高人民法院、司法部印发《关于为死刑复核案件被告人依法提供法律援助的规定(试行)》,细化了死刑复核案件中为被告人指定辩护人的相关规定,不仅高级人民法院,最高人民法院复核死刑案件都要有律师为被告人提供辩护,打通了死刑案件辩护的"最后一公里"。这结束了死刑复核这一剥夺公民生命的程序中辩护缺失的局面,完善了笔者倡导多年的"死刑—死刑控制—死刑程序控制—通过律师辩护控制死刑"的应有法律逻辑。①

第二,扩大了"盲聋哑人"的范围,将强制医疗案件纳入援助范围。《法律援助法》第 25 条中"(二)视力、听力、言语残疾人"与《刑事诉讼法》第 35 条中"盲、聋、哑人"相比,范围有所扩大。根据《第二代残疾人证换发评残标准》,视力残疾、听力残疾、言语残疾分别分为四级,其中盲仅指视力残疾一级、二级;聋仅指听力残疾一级、哑仅指言语残疾一级。将援助范围扩大至所有视力、听力、言语残疾人,强化了诉讼中对弱势群体诉讼权利的保护,彰显了法律援助立法应援尽援的立法宗旨。《法律援助法》第 28 条规定:"强制医疗案件的被申请人或者被告人没有委托诉讼代理人的,人民法院应当通知法律援助机构指派律师为其提供法律援助。"从而明确将强制医疗案件纳入了刑事法律援助的范围,这无疑有利于加强对精神疾病类特殊被告人的权益保障,充分反映了《法律援助法》对特殊群体的人文关照精神,是司法为民的具体体现。

第三,将缺席审判案件纳入指定辩护。除《法律援助法》第 25 条规定缺席审判被告人有权获得指定辩护外,我国《刑事诉讼法》第 293 条也对缺席审判案件中被告人辩护权的行使和保障作出规定:"人民法院缺席审判案件,被告人有权委托辩护人,被告人的近亲属可以代为委托辩护人。被告人及其近亲属没有委托辩护人的,人民法院应当通知法律援助机构指派律师为其提供辩护。"由于缺席审判缺乏对席审判程序中的两造对抗,其容易在实践中造成对被告人合法权益的侵犯,强制辩护制度的设立对于保护被告人的辩护权,维持审判中立、控辩平等的现代刑事诉讼结构,保障缺席审判制度正当性起到重要作用。

---

① 但是,该规定以"当事人申请"为条件,而适用普通程序审判的案件,则不是以"应当"作为法律援助的条件,而是规定"可以"为适用的条件。

第四，动态化调整经济困难标准，简化经济困难证明方式、法律援助审批程序等途径扩大了申请法律援助辩护对象范围。《法律援助法》第34条规定："经济困难的标准，由省、自治区、直辖市人民政府根据本行政区域经济发展状况和法律援助工作需要确定，并实行动态调整。"将经济困难标准赋权于各地政府且实行动态调整，既兼顾到地区发展差异之现实，又考虑到经济发展之变化，从立法层面尽可能多地涵盖申请法律援助的主体。《法律援助法》第41条规定："法律援助机构核查申请人的经济困难状况，可以通过信息共享查询，或者由申请人进行个人诚信承诺。"第43条第2款规定："申请人提交的申请材料不齐全的，法律援助机构应当一次性告知申请人需要补充的材料或者要求申请人作出说明……"顺畅无阻的法律援助申请渠道和简化便捷的经济困难证明方式有利于提高法律援助对象申请法律援助的积极性，全面实现法律援助能援速援。

《法律援助法》第22条和第25条还规定了兜底条款，即"法律、法规、规章规定的其他形式"，为今后通过立法或者制定行政法规、地方性法规扩大法律援助的范围提供了依据。

通过刑事诉讼法修改中法律援助范围的扩大，解决了被追诉人因经济条件限制等原因无法实现获得律师帮助权这一困难，明确了特殊情况和特殊案件下的必须提供法律援助的辩护规定，为被追诉人在刑事诉讼中的平等对抗创造了必要条件。

2. 被追诉人获得律师帮助实际时间提前，法律援助质量逐渐得以保障

被追诉人获得律师帮助时间之早与迟，不仅会在形式上体现国家对被追诉人权利保障的重视程度，而且会直接影响被追诉人获得律师帮助的质量。就刑事辩护的效果而言，律师介入刑事诉讼时间越早，对有效辩护的意义就越大。我国1979年《刑事诉讼法》第110条第2款规定："将人民检察院的起诉书副本至迟在开庭七日以前送达被告人，并且告知被告人可以委托辩护人，或者在必要时为被告人指定辩护人。"这意味着被追诉人只有在审判阶段才可以聘请辩护律师，辩护律师只有在审判阶段才可以合法地介入诉讼程

序。这一规定无疑限制了辩护律师功能的发挥。1996年《刑事诉讼法》的修改对此作出了调整,将律师介入诉讼的时间提前。该法第96条规定:"犯罪嫌疑人在被侦查机关第一次讯问后或采取强制措施之日起,可以聘请律师为其提供法律咨询、代理申诉、控告。犯罪嫌疑人被逮捕的,聘请的律师可以为其申请取保候审。涉及国家秘密的案件,犯罪嫌疑人聘请律师,应当经侦查机关批准。受委托的律师有权向侦查机关了解犯罪嫌疑人涉嫌的罪名,可以会见在押的犯罪嫌疑人,向犯罪嫌疑人了解有关案件情况。"本条在2012年的《刑事诉讼法》中已被删除,将涉及犯罪嫌疑人以及律师的相关规定统一规定于第4章辩护与代理中,其中第33条(2018年《刑事诉讼法》第34条)规定:犯罪嫌疑人自被侦查机关第一次讯问或者采取强制措施之日起,有权委托辩护人;在侦查期间,只能委托律师作为辩护人。同时,还增加了权力机关的告知义务,2012年的《刑事诉讼法》第33条第2款(2018年《刑事诉讼法》第34条第2款)规定:"侦查机关在第一次讯问犯罪嫌疑人或者对犯罪嫌疑人采取强制措施时必须告知犯罪嫌疑人有委托辩护人的权利;检察院自收到审查起诉的案件材料之日起3日内,法院自受理案件3日内应当告知当事人有权委托辩护人。"借此保障被追诉人获得外部帮助的权利,提高其与侦控机关平等对抗的能力。1996年《刑事诉讼法》第139条规定:"人民检察院审查案件,应当讯问犯罪嫌疑人,听取被害人和犯罪嫌疑人、被害人委托人的意见。"2012年《刑事诉讼法》第170条将其修改为:"人民检察院审查案件时,应当听取辩护人以及被害人诉讼代理人的意见。辩护人、被害人及其诉讼代理人提出书面意见的,人民检察院应当附卷。"2018年《刑事诉讼法》第173条修改为:"人民检察院审查案件,应当讯问犯罪嫌疑人,听取辩护人或者值班律师、被害人及其诉讼代理人的意见,并记录在案。辩护人或者值班律师、被害人及其诉讼代理人提出书面意见的,应当附卷。"对书面意见进行附卷的规定使律师帮助权在实效上获得实质性的提升,在当下"卷宗主义"盛行的制度下,律师意见的附卷也足以成为案件后续处理的重要参考资料。

2017年《关于开展刑事案件律师辩护全覆盖试点工作的办法》

第 2 条第 3 款规定:"其他适用普通程序审理的一审案件、二审案件、按照审判监督程序审理的案件,被告人没有委托辩护人的,人民法院应当通知法律援助机构指派律师为其提供辩护。"该条第 4 款规定:"适用简易程序、速裁程序审理的案件,被告人没有辩护人的,人民法院应当通知法律援助机构派驻的值班律师为其提供法律帮助。"由此,适用普通程序、简易程序、速裁程序审理的案件,在审判阶段实现了刑事法律帮助全覆盖立。2018 年《刑事诉讼法》增加了值班律师地位和作用的规定。2020 年《法律援助值班律师工作办法》第 12 条规定:"公安机关、人民检察院、人民法院应当在侦查、审查起诉和审判各阶段分别告知没有辩护人的被追诉人有权约见值班律师获得法律帮助,并为其约见值班律师提供便利。"2021 年《法律援助法》进一步规定,在接到被追诉人及其近亲属提出的法律援助申请后,或者公安机关、人民检察院、人民法院要求指派法律援助律师的通知后,作出指派之前,法律援助机构可以先对被追诉人及其所涉罪名等基本情况进行简要的分析,根据被追诉人的年龄(未成年人)、性别(特别是女性)、可能被判处的刑罚(特别是可能判处无期徒刑以上的刑罚)等情况,尽可能地及时将案件指派给最适合的援助律师办理,而不是简单地将案件指派了事。自此,法律援助的质量逐步得到保障。

从此,刑事法律帮助实现了在普通程序、简易程序、速裁程序三类案件中审前阶段和审判阶段的全覆盖。刑事法律帮助包括法律咨询服务、程序性法律帮助(程序选择建议、申请变更强制措施)和实体性法律帮助(对案件处理提出意见)等,对于被追诉人了解法律规定、知悉法律后果、摆脱焦虑和对抗情绪,平衡控辩双方力量具有重要作用。

从以上规定可以看出,1996 年《刑事诉讼法》不仅将律师介入刑事诉讼的时间提前到了侦查阶段,而且被追诉人委托辩护人的时间也提前到了审查起诉阶段,法律援助质量保障措施不断完善,这是增加辩方权利,追求控辩平等的重要表现。2012 年《刑事诉讼法》、2018 年《刑事诉讼法》、2021 年《法律援助法》更是明确了律师在侦查阶段的辩护人身份,规定侦查机关告知犯罪嫌疑人有权委托辩护人的义务,这都是沿着加强辩方权利、限制控方权力的路径进一步加强控辩平等的体现。

(三)明确规定了辩护律师之调查取证权及阅卷权

扩张并保障律师辩护权是被追诉人实现其辩护权的基础,也是加强控辩平等的应有路径。一般而言,与控方享有法定调查取证权相对应的,辩方也应享有调查取证权以保障其辩护效果,从而实现平等武装。调查取证是平等武装中辩方的一项积极性防御权利。在一些国家,辩护律师的调查取证权在人们的意识中被认为是"天赋权利",虽然许多成文法典中并未有规范表述,但实际给予了许多制度保障。如大陆法系,被告人及其辩护人可以在庭审中对己方证据自行出示或自行传唤证人;而英美法系,控辩双方只要提出的证据符合法律有关证据可采性的规则,法官即应将其纳入法庭调查的范围。尽管两大法系的诉讼模式不同,但均规定了被追诉人较为完善的调查取证权,使之与控方保持抗衡。

我国 1979 年《刑事诉讼法》中没有关于辩护律师享有调查取证权的明确规定,只是规定了被告人和辩护人的调查证据请求权。该法第 117 条规定:在法庭审理过程中,当事人和辩护人有权申请通知新的证人到庭,调取新的物证,申请重新鉴定或勘验。法庭对于上述申请,应当作出是否同意的决定。1996 年《刑事诉讼法》在修改中,规定了辩护律师的调查取证权。该法第 37 条规定:"辩护律师经证人或者其他有关单位和个人同意,可以向他们收集与本案有关的材料,也可以申请人民检察院、人民法院收集、调取证据,或者申请人民法院通知证人出庭作证。辩护律师经人民检察院或者人民法院许可,并且经被害人或者其近亲属、被害人提供的证人同意,可以向他们收集与本案有关的材料。"同时,为了保证律师调查取证权的有效落实,刑事诉讼法的相关司法解释对律师书面申请检察院、法院调取证据的权利进行了进一步细化与明确。

2012 年及 2018 年《刑事诉讼法》修改时,并未对此规定进行修改,只是条款调整为第 41 条、第 43 条。2012 年刑事诉讼法修改后,最高人民法院的司法解释更进一步细化了律师调查取证权利的实现以及检察院、法院的义务,包括及时通知辩护人查阅、复制、摘抄以及在法定期限内做出决定等。最高人民检察院颁布的《关于依法保障律师执业权利的规定》中,也明确规定了对于刑事诉讼过程中对辩护律师调查取证权利的保障。

2021年《最高法司法解释》在保障律师阅卷权上作出了许多突破性规定,具体表现在如下三方面。第一,阅卷主体不断扩大。第53条第3款规定:"值班律师查阅案卷材料的,适用前两款规定。"明确赋予值班律师阅卷权。第二,阅卷方式日渐多元化。第53条第4款规定:"复制案卷材料可以采用复印、拍照、扫描、电子数据拷贝等方式。"这一规定既满足了大数据背景下,电子卷宗不断普及对阅卷方式更新提出的新要求,又改变了以往复印、拍照等阅卷方式带来的阅卷时间长、阅卷难等问题,提高了阅卷效率,保障辩护律师阅卷权。第三,阅卷内容得以扩充。第54条规定:"对作为证据材料向人民法院移送的讯问录音录像,辩护律师申请查阅的,人民法院应当准许。"长期以来,讯问录音录像是否具备证据属性饱受争议,如最高人民法院刑事审判第二庭2013年9月22日发布的《关于辩护律师能否复制侦查机关讯问录像问题的批复》有条件的承认讯问录音录像的证据属性,其认为作为证据向人民法院移送并已在庭审中播放的讯问录音录像具备证据属性,可以查阅并复制。但是,最高人民检察院法律政策研究室2014年1月27日发布的《关于辩护人要求查阅、复制讯问录音、录像如何处理的答复》认为讯问犯罪嫌疑人录音、录像不是诉讼文书和证据材料,属于案卷材料之外的其他与案件有关的材料,辩护人未经许可,无权查阅、复制。这一对讯问录音录像属性不一致的规定给律师带来了明显的困境:辩护人审查起诉时向人民检察院申请调取讯问录音录像,人民检察院答复讯问录音录像不是证据、不予调取;审判时向人民法院申请调取讯问录音录像,人民法院答复讯问录音录像公诉机关并未作为证据举证、不予调取。2021年《最高法司法解释》第54条虽未明确讯问录音录像证据属性,但明确了人民法院应准许辩护律师查阅讯问录音录像,在一定程度解决了人民检察院和人民法院"互踢皮球"的问题。

明确保障律师的调查取证权,加强完善其阅卷权,标志着控辩平等原则在我国刑事诉讼规范层面的实质性进步。

(四)控方在审前对法官之影响受到规制

控方在审前对法官施加影响主要通过案件移送程序,所以案件移送方式影响重大:对于控方来说,意味着案件审查程序的结束;对于法官来说,意味着审判程序的启动,法官第一次接触案件;对于辩方来说,追诉进入最关键的阶段,需要做好充分的辩护准备。所以案件移送起诉方式决定了控方是否会提前就案件对法官施加影响,而这种影响力显然是违背控辩平等原则和公正审判原则的。因为它可以使法官产生主观预断,从而会使庭审流于形式,影响公正裁判,造成对被告人不利的结果。对此,各国采取了不同的案件移送起诉方式,主要有全案证据移送方式和起诉状一本主义方式。

全案证据移送方式的典型国家是法国,其主要特征是:控方在起诉时不仅要移送起诉状,还应将所有案卷材料和证据移交给法官。其主要目的是:使法官更早地介入案件,从而积极地主持证据调查和组织庭审准备。其主要理论依据是:一方面,从诉讼目的来说,其第一位追求的价值是探寻案件真实;另一方面,从其庭审方式来说,职权主义庭审方式要求法官具有较大的权力,可以主动地、积极地采取措施调查证据寻求案件真相。

起诉一本主义案件移送方式的典型国家是英国,其主要特征是:控方起诉时只向法院移送一份起诉状,不需要向法官移送任何证据材料,也不得在起诉状中引用书证的内容。其主要目的是:避免法官产生预断、杜绝法官先入为主影响审判公正。其理论依据是:一方面,从诉讼三方结构来说,控辩双方是诉讼当事人,诉讼地位平等,法官作为中立的仲裁者,只能在法庭上通过双方辩论和质证查明案件真相,而不能在法庭之外受到任何一方的影响;另一方面,从审判中心主义来说,审判活动是整个诉讼程序的中心,控辩双方所掌握的证据应当在法庭上予以出示、质证,并在此基础上,查明案件真相,审前程序中,控辩任何方都被禁止与法官接触。

综观两种案件移送方式,从控辩平等的角度来说,起诉状一本主义方式显然更加有利于防止法官先入为主。我国1979年《刑事诉讼法》显然实行的是职权主义模式国家的全案证据移送方式,而1996年《刑事诉讼法》改良了此种方式。该法第150条规定:"人民法院对提起公诉的案件进行审查后,对于起诉书中有明确的指控犯罪事实并且附有证据目录、证人名单和主要证据复印件或者照片的,应当决定开庭审判。"2012年《刑事诉讼法》第181条中取消了关于"证据目录、证人名单和主要证据复印件或者照片"的表述,并在第172条中规定:"人民检察院认为犯罪嫌疑人的犯罪事实已经查清,证据确实、充分,依法应当追究刑事责任的,应当作出起诉决定,按照审判管辖的规定,向人民法院提起公诉,并将案卷材料、证据移送人民法院。"2018年《刑事诉讼法》第186条保留了2012年《刑事诉讼法》第181条之规定,但第176条增加了"犯罪嫌疑人认罪认罚的,人民检察院应当就主刑、附加刑、是否适用缓刑等提出量刑建议,并随案移送认罪认罚具结书等材料"的规定。2012年12月26日最高人民法院、最高人民检察院、公安部、国家安全部、司法部、全国人大常委会法制工作委员会联合颁布新规定《关于实施刑事诉讼法若干问题的规定》第24条规定:"人民检察院向人民法院提起公诉时,应当将案卷材料和全部证据移送人民法院,包括被追诉人翻供的材料,证人改变证言的材料,以及对被追诉人有利的其他证据材料。"可见,我国案件移送方式部分采取了全案证据移送方式。其主要特征是:控方在移送案件时,不仅提交起诉状,证据材料及其他案卷材料也要一同移送。其主要优势在于:一是使法官更早地介入案件,对案件的事实、证据和案件的争议焦点有更清晰的把握,从而明确相应的审判思路,有助于案件审理进程的开展,提高案件审理效率,节省司法资源。二是有助于法官在案件事实不清时,运用职权或依据辩护人申请调取证据、材料等,探求案件事实,实现实质正义。

从表面上看,2012年《刑事诉讼法》及2018年《刑事诉讼法》的这一改革使法官对案件产生了预判,但实际上,这样改革的目的还是建立在我国刑事诉讼司法实践现状的基础上,有助于辩护方阅卷权利的充分保障,也有助于法官对于庭审的把控,防止控方搞"证据偷袭",有利于实现庭审实质化。同时,目前的案卷移送制度配套的是辩护律师对案件的提早介入、律师意见的附卷等,法官对于案情的了解建立在法官可以获得充分的信息基础之上的,从而可以使法官"兼听则明",使控辩双方的平等有了实质上的保障。

(五)强化了控辩对抗制庭审模式

控辩平等原则的核心是形成对抗制的庭审局面,使控辩双方在整个庭审过程中可以各抒己见,平等参与,从而得出公正的审判结论。这种局面的形成主要取决于是否能赋予控辩双方权利上的程序对等。程序对等是指裁判者应平等对待控辩双方,使控辩双方的主张、意见和证据得到平等关注和尊重,其内涵是控辩双方在整个庭审过程中,拥有同等的机会、便利和防御手段。我国1979年《刑事诉讼法》第112条第2款规定,出庭的检察人员发现审判活动有违法情况,有权向法庭提出纠正意见。而2018年《刑事诉讼法》对这一权力进行了规制,该法第209条规定:"人民检察院发现人民法院审理案件违反法律规定的诉讼程序,有权向人民法院提出纠正意见。"最高人民法院、最高人民检察院、公安部、国家安全部、司法部、全国人大常委会法制工作委员会《关于〈中华人民共和国刑事诉讼法〉实施中若干问题的规定》(现已失效)第43条规定:"人民检察院对于违反法定程序的庭审活动提出纠正意见,应当由人民检察院在庭审后提出。"2018年《刑事诉讼法》第194条第1款规定:"证人作证,审判人员应当告知他要如实地提供证言和有意作伪证或者隐匿罪证要负的法律责任。公诉人、当事人和辩护人、诉讼代理人经审判长许可,可以对证人、鉴定人发问。审判长认为发问的内容与案件无关的时候,应当制止。"不仅如此,该法第198条还规定:"法庭审理过程中,对与定罪、量刑有关的事实、证据都应当进行调查、辩论。经审判长许可,公诉人、当事人和辩护人、诉讼代理人可以对证据和案件情况发表意见并且可以互相辩论。"可见,庭审中,控辩双方权利上的程序对等已得到初步确立。

这种程序对等最核心的体现是:在庭审中,控辩双方拥有同样的质证权利,可以对控辩双方证人进行同样的交叉询问。① 而早在1996年我国《刑事诉讼法》就确立了非典型意义的交叉询问式质证制度,主要表现在两个方面:一是对被告人和被害人进行调查时,应当由他们先陈述案情,然后控辩双方展开发问,法官认为有必要时也可发问。二是控辩双方可根据需要传唤证人,由传唤方先行询问,再经审判长同意由另一方询问,法官认为有必要也可进行询问。值得注意的是,此种交叉询问制度也存在一个问题:公诉人无需法官同意即可讯问被告人,而辩护人、诉讼代理人只有经审判长许可后才可以讯问被告人,这种程序上的不平等反映的是控辩双方在对抗地位上的失衡,这也成为交叉询问存在的一大弊端。

平等保护是控辩平等的重要内容,为控辩平等的实现提供了均等的机会。平等保护不仅体现在审判阶段,同时也表现在审前阶段,它要求裁判者在刑事诉讼活动中,对控辩双方做到平等关照,使控辩双方均不受到损害。具体包括诉讼机会平等,即裁判者应当给予控辩双方参与诉讼同等的时候与时机;诉讼态度平等,即裁判者要对控辩双方及控辩双方证人的态度等同;诉讼条件平等,即控辩双方有权在相同的时间条件和设备条件下举证、质证;诉讼标准平等,即裁判者对于控辩双方的诉讼行为应给予同等关注,用同样标准判断。2021年《最高法司法解释》强化了审判阶段平等保护的构建。具体体现在庭前会议和庭审两大阶段。

在庭前会议阶段,2012年《最高法司法解释》第242条规定:"宣告判决前,人民检察院要求撤回起诉的,人民法院应当审查撤回起诉的理由,作出是否准许的裁定。"该条款带有明显的控辩失衡色

---

① 质证是指对所有证据的质疑,此处笔者拟详细叙述的是对人证的质证,对证人言辞性证据的真实性及合法性予以质疑,从而确定人证所起到的证明作用,在西方发达国家,与控方证人当庭进行质证被认为是被告人的基本权利乃至宪法权利。这种质证起源于古罗马时期,对于保护被告人权利和发现案件真相具有重要意义,其价值目的指向被告人权利保护。主要体现是:有利于辩方在控方证人的陈述中获知对本方有利的信息;有利于辩方驳斥控方证人证言中的虚假之处;有利于保证辩方充分参与庭审,维护审判的公正性。在现代庭审活动中,对人证的质证有两种方式:法官审问式和交叉询问式。其中交叉询问式更能体现控辩双方的对抗性。交叉询问式是指控方通过主询问证实有利于己方的证据,证明自己的主张,辩方通过反询问削弱控方提供的证据的可靠性、真实性。因此,反询问是人证质证制度的核心,它直接确定该言辞证据的证明能力。

彩;在法庭审判阶段,若被告人证据不足,则只能接受有罪判决的后果;若人民检察院证据不足,根据控辩平等原则,其本应承担被告人被判无罪的后果,却因该条规定,人民检察院有权因证据不足撤诉,后在案件事实清楚,证据确实充分的条件下重新起诉,被告人被重复追诉,一次次陷入受审痛苦。由于我国未决羁押率偏高,故被告人自由权难以得到保障。不仅如此,"存疑无罪"多以撤诉形式消弭,导致法院无罪判决率畸低,因此无罪被告人救济权被丧失,被告人未获清白,更难以获得国家赔偿;撤回起诉后,有些案件需退回侦查机关,个别案件被长期搁置,程序倒流需要耗费更多人力物力。针对存在的问题,2021 年《最高法司法解释》第 232 条规定:"人民法院在庭前会议中听取控辩双方对案件事实、证据材料的意见后,对明显事实不清、证据不足的案件,可以建议人民检察院补充材料或者撤回起诉。建议撤回起诉的案件,人民检察院不同意的,开庭审理后,没有新的事实和理由,一般不准许撤回起诉。"该条款改变了以前关于开庭审理后人民检察院仍可撤回起诉的规定,通过程序设置,达到了对检察机关行使控诉权的规制,避免了滥诉及违法不起诉的情形,强化了控辩平等。根据 2021 年《最高法司法解释》第232 条规定,开庭审理后,法官在作出允许撤诉的决定时,具有充分说明的义务,否则将构成《刑事诉讼法》第 238 条规定的"(五)其他违反法律规定的诉讼程序,可能影响公正审判"这一程序性违法事项。

在庭审阶段,2021 年《最高法司法解释》第 268 条、第 273 条、第 393 条的规定均体现了我国立法对控辩平等之追求。第 268 条第 1 款规定:"对可能影响定罪量刑的关键证据和控辩双方存在的争议证据,一般应当单独举证、质证,充分听取质证意见。"该规定是此次刑事诉讼法修改的一大亮点之一,控辩双方均有权对重要证据"一证一质一辩(质辩意见)"规则的确立,不仅化解了实践中辩护律师举证难题,更是立法朝向控辩平等推进的重要体现。具体而言:2018 年《人民检察院公诉人出庭举证质证工作指引》第 40 条规定:"公诉人质证应当根据辩方所出示证据的内容以及对公诉方证据提出的质疑,围绕案件事实、证据和适用法律进行。质证应当一证一质一辩。质证阶段的辩论,一般应当围绕证据本身的真实性、关联性、合法性,针对证据能力有无及证明力大小进行。对于证据与证据之间的关联性、证据的综合证明作用问题,一般在法庭辩论阶段予以答辩。"根据该规定,实践中,检察官有权在辩护律师每一组证据举证完毕后立即就证据真实性、关联性和合法性发出质辩意见,而由于缺乏相关法律保障,辩护律师在法庭调查阶段针对检察官举证发表质证意见时往往会被审判人员打断,只能将对证据真实性、合法性、关联性的质证意见留到法庭辩论阶段进行发表。如此做法一方面对律师有效辩护造成困难,试想,在某些重大、复杂、疑难案件中,单是法庭调查就要持续数天,到法庭辩论阶段再就几日前某一证据或数组证据的真实性、合法性、关联性进行质证,从认识规律来看,十分困难;另一方面违反了诉讼机会平等、诉讼态度平等、诉讼条件平等,背离了平等保护原则。控辩双方均有权一质一证一辩规则的确立,体现了裁判者对控辩双方举证权、质证权同等的关注。第273条规定:"法庭审理过程中,控辩双方申请通知新的证人到庭,调取新的证据,申请重新鉴定或者勘验的,应当提供证人的基本信息、证据的存放地点,说明拟证明的事项,申请重新鉴定或者勘验的理由。法庭身为有必要的,应当同意,并宣布休庭。"这一规定改变了2012年《刑事诉讼法》仅要求当事人和辩护人、诉讼代理人在通知新证人到庭,调取新证据,申请重新鉴定或者勘验时,需经法庭许可,而公诉机关实施上述行为无需经过法庭许可的控辩失衡局面,增强了法官对控辩双方举证权(力)利的平等保护,可以说,2021年《最高法司法解释》在强化审判阶段法官对控辩双方平等保护方面取得了巨大进步。

关于上诉案件开庭审理,2021年《最高法司法解释》第393条规定:"根据刑事诉讼法第234条规定,应当开庭审理:(一)被告人、自诉人及其法定代理人对第一审认定的事实、证据提出异议,可能影响定罪量刑的上诉案件;(二)被告人被判处死刑的上诉案件;(三)人民检察院抗诉的案件;(四)应当开庭审理的其他案件。"该条款将2012年《最高法司法解释》第317条中"被告人被判处死刑立即执行的上诉案件"扩大为"被告人判处死刑的上诉案件",将死刑立即执行的上诉案件和死刑缓期执行的上诉案件都包含其中。

开庭审理是现代刑事诉讼的一项基本要求,只有在开庭审理的环境下,公诉权和审判权才能得到公开、有效的监督,控辩双方才得以在中立法官面前阐明自己观点,进而进行平等对抗,才能避免法官形成预断,偏袒控诉方。长期以来,死缓都被视为我国贯彻"少杀慎杀"政策的体现,作为仅次于死刑的严厉处罚方式,为其提供公开、无偏袒、中立的法庭审判,是实现救济阶段控辩平等的基础。开庭审理为审判程序中控辩平等的构建提供了基本条件。

从总体上看,在我国对抗制庭审方式已经形成,较充分地体现了控辩平等原则,但是还需要进一步完善。

(六)刑事裁判文书改革体现控辩平等之要求

裁判文书是"看得见的公正"。以裁判文书承载审判结果,审判之公正性就应当尽现其中。在裁判文书中,如果只是简单地记载裁判结论显然难以让诉讼当事人心服口服。一份有说服力的裁判文书应当对控辩双方提出的主张、意见、证据及事实予以平等的分析和论述,最后形成权威性的裁判结果,这种说理式裁判文书有利于体现控辩平等原则的精神,象征现代刑事诉讼的文明进步。

1993年,最高人民法院发布了《法院诉讼文书样式(试行)》,借鉴民事裁判文书格式,改变裁判文书只体现法院审理结果的模式,把刑事诉讼过程和庭审模式予以表现,要求:增加案件的由来和审判过程;在裁判文书事实部分,要写明控方、辩方和法院三方的事实;在理由部分要体现控辩双方各自理由,法院根据庭审认定的理由,以及采纳、否定控辩双方事实、证据的理由。这种变革使裁判文书记载了审判过程,增加了审判过程的透明度,对其结论的公正性起到了文字凭证的作用。

1999年,最高人民法院总结改革试行裁判文书格式的经验做法,再次发布了《法院刑事诉讼文书样式》(样本),突出了对控辩双方的意见和法院经审理查明的事实、证据的表述,并强调了裁判理由部分的说理性。具体表现为四个方面:一是对控辩意见的表述更加全面。对控辩双方陈述的事实、证据和适用法律的意见分两个自然段进行较详细的描述,突出了其意见的对抗性。二是对法院审理查明的事实、证据的表述更加层次清晰、具有说理性。强调未经法庭质证的事实和证据不被采纳,对经庭审得以查明的事实与采纳的证据分开描述,并对控辩双方有异议的事实、证据进行分析论证。三是对法院不认定的事实、证据加以详细分析、论证。对于法院不认定的事实、证据予以粗暴地驳斥是不科学且无法服众的,所以,裁判文书应对控辩双方不能被采纳的意见进行详细分析、论证,进而得出结论,使裁判意见与控辩双方的意见息息相关,体现裁判理由的公正性。四是对于裁判结论进行充分的说理。使之与控辩双方意见、法院意见形成一个有机联系的整体,充分体现裁判文书的说理性。①

党的十八大以后,司法改革中的一个重要举措是裁判文书上网。《中共中央关于全面推进依法治国若干重大问题的决定》中就提出:"构建开放、动态、透明、便民的阳光司法机制,推进审判公开、检务公开、警务公开、狱务公开,依法及时公开执法司法依据、程序、流程、结果和生效法律文书,杜绝暗箱操作。加强法律文书释法说理,建立生效法律文书统一上网和公开查询制度。"裁判文书上网是实现司法公开、促进司法公正的重要保障,要求裁判文书自身要进一步提高说理性,重视并体现辩护方的意见。2021年《最高法司法解释》第300条"裁判文书应当写明裁判依据,阐释裁判理由,反映控辩双方的意见并说明采纳或者不予采纳的理由。"据此,对辩方意见采纳与不采纳理由成为裁判文书的必备内容,形式改革转向实质改革。我国对裁判文书的改革之进步,体现了对权力之规制、对权利之保护、对控辩平等之追求。

在笔者看来,裁判文书的改革虽然只是形式的改革,但是毕竟表现出了对辩方意见的关注,体现了控辩平等原则的精神,这是最值得首肯之处。

二、控辩平等之否定

人类文明前行的足音,必然呼吁人类个体自由度的提高和主体平等地位的确立。通过上述考察可以看出,从1979年的《刑事诉讼法》到1996年修订后的《刑事诉讼法》,2012年的《刑事诉讼法》,再

---

① 谭世贵主编:《刑事诉讼原理与改革》,法律出版社2002年版,第252—253页。

到 2018 年修改后的《刑事诉讼法》,控辩平等原则的基本精神在我国刑事诉讼法律规范中经历了一个从无到有、从少到多的过程。这是政治民主与市场经济的发展对尊重人权和强调人的尊严的必然要求。但是,"国际公认的原则是不得以牺牲司法公正或威胁基本人权为代价来控制犯罪或建立秩序。"① 以此检视我国现行刑事诉讼制度,可以发现,控辩平等原则在我国法律制度和司法实践中还只是雏形,其与国际公约和司法准则对控辩平等的要求依然存在较大差距,甚至在某些方面尚未达到控辩平等之最低标准要求。控辩平等在我国现行诉讼制度中之否定概括体现在如下方面:

(一)并未确立本原意义之无罪推定原则

无罪推定原则是现代刑事诉讼程序赖以建立的基石,是保证程序主体在刑事诉讼中的平等地位,促进充分的信息交流的必要条件。我国 1996 年修订《刑事诉讼法》时,吸收了无罪推定的基本内容,但是并没有确定本原意义上的无罪推定原则。② 1996 年《刑事

---

① 陈光中、[加]丹尼尔·普瑞方廷主编:《联合国刑事司法准则与中国刑事法制》法律出版社 1998 年版,第 4 页。

② 关于无罪推定原则的本原意义,王敏远教授认为,"无罪推定原则是指刑事被告人在未经法律规定的正当程序判决有罪以前,应当被假定为无罪的人作为刑事诉讼的一项原则,与有罪推定相同,并不是一项孤立的原则,而与刑事诉讼制度诸多方面有密切联系;这项原则不仅在反封建斗争中曾具有重要的历史意义,而且在现代仍是一种具有世界普遍意义的法律文化现象。"王敏远教授的主要观点是,既然无罪推定意味着被告人在未经判决有罪以前,应该视为无罪的人,那么,刑事诉讼法律制度应赋予并保障被告人各项诉讼权利,就是其逻辑的必然。既然无罪推定要求追究被告人的刑事责任,需经法律规定的公正程序,那么,刑事诉讼法律制度为追究被告人刑事责任而设立公正的诉讼程序并维护其不可违反的尊严,就是其应有之义。无罪推定既然是假定被告人在判决前是无罪的人,那么,在任何具体案件中要推翻这一假定,就必须有充分确凿的证据不仅如此,更重要的是,在任何具体案件中要推翻对被告人的这一假定,提出证据并予以证明的责任应由控诉一方承担。被告人不应承担自认有罪的义务,口供不再是证据之王。如果控诉人的指控没有确凿充分的证据,对其无罪的假定即应转为无罪判决的依据。且在判决前不能将被追诉人作为罪犯对待。王敏远教授认为,无罪推定原则是基于刑事诉讼的客观实际情况,为实现刑事诉讼的任务而必须的,具有不可否定的客观真实性。无罪推定要求确立被告人为诉讼主体,应当具有广泛的诉讼权利。它要求严厉禁止刑讯逼供等野蛮手段来实现刑事诉讼追究犯罪的任务,要求严格限制对被告人采取强制措施。无罪推定原则要求,从刑事诉讼开始,就应假定被告人是无罪的,因此要求司法机关从认识上,以及在司法程序的设立上,始终注意使无辜者免受刑事追究之累。参见王敏远:《刑事司法理论与实践检讨》,中国政法大学出版社 1999 年版,第 3—32 页或本书第四章相关内容。

诉讼法》第 12 条规定的"未经人民法院依法判决,对任何人都不得确定有罪,"实际上只是规定在我国人民法院享有排他的审判权,而没有明确指出在人民法院判决前被追诉人的法律地位。这一缺憾直接影响到了被追诉人在刑事诉讼中的权利规范。①

另一方面,刑事诉讼法尚有有罪推定的规定,如 1996 年《刑事诉讼法》第 128 条第 2 款规定:"犯罪嫌疑人不讲真实姓名、住址,身份不明的,侦查羁押期限自查清其身份之日起计算。"这是一种典型的"有罪推定"的做法。2012 年《刑事诉讼法》第 158 条对本条作了部分修改:对于犯罪嫌疑人不讲真实姓名、住址、身份不明的,应当对其身份进行调查;对于犯罪事实清楚,证据确实、充分,确实无法查明其身份的,也可以按其自报的姓名起诉、审判。2018 年《刑事诉讼法》第 160 条对此也未作实质性修改。可以看出,2012 年及 2018 年《刑事诉讼法》虽然增加了侦查机关和司法机关的调查义务,但是,本条的实质内容并没有发生根本变化,有罪推定的"影子"依然存在。

1996 年《刑事诉讼法》第 93 条规定:犯罪嫌疑人对侦查人员的提问,应当如实回答。2012 年《刑事诉讼法》第 118 条对本条增加了侦查人员的告知义务,即侦查人员"应当告知犯罪嫌疑人如实供述自己罪行可以从宽处理的规定"。2018 年《刑事诉讼法》第 120 条规定,应当告知犯罪嫌疑人享有的诉讼权利,如实供述自己罪行可以从宽处理和认罪认罚的法律规定。新增的规定既没有免除犯罪嫌疑人的如实告知义务,更增加部分更具有诱惑性的"奖励条件",一定程度上是对犯罪嫌疑人"沉默权"的侵蚀。笔者前已述及,联合国文件中赋予了被指控者享有不受强迫自证其罪的权利,是指被追诉人没有向控方和法庭作出任何不利于自己陈述的义务,有权拒绝回答控方和法官的讯问并保持沉默,也没有提出有罪证据的义务,被追诉人所作出的陈述只有在自愿并且意识到此陈述后果的基础上才可作为定案的根据,控方不得采取任何非人道手段强迫其就某一案件事实作出供述或提供证据。我国 2018 年《刑事诉讼

---

① 汪建成:《论刑事诉讼程序》,载《法学评论》2000 年第 2 期。

法》不仅未赋予被追诉人以沉默权,反而规定其负有"如实供述"义务,使被追诉人在诉讼过程中处于不利地位,被追诉人事实上承担了证明自己有罪并为控方提供相关证据的责任,被追诉人参与刑事诉讼的能力与效果受到削弱。这是因为,被追诉人一旦作出了有罪供述,就等于认可了控方的控诉,为控方提供了控诉武器,违背了无罪推定原则的基本要求,破坏了平等武装法治诉讼架构。

(二)控辩双方诉讼地位不平等

我国《宪法》第 129 条规定了检察机关是我国的法律监督机关。我国 2018 年修改后的《刑事诉讼法》第 8 条规定:"人民检察院依法对刑事诉讼实行法律监督",第 209 条也规定:"人民检察院发现人民法院审理案件违反法律规定的诉讼程序,有权向人民法院提出纠正意见。"据此,在控、辩、审三方的关系中,作为控方的检察机关不仅对审判者享有监督权,对辩方同样具有监督的权力。从控方与裁判者的关系来看,基于监督者与被监督者这一地位考虑,裁判者往往更倾向于听取控方意见,而对辩方意见则很难予以平等关注,审判的中立性和公正性无从保障。从控方与辩方的关系来看,控方的监督权同样及于被告人及其辩护律师。在监督者与被监督者形成的对抗体系中,面对处于自己上位的控方,辩方从心理和能力上均受到更多束缚,难以展开有效的防御,实现控辩双方的平等对话。

可见,我国立法在指导思想上尚未融入控辩平等的理念,《刑事诉讼法》规定检察机关有权对审判机关予以监督,缺乏应有的制度构建理性,这是因为,控辩平等原则蕴涵着将控辩双方视为刑事诉讼中的双方当事人,只有这样才能实现两者的真正平等。但是,在我国,检察机关在法律上被规定为是国家的专门机关,而不是刑事诉讼的一方当事人,因此,控辩双方之间不可能有真正意义上的平等。① 对此,联合国经济及社会理事会在《公民权利和政治权利,包括酷刑和拘留问题——任意拘留问题工作组的报告》中,就我国人民检察院对法院的监督问题上指出:"工作组得知,在进行刑事审判

---

① 谢佑平、万毅:《刑事诉讼法原则:程序正义的基石》,法律出版社 2002 年版,第 230—231 页。

时,检察官不仅对案件提起公诉,而且还对审判程序进行监督……这种情况——把审判机关的地位置于检察机关之下——与相关的国际规范显然不一致。检察机关是诉讼程序的一方,他向法院提起公诉并进行答辩。他不可能既当裁判员又当运动员,同时又能保持公正。应该由法院来保障包括检察机关在内的诉讼程序所有当事方遵守法制原则——而不是倒过来。"①

(三)控辩双方诉讼权力(利)不平等

在刑事诉讼活动中,控辩双方都拥有平等调查取证权、会见权和阅卷权是控辩平等原则的应有之义。但是,在我国,无论是在法律规定上,还是在司法实践中,控辩双方的诉讼权力(利)均没有体现控辩平等原则的要求。

1. 调查取证权不平等

根据我国 2018 年《刑事诉讼法》第 54 条的规定,"人民法院、人民检察院和公安机关有权向有关单位和个人收集、调取证据。有关单位和个人应当如实提供证据。""如实提供证据"意味着这是一种强制性义务,控方可以凭借此条规定强制进行调查取证,其他机关或个人不能予以限制。我国 2018 年《刑事诉讼法》第 120 条规定:"侦查人员在讯问犯罪嫌疑人的时候,应当首先讯问犯罪嫌疑人是否有犯罪行为,让他陈述有罪的情节或者无罪的辩解,然后向他提出问题。犯罪嫌疑人对侦查人员的提问,应当如实回答。但是对与本案无关的问题,有拒绝回答的权利。""如实回答"意味着控方可以凭借此条规定强制被告人提供证据。可见,在我国,控方原则上拥有着不受阻碍的调查取证权,以至于吞没了被追诉人的沉默权。除此之外,侦查机关在证据的调查获取上,还享有搜查、扣押、鉴定、秘密侦查和拘留、逮捕、羁押等一系列权力,侦查机关的调查取证权以国家司法权的形式,有着充分而有力的保障。

而与之相对应的辩方律师的调查取证权却存在诸多障碍,权利实施的力度极其微弱。我国 2018 年《刑事诉讼法》第 43 条第 1 款

---

① Economic and Social Council: Civiland Political Rights, including the Questions of Torture and Detention, Report of the Working Group on Arbitrary Detention (Addndum), Mission to China, E/CN. 4/2005/6/Add. 4, 29 December 2004.

规定:"辩护律师经证人同意或者其他有关单位和个人同意,可以向他们收集与本案有关的材料,也可以申请人民检察院、人民法院收集、调取证据,或者申请人民法院通知证人出庭作证。"2021年《最高法司法解释》第58条规定:"辩护律师申请向被害人及其近亲属、被害人提供的证人收集与本案有关的材料,人民法院认为确有必要的,应当签发准许调查书。"第59条规定:"辩护律师向证人或者有关单位、个人收集、调取与本案有关的证据材料,因证人或者有关单位、个人不同意,申请人民法院收集、调取,或者申请通知证人出庭作证,人民法院认为确有必要的,应当同意。"第60条规定:"辩护律师直接申请人民法院向证人有关单位、个人收集、调取证据材料,人民法院认为确有必要,且不宜或者不能由辩护律师收集、调取的,应当同意。"据此,不仅被追诉人及其非律师辩护人没有调查取证权,即使是辩护律师实现其法律规定的调查取证权,也需要通过双重关卡:

一是获得证人或其他单位和个人的同意。如果证人或其他单位和个人不同意,律师调查取证权就难以实现。即使根据最高人民法院的司法解释取得"准许调查书",若证人或其他单位和个人还是不同意,律师依然是毫无办法,没有任何强制力。律师只能通过向检察院或者法院申请调查取证,但这也需检察院或法院进行必要性的审核。

二是获得人民检察院、人民法院的同意,由他们进行调查取证;获得人民法院同意,通知证人出庭。获得人民检察院的同意进行调查取证,在逻辑上是存在荒谬之处的——由与自己对抗的控方为自己提供证据无异于让敌人提供进攻自己的武器,他们难有如此的"高风亮节"。而在获得人民法院同意这一规定上,是否能获得人民法院同意是第一关,法院不同意,律师调查取证权无法实现;法院同意了,证人或其他单位和个人不同意,辩护律师的调查取证权依然无法实现。①

与此同时,2021年《最高法司法解释》并未对"确有必要"的情形作出界定,这就给法院权力行使留下恣意的空间。一方面,公检法权力的同质同向性减少了人民法院作出同意决定的意愿;另一方

---

① 周国均:《控、辩平衡与保障律师的诉讼权利》,载《法学研究》1998年第1期。

面,证人出庭作证将会增加法庭不可控的风险,这一不可控风险之增加也降低了人民法院同意申请证人出庭作证的意愿;此外,有罪推定的观念根深蒂固,而本原意义之无罪推定原则至今尚未确立,这些观念因素都会增加法官对有罪证据的关注,而忽略证明被告人无罪、罪轻的证据。可见,辩护律师的调查取证权受到了来自证人、控方、审判方的多重制约。

我国2018年《刑事诉讼法》第43条第2款规定:"辩护律师经人民检察院或者人民法院许可,并且经被害人或者其近亲属、被害人提供的证人同意,可以向他们收集与本案有关的材料。"这意味着辩护律师向被害人及其近亲属或被害人提供的证人取证时,也受到人民检察院、人民法院和被害人、证人的双重制约,与控方可以强制被告人"如实回答"的权力形成鲜明对比。

同时,我国2018年《刑事诉讼法》第62条中虽然规定了凡是知道案件情况的人都有作证的义务,但是没有规定不作证的法律后果。而且以中国公民意识中之法律概念,"义务"只是对国家机关如公、检、法而言,对于"替坏人说话的"律师,许多公民都认为他们本来就没有作证的义务。

可见,辩护律师的调查取证权受到来自于证人、控方、审判方的多重制约,其权利实现的可能没有任何实质性保障。

此外,在我国刑事诉讼的侦查阶段,律师介入刑事诉讼只能提供咨询等服务,不享有调查取证权,使其在调查取证的时间上也远远迟于控方。控辩双方的调查取证权存在严重不对等的情况。

2. 会见权不平等

我国《刑事诉讼法》对控方会见被追诉人的权力没有任何规制。不仅如此,立法也未赋予辩护律师律师讯问在场权,长期以来,控方会见权的行使一直是在秘密状态下进行的。侦查机关可以自由地在任何时间,甚至以任何方式,在没有任何监督的情况下,①对自己关押的犯罪嫌疑人展开讯问。实践中,检察、侦查机关还可以

---

① 虽然《刑事诉讼法》第123条规定:侦查人员在讯问犯罪嫌疑人的时候,可以对讯问过程进行录音或者录像;对于可能判处无期徒刑、死刑的案件或者其他重大犯罪案件,应当对讯问过程进行录音或者录像。但是,录音和录像只能作为事后监督的方式,对讯问缺乏实时的约束性。

将犯罪嫌疑人带出看守所,羁押在自己的讯问室进行讯问。

我国 2018 年《刑事诉讼法》第 34 条将律师会见犯罪嫌疑人的时间提前到侦查机关第一次讯问后或者采取强制措施之日。同时,律师会见犯罪嫌疑人除了能为其提供法律咨询、代理申诉、控告或者申请取保候审外,还可以"申请变更强制措施;向侦查机关了解犯罪嫌疑人涉嫌的罪名和案件有关情况,提出意见""辩护律师可以同在押的被追诉人会见和通信"。① 但是,该法第 39 条第 3 款规定"危害国家安全犯罪、恐怖活动犯罪案件,在侦查期间辩护律师会见在押的犯罪嫌疑人,应当经侦查机关许可。上述案件,侦查机关应当事先通知看守所。"作出该规定的原因,在于上述犯罪可能涉及国家秘密或存在其他可能影响办案的情况,为了保证案件的顺利结案而作此规定,但在司法实践中,不少侦查机关对于界定国家秘密的标准把控任意,使得这条规定成为不批准律师会见的理由。② 相较于 2012 年,2018 年《刑事诉讼法》取消了"特别重大贿赂犯罪案件"这一项,原因在于我国监察委员会的成立,此类案件应当由监察委员会负责调查,而律师在监察委员会调查期间几乎不享有会见权。

另外,现行立法对律师会见权的程序保障不足。表现在:其一,缺乏对控方程序性违法的制裁,一旦控方违背告知义务,会见权即被剥夺,没有法律救济渠道;其二,缺乏会见及时性保障,"48 小时"安排会见和涉密案件中"3 天"安排会见,意味着对侦查机关只有何时安排的限制,而无何时会见的限制,会见的及时性没有保障,也没有救济程序。

而且,控方对被追诉人的会见,称为"提审""讯问",带有鲜明

---

① 2015 年 9 月 16 日,最高人民法院、最高人民检察院、公安部、国家安全部、司法部 9 月 16 日印发《关于依法保障律师执业权利的规定》,第 6 条明确规定:辩护律师接受被追诉人委托或者法律援助机构的指派后,应当告知办案机关,并可以依法向办案机关了解被追诉人涉嫌或者被指控的罪名及当时已查明的该罪的主要事实,被追诉人被采取、变更、解除强制措施的情况,侦查机关延长侦查羁押期限等情况,办案机关应当依法及时告知辩护律师。此规定出台后,律师在案件侦查中会见内容问题得到一定程度的解决。

② 据悉,自河南省焦作市路通律师事务所主任于萍涉嫌故意泄露国家秘密罪被法院判决无罪案件披露后,一些侦查机关开始在所有刑事侦查卷宗封面上注明"秘密"二字,有的地方甚至在起诉书上盖有"秘密,有效期至本案庭审前"。

的位阶和强制色彩,而辩护律师与被追诉人之间的同质行为,则称为"会见",表现出对辩护律师与被追诉人位阶的"同等看待"。可见,控辩双方的会见权是严重不平等的。

3. 阅卷权不平等

我国无疑是一个"卷宗中心主义"国家。由于案卷本来就是由控方全部制作的,甚至在卷宗中,对被追诉人有利和不利的材料,可以任由控方毫无顾忌地取舍。所以,控方显然具有完整意义上的阅卷权利,没有任何时间和空间上的限制。

相对而言,阅卷权对于辩护律师来说具有十分重要的作用,它是辩护律师知晓案情、了解控方证据和主张的主要渠道,尤其是在辩方调查取证权和会见权受到严重制约的情况下,阅卷权就具有对辩护效果几乎是决定性的意义。

我国1996年《刑事诉讼法》第36条规定:辩护律师自人民检察院对案件审查起诉之日起,可以查阅、摘抄、复制本案的诉讼文书、技术性鉴定材料,可以同在押的犯罪嫌疑人会见和通信。其他辩护人经人民检察院许可,也可以查阅、摘抄、复制上述材料,同在押的犯罪嫌疑人会见和通信。辩护律师自人民法院受理案件之日起,可以查阅、摘抄、复制本案所指控的犯罪事实的材料,可以同在押的被告人会见和通信。其他辩护人经人民法院许可,也可以查阅、摘抄、复制上述材料,同在押的被告人会见和通信。2012年《刑事诉讼法》的第37条对律师原有的阅卷权做了部分修改:①规定辩护律师持律师执业证书、律师事务所证明和委托书或者法律援助公函即可要求会见在押的被追诉人,看守所应该在48小时内安排会见;②规定辩护律师自案件移送审查起诉之日起,可以向被追诉人核实有关证据;③规定辩护律师会见被追诉人时不被监听;④规定辩护律师在侦查期间会见在押的犯罪嫌疑人经过侦查机关许可的三种情形,即危害国家安全犯罪、恐怖活动犯罪案件和特别重大贿赂犯罪案件;⑤规定辩护律师同被监视居住的被追诉人会见、通信,也适用辩护律师同在押的被追诉人会见和通信的相关规定。2018年《刑事诉讼法》也作出了修订,第39条第1款修改为:辩护律师可以同在押的被追诉人会见和通信。其他辩护人经人民法院、人民检察院许可,也可以同在押的被追诉人会见和通信,第 3 款修改为:危害国家安全犯罪、恐怖活动犯罪案件,在侦查期间辩护律师会见在押的犯罪嫌疑人,应当经侦查机关许可。上述案件,侦查机关应当事先通知看守所。2012 年最高人民检察院发布的《人民检察院刑事诉讼规则》(以下简称《最高检诉讼规则》)第 49 条规定:辩护律师或者经过许可的其他辩护人到人民检察院查阅、摘抄、复制本案的案卷材料,由案件管理部门及时安排,由公诉部门提供案卷材料。因公诉部门工作等原因无法及时安排的,应当向辩护人说明,并安排辩护人自即日起三个工作日以内阅卷,公诉部门应当予以配合。查阅、摘抄、复制案卷材料,应当在人民检察院设置的专门场所进行。必要时,人民检察院可以派员在场协助。辩护人复制案卷材料可以采取复印、拍照等方式,人民检察院只收取必需的工本费用。对于承办法律援助案件的辩护律师复制必要的案卷材料的费用,人民检察院应当根据具体情况予以减收或者免收。2012 年《最高法司法解释》第 47 条规定:辩护律师可以查阅、摘抄、复制案卷材料。其他辩护人经人民法院许可,也可以查阅、摘抄、复制案卷材料。合议庭、审判委员会的讨论记录以及其他依法不公开的材料不得查阅、摘抄、复制。辩护人查阅、摘抄、复制案卷材料的,人民法院应当提供便利,并保证必要的时间。值班律师查阅案卷材料的,适用前两款规定。复制案卷材料可以采用复印、拍照、扫描、电子数据拷贝等方式。

2021 年《最高法司法解释》第 54 条规定:"对作为证据材料向人民法院移送的讯问录音录像,辩护律师申请查阅的,人民法院应当准许。"该规定虽允许辩护律师查阅讯问录音录像,但从控辩平等角度看,该条款仍存在两点立法缺憾。第一,该条规定并未从立法层面明确讯问录音录像的证据属性。理论界与实务界根据《刑事诉讼法》第 40 条之规定:"辩护律师自人民检察院对案件审查起诉之日起,可以查阅、摘抄、复制本案的案卷材料。其他辩护人经人民法院、人民检察院许可,可以查阅、摘抄、复制上述材料。"推导出讯问录音录像的证据属性,理由为:若讯问录音录像不属于证据,则其不被允许查阅,之所以立法者允许查阅讯问录音录像,是因为立法者肯定了讯问录音录像的证据属性。由此，讯问录音录像不仅应被允许查阅，还应被允许复制。但是非正式解释的作用仅限于传播理念，引导方向。讯问录音录像证据属性的立法缺失，使得辩护律师复制讯问录音录像权利被剥夺。应该明确，讯问录音录像具有证明讯问程序合法的作用和证明案件事实的作用。根据《刑事诉讼法》第 50 条规定："可以用于证明案件事实的材料，都是证据。"讯问录音录像兼具证明材料和证据材料双重属性，辩护律师申请复制讯问录音录像的，人民法院应该许可，这一点有待立法层面加以明晰，以赋予辩护律师更充分的阅卷权利。第二，该条规定并没有解决人民检察院未将证据随案移送情况下，辩护律师的阅卷难题。根据 2021 年《最高法司法解释》第 54 条之规定，辩护律师有权查阅的对象仅是人民检察院作为证据材料向人民法院移送的讯问录音录像，在人民检察院未随案移送的情况下，我国现行立法难以对辩护律师的阅卷权加以保障。

首先，2021 年《最高法司法解释》第 57 条规定："辩护人认为在调查、侦查、审查起诉期间监察机关、公安机关、人民检察院收集的证明被告人无罪或者罪轻的证据材料未随案移送，申请人民法院调取的，应当以书面形式提出，并提供相关线索或者材料。人民法院接受申请后，应当向人民检察院调取。人民检察院移送相关证据材料后，人民法院应当及时通知辩护人。"2019 年《最高检诉讼规则》第 76 条规定："对于提起公诉的案件被告人及其辩护律师提出庭前供述系非法取得并提供相关线索或者材料的，人民检察院可以将案件材料连同录音录像一并交给人民法院。"根据最高法解释和最高检规则，律师查阅人民检察院未移送的证据前提是提供线索或者材料，而实践中律师普遍主张该线索或者材料需要通过阅卷才可获得，即只有人民检察院先将案卷移送，辩护律师通过阅卷才能获得并提供相关线索或者材料。故 2021 年《最高法司法解释》第 54 条关于辩护律师有权查阅的对象仅是人民检察院作为证据材料向人民法院移送的讯问录音录像这一规定，并没能有效回应现实中最高人民法院、最高人民检察院和辩护律师关于移送线索、材料与阅卷顺序上的分歧。

其次，2021年《最高法司法解释》仍旧未对人民检察院强制移送证据之义务作出规定，第73条规定："对提起公诉的案件，人民法院应当审查证明被告人有罪、无罪、罪重、罪轻的证据材料是否全部随案移送；未随案移送的，应当通知人民检察院在指定时间内移送。人民检察院未移送的，人民法院应当根据在案证据对案件事实作出认定。"充分的阅卷是辩护律师进行有效辩护的前提，辩护律师无法在现行法律规范中寻求保障其充分阅卷的依据，其结果只能是辩护质量的下滑，阅卷尚不充分，何谈控辩平等。

再次，应当明确如下两个基本问题，第一，根据2018年《刑事诉讼法》第50条第1款规定："可以用于证明案件事实的材料，都是证据。"材料的证据属性不以是否人民检察院是否移送至人民法院为判断标准，而以其证明内容是否为案件事实为判断标准；第二，根据2018年《刑事诉讼法》第176条规定："人民检察院认为犯罪嫌疑人的犯罪事实已经查清，证据确实、充分，依法应当追究刑事责任的，应当作出起诉决定，按照审判管辖的规定，向人民法院提起公诉，并将案卷材料、证据移送人民法院。犯罪嫌疑人认罪认罚的，人民检察院应当就主刑、附加刑、是否适用缓刑等提出量刑建议，并随案移送认罪认罚具结书等材料。"既然该材料是证据，则人民检察院就应将证据全部移送至人民法院，而不应该有要求辩护律师提供相关线索、材料等前置程序的限制。《最高法司法解释》法律位阶低于《刑事诉讼法》，故其规定不应僭越《刑事诉讼法》。从控辩平等的角度，下一步《刑事诉讼法》《最高法司法解释》宜考虑增加人民检察院关于证据的强制移送义务，并构建相应的程序性后果。

从上述法律和司法解释规定中可以看出，我国辩护律师的阅卷权至少面临如下三种困境：

第一，阅卷时间的困境。在侦查阶段，律师的身份不是辩护人，不享有阅卷权，加之会见权受到制约，其对案情的了解滞后，无疑影响辩护质量。

第二，阅卷程序的困境。最高人民检察院关于辩护人阅卷的规定，与其说是对律师阅卷权的保障，倒不如实事求是地说是一种变相限制：在审查起诉阶段，辩护人查阅、摘抄和复制本案的案卷材料，需要通过检察机关，碍于检察机关与辩方之间的"对立"关系，其可能会以种种理由拖延辩护人的阅卷,而使律师的阅卷权行使受阻。

第三,阅卷权保障的困境。实践中,不给辩护律师提供阅卷场所,只允许摘抄、不允许复印相关证据材料的现象比比皆是,司法机关违背规定向辩护人收取远超成本费的高额阅卷费、复印费以及其他名目费用的现象也并不少见。

4. 庭审中之控辩双方权力(利)不平等

我国2018年《刑事诉讼法》第191条规定,"公诉人在法庭上宣读起诉书后,被告人、被害人可以就起诉书指控的犯罪进行陈述,公诉人可以讯问被告人。被害人、附带民事诉讼的原告人和辩护人、诉讼代理人,经审判长许可,可以向被告人发问。"据此,辩方欲向被告人发问,必须经过审判长之许可,而公诉人讯问被告人则无须许可。司法实践中,公诉人可以在庭审的任何阶段,甚至在辩方发问被告人时,随意讯问被告人,而辩护人在庭审中再次发问被告人的要求则经常被审判长拒绝。而且,该法条规定公诉人对被告人是带有明显强制性审问特征的"讯问",意味着被告人不说不行,必须回答;辩方对被告人则是平等主体之间的"发问",被告人可以回答,也可以不回答。

2018年《刑事诉讼法》第199条规定,"在法庭审判过程中,如果诉讼参与人或者旁听人员违反法庭秩序,审判长应当警告制止。对不听制止的,可以强行带出法庭;情节严重的,处以一千元以下罚款或者十五日以下的拘留。"辩方(包括被告人及其辩护人)作为诉讼参与人无疑受此规定之约束,而出庭的公诉人却不受此条款限制,以至于对实践中出现的公诉人擅自拒绝继续出席法庭甚至貌视审判长的行为,审判长只能忍气吞声。① 控辩不平等的立法规定,使得审判者在同一法庭上、用同一把法槌,必须敲出两种不同的声音。

---

① 对于公诉人擅自离庭是否应当承担法律后果或者承担何种法律后果,是行政处罚还是行业处分,还是比照民事诉讼的规定按撤诉处理,法律没有明确规定。关于此问题的专题论述,详请见冀祥德:《公诉人擅自退庭应按撤诉论》,载《法制日报》2003年12月25日版;或参见冀祥德:《你有权自主退庭吗?》,载《中国律师》2003年第12期;或参见冀祥德:《检察官自由裁量权之自由与不自由》,载陈兴良主编《刑事法评论》(第18卷),北京大学出版社2006年版,第272—285页。

控辩双方享有平等的举证机会是法官平等保护的重要体现。2021年《最高法司法解释》第100条规定:"因无鉴定机构,或者根据法律、司法解释的规定,指派、聘请有专门知识的人就案件的专门性问题出具的报告,可以作为证据使用。对前款规定的报告的审查与认定,参照适用本节的有关规定。经人民法院通知,出具报告的人拒不出庭作证的,有关报告不得作为定案依据。""指派"指派遣、委派某人做某事,"聘请"指公权力机关邀人入职,两个词语的使用主体均为公权力机关,故根据该条规定,只有公权力机关提交的专门知识的人出具的报告具有证据资格,而辩护律师提交的专家证言不具备证据资格。这种具有明显的控辩不平等的规定将导致控辩双方举证权(力)利的不对等,将会直接影响辩方的辩护质量。从控辩平等的角度出发,应当赋予辩方所提交的专家证言享有与控方均等的证据资格。

(四)被追诉人基本诉讼权利缺失

知悉权与获得法律援助权是被追诉人最重要的两项权利,因为知悉权是被追诉人的基础性权利,获得法律援助权是被追诉人与控方这一强大力量进行对抗最有力的手段。但是,当前,在我国法律及司法实践中,这两项权利存在缺失,其实现难以得到保障,直接威胁到控辩平等的实现。

1. 知悉权之缺失

刑事诉讼中的知悉权既是被追诉人的权利,又是国家司法机关的义务,其含义是指被追诉人有权知悉与自己被指控和审判有关的信息,而参与侦查、指控和审判的机关则负有使被追诉人的知悉权得以实现的义务。知悉权与辩护权、无罪推定权、申请回避权等共同构成被追诉人的诉讼权利体系,其在控辩平等原则中的意义表现为被追诉人有权通过知悉权知晓控方指控自己的罪名及理由以及在各种阶段自己享有的权利内容,从而使其在诉讼程序中的防御活动具有针对性、与控方的对抗具有对等和均衡的可能。

综观各国法律规定,知悉权的主要内容包括:

(1)除了通过确立告知制度使被追诉人的知悉权得以实现外,还规定通过被追诉人的诉讼参与权和律师的相关权利,使被追诉人的知悉权得到实现。如通过规定律师会见权和阅卷权而获得案件相关信息,从而实现被追诉人的知悉权。

(2)规定被追诉人在遭受强制措施时,有知悉被指控罪名及理由的权利。被追诉人可以通过表达强制措施的有关文书了解被指控的相关情况,也可以通过控方或审判方的告知实现知悉权。

(3)确立明确的告知规则和告知方式,即在法律中明确规定国家司法机关告知的义务和履行告知义务的程序以及明确告知时需采取的方式,如口头或书面等。

(4)制定知悉权保障机制,对于国家司法机关违反此义务的行为予以制裁。如规定控方或审判方一旦违反此义务,可以使诉讼行为无效。

(5)知悉权的内容与范围除被指控的理由与罪名之外,还包括被追诉人应当享有的其他权利。

我国一定程度上确立了知悉权,例如,第一次被讯问或采取强制措施时,可知悉有聘请律师的权利;审查起诉3日内被告知可委托辩护人的权利;对作为定罪依据的鉴定结论得以知悉的权利等。但是,相对于国际司法准则和若干国家关于知悉权的规定而言,这些规定还远远不够,主要缺失在于:被追诉人遭受强制措施及限制其财产权和通信自由权时缺乏知悉权;侦查机关、起诉机关违反告知义务时无制裁措施;告知方式未得到确立,告知程序也无明确规定等。[①]

可见,我国诉讼程序设置过于简单,以至于忽略了被追诉人固有的知悉权获取渠道,严重影响了其防御性活动,使辩方力量更加微弱,控辩平等受到严重威胁。

2. 法律援助权之缺陷

从总体上看,我国法律援助权的缺陷首先在于这一权利未被明确为公民的宪法性权利,其重要性未得到国家基本法的肯定。其次在于我国刑事诉讼法律援助制度起步晚,发展尚处于探索阶段,法律援助制度存在诸多缺陷。具体包括:

---

① 关于此问题的专论,详见刘梅湘:《犯罪嫌疑人知悉权初探》,载《国家检察官学院学报》2004年第4期。

（1）刑事法律援助的受援对象尚显狭窄。原来我国《法律援助条例》关于刑事法律援助的受援对象范围涵盖了除自诉案件被诉人外的所有被告人，主要包括盲、聋、哑人，未成年人，尚未完全丧失辨认或者控制自己行为的精神病人，可能被判处无期徒刑、死刑的人。《法律援助法》扩大了受援范围，将受援对象规定为未成年人，视力、听力、言语残疾人，不能完全辨认自己行为的成年人，可能被判处无期徒刑、死刑的人，申请法律援助的死刑复核案件被告人，缺席审判案件的被告人，法律法规规定的其他人员，且规定其他适用普通程序审理的刑事案件，被告人没有委托辩护人的，人民法院可以通知法律援助机构指派律师担任辩护人。但是，受援对象还显狭窄，而且，实践中，法律援助机构对于"经济困难"的审查极其苛刻，法律援助法所规定的受援对象范围难以落到实处。

（2）刑事法律援助的供需矛盾明显。司法现实中，需要法律援助的案件多，而可以承担法律援助义务的律师却明显不足，且区域差距大，越是经济不发达地区，刑事法律援助的供需矛盾越明显。

（3）对法律援助的性质认识偏差。刑事法律援助制度自建立以来，即普遍缺乏对其正确的定位与认识。并非少数人认为，法律援助只是一种以人为本的慈善行为，是国家在条件许可的情况下给予经济困难者的帮助，没有认识到法律援助制度所承载的人权保障的根本意义，某些地方甚至将刑事法律援助的职责都推给社会律师，变成全部是由社会律师承担的义务。

（4）刑事法律援助物质保障匮乏。尽管与过去相比，我国法律援助经费有了大幅提升，据统计，2014年各级地方财政共投入法律援助经费12.9亿余元，是《法律援助条例》颁布前的9倍。① 但在我国，对法律援助的物质保障还比较匮乏。如在北京、上海等发达城市地区，律师承担一件法律援助案件，法律援助机构至多支付2000元；在我国西部地区，律师承担一件法律援助案件的费用为500—1000元。这对于多数需要法律援助的案件，尤其是较复杂的

---

① 《司法部：五年全国法律援助经费总额达到70.4亿元》，载中央政府门户网站，http://www.gov.cn/xinwen/2015-09/17/content_2933859.htm，2022年1月6日访问。

刑事案件,甚至不足以支付会见、调查等基本差旅费用的支出。

(5)违反法律援助的程序性法律后果缺失。由于公、检、法、司各部门在法律援助的程序衔接上没有明确的法律规定,严重影响了刑事法律援助的正常进行。而一旦任何一方违反了法律援助的程序性义务,立法上没有规定任何程序性法律后果,承担法律援助各种义务(包括告知义务、配合义务等)机构的不作为违法没有制裁,法律援助制度的实施即缺乏保障。

(6)刑事法律援助缺乏质量保障机制。法律援助的质量低下,是一个持久存在、至今仍未得到有效解决的问题。实践中,由于缺乏对于法律援助质量的有效保障与评估机制,对于低劣质量的法律援助提供者缺乏制约与制裁,所以,长期以来,律师对于承担法律援助案件认识不足、重视不够、责任心不强,往往当作"分外事"对待。

我国法律援助的现实情状,与联合国一系列文件所规定的提供法律援助的时间、范围等内容①相比,均显得十分欠缺。刑事法律援助制度存在的缺陷严重影响了被追诉人获得律师帮助权的有效实现,在需要获得法律援助而没有获得的案件中,控辩平等成为天方夜谭。

(五)辩护律师执业权利缺乏保障

辩护律师对于被追诉人而言,扮演的是"救世主"的角色。但是,很难想象,一个自身权利尚得不到保障、甚至随时可能被控方抓进看守所的律师,如何有胆量、有气魄与控方真正展开对抗较量,如何有效地保护被追诉人的权益。显而易见,辩护律师行使权利、提供有效辩护的前提,是自己的执业权利免受任意侵犯,人身权利得到切实保障。

在国际公约和各国法律规定中,为避免控方权力和审判权力侵犯律师执业权利,一般赋予律师辩护豁免权和拒绝作证特权。律师辩护豁免权是指辩护律师在庭审中发表的辩护言论不受追究的权利,它包括司法机关不得因此驱逐辩护律师出庭,不得拘留、逮捕辩护律师或者以其他方式打击、迫害辩护律师乃至追究他们的法律责

---

① 参见本书第五章"比较法中之控辩平等"。

任的权利。赋予辩护律师辩护豁免权利,并不表示辩护律师享有特权,而是为了保障他们从事辩护应当具有、必不可少的诉讼权利。拒绝作证特权是赋予辩护律师执业活动中的一项职业特权,是指律师和医生、神职人员、会计师等专业人员一样,规定他们在执业过程中知悉的他人秘密,有权拒绝作证。赋予辩护律师拒绝作证特权是辩护制度的天然需要。拒绝作证特权的缺失必然导致被追诉人对辩护律师信任度的降低,进而从根本上动摇辩护制度设置的根基。

我国刑事诉讼法并未赋予律师辩护豁免权和拒绝作证特权,不仅如此,现行《刑事诉讼法》第 44 条还规定:"辩护人或者其他任何人,不得帮助犯罪嫌疑人、被告人隐匿、毁灭、伪造证据或者串供,不得威胁、引诱证人作伪证以及进行其他干扰司法机关诉讼活动的行为。"我国《刑法》第 306 条更是针对律师设立了一个古今中外均罕见的"口袋罪"——辩护人、诉讼代理人毁灭证据、伪造证据、妨害作证罪。实践中,控方在与辩方的对抗中,一旦出现被动,恼羞成怒时,《刑法》第 306 条便成了控方扭转局面、甚至打击报复"法律手段"。《刑法》第 306 条居高不下的无罪释放率即为例证。笔者曾经撰文认为,对《刑法》第 306 条的负面评价主要来源于三个方面:首先,从法学理论本身来分析,该规定缺乏法学理论常识作基础和支撑,不符合刑事司法的一般规律和要求;其次在社会价值观念层面上,该条的规定没有客观地看待和分析刑事辩护律师的社会定位和职业特点,对刑事辩护律师队伍的发展起到了阻碍的作用;再次,中国法治发展至今日,在司法环境尚待净化、司法人员的整体素质尚待提高的背景下,《刑法》第 306 条的出现不但没有站在高屋建瓴的高度起到良化中国刑事法治环境的作用,反而在实践中激励了一些诸如"职业报复"等现象的出现。①

此外,包庇罪、玩忽职守罪、泄露国家秘密罪、诽谤罪等也成为悬在律师头上的一把"达摩克利斯"利剑,辩护律师的人身权利屡

---

① 对于此问题之专论,详见冀祥德:《必须尽快取消刑法第 306 条》,载《中国律师》2004 年第 7 期。

遭侵犯。司法实践中,有关部门动辄即以包庇罪、①玩忽职守罪、②泄露国家秘密罪、③贪污罪、受贿罪至以诽谤罪陷害辩护律师。一些

---

① 1997年1月22日,辽宁省铁岭县律师任庆良因被控犯有所谓"包庇罪"而站到铁岭法院刑事被告人的席位上。原因是,任庆良律师在担任被告人施洪清放火一案的辩护人时,收集了与公安机关不一致的证人证言,而被铁岭人民检察院以所谓包庇罪逮捕。铁岭检察院的起诉书声称任庆良律师的取证导致二审法院以事实不清、证据不足将施洪清一案发回重审,严重侵害了司法机关打击犯罪的正常活动。然而,其时确定施洪清是否有罪的终审判决还没有作出,不知任庆良律师的包庇罪从何谈起。参见杜钢建、李轩:《中国律师的当代命运》,改革出版社1997年版,第153页。北京某职业律师在为一起强奸案作无罪辩护时,自己反以"包庇罪"被司法机关追诉,为此在律师界引起一定轰动。一审法院在该律师被羁押5个月零20天后作出判决,认定其行为已构成"包庇罪",判处有期徒刑六个月。被告人不服,提出上诉。二审法院书面审理维持原判。局外律师认为:一审在将律师及被告人家属、中间人、被害人分别定为包庇罪和伪证罪的判决中,认定律师构成包庇罪只是律师一句话:"不出庭最好,能不能写份材料找点理由撤诉。"判决书第5页指明理由是此言中"充分显露了其知法犯法的主观故意。"而此言律师本人否认,判决书是依据当时在场人的证言而硬性认定。不管律师当时是否有此言语,这是否构成辩护律师作假证明掩盖被告人罪行的行为呢? 律师收集无罪证据和制作虚假证据在本案中应该怎样区分呢? 律师证明被告人无罪而免除刑事处罚的工作目的和企图使被告人逃避法律制裁的目的,又应该怎样区别开来? 这些界限划分不清,所有辩护律师作无罪辩护的职业行为距离包庇罪还有多远呢? 参见钱列阳:《刑事辩护距包庇罪有多远》,载《中国律师》2000年第9期。

② 司法机关非法侵害辩护律师最著名的案例是1995年轰动国内外的彭杰事件。1994年,湖南省衡阳市南方律师事务所彭杰律师受聘担任某故意杀人案被告人的辩护人。5月13日,被告人及其亲属事先串通好看守所民警,精心设置好了脱逃的条件,在彭杰律师会见被告人的时候,被告人乘机脱逃。这样一个案犯与监管人员内外勾结、私放罪犯的案件,却使彭杰律师身陷囹圄。1995年5月9日,湖南省衡东县人民法院以一纸判决书,宣告彭杰犯有"玩忽职守罪",判处有期徒刑3年。

③ 广东南海市就出现了全国首例证人起诉律师诽谤的案件。2000年7月10日,广东南海市人民法院开庭审理南海市某某镇四村民聚众冲击国家机关、聚众扰乱交通秩序、聚众扰乱社会秩序案,广东经国律师事务所律师何伟民、徐作云接受其中两名被告人的委托出庭辩护。7月11日下午,公诉人就指控四名被告人聚众冲击国家机关举证,宣读了丹灶镇副镇长罗某某的证言。担任第一被告辩护人的何律师认为,罗的证言与事件现场录像事实不符,这份证言是伪证。随后,担任第四被告辩护人的徐律师也指出这份证言是一份伪证。不料,第二天罗副镇长的刑事自诉状就送到了经国律师事务所。罗在诉状中称:何、徐两人在法庭上捏造事实,诽谤自诉人向法庭提供伪证,严重损害了自诉人的人格和名誉,情节严重构成诽谤罪,请求法院依法追究其刑事责任,接到诉状的何、徐律师对此一笑了之。然而几天后,南海市法院就此案向两律师发了传票,传唤两人问话,他们才意识到事情的严重性。不过,两人均表示,指证证人作伪证有理有据,上法庭也不怕。参见陈卫东主编:《刑事诉讼法实施问题调研报告》,中国方正出版社2001年版,第244—245页。

司法机关及其工作人员有的恣意将律师逐出法庭;①有的非法限制律师的人身自由或对律师进行羞辱、谩骂、殴打,②甚至给律师错误的定罪判刑。除此之外,对方当事人对于案件的期望目的没有达到时,有的也迁怒于辩护律师,泄私愤、图报复,对律师进行辱骂、关押至残害。③

---

① 1997年1月10日,太原市中级人民法院对山西省高级人民法院发还重审的"2·26"大要案进行公开重新审理。开庭时,法庭未按法定要求另行组织合议庭,在审判席就座的法官,是原一审出庭的全班人马。审判长只许11名案犯再作二次陈述,却一律不准他们的辩护律师针对原判决认定的事实和罪名提出疑问并且进行辩护。随即宣布将10名案犯押出法庭,只留下被告人王立刚,对王立刚的补侦余罪进行审理。进入辩论程序后,首先由王立刚的第一辩护人李晓军律师发表辩护词,然后由王立刚的第二辩护人刘秉章律师进行第二轮答辩,刘律师在答辩发言中,被审判长三次打断发言,最后令其停止发言。接着,审判长翻开案卷宣读针对刘律师答辩意见的有关证词,形成审判人员与辩护律师的辩论。当审判长宣读完证词,问第一辩护人李晓军律师是否还有辩护意见时,李晓军律师针对审判长不让刘律师把话讲完一事说:"有,律师出于职责需要,就是要把事实理清楚辩明白,辩护意见只能用语言来表达,不让讲话,怎能发表意见……"话犹未了,审判长即指使法警,把她轰出去!"李晓军律师立即被两名法警强行逐出法庭。参见杜钢建、李轩:《中国律师的当代命运》,改革出版社1997年版,第153页。

② 吉林通化市抚顺律师事务所一律师在辉县办案时,因对案件提出了与司法机关办案人员不同的意见,被司法人员打得鼻青脸肿,还以"妨碍公务"为由将其司法拘留15天。还有,1995年,辽宁省新宾满族自治县一律师在依法办理一起经济纠纷案时,竟然被吉林省一家法庭强行抓走,并拘留了15天。类似这种司法机关非法对律师兴师问罪的案件在全国范围内还有很多。1997年,全国律协举行的维护律师执业权益座谈会上通报的律师被司法机关非法采取强制措施的案件就有:河南省律师冯志德因"涉嫌包庇罪"被指控和拘禁事件;山东省律师刘建栋被检察机关认定有罪而免于起诉事件;辽宁省律师任庆良被指控犯有"包庇罪"被拘留、逮捕事件;河南省郑永辉、熊庭富两律师因"包庇嫌疑"被刑事拘留事件;上海市律师陈惠中因"伪证罪"被指控并判刑7个月;山东省律师孙芳丽、张兆伟因"徇私舞弊罪"被追究事件;山西省律师付爱勤被指控犯有"徇私舞弊罪"事件等。至于律师的人格得不到尊重,遭受司法人员轻慢、侮辱的现象,更是屡见不鲜。实际上,在相当大的程度上,中国律师在公检法人员面前是没有尊严可言的,律师办事时被司法人员呼来喝去的现象早已是司空见惯的事了。参见田文昌主编:《刑事辩护学》,群众出版社2001年版,第176页。

③ 据报道,1995年,山西省临汾市律师事务所主任马海旺律师因代理李雪梅诉白玉仁离婚案,引起白玉仁的不满,5月18日下午,在律师事务所门口,马海旺律师遭到白玉仁纠集的五六个人的围攻毒打,直至昏死过去,马海旺律师的右眼珠也被白玉仁抠出。另据1995年7月8日《中国律师报》报道,1995年3月30日,河北省鸡泽县律师事务所律师任上飞受一个法律顾问单位经理委托,并经律师事务所主任和司法局分管局长批准,赴湖南醴陵市解救人质时,被醴陵市王坊乡联盟花炮厂厂长江孝明等扣为人质,从而被非法拘禁,河北省政法委、司法厅及邯郸市鸡泽县等有关部门几次去解救,但均告失败。这些案件中,律师参与的虽然未必是刑事案件,但其参加诉讼所面临的来自对方当事人的人身风险却由此可见一斑。

很难想象,在这样一种执业环境中,律师还能够为了辩护或代理,"粉身碎骨浑不怕,任尔东西南北风"。用笔者经常呐喊的一句话就是"中国律师已经到了最危险的时候!"但愿这是"山雨欲来风满楼"。

与此同时,我国立法和司法活动中对律师的功能定位有失偏颇。比如,值班律师权利保障者之名与权力合法性见证人之实发生背离。"为被追诉人提供法律咨询、程序选择建议、申请变更强制措施、对案件处理提出意见等法律帮助"是值班律师功能之应然定位,立法上却未赋予其会见权、调查取证权等维护被追诉人权利所必需的律师辩护权利,实践中值班律师的功能也异化成为"值班律师不需要对案件进行实质性参与,只需在一些比较重大的场合证明办案机关办案程序的合法性"①,这直接强化了控方权力,弱化了辩方权利,控辩关系失衡加剧。再如,"为经济困难公民和符合法定条件的其他当事人无偿提供法律咨询、代理、刑事辩护等法律服务"是法律援助律师功能之应然定位,司法实践中,委托律师和法律援助律师同时存在时,部分办案机关常常通过排斥辩护律师手段强化对案件的操控,法律援助律师功能异化成为政法机关办案提供服务的人。律师功能定位的有失偏颇,将直接影响我国控辩平等的实现。

(六)对强制措施缺乏监督与制约

在刑事诉讼的法治视野下,强制措施是为了防止被追诉人逃避追诉、审判或者实施串供、威胁、引诱证人改变证言等行为,由侦控机关经法院批准针对被追诉人实施的。强制措施是一种并非必须实施的防范性措施,只有当被追诉人可能实施妨害刑事诉讼的行为时,侦控机关才能申请法院批准实施。从控辩平等原则的要求来看,不仅被追诉人实施了妨害刑事诉讼的行为会受到法律的制裁、会被采取强制措施,侦控机关实施了妨害刑事诉讼的行为,同样会受到法律的处罚,如诉讼行为被宣告无效、非法收集的证据不得用作认定案件事实的根据、指控或定罪被撤销、违法行为人被要求承担民事赔偿责任至刑事责任等。也就是说,无论是被追诉人实施了

---

① 姚莉:《认罪认罚程序中值班律师的角色与功能》,载《法商研究》2017年第6期。

妨害刑事诉讼的行为,还是侦控机关实施了妨害刑事诉讼的行为,都会受到法律的制裁,因而控辩双方在本质上是平等的。①

在我国,强制措施是指公安机关、检察机关和审判机关为了保证刑事诉讼的顺利进行,依法对刑事案件的被追诉人的人身自由进行限制和剥夺的各种强制性办法,主要包括拘传、监视居住、取保候审、拘留和逮捕等方式。我国法律规定,对被追诉人妨害刑事诉讼的行为,一般都会被采取强制措施,而对侦控方妨害刑事诉讼的行为,不仅不会采取强制措施,而且鲜有制裁。这体现了控辩双方在是否必须遵守法律规定方面存在严重不平等。更重要的问题是,对强制措施的适用,除了逮捕必须由检察机关批准外,其他强制措施的适用根本无须其他机关的批准,强制措施的行使几乎毫无监督和制约。② 正如有学者所言,中国的审判前程序有一个典型的特征:几乎所有诉讼活动都由侦查机构和检察机关各自独立地实施,法院既不参与这些活动,也无法对这些活动的合法性进行任何形式的同步的司法审查……在整个审前程序中,法院既无权对那些涉及限制或剥夺公民人身自由的强制措施发布许可令,并接受公民的诉讼,又无权对一些涉及侵犯公民隐私、财产权的侦查措施(如搜查、扣押、窃听等)发布许可令,更无权就审判前阶段出现的程序事项进行开庭听审活动。③

(七)没有规定违反刑事诉讼程序之法律后果

据笔者考证,国内学者对我国刑事诉讼法中程序性违法后果的系统研究,最早当属王敏远教授。其早在 1994 年第 5 期之《中国法学》上,即以"违反刑事诉讼法的程序性法律后果"为题,对该问题进行了系统而深入的阐述和研究。其后,有的学者在研究中又将其称为"刑事诉讼中的程序性制裁"④"程序性制裁"⑤或者"程序性违

---

① 陈永生:《侦察程序原理论》,中国人民公安大学出版社 2003 年版,第 305—306 页。
② 陈永生:《侦察程序原理论》,中国人民公安大学出版社 2003 年版,第 318—319 页。
③ 陈瑞华:《刑事诉讼的前沿问题》,中国人民大学出版社 2000 年版,第 270 页。
④ 例如陈永生:《刑事诉讼的程序性制裁》,载《现代法学》2004 年第 1 期;蒋庆红:《刑事诉讼中的程序性制裁问题探讨》,载《广西政法管理干部学院学报》2005 年第 1 期。
⑤ 例如陈瑞华:《程序性制裁理论》,中国法制出版社,2005 年版。

反法律后果"①等。或许会有人认为,尽管表述不同,实则"殊述同归"。但在笔者看来,"程序性法律后果"与"程序性制裁",还是有着很大的区别:至少"制裁"表征着一种惩罚,意即"用强力管束并惩处";②而"后果"则意为"最后的结果"。③ 所以王敏远教授认为,"程序性法律后果"是指违反诉讼程序的行为及其后果,在诉讼程序上不予认可,或应予否定或予以补正的法律规定。这与陈永生博士认为的"程序性制裁""是指侦查、起诉、审判人员以及诉讼参与人因违反法定的诉讼程序所必须承担的程序上的不利后果",④二者在概念外延上,是有很大区别的。

在王敏远教授看来,违反刑事诉讼程序的法律后果是指违反刑事诉讼法的各种规定,而不仅仅是限于违反了侦查、起诉、审判和执行程序的规定的法律后果问题。其主要理论根据是,作为一个完整而独立的法律,刑事诉讼法应有其相应的、具有独立意义的法律责任和后果。⑤ 对此,陈永生博士也认为程序性违法的制裁必须符合两点要求:一是程序性制裁直接针对的是违反法定诉讼程序的行为,也就是说,程序性制裁直接惩罚的是违反程序法的行为,而非违反实体法的行为。这是程序性制裁作为程序法的制裁手段区别于刑罚、行政处罚等作为实体法的制裁手段的关键所在。二是程序性制裁是强制违法者承担程序上的不利后果,而非实体法上的不利后果。也就是违反法定程序的行为不得产生预期的法律效力,而非直接对违法性行为者个人的权利进行限制或剥夺。⑥

界定违反刑事诉讼程序的行为,并规定其应当承担的诉讼程序上的不利法律后果,无疑是有效约束控方权力,防止国家司法权力

---

① 例如王俊民、阎召华:《内地与澳门程序性违法法律后果之比较》,载《黑龙江省政法管理干部学院学报》2005年第6期。
② 中国社会科学院语言研究所词典编辑室编:《现代汉语词典第5版》,商务印书馆2005年版,第1756页。
③ 中国社会科学院语言研究所词典编辑室编:《现代汉语词典第5版》,商务印书馆2005年版,第569页。
④ 陈永生:《刑事诉讼的程序性制裁》,载《现代法学》2004年第1期。
⑤ 王敏远:《刑事司法理论与实践检讨》,中国政法大学出版社1999年版,第49页。
⑥ 参见陈永生:《侦查程序原理论》,中国人民公安大学出版社2003年版,第430页。

侵犯公民权利的重要保障，①是实现控辩双方"平等武装"的有效制约措施。从西方国家立法、判例以及司法实践来看，程序性制裁的具体方式主要有：终止诉讼、撤销原判、排除非法证据、诉讼行为绝对无效、诉讼行为相对无效、从轻量刑六种。② 我国受法律渊源、价值取向以及"重实体、轻程序"的影响，将对程序性违法的制约寄托于实体制裁。③ 但是，这种违法后果的承担方式，显然无法实际遏制住程序性违法发生，甚至会有"宽纵这类行为的嫌疑"。对此，王敏远教授认为，具有实体法意义上的法律后果规定，并不能导致程序法意义上的法律后果。以刑讯逼供及以其他非法方法收集的行为为例，其程序性法律后果，应是对用该种方法收集到的证据不能采信，或若以此类证据作为认定有罪或罪重的根据时，应对这种认定予以否定的规定。刑法中的刑讯逼供罪等实体法后果，并不导致其违法取证程序的诉讼法后果。而且，必须看到，须有这种程序性法律后果的规定，才能使刑事诉讼法中诸如"严禁刑讯逼供"等禁止性规定得到有效保障。④

我国《刑事诉讼法》以及相关司法解释中对程序性法律后果也作出了一些规定。例如，现行《刑事诉讼法》第 238 条规定，第二审人民法院发现一审人民法院有违反法律规定的诉讼程序的情形的，

---

① 控方违反法定程序有两点原因：一是违反法定程序进行的侦查、起诉因没有严格按法律规定办理而提高了办案效率，有可能得到社会和上级部门的嘉奖。二是由于办案人员违反法定的程序进行办案的侦查、起诉可以回避程序的约束，避免许多困难与不便。办案效率的提高是建立在损害被追诉人合法权利的基础上，这对于受到损害的被告人来说是不公平的。

② 参见陈永生：《刑事诉讼的程序性制裁》，载《现代法学》2004 年第 1 期。

③ 如依据刑法规定，刑讯逼供、非法拘禁、滥用职权、暴力取证以及非法搜查等行为符合犯罪构成要件的，应当依法追究刑事责任。再如，依据行政法的有关规定，对于涉及程序违法的公安司法人员可给予警告、记过、记大过直至降级、暂停职务、行政开除的处分。另外，对某些程序性违法，还规定有民事制裁以及国家赔偿责任等。

④ 王敏远教授认为，只有实体法意义上的法律后果而无程序性的法律后果，刑事诉讼法中的那些禁止性规定，就不会具有切实有效的意义。当然，这并不是否定实体法意义上的法律后果存在的必要性和重要性，而只是说明这种法律后果对刑事诉讼法的禁止性规定所具有的保障作用的有限性。程序性法律后果却正是弥补这种有限性的有效方法和手段。王敏远：《刑事司法理论与实践检讨》，中国政法大学出版社 1999 年版，第 50—51 页。

应当裁定撤销原判,发回原审人民法院重新审判。第 52 条规定,审判人员、检察人员、侦查人员必须依照法定程序,收集能够证实犯罪嫌疑人、被告人有罪或者无罪、犯罪情节轻重的各种证据。严禁刑讯逼供和以威胁、引诱、欺骗以及其他非法方法收集证据,不得强迫任何人证实自己有罪。必须保证一切与案件有关或者了解案情的公民,有客观地充分地提供证据的条件,除特殊情况外,可以吸收他们协助调查。《最高法司法解释》第 125 条规定:"采用暴力、威胁以及非法限制人身自由等非法方法收集的证人证言、被害人陈述,应当予以排除。"第 132 条规定:"当事人及其辩护人、诉讼代理人在开庭审理前未申请排除非法证据,在庭审过程中提出申请的,应当说明理由。人民法院经审查,对证据收集的合法性有疑问的,应当进行调查;没有疑问的,驳回申请。驳回排除非法证据的申请后,当事人及其辩护人、诉讼代理人没有新的线索或者材料,以相同理由再次提出申请的,人民法院不再审查。"第 137 条规定:"法庭对证据收集的合法性进行调查后,确认或者不能排除存在刑事诉讼法第五十六条规定的以非法方法收集证据情形的,对有关证据应当排除。"《最高检诉讼规则》第 66 条规定:"对采用刑讯逼供等非法方法收集的犯罪嫌疑人供述和采用暴力、威胁等非法方法收集的证人证言、被害人陈述,应当依法排除,不得作为报请逮捕、批准或者决定逮捕、移送审查起诉以及提起公诉的依据。"但是,通观我国的整部《刑事诉讼法》以及自《刑事诉讼法》颁布以来司法机关所作的关于刑事诉讼的若干司法解释,甚至包括立法机关对刑事诉讼法所作的补充规定,有关程序性制裁的规定仅有了了几条,不仅缺少系统性,[1]而且

---

[1] 任何法律制度的运作都必须有一系列相关的制度作配套。《刑事诉讼法》以及最高人民法院的《解释》虽然对程序性制裁作出了一定的规定,但由于它们对程序性制裁机制赖以运作的配套制度,如审查主体、启动与审查程序、举证责任以及证明标准等均未作出规定,结果导致司法实践中这两项规定很难发挥预期的诉讼功能。以非法证据排除规则为例,虽然最高人民法院的《解释》已规定,采用刑讯逼供或者威胁、引诱、欺骗等非法方法收集的言词证据不能作为认定案件事实的根据,但由于《解释》对排除非法证据的举证责任未作规定,结果导致司法实践中法院在辩护方提出要求排除非法证据的申请时,往往要求被告人及其辩护律师承担证明证据非法的责任,而由于侦查与起诉活动通常都秘密进行,侦控机关即使违反了法律的规定,辩护方往往也很难收集到足够的证据进行证明,因而司法实践中,控方的证据很少有因收集程序违法而被排除的。参见陈永生:《刑事诉讼的程序性制裁》,载《现代法学》2004 年第 1 期。

承担违法后果的方式过于单一,①规定的程序性违法范围也较为狭窄。② 而且,因为缺少相应的配套制度和运作机制,这数条仅有的程序性法律后果规定也很难发挥其制裁程序性违法和提供权利救济的预期功能。

(八)程序单方控制性明显

我国在认罪认罚从宽制度、未决羁押的司法审查、死刑复核程序中均存在程序单方控制性明显的问题。认罪认罚从宽制度中,制度名称、认罪认罚从宽程序的启动、侦查阶段、审查起诉阶段均存在控方主导的问题。首先,制度名称体现控方主导的价值取向。认罪认罚从宽制度仅意味着被追诉人用认罪认罚换取从宽之意,而无控方用从宽换取被追诉人认罪认罚之义,制度定位具有明显的单方控制性。其次,检方控制程序启动。选择适用普通程序接受审理还是

---

① 按照我国 2018 年《刑事诉讼法》第 238 条以及最高人民法院《解释》第 95 条的规定,我国刑事诉讼法只确立了撤销原判以及排除非法证据两种程序性制裁方式,显然,这是无法满足实践的需要的。就像犯罪由轻到重存在不同的危害程度,因而刑罚也必须从轻到重,设置管制、拘役、有期、无期、死刑等轻重不同的刑罚方式一样,不同程序性违法行为的违法程度及其对公民权利的损害程度不同,与之相适应,程序性制裁也应当存在不同的方式对严重的违法行为给予严厉的程序性制裁,对轻微的违法行为给予较轻的程序性制裁,宽严相济、疏而不漏,才能有效遏制侦控机关实施违反刑事诉讼程序的行为。我国刑事诉讼法确立的撤销原判以及排除非法证据这两种程序性制裁方式,从整个程序性制裁方式体系来看,属两种中等程度的制裁方式,更严厉的制裁方式,如直接终止诉讼,以及更轻微的程序性制裁方式,如诉讼行为绝对无效、诉讼行为相对无效以及从轻量刑在我国都尚付阙如。这在实践中极可能因"上不着天"(对一些严重违反法律规定,继续进行诉讼已丧失正当性的案件无权直接终止诉讼)、"下不着地"(对违法程度较轻的程序性违法行为没有相应的程序性制裁方式与之配套),导致对大量程序性违法行为无法进行制裁,以致影响程序性制裁机能的发挥。参见陈永生:《刑事诉讼的程序性制裁》,载《现代法学》2004 年第 1 期。

② 《刑事诉讼法》每设定一项行为规范,通常就意味着必须有相应的制裁条款来保证其实施。而我国刑事诉讼法规定的程序性制裁条款只有两项,很明显是不可能涵盖全部违反《刑事诉讼法》的情形的。以第 238 条规定的二审法院发现一审法院违反法定诉讼程序,应当撤销原判,发回重审的几种情形为例,其实该条列举的所有情形,都不仅可能发生在一审阶段,而且可能发生在二审以及审判监督程序阶段;有些违法情形,如违反回避制度、非法剥夺或限制当事人的诉讼权利等,不仅可能发生在审判阶段,而且可能发生在侦查、起诉以致立案阶段。而按照现行条文的规定,只有二审程序中出现这些违法情形时才可进行程序性制裁,实践中,这必然导致有关主体在二审、审判监督以及其他程序中违反有关规定时无须承担任何程序上的不利后果。参见陈永生:《刑事诉讼的程序性制裁》,载《现代法学》2004 年第 1 期。

简易程序、速裁程序接受审理本是被追诉人的基本诉讼权利,但是在实践中却发生了被告人与辩护人提出签订协议,而人民检察院不启动认罪认罚程序的异化。这种情况主要基于三种原因:第一,基于刑事政策和社会效果的原因。人民检察院认为案件重大敏感,不适用认罪认罚从宽程序;第二,基于事实和证据的原因。人民检察院认为被追诉人认罪不彻底,不适用认罪认罚从宽程序;第三,基于量刑建议的原因。人民检察院所提出的量刑建议与被追诉人心中预期的量刑建议存在矛盾,犯罪嫌疑人无法接受人民检察院所提出的较高量刑建议,不适用认罪认罚从宽程序。这种人民检察院主导程序启动的极端局面,被追诉人缺乏救济途径,控辩严重失衡。再次,侦查过程的封闭性,侦查权力的强制性、扩张性、侵犯性、诱惑性、腐蚀性等特征导致侦查阶段控方天然强大,而犯罪嫌疑人沉默权、律师讯问在场权的缺失,知悉权、辩护权、救济权之有限导致辩方天然弱小。在这种情况下,控方掌握各种案件各种信息,而犯罪嫌疑人处于羁押状态,案件信息是闭塞的,其认罪认罚的明知性、明智性和自愿性均无法保障。最后,审查起诉阶段是认罪认罚从宽的关键阶段,但是控辩平等的缺位导致审查起诉阶段协商性缺失,程序单方控制性突出。《关于适用认罪认罚从宽制度的指导意见》第26条规定:"案件移送审查起诉后,人民检察院应当告知犯罪嫌疑人享有的诉讼权利和认罪认罚的法律规定,保障犯罪嫌疑人的程序选择权,告知应当采取书面形式,必要时应当充分释明。"该条措施未规定"应当听取辩护人和值班律师意见",也未将人民检察院收集的证据纳入告知义务内。审查起诉阶段,被追诉人在知悉权和律师帮助权均无法保障的情况下,控辩平等尚不能保障,又何谈控辩协商?

在未决羁押制度中,我国至今尚未构建起系统化的、制度化的未决羁押司法审查制度。长期以来,我国未决羁押缺乏独立程序。一方面,作为刑事侦查、追诉活动的手段,成为拘留、逮捕的必然结果和当然状态;另一方面,缺乏独立理由和独立期限,未决羁押的期限完全根据侦查、检察起诉和案件审理所需要的期限确定,且由公安机关、人民检察院和人民法院单方控制。2021年11月11日最高人民检察院发布《人民检察院羁押听证办法》(以下简称《羁押听证办法》),明确人民检察院在办理审查逮捕、审查延长侦查羁押期限、羁押必要性审查三类案件时,可以通过组织召开听证会的方式听取各方意见,规范开展听证审查活动,依法准确作出是否适用羁押强制措施的审查决定。这是将我国未决羁押制度引向诉讼化轨道的重大进步。但是,该规定单方控制性更加明显。

在死刑复核制度中,程序的单方控制性主要表现在死刑复核程序是上下级法院的一种材料秘密呈报过程,其审理过程以秘密阅卷为主,不开庭;其全过程由审判法院控制,被告人难以对死刑复核的整个活动实施有效制约和牵制。虽然《法律援助法》第 25 条将申请法律援助的死刑复核案件被告人纳入指定辩护范围,但是由于死刑复核案件不开庭审理,控辩双方无法采用对抗的方式参与其中并表达意愿,被告人及其辩护人无法进行申辩,无法实现死刑复核程序的控辩平等。

三、小结

人权乃当今世界全人类共同的崇高事业,也是全人类通行的普遍法则。尽管权利文化并不完美,权利语言的过度使用,或许会助长利己主义诉求,造就许多忽视社会责任的孤独的权利持有者,并导致政治话语的枯竭,但是,迄今为止,权利制度依然是防治恶行、改善政治的一种理性工具,权利文化依然是维护每个人的尊严与自由、增进社会团结与合作的一个坚实基础。从世界范围来看,尽管不同的文明传统,不同的国家和民族,存在对人权的不同认识,保护人权的方式和条件也有差异,但是,总的来说,共识多于歧见、合作多于对抗的良好态势已经呈现,尊重和保障人权本身,也成为地球上五方杂处的人类在哲学、伦理、政治、法律等广泛的领域深化交流、增进理解和扩大合作的重要渠道。[①]

中国作为联合国创始成员国之一,曾经为《世界人权宣言》的

[①] 参见《中国人权年刊》(2003 年第 1 卷),社会科学文献出版社 2004 年版,卷首语。

起草贡献过她独特的文化精神与智慧。在当今中国,人权理念为传统的"仁"的文化增添了新的活力,人权事业成为无数中华儿女为之奋斗的宏伟志业。尤其是近些年来,尊重和保护人权,不仅成为中国作为一个发展中国家谋求全面、协调和可持续发展的一项指标,而且成为中国政府和民众共同致力于国际发展与合作、促进人类文明和进步的一个方向。①

在全球视角之下,近代以来,随着资产阶级人权观念的兴起,整个刑事诉讼制度的价值目标逐渐由惩罚、控制犯罪转向保障和维护人权,刑事诉讼制度的发展日益呈现出文明化、民主化、科学化的总体趋势。刑事诉讼人权保障价值的重心是被追诉人的人权保障,而被追诉人的人权保障的核心问题是如何确立被追诉人在诉讼中的地位,实现刑事诉讼活动中的控辩平等。

应当客观地看到,1996 年,我国对《刑事诉讼法》进行的修改,就是以加强人权保障为基本指导思想的,2012 年及 2018 年我国对《刑事诉讼法》进行的先后修改,更是如此。而立法变动的重点在于对我国强职权主义的诉讼模式进行了根本性改造,特别是意图通过在庭审阶段引入对抗制因素来增强庭审的公平对抗性,着力塑造一个控辩双方平等对抗的新型诉讼结构。为此,尽管立法上没有直接规定控辩平等原则,但在总则和分则中无疑吸收了诸多控辩平等原则的合理内核。如规定了"未经人民法院依法判决,对任何人都不得确定有罪"。虽然并未出现无罪推定原则核心要求的"假定"或"推定"无罪的表述,但实际上具有了在法院依法判决之前,任何人不得被视为有罪公民的含义。确立"疑罪从无"和"有利被告"的审判规则。明确了控方的举证责任,确立了被追诉人在起诉前后的法律地位。扩张了被追诉人获得律师帮助的权利,明确赋予了辩护律师在刑事诉讼中的调查取证权。实行了"半个起诉状一本主义",控方在审前对法官的影响受到较大程度的规制,限制了法官在庭审中"积极诉讼"的权力。引入了控辩对抗制庭审模式。对刑事

---

① 参见《中国人权年刊》(2003 年第 1 卷),社会科学文献出版社 2004 年版,卷首语。

裁判文书进行了改革，充分阐述了控辩双方的不同意见，增强裁判过程与结果之说理性，直接体现了控辩平等的要求，等等。让我们欣喜地看到了控辩平等原则在我国刑事诉讼中的雏形。

但是，必须冷静地指出，1996年《刑事诉讼法》的修改，只是迎合了当时国家司法制度的需求。除去功利性太强、预见性不足等原因之外，缺乏一个贯彻始终的指导思想（如犯罪控制与控辩平等），对整个刑事诉讼程序的构建没有系统性安排，程序规则设计不具有可操作性，立法技术过于粗糙等，无一不是造成其修改后不到十年即再次纳入全国人大重大立法变动计划的原因。① 有的学者对此尖锐指出，几乎所有发生在司法实践中的程序性违法现象，都可以在刑事诉讼立法中找到原因。这是因为，刑事诉讼法对于"公检法三机关"的很多诉讼行为都没有建立有效的权力制约机制，使得一些诉讼程序变成带有技术性和手续性的操作规程；大量的诉讼程序规则不具有最起码的可操作性，使得这些程序规则根本就无法得到实施；刑事诉讼法对于侦查权、公诉权和审判权的设计，大量采用授权性立法体例，使得警察、检察官、法官在很多场合下拥有几乎不受限制的自由裁量权；刑事诉讼法对于大多数诉讼程序的设计，没有确立程序性违法的法律后果，使得违法警察、检察官和法官不会受到任何程序性制裁；刑事诉讼法对于嫌疑人、被告人的诸多权利没有设立司法救济途径，使得那种针对警察违法侦查行为、违法公诉行为的司法审查机制没有建立起来，而上级法院针对下级法院诉讼程序合法性的上诉审查机制也并不完善。②

而从控辩平等的角度检视，控辩失衡依然是修改后的《刑事诉

---

① 2003年10月，第十届全国人大常委会将《刑事诉讼法》再修改，列入该届人大常委会五年立法规划。

② 对此，学者认为，提高立法技术、改善立法体例是刑事诉讼法修改过程中亟待解决的问题。立法机关需要减少那些技术性和手续性的规则，增强诉讼程序的可操作性，对警察、检察官和法官的自由裁量权作出进一步的限制，为那些违反法律程序的诉讼行为确立消极的程序性法律后果，并为那些权利受到侵害的当事人提供有效的司法救济。只有在立法技术和立法体例上发生明显的变革，立法机关才能制定出一部能够得到有效实施的刑事诉讼法。参见陈瑞华：《刑事诉讼法的立法技术问题》，载《法学》2005年第3期。

讼法》的显著特征。

第一，并未规定本原意义上的无罪推定原则。具体来说，不受强迫自证其罪的特权(privilege against compulsory self-incrimination)是被追诉人在刑事诉讼各阶段所应享有的一项基本权利，联合国通过的许多国际法律文件均将此项权利确立为被追诉人在受到指控时所应享有的"最低限度保障"，完整意义上的无罪推定原则必须包含这一特权规则，但是，我国刑事诉讼法并未予以采认。

第二，控辩双方在刑事诉讼中的地位明显不平等。立法规定了检察监督原则，使得辩方与法官一起，被置于控方的监督之下，刑事诉讼程序丧失了最起码的制度理性。

第三，控辩双方在刑事诉讼中的权力(利)显著不平等。在律师制度发达的西方国家，律师享有调查取证权已成为一种不可动摇的信念，而在我国刑事诉讼中，调查取证权却似乎只能是侦控方的专权，恩赐给辩护律师的一点点权利，还被加上层层"紧箍"。不仅如此，由于我国没有建立证据开示制度，所以辩方对案件的知情权主要通过到人民检察院和人民法院阅卷实现。在阅卷权问题上，控方的阅卷权不受限制是不言而喻的，而辩护律师的阅卷权却面临种种困境，其不对等性显而易见。

第四，被追诉人基本诉讼权利缺失。首先是知悉权的缺失，知悉权是程序公正的最低保证，是被追诉人享有的具有人权属性的一项诉讼权利，也是其行使其他诉讼权利的重要保障。美国学者戈尔丁将程序公正的标准概括为九个方面，其中之一便是"各方当事人都应得到公平机会来对另一方提出的论据和证据作出反应"。[①]《布莱克法律辞典》则更是直截了当地说明："程序性正当程序的中心含义是指：任何权益受判决结果影响的当事人都有权获得法庭审判的机会，并且应被告知控诉的性质和理由，合理的告知、获得庭审的机会以及提出主张和辩护等都体现在'程序性正当程序'之中。"应当指出的是，知悉权的实现与告知制度密切相关，在大多数情况

---

① 这是因为，作为被追诉人而言，其本身不可能享有能与追诉机关相抗衡的侦查调查权，而且，其人身自由往往受到限制，因此，"公平机会"的获取则更是有赖于知悉权的设置。

下,知悉权的实现以负有告知义务的一方履行告知义务为前提。同时,知悉权与诉讼参与权、听证权、律师阅卷权也有着密切关系,这些权利的设置又为被追诉人实现知悉权提供了一种渠道。但这些制度的确立和程序的设置并不意味着被追诉人就自然而然地享有了知悉权。① 更何况,我国现行刑事诉讼关于被追诉人诉讼参与权、听证权和律师阅卷权的规定,同样严重缺失。

其次是法律援助制度的缺陷。刑事法律援助在使公民获得平等的司法保护,保障当事人依法享有诉讼权利,实现司法公正等方面有着不可或缺的作用,已成为一个国家法制健全、社会文明进步的标志。我国在20世纪90年代中期开始构建刑事法律援助制度,经过近20年的建设,已经完成立法创建、机构设立、援助落实等多项工作,取得了较好的社会效益。但是由于我国现代意义上的律师制度起步较晚,而刑事诉讼就某种意义而言目前尚处于模式选择与转换过程之中,所以作为二者结合点的刑事法律援助制度无论是在理论上还是实践中均存在不少问题。这些问题直接影响到刑事法律援助基本功能的发挥,进而影响到整个刑事辩护制度功能的实现,已经成为中国刑事诉讼制度发展的瓶颈。如何进一步完善我国刑事法律援助制度,已经成为我们目前亟待解决的问题。

第五,强制措施缺乏监督和制约。在我国现行刑事诉讼制度中,由于法院无法就审判前程序(尤其是侦查程序)的合法性进行同步的司法审查,这些程序往往成为一种由追诉者与被追诉者双方构成的诉讼构造。② 这显然有违控辩关系之对等和均衡原则。因为如果规定侦控机关有权不经其他机关批准即可直接对被追诉人实施强制性侦查手段,实际上,就如同民事诉讼中的原告直接对被告实施拘留、逮捕、扣押等强制性诉讼手段,使控辩之间完全成为一种恃强凌弱的支配与被支配、处置与被处置的关系,而毫无平等可言。

第六,非法证据排除规则不完善。我国于1988年9月被批准成为联合国《禁止酷刑和其他残忍、不人道或有辱人格的待遇或处

---

① 刘梅湘:《犯罪嫌疑人知悉权初探》,载《国家检察官学院学报》2004年第4期。
② 陈瑞华:《刑事诉讼的前沿问题》,中国人民大学出版社2000年版,第270页。

罚公约》的缔约国,其中第 4 条、第 5 条明确要求各缔约国在诉讼程序中,不得援引任何已经确定以酷刑取得的口供为证据,要将一切酷刑行为定为刑事犯罪,并规定适当处罚。然而我国对非法证据排除规则的规定并不完善,缺乏完善的制度和相应的配套措施。具体表现为:其一,法律规定与司法解释内容不全面。2012 年《刑事诉讼法》初步建立了我国非法证据排除制度,随后的司法解释也对相关非法证据的具体排除程序做出规定,但对于由非法言词证据而获得的衍生证据的效力,法律及司法解释并未作出具体规定。其二,缺少配套制度,即没有能与其他证据规则、其他相关制度配合形成系统的刑事证据规则体系的制度。司法实践中,一旦辩方提出此项主张,就需要承担部分举证责任,由于侦查活动和起诉活动的专属性,辩护律师往往难以收集到证据予以证明。于是,既然控方非法证据不能被排除,那么控方完全可以凭借其所拥有的强制力通过非法手段获取证据对被告人进行追诉,导致控方的攻击手段和能力被不合法的增强,控辩双方地位和能力即趋于越来越不平等。

除此之外,现行刑事诉讼法对辩护律师的执业权利缺乏必要保障,使刑事辩护面临艰难的困境。此不再赘述。

德国学者罗科信认为,"未来的刑事诉讼法的最主要的任务,就是如何使之更能实践基本法上所规定的社会国家原则"。① 我国 2004 年宪法修正案已将"国家尊重和保障人权"写入《宪法》第 33 条,保障人权必将成为我国本次刑事诉讼立法变动的主要指导思想之一。而在笔者看来,刑事诉讼法再修改过程中,直接体现人权保障的宪法思想的就是控辩平等的实现。

---

① [德]罗科信:《刑事诉讼法》(第 24 版),吴丽琪译,法律出版社 2003 年版,第 15 页。

第七章 控辩平等原则下之辩护制度

刑事诉讼是诉讼各方主体不同价值目标的兼抑。在这里,以正义的名义,将有着不同利益追求甚至是利益冲突的刑事诉讼主体汇集在一起,通过诉讼各方的平等参与,认同并接受同一个裁判结果。"正义,在各种名义下统治着世界——自然、人类、科学、良心、逻辑、道德、政治、经济、历史、文化和艺术。正义是人类灵魂中最淳朴之物,社会中最根本之物,观念中最神圣之物,民众中最热烈要求之物。它是宗教的性质,同时又是理性的形式,是信仰的神秘客体,又是知识的始端、中间和末端。人类不可能想象得到比正义更普遍、更强大和更完善的东西。"①但是,因为各诉讼主体利益追求的差异,他们必然在正义的名义之下,各自或彼此实施不同的攻击或防御行为,以追求本方诉讼目的的实现。

就控辩关系而言,辩方的目的就是反驳控方的有罪或者罪重指控,这种反驳是通过法律赋予的一系列诉讼权利和制定的诉讼规则实现的,构成了辩护制度的核心内容。

---

① 转引自张文显:《二十世纪西方法哲学思潮研究》,法律出版社1996年版,第580页。

一、问题之提出

在我国,关于刑事辩护的变革曾经是 1996 年《刑事诉讼法》修改时最受褒扬的"精彩之笔",但时过经年,当 2012 年《刑事诉讼法》再修改之时,辩护制度的立法变动却又成为"首当其冲"。1996 年《刑事诉讼法》将律师参加刑事诉讼的时间大为提前,明确规定了辩护人的数量、资格,扩大了法院指定辩护的范围,扩充了辩护律师的诉讼权利,引入了庭审控辩对抗机制等,律师能够多阶段、多形式介入刑事诉讼活动。这一立法变动旨在通过对辩护制度的完善,提升人权保障的力度,使我国的刑事辩护制度得以沿着法治的轨道前行。笔者曾经撰文认为,仅仅从立法的角度看中国刑事诉讼法的修改,无疑是中国刑事司法改革的一个巨大进步,甚至有人把它说成是刑事诉讼立法科学化、民主化的"一个重要里程碑"也不为过。[①] 然而,在司法实践中,就刑事诉讼法的修改对于中国刑事辩护制度所引起的实质性影响而言,不仅并非巨大进步,而是严重倒退——辩护率越来越低,辩护律师越来越少,辩护信赖越来越弱……中国的刑事辩护正在面临着让立法者始料不及的滑稽、尴尬而艰难的困境,刑事辩护的路越走越难。[②] 2012 年《刑事诉讼法》修订时对于辩护制度作了进一步完善,明确规定了侦查期间辩护律师的法律地位,明确保障辩护律师阅卷、会见、调查取证的权利,但是刑事辩护的困境依然没有得到完全解决,刑事辩护的"三难"问题依然存在,在一些刑事案件中甚至出现了"辩审冲突"的极端情形。为了提高刑事案件辩护率,最高人民法院、司法部于 2017 年 10 月发布了《关于开展刑事案件律师辩护全覆盖试点工作的办法》,构建了

[①] "毋庸置疑的是,修正后的刑事诉讼法在体例上更具有科学性,在内容上更具有民主性,在惩罚犯罪与保护人民方面发挥了重要作用。"(陈卫东主编《刑事诉讼法实施问题调研报告》,中国方正出版社 2001 年版,第 1 页。)陈光中教授评价"刑事诉讼法的修改与完善,标志着中国法制建设史上一个新的重要发展"。

[②] 冀祥德:《中国刑事辩护的困境与出路》,载《政法论坛》2004 年第 2 期。

值班律师制度,扩大了法律援助的范围。① 2018 年修订的《刑事诉讼法》将值班律师制度正式入法,成为我国辩护制度一大亮点。② 2021 年我国《法律援助法》出台,将值班律师作为法律援助律师加以对待,虽然在很大程度上扩大了法律援助的范围,但是,在功能定位、律师职责、授权范围等多方面与辩护律师存在着差别,导致辩护效果不尽如人意,控辩不平等的问题也未得到根本性解决。

究其原因是多方面的,立法上的,司法上的,制度上的,规则上的……但是,少有研究者从刑事辩护的本体属性、功能与角色定位以及刑事辩护准入制度方面探究改造的进路。"坏人有没有接受律师辩护的权利?""是国家需要律师,还是个人需要律师?""律师是为国家,还是为个人?""律师负有维护司法公正之责吗?""律师与正义是什么关系?"这些问题不仅一般公众众说纷纭,立法、司法官员更是见仁见智,即使律师自身也是莫衷一是。同时,令人担忧的是,随着律师精英因为种种原因淡出辩护,刑事辩护已经成了初出茅庐的律师实习和"糊口"的舞台,刑事辩护的质量何以保障? 是否需要建立辩护律师准入制度? 是否需要提出一个"有效辩护"的概念和构建一套"有效辩护"的保障规则? 如此等等,这些问题的存在已经成为中国刑事辩护是否会走向法治的瓶颈的关键,也成为控辩平等原则在中国刑事诉讼领域驻足的桎梏。

二、刑事辩护之基本属性

辩护权是一项基本人权,古已有之,这从人类刑事辩护的发展

---

① 《关于开展刑事案件律师辩护全覆盖试点工作的办法》第 2 条规定:"被告人除自己行使辩护权外,有权委托律师作为辩护人。被告人具有刑事诉讼法第三十四条、第二百六十七条规定应当通知辩护情形,没有委托辩护人的,人民法院应当通知法律援助机构指派律师为其提供辩护。除前款规定外,其他适用普通程序审理的一审案件、二审案件、按照审判监督程序审理的案件,被告人没有委托辩护人的,人民法院应当通知法律援助机构指派律师为其提供辩护。适用简易程序、速裁程序审理的案件,被告人没有辩护人的,人民法院应当通知法律援助机构派驻的值班律师为其提供法律帮助。在法律援助机构指派的律师或者被告人委托的律师为被告人提供辩护前,被告人及其近亲属可以提出法律帮助请求,人民法院应当通知法律援助机构派驻的值班律师为其提供法律帮助。"

② 樊崇义:《2018 年〈刑事诉讼法〉最新修改解读》,载《中国法律评论》2018 年第 6 期。

史中可清晰辨明。刑事辩护史可以分为以下几个阶段。

(一)刑事辩护之历史嬗变

1. 萌芽阶段

作为一项对被追诉人的权利进行保护的制度,一般认为辩护可以追溯至氏族部落时代。随着原始社会中社会分工和交往的扩大,氏族成员间的纠纷不断出现,在缺乏法律手段予以解决的情况下,血亲复仇的私力救济成为解决纠纷的唯一途径。血亲复仇在当时有一套完整的程序。摩尔根在《古代社会》一书中详细描述了这一过程:"氏族的一个成员被杀害,就要氏族去为他报仇,但是,在采取非常手段之前,杀人者和被杀者双方的氏族有责任设法使这件事情得到调解。双方氏族的成员分别举行会议,为对杀人者的行为从宽处理提出一些条件,如果罪行有辩护的理由或具备减轻罪行的条件,调解一般可达成协议。"可见,在人类社会最初的原始状态,在没有阶级的天然状态下,人类解决"刑事案件"的方式已经有了辩护的成分在其中,刑事辩护和代理的雏形开始显现。

2. 形成阶段

古希腊的雅典是刑事辩护制度的发源地。众所周知,雅典的历史上进行过多次著名的社会改革,如公元前594年的梭伦改革,公元前443年—公元前429年的伯利克里改革,这些改革在刑事领域废除了重刑,并且设立陪审制度、议事制度,使审判方式更加民主化,诉讼双方可以广泛采取辩论方式。正是在雅典的这种民主气氛中,刑事辩护应运而生。雅典法律中规定,当事人可以通过辩论方式自己行使辩护权,也可以委托他人行使,并对辩论的内容、时间、地点等都有明确而完备的规定。当然,古希腊还没有出现职业的辩护人,通常认为职业辩护人,即现在所说的律师是在古罗马出现的。

古罗马是律师制度的诞生地。罗马法以民法著称于世,但诉讼法在罗马法中也占有重要地位,其一大贡献就是创制了律师制度。公元前3世纪—公元前1世纪,古罗马共和时期,由于商务的发展,衍生自商业纠纷的社会冲突也日益加剧,诉讼日益增多,但是商人们往往由于忙于商务而无暇顾及,社会上出现了专门为诉讼当事人提供法律帮助的辩护士,辩护士的职责是为当事人进行诉讼代理活动,在法庭上为被告人发言,反驳控诉。公元1世纪,罗马进入帝国时期后,这一诉讼代理制度和辩论原则逐渐发展成律师辩护制度。

3. 断层阶段

人类社会进入中世纪,即封建制社会后,刑事辩护进入了断层期。这一时期,东西方专制统治盛行,毫无民主自由空气,刑事辩护失去了生存空间。在东方,封建时期的中国,实行国家追诉和纠问式的诉讼方式。在诉讼中,法官是唯一的享有各种权利的人,最为严重的是集审判职能与控诉职能于一身,不仅有权进行审判,还有权进行侦查和追诉,被告人只是被拷问的对象,只有供述的义务而无辩护的权利。正如意大利学者指出,随着纠问式的建立,控告所引发的范围广泛,辩论失去了一切存在理由,因此,辩护也变得不那么至关重要。① 因为,纠问式诉讼所要做的正是要竭力防止过分尊重个人权利而不能确保对犯罪人进行追究的情形发生,按照这种诉讼程序,可以认为在某种程度上,结果始终可以证明使用的手段正确。在西方国家,宗教、神学统治盛行,并逐渐介入诉讼,占据了裁判的地位,宗教要求人们思想统一,不允许异端邪说,自由辩论也是不存在的,诉讼就演化成国家单方面的、赤裸裸的、随心所欲的暴力,刑事辩护制度近乎中断。在这一时期,英国虽然以法令方式对陪审团制度予以确认,在刑事诉讼中予以适用,从而使辩护制度得以有限地保存,但与真正意义上的辩护制度仍有较大差异。

4. 发展繁荣阶段

十六七世纪的资产阶级思想启蒙运动和十八九世纪的资产阶级民主革命,使刑事辩护制度得以在这一时期复兴并长足发展。资产阶级民主、自由、平等思想的提出,尤其是刑事诉讼中无罪推定原则的确立,为刑事辩护的复兴和发展奠定了坚实的理论基础。世界范围内出现了英美法系和大陆法系两大法系。两大法系在刑事诉

---

① [意]朱赛佩·格罗索:《罗马法史》,黄风译,中国政法大学出版社1994年版,第372页。

讼中都确立了刑事辩护制度,但由于历史传统不同,两大法系对刑事辩护制度的内容规定得不太一致。英美法系从保护人权的价值观念出发,主张程序本位主义,认为程序本身有其独立存在的内在品质,程序的目的不仅在于发现案件事实,还在于通过程序的公正使被追诉人得到公正的裁判,因此英美法系特别重视刑事辩护制度,在刑事诉讼中辩护方与控诉方、审判方地位完全平等,法律上赋予辩护方在侦查、起诉、审判各阶段都享有充分的辩护权。大陆法系从维护社会整体利益的价值观念出发,主张程序工具主义,认为刑事诉讼的价值在于发现案件事实,维护社会秩序,它本身没有内在的价值,因此,大陆法系的刑事诉讼中,辩护方的地位与控诉方、审判方完全不平等,被追诉人及其辩护人的诉讼权利在一些方面受到较大的限制。

20世纪后,随着两大法系的不断借鉴融合,世界各国普遍认识到,保护人权已经成为法治社会的必然要求,各国在加强保护人权的同时注意到保护刑事被追诉人人权的重要性,因此在本国的刑事诉讼中都把辩护权明确确立为一项基本人权,各国刑事辩护的重点,也逐渐由泛泛地从法律上宣布被告人享有此项权利转向加强对辩护权的保障措施的建设。同时被指控人有权获得辩护在现代不仅成为各国国内法原则,而且也成为联合国人权活动的基本原则之一,在一系列国际文件中得以规定,刑事辩护进入了繁荣期。

(二)刑事辩护之基本属性

通过上述对刑事辩护制度历史演变的描述,至少可以得出以下几点:

1. 辩护权是一种自然权利

辩是诉的本能反应,作为一种事实现象,它普遍存在于各个历史时期以及现代三大诉讼程序之中。在人权之生命权、健康权、自由权等诸多内容中,被追诉人的辩护权是存在于其中的一项特殊权利,他是被追诉人作为人的一项天然权利或曰自然权利。

2. 律师辩护权是一项延伸权利

从本源上看,辩护权属于被指控人本人。社会专业分工和经济发展变化,使得被指控人行使辩护权的障碍越来越大,只有借助于专业人员的辩护救济,才能将被指控人的辩护权真正还原为一种现实权利。从此意义上讲,辩护律师的权利来源于被指控人的权利。现代刑事诉讼活动中辩护律师相对独立的诉讼地位是在辩护制度的发展中形成的。

3. 辩护权是一项发展中之权利

作为被追诉人的权利是一种自然权利,在不同的历史条件与制度背景之下,辩护权的体现形式虽有差异,但从总体上讲,刑事辩护经历了一个从无到有,从强调被追诉人权利到兼顾被害人权利的过程,同时对被追诉人的保护也在不断强化与完善。"刑事诉讼的历史就是扩大辩护权的历史",①就是这样的一个描述。

4. 辩护权具有实体辩护与程序辩护之双重内容

实体辩护的内容包括被指控人不在犯罪现场、被害人同意或过错、陷入圈套、被迫、过失、未成年、精神异常、防卫等,程序辩护的内容是为被指控人在诉讼程序上应当享有的诉讼权利受到侵犯而抗辩。

5. 辩护权是一项被普遍承认之权利

尽管世界各国的政治体制、社会制度、意识形态、文化传统不同,但是,被指控人有权获得辩护却是各国公认的法律原则,并且得到国际社会的高度认同。一般认为,被指控人的辩护权在普通法系当事人主义诉讼模式下较大陆法系职权主义诉讼模式下更充分,时下,两大法系的融合使被指控人的辩护权呈现出扩充完善趋势。

三、刑事辩护定位理论反思

刑事辩护的定位,既包括刑事辩护的功能定位,又包括辩护律师的角色定位。

(一)刑事辩护功能定位

刑事诉讼结构是指国家专门机关在当事人和其他诉讼参与人

---

① [日]田口守一:《刑事诉讼法》,刘迪、张凌、穆津译,法律出版社 2000 年版,第89页。

的参加下进行刑事诉讼的基本方式以及专门机关、诉讼参与人在刑事诉讼中形成的法律关系的格局①或者是由一定的目的所决定的，并由主要诉讼程序和证据规则中的诉讼基本方式所体现的控诉、辩护、审判三方的法律地位和相互关系。②可见，刑事诉讼的基本含义就包括了控诉、辩护、审判三方在刑事诉讼中的法律地位和相互关系。当今世界分为以法国和德国为代表的大陆法系的职权主义的诉讼结构，以英国和美国为代表的普通法系当事人主义诉讼结构和以日本为代表的以当事人主义为主、职权主义为辅的混合式诉讼结构三种基本模式。一个国家采取何种刑事诉讼结构模式，取决于其价值取向。古今中外，任何一个国家在设计其刑事诉讼结构时，都不得不在惩罚犯罪与保护人权，实体公正与程序公正的价值目标间进行选择。职权主义强调社会安定和社会秩序，把国家和社会的利益作为第一位的选择，更注重惩罚犯罪。因此，在刑事诉讼中就限制辩护方的权利，在刑事诉讼结构中辩护方的地位就低于控诉方和审判方。当事人主义强调个人尊严、个人利益至上，当个人利益与国家利益发生冲突时，优先选择个人利益，重视人权保障和程序公正。因此，在刑事诉讼中限制代表国家的控诉方和审判方权力，扩张辩护方权利，在刑事诉讼结构中辩护方的地位与控诉方、审判方完全平等。从当今刑事诉讼的发展来看，任何一个国家进行价值目标选择时，都不能采取单一化和极端化，而应采取价值均衡原则，兼顾当事人主义和职权主义的混合式诉讼结构模式就成了未来刑事诉讼的发展趋势。在混合式刑事诉讼结构中，是以当事人主义为主，还是以职权主义为主，应根据各国的历史文化传统，社会治安状况以及人权保护现状来确定。但从现代法治的发展趋势看，更强调人权保护，以当事人主义为主的混合式刑事诉讼结构应是更好的选择。

　　我国的刑事辩护的功能和刑事诉讼结构模式同样取决于我国刑事诉讼的价值取向。过去，在相当长的一段时间中，由于受极

---

① 陈光中主编：《刑事诉讼法学》（新编），中国政法大学出版社1996年版，第10页。
② 李心鉴：《刑事诉讼构造论》，中国政法大学出版社1992年版，第7页。

"左"思想的影响,我国对刑事诉讼的价值取向一直是打击犯罪,保护人民,维护社会秩序,刑事犯罪是敌我矛盾,刑事诉讼法是对敌人专政的工具,刑事被追诉人是专政的对象,刑事诉讼中辩护权有限,控诉方、审判方有着强大的职权,共同对刑事被追诉人实行专政。在刑事诉讼结构中,辩护方与控诉方、审判方的地位完全不平等,是超职权主义的刑事诉讼结构。随着我国经济建设的发展,社会主义市场经济的确立,法治建设也随之不断发展,许多现代法治观念被逐渐引入,尤其是世界范围内的人权保护观念引起我国重视,刑事诉讼的价值取向增加了保护被追诉人人权功能。因此,1996年《刑事诉讼法》修改时吸收了当事人主义的一些内容。但由于对人权保护认识的不到位,只是在审判阶段引进了当事人主义的辩论模式,侦查、控诉阶段仍然实行职权主义,辩护权的内容并没有增加,控辩双方的地位仍不平等。在此基础上,2012年《刑事诉讼法》修订时将"国家尊重和保障人权"写入法条,完善了律师辩护制度、建立了非法证据排除规则等具有人权保障色彩的制度。2018年《刑事诉讼法》的修改在法条中新增了值班律师制度来保障被追诉人权益,但由于其职能设置不全面,该制度只在表层解决了法律援助的"覆盖"问题,却无法使其真正获得有效辩护。2017年6月,"两高三部"联合发布了《关于办理刑事案件严格排除非法证据若干问题的规定》,确立了重复性供述的排除规则,将申请非法证据排除纳入法律援助的范围,保障律师调查取证权。这些具有重要意义的规定也被2021年修改的《最高法司法解释》所吸收。但这些修改依旧没能在侦查、控诉阶段实现辩方地位的有效突破,在侦查阶段如强制措施的使用仍缺乏必要对抗因素,在审查起诉阶段如对于律师意见的听取也缺乏强制性规范。可以说,刑事诉讼法的几次修订吸收了当事人主义的因素,但没能根本改变职权主义的诉讼结构。

  我国这种在审判阶段实行当事人主义的控辩双方对等与在侦查、起诉阶段实行职权主义的控辩双方地位完全不平等的畸形结构,使刑事辩护在实践中遇到了尴尬的局面。一方面,在侦查、起诉阶段,没有充分辩护权保障的辩护方,不能充分地收集证据,控诉方依据其强大的职权能够收集到足够的证据;另一方面,在审判阶段却要求二者平等对抗,这显然是不公平的。

(二)辩护律师角色定位

刑事辩护权主要是通过律师的执业活动行使的,因此对辩护权的深入研究不能不考察作为辩护权主体的律师。刑事辩护律师的角色定位是指辩护律师在刑事诉讼结构中所处的地位。这是律师制度存在与发展中的一个最基本的问题,同时也是最重要的问题。对律师的角色或者说是职责进行怎样的定位,影响着刑事辩护在一个国家的法制运行中能够在多大程度上发挥作用。

1979年《刑事诉讼法》制定的时候,刑事诉讼程序被设计为政策执行的工具和阶级斗争的工具,在这种体制下,律师除了维护委托人的利益之外,还必须维护国家和社会利益,所以,刑事诉讼中的辩护律师就不仅仅是被告人利益的代表者,在特定的场合下,他还要代表国家利益和社会公共利益。但这种意识形态上将律师视为公共利益的代表的观念促使决策者同时在稍后不久颁布的《律师暂行条例》中将律师定位为国家工作人员。在我国法制尚不健全的情况下,将律师规定为国家的法律工作者,无疑使律师具有了较大的权威性。而且,律师作为国家法律工作者对改变人们不正确的传统观念,确立律师与法院审判员同等法律地位,是有利于发挥律师的作用,是保证律师执行职务,开展业务,保障律师自身合法权益的有效措施。[1]

1997年起施行的《律师法》将律师界定为依法取得律师执业证书,为社会提供法律服务的执业人员,即社会法律工作者。律师的角色不再被定位为公共利益的代言人,也就是说,律师已经可以不再过多地考虑遥远的国家利益和社会利益,而是更多地强调律师代表其委托人的利益。应该说,这一定性比国家法律工作者更为科学,从国家法律工作者到社会法律工作者的转变,表明我国对律师性质认识上的一大飞跃,具有历史进步意义。[2]

但是这一变化却带来了一系列消极的后果。将律师界定为国

---

[1] 陈卫东:《中国律师学》,中国人民大学出版社1990年版,第52—53页。
[2] 陈兴良:《为辩护权辩护》,载《中美"律师辩护职能与司法公正"研讨会论文集》,第128页。

家工作人员实际上是将律师置于与检察官、法官平等的位置上,从理论上说,检察官和法官有更多的理由将律师视为内部人,而不是外部人。因此,律师的权利也能够得到官方的尊重。然而修改后的《律师法》中,将律师不再视为国家工作人员,相应地,律师更容易被检察官、法官视为外部人,所以,在律师的执业活动中,公、检、法的人员尤其是公、检部门的人员认为"律师是异己分子""是来找茬的"远不是个别与少数。律师是非公有制中介机构中社会法律工作者,多数公众更认为律师和"个体户"没有什么区别。

(三)达马斯卡理论之启示

任何一套现代制度的设计和运行的背后都有一套与之相应的价值理念的支撑,辩护制度在我国司法实践中遇到的压力与阻碍说到底仍是一种司法观念的问题。根据诉讼模式理论,对一个国家之诉讼模式起决定性影响的因素是国家意识形态和司法官僚结构。① 笔者认为,辩护律师作用之大小及刑事辩护功能之强弱,与一个国家的司法官僚结构和意识形态紧密关联。

1. 司法官僚结构分析

达马斯卡把司官僚架结构分等级模式与同位模式两种类型。他认为,在等级模式的司法官僚结构下,职业化的官僚以及长时期的任职,均不可避免地导致专业化和程式化,而这些又导致法官划定一个他们认为属于他们的领域的区域,并发展出内部之间自我认同的身份意识。逐渐地,内部人和外部人之间的区别变得严格化,从而外部人对程序的参与对法官而言变得无关紧要。② 在这种司法官僚结构之下,辩护律师的作用会由于这种司法官僚结构的限制而受到影响。

与之相对应,理想的同位模式结构由未受过法律训练的外行人组成法官,这些外行人只是临时的在有限的时间内履行当局的职

---

① Mirjan Damaška, *The Faces of Justice and State Authority*, New Haven and London: Yale University, 1986.

② Mirjan Damaška, *The Faces of Justice and State Authority*, New Haven and London: Yale University, 1986, pp. 18-22.

责,内部人和外部人的区分因而并不明显。① 在这种模式结构之下,辩护律师的作用就得到极大的加强。

2. 意识形态分析

达马斯卡把意识形态也分两种类型,即保守主义意识形态与激进主义意识形态。在一个保守的国家,国家的职责仅在于为社会的交往提供一个框架,政府通常被称为最小主义的政府,其职责仅仅在于保护社会秩序和解决不能由当事人自己解决的纠纷。在诉讼中程序规则仅仅是当事人应当遵守的一种规则,公平成为涉及法律程序的主要考虑因素。为了实现诉讼程序的公平,必须要为当事人配备平等的武装。因而,保守主义的国家通常选择为较弱的一方提供律师帮助,从而,律师的角色就是热情地维护他的委托人的利益,并且这一利益也应当由其委托人来界定。②

与保守主义国家相反,在一个激进主义意识形态占据主导地位的国家,国家和政府有权为社会设定目标,并且有权在全国范围内执行它的意识形态。如果说保守主义的国家是将它的政府功能限定于维持社会的平衡,那么,激进主义的国家则允许政府侵入公民生活的各个领域。相应地,这样的诉讼程序中,判决合法性主要来自于它的正确性,而不是来自于程序的公正性,所以,诉讼程序就有必要尽最大可能获得一个实体上正确的结果,而不是加强公正的观念或者保护并列的实体价值。私人律师对他的当事人的忠诚还要受制于遥远的国家利益的考量,当个人利益与国家利益发生冲突时,个人利益要服从国家利益。③ 所以,律师的作用并不彰显。

我国在 1979 年《刑事诉讼法》制定时,显然是一个奉行激进主义意识形态的国家,法律被视为阶级斗争的工具,强调社会安定和社会秩序,把国家和社会利益作为第一位的选择。为了保证国家政

---

① Mirjan Damaška, *The Faces of Justice and State Authority*, New Haven and London：Yale University,1986,pp. 23-28.
② Mirjan Damaška, *The Faces of Justice and State Authority*, New Haven and London：Yale University,1986,pp. 73-146.
③ Mirjan Damaška, *The Faces of Justice and State Authority*, New Haven and London：Yale University,1986,pp. 80-180.

策的执行,司法官僚体制也被设计为纯粹的等级模式,这种模式天然的排斥辩护律师作用的发挥。1996年修改的《刑事诉讼法》,诉讼模式虽然更多地体现了保守主义意识形态的因素,一些制度的设计也都在一定程度上体现了程序正义的思想,但是,从总体上看,中国仍然不是一个保守主义意识形态占主导地位的国家,同时,由于长期存在的"官本位"思想,司法官僚结构也没有发生实质性改变,这些都从根本上影响了政府与公众对于辩护律师功用的认识,成为严重影响辩护律师作用发挥的观念原因。2012年《刑事诉讼法》则更多地体现了保守主义的意识形态,较过去更为强调程序正义,比如设立非法证据排除规则、程序违法导致的再审等,也注意刑事诉讼在纠纷解决方面的作用,比如确认刑事和解制度。从规则设计上看,本次修法在追求程序正义方面进步较大,律师权利有所扩张,但是,律师依然被排斥在法律职业共同体之外。2018年《刑事诉讼法》主要是为应对司法改革的迫切需要,是一次"有针对性"的修法,如调整检察职能,为改革和完善国家监察体制提供法律依据;基于惩治外逃犯罪需要,建构缺席审判制度;总结试点经验,规定认罪认罚从宽程序和速裁程序;建立值班律师制度等。但总体来看,司法官僚的整体性结构依然没有发生根本改变,辩护律师地位与作用的充分认识与发挥还有待刑事诉讼进一步发展。

(四)对我国刑事辩护功能与辩护律师角色之重新定位

相当长的一个时期以来,关于律师的角色定位、特别是辩护律师的功能与定位成为理论与实务界关注的热点问题,也是笔者关注已久的问题。

1. 反思性认识

按照我们习以为常的思维模式,仿佛每个人对自己准确"定位"后,即可各守本分,社会亦可和谐发展。但实际上,律师的定位并非凭借某种浪漫的理想进行,更不能将定位的参照系确定为西方国家那群同样被叫作"律师"的人所处的社会地位。比如,有学者称"社会正义的工程师——这就是律师理想的职业形象",然而,这一上帝式的论断让我们仍然充满困惑,其含义究竟如何?这一理想如何实现?如果抛开一系列客观现实情况,仍然无从谈起。依据

《现代汉语词典》的解释,工程师是能够独立完成某一专门技术任务的设计、施工工作的专门人员。公、检、法、律作为社会正义的共同守护者,均是履行不同专门职能的工程师。如果仅将律师的职业形象定位为社会正义的工程师,那么,警察、检察官、法官的职业形象就不能定位为社会正义的工程师吗?反之,如果警察、检察官、法官的职业形象也可以定位为社会正义的工程师的话,仅仅指出律师的职业形象是社会正义的工程师又有何意义?况且,律师与工程师是专业技能不同的两种职业,用一种职业形象标准对另一种职业形象作出要求,又有何说服力?

笔者认为,所谓定位,是在一系列现实与环境条件下的定位,其内容表现为对一系列相互关系的阐释。

现代法治社会,律师都不同程度地面临所谓"职业道德与社会道德之间的冲突",在我国这一情况似乎尤其明显。实际上,这种冲突根源于法律与道德之间的永恒对峙。法律与道德之分离是人类通往正义之路上不得不面对的一个现实,也是西方法律传统的一个主要特征。站在纯粹道德的立场上看,法律是不完美的,但又是不可或缺的;而且这种不完美的法律必须借助于一大群人参与其中才能运转,律师便是这一人群当中的一分子。因此,谈到律师的定位时,需要关注的第一个问题是律师与法律之间的关系。

马克思说,法官除了法律就没有别的不同。[①] 其实,对于包括律师在内的其他法律人而言,又何尝不是如此?律师作为为社会提供法律服务的职业人员,其执业的一个基本前提便是依据法律,律师提供的法律服务构成整个法律体制运行中的一环。

但是,说到律师与法律之间的关系时,还有另外一个方面也是不容忽视的。那就是,站在律师的角度看,法律不仅是需要律师去贯彻的对象,而且一套成熟、完备的法律对于律师还构成了一种强有力的保护。西方法律传统中,律师普遍都是一个不受世人欢迎的角色,但律师行业却能够在不断的谴责声中逐渐发展壮大。究其原因,是律师在提供法律服务的同时,又时刻处于法律的保护之下。

---

① 《马克思恩格斯全集》(第1卷),人民出版社1995年版。

这种保护将律师与纯粹道德隔离开来,提高了其面临纯粹道德性批判时的免疫力。

不得不承认,我国现行法律尚不足以为律师提供足够的保护,律师常常发现自己动辄就陷入了"冒天下之大不韪"的境地。其原因在于法律原本就不具有权威地位,当法律都屡屡被嘲讽、被轻视的时候,律师的处境必然举步维艰。从这个角度来看,我们理想中那个以维护委托人利益为目的律师形象,仍然还是很遥远的,其根源并不在于律师自身,而在于法律。

有学者指出:"律师关注的焦点是委托人的利益,而非社会的公共利益,所谓社会正义的实现,可以留给一只'看不见的手'去操纵。"但这种论断恐怕太过理想化了,当法律的权威缺失之时,正义的市场上那只"看不见的手"也就失灵了。至少在现阶段,这种完全以对抗制理念为前提的论断是很难照搬到我国的。因此,本书关注的第二对关系是律师与其他法律职业之间的关系。即在现阶段,律师应当以何种方式参与到实现社会正义的事业当中。

律师是所谓"法律职业共同体"中的一个组成部分,这一点已为学界所认同,但是,律师与其他法律职业之间究竟应当是怎样的关系,对于明确律师的定位而言尤其重要。世界各国的诉讼模式存在千差万别。在笔者看来,这种模式的区别实质上无非是各个法律职业之间分工的不同,每一种模式其实质就是一种分工方式。

站在这一角度上看,律师的定位也就并非仅仅一种选择。总体而言,对抗制诉讼模式的前提条件之一,是存在一支历史上形成的强大的律师队伍,因此,更多的工作得以交由律师去完成。而职权主义诉讼则是把更多的责任加给了司法机关,律师承担的工作相对减少。但无论采取哪一种分工方式,最终目的都是一样的,即社会正义的实现,这才是根本。

我国目前司法改革中存在一种危险倾向,是将对抗制诉讼之下的法律职业分工模式当作唯一真理在我国鼓吹,从而忽视了客观现实条件的差异。许多律师原本无法完成的任务,被以"加强当事人对抗""提高诉讼效率"为名赋予了律师。其后果使得律师要么难以有效维护其委托人的利益;要么不惜逾越法律界限,铤而走险。

1996年修订《刑事诉讼法》时,将许多原本由司法机关承担的任务交到律师手中,看似赋予了律师更多的权利,但在实施过程中才发现这些权利都成了"空头支票",从而造成当事人权利保护的更多真空地带。对于这一问题,法学界和法律界其实并没有进行深入反思,2012年《刑事诉讼法》及2018年新修订的《刑事诉讼法》进一步增加了律师的"职权",赋予了律师更多权利,但是真空地带存在的现状依旧没有改变。

总之,我国现阶段的律师职业仍然处于逐步发展阶段,他真正所能起到的作用是有限的。在这一条件下,诸如所谓"社会正义的工程师",所谓"看不见的手"等,仍然还只是一种"看上去很美"的理想。我国律师业需要的是来自方方面面的善意且有效的支持与扶助,而非一些激动人心的口号。只有如此,律师所提供的法律服务才是真正有效的。

2. 用法治之思想规范刑事辩护

从人权保护的角度出发,刑事诉讼中保护被追诉人人权的内容的增加已成为世界范围的发展趋势,世界各国通过对两次世界大战的反思,都深刻认识到专权统治对人性的摧残和压迫,深感保护个人权利的重要性。公正的程序、权力的制约,是反对专权、保护个人权利的基本手段,是现代法治观念的基本内容。因此,我国刑事诉讼中增加保护被追诉人人权是大势所趋,在刑事诉讼结构中自然要提高辩护方的地位,扩充辩护方的权利,这种地位的提高应是诉讼各阶段全方位的提高。特别是以立法变动的方式,确立刑事辩护在侦查与审查起诉阶段的地位与功能,彻底改变我国现阶段刑事辩护的地位在刑事诉讼中、前、后不一致的局面。

诚然,近些年在我国刑事辩护领域中,出现了一些比较极端的现象,诸如刑事辩护律师"死磕"。辩护律师"死磕"的方式有很多种,比如因为诉求没有得到实现,便在法庭上不发表辩护意见;又如阻挠法庭开庭审判等。从行为上来看,"死磕"行为当然应当被否定,律师在庭审保持沉默,既有违直接言词原则、有违职责要求,也不利于法庭查明案件事实、不利于维护当事人的合法权益,更不是辩护的上策,不利于律师事业的发展。① 但细究其行为原因,在笔者看来,律师"死磕"现象是中国司法制度转型时期传统法律文化与现代法治文明及法治建设现实碰撞交织的一种综合反应。虽然"死磕"是律师与公安司法机关及其工作人员矛盾升级的一个结果乱象,但是律师"死磕"也着实暴露出了我们制度设计与制度运行中的若干不足,"死磕"或许能让我们看到法治中国建设中一些乱象之下更深层次的问题。② 对于这种现象,虽不用大惊小怪,但也要全面分析,探寻现象背后刑事诉讼运行机制的原因,从而用法治思想规范刑事辩护,而不是简单否定。

3. 用法治之观念认识辩护律师

在我国,辩护律师虽然是被追诉人的法律帮助者,是他们合法权益的保护者,但由于职权主义诉讼模式的影响,律师并不是完全站在被告人的立场上的,同时站在国家和人民的立场上,强调积极维护国家法律的实施。于是经常出现这样的尴尬情况:一方面,律师接受被告人的委托,与被告人之间存在一种商业性雇佣关系,他因此应当服务于被告人的利益;另一方面,他又负有维护法律和司法公正的职责,应当将自己的辩护观点建立在法律和事实的基础上。这其实是违背律师设立的初衷的,设立辩护律师的原因之一就是为了平衡追诉方与防御方的力量,但在实际上,辩护律师的参与很难说是加强了平衡还是加剧了不平衡。③

从总体上讲,律师应当主要成为私权利的维护者,即在现行法律规定的框架中,依法最大限度地维护委托人的利益。"一个高效、廉洁的政府虽然可以体恤民情,造福于百姓,却不可直接代表公民个人去与自身的权利抗衡,只有律师才可以起到这种作用。司法机关公正裁判的基础,是兼听则明和权利的制约,而律师制度正是维

---

① 参见冀祥德:《律师在法庭上能否保持沉默》,载《检察日报》2014 年 8 月 11 日,第 03 版。
② 参见冀祥德:《律师缘何"死磕"》,载《中国司法》2013 年第 9 期。
③ 赵旭光:《辩护律师的职责、保密义务与作证拒绝权》,载《中美"律师辩护职能与司法公正"研讨会论文集》,第 331 页。

系这个基础的有效保障。"①

辩护律师应当完全代表被告人的利益,根据法律来为被告人进行无罪或者罪轻的辩护,同时也不能实施任何不利于被告人,可能使被告人承担任何不利后果的行为。维护法律和司法公正不应当是律师的职责,当然这样讲并不是说律师就可以置法律与司法公正于不顾,因为律师的职务行为也是有底线的,这个底线就是法律的禁止性规定。关于辩护人与公诉人在刑事诉讼中的不同目的,学者蔡墩铭先生曾做过一个精辟的说明:"辩护人为被告正当利益之保护者,亦即为保护被告之利益而附带协助刑事司法之公正实施,在此意义下,辩护人处于公益地位。然而辩护人之公益地位异于检察官之公益地位,盖检察官为站在具体国家目的之立场为追诉犯罪,借以维持社会秩序,但辩护人仅为保护被告之正当利益,以免无辜之人受国家处罚,或返轻罪者受罪重之处罚,是其所关心者仅为个人之保护,不在于全社会之保护,由此可见,二者之公益地位所着重者,不完全相同"。②

1996年《刑事诉讼法》的修改虽然吸收了当事人主义的一些内容,但由于对人权保护认识的不到位,只是在审判阶段引进了当事人主义的诉讼模式,侦查、控诉阶段实行的仍然是职权主义,甚至是超职权主义,刑事辩护功能的缺失成为立法的一大缺陷。在这里,刑事辩护功能与地位在立法中的缺陷,直接导致了辩护律师作用受限和诉讼地位畸形。时隔多年,即使是在2012年和2018年《刑事诉讼法》修订时,实际上我国也并没有对此在立法上的多大幅度的调整。在侦查、控诉阶段中,职权主义因素仍占据重要地位,对审前程序进行诉讼化改造的呼声不绝于耳,在近年来的以审判为中心的诉讼制度改革中,这种观点更是广为讨论。不论诉讼化改造是否应当或者可能实现,但至少在审前阶段加强对刑事辩护功能保障已经成为当下刑事诉讼制度改革的一个重点问题。当然,这有待于《刑

---

① 田文昌:《关于律师职责定位的深层思考》,载《中美"律师辩护职能与司法公正"研讨会论文集》,第397页。
② 蔡墩铭:《刑事诉讼法论》,台北,五南图书出版公司1999年版,第98页。

事诉讼法》的进一步修改与调整。笔者经常在可以代表律师发言的国际、国内会议上强调：国家（社会）需要律师，还是个人需要律师？律师是为了个人辩护，还是为了国家（社会）辩护？这是一个值得认真思考的问题。

4. 再论律师地位的"车轮说"

的确，在笔者看来，中国刑事辩护制度的发展处境已大为改善，但仍处于关键时期，依然是制约中国法治进步的瓶颈。在"木桶理论"中，木桶的容量取决于最短的那块木板。法治是社会制度木桶中最短的木板，而在法治的木桶中，刑事辩护则是其最短的那块木板。要解决这个问题，除去在《刑事诉讼法》的和《律师法》的修改中，对于刑事辩护的功能与辩护律师角色予以合理定位，对于辩护律师的权利予以必要的扩张之外，更重要的是在于我们整个社会对人权保障意识的提高。换句话说，要想提高刑事辩护律师的地位必须首先提高被追诉人在刑事诉讼中的地位，这是因为，辩护权源于被告人的权利，如果被告人的权利得不到重视，辩护人的权利也就无从谈起。而仅就辩护律师的权利而言，对辩护律师地位的正确认识是完善辩护制度的一个重要前提。至今，人们对于律师的定位依然是模糊，甚至是错误的。达马斯卡理论关于内部人和外部人的划分，其实给了我们一个对律师地位的总体性认识：如果把律师划定为法律职业共同体的异体的话，那么显然对律师的地位的认识是错误的，由此而谈辩护制度的完善也是不可能的。

笔者在过去的研究中，先后发表多篇文章，从不同的角度关注这些问题，例如《政法论坛》2004 年第 6 期的《中国刑事辩护的困境与出路》、《人民司法》2005 年第 6 期的《中国刑事辩护本体省思》、《中国司法》2006 年第 9 期的《刑事辩护本体属性有效辩护准人制度——兼论刑事诉讼法修改若干问题》、《北方法学》2007 年第 2 期的《中国刑事辩护制度发展的命运》;《清华法学》2012 年第 6 期的《刑事辩护准入制度与有效辩护及普遍辩护》等。在笔者的论述中，多次提出了律师在法治进程中的"车轮说"，鲜明而形象地指出了中国律师在国家法治建设中不可或缺的地位与作用。

其实，只要大致浏览一下笔者的相关文章，即可发现，所谓"公、检、法、律是推进社会法治进程不可或缺的四个车轮"的提出,是建立在现代法治视野之下,在对我国法律职业共同体理性构建的背景中,从对我国立法中刑事辩护功能定位和司法中辩护律师角色定位的反思与重构的基础上提出的。

现代法治社会,律师都不同程度地面临所谓"职业道德与社会道德之间的冲突",在我国这一情况似乎尤其明显。实际上,这种冲突根源于法律与道德之间的永恒对峙。法律与道德之分离是人类通往正义之路上不得不面对的一个现实,也是西方法律传统的一个主要特征。站在纯粹道德的立场上看,法律是不完美的,但又是不可或缺的而且这种不完美的法律必须借助于一大群人参与其中才能运转,律师便是这一人群当中的一分子,或者使法治之车能够正常运行的四个车轮之一。

基于上述分析,笔者认为在法治视野之下的法律职业共同体中,公、检、法、律是推进社会法治进程不可或缺的四个车轮,缺乏现代辩护律师制度的刑事司法制度,永远不可能驶入现代法治的轨道。为此,司法机关包括公安机关必须改变过去长期以来形成的那种律师参与刑事诉讼,会给侦查、起诉、审判工作造成困难的观念,树立律师参与诉讼是为了保障被追诉人的合法权益、保障程序公正的现代法治观念,在刑事诉讼中平等地、善意地对待辩护律师,与辩护律师携手并肩,共同推动我国法治建设的进程。

由此可见,笔者提出的"车轮说",旨在形象地说明律师在我国法治建设过程中作为法律职业共同体构建的不可或缺的地位与作用,并没有将其与公、检、法的关系界定为有人所理解的"长方形"结构。况且,对于刑事诉讼中的"三角形"诉讼结构,我国刑事诉讼法学界早有全面而系统的论述,何须赘述? 当然,如果有人非要说车辆不止仅有四轮,还有两轮车、三轮车、六轮车、多轮火车等,对于这种研究问题的方式,笔者则只有保持沉默了。

四、控辩平等与有效辩护

辩护制度乃现代法治国家法律制度的重要组成部分,其鲜明地代表着一个国家诉讼制度和司法机关执法的民主性和公正性程度。

美国学者阿伦·德肖薇茨曾经指出:"一国是否真的自由,试金石之一是它对那些为有罪之人、为世人不耻之徒辩护的人的态度"。①在控辩平等原则要求下,不仅要有辩护制度,而且必须要有完善的辩护制度。

(一)有效辩护概念之提出

对于一个国家稳定和信誉最重要的制度莫过于刑事司法制度。而一个国家的刑事司法制度的质量又依赖于辩护律师能否真正履行好刑事辩护的职责。即使在英美这样法治发达的国家,政府对于律师的辩护工作也常常加以干涉,公众对于辩护律师的作用也会产生误解。美国自 2001 年 9 月 11 日恐怖事件以来,政府开始试图在涉及国家安全的事件中限制律师的作用。正如美国纽约大学法学院教授杰罗姆·柯恩在一次"中美律师辩护职能与司法公正研讨会"上所言,美国在重大刑事案件中为被告人提供充分而有效的辩护方面还有漫长的路要走。英国被追诉人接受律师帮助的权利,曾经一度被称为被追诉人权利的"一块橡皮图章"而已。有研究者就 1984 年《英国警察与刑事证据法》实施后,被追诉人享有的律师帮助问题进行了专门调查,研究发现,有 1/4 案件的律师只是通过电话对被追诉人提供帮助,而在提供法律援助的案件中,有不少于 44% 的案件律师只是通过电话为被追诉人提供帮助。尽管被追诉人自己聘请的律师能比法律援助的义务律师更负责任,只有 17% 的案件是通过电话而完成保证任务的,但是这些律师更愿意通过向警察署寄送法律意见的方式完成帮助任务。② 可见,虽然获得律师的辩护是公认的被指控人应当享有的一项基本诉讼权利,也得到了包括国际公约、准则、文件和各国刑事立法的一致确认,但是,能否获得有效的律师辩护,则是另外一个层面意义的问题,而且,这不仅是中国的问题,同时也是世界的问题。有鉴于此,在关于被追诉人权利保障之研究中,特别是在当下我国刑事辩护正处于"黎明前的黑暗"时期,既有辩护环境问题,又有辩护主体原因,提出"有效辩护"

---

① 转引自陈卫东主编:《刑事诉讼法》,中国人民大学出版社 2004 年版,第 132 页。
② Lee Bridges, Jacqueline Hodgson, Improving Custodial legal Advice, Criminal Law Review,103,1995.

的概念,其意义当值首肯。

(二)无效辩护制度之启示

有效辩护是与无效辩护相对而言的。在英美等对抗制国家,无效辩护制度已经确立 20 多年的时间。1970 年,美国最高法院在理查森(Richardson)一案中,将被告人获得律师帮助的权利解释为"获得有效辩护"的权利。[①] 1984 年,在斯特力克兰(Strickland)一案中,确立了律师无效辩护的判断标准。其一,律师的辩护行为必须存在缺陷,且该种缺陷明显低于合理的客观标准;其二,律师存在缺陷的辩护行为导致了被告人的辩护不利后果,即没有该律师存在缺陷的辩护行为,诉讼结果将会不同。[②] 英国的无效辩护制度起源于判例法。据考证,在英国刑事上诉法院设立时,总检察长就说:"如果被告人律师的辩护行为是失职的,辩护律师没有提出其应该提出的问题,并且应该举出的证据没有举出,那么所有的这些问题将能够导致上诉法庭对该案件进行审查,并且对有罪判决是否成立作出判决"。[③] 在英国,律师对诉讼的准备不够充分,律师的能力缺陷,律师没有给予被告人适当的法律意见,律师在审判中没有传唤应当传唤的证人出庭作证等,都可以成为被告人在上诉程序中提出无效辩护申请的理由,要求上诉法院裁判其在审判过程中获得的律师辩护无效,侵犯了其获得有效律师辩护的权利。对此,上诉法院将根据相关的证据和标准对被告人的无效辩护申请进行审查。如果上诉法院认定律师的辩护是无效的,将撤销对被告人的定罪判决,对此案件再进行一次审判。

显然,无效辩护制度具有对有效辩护的保障功能。该保障功能

---

① McMann v. Richardson,397 U. S. 759(1970)。转引自林劲松:《对抗制国家的无效辩护制度》,载《环球法律评论》2006 年第 4 期。

② 例如,在作有罪答辩的情况下,被告人可以主张如果没有律师有缺陷的辩护行为,将不会作有罪答辩而会坚持接受审判;在没有及时提出上诉的情况下,被告人可以主张辩护律师没有就上诉问题与其沟通,否则将会上诉。Strickland v. Washington,466 U. S. 668,1984. 转引自林劲松:《对抗制国家的无效辩护制度》,载《环球法律评论》2006 年第 4 期。

③ [英]麦高伟、杰弗里·威尔逊主编:《英国刑事司法程序》,姚永吉等译,法律出版社 2003 年版,第 446 页。

一方面是以权利救济的方式实现的,通过无效辩护申请的提起,对律师侵害其获得律师有效辩护的权利予以救济;另一方面,无效辩护制度对有效辩护的保障体现为预防侵权的功能,既对律师的执业行为予以警示,促使律师提高辩护质量,又会使得法官主动干预和制止显而易见的无效辩护行为。因为,"如果法官面对非常明显或极端恶劣的无效辩护却视而不见,不进行必要的干预,那么损害的将不仅仅是被告人的个人利益,而且是整个司法制度和公众对法院的信任程度"。[①] 在我国的刑事辩护制度中,还没有有效辩护的概念,更谈不上无效辩护制度之存在。在控辩平等原则构建下的刑事诉讼制度中,借鉴英美国家辩护制度的成功经验,建立有效辩护保障机制是十分必要的。

(三)我国律师辩护之现状调查

中国现代刑事辩护制度较侦查、起诉、审判制度起步较晚,在多元权力和利益的博弈中,刑事辩护制度的构建、发展一直不断面临重重障碍与困难。[②] 虽然不乏律师辩护成功的要案、名案,但是律师辩护的质量较低是一个不争的事实,特别是法律援助刑事案件的辩护质量。被追诉人不满,出庭公诉人讥笑,裁判者摇头叹息,社会公众对辩护律师的信任度越来越低。笔者对此问题专门设计问卷,以烟台市 3 个看守所的被羁押人员和部分公众为对象进行了调查。调查结果如下:在被调查的 303 个被追诉人中,回答"信任辩护律师(答案一)"的 61 人,占总人数的 20.13%;回答"有辩护律师比没有好,但关键要靠自己和亲属(答案二)"的 217 人,占总人数的 71.62%;回答"辩护没用(答案三)"的 25 人,占总人数的 8.25%(见图 7-1、图 7-2)。

[①] Calia Benson-Amaln, *Protecting the Integrity of the Court: Trial Court Responsibility for Preventing Ineffective Assistance of Counsel in Criminal Cases*, 29 N. Y. U. Rev. L. & Soc. Change 425,429(2004)。转引自林劲松:《对抗制国家的无效辩护制度》,载《环球法律评论》2006 年第 4 期。

[②] 笔者曾经喻同"冰雪道路上的行车人",详见冀祥德:《中国刑事辩护的困境与出路》,载《政法论坛》2004 年第 2 期。

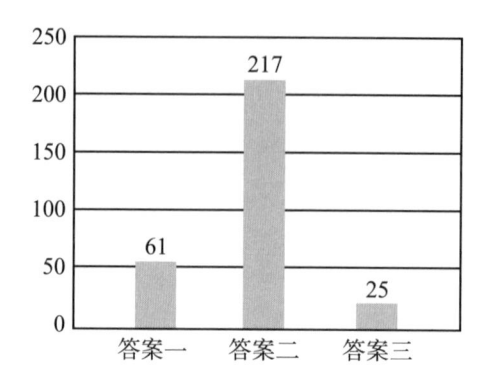

图7-1 各选项人数分布

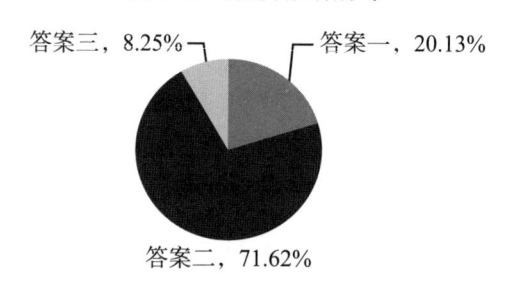

图7-2 各选项比例分布

笔者以"当前刑事辩护在刑事审判中的作用"为题,对部分社会公众进行了选样问卷调查。在被调查的100人中,回答"作用大"的6人,占总人数的6%;回答"作用小"的76人,占总人数的76%;回答"说不清"的18人,占总人数的18%(见图7-3、图7-4)。

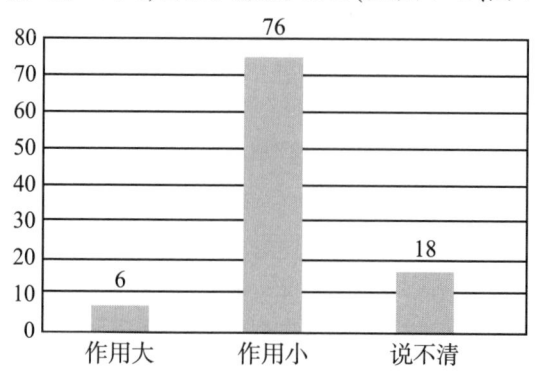

图7-3 各选项人数分布

说不清，18%
作用大，6%
作用小，76%

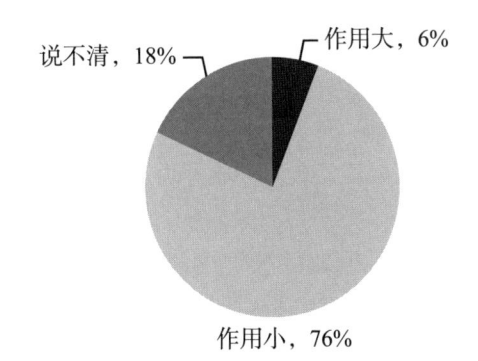

图 7-4　各选项比例分布

(四)辩护低效之原因分析

笔者将目前我国刑事辩护低效的原因概括为五大方面：

1.律师在侦查阶段之会见权的"司法阻碍"

律师会见在押的被追诉人是刑事诉讼法规定的律师的一项基本诉讼权利，是辩护律师了解案情、准备辩护以及维护被追诉人诉讼权利的前提条件。但是在之前较长的一段时间内，这一立法规定在司法中却被"依法"剥夺：一是律师会见批准制由例外变成了通例；二是侦查机关阻挠律师会见犯罪嫌疑人，以各种理由拖延安排会见时间，并对会见的时间和次数进行限制；三是限制会见内容，不允许律师向犯罪嫌疑人了解有关案件情况；另外，律师会见犯罪嫌疑人，侦查机关普遍派员到场，律师与犯罪嫌疑人的交流完全由侦查人员控制。有鉴于此，2018 年《刑事诉讼法》第 39 条 2 款明文规定：辩护律师持律师执业证书、律师事务所证明和委托书或者法律援助公函要求会见在押的被追诉人的，看守所应当及时安排会见，至迟不得超过 48 小时。这一规定对于保障律师在侦查阶段的会见权具有重要作用，在司法实践中律师会见难的问题也得到了极大的改善。但应当看到，在司法实践中会见权的行使仍存在一定阻碍：第一，2018 年《刑事诉讼法》第 39 条 3 款规定，危害国家安全犯罪、恐怖活动犯罪、特别重大贿赂犯罪的案件，律师会见需要经过侦查机关批准，而在侦查期间犯罪嫌疑人的犯罪事实并没有经过法院认定，存在诸多不确定性，该条款存在被滥用的现象；第二，"至迟不得超过四十八小时"的规定，实践中经常被异化成"四十八小时内都可以安排会见",部分看守所以合理的方式拖延会见;第三,部分案件中存在异地羁押或秘密羁押的方式,辩护律师无法知悉羁押看守机关导致会见受阻;第四,现阶段监委调查的案件律师会见权问题。

2. 律师调查举证权之行使严重受限且布满"陷阱"

调查取证是辩护律师进行有效辩护的重要方式与基础,调查取证权也是辩护律师不可或缺的重要权利之一。我国刑事诉讼法对律师取证权作了规定,但又有诸多的限制。这种限制主要表现为以下三个方面:第一,法律没有明确赋予律师在侦查阶段享有调查取证权。2018年《刑事诉讼法》第38条规定:辩护律师在侦查期间可以为犯罪嫌疑人提供法律帮助;代理申诉、控告;申请变更强制措施;向侦查机关了解犯罪嫌疑人涉嫌的罪名和案件有关情况,提出意见。但是不能调查取证。第二,辩护律师只能有限行使调查取证权。在审查起诉和审判阶段,法律虽然规定律师可以向证人、被害人或者被害人的近亲属、被害人提供的证人或者其他有关单位和个人收集与本案有关的材料,但同时又规定,向证人或者其他单位和个人收集材料必须经被调查者同意;向被害人或其近亲属以及被害人提供的证人收集材料时,除必须经这些人的同意外,还必须经过人民检察院或者人民法院的许可。这意味着律师以辩护人的身份参加诉讼后,其收集证据的权利仍受到很大的制约,一旦上述人员不同意或者司法机关不许可,就意味着辩护律师调查取证权利之虚设。第三,律师调查取证权缺乏法律保障。立法虽然赋予了辩护律师申请人民检察院、人民法院收集、调取证据的权利,但这一规定对人民检察院来说并没有实际的约束力,因为许可与否,没有明确的条件限制,人民检察院完全可以视其需要来作出相应的处理,实践中人民检察院对于这种申请往往也是不予理睬,且律师的申请被拒绝之后也缺乏相应的救济渠道。

由于法律本身存在的问题,加上当前我国公民普遍缺乏法律意识,实践中证人往往不愿作证。根据法律规定,只要证人自己不同意,律师显然是难以取证的,因此,律师在刑事诉讼中进行调查取证非常难,难以收集到有力的辩护证据。而且,律师一旦收集到与侦查机关相反的证据时,还有可能被侦查机关或者检察机关以伪证或者妨碍证据罪而被羁押甚至判刑。据悉，1996年《刑事诉讼法》修改以来，全国有数百名辩护律师因调查取证问题被拘捕起诉，而超过半数作无罪处理。面临随时可能出现的上述职业风险，大部分律师不得不放弃了刑事辩护活动的调查取证，此无疑严重影响辩护的质量。

2018年《刑事诉讼法》在一定程度上加强了辩护律师调查取证的权利，主要是源于《刑事诉讼法》第34条的规定：犯罪嫌疑人自被侦查机关第一次讯问或者采取强制措施之日起，有权委托辩护人；在侦查期间，只能委托律师作为辩护人。相比于1996年《刑事诉讼法》的规定，律师作为委托人参与刑事诉讼从审查起诉之日提前至被侦查机关第一次讯问或者采取强制措施之日。因而，辩护律师自然在侦查期间享有2018年《刑事诉讼法》第43条规定的辩护律师调查取证的权利。但这一规定在司法实践中仍旧存在较为严重的问题：2018年《刑事诉讼法》第38条列举了辩护律师在侦查期间的刑事诉讼参与方式，辩护律师在侦查期间可以为犯罪嫌疑人提供法律帮助；代理申诉、控告；申请变更强制措施；向侦查机关了解犯罪嫌疑人涉嫌的罪名和案件有关情况，提出意见。其中并无明确在侦查期间可以行使调查取证权的规定，因而导致辩护律师有限的调查取证权进一步受限，在侦查期间的申请调查取证实际被虚置，而直接调查取证的风险又没有被解除，可见辩护律师调查取证的受阻程度。

即使是在审查起诉或者庭审阶段，向人民检察院、人民法院提出申请调取证据，根据2019年《最高检诉讼规则》第52条，案件移送审查起诉后，辩护律师申请人民检察院收集、调取证据的，人民检察院负责捕诉的部门应当及时审查。经审查，人民检察院认为需要收集、调取证据的，应当决定收集、调取并制作笔录附卷；根据《最高法司法解释》第58条、第59条和第60条的规定，对于律师申请调取证据的，法院认为"确有必要的"，人民法院应当同意。但对于"需要"以及"确有必要的"，判断标准是由权力机关来确定，这就导致辩护律师在审查起诉、庭审阶段的申请调取证据的权利也面临重重困境。

3. 立法上没有规定律师之讯问在场权

辩护律师的在场权,普遍存在于现代各国的刑事诉讼之中,在刑事审判前程序中具有极为重要的功能,它不仅可以有效防止侦查人员侵犯犯罪嫌疑人的人权,抑制非法侦查,而且对于保障犯罪嫌疑人诉讼权利的及时行使,保障程序的诉讼构造,维护程序的正当性和权威性,都有十分积极的意义。① 正因为如此,现代各国刑事诉讼法多数都规定了辩护律师的在场权。② 我国侦查机关刑讯逼供现象之所以屡禁不止,除了侦查机关对口供过分依赖之外,在录取口供时缺乏辩护律师的制约也是很大原因。同时,在场权的缺失,使得辩护律师难以为被指控人提供有效的辩护。

4. 辩护律师之执业权利没有有效保障

律师的言论豁免权是联合国签发的《关于律师作用的基本原则》中明确规定的律师基本权利,目的在于使辩护律师在执业中获得了某种特权,以抵御可能来自控方的侵害,并且使律师在义务冲突中得到解脱,保障辩护律师的正常执业活动。2007 年《律师法》在修订时,增加了"律师在法庭上发表的代理、辩护意见不受法律追究"的规定,实际上就是辩护律师言论豁免权的体现,对于促进辩护事业的发展具有重要意义,2012 年《律师法》修订时也得以保留。但我国 2018 年修改的《刑事诉讼法》并没有关于律师执业豁免的规定,而且《刑法》第 306 条还针对辩护人规定了辩护人毁灭、伪造证据、妨碍作证罪,该条规定使辩护律师行使刑事辩护工作如履薄冰,生怕掉进伪证罪的深渊,极大降低了律师参与刑事辩护的热情。辩

---

① 宋英辉:《刑事审判前程序研究》,中国政法大学出版社 2002 年版,第 398 页。

② 英国法律规定除特定情况之外,对于警察对犯罪嫌疑人的讯问,律师有权自始至终地在场,并且必须进行同步录音录像。在美国,一切司法程序都必须有律师在场,否则程序的结果将是无效。《意大利刑事诉讼法典》第 350 条规定,警察应当在辩护律师的参与下从被调查人那里获得情况。虽然在特定地点和紧急情况下,警察也可以在辩护律师不在场的情况下向被调查人了解有助于立即开展侦查工作的消息和情况,但是由此而获得的消息和材料,不得列入档案并不得使用。律师不在场时,警察可以听取被调查人的自动陈述,但所获取的有关材料除用作弹劾被告人的证据外,不得在审判中使用。《法国刑事诉讼法典》第 114 条规定,讯问犯罪嫌疑人时,律师必须在场。除非双方当事人的律师在场或者已经合法传唤,不得听取当事人的陈述、讯问当事人或者让其对质,除非当事人公开放弃此项权利。

护律师的人身权利缺乏保障是实践中刑事辩护步履维艰的一个重要原因。

5. 缺乏刑事辩护准入制度

当下,关于刑事辩护制度的改革,我们听到的更多声音是对律师执业环境恶化的声讨和对执业权利扩张的呼吁,少有从律师自身的原因剖析。笔者认为,"春江水暖鸭先知",律师们的声讨与呼吁当值首肯。在律师尤其是刑事辩护律师执业风险加大、执业陷阱增多、执业权利禁锢这些问题上,律师们当然是最有发言权的。但是,中国刑事辩护律师应当进行深刻地自我反思:律师们不能仅仅强调客观,不能只想到自己的权利;律师们还应当反思主观,还应当想到自己的义务。第一,毋庸置疑,我们辩护律师中的非个别人在履行辩护律师职责上存在重大问题,受功利主义影响,在会见、调查取证等执业活动中,背离职业道德、违反执业纪律的问题、事件屡见不鲜。第二,刑事辩护业务不精,质量不高。刑事案件辩护意见"三段论"——"初犯、偶犯、认罪态度好""一份辩护词天天讲",辩护意见谈不到关键要害上。第三,刑事辩护资格门槛过低,甚至没有门槛,刑事辩护业务对取得司法人员资格者没有任何准入制度,刑事辩护成了初出茅庐的律师的实习业务。

对于刑事辩护功能弱化的原因分析,笔者进行了专题问卷调查。在被调查的100人中,回答"立法问题"的16人,占总人数的16%;回答"司法问题"的81人,占总人数的81%;回答"律师自身问题"的3人,占总人数的3%(见图7-5、图7-6)。

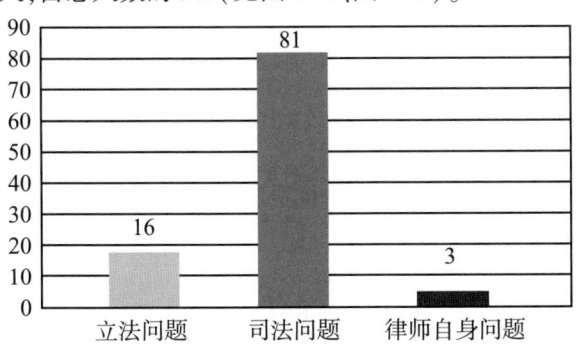

图 7-5 各选项人数分布

律师自身问题，3%
立法问题，16%
司法问题，81%

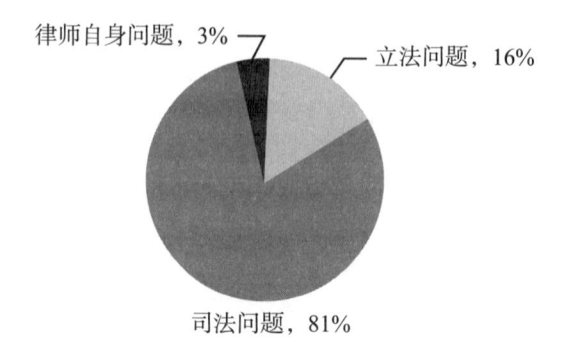

图 7-6　各选项比例分布

这个数据的得出，与笔者从事刑事辩护的亲历感知与理论分析是一致的。

(五) 有效辩护之制度保障

笔者认为，有效辩护的实现，至少需要赋予辩护律师以自由的会见权、规范的讯问在场权、独立的调查取证权、完全的阅卷权和必要的执业豁免权，并构建相应权利保障制度，特别是建立无效辩护制度。

1. 建立自由之辩护律师会见制度

主要应包括两个方面的制度：一是确保被指控人应当有充分的时间和便利选任聘请律师以及与所聘律师联系的制度，①二是确保被指控人与其律师在不被窃听、不经检查和完全保密情况下自由充

---

① 例如《关于律师作用的基本准则》第 1 条规定，律师应当在"刑事诉讼的各个阶段"为被指控人提供辩护。第 5 条规定：各国政府还应确保由主管当局"迅速告知"遭到逮捕或拘留或者被指控犯有刑事罪的所有的人，他有权得到自行选定的一名律师提供帮助。第 7 条规定：各国政府还应确保被逮捕或拘留的所有的人，不论是否受到刑事指控，均应迅速得到机会与一名律师联系，至少不得超过"自逮捕或拘留之时起的 48 小时"。《公民权利与政治权利国际公约》规定被指控人应有"相当的时间和便利"准备他的辩护并与自己选择的律师联络。《世界刑法学协会第十五届代表大会关于刑事诉讼法中人权问题的决议》第 7 条规定："辩护律师以及被羁押人所要求的近亲属或其能接近的人，应迅速被告知关于羁押被告人的事实、原因和地点。"《保护所有遭受任何形式拘留或监禁人的原则》第 15 条规定：被拘留人或监禁人与外界，特别是家属或律师的联络，"不应被剥夺数日以上"。第 17 条规定：主管当局应在被拘留人被捕后"及时告知"其有权获得法律顾问协助的权利。

分地交流案情和意见。①

2. 建立有效之辩护律师讯问在场制度

因为侦查机关与犯罪嫌疑人的力量对比悬殊,犯罪嫌疑人往往又处于被羁押状态,所以给予并保障犯罪嫌疑人在侦查讯问过程中获得律师帮助,特别是规定辩护律师享有自由而充分的讯问在场权,对犯罪嫌疑人的权利保障就尤为重要。一方面,律师介入并参与讯问过程,可以增强被讯问人的信心,平衡讯问人与被讯问人之间的力量对比,迎合平等武装的思想;另一方面,侦查讯问时的律师在场,也可以起到监督或制约侦查权滥用、防止违法现象出现之作用。②

3. 建立独立之辩护律师调查取证制度

应在法律中明确规定,律师在刑事诉讼的各阶段有独立的调查取证权;取消律师向司法机关申请调取证据的规定;规定任何人对

---

① 例如《关于律师作用的基本准则》第8条规定:"遭逮捕、羁押或监禁的所有的人应有充分机会、时间和便利条件,毫不迟延地在不被窃听、不经检查和完全保密情况下接受律师来访和与律师联系协商。这种协商可在执法人员能看得见但听不见的范围内进行。"《世界刑法学协会第十五届代表大会关于刑事诉讼法中人权问题的决议》第19条规定:"羁押中的被告人有权与其律师秘密交谈。"《囚犯待遇最低限度准则规则》规定:未经审讯的囚犯可以会见律师,警察或监所官员对于囚犯与律师间的会谈,可用目光监视,但不得在可以听见谈话的距离以内。《保护所有遭受任何形式拘留或监禁的人的原则》第18条规定:(1)被拘留人或被监禁人应有权与其法律顾问联络和磋商;(2)应允许被拘留人或被监禁人有充分的时间和便利条件与其法律顾问联络和磋商;(3)除司法当局或其他当局维持安全和良好秩序认为必要并在法律或合法条例具体表定的特别情况下,不得中止或限制被拘留人或被监禁人接受其法律顾问来访和在既不被搁延又不接受检查以及充分保密的情形下与其法律顾问联络的权利;(4)被拘留人或被监禁人与其法律顾问的会见可在执法人员视线范围内但听力范围外进行;(5)被拘留人或被监禁人与其法律顾问之间的联系不得用作对被拘留人或被监禁人不利的证据,除非这种联系与继续进行和图谋进行的罪行有关。

② 在讯问阶段,侦查人员不可避免会带有"有罪推定"倾向,并或多或少地将这种倾向表现出来。加之,犯罪嫌疑人大都不是法律专家,面对讯问时常常心惊胆战,因此,口供的真实性和自愿性在这种条件下难以保证。显然,警察"一旦发现犯罪嫌疑人是有罪的,他们就会倾向去努力证实他们的看法,而不是去检验他们的看法"。(参见[英]迈克·麦考韦利:《对抗制的价值和审前刑事诉讼程序》,载《英国法律周刊专辑》,法律出版社1999年版,第125页。)所以,只有律师参与到讯问过程中来,并且具有某种影响侦查结果的潜在可能,侦查人员才会在行使权力时有所收敛,也才会在讯问过程中对犯罪嫌疑人的人权给予适当的关怀。

律师的调查取证都有配合的义务。

4. 建立完全之辩护律师阅卷制度

建议在庭审前建立证据展示制度，控诉机关的一切证据在庭前必须向辩护方出示，保证辩护方完全的阅卷权。当然，为了确保司法公正和审判效率，控诉方和辩护方都负有向对方开示相应证据的义务，至于双方各自所应当开示的证据范围，可以根据我国当前的司法体制、诉讼程序以及辩控双方的地位等因素予以规制。

5. 建立必要之辩护律师执业豁免制度

在刑事诉讼法对于律师辩护言论豁免权确认的基础上，还必须尽快取消或者完善《刑法》第306条，①明确规定辩护律师在刑事诉讼中依法履行职责的行为和言论不受法律追究。

6. 建立规范之刑事辩护准入制度

毋庸置疑，形成我国刑事辩护目前艰难困境的另外一个不可忽视的重要因素，就是刑事辩护律师职业素质与水平的参差不齐。中国要彻底走出刑事辩护的当前窘境，除去前述角色地位的转变以及法律制度所必需的立法变动之外，还必须提高律师参与刑事辩护的"门槛"，设立规范的刑事辩护准入制度，建立刑事辩护律师专业资格，提高刑事辩护律师素质，彻底改变当前凡是取得律师职业资格的人员无论执业时间之长短、执业水平之高低均可从事刑事辩护的不正常状况，以保障刑事辩护的质量。

建立我国刑事辩护准入制度，是笔者鼓吹多年的一项律师制度改革。② 笔者预见，对于这样一项利大于弊的大快人心的制度改革，一旦变为现实，必将极大地提高我国刑事辩护的质量，有力地推动司法公正建设进程，使刑事诉讼领域中的人权得到更加全面、彻底的保障。

7. 建立完善之无效辩护制度

我国有关辩护律师执业规范的规定主要有《刑事诉讼法》《律师法》《法律援助法》以及《律师和律师事务所违法行为处罚办法》

---

① 对于取消《刑法》第306条的探讨，详见冀祥德：《必尽快取消刑法第306条》，载《中国律师》2004年第7期。

② 对于此问题，笔者将在以下作专论。

等法律、法规、规章。在这些规范中,虽然规定了辩护律师应当忠实地履行职责,如果实施损害委托人利益的行为,视情节轻重,会受到警告、没收违法所得、停止执业、吊销律师执业证书等行政处罚;律师违法执业或者因过错给当事人造成损失的,由其所在的律师事务所承担赔偿责任,律师事务所赔偿后,可以向有故意或者重大过失的行为的律师追偿。但是,对于律师提供低劣质量的辩护,立法没有给予任何回应。笔者认为,在下次《刑事诉讼法》的再修改中,应当建立无效辩护制度,以保障被告人真正获得律师的有效辩护。正如日本学者田口守一所言,"保障辩护权,首先必须保障辩护人委托权。但是,更为重要的是可以接受辩护人的有效辩护。现在的辩护权论强调的是保障辩护人委托权,今后辩护权论必须向可以接受有效辩护的辩护机制论发展"。①

五、小结

从历史考察的视角,在固属自然权利之辩护权中,律师辩护权是一项能将被指控人的辩护权真正还原为一种现实权利的派生权利。囿于激进主义国家意识形态和等级模式司法官僚结构之背景,中国法对于刑事辩护功能定位缺失,辩护律师角色定位偏颇,辩护制度结构根本性缺陷,使得刑事辩护之时下境况犹如"冰雪行车人"一般。当下中国正处在一个不可逆转的法律变革与转型时期,"有效辩护"概念的提出,使得刑事诉讼法之再修改,必须考虑构建辩护律师自由的会见制度、规范的讯问在场制度、独立的调查取证制度、完全的阅卷制度和必要的执业保障制度,同时在法律服务体制改革中,建立刑事辩护准入制度。

正如孟德斯鸠对"自由"和"平等"阐释时所言,"在共和政体之下,人人都是平等的。在专制政体之下,人人也都是平等的。在共和国,平等是因为每个人'什么都是';在专制国家,人人平等是因为每个人'什么都不是'",他还说"自由是做法律所许可内一切事

---

① [日]田口守一:《刑事诉讼法》,刘迪、张凌、穆津译,法律出版社 2000 年版,第 90 页。

情的权利;如果一个公民能够做法律所禁止的事情,他就不再有自由了,因为其他的人也同样会有这个权利"。① 很显然,孟德斯鸠论述的平等的差异只是基于政体不同而产生的,笔者认为,如果这样的平等再加入国情、法制、文化的因素,这个说法将会有新的意蕴。如果没有辩护制度,对被告人权利保障的辩诉交易不就是孟德斯鸠所描述的平等与自由吗?

然而,我们必须十分清楚,革故鼎新是一项艰苦而复杂的伟大事业。毕其功于一役是不合现实的。时下,中国正处在一个不可逆转的法律变革与转型时期,以审判为中心的诉讼制度改革是新一轮司法改革的"牛鼻子"。刑事辩护制度的改革与完善一直是刑事诉讼法修订的重要内容,也必将成为下次修法之重点。审慎考量中国法变革的历史进路与现实情状,走向法治的中国刑事辩护制度赖以生存的刑事诉讼模式,应当是一种当事人主义与职权主义优势并蓄的、以公正为基本法律理念兼存高效的中国化模式。理论界学仁们的大胆探索与缜密论证,实务界决策者的锐意创新与勇于实践,皆为该模式生成之共同近因。

笔者试图通过对一些困扰我国辩护制度构建的理论问题和刑事辩护功能与角色定位的反思,影响或者改变人们刑事辩护以及辩护律师的思维偏见和定势。其实,法律思维也存在逻辑惯性,特别是在我国这样一个有着悠久专制历史的国家,权利意识的虚无和权力观念的根深蒂固并存,这就使得辩护制度的构建难逃急功近利之厄运。考察我国辩护制度之现状,不难发现辩护制度虽与西方国家在形上相似,但在神上却相去甚远,甚至背道而驰。在司法中,思维模式与制度规范的紧张关系更使得原本被制度化的权利难以得到有效的行使。辩护权在刑事诉讼的各个阶段屡屡受阻的现状恰恰揭示了法律意识、法律观念、法律文化与制度构建之间的关系,即缺乏理论和认识支持的制度往往会成为"无源之水、无本之木",最终使制度本身成为学者理想中的乌托邦。这里需要进一步阐明的是,

---

① [法]孟德斯鸠:《论法的精神》(上册),张雁深译,商务印书馆1985年版,第154页。

观念和制度之间并非决定与被决定的关系,而是一对互动、互利的伙伴关系。良好的制度可以引导、培植理性的观念,反之,藐视事物发展规律的制度就会滞后理性观念的形成。正如培根所言,"对于一切事物,尤其是最艰难的事物,人们不应期望播种与收获同时进行,为了使它们逐渐成熟,必须有一个培植的过程"。①

笔者提出的"车轮说"认为,公、检、法、律是推进社会法治进程不可或缺的四个车轮,缺乏现代辩护律师制度的刑事司法制度,永远不可能驶入现代法治的轨道。重提"刑事诉讼的历史就是扩大辩护权的历史"这句老话,笔者再次预言中国刑事诉讼的历史将因辩护权的法治扩张而被真正改写,中国刑事诉讼将因刑事辩护法治蓝图的绘制而增添灿烂的篇章。

---

① [英]培根:《论司法》,水天同译,载《培根论说文集》,商务印书馆1996年版,第195页。

第八章　控辩平等原则下之讯问制度

口供作为证据形式的一种,在任何国家的刑事侦查过程中都有着举足轻重和不可替代的作用。获取口供是控制犯罪、维护社会秩序的需要,而保障口供在自愿、真实的基础上获得,则是人权保护在口供获取过程中的应有体现。如何将两者良性地结合,使口供的获取满足侦查取证与司法人性化的双重需求,理性体现控辩平等原则的要求,是一个值得慎思的问题。

一、口供特征与控辩平等之逻辑关联

在我国,侦查程序中的口供主要是指犯罪嫌疑人的供述和辩解,即犯罪嫌疑人向侦查人员承认自己的罪行或对侦查人员的怀疑进行辩解并主张自己无罪或罪轻的行为。比较而言,我国这种对口供内容不加区分的做法,符合大陆法系国家的普遍习惯。而与之对应,英美法系国家的刑事诉讼规则普遍将口供分为三类,即自白、自认和辩解陈述。① 虽

---

① 自白,是指犯罪嫌疑人完全承认自己的罪行,司法官员无须运用推理即可认定犯罪事实。自认,是指犯罪嫌疑人针对部分事实的自白,但否认对全部事实做出自白。辩解陈述,是指犯罪嫌疑人承认实施了一定行为,但同时指出有其他阻却违法的事由存在,如声称事实的行为是正当防卫。

然各国刑事诉讼法对口供范围的界定有所差别,但不可否认,口供作为一种证据形式呈现出的特征,是需要各国立法者在口供获取规则的设立时应当共同尊重的。

(一)口供特征

口供作为定案证据的最大优势在于其真实地描述了案件事实,即口供的真实性特征。口供的真实性通常是针对口供的内容而言的。然而,随着侦查阶段的深入和犯罪嫌疑人对供述后果的推测,口供的真实性也往往受到挑战。其一,对犯罪嫌疑人进行讯问,必须是建立在一定程度的合理怀疑的基础之上,只有具备了这种怀疑,侦查机关才可能对犯罪嫌疑人进行讯问。因此,犯罪嫌疑人往往基于自身利益的考虑,选择其供述的内容。这些内容可能是真实的,也可能是虚假的。其二,犯罪嫌疑人自身心理、思维、感知等能力的差异,也可能构成对口供真实性的威胁。其三,某些侦查人员在讯问过程中使用诸如刑讯逼供、诱供等讯问方式,逼迫犯罪嫌疑人认罪,也是导致口供不实的重要因素。显然,口供的内容只有真实,才可能对案件的侦查活动起到良性的促进作用。

口供的另一特征是任意性。所谓任意性,是指在承认并尊重犯罪嫌疑人的诉讼主体地位的基础上,赋予其在自由意志支配下,自愿供述或辩解的权利,侦查机关不得对犯罪嫌疑人的这项权利进行剥夺和限制。强调对任意性的保障,一方面是出于司法人道的精神,另一方面也是保障口供真实性的需要。显而易见,在自愿的情况下作出的供述或辩解与在胁迫、刑讯下作出的供述或辩解相比,其可信性要高得多。考察世界各国相关的立法例,不难发现,否定违背任意性原则作出的口供的证据能力,是普遍通行的做法。

一方面,口供的真实性与任意性两个特征之间是相互关联、互为保障的;另一方面,口供真实性与任意性又是其作为证据区别于其他证据类别的本质特征。

(二)口供特征对人权保护之需求

口供的上述两个特征说明,在获取口供的过程中对犯罪嫌疑人的基本人权进行保护是极其必要的。概括来说,在侦查阶段,获取口供的方式集中反映了打击犯罪和保护人权两种价值理念的冲突与博弈。一方面,出于公共利益和国家安全的考虑,刑事诉讼活动必须担当追究犯罪和维护社会秩序之重任。由此,在侦查讯问过程中如果赋予犯罪嫌疑人无限度的防御权,一味强调犯罪嫌疑人的自由意识,则势必影响甚至阻碍刑事诉讼活动在打击犯罪方面的功能。另一方面,随着人权观念的普及,刑事司法日益呈现出人性化的趋势,特别是当人本位的思想代替了工具本位的思想之后,如何在权力和权利之间进行平衡,使权力不会由于过分扩张而侵害权利存在的空间,则成为各国刑事司法关注的一个普遍问题。在侦查讯问阶段,加强对犯罪嫌疑人尊严、人格的尊重,赋予犯罪嫌疑人基本的诉讼权利以抵抗和防御强大的公权力,保障口供获取可以实现真实性和任意性的必然结合,乃是口供特征对人权保护的当然需求。

综观联合国的相关人权文件和刑事司法准则,在侦查讯问阶段体现人权保护的重要精神是不可或缺的内容。概括起来,主要体现在以下几个规则上:第一,确立了不得自证其罪规则;第二,沉默权规则;第三,禁止酷刑和不人道待遇规则;第四,律师介入规则;第五,权利告知规则等。①

由是已观,从人权理论本身出发,力求在侦查讯问过程中既尊

---

① "不得自证其罪规则"规定在《公民权利与政治权利国际公约》第 14 条中;"沉默权"规则体现在《联合国少年司法最低限度标准规则》第 7 条中;"禁止酷刑和不人道待遇规则"体现在《公民权利与政治权利国际公约》第 10 条中,"律师介入规则"和"权利告知规则"也体现在该公约的第 14 条中。

重和肯定人的自然属性①,又不至于忽视社会的整体利益。因此,既要有赖于诉讼制度和规则的制约,使有关侦查讯问的若干规则形成一个丝丝入扣的制度体系;又要有赖于对口供自身独特特征的尊重,使得这些规则的确立有利于实现口供内容的真实性和任意性的统一。

二、讯问制度中之控辩平等规则

侦查讯问程序是一项侦查人员主导的程序。侦查人员讯问犯罪嫌疑人的目的,一方面在于进一步了解有关案件事实,进而获取用作审判活动中证据的讯问笔录;另一方面在于通过讯问发现线索,借以获取其他证据。正因为口供在世界各国均被作为重要的证据种类,所以口供获取的程序也为各个国家所重视,即使在侦查技术发达的国家也无例外。同时,也正因为侦查机关与犯罪嫌疑人的力量对比悬殊,犯罪嫌疑人往往又处于被羁押状态下,侦查讯问程序中对犯罪嫌疑人的权利保障就尤为重要。综观联合国刑事司法准则和法治国家的刑事诉讼立法,笔者认为,从人权保护的视野,侦查程序中的口供获取应遵循如下原则和规则。

(一)"不得自证其罪"原则与"沉默权"规则

"不得自证其罪"原则与"沉默权"规则两者虽然在精神实质上存在一定程度的竞合,但并不是处于同一位阶上的权利。"沉默

---

① 自然权利说最早出现在古希腊城邦国家的没落时期,而后随着商品经济的发展和人文主义的兴起而得到发展。该学说以宗教和自然法作为背景,认为在自然状态下,人们的行为受自然法的支配。人们在自然法的范围内,按照他们认为合适的办法,决定他们的行为和处理他们的财产和人身,无须得到任何人的许可或听命于任何人的意志。但是,洛克认为这种状态也存在问题,即没有成文法作为判断是非和处理利益冲突明确而具体的标准;缺少一些有权来执行成文法以处理各种争议与纠纷的裁判者;也没有一种政治权威与力量来保障执法者所作裁决的执行和遵守。这样,人们就同意通过订立契约来建立政治社会和国家。而国家的目的和宗旨是保障公民的生命、安全、自由、平等、财产和幸福的权利。公民这些权利不是外界的恩赐,而是公民应当享有的一种自然权利和天赋权利。人们在政治国家里所放弃的只是权利不能无限制地行使,也不能自己去处理各种违法行为。如果政府制定严重违背自然法精神的法律,变成侵犯和压迫人民的工具,人民就有权推翻这个政府。李步云:《论人权的本源》,载《政法论坛》2004年第2期。

权"规则是"不得自证其罪"原则在刑事诉讼中的具体化,这一点从承载两者的载体上就可以看出。① 因此,基于权利位阶的差异,笔者在此仅就"沉默权"规则在口供获取过程中对犯罪嫌疑人的人权保障价值作一论述。

"沉默权"是法律赋予犯罪嫌疑人的一个最为有力的防御工具,它有效地保护了犯罪嫌疑人在侦查讯问过程中的人权。"沉默权"的确立并非偶然,而是以"平等武装""公平审判""正当法律程序""禁止刑讯"等诉讼理念和制度为依托的。美国学者认为:主张沉默权的现象出现于这样的历史环境当中——整个刑事诉讼程序的目标是要保证被告人获得一个公平竞争的机会,体现了社会对刑事诉讼的这样一种要求——不能依靠被告人作出非自愿供述以帮助对其定罪。它与控方承担有罪的举证责任和无罪推定的刑事诉讼原则是一致的。沉默权的出现又与这样的信仰密切相关——以拷打或者其他任何形式的自我残暴行为揭露被告人的罪行都是不公正的,也是不合法的。同时,它与被告人获得律师帮助的权利和代表自己的利益传唤证人的权利也存在非常直接的联系。②

沉默权从诞生至今,始终在权利(力)的博弈中巧妙地应对着司法实践的需要。早期的沉默权经历了由消极向积极转变的过程。这个过程最终以"权利告知"被确立为讯问者的一项法定义务为标

---

① "不得自证其罪"原则是作为人权保护的基本内容和各国宪法的基本原则被加以认定的。例如,《公民权利与政治权利国际公约》第14条第3款规定:不被强迫作不利于他自己的证言或强迫承认犯罪。《美洲人权公约》第8条第2款也规定:有权不得被迫作不利于自己的证明,或被迫服罪。美国宪法第五修正案和《日本宪法》第38条也有相同的规定。但与之不同的是,"沉默权"规则是作为一项具体的刑事诉讼基本原则被各国和国际刑事司法准则加以承认并遵守的。例如,《联合国少年最低限度标准规则》中就宣告了:根据正当法律程序,保持沉默的权利是"公平合理审判"所应包括的基本保障之一。陈光中、[加拿大]丹尼尔·普瑞方廷主编:《联合国刑事司法准则与中国刑事法治》,法律出版社1998年版,第271—275页。

② Lenard Levy, *origins of the Fifth Amendment*, Macmillan Publishing Company, 1986, pp. 331-332.

志。著名的米兰达警告是积极沉默权的里程碑。① 自此,如果侦查机关在讯问犯罪嫌疑人时,没有预先告知其享有保持沉默的权利,则依据证据排除规则的要求,所获得的口供及其相关证据将在以后的诉讼中被加以排除。然而,在 20 世纪末,随着犯罪率的不断高升,英美法系国家出于打击犯罪的实际需要,普遍对沉默权加以了一定程度的限制。其中,以英国《1994 年刑事审判与公共秩序法》(Criminal Justice and Public Order Act 1994)对沉默权的限制最具代表性。② 该法"在一定程度上改变了讯问行为作为任意侦查手段的性质,通过审判时的不利推论使得符合一定条件的嫌疑人实际上承担着对特定事实的"如实供述"的义务"③。

但是,作为现代刑事诉讼中最基本的一项规则,对它的限制必须建立在这样几个基础之上:第一,沉默权作为犯罪嫌疑人所享有的诉讼权利的权利本质不能被动摇,即警察或者侦查人员不能怠于

---

① 米兰达警告包括:(1)告知嫌疑人有权保持沉默;(2)嫌疑人如果选择回答,那么他所说的一切将有可能被用作对他不利的证据;(3)嫌疑人有权在审讯时由律师在场陪同;(4)如果嫌疑人没有钱请律师,那么法庭将为他指定律师。参见李义冠:《美国刑事审判制度》,法律出版社 1999 年版,第 52 页。

② 英国《1994 年刑事审判与公共秩序法》第 34—37 条中集中规定了沉默权例外的四种情形:(1)被告人在受讯问或指控时,如果被告人没有提供的事实是指他所赖以进行辩护的任何事实,而期望这种事实由他提供是合理的,或者被告人没有提供事实的场合包括他起诉之前讯问阶段,这种讯问则需要警察事先向他作出警告,以及在被提起公诉或者被正式告知他可能受到起诉以后;那么,法庭或陪审团可以在法定的场合下(这些场合包括是否撤销指控、是否有辩护理由以及被告人是否犯有被指控罪行等)作出看起来适当的推论(such inference as appear proper)(第 34 条);(2)如果被告人已满 14 岁,他被指控的犯罪有待证明,并且法庭认为他的身体和精神条件适于提出证据,而被告人在法庭审判过程中保持沉默,则法庭或陪审团在决定被告人是否犯有被指控的罪行时,可以从该被告人在审判时没有提供证据或无正当理由拒绝回答问题中作出看起来适当的推论(第 35 条);(3)警察在被逮捕人的身边、衣物、住处或被捕地发现了任何物品、材料或痕迹,并且确信这些物品、材料或痕迹系被捕者没有或者拒绝这样作,在这种情况下,法庭和陪审团可以从中作出看起来正确的推论(第 36 条);(4)如果警察发现被他逮捕的人在被指控的犯罪发生前后的时间出现在某一地方,并合理地相信该被捕者在那一时间出现在那一地方可归因于他参与实施了该罪行,而且警察要求被捕者对此作出解释,而该被捕者没有或者拒绝这样做,在这种情况下,法庭或陪审团可以从中作出看起来适当的推论(第 37 条)。参见英国《1994 年刑事审判与公共秩序法》(Criminal Justice and Public Order Act 1994)第 34、35、36、37 条。

③ 孙长永:《侦查程序与人权》,中国方正出版社 2000 年版,第 162—163 页。

履行权利告知义务;第二,只有法官和陪审团才能对犯罪嫌疑人保持沉默的行为进行判断,而警察和检察官不能在犯罪嫌疑人保持沉默的情况下作出对其不利的判断;第三,不能仅凭借犯罪嫌疑人的沉默就对其进行有罪的认定,必须有相关证据的补强。这些情形说明,对于沉默权的保护,在侦查讯问和获取口供的过程中是不存在任何豁免的。

沉默权并不是禁止或限制犯罪嫌疑人在侦查人员面前供述、辩解或坦白罪行,而是保障犯罪嫌疑人在自由意志的支配下选择是否回答侦查人员的提问。显然,只有犯罪嫌疑人出于自愿的供述,才可能最大限度地满足口供对真实性和任意性的要求。所以,只有嫌疑人明确知晓自己所享有的诉讼权利,明了自身所具有的防御手段,才可以在手段和权利的取舍中作出选择,人权保护的理念也才可能在这一过程中得到体现和保障。否则,讯问过程中的"心理强迫""攻心战术""疲劳战术""肉体折磨"等都会迫使犯罪嫌疑人在违背意志的情况下作出供述,而这种供述无论内容真假,都不符合正当法律程序的要求。加之,侦查权(包括口供的获取过程)在多数情况下是以秘密的方式进行的,这就使得讯问人员的违法行为很难及时得到监督和纠正。因此,沉默权的确立也能从另一个角度抑制侦查讯问过程中的违法现象。

基于沉默权在人权保护方面的价值和在限制"权力"方面的功能,无论是联合国刑事司法准则和相关的人权文件,还是多数法治国家的刑事诉讼规则,都将沉默权规则作为侦查人员在讯问犯罪嫌疑人获取口供过程中的第一项原则,这无疑是值得我们借鉴的。

(二)权利告知原则

权利告知原则,是指讯问人员有义务在初次讯问中,向被讯问人告知其所享有的相关诉讼权利,保障被讯问人及时、准确地获知自己的诉讼权利,并采取相应手段实现或放弃这些权利。这些权利内容主要包括:告知讯问的理由或将来可能被指控的罪名、告知犯罪嫌疑人享有沉默权、告知可以获得律师帮助的权利和告知可能采用的强制措施等。①

"权利告知"作为保障犯罪嫌疑人人权的一项基本措施,在《公民权利与政治权利国际公约》中也得到了体现。该公约第 9 条第 2 项中规定:"任何被逮捕的人,在被逮捕时应被告知逮捕他的理由,并应被迅速告知对他提出的任何指控。""权利告知"在侦查讯问中的意义就在于,它使权利沿着理性、人道、公平的轨迹行使,以保障被讯问人在有预期的情况下,真实、任意地陈述相关事实。

我国 2018 年《刑事诉讼法》第 34 条,规定了侦查机关在第一次讯问犯罪嫌疑人或者对犯罪嫌疑人采取强制措施的时候,应当告知犯罪嫌疑人有权委托辩护人,但与真正意义上的"权利告知"还存在着本质的差别。主要表现在:(1)在讯问开始时,讯问人员没有告知犯罪嫌疑人讯问理由的义务。不仅如此,《刑事诉讼法》第 120 条第 1 款中还规定,"侦查人员在讯问犯罪嫌疑人的时候,应当首先

---

① 例如,《德国刑事诉讼法典》第 136 条第(一)项中规定:"初次讯问开始时,要告诉被指控人所被指控行为和可能适用的处罚规定。接着应当告诉他,依法他有就指控进行陈述或者对案件不予陈述的权利,并有权随时的,包括在讯问之前,与由他自己选任的辩护人商议。此外,对他应当告知可以收集一些对自己有利的证据。在对此适当的情况中还应当告诉被指控人可以用书面陈述。"《法国刑事诉讼法典》第 116 条也规定:"在第一次讯问时,预审法官应查明被审查人的身份,公开告知他被控而受审查的每一行为,以及这些行为的法律评价。这些行为及其法律评价的告知应当被载入笔录;如果被审查人已经要求一名律师的协助,而这名律师已经合法传唤,预审法官即可进入讯问;在其他情况下,预审法官应当告知被审查人有权选定一名律师。律师选定或经法院指定后,应将此情况以一切方法毫不迟延地通知律师公会会长。律师可以到法院查阅案卷,并且可以自由地与被审查人会面。预审法官应告知被审查人,未经其本人同意,不得对他进行讯问。此项同意只有当他的律师在场时方可取得。任何时候,当被审查人要求作陈述,预审法官应立即听取。本款规定的告知,应当记入笔录。"《日本刑事诉讼法》中将告知分为两种:一种针对拘传;另一种针对羁押,分别规定在了第 76、77 条中。其中第 76 条规定:"在拘传被告人后,应当立即告知被告人可以选任辩护人及由于贫困或者其他事由不能自行选任辩护人时可以请求选任辩护人的意旨。但被告人有辩护人时,不在此限;应当在羁押被告人后立即告知被告人公诉事实的要旨。"《美国联邦刑事诉讼规则》第 5 条也规定了:"治安法官应告知被告人对他提出的控告和有关的宣誓书,告知被告有获得律师帮助的权利,或者如被告不能得到律师,有权要求指定律师。在一般情况下,被告人可以获得审前释放。治安法官应告知被告人,不要求被告人作陈述,被告人所作的任何陈述可以用来作为不利于被告人的证据。治安法官还应告知被告人有权要求预审。治安法官还要给被告人适当时间和机会与律师磋商,根据有关法律规定或本规则羁押被告人或予以有条件的释放。"

讯问犯罪嫌疑人是否有犯罪行为,让他陈述有罪的情节或者无罪的辩解,然后向他提出问题"。这实际上是"有罪推定"思想在侦查讯问初期最直白的体现。(2)《刑事诉讼法》不但没有赋予犯罪嫌疑人真正意义上的沉默权,而是规定了犯罪嫌疑人如实回答的义务。《刑事诉讼法》第 52 条中规定"不得强迫任何人证实自己有罪",看似赋予犯罪嫌疑人沉默权,但第 120 条又规定"犯罪嫌疑人对侦查人员的提问,应当如实回答"。这意味着,如果犯罪嫌疑人不履行如实供述义务,则以"抗拒从严"相威胁,并将承担不利的裁判后果。这使得口供的任意性得不到制度性保护,严重忽视了犯罪嫌疑人的自由意志。在侦查讯问阶段,虽然讯问人与犯罪嫌疑人之间的冲突直接而尖锐,但是,由于我国目前相对滞后的刑事诉讼理念和不尽完善的人权保障机制尚不能回应侦查讯问阶段的特殊性,权力与权利的力量对比严重失衡。人权保护的理念无从体现,口供的质量更是难以保证。

(三)获得律师帮助原则

给予并保障犯罪嫌疑人在侦查讯问过程中获得律师帮助的权利,是由刑事诉讼规律本身决定的。

首先,律师介入并参与讯问过程,可以增强被讯问人的信心,平衡讯问人与被讯问人之间的力量对比,迎合"平等武装"(equality of arms)的思想。"平等创造了司法和构成了司法。"①"中外刑事诉讼的历史已经反复证明,错误的审判之恶果从来都是结在错误的侦查之病枝上的。"②所以,保证律师在侦查讯问阶段给予犯罪嫌疑人充分的帮助,是保证口供得以在理性、自愿的基础上获得的关键。

其次,在侦查讯问阶段,律师的帮助也可以起到监督或制约侦查权滥用、防止违法现象出现的作用。在讯问阶段,侦查人员不可避免会带有"有罪推定"倾向,并或多或少地将这种倾向表现出来。加之,犯罪嫌疑人大都不是法律专家,面对讯问时常常心惊胆战,因此,口供的真实性和自愿性在这种条件下难以保证。显然,警察"一

---

① [法]皮埃尔·勒鲁:《论平等》,王允道译,商务印书馆 1998 年版,第 22 页。
② 李心鉴:《刑事诉讼法构造论》,中国政法大学出版社 1992 年版,第 179 页。

旦发现犯罪嫌疑人是有罪的,他们就会倾向去努力证实他们的看法,而不是去检验他们的看法"。① 所以,只有律师参与到讯问过程中来,并且具有某种影响侦查结果的潜在可能,侦查人员才会在行使权力的时候有所收敛,也才会在讯问过程中对犯罪嫌疑人的人权给予适当的关怀。

获得律师帮助的权利,在侦查讯问阶段主要体现在以下几个环节中:其一,侦查人员在讯问开始时的权利告知义务;其二,规定并保障律师和犯罪嫌疑人的会见权和联络权;其三,规定并保障律师的讯问在场权;其四,保障律师给犯罪嫌疑人提供有效、及时的法律帮助;其五,保障因为贫困等原因不能聘请律师的犯罪嫌疑人及时享受到法律援助律师的帮助。

联合国《世界人权宣言》和《公民权利与政治权利国际公约》中,将辩护权作为人权保护的一项基本内容加以规定。② 并且,在相关的刑事司法准则中,进一步丰富和充实,使之得以顺畅地落实。③ 当今,在侦查阶段获得律师帮助的权利,已经成为各国国内法的重

---

① [英]迈克·麦考韦利:《对抗制的价值和审前刑事诉讼程序》,载英国文化委员会编:《英国法律周专辑》,法律出版社 1999 年版,第 125 页。

② 《世界人权宣言》第 11 条规定:"凡受刑事指控者,在未经获得辩护上所需的一切保证的公开审判而依法证实有罪以前,有权被视为无罪。"《公民权利与政治权利国际公约》第 14 条也规定:"在判定对他提出的任何刑事指控时,人人完全平等地有资格享受以下的最低限度的保证:……(乙)有相当的时间和便利准备他的辩护并与他自己选择的律师联络;……(丁)出庭受审并亲自替自己辩护或经由他自己所选择的法律援助进行辩护;如果他没有法律援助,要通知他享有这种权利;在司法利益有此需要的案件中,为他指定法律援助……"

③ 例如,联合国《囚犯待遇最低限度标准规则》第 93 条规定:"未经审判的囚犯为了准备辩护,而社会上又有义务提供法律援助的,应准申请此项援助,并准会见律师,以便商讨辩护,写出机密指示,交给律师。为此,囚犯如需文具,应照数供应。警察或监所官员对于囚犯与律师间的会谈,可用目光监视,但不得在可以听到谈话内容的范围以内。"《保护有遭受任何形式拘留或监禁的人的原则》第 18 条规定:"1. 被拘留人或被监禁人应有权与其法律顾问联络或磋商;2. 应允许被拘留人或被监禁人有充分的时间和便利条件与其法律顾问进行磋商;3. 除司法当局或其他当局为维护安全和良好秩序认为必要并在法律或合法条例具体规定的特殊情况外,不得中止或限制被拘留人或被监禁人接受其法律顾问来访和在既不被搁延又不被检查以及在充分保密的情况下与其法律顾问联络的权利;4. 被拘留人或被监禁人与其法律顾问之间的联络不得用作对被拘留人或被监禁人不利的证据,除非这种联络与继续进行或图谋进行的罪行有关。"

要组成部分,被各国司法实践广泛采用,成为指引侦查、审判机关工作的重要原则。①

我国 2018 年《刑事诉讼法》将犯罪嫌疑人委托辩护人的时间从案件移送审查之日起提前至犯罪嫌疑人被侦查机关第一次讯问或者采取强制措施之日,并将先前规定于侦查、起诉两个层次的律师帮助权合二为一,强化了刑事诉讼案件中被追诉人获得律师帮助的权利的法定性。立法的逐步完善使得被追诉人的获得律师帮助权得到了更多的立法保护,对于保障侦查阶段辩护律师行使会面、阅卷、调查取证权具有一定积极意义,但这项规定与法治视野中的律师帮助原则相比,还相去甚远,尤其是未确立律师在场权,因此在司法实践中,辩护律师的会见权、异议权、知情权等都受到一定限制。所以,在我国现阶段,指望律师在侦查阶段给予犯罪嫌疑人充分有效的帮助,还存在一定的困难。由此可见,我国在侦查讯问阶段的律师帮助制度,还没有在人权保护和刑事法治框架下真正建立起来,《刑事诉讼法》的再次修改还任重而道远。

(四)禁止刑讯原则

禁止刑讯原则,已经在国际社会得到了普遍的接受。无论是《世界人权宣言》还是《公民权利与政治权利国际公约》抑或是刑事司法准则,都对刑讯逼供的行为予以了严厉的禁止。② 与这些国际公约相适应,几乎各个近、现代法治国家,都将禁止刑讯作为本国法

---

① 《加拿大权利与自由大宪章》第 10 条规定了:"被逮捕或拘留的任何人有权毫不迟延地委托或指定律师,并且他应该被告知这一权利。告知的时间在警察开始讯问之前,并且警察应确保犯罪嫌疑人理解这一权利。假如犯罪嫌疑人不能理解这一权利,警察应与其作进一步的沟通。"《法国刑事诉讼法典》第 116 条规定:"在讯问时,如果犯罪嫌疑人没有聘请律师,预审法官应当告知他有权选定一名律师或要求法院指定一名律师。"《日本刑事诉讼法》第 76、77 条也有相关规定。除此之外,还有许多国家的刑事诉讼法也对这一权利加以了规定,在此不再一一列举。

② 例如:《公民权利与政治权利国际公约》第 7 条就规定:"任何人均不得加以酷刑或施以残忍的、不人道的或侮辱性的待遇或刑法。特别是对任何人均不得未经其自由同意而施以医药或科学试验。"《世界人权宣言》第 5 条也规定:"任何人不得加以酷刑,或施以残忍的、不人道的或侮辱性的待遇或刑罚。""保护人人不受酷刑、不人道或有辱人格的待遇或处罚而作出的供词,不得在任何诉讼中援引为指控有关的人或任何其他人的证据"等。

中一个绝对不可动摇的基本原则。

　　法治国家在禁止刑讯的规则上主要有：其一，将刑讯逼供的界定进一步放宽，从禁止肉刑到禁止体罚或针对精神、健康的刑讯；①其二，对通过刑讯手段得来的证据，加以排除；其三，运用各种现代化的视听设备，诸如录音、录像等，对讯问过程全程监督，防止刑讯逼供的发生；其四，规定了对实施刑讯逼供的侦查人员的惩罚方式和措施等。显然，在刑讯逼供的情况下，被讯问人往往为了逃避眼前的痛苦而选择侦查人员希望的回答，这既使讯问的质量受到质疑，又使讯问的过程违背了基本的人道精神，背离了人权保护的宗旨。

　　应该说，我国《刑法》和《刑事诉讼法》对刑讯逼供的行为都从不同的角度加以了禁止。《刑法》第247条规定有刑讯逼供罪与暴力取证罪。2012年《刑事诉讼法》修订时还建立了非法证据排除制度，对刑讯逼供等违法行为的程序性法律后果进行规定，这对于遏制刑讯逼供具有极为重要的意义。2018年《刑事诉讼法》第52条中也规定，"严禁刑讯逼供和以威胁、引诱、欺骗以及其他非法方法收集证据"。但从目前情况看，在司法实践中，非法证据排除规则的运用还存在一定问题，刑讯逼供的举证与认定仍存在争论，被称为"中国非法证据排除第一案"的章国锡案就在二审时遭遇逆转，二审法院推翻了一审法院对于刑讯逼供的认定，从而未予适用非法证据排除规则。我们看到，尽管我国法律对于刑讯逼供的态度是明确的，但在实际执行中还存在不少问题，对禁止刑讯原则的彻底贯彻还留有空间。

　　（五）证据排除规则

　　在侦查讯问阶段的证据排除规则，主要是指将侦查讯问人员通

---

① 《禁止酷刑和其他残忍、不人道或有辱人格的待遇或处罚公约》规定，酷刑，是指"为了向某人或第三者取得情报或供状，为了他或第三者所作或涉嫌的行为对他加以处罚，或为了恐吓或威胁他或第三者，或为了基于任何一种歧视的任何一种理由，蓄意使某人在肉体或精神上遭受剧烈疼痛或痛苦的任何行为，而这种疼痛或痛苦是由公职人员或官方身份行使职权的其他人所造成或在其唆使、同意或默许下造成的"。参见陈光中、[加拿大]丹尼尔·普瑞方廷主编：《联合国刑事司法准则与中国刑事法制》，法律出版社1998年版，第262页。

过刑讯逼供、诱供、欺骗等非法手段获得的犯罪嫌疑人的口供及通过口供取得的相关证据,排除在司法程序之外,使之永不得具有影响裁判结果的证据能力。证据排除规则保障了讯问期间对犯罪嫌疑人的人权保护,并且使之不至于流于形式。

综观各国的立法,在侦查讯问阶段,排除规则的规定主要集中在两个方面:其一为关于违反任意性规则而获得口供的排除问题;其二为依据被排除的口供而获得的相关物证是否应被排除的问题。对于前者,国际社会普遍已经达成了共识,即违反任意性规则而取得的口供一律应在诉讼中予以排除;而对于后者,各国的立法则不尽相同。

对依据非法言词证据所取得的其他证据是否应在诉讼中予以排除的问题,英美法系一直是走在前列,"毒树之果"原则就是最具代表性的范例。但随着20世纪中期犯罪率的激增和保障公共安全的需要,英、美等国家开始通过相关的立法和判例,放宽了对"毒树之果"原则的界定,并规定了例外情况。[1] 传统的大陆法系国家,在吸收了正当程序理念的基础之上,在刑事诉讼中日趋重视对被追诉人基本的人权保障,并建立了完善的机制,非法证据排除规则也在这些国家先后建立起来,但是其做法不尽相同。例如《德国刑事诉讼法典》第136条第3款规定:若违反《刑事诉讼法》第136条a第1款、第2款的规定,对被告人使用非法折磨、疲劳战术、妨害身体、服用药品、拷问、欺诈或催眠方法、威胁、许诺以及使用损害被告人记忆和理解力的方法所得到的陈述,即使被告人同意也不得采用。而对于在此基础上取得的物证则没有明确规定,仅将判断的权力交由法官的自由心证来作出结论。但是,意大利在这个问题上的规定却遵循了美国的进路,其在1988年通过的《意大利刑事诉讼法典》第

---

[1] 以美国为例,美国于1996年确立了"米兰达"规则,而后又确立了"毒树之果"原则,可谓是将证据排除规则走到了极端。但在20世纪80年代,美国从控制犯罪的现实需要出发,对于"毒树之果"原则的适用也规定了一些例外情况,诸如按照"最终或必然发现的例外"规则,如果公诉方能够证明,即使在没有执法人员非法取证的情况下,这些证据最终或必然也会被发现,那么该证据就可采用。此可以看作"毒树之果"原则有所收敛的一个证明。参见 http://www.procedurallaw.com.cn/article.html? id=3621。

191 条中规定了:在违反法律禁令情况下获得的证据,不得加以使用。

我国 2012 年《刑事诉讼法》正式确立了我国的非法证据排除制度。根据 2018 年《刑事诉讼法》第 56 条的规定,对于非法取得的言词证据要严格予以排除,对取证手段、程序有瑕疵的物证、书证补正适用补正规则。2021 年《最高法司法解释》第 123—138 条对非法证据排除规则作出了详细的规定。

关于我国是否应当确立类似于"毒树之果"的证据排除规则,笔者认为不能一概而论:从法律的缺失和司法实践中反映出的严重问题上看,我国有建立"毒树之果"原则的必要,这种绝对意义上的证据排除规则,一方面可以起到遏制目前刑讯逼供现象屡禁不止的作用,另一方面也可以使立法与司法解释的规定转化为公安司法人员的行为。但是不可否认,鉴于我国侦查技术所限和"口供中心主义"的历史影响,对于"毒树之果"原则应在肯定的基础上规定一些例外。

(六)口供补强规则

口供补强规则所体现的内核与"不轻信口供"及"孤证不能定罪"等规则有诸多融合之处。"补强规则"既是印证口供真实性和任意性的重要规则,也是检验口供是否具备证明力和证据能力的重要规则。

口供的补强规则一般是针对犯罪事实和构成要件而言的,同时,在"补强"的标准上也应体现适度的"比例原则":对于情节轻微或属于轻罪的案件所要求的"补强"标准可以弱于对于重罪或严重犯罪的案件的"补强"标准。也就是说,应当认识到这样一种危险,即口供的证明力随案件的严重程度的上升而有所下降。

我国 2018 年《刑事诉讼法》虽未明确规定"补强"规则,但第 55 条也规定"只有被告人供述,没有其他证据的,不能认定被告人有罪和处以刑罚",司法实践中贯彻的"孤证不能定罪"原则也体现了"补强规则"的一些精神。2021 年《最高法司法解释》中明确了"补强规则"的实际运用,第 141 条规定:"根据被告人的供述、指认提取到了隐蔽性很强的物证、书证,且被告人的供述与其他证明犯罪事实发生的证据相互印证,并排除串供、逼供、诱供等可能性的,可以认定被告人有罪。"这具体列举了补强证据的类型,笔者认为,这不足以涵盖补强证据的范围,在未来的刑事诉讼立法中应当将"补强规则"明确规定在证据规则之中,并具体规定:第一,补强证据必须具有证据能力,排除非法证据的补强资格;第二,不能将讯问笔录等固定口供的方式作为补强的一种方式;第三,不得将犯罪嫌疑人在非讯问场合所作陈述也列为补强范围;第四,共犯之间不能相互补强等。①

三、控辩平等原则下讯问制度之程序性保障

侦查讯问作为侦查活动的一个重要阶段,应当遵循法律规定的程序和方式。由于篇幅有限,笔者不可能一一列举论述,仅就一些我国法律制度中缺失而又是正当程序和人权保护理念所要求的基本步骤加以诠释,为我国在这个问题上的改革提些建议。

(一)关于讯问之时间

关于讯问的时间,我国 2018 年《刑事诉讼法》第 119 条和相关司法解释中规定:其一,传唤、拘传持续的时间最长不得超过 12 小时,案情特别重大、复杂,需要采取拘留、逮捕措施的,传唤、拘传持续的时间不得超过 24 小时。不得以连续传唤、拘传的形式变相拘禁犯罪嫌疑人。其二,对于被羁押和被逮捕的犯罪嫌疑人,应当在拘留或逮捕后的 24 小时内进行讯问。但比照各国相关的立法例,我国关于讯问时间的规定主要存在以下问题:一是没有规定每次讯问的间隔时间。这就很难禁止讯问过程中的"车轮战""疲劳战"等不人道的现象的出现。考虑我国的实际情况和其他国家的规定,笔者认为侦查讯问的时间每次不得超过 8 小时,且应当规定其中的适当休息的时间。二是应当明确对于取保候审、监视居住的犯罪嫌疑人的讯问时间。由于取保候审和监视居住属于非羁押方式的强制措施,所以,适用传唤、拘传的相关规定比较合适。三是没有关于夜间禁止讯问的规定,这与通行的立法例不相符合,也不利于对于犯

---

① 汪建成、孙远:《口供规则体系论纲》,载《北京大学学报》2002 年第 2 期。

罪嫌疑人的人权保护。《日本犯罪侦查规范》第 165 条规定:除非存在不得已的情况,否则避免夜间对犯罪嫌疑人进行讯问。1984 年《英国警察与刑事证据法》也规定:在任何 24 小时内,必须保证在押犯罪嫌疑人连续 8 小时的休息,不受讯问……除了被拘留者本人或者其适当的成年人或法律代理人的要求,或者符合法律规定的特殊理由,休息时间应在夜间,不得干扰或被延迟……可见,夜间讯问的禁止性规定,已成为各国通行的做法。基于人权保护的需要,我国也应在这个问题上有所回应。

(二)关于讯问过程中之录音录像

自 20 世纪 90 年代,英国诞生了侦查讯问阶段的同步录音录像制度以来,这项措施已经被许多国家接受并采用。同步录音录像因其所具有的同步性、完整性、重现性等特点,在侦查讯问过程中体现了许多优越性:其一,讯问阶段的录音录像,可以起到固定讯问过程和内容的作用;其二,讯问阶段的录音录像,可以使口供的真实性、任意性同时得到验证;其三,讯问阶段的录音录像,可以起到规范讯问人员讯问手段的作用;其四,讯问阶段的录音录像,同时起到了保护犯罪嫌疑人和侦查讯问人员的作用;其五,讯问阶段录音录像也可以提高讯问的效率。[①]

我国 2012 年《刑事诉讼法》修订时增加了侦查讯问过程中的录音录像制度。2018 年《刑事诉讼法》第 123 条第 1 款规定:"侦查人员在讯问犯罪嫌疑人的时候,可以对讯问过程进行录音或者录像;对于可能判处无期徒刑、死刑的案件或者其他重大犯罪案件,应当对讯问过程进行录音或者录像。"但实践中由于羁押机关与侦查机关的一体性,侦查讯问中的录音录像制度可能会出现地点和场所分离的现象。另外,讯问过程中录音录像在一般案件中启用的任意性使得其适用范围大大限缩,难以对刑讯逼供等非法的侦查手段起到真正的遏制作用。笔者认为,参考他国关于这一制度的先进规定,完善我国在侦查讯问中的录音录像制度,保证录音录像的连续性与

---

① 徐美君:《侦查讯问程序正当性研究》,中国人民公安大学出版社 2003 年版,第 220—222 页。

完整性、扩大其应当适用的范围,并使羁押机关具有独立性,从而在实质上构成羁押机关对侦查机关的监督,对于在根本上遏止刑讯逼供、诱供等非法的侦查手段具有积极的意义。

(三)关于讯问过程中之笔录

笔录作为对讯问过程和内容的记载和固定,它的效力如何是一个值得思考的问题。笔录要想在刑事司法审判中获得承认,应当从形式和内容这两个方面满足合法性的要求。其中,形式上的合法性,决定了笔录是否具有证据能力;而内容上的合法性,则决定了笔录是否具有相应的证明力。无论是在将讯问笔录作为书证的国家,还是将其作为传闻证据的国家,都无一例外地规定了警察或讯问人员出庭作证的制度,以确保讯问笔录经得起审查和检验。

与之相比,我国在法律上一直没有将讯问人员出庭作证作为一项义务而加以规定,这就使得对于笔录合法性的审查在审判过程中很难得到实现。通常,被告人若想证明笔录中存在的瑕疵,只有单方地承担起举证的责任。在很多情况下,侦查讯问人员出于便利的考虑,伪造、修改、变更笔录的内容,以至于损害了被追诉人的利益。所以,在笔录的问题上,不仅要规定笔录形成的过程,同时,建立讯问人员出庭接受质证的制度,使笔录的内容在审判过程中得到审查,也是相当关键的一个问题。

四、口供获取与平等合作、平等保护

(一)口供获取与平等合作

生态学原理告诉我们,在芸芸众生之间存在一种共生共长和此消彼长的关系,一种生物的出现以另一种生物的已经存在为前提,同时,一种生物的产生是为了控制另一种生物的过分扩张。一个国家的刑事诉讼制度就如同一个生物环境下的生态链:囿于对被追诉人权利保障之使然,赋予被追诉人以沉默权乃刑事诉讼法治化进程之必然,然而,由此引发的问题显而易见——如果被追诉人都选择了沉默,必然对侦破罪案、追诉犯罪设置了诸多障碍。那么,在一方面要控制犯罪和另一方面要保障人权之间,如何取舍与权衡?一些法治国家的做法给了我们一个参考,那就是在规定沉默权的同时,

建立鼓励被追诉人不沉默的法律机制(辩诉交易)。同时,从另外一个视角分析,建立辩诉交易制度,人们最为关注和担心的就是被追诉人承认有罪的自愿性,而沉默权制度的构建,无疑使得人们的这一担忧尽可释然。

在美国,沉默权制度是先于辩诉交易制度出现的。沉默权的要义是被追诉人有权保持沉默或拒绝回答讯问,而辩诉交易的要义则是自愿作有罪答辩。这就意味着该两种制度设计上的"相克"性。假定犯罪嫌疑人都选择了被拘捕后的沉默,警察破案率急剧下降而招致的社会治安状况的恶化,必然会引起人们对沉默权这一制度的纷纷责难。然而,辩诉交易以其以被追诉人有罪答辩为条件来换取减轻处罚的有效手段,则激励和诱惑着被追诉人放弃"沉默"的权利,而"开口供述",同司法机关密切合作——"你有权保持沉默;但如果你愿意作有罪答辩,法官将减轻对你的处罚"。同时,由于沉默权的规定,辩诉交易的实践也使得被追诉人人毋庸担忧如果不与政府合作、不作有罪答辩会导致重罚的结果——"你如果作有罪答辩,法官将减轻对你的处罚;但是,如果你不愿意认罪,你有保持沉默的权利"。笔者描述的上述这幅壮观的场面,无疑是法治国家人权保障的生动画卷。按照现代法学理念,任何公民在面临司法审查之时,都有合作的义务。但是,合作包括作为的合作与不作为的合作两种方式。在笔者看来,无论是沉默权行使还是辩诉交易中的有罪答辩,都是被追诉人与司法机关的合作:辩诉交易中的有罪答辩,是被追诉人犯罪后以积极的方式与司法机关予以合作;沉默权的行使,是被追诉人以消极的不作为与司法机关进行的合作。[①] 可见,沉默权和辩诉交易中的有罪答辩在本质上并无矛盾,但被追诉人只能择其一而行之。没有辩诉交易而只有沉默权的人权保障是畸形的,它至少忽略了社会控制犯罪的需要和对被告人权利的保障;没有沉默权而只有辩诉交易的人权保障是不可能实现的,没有沉默权的坚固屏障,辩诉交易的出现就如同洪水猛兽一般,将会对被追诉人的

[①] 这种消极的不作为合作,表现为被追诉人既不积极配合司法机关的审查,也不拒绝审查。他们不反抗脱逃监管,不违反羁押场所规定,但又不回答审讯者的提问,不向司法机关提供任何进一步查证之线索。

权利带来不可想象的践踏和蹂躏。

应当看到,在辩诉交易产生和发展的各项动因之中,沉默权扮演着一个非常重要的角色。单就此二者的关系来讲,辩诉交易犹如沉默权的缓冲器,它在不危及被告人诉讼主体地位的前提之下,为他们放弃沉默权提供了一个有足够吸引力的理由,从而大大缓解了控诉方的负担。我们甚至可以作出这样一个大致的估计:一个国家的辩诉交易制度越发达,沉默权的充分性也就越高;如果缺少了辩诉交易的缓冲作用,在犯罪形势日趋严峻的时候,沉默权很可能不得不作出相当程度的让步。英国《1994年刑事审判与公共秩序法》在沉默权问题上的回缩,究其原因,除了来自北爱尔兰共和军恐怖主义犯罪的压力,恐怕与其辩诉交易制度不发达不无关系。

(二)口供获取与平等保护

在英美辩诉交易制度中,存在罪状否认程序(arraignment),法官传讯被告人时,要求他对起诉书作出是否有罪的答辩。只有被告人作出有罪答辩(plea of guilty),而且法官确信这种答辩是在其自愿、懂得后果[①]并通过律师帮助的情况下作出的,法官方予以确认辩诉交易协议的合法性。法官要在公开法庭亲自询问被告人,确认答辩是自愿的(voluntary)、明知的(intelligent)和理智的(knowingly)。法官必须向被告人说明按有罪答辩宣告有罪以后可能科处的刑罚。在联邦诉讼和大多数州诉讼中,法官也被要求告知被告人任何有关指控的限制最低刑罚要求。可见,降低诉讼成本、提高诉讼效率,是辩诉交易最明显的功能,但在正当程序的要求下实现利益的交换,保障被追诉人的人权也是辩诉交易的另一个特点。

首先,应予肯定的是,辩诉交易有利于各方利益的实现。对有罪的被告人而言,避免了重罪的处罚,缩短了羁押的期限,消除了庭审的恐慌,预知了案件的结果,符合"迅速审判"刑事司法准则。对检察官来说,减轻了控方的证明责任,降低了案件的证明要求,避免了案件败诉的风险,扩大了业绩。对辩护律师而言,由于收费数额

[①] 被告人选择有罪答辩,意味着他将放弃由陪审团审判、对不利于他的证人进行质证、反对自我归罪三项重要权利。

不受诉讼时间的限制,与其坐视刑事案件的长期推延而毫无增益,当然不如通过辩诉交易速战速决,被告人满意,律师可以节省时间去办理更多的案件。对法官而言,免去了诸多的时间与精力的耗费,迅速结案,业绩斐然。

其次,辩诉交易有利于司法公正的实现。辩诉交易适用的案件都是证据体系不够完善的案件,在这类案件中,不乏被告人确实实施了犯罪甚至是实施了重罪或多个犯罪,但是由于控方难以收集到充分的证据,如果按照无罪答辩的诉讼程序,控方指控的犯罪可能将难以成立,结果将会导致犯罪人逃避惩罚,国家司法制度的公正也不能实现。但是如果实行辩诉交易,被告人作有罪供认,即可对其犯罪行为处以刑罚,这一结果显然要比证据不足放弃指控或者指控不能成立而放纵犯罪要好得多,无论对被告人还是对社会都是一个说得过去的结局:"半块面包总比没有面包好。"

最后,辩诉交易有利于尊重个人的自由与民主,实现更高层次的社会利益。基于意思自治和契约自由的观念,辩诉交易被看作是迈向自由主义审判模式的重要步骤。自由主义审判模式要求通过法官、检察官、辩护律师和被告人之间的合作来补充司法官员对案件真相的探求。因为在诉讼领域,对事实的寻求只能以一种受限制的方式进行,法律适用的过程也必然伴随着裁量,因而由当事人自己负责使判决逐渐形成,恰恰是使审判获得正当化机制的关键。正式的审判制度本身并不是目的,它只是服务于更高层次的社会目的的手段。① 辩诉交易体现了个人自由和独立的理想观念,肯定了被告人作为程序主体的地位,表达了刑事审判程序的民主性。

五、小结

任意性和真实性是口供的两个基本特征。基于对犯罪控制与保障人权的诉讼价值的诉求和对口供特征的尊重,既要首肯侦查人员获取口供的权力,又要通过限制"权力"或扩张"权利",寻求刑事

---

① 杨悦新:《理性看待辩诉交易——访中国政法大学宋英辉教授》,载《法制日报》2002年4月28日。

诉讼双重价值的平衡。口供作为追诉犯罪的重要裁判证据在侦查程序中的获取具有社会安全秩序意义上的该当性，但考虑到口供获取过程的特殊性，遵循正当程序的要求，应当对口供获取的原则、方式、时间、地点、程序等予以全面规制。沉默权是讯问制度中犯罪嫌疑人应当享有的重要权利，辩诉交易则又是犯罪嫌疑人打破沉默、自愿供述的激励机制。一套完整的侦查程序中口供获取与人权保护的法制体系，有待于在未来的立法中进一步构建。

我国的侦查讯问程序，同样面临两难的困惑。立法和司法实践中虽然鼓励被追诉人与公安司法机关配合争取从宽处理，但是鼓励被追诉人作出真实、自愿的供述以及相关的激励机制构建和落实还是初步的，甚至有偏离刑事诉讼规律之嫌，在讯问和被讯问的尖锐矛盾中，真正认罪认罚与从宽还没有成熟的制度机制。

特别需要澄清的是，我国将"效率"与"便利"混淆，[①]实践中推定的诸如：零口供规则、普通程序简化审等措施，虽然在形式上与沉默权、辩诉交易有些相似，但实质上是相互背离的两种制度。应当看到，沉默权不是剥夺了被追诉人说话的权利，而是让他们在自由意志的支配下，理性地供述；辩诉交易不是剥夺了被追诉人获得公正审判的权利，而是让其在放弃权利与获得利益的博弈中自由选择可以接受的案件处理程序。相比之下，我国的零口供规则则是剥夺了被追诉人自愿供述的权利，使其彻底地沉默；而普通程序简化审则完全是出于法院自身的便利考虑，不仅缺乏基本的权利告知程序，也弱化了被追诉人获得律师帮助的权利。所以，如何将一些法治国家先进的理念和在此基础上构建的制度，进行精髓化的吸收和借鉴，绝对不是一个简单的移植与本土化的问题。

---

① 根据米尔恩的观点，讲究效率的司法程序是符合道德要求的，而道德所要求的是一个合理限度之内的效率，而不是有可能达到的最高水平的效率。同时，效率指向的并非是单一主体，而是在多个主体中分配资源，寻找一个可以使整体目标效率最大化的方案。而便利指向一个考虑单一目的的主体。它要求以选择最有可能成功地达到目的的那种行为进程作为手段，而无须考虑整体目标的实现。参见[英]A. J. M. 米尔恩：《认的权利与人的多样性——人的哲学》，夏勇、张志铭译，中国大百科全书出版社1995年版，第40—44页。

第九章　控辩平等原则下之羁押制度

不受任意和非法的逮捕与羁押是任何公民的宪法权利，也是国际社会保障人权的基本准则。刑事诉讼审判前对嫌疑人、被告人的未决羁押实质上是对一个法律上无罪的人人身自由权的剥夺，具有强烈的预期惩罚的特点。因此，在某种程度上，通过对未决羁押的法律控制，实现刑事审判前程序对人权的保障，有时比刑事审判程序本身对人权的保障更具价值。为此，羁押制度的构建必须自始至终地贯彻控辩平等原则。英、美、法、意、日等国家的未决羁押制度融入了法治的理性，体现了控辩平等原则，未决羁押基本上已经成为一种制度化的刑事诉讼强制措施，并在程序与实体上均由法律加以控制，从而较大限度地防止了对羁押权的滥用，对被羁押人的人身自由等合法权利给予了较为充分的保障。相比之下，中国的未决羁押制度已经越来越凸显出诸多的根本性缺陷，遵循刑事诉讼规律，建立用中国方法解决中国问题的中国特色羁押制度成为司法改革之亟须。

一、几个主要法治国家之羁押制度

据笔者所知，无论是以英国、美国为代表的英美法系国家，还是以法国、德国为代表的大陆法系国家，抑或是诸如意大利、日本等法治改良国家的法律中,均明确规定在有罪判决生效前对被追诉人可以予以羁押,借以保证侦查和审判活动的顺利进行。英美法对此通称为"审判前羁押"(pre-trial detention),法国法称为"先行羁押",意大利法称为"预防性羁押",德国法称为"待审羁押",而日本法中的"勾留"则可直译为"羁押"。一般来说,大陆法系国家的称谓与本书"未决羁押"的概念相近,既包括审判开始之前的羁押,也包括有罪判决之后的上诉或是其他定罪后救济程序中的羁押。相比之下,英美法系国家的未决羁押仅指审判开始以前的羁押,对于已经进入审判程序的案件,则通过推行集中审理和迅速审判的原则来缩短羁押期限。

一般来说,上述国家中能够产生未决羁押后果的强制措施主要可分为拘留①、逮捕②和羁押③三种方式。

拘留一般适用于大陆法系国家,是指短时间地剥夺犯罪嫌疑人的人身自由。以法国为例,拘留是指以进行审讯为目的而剥夺犯罪嫌疑人或知情人的人身自由,又称为"监守"(garde a vue)④。法国刑事诉讼将拘留分为以下三种类型:一是对现行犯、准现行犯的拘留⑤,包括现行犯罪案件中对嫌疑人以外的知情人的拘留,此种拘留权由司法警官行使。司法警官作出的拘留决定,时间可持续 24 小时;经检察官书面授权,拘留可以延长至 48 小时,但此项授权根据被拘留人的申请,可以由预审法官进行审查。二是在初步侦查中,对有迹象表明已经实施或有意图实施犯罪的人的拘留⑥。此种拘留亦由司法警官作出决定,拘留的时间也是不得超出 24 小时,否则也需经检察官批准,且检察官批准延长的期限也不能超过 24 小时。

---

① 一般适用于大陆法系国家。
② 英美法系国家一般不使用拘留这一概念,而统一称为逮捕(arrest)。逮捕又可分为无证逮捕(arrest without a warrant)和有证逮捕(arrest with a warrant)。无证逮捕相当于大陆法系国家中所称的拘留。
③ Detention——根据英国彼得柯林出版公司《法律词典》(1993 年,第 2 版)的解释,羁押是指留住某人使之不能逃脱。(Detention - Keeping someone so that he cannot escape)
④ 孙长永:《侦查程序和人权》,中国方正出版社 2000 年版,第 81 页。
⑤ 《法国刑事诉讼法》第 63—65 条。
⑥ 《法国刑事诉讼法》第 77、78 条。

三是预审中司法警察根据预审法官的委托令进行侦查时的拘留。①
该项拘留是由预审法官作出决定,司法警察仅是决定的执行机关,
因此,司法警察必须在 24 小时内将被拘留人送交预审法官,预审法
官可以批准延长拘留期限至 48 小时。一般而言,法国的拘留期限
仅限于 24—48 小时,只有在两种例外案件中最长可以延长至 4 天:
一种是在毒品犯罪案件中,但需由检察官提出申请,经大审法院院
长或其代表或者预审法官批准;另一种则是在恐怖犯罪案件中,也
必须依法经过法官批准后方可将拘留的期限延长。在德国,拘留是
指在嫌疑人身份不能查明或难以查明的情况下,检察官或警察可以
决定对其拘留,但只限于为查明身份的必要,且最长不得超过 12 小
时。此外,检察官有权对不服从传唤的犯罪嫌疑人进行拘传,但对
于嫌疑人人身自由的限制最多不得超过 48 小时。

逮捕作为强制到案的一种手段,各国均采用了与拘留相比较更
为严格的标准。法国刑事诉讼中仅规定了三种情形:一是对经合法
传唤拒不到案的人,可由司法警察报告检察官后,由检察官命令强
制其到场;二是在现行犯罪案件当中,只要现行罪可能被判处监禁
刑,任何人都可以逮捕犯罪人,并扭送至司法警察部门查处(相当于
我国的"扭送");三是在预审程序中,预审法官有权签发强制到案
令或强制逮捕令,命令逮捕犯罪嫌疑人。

德国的逮捕主要是"暂时逮捕",相似于英美法系中的无证逮
捕,但条件更为严格。它仅适用于两种情形:一是对现行犯或准现
行犯,如果有逃跑可能或身份不明的,任何人都可以暂时逮捕("扭
送");二是对符合审判前羁押条件,但来不及办理羁押手续的,检
察官及其附属警察官员可以决定暂时逮捕。此外,《德国刑事诉讼
法》还明确规定,公民个人暂时逮捕现行犯后,必须立即送交司法官
员或警察,警察暂时逮捕或收到公民送交的现行犯后,如不能释放
嫌疑人,则必须在 48 小时之内将被逮捕人移送至地方法官处,法官
至迟在第二天对嫌疑人进行询问并作出裁决。

意大利刑事诉讼中的逮捕是指由检察官或警察采取的一种短

---

① 《法国刑事诉讼法》第 154 条。

时间强制到案的措施,可以适用于现行犯或非现行犯。但无论属于哪种情况,司法警察必须在24小时内将符合法定逮捕条件的被捕人送交检察官。对检察官认为不应当释放的被捕人,应当在24小时内请求预审法官认可,而预审法官则应当在随后的48小时内举行特别的听证程序。

日本的刑事诉讼中,对人身的强制措施有两种,即逮捕和羁押。逮捕是指短时间的羁押,分为普通逮捕、现行犯逮捕和紧急逮捕。相比之下,羁押则是较长时间关押。[①] 逮捕后,对认为有继续关押之必要的,司法警察应当在嫌疑人被拘禁48小时内将被捕人移送至检察官。检察官认为有必要羁押的,应当在24小时内或被捕人人身受到拘禁72小时内向法官请求羁押。对检察官自行决定逮捕的,应当在嫌疑人被拘禁48小时内向法官请求羁押。

英美法系国家中,通常将侦查机关为调查指控犯罪案件而以强制方法迫使犯罪嫌疑人或其他人到案的措施统一称为逮捕(arrest),其逮捕的内涵极其丰富,外延十分广泛。一般来说,是指为了指控犯罪而将嫌疑人置于警察或司法羁押状态的行为。可见,英美法中的逮捕既有我国刑事诉讼中的拘留、逮捕、扭送和留置盘查之功能,又有我国行政拘留中所指的强制到案的意义。具体而言,英美法系中的逮捕又可分为无证逮捕(arrest without a warrant)和有证逮捕(arrest with a warrant)。其中一般以有证逮捕为原则,无证逮捕为例外。无证逮捕相当于大陆法系国家中所称的拘留,由私人或司法警察对现行犯、准现行犯或有法定情形的嫌疑人实施。以美国为例,美国的无证逮捕可以由警察或者私人进行,私人进行无证逮捕的只能针对重罪现行犯进行。警察无证逮捕的对象,除本人当场目睹的犯罪人(包括轻罪)外,还可以是任何有"可能原因"认为是犯了重罪的人,而并非必须存在紧急情况不可。凡是无证逮捕,必须在逮捕后迅速将被捕人带到治安法官处对是否存在"可能原因"进行审查,只有在认定存在"可能原因"时,无证逮捕的羁押

---

① [日]田口守一:《刑事诉讼法》,刘迪、张凌、穆津译,法律出版社2000年版,第48页。

效力才能维持。通常情况下,审查必须毫无拖延地进行,至迟不能超过逮捕后的 48 小时。1984 年《英国警察与刑事证据法》颁布实施后,警察的无证逮捕已经成为刑事诉讼强制措施的惯用方式。根据该法要求,警察逮捕犯罪嫌疑人后,除非必须首先进行其他侦查行为,否则必须将被捕人立即解送警察局。① 在英国,警察对被捕者的羁押期限一般不能超过 24 小时。有证逮捕则是指需侦查机关先向预审法官申请逮捕令状,经法官批准签发逮捕令后,由执行官员进行的逮捕。根据《美国联邦刑事诉讼规则》第 4 条的规定,有证逮捕的实质要件是必须存在"可能原因"相信发生了犯罪,而且该犯罪行为是由犯罪嫌疑人所实施时,应当向执法官员要求签发逮捕证;或者应检察官请求,也可以签发传票代替逮捕证,嫌疑人未按传票要求到场时,可以签发逮捕证。由此也可以看出有证逮捕程序要件则是事先必须经过法官签发逮捕证。在逮捕的期限上,《美国联邦刑事诉讼规制》第 5 条规定,无论是有证逮捕还是无证逮捕,执行逮捕后,都必须将被捕人不迟延地带到联邦治安法官处进行审查。如果存在不合理的拖延则构成违宪。在英国,警察对于被捕者的羁押期限一般不能超过 24 小时,对于犯有严重的可捕罪者,如认为释放后可能再犯罪的,可以由警长决定将其关押至 36 小时;如还需延长羁押期限,则需由治安法官来决定,但最长只可羁押至 96 小时,而且法官对此必须每 24 小时审查一次,作出是否再延长羁押的决定,直至 96 小时。

作为刑事诉讼法定强制措施之一的"羁押"(detention)通常是指法院有罪判决生效前,较长时间地剥夺被追诉人的人身自由权利。各国普遍认为审判前的羁押只是一种例外的程序上的预防措施,在法律上加以严格限制。例如,《法国刑事诉讼法》第 137 条就明文规定,"先行羁押"只是"作为例外"依法定程序和条件而采取的措施。《意大利刑事诉讼法》第 275 条则规定只有在其他强制措施均不宜采用时,才能适用羁押。英美法系国家虽然适用逮捕的比率较大陆法系高,但一般仅限于为了保证被追诉者于审判时到庭的

---

① 1984 年《英国警察与刑事证据法》第 30 条第 1 款和第 10 条。

目的,因此在逮捕期满之后则广泛地适用保释措施。德国法律虽然对适用羁押的条件范围较为宽松,但根据联邦基本法所确定的"比例性原则",采取审判前的羁押措施必须与案件的重大程度,可能被判处的刑罚或保安处分相适应。

二、控辩平等原则下的羁押制度之特点

笔者认为,在上述英、美、法、意、日等国家的刑事诉讼中,均在不同程度上建立了控辩平等原则,其未决羁押制度主要表现出如下特点。

(一)羁押目的之双重性

从目的上看,采取未决羁押的强制措施具有刑事诉讼的程序性目的与社会保障的现实性目的之双重性。

从程序性目的来看,无论是短期剥夺人身自由权的拘留、逮捕,还是较长时间的羁押,未决羁押最主要的目的是为刑事诉讼提供程序保障。主要体现在以下三个方面:一是保证到案的目的。防止被追诉人逃跑或隐匿,以确保其在刑事侦查、起诉和审判过程中的及时到场或到庭。这一点已经是各国立法和刑事诉讼理念所一致认同的立场。二是证据保全的目的。为了保全证据,通过对被追诉人的羁押,来防其毁灭、隐藏实物证据,或者对证人、知情人(如鉴定人)实施不当影响,或者发生同案犯之间的串供,以保证侦查机关顺利地收集犯罪证据,从而有效地提起公诉。证据保全的目的在大陆法系国家中表现得较为突出,在英美刑事诉讼中则没有那么明显。究其原因,首先,英美刑事诉讼中对起诉时的证据标准不如大陆法系要求那么高,对侦查、起诉阶段的划分也不十分明显,在起诉后仍然可以继续侦查、收集犯罪证据,因此没有必要为了保全证据而使用羁押这种最严厉的强制措施,限制或者剥夺嫌疑人的人身自由权。其次,这无疑与英美刑事诉讼的根本目的有着密不可分的联系。英美法系国家刑事诉讼大多采用的是正当程序模式,其对刑事诉讼的程序正义的高度重视,对无罪推定原则极其尊重,都使这些国家的被追诉人在有罪判决生效前的人身自由权利受到充分保障。因而,国家侦控机关在刑事诉讼过程中对未决羁押措施的适用极为

慎重。相比之下,传统大陆法系国家的刑事诉讼一般以追诉犯罪、实现实体公正、保障社会利益为目的,因此更加强调羁押对刑事侦查的积极意义。正如 1987 年"合众国诉塞勒诺"一案中所判称的:个人自由的重要性和根本性固然重要,但在政府利益更为重要的情况下,应该服从这一更重要的社会利益。未决羁押的第三个程序性目的是刑罚的执行。通过对嫌疑人、被告人的羁押,为将来可能判处羁押性刑罚的执行提供必要的保证。例如,按照英国法律,犯罪可分为三种类型:轻微犯罪、可捕罪和严重可捕罪。对于正在实施可捕罪或有正当理由怀疑正在实施可捕罪的人,警察对其进行无证逮捕,或由治安法官签发逮捕令将其逮捕。① 而所谓可捕罪,主要就是指以前没有被定过罪的成年人实施的,可处 5 年以上监禁的犯罪,以及法律明文规定了确定刑(如谋杀)的犯罪等。美国法典明确将被告人犯有法定最高刑为死刑或者终身监禁的犯罪,以及依法可处 10 年以上有期徒刑的毒品犯罪规定为适用审判前羁押的条件之一。对此,《法国刑事诉讼法》第 144 条规定,先行羁押仅适用于重罪、可处 1 年以上监禁刑的现行轻罪或是可处 2 年以上监禁刑的非现行轻罪案件。《意大利刑事诉讼法》则规定,对于嫌疑人、被告人可能被判处无期徒刑或 3 年以上有期徒刑的,可以对其适用审判前的羁押。由此可见,各国刑事诉讼法律一般都在未决羁押的实质要件中对犯罪嫌疑人可能被判处的刑期及相应罪名作了明确列举,通过采取未决羁押的强制措施,使有罪判决生效后,可能被判处的期限较长的羁押刑或者死刑能够顺利执行。

未决羁押强制措施的采用还有其社会保障的现实性目的,即制止犯罪和预防犯罪。从上述各国刑事诉讼的法律规定中不难看出,制止犯罪是对现行犯的短期羁押——这也是拘留或无证逮捕的重要目的;而预防可能发生的犯罪或其他社会危害性行为,同样有可能成为采取"羁押"措施的目的所在。虽然这种预防性的羁押措施带有一定的"预期惩罚"的意味,有悖于法治国家的基本原则,也不符合无罪推定的法治精神,然而,为了"防卫社会""维护公共利益"

---

① 1984 年《英国警察与刑事证据法》。

"保障公共安全",而对那些具有"人身危险性"的嫌疑人依法采取强制羁押措施,无疑要比其他预防犯罪的措施有效得多。虽然表面上看,如果公共安全的保障是以嫌疑人、被告人的权利为代价,难免有失公正,但在笔者看来,公正或者正义本身并没有什么统一划定的标准,公正的理念应当是对社会整体利益的保障与个体权利保护的平衡,正义的实现则是社会公共群体对这种平衡的认同。羁押这种预期惩罚的目的性,即便在"正当程序"原则极受推崇的英美也是不可避免的。犯罪嫌疑人是否对社会具有人身危险性,是法官在适用羁押措施时要考虑的重要理由。对于那些具有高度危险性的嫌疑人、被告人,法官可以直接拒绝保释。需要说明的一点是,羁押措施的此种预防性目的虽然难以排除,但是在现代国家的法治化进程中已被认同为一种例外,而不再被视为一般原则。

(二)羁押措施之独立性

上述国家均将有罪判决生效前的较长时间的羁押作为拘留、逮捕之外的一种独立的法定强制措施,从而在程序和实体的应用上均提出了比拘留、逮捕这些较短时间的人身监禁更为严格的要求。例如,在上述国家中,拘留、逮捕的法定期限都比较短,一般为12—48小时,而对于被逮捕人的人身监禁期限最多也只达96小时(英国)。而且拘留、逮捕往往由警察或检察官作出决定,这种决定的作出,理论上讲是行政权力的行使,一般不需要司法权的介入。但如果超过法定拘留、逮捕期限仍需羁押的,则应当按照法定羁押程序由法官或预审法官进行裁决。羁押措施的独立设置,是司法权对未决羁押措施进行有效和必要控制的前提。

(三)羁押之司法审查性

羁押措施之适用由中立的法官进行司法审查。由于拘留、逮捕对嫌疑人或被告人的人身拘禁时间较短,因此各国一般都规定这些强制措施可以由警察、检察官甚至普通公民直接决定或实施,并以此为普遍原则。而将由预审法官对逮捕的司法审查作为例外。但是,对于"羁押"这一强制措施,各国则毫无例外地规定必须由行使国家司法裁判权的法官进行审查或授权,方具有合法性和正当性。尽管具体的做法不一,但大体都确立了以下典型模式:警察或者检察官在实施了拘留或者逮捕之后,如认为需继续采取羁押措施的,必须不得迟延地将犯罪嫌疑人移交给司法官员,向其申请作出羁押决定;后者应当及时举行预审听证或讯问,向嫌疑人告知其所享有的法定权利,并在听审中保持中立的立场,听取被告人、辩护人以及警察、检察官等双方的意见或辩论,从而就羁押的理由和必要性进行审查,然后就是否羁押以及羁押的期限作出明确的裁决。

(四)羁押适用的比例性

采取羁押措施的比例性原则(proportionality)最初来源于19世纪的德国法,后被欧共体法所采纳,并被越来越多的法治国家所接受,将其作为国家法律的基本原则之一。从未决羁押的角度来看,其含义就是指所采取羁押措施的强制程度应当与其目的性、必要性相适应。由于英美法系国家一直实行权利保释制度,没有直接规定审前羁押的期限。因此,羁押的成比例性原则成为限制适用羁押性强制措施的重要手段。大陆法系国家对羁押的比例性原则在适用时则更为直接,一般在其刑事诉讼法中对羁押的期限直接加以规定。例如,《法国刑事诉讼法》就对轻罪和重罪的羁押期限作了不同的规定:轻罪案件中先行羁押的期限一般不得超过4个月。因必要加以延长的,延长的期限累计不得超过4个月;可能判处5年以上监禁刑的案件先行羁押不得超过1年;重罪案件中对被告人的先行羁押也不得超过1年,等等。《德国刑事诉讼法》规定,除特别原因外,判决以前的待审羁押期限不得超过6个月。《意大利刑事诉讼法》则将这种比例性原则贯彻得更为具体,其对于审判前羁押期限的规定完全是根据应当判处的刑罚制定的,并且细致地划分为交付审判前、交付审判后一审判决前、一审判决后二审判决前以及上诉审判后判决确定前四个阶段。以交付审判后一审判决宣告前阶段为例,如果诉讼是针对依法应当被判处6年以下有期徒刑的犯罪,羁押的期限不得超过6个月;如果是针对依法应当判处6年以上有期徒刑至无期徒刑的犯罪提起的诉讼,则羁押的期限不得超过1年。不可否认,比例性原则的适用,在很大程度上弥补了因羁押这种预期性惩罚可能造成的侵害嫌疑人、被告人合法人身自由权利方面的不足,在保障整个社会公共利益和被羁押人个体的人身自由权之间、在实现社会正义和个人公正之间起到了有效的、平衡的作用。

(五)羁押场所设置之中立性

中立的司法官员对未决羁押措施的听审,解决的是由谁作出羁押决定的问题,体现的是程序正义的基本原则。对羁押场所的设置则涉及的是刑事被追诉人"究竟控制在谁手中",由谁在真正限制、剥夺他们的人身自由的问题,直接关系到对嫌疑人、被告人的人权保障,意义同样重要。也是基于此原因,上述各国对此问题均极为重视,在法律上对羁押场所的设置作出了明确的限制。一般而言,嫌疑人在司法审查之前通常被羁押在警察控制之下的拘留所里;而在预审法官经过审查作出羁押决定之后,被告人则通常被羁押在监狱或者不由警察或检察官控制的监禁场所中。在英国,对羁押场所的限制则更为严格,如果预计逮捕后的羁押期限可能会超过6小时,就必须把被捕人羁押在指定的羁押场所,而不能是涉案警区内一般关押被捕人犯的派出所。这种做法,一方面,使被追诉人摆脱了侦查、追诉机关的控制,从而避免了侦查机关为了刑事追诉的需要可能采取的刑讯逼供,或者其他侵犯嫌疑人辩护权、沉默权以及律师到场权等情况的发生,有效防止了羁押权的滥用。另一方面,对羁押场所的限制还确保了嫌疑人充分行使其防御权,以保障其生命健康权等合法权益不受侵害。

(六)羁押救济之现实性

现实性即为被羁押人提供有效的司法救济。西谚云:"有权利必有救济。"就是说实体上的权利如果没有行之有效的程序加以保障的话则毫无价值。人身自由权是一个公民的基本人权,因此国家必须提供充分有效的途径,使权利人在受到侵害时能够及时得到救济。尽管司法救济程序在英美法系国家和大陆法系国家的模式不同,但总的来说,均通过法律的规定,使得被羁押人(或者通过其辩护人、近亲属)有机会陈述自己的意见,将其所受羁押的合法性问题提交给中立的司法裁判机构进行审查;而法院作为中立的机构,应当在控辩双方同时到场的情况下举行听证,就羁押是否合法、羁押的理由是否成立或者继续存在等问题作出裁决,并在羁押明显属于不合法或者不必要的情况下，尽快释放被羁押人。

在英美法国家，申请保释和申请人身保护令是对被羁押者的两种基本救济途径。一般而言，如果被告人可能被判处监禁刑以外的轻微刑罚，法院几乎不会对其保释申请加以拒绝；如果被告人被指控的罪行可能被判处监禁刑，法院也只会在法律规定的特别情况下才拒绝保释。法院对于保释的听审会在控（公诉方）和辩（被羁押人）双方中进行，如果被羁押人的保释申请没有被反对，法院作为中立的裁判机构便不会自行提出反对意见。即使法院作出了拒绝保释的决定，被羁押人仍可以向上级法院提出上诉，使其对羁押的申请救济的权利在程序上得到了较为充分的保障。

英国法对公民人身自由权保护最卓越的贡献就是人身保护令①（writ of habeas corpus）。这种特权令源于 14 世纪，最早是用来审查羁押合法性的一种手段。依据人身保护令，被关押的人被带到法官面前陈述自己的意见，由法官来审查羁押的理由，从而使受到错误羁押的人获得释放。但是，这种古老的防止滥用未经审判而依法羁押被追诉人的权力机制仍旧存在缺陷。此后，1679 年的人身保护令法对此作了改革，允许那些因受到刑事指控而受到长期羁押的人直接向法官申请人身保护令，从而获得保释，对于因申请人身保护令被释放的人，不得以同一理由再次逮捕或羁押。1816 年，人身保护令法的适用范围被扩展到民事羁押案件，法官也被授权审查案件中看守们所作决定的事实部分。人身保护令在保护公民人身自由权方面的行之有效，受到世界各国的重视和仿效。②

大陆法系国家对于被羁押者的司法救济主要是通过司法复审制度加以实现的。在诉讼中，被羁押人可以在任意阶段向作出羁押决定的法官提出复查的申请，并可以提出上诉直至上诉到最高法院。法院对此可以在起诉后、正式审判前阶段作出程序性的裁决。此外，在大陆法系国家刑事诉讼职权主义模式下，法院可以依职权

---

① Habeas corpus, means "you must have the body". 拉丁语，意为"你必须带来全身"。

② de Smith, Woolf H. & Jowell J., Principle of Judicial Review, London: Sweet & Maxwell, 1999, Chapter, pp. 538-542.

对羁押提起司法复审。例如,德国法就规定,嫌疑人、被告人在被连续羁押满3个月后,如果没有对羁押提出抗告、申请复审,并且没有辩护人帮助的,法院必须依职权就羁押的合法性进行一次司法复审。而且每隔3个月就应主动复查一次。法国法则在规定羁押期限的同时还规定了对羁押期限的延长必须是每隔一段时间延长一次,而不能一次性决定羁押至法定最长期限。这种规定实际上具有了相当的"定期复查"的提点。毫无疑问,司法复查制度有助于法院及时发现非法羁押现象,并对在羁押理由和必要性已不存在的情况下,及时解除对嫌疑人、被告人的羁押,使被羁押者获得充分的司法救济。

综上所述,在上述各国中,未决羁押基本上已经成为一种制度化的刑事诉讼强制措施,并在程序上和实体上均由法律加以控制,从而较大程度地防止了对羁押权的滥用,对被羁押人的人身自由等合法权利给予了较为充分的保障,体现了法治的基本原则。

三、中国现行羁押制度探讨

作为对被追诉人人身自由剥夺的一项重要法律制度,中国的未决羁押应当予以检讨性批判:适用的目的失之偏颇;未决羁押不是一个例外,而是一种常态;缺乏比例性原则;期限具有不确定性;羁押措施滥用;超期羁押现象严重;场所设置违背中立性原则;救济功能缺失;等等。中国的未决羁押还是刑事侦查、追诉活动的手段。从控辩平等的理念考察,未决羁押应当受到比已决羁押更加严格的司法控制,被羁押人应当受到比已决犯更加充分的制度保障。

(一)羁押适用目的之偏颇

羁押制度的设置不能违背的法治基础是"任何人都有不被强迫自证其罪的特权"(privilege against self-crimination)理论。在无罪推定原则之下,羁押是刑事诉讼程序中一种例外的强制措施,其目的是保全证据或被追诉人的人身,以免被追诉人毁灭证据、收买或威胁、干扰证人,或逃跑、自杀,而不能为了满足收集证据之需要的目的,羁押被追诉人。我国在司法实践中,羁押被广泛地作为一种重要的侦查手段,尤其是获取被追诉人供述的手段。

与取保候审或者监视居住等其他强制措施相比,羁押使被追诉人掌握在侦查机关控制之中,可以随时满足侦查机关获取口供的现实需要:通过对被追诉人的羁押,限制其人身自由,增加心理压力,获取口供;甚至在羁押期间进行刑讯逼供,获取被追诉人的供述,并将此作为进一步获取其他证据的重要途径。这无疑是"口供中心主义"理念的凸显。

(二)羁押是一种常态

在国际刑事司法准则之下,取保候审、监视居住是一种常态措施,羁押是一种例外的保障措施。在中国的司法实践中,羁押是一种常态,取保候审、监视居住等替代性强制性措施反而成了一种例外。据之前的一项调查表明,几乎80%刑事案件中的被追诉人都被刑事拘留;公安机关对几乎80%的刑事拘留案件都报请检察机关批捕,而检察机关对所受理的报请批捕案件几乎70%以上都批准。虽然我国《刑事诉讼法》对适用拘留、逮捕措施的实质要件都作了明确的规定,但在实践中,由于权力的同向性以及缺乏必要的对抗机制,逮捕的实质标准容易停留在条文之中而流于形式。无论被追诉人有无拘留、逮捕、羁押之必要,均以对其适用羁押为原则,从而导致刑事诉讼中对拘留、逮捕措施的适用成为一种常态,羁押也就成为被追诉人在判决前所处的常态。

(三)羁押之适用没有比例性原则

我国的羁押制度尚没有规定"成比例"或者说"相适应"的原则(proportionality),不论行为人涉嫌实施犯罪的轻重,刑事拘留后的羁押期限一律为14天或者37天,逮捕后的羁押期限则一律为2个月,并且可以不断地延长。实践中,一个可能被判处3年有期徒刑的被追诉人与一个可能被判处15年甚至无期徒刑的被追诉人,在有罪判决生效前的羁押期限可能完全相同。

(四)羁押期限之不确定性

根据我国现行《刑事诉讼法》的规定,逮捕后的羁押期限一般不得超过2个月。这是法律规定由逮捕本身所带来的最长羁押期限,也几乎是世界上最长的逮捕后羁押期限。即便如此,法律仍然授权有关机关在多种情况下可以将此期限延长,并可以反复重新计算。例如,对于"案情复杂、期限届满不能终结的案件",可以经批准延长 1 个月;对于"交通十分不便的边远地区的重大复杂案件、重大的犯罪集团案件、流窜作案的重大复杂案件、犯罪涉及面广取证困难的重大复杂案件",经批准可再延长 2 个月;而对于"犯罪嫌疑人可能判处 10 年有期徒刑以上刑罚"的,还可以延长 2 个月。上述规定已经使逮捕后的羁押期限延长至 7 个月,然而,我国 2018 年《刑事诉讼法》第 160 条又规定了如下变通条款:"在侦查期间,发现犯罪嫌疑人另有重要罪行的",自发现之日起重新计算侦查羁押期限;"犯罪嫌疑人不讲真实姓名、住址,身份不明的,应当对其身份进行调查,侦查羁押期限自查清其身份之日起计算"。另外,2018 年《刑事诉讼法》第 157 条规定,"因为特殊原因,在较长时间内不宜交付审判的特别重大复杂的案件"可由最高人民检察院报请全国人大常委会批准延长羁押期限,而不受法定羁押期限的限制。这种公安机关、检察机关可以自行对拘留、逮捕羁押期限的反复延长,甚至以多种形式的重新计算的做法,使法律在有关羁押的拘留、逮捕期限上本来就不十分完备的规定进一步流于形式,被羁押人对自己被羁押的最长期限完全没有预期。更为严重的是,这种不确定性造成了被羁押者人身自由权的虚无化。

(五)超期羁押现象严重

我国的刑事诉讼基本上属于犯罪控制模式,由此,侦查实践中,未决羁押的工具性特征便决定了侦查机关在实际羁押措施运用过程中对其最大效益的追求。为了尽可能多地利用羁押期间犯罪嫌疑人身处的恶劣环境,以及所承受的巨大压力所造成的侦查优势,来获取犯罪嫌疑人的口供,搜集更多的有利于控方的证据,侦查机关不断地对羁押这一"侦查工具"的潜能,进行过度开发,超期羁押便是这种开发的必然结果之一。而且,实践中侦查机关对嫌疑人、被告人超期羁押的严重状况已到了一种普遍化的地步。全国人大常务委员会内务司法委员会 2000 年就将超期羁押与刑讯逼供等问题列为"刑事诉讼执法大检查"的重要内容。2001 年 1 月 21 日,最高人民检察院专题下发《关于进一步清理和纠正案件超期羁押问题的通知》,针对刑事诉讼案件中超期羁押问题严重、有的地方"前清后超""边清边超"的现象,要求各级检察机关从讲政治、保护公民合法权益的高度,从推进依法治国的高度进一步统一思想,提高认识,把纠正超期羁押工作作为检察机关履行法律监督职能的一项重要工作抓紧抓好。对超期或久押不决 8 年以上、5 年以上、3 年以上的案件,分别由高检院、省检院、分州市院负责。在关于超期羁押的研讨中,我们欣喜地听到了司法实务部门中专家学者型人员"超期羁押就是非法拘禁"的观点。

(六)羁押措施之滥用

在我国,羁押措施的滥用主要表现为法定羁押措施的滥用和非法羁押措施的采用。就法定的强制羁押措施而言,主要是指刑事拘留和逮捕。应当明确的是,拘留、逮捕并不应当必然导致羁押的后果。只要当初决定羁押的目的达到,紧急情况消除,羁押就已成为不必要,则应立即变更为其他替代性强制措施。然而,在我国的侦查实践中,羁押的合目的性及其必要性几乎不受任何实质性审查。公安机关、检察机关手中的羁押决定权和羁押期限的延长权被随意地行使,致使形成了对被追诉人未决羁押普遍化、解除羁押特别化的现状。在审查起诉和审判阶段,对被告人的未决羁押则连最起码的审查程序和理由都无须具备。

各级纪检监察部门对涉嫌犯罪的有关人员普遍采用的"双规"措施,实际上已经演变为刑事诉讼法定强制措施以外的羁押措施。由于这种措施没有明确的期限限制,而且手续简便易行,因而在党纪检察机关、行政监察机关与刑事侦查机关联合办案的过程当中被广泛采用。这种对有关人员进行长期羁押的实际做法,不仅对刑事诉讼强制措施的法律规定造成了直接的冲击和破坏,而且违背了宪法的基本原则与规定,侵犯了公民基本的人身自由权利。2012 年《刑事诉讼法》还增设了指定居所监视居住制度。监视居住本是羁押的代替,但指定居所的监视居住则是在事实上造成被追诉人的未决羁押,尤其是在实践中还存在"变相"与"刻意"适用的问题。此外,公安机关将行政处罚措施作为刑事诉讼替代性羁押措施的情形也屡见不鲜。在刑事拘留已超过法定期限的情况下,公安机关将被追诉人转为行政拘留等行政性强制措施,借以摆脱司法监督部门的审查,并以此达到继续羁押被追诉人,以利于其调查取证,尤其是获取有罪供述的需要。一些公共权力甚至可以随意自行创设羁押措施,或者将一些行政性的羁押措施直接适用于刑事诉讼。以上事实表明,未决羁押的适用,在中国司法实践中目前不具备法律的明确性和可预测性等该制度所必需的基本特征。

(七)羁押场所之设置违背中立性原则

对被追诉人的羁押通常应当是在监狱或者其他不由警察、检察官控制的监禁场所里。带来这种体制的基本理念是:在无罪推定原则下,应当避免侦查机关在控制被羁押人的过程当中,为了获取有罪证据、满足刑事追诉的需要,而采取刑讯逼供、体罚等手段,侵犯嫌疑人或者被告人——这些法律上无罪的人的合法权益。与之相比,我国的未决羁押则基本上完全由公安机关控制下的看守所负责执行。问题是:在我国的现行体制中,公安机关具有刑事侦查和行政管理的双重身份和双重职能。尽管看守所的监管活动是属于公安机关的行政管理职能,但在看守所与刑事侦查部门共同设置于同一公安机关内部,接受相同的机构负责人领导的现状下,公安机关难免将其两种职能混淆,使得看守所对被羁押人的监管活动直接服务于刑事侦查活动的需要。也就是说,在被羁押人由公安机关控制的情形下,后者为了使其侦查工作能够"顺利"完成,难免会借机采取一些适当的措施,如刑讯逼供、体罚、阻止被羁押人获得法律帮助等,从而使被羁押者处于不利处境。在笔者所著的《遏制监所暴力与监所体制改革》一书当中详尽介绍了看守所暴力的类型及其成因。从逻辑上看,看守所与刑事侦查部门的关系越密切,被羁押者的权利和自由就会面临越大的被侵犯危险。试想,这种"原告抓被告""原告看被告"的羁押制度,究竟能会有几多的公平与正义?

(八)羁押制度救济功能之缺失

"有权利就应当有救济",这句古老的法律谚语无疑是在昭示:因为未决羁押剥夺的是法律上无罪的人的基本人身自由权利,所以,从公平正义的理念上讲,应当赋予被羁押人充分的自我防御权,使之在合法权利受到威胁甚至侵害时能够及时得到救济。检讨我国未决羁押的现状,"主动救济"形同虚设,"申请救济"没有路径;

既没有规定对被羁押者现实的法律救济保障,也没有规定违反救济程序的裁判后果,被羁押者必须享有的法律救济权利客观虚无。中国羁押制度的现实告诉人们的是:被羁押者不再是一个人,而是一个客体。

羁押救济制度的虚无化带来的严重后果是被羁押人在其基本人权受到威胁或者损害时,寻求司法救济的途径被堵塞,致使被羁押人转而寻求社会救济或者私力救济等手段。前者如被羁押人向各级人大常委会、政府、党委提出的"上访"或"申诉",向新闻媒体的披露等,以求唤起整个社会的共鸣,希望得到来自法律之外的干预;后者最常见的就是各个诉讼阶段中的"人情案""关系案"。司法救济途径的不畅,使本来可以通过司法途径解决的法律问题,演变成社会问题甚至政治问题。社会公众对国家法律失去信心,司法的权威性因而丧失殆尽。进而,本应成为"社会减压阀"的司法程序,失去了吸纳不满、减少冲突的功能,甚至直接演变成新的社会冲突乃至政治冲突。同时,中国羁押制度救济功能的缺失,使得司法腐败在被羁押人寻求私力救济的过程中,又找到了广泛的活动空间。

(九)羁押权力之失控

任何权力的行使,都必须受到相应的制约,没有制约的权力就是专制的权力。由于刑事拘留权以及刑事逮捕权的行使,均会导致对法律上无罪的人人身自由权的被剥夺,具有极大的危险性,因此各国对于羁押措施的适用,均通过法律手段严加控制。例如,英、美、法等国的有证逮捕,就是司法官员对警察、检察官提出的逮捕申请进行合法性和必要性方面的审查,对于合乎逮捕条件的,签发逮捕的许可令状。然而,我国审判前的刑事拘留,是由公安机关自行授权作出决定,并进行自我监督、完全没有外部权力的监督与制约。此外,虽然检察机关具有宪法所赋予的法律监督的职能,法律亦规定对公诉案件审前阶段的审查批准权和逮捕后的羁押必要性审查权由人民检察院行使,但是不可否认的是检察机关还是承担着行使控诉的职能。检察机关与公安机关在控诉利益上的一致性以及二者之间法定的分工协作、相互配合的关系,都使检察机关在监督的过程当中不可避免地带有控诉的倾向,使其难以保持监督者所应必备的客观、中立、超然的地位与心态。

(十)羁押措施不独立

考察英、美、法、德、日等国家的未决羁押制度,有一个共性的特点就是未决羁押作为刑事诉讼的一项强制措施,与拘留、逮捕等强制措施一样,独立地存在于刑事诉讼的过程中。这一点与我国关于未决羁押机制的设计是不同的。在我国,未决羁押没有作为一项独立的强制措施设置,而是作为刑事拘留、逮捕的当然状态,是刑事拘留、逮捕的必然结果。这也是我国未决羁押制度缺失太多所造成的桎梏之一。

四、中国控辩平等原则构建下之羁押制度

未决羁押的实质是对法律上无辜的人人身权利的一种剥夺,应当受到比执行已决犯刑罚更加严格的司法控制,使被羁押人受到比已决犯更加充分的制度保障。为此,只有克服我国现行未决羁押制度的主要缺陷,在控辩平等的基本原则之下,对未决羁押进行制度性、法治化的约束,使之成为一个独立的、封闭的司法控制系统,才有可能避免其成为刑事侦查、追诉活动的手段。

(一)构建中国未决羁押制度之基本原则

1.羁押法定原则

这是使未决羁押制度建立在法治原则上的基本要求。对被追诉人的未决羁押是国家侦查、追诉机关以其国家公共权力的强制性手段剥夺公民的人身自由权,这种权力的行使本身就具有极大的危险性,未决羁押的法定刑因此就显得尤为重要。具体地说,在有罪判决生效前,如须对嫌疑人、被告人进行长时间的羁押,必须严格依照法律授权加以实施,在羁押的理由、必要性、期限、场所、授权、审查、救济、防御等一系列环节上,都要有法律的明文规定。任何权力机关不得以自我授权或越权的方式对嫌疑人、被告人进行羁押,更不能作为采取其他某种强制措施后的当然状态而任意为之。与罪刑法定原则一样,羁押法定原则所禁止的也是羁押的模糊性和任意性,所维护的是羁押适用的明确性和可预测性。

2. 羁押比例性原则

羁押比例性原则应当有三个基本要求：一是羁押目的性要求，即羁押的适用不得背离其法定的羁押理由，应做到目的与方法的平衡；二是羁押的必要性要求，即在有几种替代性措施均可以达到同一目的的情况下，要求选择适用最有利于嫌疑人、被告人的强制措施，以羁押为例外，从而将对嫌疑人、被告人可能造成的权利损害降至最低；三是羁押的适当性要求，即要求将羁押的幅度、期限控制在与涉嫌犯罪的严重程度以及嫌疑人、被告人可能被科处的刑罚相适应的范畴内，其实质是罪刑相适应的法治原则在有罪判决生效前的延伸。

3. 司法授权原则

应由中立的司法机关通过审查羁押的实质性要件，决定是否适用未决羁押措施。这同样也是法治原则以及无罪推定原则的基本要求。一方面，公共权力的行使必须经依法授权，国家追诉机关若剥夺一个人，尤其是法律上无罪的人的人身自由权时，必须获得合法的授权；另一方面，如果说无罪推定原则要求未经中立的司法机关进行审判，不得对公民定罪处罚，公民的人身自由权不受任意剥夺，那么，未经中立的司法机关审查授权，就不能在有罪判决生效前对法律上无罪的人进行羁押。这种事先审查授权的控制制度实际上是司法机关对未决羁押的主动控制。

4. 司法救济原则

"犯罪嫌疑人在警察局里的处遇是刑事正义的重心所在。对此，正当程序模式的拥护者与犯罪控制模式的拥护者是一致的。"而且通常而言，一种权利越重要，对它的保护就应当越周密，尤其当这些权利受到威胁或者侵害时，这一点显得尤为重要。未决羁押措施一旦被适用，势必会给嫌疑人、被告人以及有关公民带来非常不利的后果，公民的基本人权受到极大威胁。因此，法律应当赋予所有受到羁押的嫌疑人、被告人充分的程序性救济的权利——当国家追诉机构所做的行为或决定对其不利时，其有权要求中立的司法机关予以审查并作出变更或者撤销该行为或决定。这一原则不仅体现了自然公正的基本要求，同样也得到了国际法的认可。根据《公民权利与政治权利国际公约》第 9 条第 1 项的规定,任何被羁押者,无论是受到刑事指控被拘禁,还是受到行政性拘留,皆有权启动法律程序,即向司法机关对羁押的合法性提出异议,如果该羁押被认为是非法,则被羁押者应被释放。具体地说,就是由被羁押人将羁押的合法性问题提交到专门的司法机关进行审查,后者以司法听审的方式听取控辩双方的意见或辩论,并作出最终裁决。从某种意义上讲,对未决羁押的司法救济是对公民权利实施保障、对公共权力予以监督控制的最后手段。这种控制实际上是一种司法机关对未决羁押的被动控制,体现了"不告不理"的诉讼本质。

5. 权利保障原则

现代刑事诉讼理论崇尚审判中立、控辩平衡,未决羁押的司法授权和司法救济的原则从形式上赋予了国家侦诉机关与被羁押人平等的诉权。然而,警、检机关在侦诉过程中掌握着强大的国家公共权力,使被羁押人处于天然的弱势地位,若使控辩双方达到真正的力量抗衡,还必须赋予被羁押人基本的权利保障。具体应当包括以下四种基本权利。

其一,被羁押人之沉默权。作为无罪推定的基本原则,任何侦查机构都不得强迫嫌疑人、被告人自证其罪,被告人因此在接受讯问时享有保持沉默的权利和不作陈述的自由。这一权利规则目前在世界上两大法系国家大都得到了确认。可以说被羁押人的沉默权是其保护自己权利的最后一道防线。

其二,被羁押人之知情权。这一原则实际上是自然公正原则在现代法中的进一步扩张。《公民权利与政治权利国际公约》等联合国文件规定:"对于被逮捕和被羁押的人必须告知逮捕、羁押的理由以及不利于他的任何控告。"根据这一原则,当一个人的权利即将被(国家权力机关)处分时,应当被告知处分的理由。而且这些理由必须是合法的、充足的。贯彻这一原则,有助于刑事诉讼嫌疑人、被告人随时了解被羁押的根据,以便有针对性地行使其防御权,进行司法救济活动。而在羁押持续过程中,被羁押者也应当有权随时了解原来的羁押理由是否已经发生变化,或者不复存在,从而及时提出新的救济请求。

其三,被羁押人之获得律师帮助权。刑事诉讼中控辩双方的地位有着先天的不平等性,律师在审判前阶段对刑事诉讼的参与不仅能够使公安机关、检察机关的国家追诉权力在一定程度上受到制约,同时也是改善被追诉人诉讼地位的必要保证。此外,法律本身具有其职业性、专业性的特征,只有经过多年专业训练的人才有可能对此准确掌握并熟练运用,而刑事诉讼嫌疑人、被告人本身则往往不具备这种专业特质,因此,当其被未决羁押时,若能够获得充分的律师帮助,无疑有利于被羁押人对自己权利的保护。而且,《保护所有遭受任何形式拘留或监禁的人的原则》第 32 条也规定:被羁押者随时都可以提起对拘禁的异议的程序,还应允许律师或家庭成员代表被拘禁者启动这一程序。由此可见,赋予被羁押人充分的律师帮助权同样是国际法上一项准则。

其四,被羁押人之保释优先权。现代国家基于无罪推定原则,普遍认为审判前的羁押只是一种例外的程序上的预防性措施,应当避免使法律上无罪的人承受有罪处罚的待遇。正如美国联邦最高法院前首席大法官文森(C. J. Vinson)所述:"一个非因死罪案件而被逮捕的人应当被准予保释,这项被定罪之前有人身自由的传统权利使得辩护准备不受妨碍,并有助于防止被定罪前遭受处罚。除非这项审判前获得保释的权利得以保留,否则经过好几个世纪斗争才获得的无罪推定原则就会失去意义。"除此之外,建立保释制度也是防止不必要的羁押,保证被追诉人辩护权有效行使的必要手段。

(二)中国未决羁押制度之构建模式

1. 规定羁押措施独立

把羁押作为独立的刑事诉讼强制措施予以规定,将其与现行的拘留、逮捕相分离,并与拘留、逮捕等强制措施并列,使对嫌疑人、被告人长时间内剥夺人身自由权的羁押成为拘留、逮捕后的专门诉讼阶段,由专门的预审法官主持专门的司法审查程序,对羁押的合法性及其期限进行审查并作出裁判。这是现代各法治国家通行的做法,也是推进我国刑事强制措施制度与国际接轨的前提。只有将羁押与拘留和逮捕在制度予以准确定位,才能在实践中保证对未决羁押的有效控制与适用。

2. 法定羁押条件

未决羁押措施是以刑事诉讼程序保障为目的的,是侦诉机关强制被追诉人到案的一种手段。但是由于拘留、逮捕和羁押的强制程度各不相同,因此,在选择适用上应因情况不同而作出不同的决定。笔者认为,拘留的理由主要应当是"情况紧急"。例如,对现行犯、准现行犯的拘留,若不立即采取暂时羁押的措施,则不足以制止犯罪,保护社会公共利益;或者若不对嫌疑人迅速进行羁押,则可能导致毁灭证据或者嫌疑人逃跑等严重后果。然而,对于身份不明、流窜作案、多次作案和结伙作案的重大嫌疑人,原属于公安机关行政管理的相对人,公安机关完全可以在不剥夺其人身自由权的情况下,借助其他刑事侦查措施或者技术手段,完成查清嫌疑人身份等工作任务。笔者认为,此类不具备"情况紧急"的羁押理由的情形,不应适用拘留措施。2018 年《刑事诉讼法》第 81 条当中对逮捕的条件作出了明确的规定,逮捕是在非紧急情况下对嫌疑人、被告人暂时羁押的强制措施,一般应限于保证被追诉者于法庭审判时准时到庭。但是,使用逮捕必须有重要的理由足以怀疑嫌疑人实施了犯罪行为,而且有逮捕必要。羁押作为可以独立适用的强制措施,是在较长时间内对嫌疑人、被告人的人身自由权加以剥夺。因此,对于嫌疑人、被告人在有罪判决生效前的羁押必须有充足的理由。除有足够证据能够证明嫌疑人、被告人的主要犯罪事实外,羁押的必要性还必须具备以下两个专门的条件:一是嫌疑人有足够的社会危险性,不对其进行持续的羁押可能会逃跑或者已经逃跑的,隐匿或者毁灭证据的,或者有可能继续犯罪的;二是被羁押人有可能被判处有期徒刑以上刑罚的,以保证刑罚的可执行性。

3. 法定羁押期限

在未决羁押的期限上,首先应当明确拘留和逮捕都是短时间内对被追诉人暂时的剥夺人身自由权。由于拘留是在紧急状态下采取的紧急措施,因此,当紧急状态消除后应立即对被羁押人予以释放或者变更强制措施。一般来说,拘留后对嫌疑人剥夺人身自由权的期限最长不能超过 48 小时。采取逮捕强制措施不具有情况的紧急性,也不具备较高的社会危险性,即便如此,逮捕后对嫌疑人、被告人的拘禁期限也不宜过长。鉴于我国目前侦查技术手段相对落后,司法体制尚在改革过程中的现实状况,建议逮捕后羁押的最长期限可控制在 7 日。在法定羁押措施的期限上,笔者认为,必须严格贯彻比例性原则。法院作出的有罪判决生效前,对嫌疑人、被告人的羁押期限最长不得超过其可能被判处的有期徒刑的 1/3;被羁押人可能被判处无期徒刑或者死刑的,对其未决羁押的期限最长不能超过 7 年。但是,如果嫌疑人、被告人可能被判处的刑罚为非监禁刑的,应当适用羁押以外的替代性强制措施,而不能在有罪判决生效前予以长时间的羁押。

4. 法定羁押适用

在作出未决羁押决定的程序方面,侦查、起诉机关可以根据情况在各自的权力范围内作出拘留、逮捕决定。但是在法律规定的拘留或者逮捕期限届满后,如果侦查机关认为仍需继续羁押嫌疑人的,应当向中立的司法机关申请签发羁押令,由司法机关根据申请的事项、理由及羁押的期限作出合法性判断和合理性裁决。对于符合羁押要件的签发羁押令,授权侦查、检察机关在一定期限内采取羁押措施;司法机关经审查认为不符合法定羁押要件的,当书面通知申请人,并告知理由,公安、检察机关应当立即无条件释放嫌疑人。此外,司法机关在对羁押的申请进行审查的过程中,必须通知被申请羁押人及其辩护人到场,由被申请羁押人与申请采取羁押措施的侦查、起诉机关对羁押的合法性等问题进行质证,在充分听取了双方的意见之后,才能依法作出是否羁押的裁决。

5. 法定羁押权利救济

在对未决羁押的救济上,建立我国的人身保护制度。具体而言,首先,应当规定任何被拘留、逮捕、羁押的被追诉人及其法定代理人、近亲属或者其辩护人,在刑事诉讼的各阶段都有权向作出拘留、逮捕决定的侦查、检察机关申请保释或者变更为其他非羁押性强制措施,如果被拒绝,他们还应当有权向中立的司法机关进行申诉,由受诉的司法机关进行审查裁决。申请保释和变更强制措施的基础是家属知情权的保障,2012 年《刑事诉讼法》第 83、91 条都删去了 1996 年《刑事诉讼法》中对应条文的"有碍侦查"限制条件,进一步保障了家属的知情权和申诉权。2018年《刑事诉讼法》第85条、第93条保留了2012年《刑事诉讼法》的规定。其次,对于已经经司法机关作出羁押决定的,被羁押人应当有权针对该决定向上一级司法机关进行申诉,请求上一级司法机关对未决羁押的合法性、比例性以及有关作出羁押决定过程中被羁押人的沉默权、防御权等权利保障等方面的问题进行司法审查,并作出最终裁决。此外,在对错误羁押的事后救济上,我国现行的《国家赔偿法》显然不能充分体现《公民权利与政治权利国际公约》中对被错误羁押的人权利救济。虽然"任何受到非法逮捕与羁押的受害人享有获得赔偿的权利",但任何权利如果没有正当程序的保障就无法得以真正实现。我国在2012年修订《国家赔偿法》时,扩大了《国家赔偿法》的适用范围,并进一步明晰了错误羁押在司法实践当中的界定,同时体现了以国家对错误羁押的赔偿为普遍,以适用国家免责条款、对被错误羁押人不赔偿为例外的原则,并且明确了精神损害应当赔偿的原则,尽可能地将被错误羁押人所受到的损害降到最低。但就实践来看,还应当增加设立赔偿的专项基金,继续简化被错误羁押人的求偿程序等相关规定,尽可能地保障受害人在最短的时间内得以补偿。

6. 法定羁押审查机构

在对未决羁押进行控制的机构设置上,笔者建议在基层法院设立专门的刑事案件预审法庭,专门负责审查相应的侦查、检察机关所提请的适用羁押措施的合法性问题,并签发羁押令状,在中级以上人民法院设立专门的未决羁押司法审查庭,除受理审查、签发相应侦查、检察机关提请的采取羁押措施的令状外,还负责对嫌疑人、被告人所提出的不服拘留、逮捕、羁押决定的申诉进行审查裁决。需要注意的是,上述机构与法官必须与审理刑事案件的审判机构与法官相分离,以免造成先入为主、主观臆断的不良后果,影响案件的公正审理。

7. 法定羁押场所设置

在未决羁押场所的设置上,建议对于被拘留的嫌疑人可以被关押在公安机关控制下的拘留所内,但对于被逮捕、羁押的嫌疑人、被告人,必须使其脱离刑事侦查机关、检察机关的控制。为了避免侦查、检察人员利用对嫌疑人、被告人的人身自由权进行控制的机会,"从容不迫"甚至"随心所欲"地逼取有罪供述、避免使羁押成为刑事侦查的手段,避免嫌疑人、被告人的沉默权、防御权在国家刑事追诉强制力的作用下成为一纸空文,为遏制看守所暴力和对嫌疑人、被害人人权的侵犯,笔者建议完善看守所内部管理,健全看守所法律体系,制定和完善"看守所法",同时强化司法控制,逐步实现看守所中立化。[①] 将我国未决逮捕、羁押的监管机构——看守所与侦查机关之间的隶属关系进行剥离,由中立的司法行政部门统一进行管理。具体来说,就是在司法部、厅、局内设立对未决犯羁押的管理部门,由司法行政机关对已决犯和未决犯的羁押统一地、分部门进行监管。

8. 完善羁押制度保障

完善我国的保释制度,充分发挥替代性羁押措施的积极作用。羁押的替代性措施种类较少,而且适用范围过小是我国现行强制措施体系中又一致命弱点。要建立行之有效的未决羁押制度,就必须以完善替代性羁押制度为基础和保障。具体来说,就是要坚持以未决羁押为例外的原则,放宽对拘传、取保候审和监视居住的适用条件。2012年《刑事诉讼法》对监视居住的适用条件、执行场所、执行方式、权利保障以及刑期折抵都作出了细化规定,未来的《刑事诉讼法》修改应当进一步明确财产型取保候审的申请及适用范围、应交纳的保证金额等,在保证嫌疑人、被告人在刑事诉讼的任何阶段都能够到场的情况下,尽可能采取羁押的替代措施。

不受任意的和非法的逮捕与羁押是任何公民的宪法权利,也是国际社会保障人权的基本准则。刑事诉讼审判前对嫌疑人、被告人的未决羁押实质上是对一个法律上无罪的人人身自由权的剥夺,具有强烈的预期惩罚的特点。因此,在某种程度上,通过对未决羁押的程序控制、实现刑事审判前程序对人权的保障,有时比刑事审判

---

① 冀祥德、程雷:《遏制监所暴力与监所体制改革》,社会科学文献出版社2014年版,第104页。

程序本身对人权的保障更具价值。

五、建立中国特色羁押检察听证制度

2021年4月,最高人民检察院《"十四五"时期检察工作发展规划》强调落实"少捕慎诉慎押"政策。所谓少捕,是指在刑事诉讼中应当尽量少逮捕人,并且严格将逮捕措施限定为确保刑事诉讼顺利进行的一种预防性措施,使非羁押诉讼成为刑事诉讼的常态。所谓慎押,是指在少捕的基础上,通过落实捕后羁押必要性审查制度等,保障被逮捕人及其法定代理人、近亲属和辩护人申请变更或者解除强制措施的诉讼权利,尽量缩短审前羁押期限,减少审前羁押人数。这项刑事司法政策致力解决实践中存在的轻罪案件羁押率过高、"构成犯罪即捕""以捕代侦""一押到底"等突出问题,在转变司法观念、加强司法人权保障、促进社会治理、降低司法成本等方面都具有重要的功能。

2021年11月,最高人民检察院为深入贯彻习近平法治思想,落实"少捕慎诉慎押"等刑事司法政策,深化新时代保障人权的司法改革,降低审前羁押率,印发了《羁押听证办法》,就人民检察院办理审查逮捕、审查延长侦查羁押期限、羁押必要性审查案件等情形,以组织召开听证会的形式,决定是否逮捕、是否批准延长侦查羁押期限、是否继续羁押听取各方意见,确保准确适用羁押措施,依法保障被追诉人的合法权利。

(一)《羁押听证办法》之意义

1.确立了准司法审查性质的羁押听证程序

在一些法治国家,羁押措施之适用是由中立的法官进行司法审查。由于拘留、逮捕对被追诉人的人身拘禁时间较短,因此各国一般都规定这些强制措施可以由警察、检察官直接决定或实施,并以此为普遍原则,由预审法官对逮捕的司法审查作为例外。但是,对于"羁押"这一强制措施,各法治国家则毫无例外地规定必须由行使国家司法裁判权的法官进行审查或授权,方具有合法性和正当性。尽管具体的做法不一,但大体都确立了以下典型模式,即警察或者检察官在实施了拘留或者逮捕之后,如认为需继续采取羁押措施的,必须不得迟延地将被追诉人移交给司法官员,向其申请作出羁押决定;后者应当及时举行预审听证或讯问,向被追诉人告知其所享有的法定权利,并在听审中保持中立的立场,听取被追诉人、辩护人以及警察、检察官等双方的意见或辩论,从而就羁押的理由和必要性进行审查,然后就是否羁押以及羁押的期限作出明确的裁决。这种模式由不负有控诉职能的法官担任,在听证过程中,控辩双方平等武装、平等对抗,最终法官依据听证程序作出是否羁押决定。

我国《羁押听证办法》第2条规定,羁押必要性审查听证由检察机关主持,以组织召开听证会的形式,就是否决定逮捕、是否批准延长侦查羁押期限、是否继续羁押听取各方意见的案件审查活动。在此模式下,检察官作为法官之前的"法官",对侦查机关和辩护方所提的意见进行审查。《羁押听证办法》第7条规定了参加羁押听证的人员,包括参加案件办理的其他检察人员、侦查人员、被追诉人及其法定代理人和辩护人、被害人及其诉讼代理人和其他诉讼参与人。《羁押听证办法》第8、9条详细地规定了听证程序的准备过程和听证过程,从发言的顺序到出示证据材料,除了证明的事实,其余均与正式庭审过程一致。这种准司法化的听证审查模式,一改以往羁押行政化决定方式,赋予当事人以陈述事实、理由,对侦查机关提出的证据材料、申请理由进行抗辩的场所和机会,对于更好地保障被追诉人的权利,具有明显的进步意义。

2. 体现了羁押的正当性和对侦查机关的权力制约监督

控辩平等原则要求建立权力制约和监督体系,否则"绝对权力必然导致腐败"。从权力制约与监督体系角度来看,我国目前仍然存在"口供中心主义"的侦查模式和侦查机关强势主导下的"侦查中心主义",仍然延续着案件侦查、移送审查起诉、审判三大过程保持证据材料判断标准一致的情形。党的十八届四中全会决定进行以审判为中心的诉讼体制改革,这项改革就是为了建立诉讼中的"等腰三角形"构造,所有的证据材料都要经过法庭举证、质证及审查,方能成为定案依据,以对证据的更高标准和要求,辅之以非法证据排除规则等机制,制约、规范侦查机关的权力。《羁押听证办法》

将这一诉讼原理应用于羁押程序中,组织专门的听证活动,在检察机关主导下,侦查、辩护双方通过举证质证、陈述反驳等方式阐明对被追诉人是否羁押的理由,由检察机关作出是否逮捕、是否延长羁押期限的决定,体现了羁押决定的正当性和对侦查机关的制约与监督。

权力制约的一种进路就是通过细化权力运行规则,划定权力运行边界,摒弃主观擅断。《羁押听证办法》要求听证过程包含听取各方意见、审查证据材料,从形式上和实质上保障羁押决定的正当性。形式上的羁押正当性即通过合法程序羁押被追诉人,使其满足羁押所希望实现的合法目的。当脱离了单纯为了获取被追诉人口供等不合法的羁押后,未决羁押在符合法定程序和比例原则的情况下是具有该当性的。《羁押听证办法》规定,应当听取各方意见、综合案件情况作出审查决定,相比于以往办案机关仅根据材料决定是否拘留、逮捕,具有明显的正当性。通过听证程序,听取申请羁押机关羁押理由和辩护方的陈述、申辩,能够明晰被追诉的社会危险性是否具备适用取保候审等非羁押性措施的条件,尽可能减少羁押率。羁押的实体性目的是保障社会公共利益。刑事诉讼程序需要保障被追诉人的人权,同时要保护社会公众的利益。通过羁押听证程序作出不予羁押决定,表明已经对被追诉人的社会危害性有比较准确的评估。同时,在涉及企业合规的刑事案件当中,被追诉人是企业的主要负责人,作出不予羁押的决定有利于企业完善自身合规体系,实现案件办理的政治效果、经济效果和社会效果相统一。所以,建立羁押听证制度的另一个目的就是一方面实现羁押的正当性,另一方面限制监督的侦查机关权力。

3. 有利于保障被追诉人的权利

2012年《刑事诉讼法》修改时增加羁押必要性审查规定,检察机关积极探索羁押必要性审查及听证路径,积累了一些经验,制定了一些地方规范性文件。例如,有的地方探索羁押必要性审查量化评估机制,通过听证制度,由检察官根据犯罪类型、形态、情节、次数、对应法定刑、个人基本情况等,作出社会风险评估和是否羁押决定,就具有借鉴推广价值。所以,2012年全国实行羁押必要性审查制度以来,检察机关对公安机关提请逮捕的不批准率大大提升,羁押率明显下降,这都是有利于被追诉人权利保障的有效手段。《羁押听证办法》的出台,使被追诉人权利保障有了更强有力的依据,被追诉人及其辩护律师不仅有权申请羁押听证,而且有权对是否羁押等问题发表意见和提供相关证据材料,有效帮助被追诉人获得非羁押强制性措施适用或者减少羁押时间。

(二)《羁押听证办法》之不足

《羁押听证办法》的颁布与实施,虽然有较大的进步意义,但是在控辩平等的视野之下,其不足之处也显而易见。

1. 羁押听证制度诉讼构造不健全

根据《羁押听证办法》第 6 条和第 7 条规定,羁押听证由检察官主持,侦查人员、犯罪嫌疑人、被告人及其法定代理人和辩护人参加,这一规构建起了羁押听证制度的"等腰三角形"结构,是值得肯定的,被辩护人可以参加听证并发表意见,这有利于保障被追诉人的合法权益。但是,此规定仅限于被追诉人委托辩护的情况,对于没有委托辩护人的如何听证,《羁押听证办法》没有作出规定。即使可以理解为通知值班律师参加听证,然而值班律师以什么身份、履行什么职责等都没有规定。这就造成在羁押听证活动中被追诉人不一定都有律师为其提供法律帮助,那么,没有辩护律师参加、只有检察机关、侦查机关参加的羁押听证又有什么意义呢? 对被追诉人辩护权保障不充分,可能使该制度沦为公权力相互配合的工具。

2. 听证活动具有明显的任意性

《羁押听证办法》的制定仅站在检察机关立场,没有考虑给辩方必要的准备时间,随时可能在辩方毫无准备的情况下组织听证活动。辩护方没有足够的时间收集准备有关材料和准备陈述申辩,导致羁押听证活动成为检察机关和侦查机关表演的"双簧"。

3. 检察听证乃权宜之策

控辩平等原则不仅体现在审判阶段,也应表现在审前阶段。从一些法治国家的做法来看,侦查程序的司法控制是由中立的法官来实现的。羁押措施的适用,必须注意在控制犯罪的需要和保障被追诉人人权的要求之间保持平衡,对侦控方与被追诉方的利益予以平等的关注。但《羁押听证办法》由最高人民检察院制定,由各级检察机关主导实施,是亟待商榷的。不可否认的是,未必所有的检察机关都会为了控诉而罔顾被追诉人合法权利,未必所有的听证案件的决定都不利于被追诉人,但当被追诉人面对兼具控诉和保障被追诉人合法权利两种职能的检察机关时,尤其是相互冲突的职能时,辩护方期待刑事诉讼的保障当事人合法权利功能就会变成一种奢望,保障职能最终会让步于追诉犯罪职能,辩护方希望通过平等审查获得的利益也就难以实现。同时,《羁押听证办法》第17条规定,被追诉人被羁押的,羁押听证应当在看守所进行;被追诉人未被羁押的,听证一般在人民检察院听证室进行。如果说,看守所作为羁押听证场所尚具有一定的中立性的话,在人民检察院听证,即在控方场所听证,其中立性就不存在了。

(三)《羁押听证办法》之完善

1. 构建符合诉讼构造的检察羁押听证制度

我之所以赞成目前建立的检察羁押听证制度,主要是基于三点考虑。第一,有听证制度总比没有好。此前对于逮捕的批准、羁押期限的延长以及非羁押强制措施的适用均是封闭式的行政审批模式,《羁押听证办法》的颁行标志着羁押制度由行政化向诉讼化的转变,这是有显著法治进步意义的。第二,法治形态下的羁押听证既不能由控方主持,也不能由辩方主持,而应当由中立的第三方主持。但是,如果在我国要建立由第三方主持的羁押听证制度,就需要修改《宪法》相关规定,在《宪法》关于公检法三机关职能定位尚未改变的情况下,只能选择由检察机关主导。第三,检察机关主导的羁押听证制度也可以实现"等腰三角形"诉讼构造,即侦查机关作为控方、被追诉人及其辩护人作为辩方、检方作为裁判方的羁押听证诉讼构造。据此,要对《羁押听证办法》予以完善,对羁押听证制度实行全面诉讼构造改造。可以参考英国有关制度,由律师全程帮助被追诉人申请保释、参加治安法官作出是否保释决定的听审、对保释问题进行上诉,甚至申请人身保护令都由辩护律师代为行使。治安法院拒绝保释或有条件批准保释,被追诉人及其律师可以无条件地向高等法院、皇家法院提出申请。① 在较高审级的羁押合法性审查司法救济程序中,辩护律师的参与甚至是强制性的。②

2. 给辩护人参加羁押听证以必要的准备时间

应当在《羁押听证办法》中明确规定,检察机关在举行听证活动 5 日前通知侦查机关和辩护人,在此期间,辩护人可以查阅侦查机关收集的相关证据材料,也可以自行收集相关材料。2012 年欧洲议会通过了关于刑事程序中知悉权的指令,即在羁押决定环节,在一定程度上不再遵循证据保密的规定,规定据以决定羁押的证据应当事先为辩方所知悉,并接受质询,方能实现程序公正。③

3. 在羁押听证程序中建立法律援助制度

对《羁押听证办法》予以修改,规定凡是检察机关启动听证程序的案件,当事人没有委托辩护人的,检察机关应当指派值班律师到场。值班律师根据证据材料,依法对被追诉人是否具有羁押必要性发表意见。

4. 完善权利保障

当事人要求听证的,检察机关应当在 3 日内告知是否启动听证程序。检察机关决定启动听证程序的,应当告知听证的时间、地点、参加听证的侦查机关和其他人员、查阅提请逮捕的证据材料的时间和地点。检察机关决定不启动听证程序的,应当告知不启动的理由和对不启动的理由有异议时提起申请复议的机关,被追诉人及其辩护人、近亲属可以在不启动听证程序决定 3 日内提起申请复议。

5. 构建羁押司法审查制度

可以考虑两步走步骤:第一步,由最高人民法院、最高人民检察院、公安部、国家安全部、司法部联合发文,规定检察院侦查的案件由法院组织羁押听证,其他案件由检察机关组织羁押听证;第二步,建构法官主持的羁押司法审查制度。

---

① [英]约翰·斯普莱克:《英国刑事诉讼程序》(第 9 版),徐美君、杨立涛译,中国人民大学出版社 2006 年版,第 139 页。
② 参见陈瑞华:《比较刑事诉讼法》,北京大学出版社 2021 年版,第 138 页。
③ 参见冀祥德:《控辩平等论》(第 2 版),法律出版社 2018 年版,第 95—96 页。

六、小结

作为本部分研究对象之"未决羁押",是相对于判决生效后对人犯的羁押:刑罚的执行而言,具体是指被追诉人在法院作出生效判决前被剥夺人身自由的状态,包括侦查阶段的羁押、起诉阶段的羁押和审判阶段的羁押。

刑事诉讼过程中,对被追诉人进行强制性处分是不可避免的,而未决羁押措施的适用,使公民失去自由无疑是国家公共权力对个体权利进行的严厉的处分。在我国,未决羁押制度法治水平之低下,已经成为我国刑事司法制度中的严重问题。刑事诉讼强制措施中有关"超期羁押""久押不决"以及"变相羁押"等滥用强制措施的问题,及其所带来的诸如"刑讯逼供"等严重后果,已经引起了立法机关、法律监督机关的高度重视。面对问题,法律学术界也在作出反应。但遗憾的是,大部分有关强制措施制度的探讨只是作为刑事侦查制度、公诉制度或者是整个刑事诉讼制度的一部分加以分析,很少有专门性的制度研究。而且,即便是一些有针对性的意见和建议,也往往只局限于对法律条文表面问题以及司法实践问题的技术性修改。笔者认为,我国未决羁押制度中的问题并不是孤立的。问题的复杂性不仅与我国的宪法制度有着直接的关系,同时与我国的政治制度、法律文化、传统观念密切相关。譬如司法权的定位问题,公安机关的权力过度问题,检察机关的特殊地位问题。另外,因刑事侦查技术落后导致的"口供中心主义"的侦查模式,以及刑事诉讼强职权主义下的"侦查中心主义"诉讼构造,都无疑是构建未决羁押制度的重大障碍。但是,在笔者看来,制度构建的现实困难性,并不能阻断制度存在的应然性、合理性,以及构建制度的必要性。出于对未决羁押失控现状的担忧和作为一名法律实践工作者由此产生的使命感,笔者意在此文中,通过对国内外未决羁押制度的客观分析,并针对我国司法实践中存在的诸多问题,提出了构建未决羁押制度的基本原则与具体构想。希望借此以对我国刑事强制措施制度乃至整个刑事司法制度的法治化进程有所裨益。

根据我国《刑事诉讼法》的规定,司法机关在刑事诉讼中可采取的强制措施有五种:拘传、取保候审、监视居住(包括普通监视居住与指定居所监视居住)、拘留和逮捕。其中可导致未决羁押后果的主要是拘留和逮捕两种。在我国,对于拘留的一般定义为:拘留是公安机关、检察机关在紧急情况下对现行犯或重大嫌疑人采取的暂时剥夺人身自由的强制措施[1];而逮捕则是指人民检察院、人民法院对有证据证明有犯罪事实、可能被判处有期徒刑以上刑罚的被追诉人,在采取取保候审、监视居住等方法尚不足以防止发生危险性的情况下,决定剥夺其人身自由的强制措施[2]。根据我国《刑事诉讼法》的规定,对人犯拘留的羁押期限可长达14—37日,而因逮捕所带来的羁押期限则最长可达7个月。由此可见,无论拘留和逮捕,其必然结果是对被追诉人人身自由在较长时间内持续的限制与剥夺,即羁押。从法律文本看,我国现行法律对实施拘留、逮捕措施条件的规定也较为严格,适用的范围也与其他各法治国家相近似。但是从整体上看,我国的未决羁押制度却与法治国家有着很大区别。在法治国家中,由于构建了刑事诉讼的控辩平等原则,未决羁押基本上已经成为一种制度化的刑事诉讼强制措施,并在程序上和实体上均由法律加以控制。从而较大程度地防止了对羁押权的滥用,对被羁押人的人身自由等合法权利给予了较为充分的保障,体现了法治的基本原则。与拘留、逮捕相比,我国的指定居所监视居住制度则招致了更多的批评,尽管在实践中,侦查机关力求做到居住区与办公区的分离,但事实上仍造成了对被追诉人的一定程度上的羁押,对其人身权利造成侵犯。在理论上,持"废除论"的观点的学者亦不在少数,持"改进论"观点的学者也主张对其适用进行标准、程序、救济等制度进行建构与完善,防止被滥用。

在我国羁押并不是一种法定的强制措施,作为一种长时间剥夺嫌疑人、被告人人身自由权的强制手段,还只是拘留、逮捕的必然结果和当然状态,而不能够被独立适用。具体体现在羁押的"五无"状态。一无独立程序。公安机关、检察机关对嫌疑人、被告人进行

---

[1] 2018年《刑事诉讼法》第82、165条。
[2] 2018年《刑事诉讼法》第80、81条。

长时间的羁押,在法律上只能适用刑事拘留、逮捕的程序。二无独立理由。即便作出拘留、逮捕决定时的紧急状况已不存在,继续羁押也仍是对拘留、逮捕理由的当然适用。三无独立期限规定。未决羁押的期限完全根据侦查、检察起诉、案件审理所需要的期限而确定。四无独立救济手段。对被羁押人的救济仅依附于公安机关、检察机关自我监督的行政控制程序,或者依附于法院对刑事案件的罪与非罪的实体判决。完全没有独立的司法机关专门对羁押的合法性问题进行听证审查。五无专门的羁押场所。无论哪个机关作出的羁押决定、采用哪种可以导致羁押的强制措施,也无论处于刑事诉讼中的哪个阶段,被羁押人一律由公安机关的看守所进行监管。总而言之,未决羁押作为一种最严厉的刑事诉讼强制手段,在我国还不能成为独立的司法裁判的对象受到监督与控制。

在控辩平等原则之下,未决羁押制度的设置是以实现程序保障、制止犯罪和预防社会危险性为主要目的的;同时,未决羁押制度的设置还必须构建对被羁押者基本的权利保障。我国未决羁押制度的存在,对于保障侦查权的实现、预防和制止犯罪无疑是成功的。然而,这种刑事追诉活动成果的代价却是沉重的:国家为了保障刑事追诉活动、实现控制犯罪的需要,以牺牲被羁押人的基本权利为代价,使得正义的天平过多地倾斜向了控诉一方。十分客观地讲,我国的未决羁押制度,无论是与普通法系英、美等国家,还是与大陆法系德、日等国家比较,均存在诸多的,甚至是根本性的先天缺陷。在刑事诉讼法治化的进程中,批判性重构我国未决羁押制度,已经成为法治进路之必然与法律改革之使然。为此,必须对我国现行未决羁押制度进行制度性、法治化的改造与构建,使之在刑事诉讼的控辩平等原则之下,成为一个独立的、封闭的司法控制系统。《羁押听证办法》作为检察机关的规范性文件,旨在是贯彻落实少捕慎押慎诉刑事政策,具有进步意义,但是尚需要进一步发展。

第十章 控辩平等原则下之认罪认罚从宽制度

控辩平等是现代刑事诉讼法治的基本精神,控辩平等原则的构建应当贯穿于实现犯罪控制与人权保障、实体正义与程序正义、公正追求与效率追求的始终。当前,中国控辩关系呈现出从对抗转向合作的新发展,在控辩协商理念的指引下,推动探索、建立认罪认罚从宽制度,这对于落实宽严相济的刑事政策、准确及时惩罚犯罪、强化人权司法保障、节约司法资源有着重要意义。应当明确,无论控辩对抗还是控辩合作,其前提条件都是控辩平等。[①] 我国认罪认罚从宽制度作为控辩合作模式之一,同样必须以控辩平等的构建为前提和基础。

权力制衡是控辩平等立论的理论基础[②],其主要功能在于对权力行使实施积极的限制。在认罪认罚从宽制度中,权力制衡体现在控、审权力形成制衡,防御权对控诉权形成制约。在认罪认罚从宽制度中,平等武装体现在审前程序为犯罪嫌疑人提供有效法律帮助、赋予犯罪嫌疑人案件知悉权以保

[①] 冀祥德:《从对抗转向合作:中国控辩关系新发展》,载《中国司法》2011年第12期。
[②] 冀祥德:《论控辩平等之理论基础》,载《求是学刊》2009年第5期。

障犯罪嫌疑人具有与侦控方对等的攻防手段;平等保护体现在人民法院在保证审判独立、控审分离的基础上坚持程序均等实现公正审判;平等对抗体现在符合"程序转换"的案件能及时转为普通程序,且满足被告人获得实质化庭审的诉求,保证完整的抗辩式诉讼程序;平等合作体现在被追诉人在合法、平等、自愿的基础上与控方达成互利合意,控辩双方恪守诚信。

一、问题之提出

认罪认罚从宽制度是党的十八大以来,我国构建的具有鲜明中国特色的刑事司法制度。从 2018 年入法,到如今实践层面的广泛适用,认罪认罚从宽制度对我国刑事司法体制改革产生了巨大的影响,可以说是我国刑事司法体制改革中最具创新性、本土性的一项制度建构。2016 年 11 月 11 日,最高人民法院、最高人民检察院、公安部、国家安全部、司法部发布《关于在部分地区开展刑事案件认罪认罚从宽制度试点工作的办法》,将认罪认罚从宽制度表述为:对犯罪嫌疑人、刑事被告人自愿如实供述自己的罪行,对指控的犯罪事实没有异议,同意人民检察院量刑建议并签署具结书的案件,可以依法从宽处理。作为协商主体的控辩双方应当是平等的,具体体现为两个方面:一是被追诉人以认罪认罚换取从宽;二是控方以从宽换取认罪认罚。但是,当下的制度构建与运行中,仅有"以认罪认罚换取从宽"之说,没有"以从宽换取认罪认罚"之意。进一步说,该制度应当有的内容是:控方若给予被追诉人从宽,被追诉人就认罪认罚;控方若不给予被追诉人从宽,被追诉人就可以不认罪不认罚,而不应仅仅只有被追诉人认罪认罚获取从宽一种情形。

认罪认罚从宽制度的推行及速裁程序的适用,回应了我国对降低诉讼成本、减少诉讼迟延、提高诉讼效率、使当事人获得司法正义等多方面的要求,实现了刑事诉讼程序的"简者更简"之目的。与此同时,对于被追诉人不认罪认罚的案件还需要建构"繁者更繁"刑事诉讼程序。具体而言,对于任何一个刑事案件,在保障被追诉人享有自由沉默权、有效辩护权、完全证据知悉权的基础上,案件经过独立的问罪程序得以迅速分流:被追诉人作有罪答辩的,进入速裁程序、简易程序、控辩协商程序,简化庭前准备与庭审程序等诸多环节,做到"简者更简";被追诉人选择作无罪答辩的,进入重新设计的正当程序,赋予被追诉人及其辩护人更多的实体与程序的权利保障,实现"繁者更繁"。实现对司法公正的追求,避免冤假错案的发生。

虽然认罪认罚从宽制度在实践中发挥着重要作用,并对刑事诉讼产生着深远的意义,但仍要注意的是如何在简化诉讼程序之时,不以减损被追诉人的诉讼权利为前提。在我国"以审判为中心"的刑事诉讼改革初见成效,但改革仍未完成之时,就开始全面大力推行这种"超简化审判制度",虽然可以一定程度上提高诉讼效率,但是也会面临对被追诉人诉讼权利侵犯的风险。适用认罪认罚从宽制度的案件是否会降低证明标准?被告人是否可以得到有效辩护?被告人认罪认罚的合法性与真实性到底如何保障?尤其是在控辩尚不平等的当下,应当考虑如何在通过不断完善审前程序及保障措施的情况下,降低被追诉人的风险。无论是横向对比英美法系、大陆法系国家,抑或是纵向审视我国刑事诉讼发展道路,都是应当先构建正当程序,在确立控辩平等原则后,再建立协商性司法。

我国认罪认罚从宽制度,应当是以控辩平等为前提和基础,以控辩协商为核心和关键,具有中国特色的法律制度。但在其发展的过程中,仍面临着两个重大的问题:一方面,应当厘清该制度是以检察机关为主导,还是"以审判为中心";另一方面,如何不以削减被追诉人的诉讼权利为代价,来换取诉讼程序的简化以及量刑结果的减让。换言之,因为诉讼程序是否完整与被追诉人权利保障是否完善成正比,所以应当如何在审前最大限度地保障被追诉人的权利,以实现在诉讼中自我防御、制约控方权力之目的。这两方面问题,是制约我国认罪认罚从宽制度发展之瓶颈,尤其是成为贯彻控辩平等原则的掣肘。

二、认罪认罚从宽制度的建构与基本属性

我国认罪认罚从宽制度的建立不是一蹴而就,而是逐步构建起来的具有中国特色的法律制度。

(一)认罪认罚从宽制度的建构过程

近年来,我国刑事案件数量快速增加与司法资源有限增长之间的矛盾越来越明显,同时,人们对司法公正的要求也越来越高,如何在保障实现司法公正的前提下,提高司法效率,成为司法体制改革必须面对的问题。认罪认罚从宽制度就是在这样的背景下,逐步建立起来的。

1. 简易程序、普通程序简化审阶段

1996年《刑事诉讼法》首次将刑事诉讼程序分为普通程序和简易程序,对罪行较轻且被告人认罪的刑事案件实行简审和快审,体现了对被告人程序选择权的尊重,开启了探索认罪认罚从宽制度的程序法实践。[①] 2002年,"中国辩诉交易第一案"在黑龙江省牡丹江铁路运输法院试验性判决,引起了最高人民法院、最高人民检察院的重视。虽然,在当时的司法体制和司法理念下,批评的声音很多,但是,理论界关于"建立中国控辩协商研究"的大胆探索和实务部门的勇毅前行[②],"控辩协商"理论影响越来越大,实务界的回应越来越强烈。2003年,最高人民法院、最高人民检察院、司法部共同出台《关于适用普通程序审理"被告人认罪案件"的若干意见(试行)》,它将普通程序又进一步划分为普通程序以及普通程序简化审,这可以说是我国认罪认罚从宽制度建构的雏形。

2. 扩大简易程序适用范围阶段

2007年,最高人民检察院颁布《关于依法快速办理轻微刑事案件的意见》,针对于那些实践中的轻微刑事案件,如可能判处3年以下有期徒刑的刑事案件,提出了快速办理的机制。2008年11月,中央政法委颁布《关于深化司法体制和工作机制改革若干问题的意见》,指出建立快速办理轻微刑事案件制度,扩大简易程序适用范

[①] 胡云腾:《完善认罪认罚从宽制度改革的几个问题》,载《中国法律评论》2020年第3期。

[②] 2002年,在北京大学法学院汪建成教授指导下,笔者与山东省人民检察院联合承担最高人民检察院重大课题《中国控辩协商制度的建立》。2004年,笔者撰写的博士学位论文《建立中国控辩协商制度研究》通过答辩并获北京大学人文社会学科博士学位论文最高奖。

围。根据这项意见,各地省级检察院和法院开始探索如何更为高效办理轻微刑事案件,探索出若干快速办理轻微刑事案件流程,为认罪认罚从宽制度的构建提供了地方实践。

3. 刑事和解程序适用阶段

2011年《刑法修正案(八)》第67条增加第3款内容,明确规定了犯罪嫌疑人如果如实供述自己所犯的罪行,就可以得到从宽处理的结果。从相应的条文中,可以看出,此次修正案正是将坦白从宽的刑事政策法律化,是将刑法理论和司法实践中的坦白酌定从宽情节上升为法定从宽情节。其意义在于不仅为法院量刑时提供了法律依据,更重要的是为认罪认罚从宽制度的建立奠定了实体法基础。2012年《刑事诉讼法》修改,将刑事和解作为一项特别的诉讼程序予以规定,为认罪认罚从宽制度的建提供了程序法基础。

4. 速裁程序适用阶段

2014年刑事速裁程序改革试点在全国全面展开,在经历过一系列尝试之后,正式开启了对认罪认罚从宽制度的探索。2014年至2016年,全国人大常委会授权最高人民法院和最高人民检察院在北京、上海、西安等18个城市进行速裁程序试点工作,对于那些事实清楚,证据确实充分,犯罪情节较轻,被告人认罪认罚,有可能判处1年以下有期徒刑、拘役、管制的刑事案件,可以适用速裁程序进行审理。速裁程序的适用,简化了诉讼程序,可以不用进行法庭调查、法庭辩论,在公诉人宣读完起诉书后,就可以直接进入被告人陈述,提高了诉讼效率。这样的改革方式,是在简易程序的基础之上,将案件进一步分类,初步形成了"简者更简""快慢区分"的审理模式,这是构建认罪认罚从宽制度的重要一步。

5. 认罪认罚从宽制度建立阶段

党的十八届四中全会提出了"以审判为中心"的刑事诉讼制度改革,明确要求"完善刑事诉讼中认罪认罚从宽制度"。2016年开始认罪认罚从宽制度的试点工作。同时,最高人民法院在"四五改革纲要"中进一步明确建立认罪认罚从宽制度。2016年至2018年,全国人大常委会再次授权最高人民法院和最高人民检察院在部分地区就"认罪认罚从宽制度"进行改革试点,并将试点的案件范围扩大到被告人可能被判处3年有期徒刑以下刑罚的案件。这两轮改革试点在推进认罪认罚案件得到简便快速审理的同时,还引进了控辩双方就量刑问题进行协商的制度。① 2018年《刑事诉讼法》的修改,将认罪认罚从宽制度正式写入法典,标志着认罪认罚从宽制度在我国的正式确立。

6. 认罪认罚从宽制度不断完善阶段

2021年12月3日,最高人民检察院印发《人民检察院办理认罪认罚案件开展量刑建议工作的指导意见》(以下简称《认罪认罚指导意见》)以解决实践中存在的问题:第一,明确了量刑建议要遵从量刑均衡原则,在类案或是共同犯罪中,均要保持量刑基本均衡;第二,强调对委托辩护的重视,明确规定不得绕开辩护人安排值班律师代为见证具结;第三,明确检察机关提出量刑建议过程应当听取辩方意见,尊重保障辩护人及被追诉人的权利;第四,明确辩护人独立行使无罪辩护权,不影响被告人认罪认罚程序;第五,明确量刑建议具结应当听取辩方意见,体现以控辩协商为核心;第六,限定了检察机关的抗诉范围仅以量刑过重为由提出上诉,且上诉会导致认罪认罚从宽被撤回,该撤回会导致量刑明显不当。可以看出,认罪认罚从宽制度在适用过程中虽然存在不少的问题,但司法工作人员也在不断总结、不断完善,保障此项制度更加健全。

纵观认罪认罚从宽制度的发展,是我国法律学者以及司法实践者基于我国长期的司法经验,不断总结、不断创新的结果,绝不是照搬、照抄英美法系的辩诉交易制度,我国的认罪认罚从宽制度有一个很大的亮点,就是对司法公正的追求度更高,更强调在维护司法公正的前提下提高诉讼效率,具有鲜明的中国特色。

(二)认罪认罚从宽制度之基本属性

在世界刑事诉讼视域下,以控辩合作的方式解决大量事实清楚、证据确实充分的案件,实现"简者更简",以节省司法资源、提高诉讼效率;同时,通过"繁者更繁"的诉讼程序完善,确保被追诉人

---

① 陈瑞华:《刑事诉讼的公力合作模式——量刑协商制度在中国的兴起》,载《法学论坛》2019年第4期。

以及辩护人认为无罪案件的裁判公正,乃是各国刑事司法制度改革均应遵循的诉讼规律。① 在我国,犯罪案件持续增加与司法资源短缺的矛盾、控方败诉风险逐渐增大的现实,引起理论界和实务界对构建中国控辩协商制度的研究与关注。② 在我看来,认罪认罚从宽制度是中国特色控辩协商制另外一种表达。认罪认罚从宽制度的关键词有四个,即控辩协商、认罪、认罚、从宽。

1. 控辩协商

认罪认罚从宽制度的核心就是控辩协商。我曾经对构建中国控辩协商程序做出详细设计:控辩协商程序需要以沉默权、证据开示、辩护权保障下的问罪程序为基础,在控辩双方均同意适用协商程序后方可启动;控辩协商过程强调被追诉人及其辩护律师与控方在平等自愿基础上协商;法庭审查阶段法官主要的任务是对协议进行司法审查;裁判结果分为接受该协议作出判决、控辩双方重新协商或程序转换、法官拒绝或被告人撤回协议三种。同时,要建立控辩协商监督机制:控辩协商程序与对抗式诉讼程序共同构建;建立中立的法官审查制度,保障控辩协商的公正性;建立对司法人员进行监督机制等。③

2. 认罪

对于认罪认罚从宽制度中的"认罪",有三种观点。第一,"承认事实说"。这种观点认为只要被追诉人对公诉机关指控的犯罪事实没有异议,自愿如实供述所犯罪行即可。至于是否构成犯罪,构成何种犯罪在所不问。法院系统专家在解读认罪这个概念时,将认罪中的犯罪事实,进一步解读为主要犯罪事实,被追诉人对指控的个别细节有异议或者对行为性质的辩解不影响"认罪"的认定。④ 这是为了扩大认罪认罚从宽制度适用的范围,更大程度上让被追诉

---

① 冀祥德:《刑事审判改革的基本立场:简者更简,繁者更繁》,载《人民司法》2006年第8期。
② 笔者最早提出"控辩协商"的概念,并对构建中国控辩协商制度进行了系统设计论证。详见冀祥德:《建立中国控辩协商制度研究》,北京大学出版社2006年版。
③ 冀祥德:《构建中国的控辩协商制度》,载《法律适用》2007年第8期。
④ 胡云腾主编:《认罪认罚从宽制度的理解与适用》,人民法院出版社2018年版,第77—78页。

人得到量刑上的"优惠"。第二,"承认事实+承认性质"说。这种观点认为被追诉人不仅要自愿承认所犯罪行,还要承认自己所犯罪行在刑法上构成了犯罪。① 但是对于构成何种罪名在所不问。这种观点无疑对被追诉人更为严格。第三,"承认事实+承认性质+承认罪名"说。要求被追诉人如实供述自己的罪行,对指控的犯罪事实没有异议,并承认自己的行为是一种犯罪行为,而且要求其承认检察机关所指控的罪名。②

笔者认为,对于"认罪"的界定不应当过于苛刻,否则会违背认罪认罚从宽制度设立之初衷。如果用"承认事实+承认性质+承认罪名"说来要求被追诉人"认罪",那么在实践中无疑会使得认罪认罚从宽制度的适用范围变窄。我主张"认罪"的核心在于"承认事实","事实"可以解读为"主要事实",就是能够影响定罪及量刑的事实,对于其他不影响定罪量刑的事实,犯罪被追诉人可以做出自己的辩解。

3. 认罚

如何理解认罪认罚从宽制度中的"认罚",陈卫东教授认为:"'认罚'是指被追诉人在认罪的基础上自愿接受所认之罪在实体法上带来的刑罚后果,包括同意检察机关提出的量刑建议并达成协议、同意退赔退赃和简化诉讼程序。"③第二种观点认为,"认罚"是在认罪的基础上自愿接受所认之罪带来的刑罚后果,并且要积极退赃,与此同时,还应当包括对法院判决结果的认可,如果对法院的判决不认可或是提出了上诉,那么就不是"认罚"。④ 第三种观点认为"认罚"有广义与狭义之分。"狭义认罚",是指被追诉人同意量刑建议,签署具结书,即对检察机关建议判处的刑罚种类、幅度(包括刑期幅度或确定的刑期)及刑罚执行方式没有异议;"广义认罚"是

---

① 在实践中,尤其是基层人民法院,会遇到诸如被告人对承认了主要的犯罪事实,但是并不认为自己是犯罪的情形。
② 孙长永:《认罪认罚从宽制度的基本内涵》,载《中国法学》2019年第3期。
③ 陈卫东:《认罪认罚从宽制度研究》,载《中国法学》2016年第2期。
④ 参见朱孝清:《认罪认罚从宽制度中的几个理论问题》,载《法学杂志》2017年第9期。

在"狭义认罚"基础上加民事赔偿,即犯罪被追诉人不仅要"狭义认罚",还要与被害方(被害人或者其代理人)就案涉民事赔偿等事项达成和解协议。①

笔者认为,关于"认罚"的表述应当理解为愿意接受处罚。具体来看,认罪认罚从宽制度适用于刑事诉讼程序的任何一个阶段,所以被追诉人"认罚"在三个阶段都可以提出,在侦查阶段表现为愿意接受法律的处罚,在审查起诉阶段表现为承认公诉机关指控的事实并在量刑方面控辩双方达成一致,在审判阶段表现为同意检察机关的量刑建议。是否就民事赔偿达成和解协议不应当作为"认罚"的法定考量因素,但可以作为酌定参考情节。

4.从宽

认罪认罚从宽制度中"从宽",分为实体法意义上的从宽和程序法的从宽两个维度。实体法意义上的从宽,是指对被追诉人从轻或者减轻处罚。程序法意义上的从宽,是指对被追诉人适用轻缓的强制措施,作出轻缓的程序性处理,或者适用更为便利的诉讼程序。被追诉人认罪认罚之后,是可以从宽还是应当从宽?目前实务界的观点是"可以从宽"。也就是说,被追诉人认罪认罚后也"可以不从宽"。笔者认为这个观点是偏颇的,具有明显的单一实体法解释的局限性,既然"从宽"不仅有实体法上的意义,同时还应有程序法上的适用价值,那么,这里的"从宽"就是"应当从宽"。换句话说,即使对被追诉人不能适用实体法上的从宽,也可以在程序选择、羁押措施选择、羁押时间控制、刑罚执行方式等方面适用从宽。

三、认罪认罚从宽制度中控辩失衡问题反思

认罪认罚从宽制度的前提和基础是控辩平等,而控辩平等的理论基础之一则是权力制衡。权力制衡主要通过国家权力互相制衡和以权力制约两种路径实现。以此为标准检视我国当下之认罪认罚从宽制度的构建,可以发现控审权力失衡、权力制约不足等重大

---

① 参见黄京平:《认罪认罚从宽制度的若干实体法问题探讨》,载《中国法学》2017年第5期。

问题。

(一)控审权力失衡

控审制衡关系在诉讼程序上主要表现为公诉权与审判权互相牵制,即一方面,在启动上审判权受制于公诉权;另一方面,公诉权要受到审判权的监督与控制。① 认罪认罚从宽制度存在控方主导认罪认罚程序和审判程序弱化的问题。

1. 控方主导程序,控审关系错位

我国《刑事诉讼法》第201条对法官自由裁量权的限制、实践中部分人民检察院压制性操作方式导致检方话语权过大,检察官的控诉具有"类审判"功能。②

我国《刑事诉讼法》第201条规定"对于认罪认罚案件,人民法院作出判决时,一般应当采纳人民检察院指控的罪名和量刑建议"。该条款是一把"双刃剑"。一方面,量刑建议是带有司法公信力的承诺,该条款从立法层面体现出对控辩合意的尊重,这是对被追诉人合理预期的保护,是对司法公信力的维护;另一方面,该条款加剧了司法处断权在一定程度上从法院让渡于检察机关的可能③——绝大多数的控辩合意,特别是量刑建议直接为法院确认并生效。部分地区法院法官出现在被告人没有当庭提出异议的情况下,本着"多一事不如少一事"的态度,对检察官的量刑建议采取直接确认的态度,或者最多在检察官量刑建议所确定的幅度内选择一个量刑方案。④ 实证调查显示,各地检察机关量刑建议具有很高的采纳率,法

---

① 牛金臣、张宁:《控审平衡视野下审判权的扩张与限制》,载《山东审判》2010年第6期。

② 龙宗智:《完善认罪认罚从宽制度的关键是控辩平等》,载《环球法律评论》2020年第2期。

③ 龙宗智:《完善认罪认罚从宽制度的关键是控辩平等》,载《环球法律评论》2020年第2期。

④ 陈瑞华:《刑事诉讼的公力合作模式——良性协商制度在中国的兴起》,载《法学论坛》2019年第4期。

官改变量刑结果的情况并不多见。① 这其中必然反映出检察机关对如何量刑的学习颇有成效,但也不乏我国长期以来形成的阶段论构造、控诉方与审判方制约兼配合关系、检察机关具有法律监督者地位等传统因素,认罪认罚从宽改革要求提高认罪认罚案件结案率、缩短法庭审理期限等现实因素及《刑事诉讼法》第 201 条立法因素造成司法裁判权弱化,法官自由裁量权弱化。

2021 年《认罪认罚指导意见》第 37 条规定,人民法院违反《刑事诉讼法》第 201 条第 2 款规定,未告知人民检察院调整量刑建议而直接作出判决的,人民检察院一般应当以违反法定程序为由依法提出抗诉。仍坚持对法院未建议检察机关调整量刑建议而径行判决的行为提出抗诉,这也是变相侵犯了法院的审判权及最终裁量权。

实践中,部分地区检察院呈现出压制性操作方式,严重妨碍审判独立,造成认罪认罚案件中公诉效力进一步扩展到审判程序中,控审关系错位,控审权力失衡。部分地区检察机关对共同犯罪中部分共犯认罪认罚后作出分案处理,将这一部分共犯起诉到法院以后以简易程序、素材程序迅速审判并形成有罪生效判决,以既判力的方式预定了未认罪且准备抗辩的被告人有罪裁判后果,致使法院难以作出全案或基于指控事实不构成犯罪的判断和处理。②

2. 诉讼程序简化,审判程序弱化,"以审判为中心"异化

总体上来看,认罪认罚程序和"以审判为中心"的诉讼制度改革是互为支撑的,两者具备一致性。但是,认罪认罚案件中庭审过

---

① 有学者就认罪认罚案件中,人民法院对人民检察院量刑建议采纳率的问题进行了实证研究,研究显示:G 区检察院对 286 名被告人 提出量刑建议,法院采纳量刑建议的人数为 269 人,采纳率 94.1%。其中,检察院提出精准量刑建议 262 人,法院采纳 244 人,精准量刑建议采纳率为 93.1%,检察院提出幅度量刑建议 24 人,法院采纳 23 人,法院采纳率为 95.8%。D 县检察院对 162 名被告人提出的精准量刑建议均得到法院采纳,采纳率 100%。详见左卫民:《量刑建议的实践机制:实证研究与理论反思》,载《当代法学》2020 年第 4 期。

② 如广州市人民检察院对认罪认罚从宽制度试点 2 年,总结的试点经验包括"建立分案审查机制,对共同犯罪中认罪的犯罪嫌疑人视情况分案起诉,形成认罪与不认罪有序区分的案件分流格局"。

程发生简化,法庭庭审阶段所耗时间越来越短,呈现日渐形式化过场趋势①的现实问题也不容小觑。

"以审判为中心"的诉讼制度改革核心在于庭审实质化,我国基本诉讼构造、诉讼关系并未通过"以审判为中心"的诉讼制度改革得到改变。庭审实质化的改革思路在于通过强化常态诉讼程序中的证据开示、举证质证、非法证据排除规则、法庭辩论等程序性规则来强化审理者的独立、中立地位,弱化检察机关超控诉方角色地位,实现控审权力制衡。但在认罪认罚程序中,我国证据开示制度仍处于初步探索阶段②;法庭调查和法庭辩论阶段被适当简化;查证、质证方式成为认罪认罚从宽案件庭审的主要方式③,且查证内容集中于认罪认罚的自愿性和认罪认罚具结书内容的真实性、合法性,审查方式则是在法庭上向被告人、律师发问,部分案件非法证据排除规则存在被突破的可能。④ 这些因素共同导致近些年来人民法院为实现"以审判为中心"而在加强庭审等技术层面所做出的努力在认罪认罚案件的庭审中难以实现,使得认罪认罚案件中,人民法院诉讼资源平衡能力更为有限。在被告自愿认罪认罚的前提下,法院无论适用简易程序还是速裁程序,对于定罪问题的法庭审理注定会流于形式。⑤ 有学者基于实证调查得出结论:认罪认罚从宽试点以来,大量刑事案件进入认罪认罚从宽程序被从简办理,体现出"简案快办"的精神,但"繁案精办"的精神在实践中未能充分体现。⑥

(二)权利保障不足

被告方行使之防御权与检察官所行使之公诉权是推动刑事诉

---

① 赵恒:《刑事诉讼程序试点实证研究》,载《中国刑事法杂志》2016年第21期。
② 《关于适用认罪认罚从宽制度的指导意见》第29条规定,人民检察院可以根据案件具体情况,探索证据开示制度,保障犯罪嫌疑人的知情权和认罪认罚的真实性和自愿性。
③ 胡云腾:《去分歧凝共识确保认罪认罚从宽制度贯彻落实》,载《法制日报》2019年12月11日。
④ 龙宗智:《完善认罪认罚从宽制度的关键是控辩平等》,载《环球法律评论》2020年第2期。
⑤ 陈瑞华:《刑事诉讼的公力合作模式——良性协商制度在中国的兴起》,载《法学论坛》2019年第4期。
⑥ 顾永忠:《刑事辩护制度改革实证研究》,载《中国刑事法杂志》2019年第5期。

讼程序的原动力①，在认罪认罚从宽制度中，赋予、保障被追诉人防御权以实现对控诉权的制约，是实现控辩平等的另一条路径选择。我国认罪认罚从宽制度中被追诉人缺乏能够与控诉权相抗衡的必要防御权，主要体现在被追诉人缺乏沉默权、有效的法律帮助和案件知悉权。

1. 被追诉人缺乏沉默权

认罪认罚制度的实施，以被追诉人的自愿认罪为前提，故要求侦查审讯中要贯彻反对强迫自证其罪原则，我国《刑事诉讼法》第52条对该原则作出规定，但为获取口供的需要，我国并未确立沉默权，而同时规定犯罪嫌疑人有如实回答的义务。特有的侦查讯问制度与审前羁押制度造成认罪认罚诉讼程序中控方天生强大，辩方天生弱小；立法上对沉默权的漠视使被羁押的被追诉人所处状况更为不利：被追诉人处于羁押状态，在难以获得可供判断并作出理性判断的有效案件信息情况下，被追诉人缺乏沉默的权利，更容易被迫接受侦控方的罪名指控和认罪认罚条件，控辩资源失衡进一步加剧。

2. 被追诉人缺乏有效法律帮助

随着2018年我国《刑事诉讼法》再修改确立了值班律师制度，值班律师同辩护律师、法律援助律师一起为认罪认罚从宽案件中的被追诉人提供法律帮助。从该角度讲，在认罪认罚从宽制度中，律师参与达到了全覆盖，普遍的法律帮助已经实现。然而，实现控辩平等，我们还要在实现普遍法律帮助的基础上实现有效法律帮助的要求。根据实证调查研究显示："值班律师是认罪认罚案件的律师类型的'主力军'，超过一半以上甚至2/3以上的案件都由值班律师参与并处理完结。"②我国值班律师制度刚刚确立，很多问题尚待厘清，目前的值班律师制度尚不能达到为犯罪嫌疑人提供有效法律帮

---

① 日本学者高田卓尔认为："防御权对应检察官之公诉权，公判程序就是检察官公诉权与被告防御权之对立与抗争的场所，因其抗争，而使诉讼程序推行进展。"参见蔡墩铭：《刑事诉讼法论》，五南图书出版公司1999年版，第82页。
② 周新：《值班律师参与认罪认罚案件的实践性反思》，载《法学论坛》2019年第4期。

助的要求。同时,辩护制度、法律援助制度存在的固有难题也在一定程度上制约着被追诉人有效法律帮助权的获得。

当下我国值班律师制度构建中存在的三重悖理难题限制着值班律师作用的发挥,进而影响被追诉人获得有效的法律帮助。具体而言,值班律师作为权利保障者和权力见证人的背离导致实践中值班律师从法律帮助者蜕变为诉讼权利行为合法性的"背书者","站台效应"明显①,有效法律帮助无从谈及;值班律师提供法律咨询、程序选择建议、申请变更强制措施、对案件提出法律意见的功能定位与会见权、阅卷权等诉讼权利缺失的背离导致实践中被追诉人难以通过值班律师获得有效的法律咨询建议,听取有效的法律意见;值班律师职责重、风险高与收益低的背离导致值班律师为被追诉人提供有效法律咨询的积极性不高,法律帮助的效果不尽如人意。②除此之外,辩护律师传统"三难"的问题③仍旧存在、值班律师与辩护律师、法律援助律师协调衔接存在不畅,"实践中,部分地区检察官和犯罪嫌疑人完成量刑协商后再通知律师到场见证具结过程,听取律师意见时,不就量刑内容与律师进行协商"的现状普遍存在、辩护律师在场权缺失,以上问题导致认罪认罚从宽制度中被追诉人防御权不足。

3. 被追诉人缺乏知悉权

知悉权,是指被追诉人有获知诉讼中与自己权益相关的各种信息,从而理性而有效地行使或处分自己权益的权利。被追诉人知悉权能否得到保障取决于追诉机关能否及时、充分履行告知义务,被追诉人及其法定代理人、辩护人能否享有获取案件证据信息的相关权利(包括阅卷权、调查取证权),证据开示制度能否确立。当前,我国法律和解释性文件规定的司法机关告知义务,仅限于"告知犯

---

① 汪海燕:《三重悖理:认罪认罚从宽程序中值班律师制度的困境》,载《法学杂志》2019年第12期。
② 汪海燕:《三重悖理:认罪认罚从宽程序中值班律师制度的困境》,载《法学杂志》2019年第12期。
③ 冀祥德:《刑事辩护三难问题与刑法修正案》,载《中国社会科学学报》2011年第5期。

罪嫌疑人享有的诉讼权利和认罪认罚的法律规定"①,而没有义务将其掌握的关于被追诉人的案件事实和证据信息予以告知;辩护律师在侦查阶段不享有阅卷权,故被追诉人在侦查阶段无法通过辩护人知悉案件证据信息;认罪认罚从宽制度中尚没有正式确立证据开示制度,被追诉人案件知悉权难以实现。

四、控辩平等内涵视域中认罪认罚从宽制度的完善

认罪认罚从宽制度的完善是一项系统的工程,既有赖于认罪认罚从宽制度本身不断完善,也有赖于推动综合配套制度改革。解决我国认罪认罚从宽制度中控辩失衡的问题的关键在于站在世界刑事诉讼法治角度,从控辩平等的应有内涵视域中完善认罪认罚从宽制度。

(一)实现平等武装

平等武装要求在立法上赋予控辩双方平等的诉讼权利和攻防手段,以扭转控辩双方在诉讼地位和诉讼资源上先天的不平等。在认罪认罚案件的诉讼程序中,平等武装至少包括如下诉讼权力(利)和攻防手段的对应关系。控方追诉处分权与辩方辩护权;控方的强制侦查权和辩方申请变更或解除强制措施的权利;控方讯问权与辩方沉默权和律师在场权;控方的司法资源使用权与辩方获得法律咨询、申请法律援助的权利;控方调查取证的权力和辩方知悉权。总结归纳上述对应关系,实现平等武装,需要赋予被追诉人沉默权,为被追诉人提供有效法律帮助,保障被追诉人的知悉权。

1. 赋予被追诉人沉默权

被追诉人享有沉默权,是其应对控方刑讯逼供的有效防御手段,也是被追诉人自愿认罪认罚保障机制。首先应在《刑事诉讼

---

① 《关于适用认罪认罚从宽制度的指导意见》第22条规定:权利告知和听取意见。公安机关在侦查过程中,应当告知犯罪嫌疑人享有的诉讼权利、如实供述罪行可以从宽处理和认罪认罚的法律规定,听取犯罪嫌疑人及其辩护人或者值班律师的意见,记录在案并随案移送。第26条规定:权利告知。案件移送审查起诉后,人民检察院应当告知犯罪嫌疑人享有的诉讼权利和认罪认罚的法律规定,保障犯罪嫌疑人的程序选择权。告知应当采取书面形式,必要时应当充分释明。

法》中明确规定我国被追诉人享有沉默权,同时对沉默权作出一定限制,具体如下。一是对沉默权内容的限制。借鉴西方国家法治经验,结合本国国情,对其适用范围、行使方式上作出合理限制,从而将沉默权可能对查清犯罪事实造成的消极影响降到最低限度①。二是对该制度的设立程序上进行一定限制,即分步骤、分阶段确立沉默权②。第一阶段,在立法上废除犯罪嫌疑人"应当如实回答"的规定,明确赋予被追诉人沉默权,在此阶段,可先不规定侦控机关负有告知义务;第二阶段,待侦控机关对沉默权制度基本适应且侦查技术不断提高、配套措施逐渐健全时,规定侦控机关负有告知犯罪嫌疑人享有沉默权的告知义务,并规定未履行该义务的法律后果;第三阶段,规定侦控方不得对被追诉人行使沉默权作出不利评论。

2.提供有效法律帮助

《认罪认罚指导意见》第 10 条首次提出"有效法律帮助"的要求。认罪认罚从宽案件中,被追诉人主要通过值班律师制度、辩护律师制度、法律援助制度获得法律帮助。对此,还需解决、完善如下问题。第一,完善值班律师制度。首先,明确值班律师履行的是辩护职能,为充实值班律师权利提供正当性基础。其次,充实值班律师的权利。促进值班律师的会见权和阅卷权从"纸面上的权利"变为"现实中的权利"③,赋予值班律师调查、核实、申请证据的权利,这是值班律师能够提供为被追诉人有效法律咨询、提出有效法律意见的前提。再次,明确规定值班律师的讯问在场权,这是在封闭讯问环境下,平衡侦控方与犯罪嫌疑人诉讼地位不对等的必要举措。最后,加强值班律师制度和辩护律师制度、法律援助律师制度的协

---

① 瓮怡洁:《美国对不得强迫自证其罪的限制及对我国的启示》,载《比较法研究》2014 年第 6 期。

② 瓮怡洁:《美国对不得强迫自证其罪的限制及对我国的启示》,载《比较法研究》2014 年第 6 期。

③ 《关于适用认罪认罚从宽制度的指导意见》第 12 条第 2 款规定,值班律师可以会见犯罪嫌疑人、被告人,看守所应当为值班律师会见提供便利……自人民检察院对案件审查起诉之日起,值班律师可以查阅案卷材料,了解案情。人民法院、人民检察院应当为值班律师查阅案卷材料提供便利。由此可见,我国《刑事诉讼法》虽然没有赋予值班律师会见权和阅卷权,但是《认罪认罚指导意见》已经从解释性文件的角度承认了值班律师的会见权和阅卷权。

调衔接。值班律师为被追诉人提供临时性、及时性救助的定性决定其与辩护律师、法律援助律师制度有着根本的区别,故严禁侦控机关以向被追诉人提供值班律师法律帮助的名义剥夺被追诉人聘请辩护律师的权利,同时应该明确在被追诉人聘请了辩护律师或被追诉人被指派法律援助律师的情况下,认罪认罚具结书签署过程,需要由辩护律师或法律援助律师在场见证,此举能减少值班律师"站台效应"所带来的弊端;此外,还应逐步探索检察机关派驻值班律师制度,逐步改变值班律师轮班制度,保障被追诉人能够通过值班律师制度获得必要的防御手段。

第二,解决刑事辩护传统"三难"问题,即会见难、阅卷难、调查取证难的痼疾。要保证被追诉人应当有充分的时间和便利选任聘请律师以及与所聘律师相联系,严禁因认罪认罚从宽案件办理时限精短而不当缩短被追诉人选任聘请辩护律师的时限或剥夺其权利;宜尽快修改相关立法明确辩护律师自人民检察院对案件审查起诉多少日起,可以查阅、摘抄、复制本案相关材料以保证辩护律师行使阅卷权的及时性;应及时明确"本案所指控的犯罪事实的材料"同时包含有利于被追诉人的材料,并规定人民检察院具有提供有利于被追诉人材料的义务,明确违反该义务后的制裁措施;加快构建辩护律师讯问在场权制度,完善执业律师职业豁免制度。应该说,在认罪认罚从宽制度完善背景下,为实现平等武装,刑事辩护"三难"解决之道仍旧是一个常谈常新的问题。

3. 保障被追诉人知悉权

证据开示使得被追诉人能够从控方手中获得有利于己的证据材料,不仅对扭转控辩双方先天失衡起到重要作用,而且被追诉人在律师帮助下通过证据开示而作出的认罪决定,得以充分表明其认罪认罚的自愿性。审查起诉阶段,探索建立证据开示制度,包括如下内容。第一,证据开示的方式。证据开示由程序法官主持,控辩双方可以互相查阅、摘抄、复制对方提供的证据材料。第二,开示的范围。为弥补控辩双方诉讼地位的实质不平等,检察官负有全面开示的责任,范围包括其所收集到的有利于和不利于被追诉人的各项证据。辩方负有有限开示责任,仅对可能直接导致被追诉人无罪的证据材料予以开示。第三,不履行证据开示的结果。法官享有命令控辩双方对未开示的证据立即开示的权力,或规定未开示的证据无效。实践中,已有部分地区将证据展示制度写入地方司法文件并进行有益探索,为其他地区的证据开示制度确立提供可供遵循和探讨的路径。①

(二) 实现平等保护

平等保护作为一项司法原则,为控辩平等的真正实现提供了均等的机会。"应当听取双方当事人的意见"和"纠纷解决者不应有支持或反对某一方的偏见"从正反两方面阐述了平等保护的要求。实现平等保护,就要从限缩控诉权、坚持诉讼机会均等、强化法官主导等方面去努力。

1. 限缩控方权力,弱化检察机关的法律监督权

从控辩平等原则的实质看,应当考虑弱化直至取消检察机关的法律监督职能。② 具体来说,在立法尚未变动时,继续弱化检察机关法律监督职能,待条件成熟后彻底取消其诉讼监督职能,明确其诉讼当事人地位。弱化检察机关法律监督权力行使,对于审判者来说,得以克服基于控方兼具法律监督者的地位的心理压力,在诉讼裁判中实现内心确信。对于被追诉方来说,得以克服检察机关基于法律监督权而"高人一等"的心理障碍,平等、自愿、充分地与控方协商。对于检察官来说,得以减弱自己作为法律监督者的心理优势,避免以压制性操作方式造成对审判者内心确信的影响和被追诉人基本诉讼权利的克减。

2. 坚持控审分离,保障程序均等

程序均等原则对审判者的主观态度提出规范,要求审判者极力避免、克服先入为主的偏见,给予控辩双方平等对待。对此,要严格

---

① 山东省于2019年11月发布施行《关于适用认罪认罚从宽制度办理刑事案件的实施细则(试行)》,其中第33条规定:"人民检察院可以针对案件具体情况,探索证据开示制度,在诉前与犯罪嫌疑人、辩护人或者值班律师沟通,将与案件指控事实相关的证据进行简化集中展示,增强犯罪嫌疑人对认罪认罚结果的预测性,保障犯罪嫌疑人的知情权和认罪认罚的真实性及自愿性。"

② 冀祥德:《构建审判程序中的控辩平等》,载《人民司法》2008年第21期。

坚持控审分离原则,改变现行实践中检察机关压制性操作方式妨碍司法工作的不良做法。在认罪认罚案件中检、法机关除了要严格坚持"起诉状一本主义",防止裁判者审前了解案情,严格限制法官与检察官之间单方面接触等一般性规定,还应特别注意认罪认罚从宽程序在共同犯罪案件中的谨慎适用:检察机关适用认罪认罚从宽程序,以案件确实构成犯罪为前提,故对于对是否构成犯罪存在较大争议的共同犯罪案件,检察机关应该慎重适用认罪认罚从宽制度让部分被追诉人认罪,严禁检察机关以认罪认罚从宽来克服诉讼障碍,通过法院对共同犯罪部分被告人作出有罪判决的既判力,引导法院对共同犯罪中其他作无罪辩护的被告人作出有罪判决。

3. 建立以法官为主导的诉讼程序,实现公正审判

检察机关地位的公正性、客观性、中立性存在必然的内部局限性,控方主导认罪认罚诉讼程序不可避免地存在压制性司法的可能。认罪认罚从宽案件中,构建以法官为主导的诉讼程序,是对控辩双方进行平等保护,实现公正审判的必然要求。

构建以法官为主导诉讼程序主要内容如下:第一,审前程序中贯彻司法审查原则。法官对强制侦查措施特别是羁押措施的采用进行审查,审查过程中法官对控方与被追诉人的利益给予平等的关注,对控制国家犯罪需要和保障被追诉人人权给予同等关注,在此基础上作出是否同意侦控方采用羁押措施的裁定。这将从源头上减少被追诉人被不当羁押的可能,减少实践中协商行司法异变的情形。第二,审查起诉阶段证据开示由程序法官主持,赋予程序法官强制控辩双方进新房证据开示的权力。第三,强化法庭审查。法官除了对协议的作出是否出于被告人明知、明智和自愿进行审查,还应对被告人的认罪是否具有事实基础进行审查,对控辩双方给予平等的诉讼机会、态度、条件和标准,注重听取被告人最后陈述和辩护律师的意见。第四,法官是救济程序是否启动的决定主体。法官有权对上诉理由和抗诉理由进行审查,并决定是否启动二审和再审。

(三) 实现平等对抗

平等对抗通过中立法官的主持,控辩双方平等进行对抗,刑事诉讼的价值在控辩双方有秩序的良性对抗中得以实现。近年来,我

国积极推进以审判为中心的诉讼制度改革,庭审实质化增强了控辩双方在法庭上的良性对抗,控辩双方通过互问强有力的问题从而发现事实真相。

认罪认罚案件开庭审理的内容与庭审实质化的内容和要求截然不同,将认罪认罚从宽的审判方式与庭审实质化强制联系到一起过于牵强。① 较举证、质证、查证、质证极大削弱了控辩双方的对抗性质。要在认罪认罚诉讼程序中实现平等对抗,首先,法官要充分重视《认罪认罚指导意见》第48条②规定的"程序转换"条款。经审查认为对符合"程序转换"的案件,及时转为普通程序,保证审判者在控辩双方平等对抗的基础上查清案件事实,以满足被追诉人获得庭审实质化的诉求。其次,宜通过立法将辩护律师作无罪辩护的情形纳入法定程序转换情形。其正当性在于:辩护律师作为被追诉人的权利保障者,具有独立的诉讼地位,可以就事实和法律发表不同于被追诉人观点的辩护意见;辩护律师阅卷权、调查取证权、核实证据的权利,有助于辩护律师及时、充分、有效了解案情,因此辩护律师较被告人能够根据案件事实提出更为准确的意见,防止被追诉人盲目认罪、错误认罪带来的不利益,及时阻止被追诉人在知悉权没得到充分保障下的非自愿认罪,减少冤假错案的发生。同时,根据有关学者实证调查研究显示,"无论事实证据争议的案件还是律师提出无罪辩护的案件,在全部案件中所占比例都没有超过18%,与理论界和实务界一半认为我国刑事诉讼中不认罪案件占20%左右大致吻合"③,所以即便将律师作无罪辩护的情形纳入法定程序转换情形,也不必过分担忧辩护律师是否会将无罪辩护作为一种诉讼策略,导致大部分认罪认罚案件均因此情形进行程序转换,拖慢诉讼进程,违背改革初衷。

---

① 王敏远:《认罪认罚从宽制度的新发展——〈关于适用认罪认罚从宽制度的指导意见〉解析》,载《国家检察官学院学报》2020年第3期。

② 《关于适用认罪认罚从宽制度的指导意见》第48条规定:规定人民法院在适用速裁程序审理过程中,发现有被告人的行为不构成犯罪或者不应当追究刑事责任、被告人违背意愿认罪认罚、被告人否认指控的犯罪事实情形的,应当转为普通程序审理。发现其他不宜适用速裁程序但符合简易程序适用条件的,应当转为简易程序重新审理。

③ 顾永忠:《刑事辩护制度改革实证研究》,载《中国刑事法杂志》2019年第5期。

（四）实现平等合作

平等合作是认罪认罚从宽制度的目标和本质，平等合作应建立在平等、自愿、合意、互利、诚信的基础上。确立无罪推定原则，是实现控辩双方地位平等的基础，是被追诉人自愿认罪认罚的前提；平等合作建立在当害人互利合意的基础上，合意导出诚信规则，构建诚信约束机制，对上诉和抗诉条件作出必要限制，使诚信通过制度手段固定下来。

1. 确立无罪推定原则，确认被追诉人诉讼主体地位

要实现控辩双方平等合作，就要赋予和确认被追诉人诉讼主体地位。无罪推定原则不仅直接确立了"犯罪嫌疑人、被告人不等于犯罪人"的概念，明确了被追诉人在刑事诉讼中的主体地位，而且它的另一重要发展表现在对定罪主体的严格限制和程序保障的日益严密上。首先，应在《刑事诉讼法》中明确无罪推定原则，从制度上保障无罪推定原则的构建；其次，修改《刑事诉讼法》中"有罪推定"的条款，包括但不限于《刑事诉讼法》第204条第2款、第160条的规定；最后，加强无罪推定原则配套措施的构建，包括赋予被追诉人沉默权，进一步明确和巩固非法证据排除规则。

2. 构建诚信约束机制

构建诚信约束机制并非意味被告人不得上诉，人民检察院不得抗诉，但应对被告人上诉和人民检察院抗诉条件、后果作出一定限制和规定，以体现对控辩合意的尊重。

就被告人上诉而言，与普通刑事案件被告人享有无限上诉权不同，认罪认罚从宽制度中的一审被告人因其认罪认罚获得了从宽，且普遍有律师为其提供法律帮助，故其不享有无限上诉权，提出上诉应当说明理由。提出上诉时，被告人宜根据下列事项向法官说明理由：被告人认为自己的行为不构成犯罪或者不应当追究刑事责任的；违背意愿认罪认罚的；否认指控的犯罪事实的；对罪名有异议的；其他可能影响案件公正审判的情形。法官对上述理由进行审查并决定是否启动二审。就检察院抗诉而言，要避免"有错必纠"的老路，对抗诉作出如下限制：其一，必须损害了被告人的利益而导致

错误地适用了刑罚;其二,应当有充分的证据表明上述情形存在。[①]法官有权对其进行审查并决定是否启动再审,且出于对合意的尊重和被告人人权保障,抗诉案件的判决结果应体现有利被告的精神,定性和量刑上法官都不得作出不利于被告人的变更。

五、小结

控辩平等是建立认罪认罚从宽制度的前提和基础。控辩协商是认罪认罚从宽制度的核心和关键。当下,我国的认罪认罚从宽制度存在的最大问题是控方话语权过大导致的控辩明显失衡,控方不仅主导制定该制度,而且掌控认罪认罚从宽诉讼程序,辩方消极、被动,尤其缺乏以控辩平等为前提和基础的控辩协商机制。解决之道,在于站在世界刑事诉讼法治视野下,从控辩平等的应有内涵视域,检视与完善认罪认罚从宽制度。特别是,要关注到,控辩平等现代内涵不仅包括平等武装,还包括平等保护、平等对抗、平等合作。

控辩平等是控辩协商的基础。控辩协商是我国构建高效刑事司法制度下控辩关系发展的一种新型、理性、当然的模式。我国认罪认罚从宽制度的探索与构建,必须以控辩平等为基础,以控辩协商为核心。站在世界刑事诉讼法治角度,从控辩平等的应有内涵视域检视认罪认罚从宽制度,不难发现当前认罪认罚诉讼程序中控审失衡严重、权力保障不足,严重制约着认罪认罚制度在惩罚犯罪、保障人权、提升效率中的作用;从平等武装、平等保护、平等对抗、平等合作角度完善认罪认罚从宽制度,是实现制度建构初衷的基本路径遵循。

我国认罪认罚从宽制度的建构,应该以习近平法治思想为指导,站在世界刑事诉讼四次革命的纵深视角,站在用中国制度解决中国问题的现实维度,既要符合世界刑事诉讼制度发展基本趋势,又要合乎刑事诉讼基本规律,建成具有鲜明中国特色的社会主义法律制度。

---

① 冀祥德:《构建我国救济程序中的控辩平等》,载《人民司法》2008年第21期。

第十一章　侦查程序之控辩平等

刑事诉讼涉及生命和自由这两个人人关心的至为重要的问题,国家和公民个人在这里进行了最直接的"对话"。因此,发现事实真相、控制犯罪并不是刑事诉讼的唯一目的,除此之外还应当有其他诸如保障人权、促进法治等目的,这是导致刑事诉讼价值多元化的根源。① 在侦查程序中,国家强大的司法权几乎是任意和不可撼动的,而被追诉人则正面临从"自由"到"不自由"的巨大落差,处于自由和权利被司法权"蹂躏"之境况。

法国启蒙思想家孟德斯鸠认为,自由只存在于权力不被滥用的国家,但是有权者都容易滥用权力却是一条万古不变的经验。"有权力的人们使用权力一直到遇到界限的地方才休止。"② 所以,在现代法治社会中,国家法律是这样处理权力这个怪物的:一方面将权力在国家主体间进行合理的分配;另一方面设定严密、高效的权力监督和制约机制。对此,汪建成教授认为,基于法律不同的功能,可以将其分为授权性法律和限权性法律两种不同的类型。"一般来讲,刑法属于授权性规范,刑事诉讼法

---

① 汪建成:《刑法和刑事诉讼法关系新解》,载陈光中、江伟主编:《诉讼法论丛》(第3卷),法律出版社1999年版。
② [法]孟德斯鸠:《论法的精神》(上册),张雁深译,商务印书馆1985年版,第66—68页。

则属于限权性规范。刑法设定了国家的刑罚权,刑事诉讼法则为国家刑罚权的正确、适度行使设置规则和界限。"①从该种意义上,我们就理解了国家要将众多的刑事诉讼制度如无罪推定、审判公开、辩护等上升为宪法性原则的根由,同时为上诉不加刑制度、正当程序保障条款等在刑事诉讼法律规范中的驻足,寻求到了该当性根据,而刑事诉讼,特别是侦查程序中控辩平等的要求,无疑正是刑事诉讼法限权性功能之正当化事由。

一、侦查程序中控辩平等之功能

(一)权力抑制功能

从政治学的角度看,权力是一种关系范畴,是一个人依据自身的需要,影响乃至支配他人的一种强制性力量;从经济学的角度考察,权力是指一个人(一些人)在一定的社会关系中,拥有的支配一定量的社会资源的能力。② 权力具有强制性、等级性、对象性、整合性和目的性,由这些特性所派生出来的扩张性、侵犯性、排他性、诱惑性和腐蚀性也是权力最明显的特征。

作为权力的一种,侦查权具有权力的所有特征,由权力的强制性决定,掌权者在不受制约的情况下,往往会无限地扩张权力,竭力地聚敛权力;权力的无限扩张,必然要打破既定的界限和范围,侵犯其他权力,甚至危及公民权利。换言之,侦查权在行使过程中也会

---

① 汪建成教授指出,国家刑事司法权的概括性和具体性的矛盾运动,是刑事诉讼法的限权性的理论根源。从概括性来说,国家司法机关作为整体掌握着国家的刑事司法权,从具体性来看,这个权力又不可能由国家司法机关集体行使,总是表现为刑事个案中由具体的司法人员行使。由于司法者也是社会成员之一,与社会其他成员一样,同样有"自我"与"他人"的人性矛盾,处于具体的社会关系之中。如果司法者个人的利益影响了其职权行为从而滥用职权,就会破坏法律实施的正确和公正,破坏公众对法律的信任,危害法律的社会基础,因而就会侵犯统治阶级的整体利益,同样会受到统治阶级的惩罚。司法腐败,即司法权力的滥用,是一种历史性现象。司法者应当代表正义,但不必然代表和行使正义,这是司法活动的基本矛盾,是权力自身的矛盾在司法领域的体现。如果这种矛盾影响了法律实施的正确与公正,这与国家意志本身是冲突的。因此,对司法活动必须制定行为规则。于是,刑事诉讼法的存在就有了现实的基础。参见汪建成:《刑法和刑事诉讼法关系新解》,载陈光中、江伟主编:《诉讼法论丛》(第3卷),法律出版社1999年版。

② 陈荣富:《公共管理学前沿问题研究》,黑龙江人民出版社2002年版,第199页。

异化,产生与权力最初设计目的相悖的后果。更为重要的是,侦查具有特别的强制力,为了保证在较长时间内能随时找到受审查的个人,侦查机关可以运用搜查、扣押、逮捕等强制性手段。对犯罪嫌疑人来说,如果经过侦查,最终表明有关其实行犯罪的证据不足,也可以避免被送交法庭审判。但是,侦查是一种具有严重后果的手段,有时甚至是一个相当长的过程,在这个过程中,如果侦查权被滥用,将会严重侵犯到公民的基本权利,轻至财产权利,重至人身权利。因此,侦查程序成为现代刑事诉讼中公民权利最容易受到非法侵害的阶段。为了防止侦查权的过度异化对公民权利造成的损害,有必要对侦查权加以有效的制约和监控。"只有在平等对抗的诉讼结构中,公共权力的滥用才能被杜绝。"①通过制度设计,赋予侦查机构的对立方——犯罪嫌疑人以特殊的权利,使其能够与侦查机关最大程度地进行平等对抗,则是对侦查权进行监控、保障被追诉方权利的有效途径。

(二)审判基础功能

"刑事审判是一种由法院代表国家对被告人的刑事责任问题作出最终和权威裁判的活动,它以公诉机关或自诉人向法院提起控诉为前提,在控辩双方与法官三方的共同参与下,通过法庭上的听证和审理活动,由法院作出一项有关指控成立与否的裁决,这一裁决需要以法官在庭审中认定的案件事实以及实体法的有关原则和规则为基础。"②参与庭审的控辩双方应该具有平等的法律武器,如果没有的话,司法正义将会是第一个牺牲品。由于法官是居中的消极裁判者,他一般不提出事实,尤其是在英美法系中,法官不参与收集和调查证据,只是根据控辩双方提出的事实和证据进行裁判,因此,法院的整个审判活动建立在对控辩双方取得的事实和证据的认定基础上。控辩双方能否在刑事审判中进行平等对抗很大程度上取决于控辩双方在审判前取得事实和证据的能力。而控辩双方取得事实和证据的关键阶段是侦查阶段。控辩双方在力量上的差距主

---

① [斯]卜思天·儒佩基奇:《从刑事诉讼法治透视反对自证有罪原则》,王铮、降华玮译,载《比较法研究》1999年第2期。

② 陈瑞华:《刑事审判原理论》,北京大学出版社1997年版,第7页。

要体现在审判前,尤其是国家公权力介入较深的侦查阶段。如果控辩双方在侦查阶段不能实现平等武装、受到平等保护,审判阶段的控辩平等就成为无稽之谈,没有任何基础和意义。刑事诉讼程序是一个有机联系的整体,相应地,控辩平等应该贯穿于刑事诉讼的始终,控辩双方在任何一个阶段的不平等都将使其他阶段控辩之间的力量失衡,从而阻碍司法正义的实现。

(三)正当解纷功能

刑事诉讼最原始的目的在于追究和惩罚犯罪,国家一般设立专门的刑事追诉机构对犯罪进行追诉。但为了避免追诉权被滥用,需要建立必要的制约和监控机制,以审查国家追诉机关追诉犯罪活动的合法性和正当性,从而确保受到国家追诉的人接受公正的裁判,防止无辜的人被不公正、不合理、错误地判刑,最大限度地实现罪刑相适应。刑事审判机制正是基于这一目的产生的。"刑事审判的目的在于实现正义的要求,使国家对被告人的定罪或判刑符合刑事实体法的要求,也具备正当性和合理性标准。"[①]因此,传统上,只有审判阶段才是对案件进行实体处理的关键阶段。

但是,随着犯罪率的急剧上升,案件积压成为许多国家司法中面临的重大问题,为了解决这个问题,很多国家不得不将"效率"提升为司法的一个重要目标。法院按照普通程序处理重大复杂案件,对于大量轻微刑事案件,许多国家都规定,侦查机关有权作出处理。在法国,"预审法官面对侦查所得到的结果,如果认为没有必要继续进行已经开始的追诉,则作出不起诉裁定。作出这一裁定,原已经开始侦查而发动的公诉即告停止。不起诉裁定书是具有司法裁判权性质的文书"[②]。在美国,美国联邦和各州广泛采用辩诉交易的结案方式,目前美国联邦和各州均有90%的刑事案件是以辩诉交易方式结案的。其中,"在侦查阶段已做辩诉交易的占了一半以上"[③]。近年来,有些传统上属于大陆法系的国家和地区也突破了

---

① 陈瑞华:《刑事审判原理论》,北京大学出版社1997年版,第4页。
② [法]卡斯东·斯特法尼等:《法国刑事诉讼法精义》(上册),罗结珍译,中国政法大学出版社1998年版,第680页。
③ 陈永生:《侦查程序原理论》,中国人民公安大学出版社2003年版,第5页。

以往只有检察机关才有斟酌处分权的做法,规定警察机关对于部分事实清楚、情节简单的案件,也有权作出便宜处理。如日本法律规定,当判明犯罪非常轻微而没有处罚必要时,司法警察有权予以训诫而免于追究。① 由此可见,侦查阶段是某些案件的实体处理阶段,对犯罪嫌疑人的实体权利有着实质性的影响,犯罪嫌疑人能否与侦查方进行平等对抗直接影响到案件的最终处理结果。

"整个刑事诉讼程序犹如一座大厦,而侦查阶段则如同这座大厦的地基。如果地基的结构不合理、不坚固,那整个大厦就有可能发生倾覆。同样,如果侦查程序的构造不合理、不坚固,那么,整个刑事诉讼程序就有可能发生偏差,甚至可能导致出、入罪。"②控辩平等作为刑事诉讼程序的一个重要制度,在侦查程序中能否在真正意义上实现也决定了其能否在整个刑事诉讼程序中发挥其应有的作用。

二、域外侦查程序中控辩平等之考察

从世界主要国家和地区的立法和司法实践来看,侦查程序中的控辩平等主要体现在以下几个方面。

(一)证据取得权平等

证据是控辩双方进行对抗的基本武器,控辩双方收集、获取证据的能力对于其在刑事诉讼这场"竞赛"中能否取胜起着关键性的作用。因此,在证据取得上给予控辩双方以平等的武装和保护是实现控辩平等的前提和基础。

诚然,从法律上规定侦查机关在侦查阶段负有客观和诉讼关照义务,对于弥补被追诉者在调查取证方面天生的弱势,缩小控辩双方在调查取证能力和条件上的巨大差距具有重要的意义。侦查方不仅要获取和展示不利于被追诉者的证据,也要关注有利于被追诉者的事实和证据,因此,至少在理论上,控辩双方获取证据的机会是均等的。但是,侦查机关最直接的职能是追诉犯罪,在实践中,衡量

---

① 程味秋:《外国刑事诉讼法概论》,中国政法大学出版社1994年版,第187页。
② 李心鉴:《刑事诉讼构造论》,中国政法大学出版社1992年版,第179页。

侦查机关及其工作人员工作绩效的标准往往是其追诉、指控犯罪的成功率。因此,侦查机关在这种考核标准的指引下更倾向于收集追诉者有罪和罪重的事实和证据,而不太可能在被追诉者无罪和罪轻的事实和证据的收集上投注同样的时间和精力。这种情况已为许多国家的学者和立法者注意到,因此,许多国家在规定侦查机关客观与诉讼关照义务的同时,也给予了辩护方一定的调查取证权,以在更大程度上实现控辩双方在收集、取得证据力量上的平等。

1. 非强制性证据收集权

在调查证据尤其是非强制性证据收集手段方面,辩护方拥有与控方基本相同的权利。询问证人、被害人、在公共场所收集物证、书证、拍照等手段不带有强制性,对公民的合法权益影响较小,控辩双方都可采用。这在实行双轨式侦查的英美法系国家表现得最为明显。在英美法系国家,传统上一直实行所谓的"双轨制侦查制度",即"侦查活动由官方和民间的侦查人员分别进行,而且他们分别从属于或服务于公诉方和辩护方。不仅检察官可以要求和指导侦查人员(一般为警察)就案件进行调查,辩护律师也可以聘请某些专门人员(一般为私人侦探和民间鉴定人员)调查案情和收集证据"[①]。例如,"美国的公诉律师(即检察官)可以要求和指导警察对刑事案件进行调查并收集证据;辩护律师可以聘请私人侦探或民间鉴定人员就案件事实进行调查并收集证据,包括勘验现场、询问证人、检验物证等。如果现场和物证已经处于警方的控制之下,那么辩护律师则应在勘验或检验之前征得检察官或警方的同意,而法律规定后者不得对此设置障碍。在有些情况下,辩护律师甚至可以请求未参与本案调查的其他警察机构的人员为其勘查现场、检验物品和出庭作证"[②]。在美国,"调查是辩护工作的重要组成部分,因为辩护调查可以发现产生合理怀疑和防止宣判被告人有罪的信息材料。调查是辩护工作花费时间和经费的一个方面。辩护律师与检察官可运用的侦查技巧基本相似,几乎所有案件主要和通常最重要

[①] 何家弘:《外国犯罪侦查制度》,中国人民大学出版社1995年版,第26—29页。
[②] 何家弘:《外国犯罪侦查制度》,中国人民大学出版社1995年版,第26—29页。

的侦查方法是会见证人,也可能要求科学试验或犯罪现场或物证勘验检查"①。而且,辩护律师需要独立的调查员,"公设辩护人事务所一般配有少量的调查者,私人聘用的律师可能雇佣私人侦探。这些调查员的工作是发现和证实与案件有关的事实,与任何调查员从事的工作一样。辩护调查员以被告人的利益找出证人并会见他们"②。

大陆法系国家刑事诉讼更注重服务于追究犯罪,维护国家整体利益的目标,因此,传统上一直实行"单轨制侦查制度",即"侦查活动由警方侦查人员单独进行,而且是从属于或主要服务于公诉方的"。"在这种制度下,检察官及其指导的警察负责调查案情和收集证据,而辩护律师则不能或无须去调查案情和收集证据。以法国为例,刑事案件发生后,负责侦查工作的司法警察首先通知检察官,然后去勘验现场和询问有关人员,并在检察官的指导下开展侦查工作。侦查结束后,不仅检察官可以使用侦查人员的调查结果,辩护律师也可以使用侦查人员收集的证据材料,并且可以要求警方补充侦查。至少在理论上,警察应同时收集可能证明被告人有罪和无罪的证据材料,警方的调查结果应公正地服务于辩诉双方。"③在这种制度下,如果警察能够按照法律的规定去公平地收集不利于和有利于被追诉者的证据,那么控辩双方之间在这个阶段上的力量应该是相当的。但正如前面所谈到的,侦查机关的性质和考核机制决定了这种"单轨制侦查"不可能保持中立的、不偏不倚的立场,其不太可能花较多的精力去注意、收集被追诉者无罪和罪轻的证据,在这种情况下,规定辩护方也可以使用侦查人员收集的证据材料也就没有太大的意义。但是近几十年来,随着对英美法系对抗制因素的吸收,有些大陆法系国家也开始规定辩护方在侦查阶段有权调查取证。如日本,在侦查程序中,被追诉方一旦"发现对本人有利的证据

---

① [美]斯黛丽等:《美国刑事法院诉讼程序》,陈卫东、徐美君译,中国人民大学出版社2002年版,第245页。

② [美]斯黛丽等:《美国刑事法院诉讼程序》,陈卫东、徐美君译,中国人民大学出版社2002年版,第260页。

③ 何家弘:《外国犯罪侦查制度》,中国人民大学出版社1995年版,第26—28页。

材料时,应尽快收集。稍有延误就有丢失的可能,或者被利害关系人加以涂改、购销。当发现与本人有利的材料时,如果不能从材料的保管人、持有者直接弄到手时,应求其谅解拍成照片,弄清日期、场所、保管者姓名等"①。

当然,在侦查阶段赋予辩护方调查取证的权利,需要具备相应的条件:其一,社会中存在大量的私人侦探机构和民间鉴定人员,以满足辩护方的调查需要,例如美国和英国的私人侦探业都具有很长的历史,而且非常发达,辩护方完全有可能聘请不亚于甚至超过公诉方侦查水平的私人侦探为其调查取证;其二,"法律要保证律师可以比较早就接触被告人并接手案件,从而有开展调查工作的时机";其三,"各执法机构之间相互独立,也有可能为辩护律师的调查取证提供方便"②。

2. 以强制程序获取证据申请权

但是,辩护方不像控诉方那样拥有强制性侦查的权力,可以采取强制手段收集证据,③这是控辩双方在收集证据的能力上悬殊的主要原因之一。为了弥补被追诉方在收集证据能力上的先天不足,许多国家的立法都赋予了辩护方以强制程序获取有利于本方证据的权利,即对有利于本方的证据,如果依靠自身的力量无法获取,被追诉方有权申请法院来用强制手段予以收集。在许多西方国家,辩护方以强制程序取证权被认为是被追诉人的一项基本人权,在有些国家,还被认为是一项宪法权利。在美国,甚至将被告人的强制程序权与辩护权等进行类比,认为强制程序权与宪法第六修正案规定的其他权利,如对质的权利、获得律师帮助的权利、获得及时和公开审判的权利一样,都是建立在相同的根基(equal footing)之上的,都是正当程序的基本要素(fundamental element),都属于宪法第十四

---

① [日]田口守一:《刑事诉讼法》,刘迪、张凌、穆津译,法律出版社 2000 年版,第 93 页。
② 何家弘:《外国犯罪侦查制度》,中国人民大学出版社 1995 年版,第 29 页。
③ 即使很多国家从程序上对侦查机关采用强制性手段收集证据作出了严格的限制,但是通过履行法定的手续,侦查机关还是可以采取强制手段收集证据的,这是作为普通公民的辩护方永远无法比拟的。

修正案的正当程序条款的基本内容,应当适用于各州,从而将强制程序权的适用范围由联邦扩大到各州。① 1945 年开始制定、1975 年修改定型的《美国联邦刑事诉讼规则》将被追诉人的这一权利在制定法中加以具体化。在该规则中,被追诉方申请法官收集有利于本方的证据被称作证据保全。该规则第 15 条对证据保全作出了非常具体的规定。该条第 1 款规定:"由于特殊情况,从司法利益角度考虑,一方当事人预备提供的证人证词需要先行采证并保存至审判中使用时,法庭可以根据该当事人的申请和对有关当事人的通知,命令对此类证人的证词采证,命令将有关书籍、纸张、文件、记录、录音或其他不属于特权保密范围的材料展示。"

法国在 20 世纪 90 年代以前,只有检察官有权要求预审法官收集证据。在 90 年代初期,这一权利扩大到其他诉讼参与人,特别是被追诉方。1993 年 1 月 4 日第 93-2 号法律规定:"各诉讼方可以在侦查过程中向预审法官提出书面和附理由的请求,要求法官听取对他的陈述或对他进行讯问或听取证人的陈述,进行对质或改变管辖,或者责令任何一方提供某项有助侦查的材料。"②

德国对被追诉方强制程序权的保护非常严密。《德国刑事诉讼法典》第 136 条"初次讯问"要求,侦查机关在第一次讯问犯罪嫌疑人时应当告知其可以申请法官收集对自己有利的证据。第 163 条 a 项和第 166 条对强制程序权作出了进一步规定。

在意大利,在初期侦查期间,公诉人和被调查人(即被追诉者)可以要求法官采用"附带证明"的方式进行调取证言、询问相关人员、进行司法鉴定或司法实验、进行辨认等活动,当然,要求法官进行这些活动是有条件限制的。例如,要求调取证言的条件是"如果根据具体的或特别的材料确有理由认为将出现以暴力、威胁、给予或者许诺给予钱款或其他好处等方式使某人不作证或作伪证的情况"(第 392 条第 1 款第 3 项)。③《意大利刑事诉讼法典》对附带证

---

① 陈永生:《论辩护方以强制程序取证的权利》,载《法商研究》2003 年第 1 期。
② 《法国刑事诉讼法典》,余叔通、谢朝华译,中国政法大学出版社 1997 年版,第 44 页。
③ 《意大利刑事诉讼法典》,黄风译,中国政法大学出版社 1994 年版,第 140 页。

明的适用条件、申请程序、法官对申请的决定、附带证明中紧急情况的处理、附带证明的实施、附带证明的效力等作出了全面的规定。

在日本,被追诉方的强制程序权被作为一项宪法权利加以规定。《日本宪法》第 37 条第 2 款规定:"刑事被告应充分予以对于一切证人询问之机会,并有用公费为自己要求强制手续求得证人之权利。"在日本刑事诉讼法中,被追诉方申请法官收集有利于本方的证据被称作证据保全请求权。《日本刑事诉讼法典》和《日本刑事诉讼规则》都对证据保全作出了具体规定。"如果不预先保全证据,犯罪嫌疑人、辩护人就很难利用某证据时,可以在审判前请求法官搜查、勘验及询问证人或实施鉴定措施。"(第 179 条第 1 款)"……法官接到请求后根据总则的规则实施搜查、勘验、询问证人和鉴定等措施。"①(同上条第 2 款)田口守一先生还指出,"实际上证据保全申请并未广泛利用(1989 年至 1993 年,平均每年申请证据保全的件数为 18 件)。从犯罪嫌疑人方面的积极性防御活动观点来看,应该更加积极地利用证据保全制度"②。

《瑞典诉讼法典》(The Swedish Code of Judicial Procedure)也对被追诉方以强制程序获取对本方有利的证据的权利作出了明确规定。③

(二)违法性后果平等

在侦查程序中,控辩双方实施妨害刑事诉讼行为的后果是否平等也是控辩双方之间是否平等的重要体现。被追诉者在刑事诉讼过程中为了逃避法律的惩罚或者追求其期望的裁判结果,有时会实施一些妨害刑事诉讼的行为,如逃匿、毁灭证据、阻止证人作证等。同样,权力天生具有扩张性、侵犯性的特征,其总有突破既定范围和界限的趋势。侦查权的扩张和滥用也会妨害刑事诉讼的正常进行。

---

① [日]田口守一:《刑事诉讼法》,刘迪、张凌、穆津译,法律出版社 2000 年版,第 96 页。
② [日]田口守一:《刑事诉讼法》,刘迪、张凌、穆津译,法律出版社 2000 年版,第 97 页。
③ 转引自陈永生:《论辩护方以强制程序取证的权利》,载《法商研究》2003 年第 1 期。

控辩平等原则要求对所有妨害刑事诉讼的行为人,包括被追诉者和侦查机关均给予法律制裁,使其平等地处于法律的规制之下。

在刑事诉讼中,无论是被追诉人还是侦查机关,只要实施了妨害刑事诉讼的行为都会受到法律的处罚,只不过基于两者实施妨害刑事诉讼行为的特点不同,而对其采取的处罚措施不一样。① 被追诉人如果有妨害刑事诉讼的危险或者实施了妨害刑事诉讼的行为时,侦查机关就会申请法院批准对其采取强制措施。侦查机关实施了妨害刑事诉讼的行为,则要承担违法的程序性后果。

从主要国家的立法和司法实践来看,通常有两种违法性后果承担制度:一是非法证据排除规则;二是诉讼行为无效制度。

1. 非法证据排除规则

非法证据排除规则起源于英美法系,其最初构想是:如果非法取得的证据不能在法庭上被接受,那么警察在这方面就没有必要以不适当方式取证,所以就抑制了警察的非法行为。因此,非法证据排除规则对于规范和制约侦查权的行使,保障犯罪嫌疑人的合法权利具有重要意义。

在美国,证据禁止动议(motion to suppress)是被告人经常使用的一项非常重要的审前动议(pretrial motion)。证据禁止动议的目的是要求法官禁止控方使用不具备可采性的证据。在辩护方提出证据禁止的动议之后,法庭应当组织排除证据听证程序(suppression hearing)。在听证过程中,辩护方可以基于美国宪法第四或者第五修正案及其相关判例,主张控方的证据系非法所得,从而要求法庭禁止控方将这些证据材料在正式的法庭审判过程中作为指控被告人的证据,而控方也可以进行有针对性的反驳;控辩双方都可以传唤证人出庭作证,或者出示相关的证据,对是否排除证

---

① 有学者认为,对二者采取的处罚措施不一样,是因为"被追诉人实施妨害刑事诉讼的行为在刑事诉讼中是一种常态,出现的频率很高,因而刑事诉讼法专门设置了一项制度——强制措施制度来对其作出详细规定。而侦查机关实施妨害刑事诉讼行为在刑事诉讼中并非一种常态,在司法实践中出现的频率相对较低,因而《刑事诉讼法》没有设置一项专门的制度,而是通过其他制度,如诉讼行为无效制度、非法证据排除规则等来对其进行制裁"。参见陈永生:《侦查程序原理论》,中国人民公安大学出版社2003年版,第306页。

据展开辩论。听证程序结束之后,法庭一般应当根据听证的结果,作出是否排除非法证据的裁决。法庭对证据禁止动议所作出的裁决在以后的正式审判程序中发生法律效力。对于法庭的裁决,如果控辩双方不服,则可以向上一级法院提出上诉。

在英国,在法庭审理过程中,当控辩双方对被告人供述的可采性存在争议时,法庭常常运用审判之中的审判程序加以解决。此外,根据1996年《英国刑事诉讼和侦查法》第31条(3)(a)以及第40条(1)(a)的规定,法官也可以在预审阶段或者审前听证程序中对非法证据是否加以排除问题作出裁定。

2. 诉讼行为无效制度

诉讼行为无效制度起源于大陆法系。一般认为,所谓诉讼行为无效,是指诉讼行为严重违反法定的程序和规则,法律规定其不得产生预期的法律效力。《法国刑事诉讼法典》将无效分为"法律条文明文规定无效"和法律明文规定的无效情形之外的"实质性无效","只要法律规定如不遵守某项手续即'以无效论处时',有些缺陷的预审行为(文书)即告无效。例如,1993年以前,《法国刑事诉讼法典》第30条第2款、第59条第3款、第78条最后1款以及第393条第4款的规定即属此种情形"。① 现行《法国刑事诉讼法典》对搜查、扣押、鉴定、技术侦查措施等的程序进行了详细规定,并规定这些手续和程序应当被遵守,否则无效。除此之外,第393条第4款还对共和国检察官不按照规定的手续运用立即出庭程序的情形进行制裁:"有关办理此种手续之事由,应在笔录中记明,否则程序无效。"关于实质性无效,法国最高法院的判例承认:某些手续应当视为"实质性手续",如不遵守这些手续将引起行为(文书)无效。"后来,这方面发生的演变逐步使最高法院将有关尊重辩护权所必需的所有形式都看成是'实质性手续',并且可以撤销损害这些权利的所有预审活动,即使这些活动看起来并不违反某一条文的规

---

① [法]卡斯东·斯特法尼等:《法国刑事诉讼法精义》(下册),罗结珍译,中国政法大学出版社1998年版,第661页。

定,只要'与法律的一般原则有抵触',均属撤销之列。"①最高法院的判例曾撤销了由警察分局局长在受委托查案中采取不当手段取得的证词。此外,法国刑事诉讼法还就提出无效的主体、向谁提起无效、有关无效事宜何时提出以及无效的效果、除无效以外的其他制裁等作出了具体规定。②

《意大利刑事诉讼法典》根据无效行为的违法程度,把无效分为绝对无效和相对无效。绝对无效规定在第178条和第179条中,这种无效主要包括三种情况:一是第178条第1款(1)项规定的无效情况;二是因公诉人在提起诉讼中的行为而造成的无效情况;三是因传唤被告人或者未让必须在场的辩护人在场而引起的无效。绝对无效情况是不可补救的,并且当然地可在诉讼的任何阶段和审级中提出。此外,第179条第2款还规定"由法律条款专门列举的无效情况也是不可补救的,并且当然地可在诉讼的任何阶段和审级中指出"。相对无效,是指除了第178条和第179条规定的情况外的根据当事人的抗辩而宣告无效的情形。相对无效须在法定的期限内提出,并且可以补救。③《意大利刑事诉讼法典》对辨认、羁押、羁押以外的强制措施以及侦查的期限等作了严格的限制并规定了违反法定程序的无效后果。④

我国《澳门特别行政区刑事诉讼法典》中也规定了诉讼行为无效制度,其将诉讼行为的无效划分为不可补正之无效、取决于争辩之无效和不当情势或不规则。不可补正之无效又称为绝对无效,是指有权机关可在诉讼程序的任何阶段依职权宣告的无效;取决于争辩之无效是指应由利害关系人提出争辩的无效;不当情势或不规则是指形式上与刑事诉讼法的规定不相符,但法律没有明文规定应作

---

① [法]卡斯东·斯特法尼等:《法国刑事诉讼法精义》(下册),罗结珍译,中国政法大学出版社1998年版,第662页。
② [法]卡斯东·斯特法尼等:《法国刑事诉讼法精义》(下册),罗结珍译,中国政法大学出版社1998年版,第663—672页。
③ 《意大利刑事诉讼法典》,黄风译,中国政法大学出版社1994年版,第63—64页。
④ 《意大利刑事诉讼法典》,黄风译,中国政法大学出版社1994年版,第三编"证据"和第四编"防范措施"。

为无效处理的情形。①《澳门特别行政区刑事诉讼法典》对讯问犯罪嫌疑人、询问证人、搜查、扣押以及技术侦查措施、拘留、羁押的程序和侦查的限度等作出了详细的规定。例如第 241 条规定,拘留状必须一式三份,并载明法定的内容,否则无效。

非法证据排除规则和诉讼行为无效制度都是程序性制裁措施,二者在适用范围、价值取向等方面有所不同。从适用范围上看,与非法证据排除规则主要控制侦查机关的行为相比,诉讼行为无效制度的适用范围更广,不仅能够对侦查机关收集证据的行为进行约束,也能够就其收集证据以外的行为进行制约;不仅能够制约侦查机关的行为,也能制约诉讼参与人以及法官的行为。因而,两大法系在这两项程序性制裁制度上一直存在相互借鉴、相互融合的趋势。许多英美法系国家根据本国实际情况在传统的非法证据排除规则基础上借鉴大陆法系诉讼行为无效制度的合理因素,规定不仅采取非法手段获取的证据无效,其他诉讼行为也可能因为违反法律的规定而无效。同样,大陆法系许多国家也借鉴英美法系的做法逐渐确立了非法证据排除规则,如《德国刑事诉讼法典》第 136 条"禁止的讯问方法"、《意大利刑事诉讼法典》第 191 条"非法获取的证据"以及《澳门特别行政区刑事诉讼法典》第 113 条"在证据上禁用之方法"都对非法证据排除规则作出了规定。② 日本从 1978 年(昭和 53 年)开始采用非法收集证据排除规则。用非法程序收集的证据没有证明力。"从此有关证明能力问题的认识发生了重大的价值转变:从以发现事实真相为中心的证明能力问题,转换为以正当程序为中心的证据能力问题。这种转换与刑事诉讼的基本目的的变迁有密切的关系。"③在法国,"刑事诉讼中的自由也包含某些限制。尽管查明事实真相是刑事诉讼的根本目标,但却不能为查明事实真相而采取任何手段(方法)。就司法的尊严及其应当得到的尊重而言,最为重要的是,不可为了寻找证据而采用任何有损于文明之基

---

① 陈永生:《侦查程序原理论》,中国人民公安大学出版社 2003 年版,第 485 页。
② 陈永生:《侦查程序原理论》,中国人民公安大学出版社 2003 年版,第 449 页。
③ [日]田口守一:《刑事诉讼法》,刘迪、张凌、穆津译,法律出版社 2000 年版,第 96 页。

本价值的手段"。法院判例在原则上对警察或司法官"使用不正当手段要进行惩处""对于那些以非法方式取得的证据材料,最高法院各法庭都认定应排除在法庭辩论之外"。①

(三)侦查权之控制

前已述及,侦查权作为公权力的一种,具有权力的各种特征,最突出的就是强制性、扩张性、侵犯性以及腐蚀性。侦查权在行使的过程中具有无限扩张的趋势,当其扩张到突破其原有界限和范围时,就会发生异化,使权力的行使结果与权力设计初衷相违背,最后不但没有达到追究犯罪的目的,而且极有可能不法侵犯公民的合法权益。此外,随着科学技术的进步,犯罪手段越来越多样化,刑事案件越来越复杂,为了有效追究犯罪,各国都从立法上赋予了侦查机关越来越多的权力。权力所及地方就是公民权利容易受到侵犯的地方,侦查权的扩大使得公民合法权利受到非法侵害的危险加大。因此,在加强侦查机关侦查能力的同时必须对其行为加以严格规范和制约,确保其在法定的范围内遵循法定的程序活动。加之辩护方与侦查机关的力量先天就存在巨大差距,如果不对侦查机关的权力加以严格规范和限制,侦查权就极可能渗入到被追诉人合法权益的领域中,由此会使控辩之间力量差距更大。所以,在侦查程序中控辩双方能否实现平等的条件之一就是能否有效规范和制约侦查权力的行使。从主要国家的立法和实践看,主要从以下几个方面来规范侦查机关的权力。

1. 侦查权之控制原则

用克劳思·罗科信的话说,"一个国家的内部秩序常显示在其如何规范冲突的情况:例如专制国家在错误的认知下,即国家与人民是对立的,常会过分强调国家的利益,以致倾向使用最可能使刑事诉讼顺利进行的措施。而在一个法治国家中,处理冲突的原则,并不定位在国家与人民对立的理论下,国家本身有义务达成两项目的,即一方面由刑事侦查来确保程序,另一方面则也要对人民的自

---

① [法]卡斯东·斯特法尼等:《法国刑事诉讼法精义》(下册),罗结珍译,中国政法大学出版社 1998 年版,第 43—44 页。

由加以保护"。① 从侦查程序的功用看,大多数侦查手段直接针对的都是公民个体,它的滥用必将直接侵犯到公民的合法权益。而且,侦查手段的强制力度越大,对公民权利的侵犯就越严重。因此,大多数国家的法律都对侦查手段的适用作出控制性规定,确保其"副作用"的最小化。

考察世界各国关于侦查程序中对侦查权的控制,主要有两项基本原则,即必要性原则和相称性原则。

(1)必要性原则

必要性原则要求侦查机关应尽可能采用对公民权利损害最小的手段。该原则要求有二。

其一,在选择是否采用强制性手段方面,应尽可能采用非强制性手段;只有在采取非强制性诉讼手段无法达到预期诉讼目标时,才可采用强制性诉讼手段。② 这在日本刑事诉讼法上被称为"任意侦查的原则与强制措施法定主义"。《日本刑事诉讼法》第 179 条第 1 款规定:"为了达到侦查目的,可以进行必要的调查。但是,如本法无特别规定时,不得实行强制措施。"强制措施只有在法定的情况下才能实施,这个原则就是强制措施法定主义。因为强制侦查只限制在法律规定的领域,因此应尽可能以任意侦查方式进行侦查,这就是任意侦查的原则。"在侦查中,任意侦查是原则,强制措施是例外。"③《意大利刑事诉讼法典》在很多条文中规定了这一原则,例如,在第四编(防范措施)第一章(人身防范措施)第一节一般规定中首先指出:只能根据本章的规定采用防范措施对人身自由加以限制(第 272 条),在法治比较完善的国家,犯罪嫌疑人被羁押并不是一种常态。英美法系国家立法都将有权适用保释作为被追诉人的一项基本人权加以规定。联合国《公民权利与政治权利国际公约》第 9 条第 3 款规定:"……等候审判的人被监禁不应作为一般规则……"

---

① [德]克劳思·罗科信:《刑事诉讼法》,吴丽琪译,法律出版社 2003 年版,第 281 页。
② 陈永生:《侦查程序原理论》,中国人民公安大学出版社 2003 年版,第 150 页。
③ [日]田口守一:《刑事诉讼法》,刘迪、张凌、穆津译,法律出版社 2000 年版,第 28 页。

也是这个原则的体现。①

其二,在必须采用强制性侦查手段时,应尽可能选择强制力度较小的手段。只有在采取强制力度较小的手段不能达到侦查目的时,才能采用强制力度较大的手段。例如,羁押对有效的刑事司法而言,在许多情形下是不可或缺的,但羁押又是对个人自由影响最严重、最深远的侵害。德国宪法上规定以适当原则将羁押的范围及限度定在最必要的情形下。②《澳门特别行政区刑事诉讼法典》第178条也规定,"仅当其他强制措施明显不适当或不足够时,方得采用羁押措施"。《意大利刑事诉讼法典》第275条第2款规定:"只有当其他防范措施均不宜采用时,才能决定实行预防性羁押。"③

(2)相称性原则

相称性原则要求侦查机关在诉讼过程中采取的任何手段所造成的对公民的损害不得大于该手段所能保护的国家和社会公益。④如《意大利刑事诉讼法典》第275条就对此进行了规定:"1.在决定适用防范措施时,法官应当根据在具体情况中需满足的预防需要、防范措施的性质和强度选择适宜的措施。2.一切防范措施均应当同行为的严重性以及可能被科处的刑罚相对称。"《澳门特别行政区刑事诉讼法典》第178条也规定了"适当及适度原则"。例如,对于羁押这种强制力度最大的强制措施来说,几乎所有国家都非常明确地规定了羁押的对象必须是实施了重大犯罪或者可能被判刑罚较重的人。德国刑事诉讼法也把羁押对象限制在一些严重的犯罪上,如谋杀罪、特别严重的纵火罪、暴力组织犯罪等"重大的犯罪行为"。⑤

2.强制性侦查措施控制

刑事诉讼法上的强制措施均是对基本权利的侵犯,例如逮捕、

---

① 《意大利刑事诉讼法典》,黄风译,中国政法大学出版社1994年版,第93—101页。
② [德]克劳思·罗科信:《刑事诉讼法》,吴丽琪译,法律出版社2003年版,第281页。
③ 《意大利刑事诉讼法典》,黄风译,中国政法大学出版社1994年版,第94页。
④ 陈永生:《侦查程序原理论》,中国人民公安大学出版社2003年版,第151页。
⑤ [德]克劳思·罗科信:《刑事诉讼法》,吴丽琪译,法律出版社2003年版,第281页。

羁押、人身搜索、照相及暂时性扣押驾照等,是对公民人格自由权的侵犯;抽验血液、脑波测验等,是对生理不得侵犯之权利的侵犯;扣押是对财产权的侵犯;对住宅、处所进行搜索是对住宅权的侵犯,等等。① 因此,需要对强制性侦查措施作出严格的限制,防止其对公民基本权利造成不必要的侵害。从世界各国来看,主要从以下几个方面对强制性侦查措施进行控制。

(1) 适用条件上的控制

包括适用对象、适用的必要性以及适用条件

各国一般都对强制措施的适用对象作出了明确的规定。如《意大利刑事诉讼法典》第 280 条适用强制措施的条件中规定:"除第 391 条规定的情况外,只有当诉讼所针对的是依法应判处无期徒刑或三年以上有期徒刑的犯罪,才能适用本节规定的各项规定。"② 许多国家规定,只有在实施非强制性措施达不到预期目的时才能适用强制措施。如日本规定根据逮捕证逮捕的第二个要件是,"逮捕的必要性"(第 199 条第 2 款但书),"即使有逮捕的理由,如果根据犯罪嫌疑人的年龄、境遇、犯罪的轻重及状态等各种情况,判断犯罪嫌疑人没有可能逃跑或销毁证据时,驳回逮捕证请求"(第 143 条之 3)。"一定轻微罪行可逮捕的情况,仅限在犯罪嫌疑人居所不定或无法接到侦查机关的传唤到案要求之时(第 198 条第 1 款、第 199 条但书)。应该比较犯罪的轻重与羁押自由所遭受的不利,轻型犯罪,只有在具有充分必要的时候才能逮捕。"③ 此外,在强制措施适用的条件上,许多国家还规定了必要的证明标准。例如《意大利刑事诉讼法典》第 274 条(需要采用防范措施的情况)第 1 款(3)规定:"根据犯罪的具体方式和情节以及被告人的人格,有理由认为被告人将使用武器、其他施加人身暴力的手段或者旨在侵犯宪制秩序的手段施加严重的犯罪,或者实施有组织犯罪或与被追究的犯罪相

---

① [德]克劳思·罗科信:《刑事诉讼法》,吴丽琪译,法律出版社 2003 年版,第 273 页。
② 《意大利刑事诉讼法典》,黄风译,中国政法大学出版社 1994 年版,第 94 页。
③ [日]田口守一:《刑事诉讼法》,刘迪、张凌、穆津译,法律出版社 2000 年版,第 48 页。

同的犯罪。"①在美国,通常情况下,只有在有合理的根据(Reasonable basis)时,警察才能实施"拦截和搜身";只有在有合理的理由(Probable cause)时,警察才能实施无证逮捕、搜查和扣押等措施。②《日本刑事诉讼法》中的逮捕理由是指"有相当的理由足以怀疑犯罪嫌疑人犯罪",即有相当的嫌疑性。请求逮捕证时,必须提供表示逮捕理由的资料(第143条)。③

(2)适用程序上的控制

首先,各国一般都规定在采用强制措施之前必须经过特定机关的批准。在日本,对犯罪嫌疑人执行逮捕之前,必须请求法官签发逮捕证。逮捕犯罪嫌疑人的检察官因不能向犯罪嫌疑人出示逮捕证而又紧急需要时,应在告知犯罪嫌疑人嫌疑事实及即将发出令状这一内容后,予以逮捕。但是,必须尽快向犯罪嫌疑人出示令状(第201条第2款、第73条第3款)。④《德国刑事诉讼法典》第81条规定,无论是对被指控人还是对一非指控人身体的检查和抽取血样,都必须取得法官的命令。对于搜查、查封、扣押以及秘密侦查手段,许多国家法律也都规定必须由法官作出决定,除非遇有紧急情形或延误会有危险时才能由检察官或警察作出决定,但事后必须尽快补办法定的手续。如《德国刑事诉讼法典》第105条规定,搜查必须由法官作出决定,只有在延误有危险时才可以由检察院或警察作出决定。其次,各国还对强制措施在适用过程中的程序作出了规定。例如,《意大利刑事诉讼法典》第24.5条(人身检查)(1)规定:"在进行人身检查以前,应当告知当事人有权让他所信任的人参加检查,只要该人可以迅速找到并且根据第120条的规定是适宜的。"《日本刑事诉讼法典》规定,搜查、查封时必须向被处分者出示搜查证、查

---

① 《意大利刑事诉讼法典》,黄风译,中国政法大学出版社1994年版,第93页。
② 陈永生:《侦查程序原理论》,中国人民公安大学出版社2003年版,第308页。
③ [日]田口守一:《刑事诉讼法》,刘迪、张凌、穆津译,法律出版社2000年版,第48页。
④ [日]田口守一:《刑事诉讼法》,刘迪、张凌、穆津译,法律出版社2000年版,第50页。

封证。扣押时须做成扣押目录交给所有者。①

3. 任意性侦查手段控制

与强制性侦查手段相比,虽然任意性侦查手段对公民合法权益的侵犯较小,但是这种侵害毕竟也是有可能存在的,因此,许多国家也对这类侦查手段从立法上作出了严格的规范。如《澳门特别行政区刑事诉讼法典》第 93 条规定:"讯问犯罪嫌疑人不得在零时与六时之间进行,否则无效,但在拘留后随即作出之讯问除外。"对于询问证人,《澳门特别行政区刑事诉讼法典》第 121 条规定,对因血亲或姻亲关系而享有拒证权的人进行询问之前,应告知其有权拒绝作证,否则所作证言无效。法国刑事诉讼法对于讯问受审查人、听取证人证言和听取民事当事人陈述分别规定了不同的手续和程序。例如,在听取证人证言时,规定听取证人证言应当分别进行,并且受到指控的人不得在场,凡是包含证人证言的每一页笔录,均应当书写,不得在笔录中加行加字,所有加字处都要签字等。对于讯问受审查人,法国刑事诉讼法规定得非常详细,按照是第一次讯问受审查人还是此后对其进行讯问或令其对质,有关的规定也有所不同。例如,第一次到案讯问时,如果受到审查的人没有提出要求律师协助,预审法官应通知受审查人有权选任律师或者有权要求依职权为其指定一名律师。如受审查人已经在押,预审法官应通知受审查人;只有在受审查人同意的情况下,才能立即对其进行讯问;只有其律师在场时,才能征求受审查人是否同意。这一通知应当记入笔录。②《意大利刑事诉讼法典》对询问当事人、对质、辨认、司法实验、鉴定、调取文书、勘验等任意性侦查手段都作出了程序上的规定。例如,进行鉴定时,规定了在存在自动回避理由时,鉴定人有义务自动回避;在第 36 条规定的情况下,当事人可以要求鉴定人回避,但该条第 1 款 8 规定的情况除外。③

---

① [日]田口守一:《刑事诉讼法》,刘迪、张凌、穆津译,法律出版社 2000 年版,第 65 页。

② [法]卡斯东·斯特法尼等:《法国刑事诉讼法精义》(下册),罗结珍译,中国政法大学出版社 1998 年版,第 566—567 页。

③ 《意大利刑事诉讼法典》,黄风译,中国政法大学出版社 1994 年版,第 77 页。

(四)侦查权之监督

从法治发达国家的立法和实践来看,一般都建立了严密的监控体系来监督侦查权的行使,从赋予公民个人广泛的救济权到由特定机关特别是法院对侦查权进行层层复查,由此使得侦查权的行使从启动到结束都处于严密的监督之下。

1. 被追诉人监督

许多国家都赋予了公民充分的监督救济权,由被追诉人对侦查权的行使直接进行监督。对此,赫尔曼先生指出:"按照当今的德国法学思想,对于国家权力,必须进行划分和限制。同时,对于公民,必须给予他可以要求法院审查的权利;以这种双重方式使公民不仅在国家权力的强制性措施前得到保护,而且还在任何的,也就是说包括国家权力对其权利的非强制性侵犯面前得到保护。"① 因此,各国法律一般赋予公民在其权利受到侦查权的不法侵害时有请求法院给予救济的权利。此实质即为对侦查权的监督。一般来说,公民的救济途径主要有以下几种。

(1)上诉复查

上诉复查是指应利害关系人②的申请,由法院对侦查机关的行为或决定进行的事后审查。在英美国家,被追诉方申请法官对侦查机关的行为进行审查的方式主要有三种:一是申请人身保护令;二是对保释提起上诉;三是申请排除非法证据。③ 人身保护令是刑事诉讼中被非法剥夺个人自由的被追诉人以及罪犯的一项重要的救济手段。在英国,侦查程序中,如果犯罪嫌疑人认为警察和治安法官对其采取的羁押措施是非法的,他就有权向高等法院申请人身保护令。高等法院接受申请以后,将举行由控辩双方同时参加的法庭审判,在辩论的基础上对羁押是否合法作出裁决。在美国,人身保护令是保护公民的一项重要制度。而且,中止人身保护令受到严格的限制。只要被追诉人或罪犯断言他们在联邦宪法上的权利受到

---

① [德]约阿希姆·赫尔曼:《德国刑事诉讼法典》,李昌珂译,中国政法大学出版社1995年版,第6页。
② 也包括检察机关。
③ 陈永生:《侦查程序原理论》,中国人民公安大学出版社2003年版,第360页。

了侵犯,而州法院没能给他们以有效手段寻求实现这种权利,联邦法院就有权进行人身保护令审查。在菲伊诉诺伊案①中,沃伦法官代表最高法院进一步指出,即使州法院的救济途径尚未完全用尽,被追诉人也可以通过人身保护令申请诉诸联邦法院。在英国,如果治安法官不批准被追诉人的保释申请,被追诉人可以向刑事法院或高等法院法官申请保释。在美国,对警察和法官的拒绝保释裁定,被追诉人有权向上诉法院提起上诉。如果拒绝保释裁定是由治安法官作出的,或者不是由对本案有初审权的法院或联邦上诉法院作出的,被追诉人就可以向对本案有初审权的法院申请释放或变更释放条件。此外,被追诉人还可以通过申请法院排除控方非法取得的证据来监督侦查机关的侦查行为。在英国"答辩和指导的听审"的审前程序中,辩方可以要求法院对控方取得的非法证据予以排除。②美国与英国一样,辩护方在审前阶段就可以申请法院认定控方的证据是非法的而予以排除。

在大陆法系,被追诉方可以通过"上诉""抗告"的方式申请法院对侦查行为进行审查。在法国刑事诉讼中,公民可以对侦查机关拒绝受理案件的决定、司法管制义务的变更、羁押的决定、查封的有关决定、鉴定的有关决定、拒绝进行证据保全的决定、对证人的处罚、取得民事当事人地位的决定、终止侦查的决定等提出上诉。③ 在德国,检察官或利害关系人可通过"抗告"和"申请对羁押进行复查"的形式要求法院对侦查行为的合法性进行审查。抗告,是指不服法院裁定及审判长的处分、侦查程序中法官所作出的处分而被提起。对有关拘捕、暂时性的收容观察、暂时的职业禁止,或对秩序罚、强制罚之种类之确定所为之裁判,可以提起抗告。④ 在意大利,

---

① Fay v. Noia,374,U. S. 391;1963. 转引自陈永生:《侦查程序原理论》,中国人民公安大学出版社 2003 年版,第 364 页。
② 中国政法大学刑事法律研究中心:《英国刑事诉讼制度的新发展》,载陈光中、江伟主编:《诉讼法论丛》(第 2 卷),法律出版社 1998 年版,第 352 页。
③ [法]卡斯东·斯特法尼等:《法国刑事诉讼法精义》(下册),罗结珍译,中国政法大学出版社 1998 年版,第 691—698 页。
④ [德]克劳思·罗科信:《刑事诉讼法》,吴丽琪译,法律出版社 2003 年版,第 535—536 页。

检察院或利害关系人可以对"可被宣告无效的行为""人身防范措施"以及"对物的防范措施"提起上诉。如《意大利刑事诉讼法典》第 309 条第 1 款规定："自执行或送达有关决定之时起的 10 日内,被告人可以要求对决定适用某一强制措施的裁定进行复查,除非上述裁定是在公诉人上诉后发布的。"在日本,被追诉人可以通过抗告的形式请求对侦查行为进行复查。例如,检察官或利害关系人对侦查阶段法官的裁判(如关于羁押、保释、扣押或返还扣押物的裁判;为鉴定而命令留置的裁判;对证人、鉴定人、口译人或笔译人命令罚援或者赔偿费用的裁判;对接受身体检查的人命令罚援或者赔偿费用的裁判)或检察官、检察事务官、司法警察职员所作的处分(包括关于侦查机关对辩护人或与被疑人接见或者接受物品的日时、场所及时间的指定;关于扣押或返还扣押物的处分)可以提出"准抗告"。

(2) 申诉复查

对于一些重要的侦查行为,在法院应利害关系人的申请对其进行复查后,检察机关或诉讼参与人,特别是被追诉人对法院作出的决定不服,进一步向上级法院提出申诉,由上级法院,甚至是最高法院应该对该决定进行再次审查。在美国,被追诉人具有充分的救济途径。被追诉人在用尽州法院救济途径后(即向州地区法院、州上诉法院、州最高法院提起申请,但都被拒绝),有权向联邦地区法院申请人身保护令,联邦地区法院拒绝人身保护令请求的,其还可以向联邦上诉法院提起上诉,如果联邦上诉法院也拒绝了被追诉人的请求,其最后还可以上诉到联邦最高法院。在法国,"所有具有司法裁判刑的决定,不论是由预审法庭作出,还是由审判法庭作出……原则上都允许向最高法院提出上诉"①。在德国,申诉复查是通过"再抗告"的形式进行的。"再抗告"即是对抗告法院的裁判不服时所提起的法律救济。"再抗告"只有例外时才得提起,即对地方法院及联邦高等法院就拘捕及暂时的收容观察所为之裁定不服时,才

---

① [法]卡斯东·斯特法尼等:《法国刑事诉讼法精义》(下册),罗结珍译,中国政法大学出版社 1998 年版,第 841 页。

能提起。① 根据《意大利刑事诉讼法典》的规定,检察院或利害关系人对"可被宣告无效的行为""人身防范措施"以及"对物的防范措施"提起上诉后法院作出的裁决不服的,有权进一步向最高法院提起上诉。② 在日本,检察机关或利害关系人对抗告或准抗告法院作出的决定或命令不服,可以以《刑事诉讼法》第405条③规定的事由为理由,向最高法院提出"特别抗告"。④

(3) 人权申诉复查制度

在有些国家对一些严重侵犯公民权利或自由的行为,根据其国内法或所参加的国际条约的规定,允许当事人在诉讼内的救济途径用尽之后,进一步向国内特定的人权法院,甚至国际人权法院提出申诉,由受诉法院从保障人权的角度对侦查机关的行为进行审查。⑤ 例如,在德国,任何声称自己的宪法权利遭到国家机关侵犯的公民都有权在用尽其他救济手段后,向宪法法院提出申诉。此外,有些国际公约规定,成员国的公民在用尽了本国的救济手段后,进一步向公约所规定的人权机构提出申诉,由该人权机构进行审查,并作出对成员国政府有约束力的裁决的一种制度。例如《欧洲人权公约》和《美洲人权公约》。

2. 司法权监督

侦查权直接侵犯的是公民个人的权利,而以司法权这种国家公权力来监控侦查权的行使对于保护公民个人权利具有非常重要的意义。所以,除了赋予公民广泛的救济权来监控侦查权的行使,各国都还普遍通过司法机构对侦查行为进行司法审查来监控侦查权

---

① [德]克劳思·罗科信:《刑事诉讼法》,吴丽琪译,法律出版社2003年版,第538—539页。

② 详见《意大利刑事诉讼法典》第606、309、310、325条的规定。

③ 《日本刑事诉讼法》第405条(准许上告的判决和申请上告的理由):"对高等法院作出的第一审或第二审的判决,可以以下列事由为理由,提出上告申请:一、违反宪法或对宪法的解释有错误的;二、作出与最高法院的判例相反的判断的;三、在没有最高法院的判例时,作出与大审院或作为上高法院的高等法院的判例或者本法实施后作为抗诉法院的高等法院的判例相反的判断的。"

④ [日]田口守一:《刑事诉讼法》,刘迪、张凌、穆津译,法律出版社2000年版,第319页。

⑤ 陈永生:《侦查程序原理论》,中国人民公安大学出版社2003年版,第376页。

的行使。其一,强制性侦查手段一般都要取得法官的批准后才能采用。例如,对于羁押,各国几乎都规定由法官来决定是否羁押、是否延长羁押期限以及是否解除羁押措施。其二,法官还对侦查行为进行事后的审查,包括依职权复查、上诉复查、审判复查以及人权申诉复查等。依职权复查主要是对少数严厉限制或剥夺被追诉人权利和自由的行为,侦查机关在实施后依职权申请法院或由法院主动进行审查。在英美法系,主要是由侦查机关主动申请法院复查,而在大陆法系,主要是由法院依职权主动对侦查行为进行复查。应当依职权复查的侦查措施主要有逮捕、羁押和无证实施的强制性诉讼措施。例如,在德国,由法院对羁押主动进行复查的就有两种:一是在羁押3个月后的复查。《德国刑事诉讼法》第117条第5款规定,在待审羁押执行3个月后,如果被指控人没有辩护人,并且被指控人在这期间既未申请复查,也未对羁押提起抗告,法院应当依职权进行复查。二是在羁押6个月后的复查。《德国刑事诉讼法》第122条规定在待审羁押超过6个月时,如果法院认为有必要或检察院要求继续羁押,管辖案件的法院应通过检察院将案卷移送州高级法院审查。① 此外,法院在审判阶段也可以对侦查机关调查取证的行为进行附带审查,这主要是通过将侦查机关非法获得的证据予以排除来实现的。关于上诉复查和人权申诉复查,在"被追诉人监督"一节已作过介绍,这里从略。

3. 代议机构等监督

各国还都普遍规定代议机关有权对侦查权进行监控。而且,在一些国家,检察机关也有权对警察的侦查活动进行监控。例如法国2000年6月5日通过的《关于加强保障无罪推定和被害人权利的法律》规定,国民议会议员和参议员可以随时访问拘留所,并且可以访问监狱、现行羁押中心以及外国人留置等待中心。该法还规定,共和国检察官在其认为有必要时也可以随时访问拘留所,每季度至少访问一次,检察官的访问应在记录簿上写明。检察官也应定期访

---

① 陈永生:《侦查程序原理》,中国人民公安大学出版社2003年版,第358页。

问先行羁押中心和外国人留置等待区,但每季度通常只能访问一次。①

(五)侦查机关义务承担

让侦查机关承担较多的诉讼义务,将有罪的证明责任让控方承担,提高控方的诉讼证明标准,是平衡控辩双方之间力量、缩小二者之间差距的重要途径,更是实现控辩双方实质平等的要求。

1. 客观与诉讼关照义务

在侦查程序中,各国一般都规定,侦查机关不仅承担着追究犯罪、指控犯罪的责任,还承担着维护社会公正的责任。基于此,侦查机关在侦查活动中不仅要注意收集不利于被追诉人的事实和证据,也要注意收集有利于被追诉人的事实和证据。而且,在诉讼活动中,要注意保护被追诉人的权利,甚至在有些时候要协助被追诉人实现其合法权利。通过赋予侦查方客观与诉讼关照义务,使得被追诉人在某种程度上也能够享受到国家的资源,利用侦查机关取得的对其有利的事实和证据展开防御,这对实现控辩双方之间的平等无疑具有积极作用。

侦控方负有客观与诉讼关照义务,在很多国家的立法上都得到了确认。德国刑事诉讼法上的检察机关并非"当事人"(非 Partei,即立场要中立)。"其并非只单方面地对被告之不利部分收集资料",其尚需"对被告之有利之情况加以调查"(《德国刑事诉讼法》第 160 条第 2 项);若非如此,"则有违其对真实性及公正性之义务"。② 在日本,"侦查机关有义务侦查对犯罪嫌疑人的有利事实……"。③ 在法国,"依现行规定,在侦查阶段则须同时兼顾两项事——收集可证明被告有罪和无罪之资料……"。④ 比利时刑事诉讼

---

① 陈永生:《侦查程序原理论》,中国人民公安大学出版社 2003 年版,第 309—310 页。

② [德]克劳思·罗科信:《刑事诉讼法》,吴丽琪译,法律出版社 2003 年版,第 66 页。

③ [日]田口守一:《刑事诉讼法》,刘迪、张凌、穆津译,法律出版社 2000 年版,第 90 页。

④ 林钰雄:《检察官论》,台北,学林文化事业有限公司 1999 年版,第 36 页。转引自陈永生:《侦查程序原理论》,中国人民公安大学出版社 2003 年版,第 106 页。

法也奉行这一原则,法律要求在预审阶段,警察、检察官和预审法官有义务收集有利于和不利于犯罪嫌疑人的证据。此外,丹麦、希腊、荷兰等大陆法系国家也都确立了这一原则。①

20世纪中期以来,英美法系国家对对抗制模式下侦查机关的过分当事人化所造成的控辩双方力量实质上的不平等进行了反思,开始强调侦查机关在履行控诉职能时要以客观事实为依据,兼顾被追诉者的实体利益和程序权利。在美国,"因为检察官代表州,而且因为州考虑获得公正(反对单单赢取案件),所以现代的检察官不是简单地得到尽可能多的宣告有罪,而是被要求寻求公正"。② 美国《联邦刑事诉讼规则》第16条规定,控诉方不仅有义务展示不利于被追诉者的证据,而且有义务展示有利于被追诉者的证据。而展示是以收集为前提的。由此可见,美国侦查机关也承担着收集有利于和不利于犯罪嫌疑人的两方面证据的义务。③ 在英国,负责调查犯罪案件的警察有义务将其在调查过程中收集和制作的全部材料进行记录和保存,侦查机关在之后的"初次展示"和"第二次展示"中不仅有义务展示其准备在法庭上使用的有利于控方的相关材料,而且有义务展示其不准备使用而可能有利于辩方的相关材料。④ 联合国《关于检察官作用的准则》第13条也规定检察官在履行职责时应不偏不倚,并注意到一切有关的情况,无论是对嫌疑犯有利还是不利。

虽然从许多国家的实践来看,侦查机关往往更倾向于收集犯罪嫌疑人有罪和罪重的证据,但是,通过规定其负有客观与诉讼关照义务,至少在立法上起到了一种宣示的作用,这对于约束侦查机关的侦查行为、保护被追诉人的权利,无疑具有重要意义。

---

① 汪建成、黄伟明:《欧盟成员国刑事诉讼概论》,中国人民大学出版社2000年版,第一、二、六、十章。
② [美]斯黛丽等:《美国刑事法院诉讼程序》,陈卫东、徐美君译,中国人民大学出版社2002年版,第61页。
③ 陈永生:《侦查程序原理论》,中国人民公安大学出版社2003年版,第107页。
④ 中国政法大学刑事法律研究中心:《英国刑事诉讼制度的新发展》,载陈光中、江伟主编:《诉讼法论丛》(第2卷),法律出版社1998年版,第374—377页。

2. 证明责任承担

"谁主张,谁举证"是古罗马传统的举证责任分配规则。但是,刑事诉讼中的双方当事人具有特殊性,原告是代表国家的控诉方,被告人是只具有普通公民身份的被追诉人——控辩双方之间明显处于不平衡的地位,被追诉人与强大的公诉方相比处于明显的弱势地位,表现在收集证据的能力上,辩护方所掌握和可利用的资源的有限性,决定了其在证据的收集上永远无法与掌握着强大的公权力和丰富的资源的控诉方相比。① 因此,在刑事诉讼中不能遵循传统的"谁主张,谁举证"的规则,而应当由收集证据能力较强的控诉方承担被追诉人有罪的举证责任,在控诉方不能证明被追诉人有罪的情况下,就应推定被告人无罪,由控诉方承担不利的诉讼结果。刑事诉讼中由控诉方承担举证责任对于实现控辩平等具有实质上的意义。现代法治国家都规定证明被告人有罪的责任全部由控方承担,只有在法定的极少数情况下才由被控方承担相应的举证责任。②

3. 控方证明标准

虽然由于人的认识能力的有限性,对于过去发生的事情不能进行绝对准确的认识,但是,由于刑事诉讼直接涉及被追诉人的财产权、人身自由权甚至生命权等重大权利,因此,必须非常慎重地面对被追诉人的定罪问题。具体来说,如果要确定一个人实施了某种犯罪并决定对其施以刑罚,就必须要求证明其有罪的标准达到人类认识能力所能及的最高标准。现代各国几乎都要求侦查方对被追诉人的有罪证明达到最高程度。例如,在英美国家,证明标准按照从高到低分为九个等级,侦查机关对被追诉人有罪的证明必须达到排除合理怀疑的程度,即二级证明标准;民事诉讼的优势证据标准是四级证明标准;对法律规定必须由被追诉方承担举证责任的积极抗辩事实,只要被追诉方的证明达到使裁判者产生合理怀疑程度即

---

① 即使许多国家都赋予了辩护方广泛的与控诉方平等的调查取证权,但是在权利的实现能力和条件上,二者是永远不可能完全平等的。

② 一般来说,一部分控方难以证明甚至无法证明,而被告方易于证明的辩护事实由被告方承担举证责任。参见陈永生:《论刑事诉讼中控方承担举证责任之例外》,载《政法论坛》2001年第5期。

可,即七级证明标准,而侦查机关要推翻这一认定必须达到排除合理怀疑的程度,这种可能性的程度通常认为是 90% 以上。① 有学者进一步阐释说,"假如对某一积极的抗辩事实,被追诉方的证明只达到 40% 可能性的程度,而侦控机关的反证已经达到 60% 可能性的程度,虽然侦控机关证明其不存在的可能性的程度已远远超过辩护方证明的其存在的可能性的程度,但只要侦控机关的证明没有达到法律所要求的排除合理怀疑的程度,法院仍应认定被追诉方的辩护主张成立,而侦控机关对辩护的反证不成立"。②

大陆法系国家刑事证明标准一般是"内心确信"或"自由心证"。如《法国刑事诉讼法》第 353 条规定:"法律不问审判官员形成确信的理由……法律仅向审判官提出唯一的一个包括衡量他们全部职责的问题,你们具有内心确信吗?"在德国,"自由心证原则"是证据原则的一个重要组成部分,德国刑事诉讼法对于此原则有原文规定"对证据调查结果"——"即对事实之调查"——"法院乃就由全部审判过程所获得之确信决定之"(《德国刑事诉讼法》第 261 条)。其含义为,法院对特定的事实必须无疑义地认为其为真实。这样亲自获得的确信对形成有罪的判决而言有其必要性,并也已充分。当在有罪判决的相关问题上确实存有"合理之怀疑"时,就不能作有罪之判决。③

在日本,传统上,侦查方证明被追诉人有罪的证明标准必须达到"高度的盖然性"。后来日本在一个判例[最判昭和 48 年(1973 年)12 月 13 日判例时报第 725 号第 104 页]中指出,"以上述所说的'高度盖然性'必须达到不允许相反事实存在的程度,'证明构成犯罪的证明'必须达到这种程度才是可信的判断"。现在日本要求证明的程度必须是"无合理的怀疑"(beyond "reasonable doubt")。

---

① 《美国联邦刑事诉讼规则与证据规则》,卞建林译,中国政法大学出版社 1996 年版,第 22 页。[美]乔恩·R. 华尔兹:《刑事证据大全》,何家弘译,中国人民公安大学出版社 1993 年版,第 313 页。
② 陈永生:《侦查程序原理论》,中国人民公安大学出版社 2003 年版,第 316 页。
③ [德]克劳思·罗科信:《刑事诉讼法》,吴丽琪译,法律出版社 2003 年版,第 117—118 页。

"高度的盖然性"的标准是双重肯定的评价方法,"无合理怀疑"的证明标准是排除否定的评价方法。判例指出,在"达到不允许相反事实可能存在的程度上",这两种证明在程度上没有大的差异。①

(六)被追诉人权利保护

由于被指控人与代表国家进行指控的公诉方先天的力量差距太大,要实现二者之间的平等就必须赋予被指控者一系列的特权,并给予其特殊的保护。正如美国学者所言,"被告人的权利平衡了因为犯罪受嫌疑或指控的单个公民的权利和国家的强大权力。在许多方面,在被政府指控时,被告人比国家享有一定的优势以补偿公民相对缺乏的权利"②。具体来说,在侦查程序中,被指控人的下面几项权利必须被给予充分的保护。

1. 沉默权

沉默权是犯罪嫌疑人在侦查阶段的一项重要权利。"与无罪推定和举证责任相关的是被告人反对自我归罪的权利,防止人们被迫承认有罪。如果没有反对自我归罪的权利,无罪推定将是一个空洞的承诺。"③关于沉默权,本书在"控辩平等之理论基础""比较法中之控辩平等"两部分已作阐述,这里从略。

2. 辩护权

辩护权是被追诉人的一项最基本、最重要的权利,是实现控辩平等的基础条件之一。规定被追诉人在侦查阶段享有充分的辩护权,乃现代法治国家之通例。

辩护权的首要方面就是获得律师帮助权。在犯罪嫌疑人被侦查机关第一次讯问或采取强制措施之时,侦查人员有义务告知其有权获得律师的帮助。在被指控人没有能力聘请辩护律师时,政府有义务免费为其指定一名律师。辩护权能否得到充分体现很大程度

---

① [日]田口守一:《刑事诉讼法》,刘迪、张凌、穆津译,法律出版社2000年版,第223页。
② [美]斯黛丽等:《美国刑事法院诉讼程序》,陈卫东、徐美君译,中国人民大学出版社2002年版,第65页。
③ [美]斯黛丽等:《美国刑事法院诉讼程序》,陈卫东、徐美君译,中国人民大学出版社2002年版,第65页。

上取决于辩护律师在侦查阶段享有的权利,这些权利主要有:会见权、阅卷权、调查取证权、在场权等。关于控辩平等原则对辩护权的要求,详见本书"控辩平等原则下的辩护制度",这里从略。

3. 知悉权

知悉权是被指控者展开防御的基础,如果其不知道受到指控的罪名、事实以及案件的进展情况就不可能进行很好的防御,控辩双方之间也就不可能展开公平的竞争。关于知悉权的相关内容,在本书第六章"控辩平等在中国之考察"部分已作论述,这里从略。

4. 救济权

早在古罗马,就有谚语:"有权利,必有救济","有救济才有权利"。"公民权利的精髓在于公民受到侵害时,每个公民都有权请求法律保护,政府的职责也就在于给予这种保护。"[1]在侦查阶段,公民的权利最容易遭到侦查权的不法侵害,因此,必须赋予公民充分的救济权,使其受到侵害的权利得到救济。一般来说,各国都赋予了公民向法院寻求救济的权利。关于公民的救济权,在本章"侦查权之控制"部分已作详细阐述,这里从略。

三、中国侦查程序中控辩平等之构建

(一)现状检视:控辩严重失衡

受苏联法制思想的影响,新中国成立后,我国刑事诉讼的价值目标一直定位在"打击敌人,惩罚犯罪"上。这种价值追求反映在立法上,就是一切制度设计都以有效追究犯罪为宗旨;反映在执法与司法上,就是一切活动都以惩罚犯罪分子为目标;反映在侦查程序中,就是赋予侦查机关雄厚的资源和强大的权力,确保侦查机关"刀把子"的地位和作用;相对应地,犯罪嫌疑人则不具有程序主体性地位,只是被追究的客体而已。检视我国的刑事侦查程序,不难发现,长期以来,整个侦查程序都是由侦查机关绝对主导,作为被国家追诉的对象,犯罪嫌疑人具有配合侦查机关活动的义务。换言

---

[1] Marbary v. Madison,5 U. S. 137,2 L. Ed. 转引自陈永生:《侦查程序原理论》,中国人民公安大学出版社2003年版,第340页。

之,我国侦查程序的最大特点就是,过分强调了侦查机关的权力和犯罪嫌疑人的义务,而严重忽视了侦查机关应有的义务和犯罪嫌疑人应有的权利。无论是在立法还是在司法实践中,对侦查权的控制和犯罪嫌疑人权利的保护,长期以来几乎近于空白。控辩双方在法律地位上是管理与被管理的关系,而不是原被告之间平等的关系;在诉讼力量上是严重失衡,而不是控辩平等。尽管我国《刑事诉讼法》经历了三次修订,不断加强对犯罪嫌疑人权利的保护,刑事诉讼程序越发趋于文明、科学,但在侦查程序中,侦查机关的单方主导地位仍没有改变,对侦查权的控制和犯罪嫌疑人权利的保护仍然比较薄弱,这突出地表现在以下几个方面。

1. 证据取得权严重失衡

侦查机关拥有广泛的调查取证权,而且这种调查取证权是以国家强制力为后盾的:侦查机关不仅可以采取任意性侦查手段,而且可以采取很多具有自由裁量空间的强制侦查手段,如拘留、逮捕、扣押、搜查等力度较强的侦查手段;不仅可以采取一般的侦查手段,而且可以采取包括监听、秘密拍照、卧底、诱饵侦查、测谎检查甚至催眠等在内的特殊侦查手段。与此形成鲜明对比的是,法律没有赋予被追诉方在侦查阶段任何调查取证的权利,被追诉方既不能自行调查,也不能申请侦查机关、法院收集有利于本方的证据,更无权聘请私人侦探协助调查。[①] 我国《刑事诉讼法》中仅仅规定了辩护律师经证人或者其他有关单位和个人同意,可以向他们收集与本案有关的材料,也可以申请人民检察院、人民法院收集、调取证据,或者申请人民法院通知证人出庭作证。辩护律师经人民检察院或者人民

[①] 在我国,私人侦探还是一个被法律禁止的职业。1993年,公安部在答复工商总局的电话记录中,要求取缔一切以调查为名的私人调查所。同年,公安部发布了《关于禁止开设"私人侦探所"性质的民间机构的通知》。通知规定:(1)严禁任何单位和个人开办各种形式的"民事事务调查所""安全事务调查所"等私人侦探所性质的民间机构。(2)对现有"私人侦探所"性质的民间机构要认真清理,会同工商行政管理部门予以取缔。禁止以更换名称、变换方式等形式,继续开展类似业务。(3)要加强对公安系统内部人员的管理教育,禁止公安机关、武警部队的任何单位(包括公安、武警的院校、协会、学会)和个人(包括离退休人员)组织或参与"私人侦探所"性质的民间机构的工作。虽然,目前我国民间仍然存在一些"私人调查机构",但是,绝大多数私人调查机构,几乎都不涉猎刑事案件的调查取证工作。

法院许可,并且经被害人或者其近亲属、被害人提供的证人同意,可以向他们收集与本案有关的材料。实际上也就是将律师调查取证权转换为申请协助调查取证权,即便如此,在实践中还是很难落到实处,因为没有配套的救济机制作为控辩双方进行平等对抗的基础。控辩双方之间在调查取证能力上的巨大悬殊,使得侦查阶段乃至整个刑事诉讼阶段的控辩平等丧失了最重要的基础。

2. 侦查权任意独断

我国的侦查机关拥有强大的侦查权,但是,却缺乏相应的对侦查权进行约束和监控的机制:在整个侦查阶段,既缺乏对侦查权行使前的事先预防性控制,又缺乏对侦查权行使过程中的过程性控制,更缺乏对侦查权行使完毕后的事后性监督。在权力行使的地方没有相应的权力监控机制,必然导致权力的滥用和异化,而侦查权的滥用,则必然导致控辩双方原本就不平等的地位更加失衡。

3. 辩方权利保护不足

在侦查阶段,犯罪嫌疑人的权利最容易受到侵害,由此,赋予其必要的权利既是保障人权的需要,又是有效制约侦查权、实现控辩平等的前提条件。但是,在我国侦查程序中,犯罪嫌疑人的一些基本权利如沉默权、辩护权、获得律师帮助权等得不到应有的保护,甚至很多权利尚处于空白或者实质上处于空白状态。法律不但没有给予犯罪嫌疑人必要的权利,反而让其承担了太多的本应由侦查机关承担的诸如"如实供述的义务"的责任。2012年《刑事诉讼法》及2018年《刑事诉讼法》修订时尽管确立了律师基本的辩护地位,规定了辩护律师在侦查期间可以为犯罪嫌疑人提供法律帮助;代理申诉、控告;申请变更强制措施;向侦查机关了解犯罪嫌疑人涉嫌的罪名和案件有关情况,提出意见;可以同在押的犯罪嫌疑人会见和通信。然而,一方面保留了犯罪嫌疑人如实供述的义务;另一方面作为犯罪嫌疑人权利的重要维护者——律师的权利在侦查阶段仍然受到较为严格的限制,权利还有待进一步落到实处,从而使得律师对犯罪嫌疑人权利维护的作用大打折扣。

关于控辩平等在中国侦查程序中的状况,详见本书第六章"控辩平等在中国之考察",此不赘述。

(二)立法瞻望:构建控辩平衡

正如笔者描述的一样,在中国刑事侦查程序中,控辩平等原则已是初见端倪。在笔者看来,控辩平等在中国刑事侦查程序中的完整构建,不是一个是否可行的概念,而是一个时间早晚的命题。杜培武、佘祥林、胥敬祥等鲜活的案例,已经告诉了人们一个确定性的逻辑规律——重大刑事案件之所以判错,是因为抓错;之所以抓错,是因为权力被滥用,且十有八九是侦查权的滥用,尤其是刑讯逼供。我国政府1986年就签署了联合国《禁止酷刑和其他残忍、不人道或有辱人格的待遇或处罚公约》,1998年签署了《公民权利与政治权利国际公约》,批准生效已是指日可待,而上述公约的批准,必须要求在我国的刑事侦查程序中,构建起完整的控辩平等机制。

当然,控辩平等在我国侦查程序中的构建必然是一个系统浩大的工程,需要诸多方面诉讼制度的立法变动以及配套措施的革故鼎新。对此,笔者经过较长时间的思考与论证,现实地认为,当下侦查程序中控辩关系的改良,如果欲"一口吃成个胖子",直接建立起控辩平等的机制,恐为时过早,而欲速则不达,就如同1996年《刑事诉讼法》修改中第8条的规定一般,虽然立法上规定了律师在侦查阶段的会见权,但是由于侦查机关侦查人员法律素养与认识水平的差距,司法中的律师会见权受到种种责难,形同虚设。笔者认为,还是应当立足于当下我国控辩关系严重失衡的状况,从培育我国侦查程序中惩罚犯罪与保障人权的理念以及现实需要出发,首先致力于控辩关系的平衡,假以时日,再实现从控辩平衡到控辩平等的转变。就当下而言,要实现侦查程序中的控辩平衡,至少应对我国刑事诉讼制度做如下之完善。

1. 犯罪嫌疑人明示之沉默权

国人对沉默权的呼唤与等待已经多年,从学界、实务界关于沉默权的立与不立之争,到现在由于缺失沉默权的"内外交困",学界、实务界的认识已经完全达成一致。正是在此背景之下,2012年《刑事诉讼法》修改之时,将第43条改为第50条,规定"审判人员、检察人员、侦查人员必须依照法定程序,收集能够证实犯罪嫌疑人、被告人有罪或者无罪、犯罪情节轻重的各种证据。严禁刑讯逼供和以威胁、引诱、欺骗以及其他方法收集证据，不得强迫任何人证实自己有罪……"其中不得强迫自证其罪的规定在2012年首次写入《刑事诉讼法》，引起社会广泛关注，这无疑是对沉默权原则的承认与肯定。但这并不是完全意义上的沉默权，同时，2012年《刑事诉讼法》第118条仍规定：犯罪嫌疑人对侦查人员的提问，应当如实回答。在2018年《刑事诉讼法》对以上条文内容全面保留。沉默权的完整建立有待进一步明示。必须深刻地认识到，沉默权是刑事诉讼中人权保障最低限度要求，是犯罪嫌疑人程序性主体地位的最基本体现，是犯罪嫌疑人在侦查程序中的最重要的消极防御武器，也是实现侦查程序中控辩双方平衡的最基本配置。当然，还必须看到，在侦查程序中建立沉默权制度，面临一系列的价值取向和立法技术问题，所以，我们所要做的不仅是通过立法简单地赋予犯罪嫌疑人沉默权，还需妥善解决与沉默权密切相关的一系列的制度安排。例如，真正确立沉默权制度"保障人权"的观念；确立无罪推定原则；加强辩护律师的权利，扩大法律援助的范围；严格规范侦查程序中讯问犯罪嫌疑人的规则和程序；确立严格明确的证据规则等。只有切实解决了上述问题，才能使沉默权成为一项具有实质意义的权利，而不仅仅是停留在法律条文上的空洞的权利宣言。

2. 辩方完整之调查取证权

有人批评1996年《刑事诉讼法》的修改是"进一步，退三步"，主要矛头指向的就是辩护制度修改得"非驴非马"，而辩护制度中最受诟病的就是辩方的调查取证权。① 在法治视野中，调查取证权是被追诉方的一项"天然性权利"，没有调查取证权，辩方就丧失了防御的基础。很难想象，在一个辩方没有调查取证权的诉讼制度中，还能够实现控辩平衡，毋宁说控辩平等。尽管法学界和法律界对此关注颇多，但2012年和2018年两次对《刑事诉讼法》的修改，并没有对律师调查取证权进行加强，不得不说是一个遗憾。

笔者认为，现在不应当继续讨论在侦查程序中是否赋予辩护人

---

① 冀祥德：《中国刑事辩护的困境与出路》，载《政法论坛》2004年第2期。

调查取证权,①而是应当考虑赋予辩护人怎样的调查取证权。笔者认为,从我国侦查阶段犯罪嫌疑人的权利保障现状来看,应该赋予辩护律师调查取证权,而且这种调查取证权应是全面的、完整的、具有实质性意义的,而不是片面的、象征性的。这里笔者设想的是,不可能赋予辩护方拥有侦控机关一样的具有强制力保障和国家财政、司法资源支持的调查取证权,试图做到控辩双方调查取证权的绝对平等。但是,应当实现控辩双方调查取证权的相对平衡。首先,应该赋予被追诉方完整的任意调查取证权。对于询问证人、收集物证、书证等,被追诉方均有权自行调查获取。其次,由于被追诉方的资源有限,有些有利于本方的证据被追诉方没有能力去收集,因此,应该赋予被追诉方调查取证请求权以弥补其收集证据能力的不足。在需要采取强制措施才能获得相关证据时,被追诉方有权请求侦查机关或法院调查收集。

3. 侦查阶段规范之辩护制度

辩护制度是否完善直接关系到被追诉人的权利能否得到充分的维护,同时也关系到辩护方能否与控诉方进行平等的对抗。侦查阶段是控辩双方对抗最为激烈的阶段,因此,在这个阶段确立完善

---

① 是否应赋予犯罪嫌疑人聘请的律师调查证权?国内有两种观点:一种是绝对否定说,即侦查机关大部分同志认为,律师不能享有调查取证权,因为这样做就变成了非侦查人员享有侦查权,会出现二元化侦查的情况,会削弱侦查机关的专有职能。此外,会给顺利进行侦查造成被动。二是相对限制说,即有的侦查机关的同志认为:侦查期间,律师不应向有关单位和个人收集与本案有关的材料,但律师为犯罪嫌疑人代理控告或申诉,就控告或申诉的有关情况调查除外。绝对否定说似乎存在一定道理,但是有两点需要质疑:首先,侦查程序不仅是一种"行政程序",也带有"司法程序"的性质,侦查活动的参与者不应只有国家专门侦查机关,被控方作为最重要的利害关系人理应作为一个主体有效参与侦查程序,这是实现正义的需要。此外,侦查程序是刑事诉讼程序的一部分,是为起诉犯罪进行准备的,是审判程序的基础,辩护律师参与侦查阶段的调查取证对于发现真实,保证犯罪嫌疑人接受公正审判具有重要的意义。实行二元化侦查的体制在西方国家也广泛存在,例如美国实行的就是二元化侦查体制:不但国家专门机关可以进行专门调查取证工作,而且辩护律师也可以展开独立的调查甚至可以聘请私人侦探进行调查。从实行二元化侦查体制的国家的司法实践看,辩护律师进行调查取证并没有削弱侦查机关的专有职能。另外,从辩护律师所进行的侦查活动的性质和掌握的资源来看,辩护律师的调查取证工作不可能会使侦查活动陷入被动。况且,辩护律师本身不像侦查机关那样拥有强大的公权力,其所进行的调查工作仅限于任意性调查,不会给侦查机关带来侦查人员所想象的那么大的障碍。

的辩护制度对于保障被追诉者的权利、实现平等对抗具有重要意义。

目前,我国侦查阶段的辩护制度非常不完善。更确切地说,我国在刑事侦查程序中就没有辩护制度。笔者认为,从控辩平衡在侦查程序中的要求,结合我国的长期以来奉行侦查中心主义的实际情况,考虑刑事诉讼制度从侦查中心主义到审判中心主义必然转型,建立我国侦查阶段规范的辩护制度,至少立足如下几个方面。

第一,在侦查阶段完善法律援助制度。根据2012年《刑事诉讼法》第33、34条的规定,法律援助的时间提前到了侦查阶段,法律援助律师可在侦查阶段介入。这改变了以往我国法律援助制度仅存在于审判阶段,在侦查和起诉阶段被追诉人都没有权利获得法律援助的状况,有利于被追诉人的权利保障。因为侦查阶段是被追诉人的权利最容易受到侦查权不法侵害的阶段,因而也是被追诉人最需要律师帮助的阶段。2012年《刑事诉讼法》的规定较为原则。但是2021年出台的《法律援助法》在扩大法律援助服务范围和完善对应服务程序上做出了重大贡献,其将值班律师法律帮助作为法律援助的形式之一,规定了值班律师法律帮助的内容,明确了办案机关应当保障值班律师依法提供法律帮助,这在很大程度上为更多的案件在侦查阶段即具有辩护律师的帮助提供了法律支持,同时进一步拓宽了提供法律援助的渠道,动员更多力量参与其中,可谓一大进步。不啻如此,还对法律援助监管做出了具体规定,明确政府财政保障及补贴标准。《法律援助法》的出台一方面可以激发律师的积极性参与法律援助;另一方面保障当事人更便利地获得法律援助,促进侦查阶段的控辩平等。只有在犯罪嫌疑人在与侦查方进行对抗的第一个阶段就获得律师的帮助的基础上,被追诉方才有可能与控诉方在整个刑事诉讼中进行平等对抗。①

第二,完善并落实辩护律师在侦查程序中必要的诉讼权利。辩护律师在侦查阶段的诉讼权利至少应当包括以下几项:调查取证

---

① 关于我国法律援助制度存在的问题及解决的措施,详见本书第六章"控辩平等在中国之考察"。

权、阅卷权、知悉权、会见通信权、在场权。然而,现阶段,我国侦查程序中辩护律师的这一系列权利都没有得到很好的保障,有的甚至在立法中都没有规定。因此,应当从立法上赋予辩护律师这些权利,并在司法实践中给予充分的保护。①

第三,将犯罪嫌疑人获得辩护律师帮助的时间提前到第一次讯问之前,防止犯罪嫌疑人的合法权利受到侵害。

第四,修改律师法,对辩护律师的功能角色与辩护制度的功能给予准确定位;建立刑事辩护律师资格准入制度;完善律师自治制度;建立有效辩护考评机制。②

4. 辩方畅通之救济渠道

"没有救济,就没有权利。"侦查程序中犯罪嫌疑人的权利极易受到侦查权的侵害,因此,只有赋予被追诉方必要的异议和救济权,才能真正保护其权利,也才能有效制约侦查机关的侦查行为。目前,我国立法对侦查程序中被追诉方的异议权和救济权规定得过于原则和模糊,都不具有司法中的可操作性。例如,2018年《刑事诉讼法》第14条第2款规定:"诉讼参与人对于审判人员、检察人员和侦查人员侵犯公民诉讼权利和人身侮辱的行为,有权提出控告。"问题是,犯罪嫌疑人身陷囹圄,怎样控告?向谁控告?受理控告的机关不作为怎么办?司法实践中,审判人员、检察人员和侦查人员侵犯公民诉讼权利和人身侮辱的行为屡见不鲜,被追诉人面对上述之法律规定,只能"把被打掉的牙往自己的肚子里吞"。

我国2018年《刑事诉讼法》第96条规定,"人民法院、人民检察院和公安机关如果发现对犯罪嫌疑人、被告人采取强制措施不当的,应当及时撤销或者变更,"犯罪嫌疑人、被告人及其法定代理人、近亲属或者犯罪嫌疑人、被告人委托的律师及其他辩护人对于人民法院、人民检察院或者公安机关采取强制措施超过法定期限的,有权要求解除强制措施。这一规定有两个问题:第一,犯罪嫌疑人、被

---

① 关于我国辩护制度的缺失与完善,详见冀祥德:《中国刑事辩护本体省思》,载《中国司法》2005年第5期。

② 关于此问题之专论,详见冀祥德:《刑事辩护:本体属性有效辩护准入制度——兼论刑事诉讼法修改若干问题》,载《中国司法》2006年第8期。

告人只能对强制措施超过法定期限的情况申请权利救济,而不能对违法或不当采用强制措施的情况申请救济;第二,人民法院、人民检察院和公安机关应当及时撤销或者变更不当的强制措施,但是,其不撤销、不变更怎么办?受委托的律师及其他辩护人提出要求解除超过法定期限的强制措施申请,向谁提出?有关部门不解除或者不答复怎么办?① 即使仅仅就强制措施超越法定期限的情况而言,嫌疑人只能向决定采取强制措施的公安机关、检察机关提出解除强制措施的申请,被告人也只能向决定采取强制措施的法院提出这种申请。试想,作为刑事案件的侦查机关和公诉机关,也作为直接决定剥夺或者限制嫌疑人人身自由的决定机关,公安机关和检察机关真的能为嫌疑人提供有效的"权利救济"吗?同样,作为采取强制措施的决定者的法院,也未必能为被告人提供有效的司法救济。原因其实很简单:作为强制措施的决定者和审查者,无论是公安机关、检察机关还是法院,都在事实上充当着"自己案件的法官",也就是对自己作出决定的事项自行加以裁判。

虽然原则上,被追诉方也可以通过国家赔偿的途径取得救济,但是,《国家赔偿法》所设置的司法赔偿的条件极为苛刻,范围极为有限,大部分被追诉人不可能通过这条途径获得救济。因此,实践中,被追诉人的权利受到侵犯时往往没有提出异议、进行救济的途径。为此,应该从立法上给予被追诉方更详尽、更具有操作性的救济依据,从制度上设置严密的、充分的救济途径,确保被追诉方的合法权利在受到侦查权的不法侵害时能够得到及时的救济。笔者认为,虽然短时期内我们不可能设置像英美国家那样全面、充分的救

---

① 对此,有学者质疑,即使仅仅就强制措施超越法定期限的情况而言,犯罪嫌疑人也只能向决定采取强制措施的公安机关、检察机关提出解除强制措施的申请,被告人也只能向决定采取强制措施的法院提出这种申请。试想,作为刑事案件的侦查机关和公诉机关,也作为直接决定剥夺或者限制嫌疑人人身自由的决定机关,公安机关和检察机关真的能为嫌疑人提供有效的"权利救济"吗?同样,作为采取强制措施的决定者的法院,也未必能为被告人提供有效的司法救济。原因其实很简单:作为强制措施的决定者和审查者,无论是公安机关、检察机关还是法院,都在事实上充当着"自己案件的法官",也就是对自己作出决定的事项自行加以裁判。参见陈瑞华:《刑事诉讼法的立法技术问题》,载《法学》2005年第3期。

济制度,但是至少应该在现有条件下为被追诉方设置可行的、有效的救济途径,进一步明确被追诉人认为侦查行为违法时可以向哪些机关提出控告?受理控告的机关应该如何处理控告?由谁来监控受理控告的机关的行为?在哪些情况下被追诉人可以提起申诉或控告?等等。英美国家的上诉复查和申诉复查机制,可以为我们制度的设计提供借鉴。

5. 对侦查权必要之监督控制

前已述及,我国现阶段缺乏对侦查权进行规范与约束的机制,因而才会出现侦查权滥用的情况。对侦查权进行规制最基本的是对侦查权行使的整个过程从始至终进行监控,包括侦查权行使之前的事先预防性监控、侦查权行使过程中的过程性监控以及侦查权行使完毕后的事后性监控。任何一个监控环节的缺少或削弱都会使整个监控体制的监控力度大打折扣。具体来看,应从以下几个方面对侦查权进行监控。

第一,就事先预防性监控而言,首先,应当严格规范侦查措施的选择。选择任何一种侦查措施都要以必要性和相称性作为衡量标准,尤其在强制性措施的选择上,更要严格遵守比例性原则;在运用强制力度较小的侦查措施就能达到诉讼目标时,绝不能用强制力度较大的侦查措施。其次,除了规定选择侦查措施的原则,应该进一步明确各种侦查措施适用的条件,减小侦查机关自由裁量的空间。再次,对于使用强制力度较大的侦查措施应规定严格的批准程序,例如,在侦查机关欲对犯罪嫌疑人进行逮捕之前,应该先取得法院的批准,对于搜查、扣押、检查等强制措施也应规定严格的批准程序。最后,对于监听、秘密拍照、诱惑侦查等秘密侦查手段,法律也应规定严格的批准程序。当然在紧急情况下,未经法院批准也可以实施这些强制措施,但事后必须尽快提请法院审查。

第二,就过程性监控而言,首先,应该严格规定各种侦查手段行使的程序,并且规定违反这些法定程序的法律后果。其次,应该建立类似于英美国家的复查制度,对于一些严重限制人身自由的强制措施,定期由侦查机关提请特定的机关进行复查或者由特定机关依职权定期复查。

第三,就事后性监控而言,首先,应该赋予被追诉方广泛的异议和救济权,通过被追诉方行使异议权和救济权来监督侦查权的行使。其次,由国家专门机关对侦查行为进行事后的审查,例如,在起诉阶段、审判阶段都要对侦查阶段侦查机关的侦查行为的合法性进行复查;建立违法性程序法律后果机制,通过非法证据排除规则、诉讼行为无效宣告等机制对违法实施的侦查行为进行制裁,使其承担必要的违法性后果。

四、小结

有论者认为,正是由于在对刑事诉讼不同价值的选择上所采取的立场不同,在外国刑事诉讼中才出现"犯罪控制"(Crime Control)和"正当程序"(Due Process)两种不同的刑事诉讼模式。① 从世界各国刑事诉讼的发展趋势来看,虽然各国都可以将其刑事诉讼贴上其中之一的模式的标签,但绝对化地采取其中一种模式的并不多见,一般都是根据其犯罪形势和人权保护状况,在这两种模式中进行转换。就现阶段而言,在我国这样一个犯罪率较高,而法治水平不高,程序观念淡薄的国度里,侧重吸收"正当程序"模式的合理因素更有现实意义。②

刑事正当程序可以有两种模式:一是对抗制程序;二是审问制程序。中国之刑事正当程序的选择,基于1996年《刑事诉讼法》修改的价值追求,应当是一种以对抗制程序为主的模式构建。虽然,在当下刑事诉讼法之再修改讨论中,也有学者倡导中国之刑事程序应当返回审问制程序的模本,寻求制度的改良。但是,参加过现行《刑事诉讼法》修改的多数学者对此则持坚决否定之态度,认为对抗制程序是中国刑事正当程序的唯一选择。也有学者,包括部分立法和实务界人士,对此趑前瞗后,既想流连中国审问制程序的传统,又崇尚西方对抗制程序的优势。在笔者看来,无论选择哪种程序,

---

① Mireille Delmas-Marty,*The Criminal Process and Human Rights*,Martinus Nijhoff Publishers,1995. p. 6-7.
② 汪建成:《刑法和刑事诉讼法关系新解》,载陈光中、江伟主编:《诉讼法论丛》(第3卷),法律出版社1999年版。

都必须对现行侦查程序与审判程序"错轨"之现状改良。否则,只是在审判阶段引进了当事人主义的辩论模式,侦查、控诉阶段仍然实行职权主义,甚至是超职权主义模式,侦查阶段几乎没有辩护权的内容,控辩双方的地位和力量严重失衡,那么,无论是对抗制程序抑或是审问制程序,均非正当程序之选择。笔者是对抗制正当程序之拥趸者,认为对抗制程序在我国之审判程序中已经构建起来,而且得到了控、辩、审三方以及其他诉讼参与人乃至国民的普遍认同。在该种情况下,再返回审问制程序的老路,大可不必。只需对我国之侦控程序进行当事人主义改造即可,而控辩平等的理念则正是个中含义。

获得律师有效辩护的权利是侦查程序中控辩平等的核心。美国最高法院在1932年宣告被追诉人享有律师辩护的权利是抗辩式司法制度的"基本"权利(Powerll v. Alabama)。[①] 克劳思·罗科信先生指出:"辩护人是被告在法治国家对无罪推定原则的保证人,其尤其在所有重大犯罪案件中有不得放弃之重要性。此亦有其原因,因为被告自己常常不只是精神上或就专业知识而言,甚至其个人处境(其也许非常贫困或正在被羁押)无法充分地为自己进行辩护,因此,也可以说:即使是在一方当事人进行主义的诉讼程序中,虽然其亦以侦查原则为基础,但是如果对辩护之进行不授予广泛且独立的权利,则仍不免有损法治国家的理想。"[②]因此,法治国家普遍都规定被指控人享有充分的获得律师帮助的权利。而此尚为我国刑事侦查程序之严重缺失。

显而易见,侦查程序是整个刑事诉讼程序的基石,没有侦查程序中的控辩平等就没有整个刑事诉讼中的控辩平等。在国家公权力介入较深的侦查阶段中构建控辩平等,无论在观念上,还是制度上,都是一场革命,用卜思天·儒佩基奇先生的话说,"在刑事诉讼中,国家本身成为原告方。国家,这一社会上所有力量的化身,突然

---

① [美]斯黛丽等:《美国刑事法院诉讼程序》,陈卫东、徐美君译,中国人民大学出版社2002年版,第65页。

② [德]克劳思·罗科信:《刑事诉讼法》,吴丽琪译,法律出版社2003年版,第148页。

之间,必须屈尊作为与国家刑事责难的对象处于平等地位的诉讼主体参与诉讼;最强大的权力主体与最弱小的刑事被告(在法律面前)平起平坐。这是最'不自然'的事情——因此也是最难以维持的。就'自然的'而言,个人与国家之间不可能存在冲突,因为国家太强大了。但是,正是法的本质创造了平等。通过创造平等,法律创造了一些在'自然的'状态下不可能存在的'近似平等';通过创造这些平等,法律创造了各种冲突。法律提供了一个可能使某些利益冲突得以平等展示的场所,假如没有这个场所,这些利益冲突会因实力上的巨大悬殊而无从征显。因此说,法律是一种伟大的平衡器"①。在我们这样一个权利意识较为淡薄、法治传统缺失较多的国度,要在侦查程序中实现代表国家追诉权力的侦控机关与被追诉方之间的平等,不仅是一场观念上、制度上的艰难的变革,而且是一项巨大而系统的工程。但是,我们不能因为这场革命之艰难、这项工程之浩大而放弃努力。

---

① [斯洛文尼亚]卜思天·M.儒攀基奇:《刑法理念的批判》,丁后盾等译,中国政法大学出版社 2000 年版,第 245—246 页。

第十二章 起诉程序中之控辩平等

起诉程序的产生是控审分离的结果,追求的是司法权力追究犯罪与人权保障之间的正当性。控辩平等原则在包含平等对抗理念的同时,也蕴含着控辩和谐的精神,其终极目标追求的是国家与公民之间利益的和谐,保障的是控诉犯罪与保护人权之间的和谐。起诉程序中,尚未形成典型之控、辩、审三角诉讼结构,一般没有中立者的裁判,控辩双方直接形成对峙,其关系和目标应当是明晰的:首先致力于诚信合作,尔后致力于平等对抗。所以,控辩平等原则就要求在起诉程序中,合理规制控方权力,有效保障辩方权利,通过理性的交流,构建控辩和谐。

一、起诉程序中控辩平等之功能

现代社会,在起诉模式上,采取公诉模式起诉犯罪已经成为全世界大多数国家的共识,绝大多数国家采取以公诉为主、自诉为辅的刑事起诉模式,如我国;而法国、美国、日本则干脆完全采取公诉的刑事起诉模式。起诉程序在整个刑事诉讼程序中承上启下,暂缓起诉程序和不起诉程序可以延缓和终止诉讼程序;提起公诉可以启动审判程序进而达成审判结果的作用。因此,起诉程序中贯彻控辩平等原则,合理配置控辩双方的权力(利),构建控辩平等的场域具有十分重要的意义。

(一)强化控辩职能功能

与控告式诉讼模式相比,控审分离诉讼构造的理论基础是权力制衡,其逻辑的起点是以权力制约权力,进而寻求司法公正,防止司法腐败。而在起诉程序中确立控辩平等原则的逻辑起点同样是制约权力,只不过其途径是以权力制约权力,以防止控诉权滥用,进而保障审判权的公正性和合理性。

1. 控诉职能的强化

法谚云:举证之所在,败诉之所在。证据是控辩双方证明自己主张的依据,运用证据判断是非是文明社会的标志之一。控方在法庭上负有举证责任,巩固证据不使其被辩方攻破,决定了其指控的质量。假如没有与之势均力敌的辩方在时刻寻找控方证据链条的漏洞,控方也就缺乏严谨证据意识的一种外在激励机制。因为,在刑事诉讼中,与其结果最具有利益关系的莫过于被追诉人,为了维护自己的权益,辩方一般会不遗余力地确保自己受到最小限度的刑事处罚或宣告无罪。在控辩平等武装条件下,控方为了确保追诉的成功,就必须在审查起诉阶段全心全意,认真判断犯罪嫌疑人的罪与非罪、罪轻或罪重、证据是否确实充分,慎重作出诉与不诉的决定。控辩平等原则则为控诉方在控诉活动中设置了一双监督的眼睛,使控诉方在权力行使时,除自我约束之外,还有一股势均力敌的辩方力量在制约其控诉行为,从而促进其控诉的水平。

2. 辩护职能的强化

在起诉程序中,辩方充分行使权利,一方面固然是防止被追诉人的人权被公权力所侵犯,最重要的是辩方可以争取利用审判前的时间,即起诉程序中的时间,积极阅卷寻求控方指控的缺陷,深入调查取证获取控诉机关尚未得到的可以证明被追诉人无罪或者罪轻的证据。辩方可以利用这段时间为法庭辩护做准备,争取获得良好的辩护效果,维护被告人的权益。可以说,在起诉程序中,是控诉方和辩方锻造武器、积蓄弹药的时期。尤其是在我国刑事诉讼中,辩护人只能从审查起诉阶段开始介入诉讼程序,辩方更应该把握时机,做好审判前的准备。控辩平等原则赋予辩方在起诉程序中享有与控方对等的权利,目的就在于对抗控方在起诉程序中的天然强势地位,避免审判程序中出现一面倒的局面。

(二)保障权力(利)平衡功能

本书在第四章已经论及,权力制衡与人权保障是控辩平等原则的重要理论基础。在起诉程序中,构建控辩平等原则,是以权力制衡权力,使权力与权利保持平衡的根本性保障,也是现代刑事诉讼起诉程序的应有之义。

1. 防御控诉权

记得王安石先生曾经在《度支副使厅壁题名记》中写道:"吏不良,则有法而莫守;法不善,则有财而莫理。"① 辩方参与起诉程序最大的意义在于监督和制约控方权力的行使,以免被追诉人的人身权利、诉讼权利等受到控诉权的侵犯。控方在起诉程序中的权力主要有审查起诉权、暂缓起诉权、不起诉权、提起公诉权等,这些权力的行使对被追诉人的命运影响深远,所以对其进行规制是必要的。辩方与控方是直接对垒者,来自辩方的监督是最直接的监督,也是最负责任、最有力的监督,他们不仅可以通过维护被追诉人的人身权利和诉讼权利而消极防御控诉权,还可以通过行使辩护权和调查取证权等一系列权利积极地防御控诉权。

2. 保障被追诉人人权

法谚云:无保障的权利不是权利。无罪推定原则使被追诉人在审判定罪前处于无罪地位,其人权应当受到重视和保护。虽然,在许多国家,控诉方除了追诉犯罪,还担负着确保无罪的人不受追究的职责。但是,由于公诉人也是社会成员之一,与社会其他成员一样,同样有"自我"与"他人"的人性矛盾,处于具体的社会关系之中,作为被追诉人的对立方,部门权力的本位,使其更注重于对犯罪的控诉,而且就立场而言,也很难做到完全地、积极地为被追诉人的人权考虑。控辩平等原则为在起诉程序中被追诉人人权的保障提供了正当性与可能性的基础。

---

① 《临川先生文集》卷八十二。

(三)提高诉讼效率功能

贝卡利亚认为,诉讼本身应该在尽可能短的时间内结束……惩罚犯罪的刑罚越是迅速和及时,就越是公正和有益。[①] 诉讼中的公正与效益是两大重要的主题,此已为共识。美国经济分析法学家波斯纳认为:经济学是对法律进行规范分析的有力工具,在一个资源有限的世界中,效益是公认的法律价值,表明一种行动比另一种更有效,是制定公共政策的一个重要考量因素。20 世纪 80 年代以来,在对付刑事犯罪的刑事诉讼过程中,各国司法机关面临着一个共同的难题:一方面,犯罪数量居高不下,犯罪种类不断增加,但司法机关的人员数量却相对稳定;另一方面,传统的诉讼程序烦琐,效率低下,积压了大量的刑事案件,司法机关不堪重负。[②] 诉讼效率成为各国诉讼制度改革所共同关注的重要问题。

1. 探求事实真相

控辩平等原则下,控方与辩方法律地位平等,双方可以充分参与诉讼程序,在对抗中能够最大限度地接近案件事实真相,避免错案发生,保证无罪者不被不正当追诉和错误判决、执行。起诉程序中,一旦控辩可以平等则意味着:一方面,辩方可以充分行使其辩护权等权利,及早发现犯罪事实真相;另一方面,控方将会重视辩方的意见,从而使辩方关于犯罪嫌疑人无罪或罪行轻微等主张得到认可,敦促不起诉决定的作出。这样,控辩双方在审判前就进行了实质性的"辩论"和"质证",双方对于案件的性质在"争论"中有可能达成一致。换言之,辩方权利在诉讼程序中越早被行使,案件事实真相也就越早可能被揭开,诉讼成本的投入就越少。

[①] [意]贝卡利亚:《论犯罪与刑罚》,黄风译,中国大百科全书出版社 1993 年版,第 56 页。

[②] 以德国为例,一方面,德国战后犯罪现象明显呈上升趋势,犯罪嫌疑人已由 20 世纪 60 年代的 100 万人上升至 20 世纪 90 年代的 700 万人;另一方面,犯罪也日趋复杂化,环境犯罪、经济犯罪、跨国犯罪等新的犯罪形式的出现,使调查取证出现很大困难。虽然犯罪形势发生变化,但司法人员的数量在过去 30 年中却处于相对稳定的状态,加之东、西德统一以后,德国出现的财政困难,都使得如何既能缩短刑事诉讼程序、减轻司法压力,又能解决犯罪成为德国司法界探讨的一个重要问题。

2. 及时分流案件

在审判程序前终结诉讼,无疑会节约诉讼资源,提高诉讼效率。为了减轻对法庭审判的压力,各国纷纷设计新的案件处理方式以分流部分案件。目前,世界各国扩张检察官起诉自由裁量权的趋势,其目的就是分流案件,使一些轻微的犯罪案件省去审判并科以刑罚的程序,同时,给予疑难复杂案件的被追诉人以更多的正当程序和权利保障。控辩平等原则在案件分流过程中,发挥着不可或缺且不可替代的功能。这是因为,权利是需要争取的。通过辩方在起诉阶段的有效辩护权的保障,可以促使控方在裁量中更充分地考虑被追诉人的罪名成立与否的各种理由,全面考量被追诉人罪重、罪轻的各种情节,使其免受追诉或者受到应有的追诉。此外,通过辩护权的依法行使,也会使被追诉人对自己的行为予以正确的认识与评价,使犯罪者的认罪心悦诚服。因为,"刑罚可以防止一般邪恶的许多后果,但是刑罚不能铲除邪恶本身"①。被追诉人认罪,是铲除邪恶的基础。

3. 保障辩诉交易

在美国等辩诉交易制度盛行的国家,如果根据传统的诉讼正义观将所有的案件不加区分地交付审判,其结果可能造成刑事审判制度的全面瘫痪。从这个意义上说,"我们之所以能够忍受一种不正义,唯一的正当理由也是需要它来避免一种更大的不正义"②。毫无疑问,辩诉交易可以缩减诉讼环节,减少诉讼成本,提高诉讼效率。在诉讼程序中,辩诉交易达成得越早,控辩双方的诉讼成本也就越少。在辩诉交易中,控方是拥有国家司法资源且以强制力为后盾的法律专业人员,被控者则是对法律知识知之甚少且往往人身自由受限,如果没有控辩平等原则作辩诉交易的基础,"交易"便成了"强制"。

---

① [法]孟德斯鸠:《论法的精神》(上册),张雁深译,商务印书馆 1985 年版,第 314 页。
② [美]约翰·罗尔斯:《正义论》,何怀宏等译,中国社会科学出版社 1998 年版,第 2 页。

二、起诉程序中控方权力之规制

在起诉程序中,规制控方权力、防止控方权力滥用是构建控辩平等的基本要求之一。起诉程序中,包括审查起诉、作出起诉或不起诉决定、提起公诉三个阶段。其中,在审查起诉阶段,补充侦查权与公诉证明标准对作出起诉或不起诉决定至关重要,对犯罪嫌疑人是否被刑事追究有决定性作用;在不起诉决定中,暂缓起诉和不起诉有着不同的条件和规则,但均可以使犯罪嫌疑人在实质上免于被追诉;在提起公诉中,公诉方式决定了审判时法官是否中立的地位。所以,本部分着重对此诸问题进行研究分析,以实现控辩平等在起诉程序之构建。

(一)审查起诉权之规制

1. 规范补充侦查权

补充侦查权有四大功能:发现案件真实、保证公诉质量、整合侦控资源、实现对侦查权的监督。这些功能体现了与控辩平等原则一致的价值追求。但是,如果补充侦查权被滥用,则会导致超期羁押与侵犯辩方权利等弊病,加剧起诉程序中控辩双方力量的不平等。目前,我国之补充侦查权确实存在被滥用的严重现象,因此,规范补充侦查权是在起诉程序中构建控辩平等的首要问题。

(1)我国补充侦查权的立法缺陷及司法实践中存在的问题

我国现行立法关于补充侦查权的规定①的主要缺陷体现在以下几个方面。

第一,对补充侦查条件的规定,缺乏科学性和可操作性,容易造成滥用、错用。2019年《最高检诉讼规则》第342条对退回补充侦查的条件规定为,"人民检察院认为犯罪事实不清、证据不足或者存在遗漏罪行、遗漏同案犯罪嫌疑人等情形,需要补充侦查的",其中"犯罪事实不清、证据不足"是相对于"犯罪事实清楚,证据确实、充分"而言的,这一条件从追求实体正义角度上看是正确的,但它否认

---

① 涉及的法律有2018年《刑事诉讼法》、2019年《最高检诉讼规则》、最高人民法院、最高人民检察院、公安部、国家安全部、司法部、全国人大法工委联合发布的《关于刑事诉讼法实施中若干问题的规定》、公安部颁布的《公安机关办理刑事案件程序规定》。

了审查主体——人的主观性和认识能力的局限性,同时又没有对该条件进行细化,区分退回补充侦查、自行补充侦查的不同适用条件。这种退补条件对司法实践来说过于理想,证明标准大且空,难以掌握,容易产生争议。①

第二,对补充侦查权的制约机制存在立法空白,缺乏补充侦查权被滥用的违法性后果承担。对于补充侦查权的制约机制,2019年《最高检诉讼规则》第 347 条第 1 款规定:补充侦查期限届满,公安机关未将案件重新移送起诉的,人民检察院应当要求公安机关说明理由。仍未以程序性法律后果的形式要求不当补侦的机关承担不利的法律后果。各省级检察院虽然对于退回补充侦查一般都制定了内部规定,但其主要内容是审批权限、审批程序以及行文格式、时间等方面的规定。对于不正当使用退回补充侦查权力,比如以退回补充侦查为方法延长办案时间、在退补中出现"黑时间"②等问题,却没有相关的规定。

第三,补充侦查阶段中诉讼参与人的权利保护和救济措施存在立法空白。现行《刑事诉讼法》没有规定在退回补充侦查后,各诉讼参与人享有哪些权利、如何行使、怎样救济。该部分内容的缺失,使诉讼参与人在退回补充侦查阶段,无法主张权利,控辩严重失衡。

立法上的缺陷导致实践中的问题,补充侦查权在司法实践中普

---

① 另外,"遗漏罪行、遗漏同案犯罪嫌疑人"这一规定与 2019 年《最高检诉讼规则》第 349 条规定的"人民检察院对已经退回监察机关二次补充调查或者退回公安机关二次补充侦查的案件,在审查起诉中又发现新的犯罪事实,应当将线索移送监察机关或者公安机关。对已经查清的犯罪事实,应依法提起公诉"之间有难以理顺的关系,"如果二者之间有本质区别,又何必在'新的犯罪事实'之前要加上一个条件,即已经退回监察机关或公安机关补充侦查二次的案件?如果没有本质区别,那么这种移送公安机关立案侦查的行为是不是与补充侦查二次为限的法律规定相抵触?这在法理上是说不通的"。参见左得起、韩杨:《论审查起诉阶段中的补充侦查》,载《国家检察官学院学报》2003 年第 3 期。

② "黑时间"主要是指在刑事诉讼活动中,通过不合理地使用法律规定的办案期限计算方法或利用法律、法规的漏洞,延长出的办案时间。比如,同在一个城市的检察机关将案件退回公安机关补充侦查,卷宗可能在退补当天就已送达,但接收单位在 5 天之后才开始计算侦查期限,这 5 天被解释成"送达路途时间""机要交换时间"等。

遍存在被滥用的现象。对此,有实务部门的同志做过细致的实证分析,发现的问题有 12 个之多,[①]笔者认为突出问题集中于以下几个方面。

第一,补充侦查权的行使,从例外变为常态。各职能部门在诉讼阶段中各司其职是刑事诉讼流程正常运转的基本要求,如此一来,检察机关补充侦查权的行使在刑事诉讼法之设计中,应当是一种例外,而不是常态。现在是司法走向了立法的反面,检察机关行使补充侦查权的频率过高,其中退回补充侦查的案件比例居高不下,而自行侦查和提前介入侦查数量则极少。以北京地区为例,2000—2004 年,北京市检察机关退回补充侦查案件数的绝对数量不断增加,受理案件的总件数和总人数的比率都超过了 20%,平均为 21.6% 和 27.6%,即检察机关每受理 5 个案件,就有 1 件要退补。同时,检察机关过分依赖退回补充侦查手段,运用自行侦查和提前介入侦查等手段的案件数量极少。(见表 12-1)

表 12-1 北京市检察机关公诉部门补充侦查情况[②]

时间		受理案件	起诉案件	退回补侦案件/占受案总数比例[③]	自行补侦案件/占受案总数比例	介入侦查
2000年度	件	11433[④]	11212	2866/25%	76/0.7%	2
	人	16730	16389	5222/31%	162/1%	6
2001年度	件	14649	14404	3048/20%	2/0.01%	1
	人	21376	21027	5631/26%	3/0.01%	2

---

① 详见徐航:《退回补充侦查制度的理论推演与实证分析——以审查起诉为视角的思考》,北京大学法学院图书馆藏论文,第 16—25 页。

② 本表格数据由《北京市检察年鉴》2001—2005 年卷中《北京市检察机关审查起诉案件情况表》数据整合而成。以下未加特别标注的数字,都来源于各检察机关的《检察统计月报表》以及处室《在审案件周报表》。特别说明的是,本部分所有数据及实证资料均为北京市人民检察院二分院徐航女士提供,在此谨表谢忱。

③ 表格所列受理、起诉案件的件数和人数均包含本年度受理的案件和上年度积存案件数。

④ 该比例只为说明总体情况,因此采用四舍五入的计算方法,百分比只保留到整数位。

续表

时间		受理案件	起诉案件	退回补侦案件/占受案总数比例	自行补侦案件/占受案总数比例	介入侦查
2002年度	件	15309	15071	3006/20%	0	1
	人	21346	20994	5434/25%	0	1
2003年度	件	14269	13983	3207/22%	5/0.03%	1
	人	19935	19518	5693/28%	10/0.05%	1
2004年度	件	19505	19496	4122/21%	0	0
	人	28270	28261	7889/28%	0	0

第二,检察机关过分依赖退回补充侦查手段,其他补侦手段运用少。数据显示,检察机关行使自侦权很不充分,自行侦查案件与提前介入侦查一样,数量极少。(见表12-1)同时检察机关也极少运用与公安机关的合作补侦方式。(见图12-1)

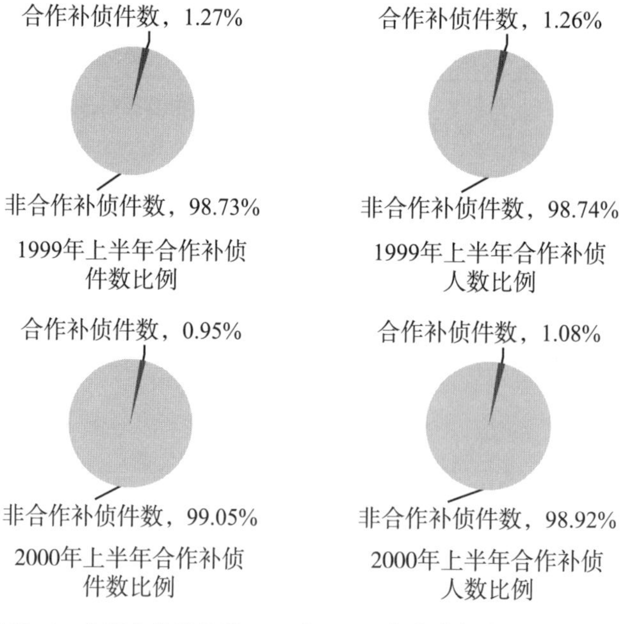

图12-1 北京市检察机关1999年、2000年上半年合作补侦比例①

---

① 比例图数据来源于周萃芳:《关于北京市检察机关审查起诉阶段补充侦查进行情况的调研报告》,载《中国刑事法杂志》2002年第3期。

第三,地市级检察院的退回补充侦查率明显高于基层检察院(见图12-2),通过退回补充侦查延长办案期限的问题比较突出。而公诉实务部门同志认为,"作为一个非案件承办人,要通过退补提纲去判断是否存在'利用退补延长办案时间'的做法是很难的"①。

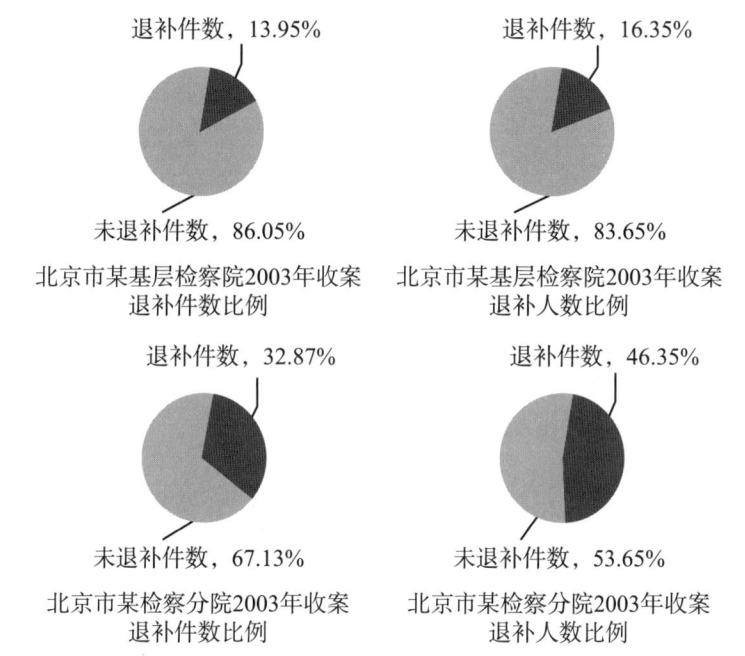

退补件数,13.95%　　　　退补件数,16.35%

未退补件数,86.05%　　　未退补件数,83.65%

北京市某基层检察院2003年收案　北京市某基层检察院2003年收案
退补件数比例　　　　　　退补人数比例

退补件数,32.87%　　　　退补件数,46.35%

未退补件数,67.13%　　　未退补件数,53.65%

北京市某检察分院2003年收案　北京市某检察分院2003年收案
退补件数比例　　　　　　退补人数比例

图12-2　北京市检察院基层检察院和分院退补比例

① 因为退补的案件都有补侦提纲,最少的补侦事项也在3项以上,内容也都与进一步证明案件事实有关系。只能说,在阅读一部分退补提纲时,会产生一定的疑问,如要求调取干部履历表证明主体身份,调取纪检部门出具的说明材料证明案发过程等补侦要求,都是证明案件所必须的,但在审查起诉期限内由公诉部门承办人自己完成也似乎并无大碍。之所以会产生"不好判断是否在借时间"的困惑是因为两点:一是案件反映复杂多变的社会生活,案件本身具有特殊性,不能武断地以退补提纲所列工作的难易程度作为判断的标准;二是现行法律、规则和办案细则中,都缺乏对退回补充侦查和自行补侦的条件规定,使得在自侦还是补侦问题上完全依赖承办人个人主观判断,没有相对可观的标准参照执行。其在阅卷中就没有发现无任何理由就将案件退回补充侦查这种明显借时间的做法,只发现一份以"鉴于犯罪嫌疑人在审查起诉阶段推翻以前供述"为由,退回公安机关"要求重新固定证据的"的退补提纲,其借机延长办案期限的目的较明显,也显示出公诉人过分依赖侦查员工作的倾向。参见徐航:《退回补充侦查制度的理论推演与实证分析——以审查起诉为视角的思考》,北京大学法学院图书馆馆藏论文,第24页。

第四,二次退回补充侦查率居高,退回补充侦查事项存在重复现象,意味着补充侦查权行使的效率偏低。2004 年,北京市某基层院的二次退补案件占退补总件数的 26%;某分院二次退补案件占退补总件数的 49.8%,负责审查经济类和职务类犯罪的公诉二处的二次退补率竟然达到了 82%。通过审阅随机抽取的该处卷宗发现,46 件 92 人退回补充侦查案件中,有 38 件 67 人进行了二次退补,第一次退补共提出补侦要求 780 余项,第二次退补的重复补侦事项达到 400 余项,重复补侦率超过 50%。

第五,辩方权利受到严重侵害,诉讼耗费人为扩大。不必要补充侦查和不必要二次补充侦查,犯罪嫌疑人被不必要地延长了羁押时间。辩方之知悉权、辩护律师之会见权得不到保障。① 同时,不必要的退回补充侦查和不必要的二次侦查延长了审查起诉时间,降低了公诉案件的审查效率,浪费了司法资源。

(2)控辩平等原则下补充侦查权的规制

在大陆法系国家,检察机关对所有犯罪案件都拥有侦查权,虽然在实践中,一些犯罪案件是由警察机关负责侦查的,但警察机关主要是对案件进行初步的调查或侦查,当调查或侦查到一定程度时,就将案件交由检察机关进行侦查。对所有犯罪案件的调查和侦查工作,都是在检察机关的控制和指挥下进行的,只有当检察机关认为案件的有关证据收集充分时,才终结有关侦查活动,故不存在需要补充侦查之情况,因而也不存在补充侦查之制度。

在英美法系国家,检察官经常被称为当地执法系统的首长,实际上他们也确实可以指导甚至直接领导警察侦查活动,因此,侦查阶段与决定起诉阶段之间的界限往往不甚清晰,没有由警察侦查终结之后,将案件移送检察官,然后由检察官审查起诉之阶段的划分。在实践中,警察在侦查过程中经常听取检察官的意见,检察官也经常根据自己对案件提起公诉的需要告诉警察应该收集哪些证据。

这就说明,包括美、英、法、德、意在内的西方主要国家的检察机

---

① 有部分检察机关以"案件退补阶段,公安负责"为由,拒绝为辩护人开具会见通知书;而公安机关又以"处在审查起诉阶段的案件,不论是否退补,都由检察机关批准会见"为由将辩护人拒之门外,限制了辩护人会见权的行使。

关的审查起诉都没有完全独立于侦查程序。[①] 这种由行使公诉的检察官参与、指挥侦查活动，即审查起诉与侦查一体化程序模式，有助于保障补充侦查的质量和效率，使检察官更迅速、准确地作出是否起诉的决定，从而使诉讼进程更加快速、高效，符合诉讼经济原则。

我国为解决补充侦查权被滥用等问题，借鉴国外一些先进经验，使补充侦查权真正发挥效用，又不侵犯犯罪嫌疑人的合法权益，可以采取如下主要措施。

第一，明确补充侦查的条件和程序。对于补充侦查，检察机关必须遵循必要性原则，即只有在公诉部门难以完成补充侦查任务或交由侦查机关（部门）开展工作更加适当时，才能退回补充侦查。需要补先侦查案件的条件应分为实体条件和程序条件。

第二，是调整检警关系，建立内部制约机制。当前，"检警一体化"的呼声很高，它是整合侦控力量的有效措施。笔者认为，鉴于我国国情和权力配置方式、"指导型检警一体化"更符合实际需要，更易为立法者所接受，也同样可以为"审判中心主义"的实现创造条件。具体构想是：确立公诉人在侦查阶段的指导地位，增强检察机关对侦查程序的监控力度，使侦查机关的所有诉讼行为，特别是调查、取证、采取强制措施的行为都纳入公诉人的视线，侦查机关接受检察机关的指导和监督，使检察机关真正成为影响侦查程序、公诉程序进程的核心力量；在审查起诉期间，全面听取侦查机关、被害人及其诉讼代理人、犯罪嫌疑人及其辩护人的意见，对侦查阶段的成果形成中立的判断。同时，在侦控两机关内部建立监督、制约机制，侦查部门可采取量化考评的方法，公诉部门可制定详尽的办案规则，辅以奖惩措施。

第三，强化辩方的权利保护。2019年《最高检诉讼规则》第47条规定："自人民检察院对案件审查起诉之日起，应当允许辩护律师查阅、摘抄、复制本案的案卷材料。案卷材料包括案件的诉讼文书和证据材料。人民检察院直接受理侦查案件移送起诉，审查起诉案

[①] 相关国家制度介绍，参见邓立军、张斌：《意大利刑事侦查制度的改革与嬗变——兼论对我国的启示与借鉴》，载《河北法学》2004年第9期；周理松：《法国、德国检察制度的主要特点及其借鉴》，载《人民检察》2003年第4期；邓立军：《中法刑事侦查制度比较研究》，载《政法学刊》2004年第3期。

件退回补充侦查、改变管辖、提起公诉的,应当及时告知辩护律师。"通过加强阅卷权,强化了辩护律师的权利保护。同时,为保障犯罪嫌疑人之知情权,公诉部门应当在作出退回补充侦查决定之日起3日内,书面告知犯罪嫌疑人及其辩护人、被害人及其代理人,告知其作出退回补充侦查决定的时间和理由。当事人对退回补充侦查决定有异议的,可以向检察机关提出复议①,或者请求人民法院对退补决定的合法性予以裁决。

2. 完善公诉证明标准

现代刑事诉讼建立在"证据裁判主义"基础之上,控方欲提起公诉,就要有足够的证据。公诉证明标准,是指控方对侦查终结的案件经过审查决定提起公诉时,支持起诉书的事实主张的证据所应达到的规格。但这种规格如何掌握,是一个具有重要实践意义和理论意义的课题。如果标准过宽,对明显证据不足的案件提起公诉,就会浪费国家司法资源,严重损害犯罪嫌疑人的合法权益;如果标准过严,控方有可能被束缚手脚,造成打击犯罪不力的后果;如果标准过于含糊,会导致打击犯罪标准不一,控方权力有可能被滥用。所以公诉证明标准应是宽严相济、明确清晰的。它应是绝对性与相对性②、整体性与局部性③、确定性与模糊性的统一④。

(1)国外公诉证明标准之考察

美国联邦刑事诉讼中的证明标准分为九等,其中提起大陪审团起诉书和检察官起诉书的证明标准是第五等之"合理根据"。在州一级的司法领域中,绝大多数州都以"合理根据"为检察官或大陪

---

① 据了解,北京市人民检察院第二分院在这方面进行了有益而富有成效的探索,该院组织资深型检察官组成了监督办公室,专门负责案件的内部复查和受理有关各方案件办理的投诉。由于该机构完全独立于业务处室,直接向检委会负责,很好地促进了案件办理质量和规范化建设。

② 就整个案件作出程序性或实体性处理决定而言,公诉证明标准具有绝对性。对于不同犯罪性质的事实而言又具有相对性。

③ 司法实践中,一个案件常常由多个犯罪行为组成,那么就有可能有的犯罪事实的证据充分,有的犯罪事实的证据就不充分,就局部而言,达到了证明标准,就整体而言就不一定达到了证明标准,所以公诉标准不仅是局部的确实充分,也是整体的确实充分。

④ 公诉的证明标准,在有的环节上应该丝毫不差的准确,而有的环节却可以有所模糊,如与犯罪事实有关、与犯罪定性有关的证据必须准确,与犯罪事实和定性无关的证据允许有一定程度上的模糊。

审团提起公诉的证明标准。"合理根据"的含义是:检察官根据所获得的证据得出的结论,认为该犯罪嫌疑人确有可能实施了被指控的犯罪。还有一些州采用民事案件的证明标准——"优势证据标准",①要求控方根据已知的证据相信该犯罪嫌疑人实施了被控犯罪行为的可能性大于其没有实施该行为的可能性。

英美部分学者还主张"51%规则",即检察机关在起诉时证明标准只要求达到法院作出有罪判决的可能性大于无罪开释的可能性。德国诉讼法学家斯密特教授将起诉证明标准总结为:有足够的不利被告人的证据,可以正当地要求被告人在法庭的公开审判中回答对他提出的指控。检察机关是根据充分的重大嫌疑对他提出公诉的。日本刑事诉讼法规定,检察官至少有充分的证据能够使犯罪嫌疑人得到有罪判决才能提起公诉。当证明犯罪嫌疑人犯罪的证据不充分时,检察官有权以"嫌疑不充分"为理由,作出不起诉的决定。

可见,在国外,证明标准的基本要求是:起诉时应有足够的证据证明有犯罪事实,但不要求必须达到法院有罪判决所要求的程度。

(2) 我国控辩平等原则下公诉证明标准的完善

根据我国 2018 年《刑事诉讼法》第 176 条规定,"证据确实、充分"是提起公诉的证明标准。2019 年《最高检诉讼规则》第 355 条、第 368 条进一步细化了提起公诉的证明标准。②

这意味着,公诉的证据要达到"质"的要求——"确实",即据以

---

① 少数州规定的证明标准是"案件明晰",即要求检察官的证据可以明确地得出该犯罪嫌疑人已经实施了所控犯罪行为的结论。
② 2019 年《最高检诉讼规则》第 355 条规定:人民检察院认为犯罪嫌疑人的犯罪事实已经查清,证据确实、充分,依法应当追究刑事责任的,应当作出起诉决定。具有下列情形之一的,可以确认犯罪事实已经查清:(1) 属于单一罪行的案件,查清的事实足以定罪量刑或者与定罪量刑有关的事实已经查清,不影响定罪量刑的事实无法查清的;(2) 属于数个罪行的案件,部分罪行已经查清并符合起诉条件,其他罪行无法查清的;(3) 无法查清作案工具、赃物去向,但有其他证据足以对被告人定罪量刑的;(4) 证人证言、犯罪嫌疑人供述和辩解、被害人的陈述的内容中主要情节一致,个别情节不一致且不影响定罪的。对于符合前款第 2 项情形的,应当已经查清的罪行起诉。第 368 条规定:不符合"证据确实、充分"的证明标准有几种情况:(1) 犯罪构成要件事实缺乏必要的证据予以证明的;(2) 据以定罪的证据存在疑问,无法查证属实的;(3) 据以定罪的证据之间、证据与案件事实之间的矛盾不能合理排除的;(4) 根据证据得出的结论具有其他可能性,不能排除合理怀疑的;(5) 根据证据认定案件事实不符合逻辑和经验法则,得出的结论明显不符合常理的。

定罪的每一个证据都经过查证属实,能够证明案件真实情况;公诉的证据还要达到"量"的要求——"充分",即控方在提起公诉时,用以控诉犯罪嫌疑人的证据应当达到相当的数量,杜绝"孤证"定案的现象,而且这些证据还能使公诉人形成有罪且应追究刑事责任的"内心确信",使定罪的可能性达到最大,在只有少量证据,连公诉人自己也拿不准的情况下勉强起诉是不负责任的,不符合公诉证明标准。

但是,上述公诉证明标准依然是比较抽象和概括的,运用证据的检察官只能凭借自身对客观事实的认识来把握。所以,基于控制公诉权滥用的考虑,应制定相应的诉讼制度和证据规则。有学者认为,公诉的证明标准应是"足够而非充分、合理而非确实",即证据应有相当数量,形成证据锁链,使公诉人内心形成确信,且使其完全有理由保持法官有较大可能作出有罪判决的期待①,即要有清楚和有说服力的证据,不但能说服检察官自己,还能确信能说服法官,才能提起公诉。笔者认为,这种认识是符合公诉证明标准的宽严相济和明确清晰要求的。

在司法实践中,检察官们往往对于单个证据主要审查:一是收集证据的主体是否合法,即是否是法律所规定的侦查人员、检察人员和审判人员以及辩护律师。二是被收集的证据是否合乎形式要求,即是否是法定的八种证据种类(物证、书证、视听资料等)。三是收集证据的程序、手段是否合法,即收集证据的时间、手续等是否合法,取证过程中是否运用威胁、诱骗、强迫等手段。四是提供证据人员的个人情况,即既要注意审查提供证据人员提供证据时的动机,也要注意该人员是否有因生理、心理、认识上的缺陷而提供不实证据的可能。对多个证据主要审查:一是证据中证明的内容是否真实,即证据所证明的内容是否符合一般事物的客观规律,是否符合人的正常思维,甚或是否符合科学定律及国际性标准。二是证据是否有证明力,即证据与事实之间是否有关联性,有关联则证明力强,

---

① 周光权:《足够、合理而非确实、充分》,载陈兴良主编:《刑事法判解》(第 2 卷),法律出版社 2000 年版,第 246—248 页。

无关联则无证明力。三是多个证据之间是否有矛盾,即通过甄别、比较、印证、辨认、鉴定等方法观察各证据之间是否协调一致。① 实践中的这些做法确实弥补了立法的一些不足,但是由于这些做法往往是检察官以传统的"师带徒"的方式予以传授,使证据的证明标准带了较多的主观色彩,检察官的个人素养在其中起了较大的作用,难以统一推广。

明确公诉证明标准,把握标准的"度",是控辩平等原则对公诉证明标准的要求。具体来说,应当实现如下要求。

一是客观真实性。这就要求合理约束证据的主观性,并有效排除证据的虚假性。对证据客观性的要求,并不是完全否定其主观性,而是合理约束其主观性,方法是:加强证据本身的固定,各证据之间相互印证;加强证据内容的固定,要从不同的角度以不同形式表现;加强证据内容细节的固定。同时,司法人员对于一个案件往往会收集大量证据,对证据真伪的甄别是达到证明标准的基础性工作,所以,需要有效排除证据的虚假性。

二是稳定可信性。这就要求合理控制证据的动态性、合理排除证据的疑点。由于证据本身或之外的情况会经常变化,所以需要合理控制其变化,使其稳定。同时,证据的可信度需要确定,其疑点要得到合理排除。

三是关联可靠性。这就要求证据与案件的关系得到确定,证据达到一定数量。关联性要求证据与案件事实之间、证据与证据之间、证据与客观现象之间都应该具有关联性。可靠性要求证据需要达到一定数量,孤证不可以定罪。

四是公正合法性。这就要求证据的程序性得到遵循、违法性得到救济。公诉证据的运用必须符合法定的程序,以严格的程序保障证据的真实。由于我国只排除非法言词证据,所以其他证据只要得到其他救济性的补强,就可以采纳。②

---

① 张穹主编:《公诉问题研究》,中国人民公安大学出版社 2000 年版,第 321—328 页。
② 张穹主编:《公诉问题研究》,中国人民公安大学出版社 2000 年版,第 332—338 页。

可见,审查起诉阶段,要建构控辩平等原则,其中的关键点就是合理规范补充侦查权的行使、严格制订公诉证明标准,使控方权力得到合理的规制,辩方权利得到有效的保护。

(二)不起诉权之扩张与制约

不起诉权,是指公诉人对侦查机关移送起诉的案件进行审查后,享有的作出不起诉或附条件不起诉的权力。它包括暂缓起诉权和不起诉权。随着犯罪案件的不断增多,随着保障人权尤其是保障刑事被告人权益的理念被提倡,为减少诉讼资源,减少诉累,不起诉权在"起诉便宜主义"理论下逐渐有扩张趋势。正如日本大正时代检察总长平沼所说:"不起诉权之运用,诉讼经济只是副次,最主要的是考虑被告受刑后,归复社会之困难。"①这意味着不起诉权的适用在于整个司法机关来说,固然是案件分流、节约司法成本的需求,最重要的是对于犯罪嫌疑人来说,使其免受被羁押之苦,免受被定罪的污点,免受犯人之间的交叉感染,使其可以真正有机会改过自新。那么,不起诉权最重要的意义就是保护犯罪嫌疑人的权益,符合控辩平等的核心精神应该得到不断扩张。事实上,综合各国情况来看,检察机关的不起诉权在解决刑事案件方面发挥着越来越大的作用,如美国每年有将近90%、德国大约有62.7%的案件通过运用不同形式的公诉裁量权加以解决。就是在素有"精密司法"之称的日本,也有29%的案件以不起诉处分终结。②

1. 赋予检察官暂缓起诉权

(1)暂缓起诉权的起源与意义

暂缓起诉权起源于日本明治时期,究其初衷,一方面,慎重行使公诉权已经备受世界各国关注,按照不告不理和一事不再理的诉讼法律原则,公诉机关不提起公诉,不仅国民一般不会受国家追诉之苦,而且也使得公诉机关的公诉受到约束;另一方面,从诉权的角度分析,一旦提起的刑事公诉被裁判否定,公诉机关即使再收集到足以证明已提起的公诉合法有理的确凿证据,也会因丧失诉权而无法

---

① 转引自朱朝亮:《检察官起诉裁量权之各国比较》(上),载《月旦法学杂志》1996年第19期。

② 姜伟、钱舫、徐鹤喃主编:《公诉制度教程》,法律出版社2002年版,第49页。

继续追诉。① 明治二十四年(1891 年),《刑事统计年表》单设"起诉犹豫"一项,规定,"凡被疑案件,虽起诉条件完备,有充分犯罪嫌疑,且犯罪情节并非轻微,但根据犯罪嫌疑人的主观情况,在一定期间可暂缓提起公诉,以观察其间之行为",这是在缓刑制度理念下设置的制度。其本质在于若犯罪人的人身危险性不大,又不违背国家利益,可以作出暂缓起诉的决定。②《日本刑事诉讼法典》第 248 条规定:根据犯人的性格、年龄、境遇、犯罪的情节及犯罪后的状况,无追诉的必要时,可以不提起诉。1961 年 6 月 1 日,横滨地方检察厅率先实施"对起诉犹豫者的更生保护方案";对于 20 岁以上 25 岁以下的犯罪嫌疑人,在对其作出起诉犹豫决定时,由检察官委托保护观察所长交保护观察官和保护司对他进行事后辅导,更生辅导期限原则上为 6 个月。期满后,如果得到保护观察所长关于辅导期间表现良好的通报,起诉犹豫即成为终局的不起诉处分;反之,如果辅导效果不好,则可以决定提起公诉。③

20 世纪 60 年代,德国犯罪率大幅度上升,侦查机关的调查取证权面临窘境,议会通过立法建立了暂缓起诉制度。其现行《德国刑事诉讼法典》第 153 条 a 规定:经负责开始审理程序的法院和被指控人同意,检察院可以对轻罪暂时不予提起公诉,同时要求被指控人履行一定的义务,即作出一定给付以弥补行为所造成的损害;向某公益设施或国库支付一笔款项;作出其他公益给付或承担一定数额的赡养义务……1998 年又增加了一项内容,即行为人根据道路交通法的规定参加一期劳动班后,刑事程序就可以终止。④ 虽然暂缓起诉在德国国内曾有过很大的争议,但从有效追究犯罪、合理配置资源、保护犯罪嫌疑人的角度出发,这一制度最终在立法上得到

---

① 杨诚、单民主编:《中外刑事诉讼制度》,法律出版社 2000 年版,第 223 页。
② 樊崇义、陈卫东、种松志主编:《现代公诉制度研究》,中国公安大学出版社 2005 年版,第 171 页。
③ 孙长永:《日本的起诉犹豫制度及其借鉴意义》,载《检察论丛》(第 1 卷),法律出版社 2000 年版,第 626 页。
④ 王运生、严军兴:《英国刑事司法与替代制度》,中国法制出版社 1999 年版,第 81 页。转引自蔡杰、冯亚景:《我国起诉替代措施的理论与实践》,载徐静村主编:《刑事诉讼前沿研究》(第 4 卷),中国检察出版社 2005 年版,第 184 页。

确认,并在实践中发挥着重要作用。同时,《英国王室检察官条例》(2000年通过)明确规定:在决定某个案件是否该起诉到法院时,王室检察官应当考虑起诉的替代方式。另外,美国、比利时也建立了类似的制度,赋予了检察官类似的暂缓起诉权。

综观各国立法及实践,暂缓起诉权的意义在于:它可以防止犯罪的交叉感染,降低再犯罪率,利于犯罪嫌疑人以后的生活,这弥补了短期自由刑的弊端;它还可以使被害人与犯罪嫌疑人之间的对立情绪得到缓解,有利于维护社会的稳定;使犯罪嫌疑人免于被贴上判刑标签,有利于犯罪嫌疑人的彻底改造。

(2)赋予我国检察官暂缓起诉权的设想

近年来,对于是否赋予检察机关暂缓起诉权,我国学术争论颇多,可以归结为:赞成说、反对说、审慎说三种。[①] 笔者赞成审慎说的观点,认为应该持积极审慎的态度探索暂缓起诉制度。因为我国2018年《刑事诉讼法》第177条第2款规定:对于犯罪情节轻微,依照《刑法》规定不需要判处刑罚或者免除刑罚的,人民检察院可以作出不起诉决定。这条法律没有禁止检察院在作出不起诉决定的同时,附加一定条件,所以,即使现行法律下都可以进行暂缓起诉制度的探索。

笔者认为可以如此设置我国的暂缓起诉权。

第一,合理确定暂缓起诉权的适用范围。结合我国国情,暂缓起诉权的适用范围主要是:轻微刑事犯罪的未成年人和老年犯罪嫌疑人;犯罪情节显著轻微的偶犯嫌疑人;犯罪中止或对犯罪后果采取了弥补和悔改措施的嫌疑人;适用暂缓起诉更有利于使之改正恶习,复归社会的嫌疑人。检察官在行使暂缓起诉权时可以考虑犯罪嫌疑人的个人因素,如平时行为、犯罪性质、学历、遗传、有无前科、年龄、所处的环境等;考虑犯罪的因素,如犯罪的轻重、被害程度,犯

[①] 赞成说认为,对未成年犯罪嫌疑人实行暂缓起诉是积极可行的,可以起到教育未成年人、预防未成年人犯罪的作用。反对说认为,暂缓起诉超越了现行立法,是侵犯审判的行为。审慎说认为,应当积极审慎地探索暂缓起诉制度。参见刘本燕:《建立暂缓起诉制度,构建和谐法治社会》,载陈光中、陈卫东主编:《诉讼法理论与实践》(2005年卷),方正出版社2005年版,第653页。

罪情节等；考虑犯罪后的因素，如犯罪嫌疑人是否反省、是否有回归社会的努力、是否有毁灭证据或逃匿的行为，是否有赔偿受害人或争取被害人谅解的措施等。

第二，严格设定行使暂缓起诉权的条件。为暂缓起诉设置严格的适用条件，以免检察官的自由裁量过大，导致司法腐败，应严格设定行使暂缓起诉权的条件：犯罪嫌疑人已经构成犯罪，事实清楚、证据确实、充分，依法应提起公诉；犯罪嫌疑人的犯罪行为必须是依法可能判处3年以下有期徒刑的犯罪；没有前科，没有累犯和其他加重刑罚的法定情节；犯罪嫌疑人真心悔过，有悔改表现，如自首、立功、积极退赃或主动赔偿被害人的物质损失等行为，人身危险性小，暂缓起诉不至于再次危害社会。被害人受到充分赔偿或安抚，被犯罪行为破坏的关系得到修复。暂缓起诉不损害国家、社会利益及其他公民的合法权益；犯罪嫌疑人有良好的家庭环境和社会帮教条件；设立1—3年的考验期，一旦犯罪嫌疑人违反相关法律规定和纪律就取消暂缓起诉，由检察机关提起公诉。

第三，制定行使暂缓起诉权的操作程序和制约机制。为了不使暂缓起诉成为某些犯罪嫌疑人逃脱罪责的工具，应制订严格的操作程序：审查讨论（起诉部门展开讨论）、赔偿安抚（由犯罪嫌疑人对被害人作出补偿）、决定（由检察委员会集体讨论决定）、宣布（向犯罪嫌疑人的学校、工作单位或居住地宣布）、帮教（组织犯罪嫌疑人的学校、工作单位或居住地派出所制定帮教计划）、考察（由检察机关定期或不定期考察犯罪嫌疑人在暂缓起诉考验期内的表现）、评价（考验期满前7日，帮教小组提交综合考察报告）、不予起诉或提起公诉（根据犯罪嫌疑人在考验期内的表现作出起诉或不起诉的决定。在考验期内若犯罪嫌疑人又犯新罪或有严重违法行为的检察机关可以随时撤销暂缓起诉并提起公诉）。为防止暂缓起诉权被滥用，还应设定制约机制：侦查机关有异议的，可以在收到暂缓起诉书后7日内提请上级检察机关复核；暂缓起诉书报上级检察机关备案，上级检察机关予以监督，若认为不当，可书面通知下级检察院更改；被暂缓起诉的犯罪嫌疑人在考验期内不遵守相关义务规定，被害人可以申请检察机关撤销暂缓起诉决定并提起公诉，检察机关在收到申请 7 日内作出是否撤销的决定,并将书面意见通知被害人。

2. 不起诉权之扩张与制约①

不起诉权,是指检察机关享有的在审查起诉结束时终止刑事诉讼活动,而对犯罪嫌疑人不交付审判的起诉裁量权力。扩张我国之不起诉权,有利于更好地保护犯罪嫌疑人的人身权利、财产权利,符合世界各国公诉权的发展趋势。

(1)国外不起诉权配置之考察

美国不起诉权可以追溯到 1883 年"人民诉瓦巴什、圣路易和太平洋铁路"案,以后逐渐确立了检察官的不起诉权。美国现行刑事诉讼法对起诉采取了"选择性起诉原则"。检察官不起诉权的行使不受案件性质、犯罪情节轻重、犯罪嫌疑人的个人情况等因素的限制,即检察官可以根据案件的具体情况和社会政策,有选择地对部分犯罪提起公诉,对另一部分犯罪则予以不起诉。当检察官认为某一案件无法胜诉的可能性较大时,就有权将案件撤销,不再向法院起诉,②不受他人审查,"大陪审团和预审法官对此也是无权过问"。③

1951 年,英国总检察长肖克罗斯勋爵在下议院发言说:有犯罪嫌疑就必须起诉,这从来就不是我们国家的方针,我希望今后也不会是……公共利益仍然是我们应当考虑的首要问题。④ 英国《刑事案件起诉规则》规定:即使被告人具备定罪的现实可能性,但倘若出于公共利益的考虑,没有必要追究被告人的刑事责任时,皇家检察官也可以作出不起诉的决定。⑤ 检察官享有改变指控或停止诉讼的

---

① 与暂缓起诉权相对而言,本处是指不附条件的不起诉。
② 伊利诺伊州上诉法院认为:法律赋予了检察官巨大的自由裁量权来追诉犯罪。他可以根据职权通过告发提起公诉,也可以在他认为符合正义的情况下终止诉讼。随后,韦尔森诉马歇尔案(1930 年)、加州诉亚当斯案(1965 年)、人民诉柏林案件(1974 年)等一系列著名的判例,进一步确认了检察官在决定起诉与否上的独有权力。参见何家弘:《论美国检察制度的特色》,载《外国法译评》1995 年第 4 期。
③ 何家弘:《论美国检察制度的特色》,载《外国法译评》1995 年第 4 期。
④ 龙宗智:《英国的刑事诉讼政策简介》,载《人民检察》1987 年第 7 期。
⑤ 检察官审查决定对案件是否提起公诉分为两个阶段:证据检验和公共利益检验。证据检验是第一步,如果案件的证据不能同时满足有效性、可采性、可靠性的要求,不管性质多么严重,社会影响多大,都不得起诉。证据审查通过后,检察官还必须根据公共利益决定有无提起公诉之必要。公共利益的保护是基于案件轻重和犯罪嫌疑人的个人情况而考虑的,如果不利于保护公共利益,则不起诉。

最终决定权,一旦检察机关告诉犯罪嫌疑人或被告人案件不起诉,或起诉已经终止,就意味着该案已经了结,不会再提起,也无人有权进行审查。

法国首次确立不起诉权可以追溯到 1958 年的《刑事诉讼法典》中的"追诉适当制度"。现行《刑事诉讼法典》第 40 条则规定:共和国检察官受理告诉与控告,并审查、确定应当作出的适当处理。即检察官在审查起诉完毕后,可以自由选择作出对该案件不予立案、进行调解或追诉等决定,但是一旦作出进行追诉的决定后不得进行变更。法国不起诉权的行使不受案件范围限制。① 为了避免检察官"可能滥用追诉适当规则",其配套的制约机制是通过上级检察官、受害人的请求、上级法院起诉审查庭的命令进行监督。

虽然德国是典型的"起诉法定主义"国家,但是自 20 世纪 60 年代以来,"起诉便宜主义"在立法上逐渐受到肯定,时至今日,公诉人已经可以就 12 种犯罪情形不再行使起诉权。20 世纪 90 年代以来,德国检察机关实际起诉到法院的案件只占所有案件的 11.3%。② 同时,德国对于不起诉权行使的监督与法国类似,力度也很大:被害人可以以申诉方式进行监督;开始审判程序的法院以同意与否的方式进行;由上位机构——州司法部进行监督;检察机关内部设置监督机制。

综上所述,世界大多数国家对于不起诉权都在逐渐扩张,相比较而言,英美法系检察官的不起诉权没有案件范围的限制,也没有其他力量的监督,是全面的权力。而大陆法系则除了赋予检察官不起诉的裁量权,一般也要使其权力受到严格的监督,是有所制约的权力。

---

① 法国检察官起诉裁量权限,虽未明定其行使之条件,未如《日本刑事诉讼法》于第 248 条规定起诉裁量权行使应斟酌之标准,但检察官在行使裁量权时,仍应斟酌:犯罪对于社会之影响、对于被告诉于其本人、家属及被害人、国家公益之可能影响等情势。朱朝亮:《检察官起诉裁量权之各国比较》(上),载《月旦法学杂志》1996 年第 19 期。

② 张朝霞:《德国不起诉制度》,载陈光中等主编:《诉讼法论丛》(第 4 卷),法律出版社 2000 年版,第 180—182 页。

（2）我国不起诉权的立法现状与实践

我国主要确立的是"起诉法定主义"方针，这是借鉴了苏联的立法模式。这种模式下，起诉裁量空间极为狭小，不起诉权力范围较小。根据我国《刑事诉讼法》的规定，学理上一般把不起诉划分为四种类型：法定不起诉权①、酌定不起诉权②、证据不足不起诉权（又叫作存疑不起诉权）③、未成年人刑事案件中的附条件不起诉权④。我国还确立了不起诉权的制约机制，即检察机关自我监督，上级检察机关监督，⑤公安机关以复议、复核方式监督⑥、被害人⑦、被不起诉人⑧以申诉方式进行监督。较之不起诉权制约力度较大的国家，我国的制约力度更大，监督出自多家，束缚了不起诉权，尤其是

---

① 2018年《刑事诉讼法》第177条第1款规定，犯罪嫌疑人没有犯罪事实，或者有本法第16条规定的情形之一时，人民检察院应当作出不起诉决定。第16条规定：有下列情形之一的，不追究刑事责任，已经追究的，应当撤销案件，或者不起诉，或者终止审理，或者宣告无罪：(1)情节显著轻微、危害不大，不认为是犯罪的；(2)犯罪已过追诉时效期限的；(3)经特赦令免除刑罚的；(4)依照《刑法》告诉才处理的犯罪，没有告诉或者撤回告诉的；(5)犯罪嫌疑人、被告人死亡的；(六)其他法律规定免予追究刑事责任的。

② 2018年《刑事诉讼法》第177条第2款规定，认为犯罪情节轻微，依照《刑法》规定不需要判处刑罚或者免除刑罚时，人民检察院可以作出不起诉决定。

③ 2018年《刑事诉讼法》第175条第4款规定，人民检察院对公安机关侦查终结起诉或自行侦查终结的案件经过审查，经过二次补充侦查，仍然认为证据不足，不符合起诉条件，可以作出不起诉决定。

④ 2018年《刑事诉讼法》第282条第1款规定，对于未成年人涉嫌《刑法》分则第四章、第五章、第六章规定的犯罪，可能判处1年有期徒刑以下刑罚，符合起诉条件，但有悔罪表现的，人民检察院可以作出附条件不起诉的决定。

⑤ 在我国，检察系统内奉行检察一体化原则，上下级人民检察院之间是领导与被领导的关系，因此下级检察院行使不起诉权，要受到上级检察院的制约。

⑥ 2018年《刑事诉讼法》第179条规定：对于公安机关移送起诉的案件，人民检察院决定不起诉的，应当将不起诉决定书送达公安机关。公安机关认为不起诉的决定有错误的时候，可以要求复议，如果意见不被接受，可以向上一级人民检察院提请复核。

⑦ 2018年《刑事诉讼法》第180条规定：对于有被害人的案件，决定不起诉的，人民检察院应当将不起诉决定书送达被害人。被害人如果不服，可以自收到决定书后7日以内向上一级人民检察院申诉，请求提起公诉。人民检察院应当将复查决定告知被害人。对人民检察院维持不起诉决定的，被害人可以向人民法院起诉。被害人也可以不经申诉，直接向人民法院起诉。人民法院受理案件后，人民检察院应当将有关案件材料移送人民法院。

⑧ 2018年《刑事诉讼法》第181条规定：对于人民检察院依照本法第177条第2款规定作出的不起诉决定，被不起诉人如果不服，可以自收到决定书后7日以内向人民检察院申诉。人民检察院应当作出复查决定，通知被不起诉的人，同时抄送公安机关。

酌定不起诉权的实际应用。以杭州地区为例,近年来不起诉案件及人数逐年下降:杭州市检察机关 2002 年共办理各类刑事案件 6683 件 9279 人,向法院提起公诉 9124 人,不起诉 155 人,其中适用法定不起诉的 6 人,相对不起诉的 107 人,存疑不起诉的 42 人,不起诉率仅为 1.64%。2003 年,全市刑事案件数量上升,全年不起诉人数却下降,仅为 97 人,比上一年度降低 37.4%。① 而日本检察官每年适用不起诉处理的占 29%,其中酌定不起诉的占 94.5%。②

之所以不起诉率如此低下,是因为许多检察机关对适用不起诉作了法外限制。如有的检察院明确规定了适用不起诉决定的比例,许多省市严格控在 4%、5% 左右;有的则规定要向上级检察院备案或请示,经同意方可作出。这些限制看似为了慎重行使不起诉权,防止不起诉权被滥用,避免"人情案""枉法案",客观上却削弱了不起诉权限。对于控辩平等原则而言,这些问题的存在导致本该作不起诉处理的案件,由于受比例限制而只能作起诉处理,实际上违背了设置不起诉权保护犯罪嫌疑人权益的初衷。

(3)控辩平等原则下不起诉权的适度扩张

鉴于我国不起诉权权力范围较小、制约力度较大、行使率较低的现状,扩张不起诉权实际就是扩大酌定不起诉的范围与适用,尽量缩减不必要的制约。笔者的具体构想如下。

第一,不起诉权的行使不以"犯罪情节轻微"为必要条件。因为,将"犯罪情节轻微"作为酌定不起诉的前提条件,其立法意图是防止检察机关对于犯罪情节较重的案件滥用职权。但是"情节轻微"这一前提条件却束缚了检察机关的手脚,使其轻易不敢行使不起诉权。笔者认为,不必以"犯罪情节轻微"为前提条件,对于我国刑法规定的预备犯、从犯、防卫过当、避险行为、胁从犯、没有造成损害的中止犯等可能免除处罚的情形,都可作出不起诉决定,使控辩双方都早些脱离讼累。

第二,不起诉权的案件范围在未成年人犯罪基础上还应增加

---

① 陈合达:《对不起诉权运行状况的调查报告》,载《中国刑事法杂志》2005 年第 5 期。

② 陈光中:《中德不起诉制度比较研究》,中国检察出版社 2002 年版,第 104 页。

"老年人、残疾人犯罪"及"轻伤害"等案件类型。《论语》有云:"老吾老以及人之老,幼吾幼以及人之幼。"老年人、青少年、残疾人在体力、智力方面较之常人属于弱势,适当放宽对这类犯罪嫌疑人的刑罚是古今中外的司法传统。① 实际上,对未成年人、老年人、残疾人明确可以酌定不起诉既不影响控制社会犯罪,又减轻了刑罚执行的压力,是社会进步和文明的表现。但是,在司法实践中,我国犯罪青少年被判处监禁刑的数量远远高于德、日等国,从一定程度上表明了我国酌定不起诉案件范围上的缺陷。因此,对于犯罪情节并不是很严重、本人认罪悔罪或者犯罪后因疾病等原因已无再犯可能的,可以考虑作出不起诉处理。轻伤害案件的犯罪嫌疑人的主观恶性一般不大,犯罪情节也比较轻微、社会危害性较小,行使不起诉权可以有效控制司法资源的浪费。

第三,增加"侵犯公共利益"作为适用不起诉案件之证明标准。本书已提及,英国、德国、日本等国家在考虑是否提起公诉时,一般都会考虑公共利益。统计资料表明,英国经过检察机关审查后决定不起诉的案件中,有30%是属于检察官认为不符合公共利益的,如被害人不愿意对被告人继续追诉、精神病人的案件等。② 目前,中国对此还没有明文规定,应在立法中确立这一标准,使检察官根据案件是否"违背公共利益"而考虑是否决定不起诉。

通过在上述三方面对不起诉权进行扩张,可以使不起诉权的案件范围有所增加。但是,根据控辩平等原则的要求,有权利的扩张,就要保证权力被正确行使,制约权力,防止权力滥用。

第一,建立检察机关内部严格的审批制度,设置定期的审查机

---

① 例如中国封建社会的《唐律》就规定:70岁以上,15岁以下,以及残疾的,可从宽处罚;80岁以上,10岁以下及严重残疾的,可更宽大地处罚;90岁以上,7岁以下,虽然犯死刑罪,也不处罚。详见《唐律》"老小废疾"条。在英国,检察机关可以根据广泛的理由而不起诉,其中一条为:被告人年迈;或者现在或犯罪时身心受了很大的伤害。近年来,世界各国立法的一大趋势是对未成年犯罪嫌疑人予以保护,"教罚并重"成为共识,一般应已实施保护性管训处分为主。我国《预防未成年人犯罪法》第 44 条规定:对犯罪的未成年人追究刑事责任,实行教育、感化、挽救方针,坚持教育为主、处罚为辅的原则。

② 奚玮、陶卫东:《论疑罪不诉中的证据"说理"机制》,载《法学杂志》2009 年第 7 期。

制。合理的审批权限和步骤,一方面,可以促进不起诉决定的结果在实体方面的合理化;另一方面,它约束了不起诉决定产生过程是否具有公正合理的外观。

第二,建立不起诉决定前的听证制度。听证制度本来是行政执法中为避免执法人员自由裁量权滥用而设置的。一般来说,听证可以发现案件真实,保障当事人平等、有效参与决定的权利,从而缓解矛盾,有效解决争端。① 设置不起诉权前的听证制度既可以使检务公开,又能听取全面的意见,保障决定的科学性,还可以促使当事人消除在案件事实和法律事实上的分歧、化解矛盾。这种设置实际上与法庭审判类似,体现了控辩平等原则。

第三,增强不起诉决定书的说理性。在不起诉决定书中以说理的方式详细阐述理由,一方面,促使检察机关就法律和事实问题认真考虑,慎重作出决定;另一方面,使当事人了解决定的法律和事实依据,便于接受决定并实施监督。增强不起诉决定书的说理性可以对不起诉裁量权的行使构成一种理性的制约。

值得一提的是,社会监督也是制约不起诉权行使的重要力量。最高人民检察院于2003年开始试行人民监督员制度,使人民监督员成为一股社会监督的力量。这些监督员的监督案件范围主要是检察机关自侦的案件,对是否逮捕、是否撤案、是否起诉进行监督。在一定程度上促进了办案人员执法理念的转变,确保依法公正地履行检察职责,推进司法的民主化和社会化。人民监督员可以成为所有不起诉决定案件的监督员,在进一步规范的程序下进行监督,使不起诉决定做到更加合理,也是判断其是否"侵犯公共利益"的重要评判者。

(三) 量刑建议权之实践

量刑建议权是公诉人依照法律所享有的向法官提出量刑建议的权力。它源于公诉权,属于公诉权的下位权能,是一种基于刑罚请求权的司法请求权。量刑建议权体现了国家的意志,是为维护社会秩序而设立的追诉犯罪的权力,因而具有如自诉权等私权利所没

---

① 徐鹤喃、刘林呐:《刑事程序公开论》,法律出版社2002年版,第160页。

有的国家意志性、统一性以及与刑罚距离的进一步拉近等特性。作为来源于刑罚权的一种派生权力,量刑建议权利又具有刑罚权的国家垄断性,权力的行使主体是代表国家行使追诉权的公诉人或公诉机关。

量刑建议权的内容是公诉机关或者个人请求法官对被告人在定罪的基础上处以特定的或一定幅度内的刑罚。从根本上讲,量刑建议权只是刑事诉讼的一方根据自己的认识向居中裁判的法官所提出的对另一方进行制裁的请求,只不过提出这种请求的人是国家的代表,因而它与其他诉讼请求一样,是不具有最终结论性的。与之相对应由法官专门享有的量刑裁量权才具有终局性,法官在或接受或否定量刑建议的情况下对被告人的行为及其责任作出自己的判断和评价。①

1.赋予检察官量刑建议权之必要性

在现代刑事诉讼理论中,作为检察机关公诉权的核心,求刑权既包括定罪请求权,又包括量刑建议权。无论是在刑事法律的立法规定上,还是在刑事诉讼的司法实务中,我国检察官在刑事案件求刑权的行使过程中,凸显的还只是定罪请求权、刑事立法中没有明确规定检察官的量刑建议权,诉讼实践中也很少行使本体意义上的量刑建议权。在构建中国控辩协商制度的法治视野中,必须对于目前的检察官求刑权予以扩张与规制,设立与现代刑事诉讼适格的检察官量刑建议权。

从控辩平等角度来说,赋予检察官量刑建议权的必要性至少表现在以下两个方面。

其一,有利于保持审判的透明性和中立性。法官对于案件的定罪量刑具有自由裁量权,但是,没有监督的权力容易滋生腐败。由检察官在法庭审判中提出量刑建议并阐明理由,辩方予以答辩,无论法官是否接受意见,均有必要在裁判中说明理由。这样,无论是控辩双方还是其他诉讼参与人、社会公众,就可以对法官产生这种判决的理由及其背景有一个清楚的认识,如果裁判是公正的,其公

---

① 冀祥德:《构建中国的量刑建议制度》,载《法商研究》2005年第4期。

正性更容易被理解和接受。如果裁判是不公正的，即可以通过相关程序将此判决结果推翻。

其二，有利于增强审判的对抗性和公正性。我国《刑事诉讼法》修改以后，形成了一定意义上的控辩式诉讼模式，控辩双方关系的对抗性特点得到了一定程度的体现。但这种特点目前只是在质证和定罪环节体现得较为充分，在量刑问题上并没有形成争论的气氛。量刑建议权的赋予可以使控辩双方能够有机会在法庭上将支持自己量刑意见的理由和证据得以充分展示，便于法官发现真相，正确地适用法律。①

2. 检察机关量刑建议权之实践

考察国外一些国家的诉讼制度，不难发现，很多国家均赋予检察官以量刑建议权。② 笔者对我国诉讼制度中赋予检察官量刑建议权的具体构想如下。

---

① 冀祥德：《构建中国的量刑建议制度》，载《法商研究》2005 年第 4 期。
② 例如，在德国，检察官的量刑建议权体现在两方面：法庭审理的辩论阶段和处罚令程序。在法庭的辩论阶段，先由控方根据案件的具体情况和相关规定，对被告人提出明确的量刑意见，然后辩方也提出量刑意见，双方必须阐明自己的理由，然后进行辩论。法官在判决时详细阐明对被告人量刑的理由。在处罚令程序中，对于罚金、保留处罚的警告、禁止驾驶、追缴、没收、销毁、废弃、对法人或联合会宣告有罪判决和罚款、免予处罚等案件，检察官提出公诉时，在申请书中写明要求法院判处的法律处分。检察官的建议多数会被法官采纳，法院则根据检察官的申请，以处罚令的形式认定被告人有罪，确定对其的处罚。这种程序减轻了司法机关和诉讼当事人的诉讼负担。其制约机制是如果被告人不同意采用该程序，审判程序应当公开进行。在意大利，有五种特别程序，即简易审判、快速审判、立即审判、辩诉交易、刑罚处罚令。在第一审法庭审判开始以前，检察官和被告人的辩护律师就被告人的判刑问题进行协商，法院根据双方的要求对判刑协议审查后，制作和发布判决。其制约机制是犯罪性质不允许被协商，控辩双方只能就判刑问题进行协商并达成协议，而法官虽然被动接受协议但会主动审查，协议对判决没有必然约束力。在日本，检察官在提起公诉的同时，发表量刑意见——求刑。这些意见是否被采纳，由法庭裁判官决定。一般情况下，法庭裁判官作出判决时，都尊重和充分考虑检察官的论告和求刑意见。据统计，日本 90%以上刑事案件的判决，与检察官的论告及求刑意见基本一致。其保障机制是，如果检察官对一审判决中的量刑不服，可以提出上诉。在英国，陪审团作出有罪判决后，适用哪种法律判处哪种刑罚属于法官的职责和权限。法庭可以就有关判刑的各种情况进行调查，有时甚至需要举证和辩论，控方可以就此发表自己的量刑意见，在此基础上法官才作出量刑和判决。在美国，量刑建议权主要体现在辩诉交易中，而美国辩诉交易的案件占总案件数的 90%，检察官的量刑建议权行使频繁。辩诉交易是检察官的权力，如果控辩双方达成辩诉交易，在法庭上，法官将作出接受或不

(1) 通过立法变动给予量刑建议权以明确的法律地位

2018年《刑事诉讼法》第198条第2款规定:"经审判长许可,公诉人、当事人和辩护人、诉讼代理人可以对证据和案件情况发表意见并且可以互相辩论。"此项规定确立了检察机关拥有量刑建议权。2019年《最高检诉讼规则》第364条第1款规定:"人民检察院提起公诉的案件,可以向人民法院提出量刑建议。除有减轻处罚或者免除处罚情节外,量刑建议应当在法定量刑幅度内提出。建议判处有期徒刑、管制、拘役的,可以具有一定的幅度,也可以提出具体确定的建议。"第2款规定:"提出量刑建议的,可以制作量刑建议书,与起诉书一并移送人民法院。量刑建议书的主要内容应当包括被告人所犯罪行的法定刑、量刑情节、建议人民法院对被告人判处刑罚的种类、刑罚幅度、可以适用的刑罚执行方式以及提出量刑建议的依据和理由等。"2018年《刑事诉讼法》第176条第2款规定:"犯罪嫌疑人认罪认罚的,人民检察院应当就主刑、附加刑、是否适用缓刑等提出量刑建议,并随案移送认罪认罚具结书等材料。"第201条第1款中规定,"对于认罪认罚案件,人民法院依法作出判决时,一般应当采纳人民检察院指控的罪名和量刑建议"。由此可见,在认罪认罚从宽制度中,检察机关的量刑建议具有至关重要的地位。

(2) 通过制度完善规范量刑建议权的行使

一是关于行使量刑建议权的基本原则。检察官行使量刑建议权时需要遵循四大原则:第一,依法建议原则。量刑建议应当根据案件的犯罪性质、事实、情节以及社会危害程度,依照有关的刑罚规定提出。第二,慎重准确原则。建议判处的主刑必须准确、具体,在

接受的决定,如果接受控辩交易的协议,则只作形式审查,确认双方协议内容,这就等于检察官决定了被告人的罪名和量刑。如果检察官对某些案件没有和辩方进行辩诉交易,而是直接提交法院进行审理,当陪审团作出有罪表决后,检察官就有权提出量刑建议,他还可以配合缓刑监督官制作调查报告,在报告中提出量刑建议。在加拿大,量刑建议权在两种情况下使用:法庭量刑聆讯阶段和辩诉交易。量刑聆讯阶段的量刑建议需要在和辩方的辩论中进行,法官对双方的意见听取后形成意见。在辩诉交易中,主要在量刑交易中体现量刑建议权。控辩双方在庭前达成量刑协议,法庭上由于没有了争论,法官一般会以此为基础,按双方协议对被告人量刑。参见冀祥德:《构建中国的量刑建议制度》,载《法商研究》2005年第4期。

较小的幅度范围内提出,不应仅仅根据《刑法》条文中的量刑幅度予以建议,不得兼跨两个及两个以上刑种。第三,宽严相济原则。对于法定从重或者从轻、减轻处罚情节,量刑建议应有所体现。第四,充分说理原则。在建议中应说明法律根据、事实根据和理论根据。二是关于量刑建议权适用范围的问题。笔者主张,检察官对公诉案件都可以行使量刑建议权。对于简易程序是否适用量刑建议权,持不适用观点者的主要理由是检察官不出庭,被告人可能被适用的刑罚低,不至于出现刑罚不当的问题。笔者认为,简易程序同样应在起诉意见书中阐明量刑建议,虽然这类案件的刑罚幅度不大,自由裁量余地不大,但不等于没有自由裁量,提供量刑建议可以给法官有个参考。关于新领域新罪名是否适用量刑建议权,持否定观点的理由是怕量刑建议不恰当,影响检察机关形象。笔者认为,这个理由并不充分,量刑建议依靠查明的犯罪事实,正确适用法律,即使新罪名,法律规定也是明确的,完全有充分的依据衡量刑罚,不能只为"顾惜自己的羽毛",连正当的职权都不敢充分行使。三是量刑建议提出的时间需要把握。在简易程序中,可以在起诉意见书中予以说明。在普通程序中,公诉人在最后发表公诉意见时,是提出量刑建议的最佳时机,虽然之前关于量刑建议的事实和法律都经过了考虑,但是过早提出,针对性不强。在法庭上,随时有可能出现新情况,使案件峰回路转,发表公诉意见时,检察官已充分听取了辩护方的意见,及时修正自己的量刑建议,提出后更具说服力。

当然,对于量刑建议,被告人、辩护人若有异议,可以要求检察官予以答辩。

(四)控辩平等下公诉方式之选择

排除法官预断,保持法官中立是控辩平等原则的基本内容之一,但是,控审一体的历史和同为国家司法机关的地位,决定了检察官在审前影响法官的可能性极大。提起公诉的方式,即证据移送方式和提起公诉是否受到法院的实质审查,是检察官审前是否会影响到法官的判决的关键环节,而此也直接决定了审判中控辩地位是否平等。本书探讨的就是我国刑事诉讼中,如何选择公诉方式以更适应控辩平等原则的构建要求。

1. 国外公诉方式之启示

从英、美、法等国预审程序的发展趋势来看，在审前对案件进行预审的庭前审查方式已经逐渐衰微，由检察官独占提起公诉权的趋势在增强。这是因为，预审程序虽然可以限制国家刑罚权，尽可能地减少国家追诉权的滥用。但是，它却具有因同样的证据要在预审阶段和审判阶段进行重复调查而导致结案周期延长的缺陷，这极不适应犯罪数量日益上升的社会现状。随着检察官日益职业化，检察官素质也在不断提升，权力被滥用的可能在逐渐降低。同时，审判程序才是最后决定的程序，可以使权力被滥用得到补救。因此，当前，检察官独占提起公诉权更符合控辩平等下保证被告人权利的要求。

从各国的证据移送方式来看，英、美、日、意采取的是起诉一本主义，①其目的是防止法官预断，因"先入为主"而产生不利于被告人

---

① 美国的庭前审查方式主要是大陪审团的实质审查，即对可能判处死刑的犯罪案件以及可能判处1年以上徒刑或者劳役的案件由大陪审团进行庭前审查。大陪审团的审查是秘密进行的，辩方无权参加，由检察官草拟起诉书，向大陪审团提供有罪证据和就法律问题进行解释。大陪审团审查后，决定公诉的，便将案件提交管辖法院，由公诉律师出庭。对于其他犯罪，可以由检察官自行决定起诉与否，如果被告人请求预审，由有管辖权的法院对检察官提起公诉的理由进行预审。随着审前辩诉交易的广泛使用，进入正式审判的案件数量只有10%左右，预审的案件也就只有这10%左右。证据移送方式是典型的起诉一本主义，即提交起诉书时，只向法院移送一本起诉书，不得附带移送可能使庭审法官产生预断的任何证据材料。大陪审团起诉书或检察官起诉书应当是关于构成所指控罪行的基本事实的清楚、简要和明确的书面陈述，应当由检察官签署。起诉书中不需要有正式的起始、结论和其他不必要的内容。大陪审团起诉书或检察官的起诉书应当就指控的每条罪状说明该行为违反的法律、法规、条例或其他法律规定，援引有关法律条文。英国庭前审查方式为两种：检察官直接决定的方式和治安法院预审的方式，治安法院的预审是实质审查。但是，1996年英国刑事诉讼法对庭前审查方式作了一定改革：如果被告有律师，辩护律师已经获得控方提供的证据复印件，并认为控方的证据足以证明将被告移送刑事法院是合理的，预审法院将不用审查任何证据就可以将案件移送刑事法院。如果辩方认为控方证据不足，不同意移送给刑事法院，则预审法院应该审查，但只限于书面审查，不再进行"言词预审程序"。目前，绝大部分案件由治安法院处理的，只有大约5%的刑事案件由刑事法院审理，而且移送刑事法院的案件也并非全部要通过预审。证据移送方式同美国，也是起诉一本主义，即依简易程序审理的案件，检察官向治安法院起诉时只提交起诉书，不附带与案件有关的其他证据材料。以正式起诉程序审理的案件，如果预审法院同意提起公诉，检察长必须任命大律师出庭支持公诉，起诉时大律师向刑事法院移送一份起诉书，不附带任何证据材料。日本提起公诉无须审查程序。例外的是，对于未成年人犯罪，侦查终结后要先交家庭法院审查，认为应当追究刑事责任时才交

的偏见,确保法官中立地公正审判;同时,由于法官事先没有接触证据的机会,就更加重视庭审中控辩双方的举证、质证和辩论,这就有效地保障了直接、言词原则的贯彻执行,使审判程序在刑事诉讼中心地位得以加强。德、法采取的是"案卷移送主义",①就控辩平等原则而言,其缺陷在于:容易导致法官"先入为主",以至于偏向控方,在一定程度上弱化了庭审功能,也不利于保护被告人的辩护权。可见,在证据移送方式上,为防止控辩失衡,法官失去中心地位,起诉一本主义更有利于树立"审判中心主义",更有利于辩方在法庭上充分行使辩护权。

检察官进行审查起诉。证据移送方式采用的是起诉一本主义。在简易命令程序、交通案件即决审判程序、更新后的公诉程序、上诉审发回重审后的审判程序中检察官会采取卷宗移送主义的证据移送方式,这些案件的法官会受到公诉认定事实的影响。意大利诉讼制度中,证据移送方式采用的是不彻底的起诉一本主义,即除起诉书外,司法警察和检察官实施的"不可重复进行的行为"的笔录、有关"附带采证"程序的全部书面记录、涉及司法档案的证明书,以及不需要另地保存的与犯罪有关的物品和物证等要在审前移交法院。

① 德国提起公诉的权力由检察官独自享有,但是设置了审判程序之前的中间程序。中间程序类似"预审程序",又与之不同,预审程序中预审主体与审判主体不是同一部分人,而中间程序的预审主体与审判主体都是同一个审判庭进行。具体步骤是:检察官提起公诉,将起诉书和案卷一并提交法院,法院院长将起诉书通知被告人,并要求其作出声明,以表明在裁判起诉书之前是否要申请调取证据或是否要对开始审判程序提出异议。在裁判是否开始审判程序之前,法院可以命令收集一定的证据。根据起诉书中载明的侦查结果,认为被告人有足够的犯罪行为嫌疑时,法院裁定开始审判程序。整个程序是不公开进行的,由审判庭首席法官主持,一名法官阅卷,审判庭集体决定是否进入审判程序。证据移送方式采用卷宗移送主义,即提交起诉书时,附加所有的证据一并提交。法国检察官决定提起公诉后,重罪案件必须提交预审,轻罪案件可以提交预审,也可不提交预审,但某些特殊的轻罪案件,如未成年人轻罪犯罪嫌疑人必须经过预审,对于违警罪案件,经检察官要求可以预审。如果应当预审和检察官认为需要预审的案件,检察官应向预审法官提出公诉意见书,并移送案件证据。经过预审,如果预审法官认为构成犯罪,则裁定将案件移送相应的法院,预审法官应将案卷连同裁定移交检察官,后者有责任毫不迟延地转送该主管法院的书记官。较之以前,法国立法上取消了对重罪案件的"二级预审"。预审法官如果认为构成重罪,则应裁定将案件和供定罪的证据迅速通过检察官移送上诉法院起诉审查庭进行第二级预审。审查庭通过预审后如认为构成重罪的,则裁定向重罪法院起诉。驻上诉法院的检察长则根据该裁定制作公诉书,连同案卷一并移送重罪法院。同时,实际可以进行预审的案件数量非常有限。证据移送方式同德国,也是卷宗移送主义。

2. 我国公诉方式之反思

根据我国有关公诉方式的主要法律规定,①我国庭前审查方式是法院对检察院提起公诉的案件进行形式审查,这种审查只是对起诉书和证据等进行形式的审查。同时,2012 年《刑事诉讼法》的修订还恢复了案卷移送制度,我国检察机关提起公诉时,不仅要向法院提交起诉书,还要向人民法院移送案卷材料和证据。

通过对我国公诉方式的考察,在控辩平等原则的视角下,存在问题主要如下。

第一,庭前审查模式并无实质意义,有害无益。西方国家设置预审程序,其目的是防止起诉权滥用,但我国庭前审查只是形式审查,对制约起诉权毫无意义。

第二,我国的庭前审查,由审判庭法官进行。由于我国已经恢复了案卷移送制度,这一修改的背景是之前仅移送起诉状以及证据目录的形式导致辩护律师阅卷难、法庭庭审难以把控等问题。但这一恢复也产生了新的问题,如法官在庭前对于公诉机关提供材料的

---

① 2018 年《刑事诉讼法》第 186 条规定:人民法院对提起公诉的案件进行审查后,对于起诉书中有明确的指控犯罪事实的,应当决定开庭审判。2019 年《最高检诉讼规则》第 359 条第 1 款规定:人民检察院提起公诉的案件,应当向人民法院移送起诉书、案卷材料、证据和认罪认罚具结书等材料。《最高法司法解释》第 218 条对提起公诉的案件,人民法院应当在收到起诉书(一式八份,每增加一名被告人,增加起诉书五份)和案卷、证据后,审查以下内容:(1)是否属于本院管辖;(2)起诉书是否写明被告人的身份,是否受过或者正在接受刑事处罚、行政处罚、处分,被采取留置措施的情况,被采取强制措施的时间、种类、羁押地点,犯罪的时间、地点、手段、后果以及其他可能影响定罪量刑的情节;有多起犯罪事实的,是否在起诉书中将事实分别列明;(3)是否移送证明指控犯罪事实及影响量刑的证据材料,包括采取技术调查、侦查措施的法律文书和所收集的证据材料;(4)是否查封、扣押、冻结被告人的违法所得或者其他涉案财物,查封、扣押、冻结是否逾期;是否随案移送涉案财物、附涉案财物清单;是否列明涉案财物权属情况;是否就涉案财物处理提供相关证据材料;(5)是否列明被害人的姓名、住址、联系方式;是否附有证人、鉴定人名单;是否申请法庭通知证人、鉴定人、有专门知识的人出庭,并列明有关人员的姓名、性别、年龄、职业、住址、联系方式;是否附有需要保护的证人、鉴定人、被害人名单;(6)当事人已委托辩护人、诉讼代理人或者已接受法律援助的,是否列明辩护人、诉讼代理人的姓名、住址、联系方式;(7)是否提起附带民事诉讼;提起附带民事诉讼的,是否列明附带民事诉讼当事人的姓名、住址、联系方式等,是否附有相关证据材料;(8)监察调查、侦查、审查起诉程序的各种法律手续和诉讼文书是否齐全;(9)被告人认罪认罚的,是否提出量刑建议,移送认罪认罚具结书等材料;(10)有无《刑事诉讼法》第 16 条第 2 项至第 6 项规定的不追究刑事责任的情形。

阅读审查容易形成预断,影响辩护效果以及庭审实质化。庭审法官为了能更好地主持和把握庭审,一般都会在庭前对主要证据进行认真审查和研究。这样,庭前审查程序与法庭审判程序实质上并无界限。于是,庭审法官的庭前预断在所难免,甚至会出现庭前审查取代法庭审判的现象。

可见,现行的庭前审查方式不利于起诉权的控制,也不利于在庭审中形成控辩双方对抗的局面,不符合控辩平等原则的要求,亟须改革。

3.控辩平等原则下我国公诉方式之选择

(1)选择公诉方式之前的思考

重新选择公诉方式需要解决对如下几个问题进行深入思考。

第一,庭前设置实质审查是否必要?首先,庭前预审的模式处于萎缩状态。综观设立庭前审查的各国实践,庭前由专门机关进行预审的案件在逐渐减少。其次,我国庭前设置实质审查并不能消除法官预断。假如在检察院提起公诉后,由法院设专门的预审法官进行实质审查,然后再提交庭审,这样,虽然并不会使庭审法官提前对被告人产生偏见,但却不能避免预审结论对庭审法官的影响。最后,检察官独占公诉权是全球的趋势。所以,对于我国来说,在庭前设置实质审查没有必要。

第二,起诉状一本主义的诉讼价值何在?首先,起诉状一本主义可以强化检察官在审判程序中对证据调查的主导作用。因为法官对案件没有事先的了解,为了赢得诉讼,检察官一般会在起诉前充分占有证据材料、审慎地提起公诉,在审判过程中会积极举证以说服法官确信被告人有罪。其次,起诉状一本主义杜绝法官预断,避免"先定后审"情形,强化了法庭辩论的功能,法官会更加重视庭审,认真听取双方面意见,形成"自由心证",以中立的地位保证审判结果的公正与权威。[①] 最后,辩方有与控方同样的言论机会,辩方的辩护意见将会受到法官的认真听取,辩方可以抓住此机会进行辩

---

① 李奋飞:《从"复印件主义"走向"起诉状一本主义"——对我国刑事公诉方式改革的一种思考》,载《国家检察官学院学报》2003年第2期。

护。这样一来,控、辩、审三方的关系就会真正形成控辩平等对抗、审判居中的局面,更符合控辩平等的要求。

第三,设立庭前准备程序是否必要?在西方,庭前准备程序与起诉状一本主义相配套。与庭前审查排除辩方参与不同,庭前准备程序可以使辩方参与其中,其意义在于:给予控辩双方在审前沟通协商的机会,给予控辩双方审前了解对方证据的机会,给予控辩双方及时调整己方思路和观点的机会,使控辩双方审前达成辩诉交易成为可能。可见,设立庭前准备程序十分必要。

(2)控辩平等原则下我国公诉方式选择之我见

笔者建议对我国公诉方式选择做如下改革。

第一,取消庭前审查,改为庭前准备。由于我国庭前审查只是形式审查,并无实质意义,所以其起到的作用可以转移给庭前准备程序,仍然保持检察官独占公诉权的现状。目前我国《刑事诉讼法》规定了庭前会议的内容,主要处理非法证据排除等内容,但容易引发的问题即法官预断问题。因而,建议在庭前准备阶段,由程序法官主持,控辩双方共同参与,建立规范的庭前沟通制度、完善的证据开示制度和适宜中国国情的控辩协商制度。

第二,普通程序应适用起诉状一本主义证据移送方式。在适用普通审判程序时,公诉人向法院提起公诉,只需要提交起诉书。辩方之案件知悉权,通过证据开示制度予以保障。

第三,简易程序仍然适用案卷移送主义。在适用简易审判程序时,不管公诉人是否出庭,都可将全部案卷移送法院。

三、起诉程序中辩方权利之武装

起诉程序在整个刑事诉讼程序中有承前启后之功能。按照笔者的设计,控辩双方在侦查程序中的权力(利)武装是控辩平衡,而非控辩平等。况且,即使在平衡状态之下,以控辩双方实际力量对比和侦查活动实践运作而言,打破平衡的只能是侦查权力的"异军突起",对于被追诉人来说,能够维系控辩双方的平衡状态即已"心满意足"。控辩关系在起诉程序中的法治构造应当是控辩平等,基于控方力量的先天强大,辩方要与控方实现平等,就必须在后天上予以武装,赋予其享有必要的权利,以弥补其对抗力量之不足。笔者认为,在起诉程序中,辩方需要武装的权利分为防御性权利和救济性权利两种。

(一)防御性权利之武装

起诉程序中,为辩方武装的防御性权利是沉默权、知悉权、辩护权、在场权、会见权、通信权、阅卷权等。

1. 沉默权

起诉程序中,沉默权是犯罪嫌疑人一项重要的防御权利。研究国外沉默权发展变化的趋势,笔者认为,不应矫枉过正,可以建立有所限制的沉默权。其一,犯罪嫌疑人在接受控方讯问时,可以在不违背自己意愿的前提下作答。被迫作出的口供和证据应被排除。其二,犯罪嫌疑人若被指控巨额财产来源不明、贪污受贿、毒品、洗钱、黑社会性质犯罪等罪名,犯罪嫌疑人负有回答与案件有关询问的义务。否则,犯罪嫌疑人将会受到不利推断。

2. 知悉权

在审查起诉阶段,犯罪嫌疑人知悉权的实现有两个来源:一是控方,控方应当通过履行告知义务,使犯罪嫌疑人知晓自己被指控的犯罪性质、理由及定罪依据和相关的诉讼权利;二是其辩护人,辩护人应当以会见、通信等方式将有关法律规定和知悉的案件情况依法告知犯罪嫌疑人,并告知犯罪嫌疑人可以享有的诉讼权利。

按照《公民权利与政治权利国际公约》等有关国际性文件和国外一些国家的规定,控方的告知时机为,在提出指控时或随后;告知的内容为,被指控的犯罪性质,控方所查获的犯罪事实,以及对这些犯罪事实和性质的法律评价等。①

　　根据我国《刑事诉讼法》和相关司法解释,侦查机关在执行强制措施时,出示相关法律文书,使犯罪嫌疑人了解自己被指控的罪行及理由;对于定罪的证据,控方一般只告知鉴定结论,使犯罪嫌疑人了解作司法鉴定后的结果;对于犯罪嫌疑人诉讼权利告知义务,刑事诉讼法规定的只有关于委托律师的告知义务。②

　　为了弥补控方告知义务的缺失,1998年10月25日,最高人民检察院发布了《关于在全国检察机关实行"检务公开"的决定》,要求全国各级人民检察院保障犯罪嫌疑人在审查起诉阶段的权利。1999年1月4日最高人民检察院又发布了《人民检察院"检务公开"具体实施办法》,强调公诉人必须告知犯罪嫌疑人享有的权利。2018年《刑事诉讼法》第34条第2款中也规定,"人民检察院自收到移送审查起诉的案件材料之日起三日以内,应当告知犯罪嫌疑人有权委托辩护人"。但是,尽管如此,控方关于诉讼权利的告知义务依然是不全面的,犯罪嫌疑人未必受惠于"检务公开",未必就了解自己的诉讼权利。以申请回避权的告知为例,如果不及时告知犯罪嫌疑人关于主办检察官的姓名、身份等基本情况,犯罪嫌疑人就无法提出回避的申请。2019年《最高检诉讼规则》第26条规定:"人

---

① 《公民权利与政治权利国际公约》第14条第3款(甲)项规定:迅速以一种被告人懂得的语言详细地告知对他提出的指控的性质和原因。《欧洲人权公约》第6条第3款(甲)项规定:有权通过被告人能够准确理解的语言立即告知对他提起的指控的性质和原因。人权事务委员会第二十一届会议(1984年)第13号一般性意见;第14条指出第14条第3款(甲)项"适用于所有的刑事指控,包括未被拘留者在内的刑事指控";按照关于"迅速"告知所控罪名这项权利,有关当局一旦提出指控,就应立即以规定的方式通知被告人;调查期间当法庭或检控当局决定对犯罪嫌疑人或公开称其犯罪的人采取诉讼措施时,必须顾虑到该项权利。俄罗斯刑事诉讼法规定,侦查人员认为已经收集的证据足以作出起诉书和已经完成了向被害人等展示案件材料的要求后,依法立即向刑事被告人宣告,对于他的案件的侦查已经终结,他有权亲自或由辩护人帮助了解全部案件材料,以及提出补充侦查的申请。日本刑事诉讼法则规定,提起公诉后,检察机关应尽快通知被告人及其辩护人,使之阅览有关证据;在涉及需要解释说明的问题时,检察官有必要围绕起诉状的诉因、适用法条,以及案件的焦点,与辩护人沟通商量。《法国刑事诉讼法典》第116条规定:在第一次讯问时预审法官应当查明被审查人的身份,公开告知他被指控而受审查的每一行为,以及这些行为的法律评价。

② 2018年《刑事诉讼法》第34条第2款中规定,"侦查机关在第一次讯问犯罪嫌疑人或者对犯罪嫌疑人采取强制措施的时候,应当告知犯罪嫌疑人有权委托辩护人"。

民检察院应当告知当事人及其法定代理人有依法申请回避的权利,并告知办理相关案件的检察人员、书记员等人员的姓名、职务等有关情况。"从立法层面保障了犯罪嫌疑人的诉讼权利。

2018年《刑事诉讼法》第39条第4款规定:"辩护律师会见在押的犯罪嫌疑人、被告人,可以了解案件有关情况,提供法律咨询等;自案件移送审查起诉之日起,可以向犯罪嫌疑人、被告人核实有关证据。辩护律师会见犯罪嫌疑人、被告人时不被监听。"该条款改变了审查起诉阶段辩护律师不得与犯罪嫌疑人核实案情与证据的规定,对于犯罪嫌疑人知悉权的保障具有重要意义。但实际上,犯罪嫌疑人知悉权的实现主要来自控方,因为整个起诉程序,是由控方掌握的,控方的告知是最及时,也是最准确的。

由此可见,我国审查起诉程序中应增加控方告知义务的内容,即增加回答、解释犯罪嫌疑人在讯问时提出的法律问题及相关法律评价,增加法律赋予犯罪嫌疑人的各项权利和诉讼程序进程的告知义务,并设计合理、科学的告知程序,使告知的时间、主体一一得到落实。同时,应当立法规定辩护人对于犯罪嫌疑人的告知义务,使其知悉权得以充分实现。这也是控辩平等原则的基本要求。

3. 辩护权

辩护权在起诉程序中可以表现在以下三个方面。

一是犯罪嫌疑人有自行辩护的权利。自行辩护是辩护权的重要内容,对检察机关作出起诉或不起诉决定有着至关重要的影响。因为,犯罪嫌疑人最有资格评断对其的指控是否正确,所以他的意见对案件是否能公正处理意义很大。我国2018年《刑事诉讼法》第173条第1款规定:人民检察院审查案件,应当讯问犯罪嫌疑人,听取辩护人或者值班律师、被害人及其诉讼代理人的意见,并记录在案。辩护人或者值班律师、被害人及其诉讼代理人提出书面意见的,应当附卷。由于控方在审查起诉阶段是必须要讯问犯罪嫌疑人的,这意味着,犯罪嫌疑人有机会在控方讯问自己时进行辩解,以影响审查起诉的结果。

二是被追诉人获得辩护人的帮助。获得律师帮助的权利对于被追诉人的意义已在前面论述过,此处毋庸赘述。在起诉程序中,我国 2018 年《刑事诉讼法》第 34 条第 2 款规定,"人民检察院自收到移送审查起诉的案件材料之日起三日以内,应当告知犯罪嫌疑人有权委托辩护人";第 173 条第 1 款规定:"人民检察院审查案件,应当讯问犯罪嫌疑人,听取辩护人或者值班律师、被害人及其诉讼代理人的意见,并记录在案。辩护人或者值班律师、被害人及其诉讼代理人提出书面意见的,应当附卷。"这里包含两层意思:其一,控方有义务告知犯罪嫌疑人委托辩护人的权利;其二,犯罪嫌疑人有权利聘请律师或通过法律援助获得律师帮助。

三是辩护人享有保障辩护权实现的权利。根据我国《刑事诉讼法》第一编第四章的相关规定,辩护人享有会见权、通信权、阅卷权、调查取证权等。

起诉程序中的辩护权对于形成庭前辩诉交易、促使控方作出不起诉决定、为庭审打好辩护基础等方面有十分重要的意义,应当在各个方面予以充分保障。

4. 在场权

对犯罪嫌疑人讯问时的律师在场权,同侦查程序。此不赘述。

5. 会见权、通信权

犯罪嫌疑人与辩护人的会见权、通信权主要有两个方面的作用:其一,辩护人可以从犯罪嫌疑人处了解与案件事实有关的第一手资料,以便提供有效的辩护;其二,犯罪嫌疑人可以从辩护人处及时了解案件实体信息、程序信息、权利信息,实现知悉权。

我国起诉程序中,辩方之会见权、通信权受到了诸多不当限制。在控辩平等原则下,辩方之会见权、通信权必须是自由而充分,保密而安全。2014 年 12 月,最高人民检察院下发《关于依法保障律师执业权利的规定》,其中第 9 条规定,人民检察院办理直接受理立案侦查案件,除特别重大贿赂犯罪案件外,其他案件依法不需要经许可会见。律师在侦查阶段提出会见特别重大贿赂案件犯罪嫌疑人的,人民检察院应当严格按照法律和相关规定及时审查决定是否许可,并在 3 日以内答复;有碍侦查的情形消失后,应当通知律师,可以不经许可会见犯罪嫌疑人;侦查终结前,应当许可律师会见犯罪嫌疑人。人民检察院在会见时不得派员在场,不得通过任何方式监听律师会见的谈话内容。

6. 阅卷权

我国 2018 年《刑事诉讼法》第 40 条规定,辩护律师自人民检察院对案件审查起诉之日起,可以查阅、摘抄、复制本案的案卷材料。其他辩护人经人民法院、人民检察院许可,也可以查阅、摘抄、复刻上述材料。最高人民检察院《关于依法保障律师执业权利的规定》第 14 条对于保障律师的阅卷权作了规定,自案件移送审查起诉之日起,人民检察院应当允许辩护律师查阅、摘抄、复制本案的案卷材料;经人民检察院许可,诉讼代理人也可以查阅、摘抄、复制本案的案卷材料。人民检察院应当及时受理并安排律师阅卷,无法及时安排的,应当向律师说明并安排其在 3 个工作日以内阅卷。人民检察院应当依照检务公开的相关规定,完善互联网等律师服务平台,并配备必要的速拍、复印、刻录等设施,为律师阅卷尽可能地提供便利。律师查阅、摘抄、复制案卷材料应当在人民检察院设置的专门场所进行。必要时,人民检察院可以派员在场协助。

在控辩平等原则构建下的起诉程序中,必须充分保障辩护人查阅、摘抄、复制案件材料的权利,应当包含所有与犯罪嫌疑人罪之有无、罪之轻重有关的案卷材料。这一保障正是控辩平等原则的体现。

(二) 救济性权利之武装

起诉程序中的救济性权利,是指控方在采取强制措施后或错误行使权力之后,嫌疑人可以通过一定程序予以纠正、得到补偿的一系列请求权。主要包括保释权、强制措施审查申请权、人身检查权三项权利。

1. 保释权

保释权是被羁押的犯罪嫌疑人可以在符合某种条件的前提下,申请解除羁押的权利。如同侦查程序中犯罪嫌疑人享有保释权一样,在起诉程序中,应肯定被羁押的犯罪嫌疑人的保释权,这也是世界不少法治国家之通例。如美国法律规定,犯罪嫌疑人自被逮捕起,就有权申请保释,即只要起诉程序中犯罪嫌疑人处于被羁押状态,就可以申请保释。英国法律则规定,犯罪嫌疑人从被羁押起,在每个诉讼阶段都可以申请保释。而我国 2018 年《刑事诉讼法》第 66 条规定：人民法院、人民检察院和公安机关根据案件情况，对犯罪嫌疑人、被告人，可以拘传、取保候审或者监视居住。2019 年《最高检诉讼规则》第 88 条规定，被羁押或者监视居住的犯罪嫌疑人及其法定代理人、近亲属或者辩护人向人民检察院申请取保候审，人民检察院应当在 3 日以内作出是否同意的答复。经审查符合本规则第 86 条规定情形之一的，可以对被羁押或者监视居住的犯罪嫌疑人依法办理取保候审手续。经审查不符合取保候审条件的，应当告知申请人，并说明不同意取保候审的理由。这意味着在我国刑事诉讼程序中，犯罪嫌疑人在审查起诉阶段有权申请取保候审。

必须清楚地认识到，保释在英美法中是被羁押人的一项权利，我国刑事诉讼中的取保候审是一项强制性措施，二者不是等同的概念。以控辩平等的原则构建我国的起诉程序，应当借鉴英美法中的保释制度，改造我国的取保候审，赋予犯罪嫌疑人以保释权。对此，笔者将设专章研究，此不赘述。

2. 强制措施审查申请权

在起诉程序中，强制措施审查申请权是指犯罪嫌疑人对于检察机关所采取的强制措施不服或羁押超出时限，向决定机关的上级机关或法院提出审查的申请，要求予以纠正的诉讼权利。

按照国际有关文件和国外一些国家的规定，起诉程序中，被追诉人享有强制措施审查申请权，接受申请的主要是法官，审查的内容为强制措施是否运用得当等。《法国刑事诉讼法》规定，任何犯罪嫌疑人、被告人被追诉人，无论案件进展情况如何，在诉讼的任何阶段都可以提出释放的请求。《德国刑事诉讼法》规定，在庭审前的羁押期间，被追诉人可以随时申请法院审查是否应撤销逮捕、或者延期执行逮捕；除被追诉人已聘请辩护人之外，如果羁押已经超出了 3 个月，被羁押人没有提出审查请求，法官应依照职权进行复查。《意大利刑事诉讼法》规定，自适用强制措施的决定之日起 10 日内，被追诉人可以要求对决定进行复查，由作出有关决定的法官所在地的法院对复查要求作出决定。《公民权利与政治权利国际公约》第 9 条第 4 款规定，任何被逮捕的人，都有资格向法庭提起诉讼,以便法庭可以不拖延地决定逮捕是否合法以及是否因不合法而释放被逮捕人。

在我国,对于强制措施的审查,主要来自公安机关、检察机关、法院三家互相监督与制约,三机关通过工作中上下顺承的衔接,来审查监督彼此采取的强制措施是否得当。过去犯罪嫌疑人的强制措施审查申请权只限于对超期羁押,而对于强制措施的适用却无权予以申请审查。2016年,最高人民检察院颁布《人民检察院办理羁押必要性审查案件规定(试行)》,规定犯罪嫌疑人、被告人及其法定代理人、近亲属、辩护人可以申请进行羁押必要性审查的由办案机关对应的同级人民检察院刑事执行检察部门统一受理。可以看出是在强制措施审查申请中的一次突破。我国还应在立法中填补此项空白,同时拓宽提出申请的主体范围,即不只是被追诉人,其法定代理人、辩护人、近亲属等人也应可以提出,具体建议及理由参见本书"侦查程序中之控辩平等"相关部分。

3. 人身检查申请权

人身检查申请权是被追诉人享有的要求司法机关及时对其身体进行检查的权利。实践中,被告人在法庭上翻供所持的理由大多是侦控部门对之进行了刑讯逼供,甚至会出现当庭亮血衣等现象,给侦控部门的形象带来了负面影响。人身检查申请权所对抗的是侦控部门对其人身造成的伤害,保护的是申请人的人身权利,具有一方面制约刑讯逼供;另一方面也会减少被告人翻供现象的作用。

在法治视野之下,司法人员在讯问被追诉人时,禁止采取刑讯、精神折磨、冻饿等方法伤害他的身体或损害他的记忆力及理解力。当这些权利受到侵害时,世界各国刑事诉讼法赋予了被追诉人享有申请检查身体的权利。以法国为例,刑事诉讼法规定,任何被拘留人均可要求由一名经共和国检察官或司法警官指定的医师进行体格检查、在延长拘留时,可以要求进行第二次检查。共和国检察官或司法警官可以依职权在任何时候指定一名医师为其检查身体。如果被拘留的人没有提出此要求,检察官和司法警官也没有指定作此项检查,只要被拘留人的一名家庭成员提出请求,也必须进行此项检查。检查医师由检察官或司法警官指定。医师不迟延地对被拘留人进行检查。医师所制作的证明被检查人体格适于进行羁押的证明书应附入卷宗。

我国立法也保护被追诉人的人身权利,我国《宪法》第 38 条规定:中华人民共和国公民的人格尊严不受侵犯。禁止用任何方法对公民进行侮辱,诽谤和诬告陷害。《刑事诉讼法》第 14 条第 2 款规定:诉讼参与人对于审判人员、检察人员和侦查人员侵犯公民诉讼权利和人身侮辱的行为,有权提出控告。尽管赋予被追诉人控告权,但控告权却很难实现。因为,控告向谁提出? 控告的程序是什么? 控告后的法律效力如何? 这些问题根本无法可循。退一步说,即使解决了上面几个问题,那么控告的证据何在? 没有对身体检查的申请权,也就没有被刑讯逼供的证据,控告依然难以实现。所以赋予被追诉人在羁押的任何时候提出人身检查的申请权意义重大。另外,被羁押的被追诉人一般会经过侦查部门、公诉部门等几个部门,一旦出现刑讯逼供,由于不能及时对被追诉人的伤势进行检查,就不能确定责任,难以处理。为避免上述现象出现,也有必要设置人身检查申请权。同时,为了确保这项权利的实现,还应将提出申请的主体范围扩大,即不只是被追诉人有权提出,其法定代理人、近亲属和辩护人均有权提出。

四、起诉程序中控辩双方关系之重构

本章第二部分,笔者已建议我国建立"起诉状一本主义"的证据移送方式和庭前准备程序相配套的公诉方式。那么,庭前准备程序就使控辩双方有机会在审判前坐在一起协商沟通。沟通的内容主要包括:何时进行证据开示以及如何开示证据;犯罪嫌疑人是否构成犯罪以及罪之轻重;是否适用简易审判程序或被告人认罪案件的简化审判程序;是否在审前达成辩诉交易等。

(一)建立良性之控辩沟通制度

1. 我国控辩关系之现状

控辩关系是一种对立统一关系。无论是对立还是统一,控辩双方都需要不断地联系与沟通。控辩对抗主要体现在审判程序中,而在起诉程序中,控辩双方更需要的是沟通与合作。换句话说,正因为在起诉程序中,控辩双方未能进行卓有成效的沟通,或者合作失败,方才导致审判程序中的控辩对抗。为此,笔者认为,建立良性的控辩沟通制度是十分必要的。

我国起诉程序中,控辩双方尚未建立起良性的沟通制度。主要表现有二。

第一,控辩双方的关系不够和谐。就控辩关系而言,由于长期以来"敌我矛盾"观念的影响,基于职业立场的不同而导致控辩关系对立的问题尤为突出。从公安机关到检察机关无不把犯罪嫌疑人当作"犯罪人",将辩护律师视作法律的"异己分子"。在控辩工作联系中,对律师"横眉冷对",百般刁难。

第二,控辩沟通流于形式。按照现行法律和司法解释的规定,沟通的内容仅限于控方向辩方进行权利告知、辩护人到控方处阅卷、申请安排会见、申请取保候审和控方听取被告人的意见等。上述沟通多数为表面意义的沟通,有的甚至就是"作秀"而已,控辩双方基于法律的强行规定"不得已而为之"。具体来说:

其一,听取各诉讼参与人的意见是检察官在审查起诉中与诉讼参与人沟通的重要内容。我国 2018 年《刑事诉讼法》第 173 条和 2019 年《最高检诉讼规则》第 261 条、第 262 条均规定人民检察院审查案件,应当讯问犯罪嫌疑人,听取辩护人或者值班律师、被害人及其诉讼代理人的意见,并记录在案。辩护人或者值班律师、被害人及其诉讼代理人提出书面意见的,应当附卷。实践中,之所以听取意见,意在形式上展现检察工作的公正、透明,作为体现追求公平的价值取向的一种手段,并不追求实质上的效果。这是"重实体、轻程序"理念转变中的痕迹。即便如此,有的检察人员却误解或曲解该规定,认为立法规定公诉人应当听取意见的对象只有犯罪嫌疑人、被害人和被害人委托的人,辩护人不在应当征求意见之列,从而堂而皇之地拒绝与辩护人的沟通。

其二,公诉人并没有按照规定讯问犯罪嫌疑人,听取辩护人、被害人及其诉讼代理人的意见,在现行法律规定中,并没有给予另一方任何救济措施。换言之,就控辩双方而言,控方即使违背此义务,辩方也只能"忍辱负重",没有任何救济的渠道。

其三,在无论是控方还是辩方违反了法律规定的沟通程序的情况下,法律没有要求其承担不利的后果。没有保障的权利难以实现,没有制约的义务也没人理会。这种所谓的控辩沟通没有任何制约和保障机制,缺乏可操作性,深受其苦的只能是犯罪嫌疑人。

但是,应当看到,在控辩平等理念的构建和控辩关系的沟通上,我国现行《刑事诉讼法》还是已经有了进步的。以"公诉人听取意见"为例,这种沟通与1979年《刑事诉讼法》所规定的"应当讯问犯罪嫌疑人"相比,进步意义显而易见:讯问犯罪嫌疑人是审查起诉的必经程序,主要作用是可以当面核实犯罪嫌疑人是否犯罪以及犯罪事实和情节,直接听取其对自己行为的辩解理由,有利于全面把握案件,防止冤假错案的发生,同时也有助于及时发现侦查活动中的违法行为。听取辩护人的意见,反映了审查起诉工作不是在封闭、秘密状态下进行的,而是具有一定的透明度,是诉讼民主的具体体现,有利于充分听取各方意见,准确认定案件事实,维护犯罪嫌疑人的合法权益。这些说明,我国的控辩沟通制度已经开始形成,虽然不尽如人意,更不尽合法理,但毕竟迈出了可喜的步子。

2. 建立我国控辩沟通制度之构想

"大道之行也,天下为公,选贤与能,讲信修睦……是故谋闭而不兴,盗窃乱贼而不作,故外户而不闭。是为大同。"[1]中国传统的大同观是一种朴素的和谐。映射到刑事诉讼领域,也需要达到一种和谐,控辩和谐即是其中的内容之一。而控辩平等追求的是控辩和谐,这种和谐需要控辩合理沟通来实现。所谓"知己知彼""兼听则明",没有沟通,控方只了解被害人的一面之词,听不到辩方的辩解;没有沟通,辩方不知晓控方的指控与证据,根本无从防御;在控辩力量不均衡的情况下,无防御便无法实现对抗,也就无法实现控辩平等。所以,建立完善我国控辩沟通制度是建构控辩平等的重要内容。

在审查起诉中,有学者称检察官的角色就是"法官前的法官",[2]即检察官在审查起诉中承担着裁判犯罪嫌疑人是否应该提起公诉追究刑事责任的任务。笔者认同对检察官的这种定位,这与控辩平等原则并不背离。因为,在这个认识中,可以将侦查机关看作两造

---

[1] 《礼记·礼运》。
[2] 陈兴良:《从"法官之上的法官"到"法官前的法官"——刑事法治视野中的检察权》,载李贵连主编:《中外法学文萃——纪念北京大学法学院百年校庆》(上),北京大学出版社2004年版,第706页。

的一极,将其指控意见看作一方的意见,辩方是两造的另一极,也有充分的机会发表己方的观点,居中的检察官通过听取侦查机关与辩方两方的意见,作出是否起诉的决定。直至检察官通过审查起诉,认可或变更了侦查机关的指控并提起公诉,检察官的身份才转化成了控方的身份,与辩方形成对立局面。从这个意义上看,在审查起诉程序中,辩方应被给予充分的言论机会,与控方(检察官)进行积极的沟通,以便于检察官明确事实的真相,正确作出起诉与否的决定。

为此,笔者认为建立完善我国刑事诉讼中控辩双方的沟通制度,尚需两个方面的努力。

第一,共建法律职业共同体,改良控辩关系。从宏观的角度来看,在我国,法律人尚未形成一个法律共同体的社会,不同法律职业者之间存在的隔阂、猜疑、不信任甚至对抗,无法构建起法律职业者之间的和谐关系。控辩双方生冷、僵硬甚至心怀敌对的态度不可能实现良好的沟通,必须放平心态、摆正各自的位置,以法律共同体的思想看待控辩关系。检察官、律师以及其他以法律为职业者所构成的法律人共同体以及法律人对这样一个共同体的认同,是形成控辩良性关系的重要条件。法律人共同体的形成需要不同法律职业者之间的相互理解、信任、支持,需要他们之间的相互需要,能够相互荣辱与共,并形成不同法律职业间有机的连通和流动机制。① 尽管国家统一法律职业资格考试制度的确立、诉讼制度的不断完善以及

---

① 目前,我国正在形成一个这样被法官、检察官、律师等法律职业者共同认可的法律人共同体。国家有法官法、检察官法、人民警察法、律师法,与律师比较,法律对法官、检察官和人民警察职责权限的确立和保障更加系统规范,社会地位更有保障。最高人民法院制定有《法官行为规范》,对于法官的职业行为也提出了明确的要求。例如,要求法官在庭审中不得随意打断代理人、辩护人的陈述,对代理人、辩护人的代理、辩护意见是否采纳都要阐述理由。尽管这些职业操守可以限制法官随意地"运用之妙存乎一心",但法官职业道德行为的字里行间,还是让人能够真切地感受到法官面对当事人和律师的"居高临下"。公安部也正在起草"公安机关保障犯罪嫌疑人聘请律师及律师会见犯罪嫌疑人规定",但这些律师权利"保障"规范,均注重单向的内部纪律规范,并不能形成律师和法官、检察官、警察之间的制衡措施和救济手段。因此,不好评说这些"兄弟单位"的规范,是否有利于促进法律人共同体的形成,是否有利于律师职业道德的塑造。参见朱卫国:《法律人共同体的形成是塑造律师职业道德的重要条件》,载中国法学网 2006 年 4 月 6 日,http://iolaw.cssn.cn/lltt/200604/t20060406_4597971.shtml。

法律人文化的不断培植等会为促进中国的法律人共同体的形成提供越来越好的制度基础,但是,就像对法治的信仰一样,法律人共同体的形成需要整个社会生态机制的完整提升,不是几部法律的修改完善可以促成的。

第二,完善制度规则,构建良性沟通机制。为此,首先,必须明确在审查起诉程序中听取辩护人意见的重要性。采取硬性措施,保证人民检察院审查案件不仅应当听取犯罪嫌疑人、被害人及其诉讼代理人的意见,而且必须听取犯罪嫌疑人的辩护人的意见。在起诉意见书或不起诉决定书中,对辩护人的意见要说明不采纳或采纳的具体理由。其次,设立违反听取辩方意见规定的救济措施和违法性后果承担。笔者设计,可以规定,凡是案件在起诉前来听取辩方意见的,法院一律不予受理。如果系控方违反规定,没有给予犯罪嫌疑人辩解、辩护人发表意见的机会,辩方可以向该检察院、同级法院或者向上一级检察机关提出异议,受理机关应当在合理的期限内核查并采取相应的措施进行补救。如果系辩护律师之原因,检察官可以向其所在律师事务所或司法行政机关反映情况,由其责令律师在规定的期限内履行职责,被追诉人也可以拒绝该律师继续辩护。最后,对控辩双方在沟通中,一方有不良言行,违反职业道德和执业纪律的,按照相关规定严肃查处。

(二)建立完善之证据开示制度

建立证据开示制度的基本目的是通过规定证据披露方的一种义务,保障对方的先悉权。先悉权,是指庭前对对方证据予以了解掌握的权利,"它使律师可以获得了解对方将使用的某些证据的权利。在多数情况下,先悉权由被告律师行使。根据理论,在庭前准备中,在审判前了解证据是获得公平审判所必需的"①。

1. 证据开示制度之诉讼价值

在英美对抗制的刑事诉讼中,由于实行起诉状一本主义以及法官的消极的中间仲裁者的地位,决定了证据开示殊为必要,否则法

---

① [美]小查尔斯·F. 亨普希尔:《美国刑事诉讼》,中国政法大学教务处1984年翻印版,第183页。

庭审判将完全演变成一场纯粹的司法竞技(justice sporting),案件的客观真实难以发现,控辩双方在诉讼中的相互突袭(surprise)不可避免。所以美国学者在论证《联邦刑事诉讼规则》第16条时,指出这一规定中确立的证据开示制度主要是基于以下刑事政策:有利于为辩方辩护提供充分的证据信息;有利于控辩双方进行充分的预审准备;有利于避免审判中的相互突袭;有利于节省司法资源;有利于使得案件的诉讼程序变得高效、迅速。① 在"案卷移送主义"证据移送方式中,只要保证辩方的阅卷权即可,无须设置庭前证据开示。

我国2018年修订后的《刑事诉讼法》刑事庭审却仍采取了主要由控诉方和辩护方举证的所谓控辩式或类似控辩式的诉讼形式。再加上法律尚未赋予被告方在侦查阶段的调查取证权,即使在起诉和审判阶段,被告方的调查取证仍要突破重重障碍——经过证人甚至提供证言者与检察院的双重许可,凡此种种,导致辩方没有有效的手段获取证据材料和相关信息,在诉讼过程中处于相当被动的地位。所有这些都与引进对抗制的审判方式的初衷大相径庭。要解决这些问题,唯有设立证据开示制度。

汪建成教授认为,证据开示在我国刑事诉讼中的价值主要表现在如下方面。

其一,发现案件客观真实,实现诉讼公正的价值。各项诉讼制度设立的一个重要目的就是查明案件事实。证据开示制度的设计者们的内心动因即尽量拉近程序参与者对案件事实的认识同犯罪事实之间的距离。他们试图通过此项制度促进控辩双方充分的信息交流,并以此弱化对抗制审判方式带来的副作用,防止法庭审判变成一场与查明案件事实毫不相干的司法竞技对抗。② 而在我们这

---

① Charles H. Whitebread, *Christopher Slobogin*, *Criminal Procedure-An Analysis of Cases And Concepts*, New York: The Foundation Press, Inc. Mineola, 1986, Second Edition, p. 532.
② 美国最高法院法官威廉·布伦南(William Brennan Jr.)曾直接指出,如果没有广泛的证据开示,审判简直就成了漫无目的的游戏,辩方只有在审判前了解他在审判中必须面对的控方证据以及控方侦查时发现的其他证据来源,才有可能全面整理有助于发现真实的所有证据。Brennan, The Criminal Prosecution: Sporting Event or Quest for Truth Wash. U. L. Q., 1963, pp. 290-292. 转引自汪建成:《论我国刑事诉讼中的证据开示制度》,载《法制日报》1999年12月5日。

样一个向来以求真实传统著称的国度里,在引进对抗制审判方式的同时,当然没有理由拒绝接受证据开示制度。

其二,保障被追诉人诉讼权利的价值。在开庭审判前有权了解被指控的事实和证据是"被告人有权获辩护"的宪法性原则的应有之义。我国现行刑事审判中"半个起诉状一本主义",使得辩方的先悉权大打折扣。证据开示制度,无疑会将这种立法改变而给被告人权利造成的损害降到最低限度。尤其是在我国辩方收集证据的条件和手段远远不及作为控方的检察机关的情况下,依此制度,被告人可以通过其辩护律师,知悉支持起诉的证据,并有针对性地准备辩护。同时,辩护律师还可以了解到检察机关所掌握的有利于被告人的证据,将其转化为支持辩护的理由。没有证据开示,被告人便没有保障辩护权充分行使的手段,控辩双方程序意义上的平等对抗则将成为一句空话。

其三,便于公诉人充分准备庭审的价值。由于证据开示是双向的,公诉人通过证据开示,也可以了解辩护律师所掌握的有利于被告人的证据,尤其是有关被告人不在犯罪现场或有关精神疾病的证据。这样,公诉人也可以有针对性地进行庭审前的准备,以便在法庭上对这些证据进行有力的质证。否则,如果提前对这些证据毫不知晓,辩护律师在法庭上突然出示这些证据,将使公诉人处于十分被动的地位。

其四,保证案件审判质量的价值。由于进行了证据开示,控辩双方都进行了充分的准备,法庭中的质证就能做到有的放矢,证据信息能够在庭审中得到充分的交流,这无疑有利于法庭对案件事实形成正确的判断。也只有这样,真正意义上的对抗式的庭审方式才能得以顺利进行。否则,在审判中,控辩双方要么不积极参与法庭调查,要么通过出示新的证据相互突袭,而法官因为没有高质量的法庭质证,难以对案件事实得出确实的结论,不得不依赖于庭后阅卷,或者进行调查核实证据的工作。长期下去,法庭审判必将流于形式,回到《刑事诉讼法》修订前的老路上去。

其五,节省司法资源,提高诉讼效益的价值。证据开示不仅可以使法庭审判不至于因为需要调查核实证据而经常进行休庭,以保证法庭审判不间断地进行,而且可以保证案件事实建立在可靠的证据基础之上,被告人服判的可能性增大,不必要的上诉和申诉必将减少。①

2. 建立我国证据开示制度之构想

在 2003 年,最高人民检察院曾将"完善向律师展示证据和听取意见的工作制度"列入该年度工作计划,最高人民检察院、最高人民法院、司法部也共同制定了《关于刑事公诉案件实行证据展示的若干意见》,要求各级检察机关积极研究、探索证据交换的模式,实现控辩双方在审判前相互交换证据材料和信息,以提高诉讼效率,促进司法公正。围绕证据开示制度,我国已经开始在一些地方展开试点。然而,各地操作方式不一,诸如开示主体、范围、时间、处理方式都不一致,这些都有待完善我国刑事诉讼制度,进一步予以规范。

笔者认为,作为一种正式的证据开示程序,它应当在审查起诉程序结束前进行。证据的开示应是双向的,而非单向。公诉人有义务应辩护人的请求向辩护方开示可能影响定罪或量刑的一切有利于被告人的证据和有关弹劾性证据,其中主要包括:被告人的陈述、被告人的犯罪记录、官方占有、保管、控制的文件、勘验、检查笔录、实验报告以及控方证人的身份和先前陈述。但控方证据开示存在例外,即控方在侦查、起诉案件中所制作的报告以及内部文件、涉及国家秘密和秘密侦查员的身份的证据。辩护律师同时也有义务向公诉方开示相关证据,如辩护律师准备在法庭上用作抗辩理由的证据,如不在犯罪现场、缺乏责任能力、正当防卫、紧急避险等情形。辩护方在公诉方已经开示相应证据的情况下,还应当开示它所占有、保管、控制的书证、物证,但应以辩护律师准备在法庭审理中使用的为限,同时辩护律师有关案件的工作成果亦属于开示的例外。总之,在证据开示中,公诉方拥有对于被告方的天然优势地位,决定了它应当负有证据开示的主要责任。

为了保证控辩双方证据开示的顺利进行,程序法官必须在证据

---

① 汪建成:《论我国刑事诉讼中的证据开示制度》,载《法制日报》1999 年 12 月 5 日。

开示中通过行使司法审查权,起到一定的监督、制约作用。具体来说,这种司法审查权应表现在以下两个方面:一是对证据开示本身的司法审查权;二是对证据开示后出现的违法行为的司法审查权。就第一个方面而言,经一方申请要求另一方应当开示的证据,而对方不予开示的,法院可命令其强制开示;公诉方和辩护律师没有依法进行开示的证据,不允许在法庭上出示,即使出示也不应认定;在法庭审理中,经公诉人和辩护律师申请,可作出延期审理的决定。法院对于证据开示以后出现的违法行为应由法院先行作出审查,确定其行为的性质,若属律师的一般违法行为,应向司法行政管理部门或律师协会提出执业处罚建议;若构成犯罪,则按自诉案件处理。

(三)建立我国之控辩协商制度

1. 辩诉交易制度之诉讼价值

辩诉交易之于中国刑事诉讼价值主要有两个问题:其一为是否为我国诉讼制度所容;其二为是否为我国诉讼制度所需。在笔者看来,辩诉交易在中国具有可借鉴性,辩诉交易中国化是司法改革之必然,中国目前控制犯罪的司法现状需要辩诉交易,辩诉交易有利于维护司法公正,实现"公正在法律中的第二个含义就是效益"①之要求,同时,辩诉交易是有效减少诉讼成本的制度设计,有利于保护被害人、保障被告人的合法权益,顺应了对刑事案件迅速处理的国际趋势,是刑事诉讼公正与效率两大价值目标对立统一矛盾运动发展之必然,辩诉交易中国化体现了中国刑事诉讼的价值追求。②

2. 建立我国控辩协商制度之构想

一般认为,在制度的产生发展上,有两种模式:一是理性的、预构的、未来的;二是经验的、进化的、传统的。

对于在中国构建这样一个全新的制度而言,完全照搬美国或者其他国家的辩诉交易模式,不仅忽略了中国本土的国情和现状,而

---

① [美]波斯纳:《法律之经济分析》,蒋兆康译,台北,商务印书馆1987年版,第18页。

② 关于辩诉交易引进中国刑事诉讼制度的理论与现实考量,详情见冀祥德:《建立中国控辩协商制度研究》,北京大学出版社2006年版,第五章"辩诉交易与中国刑事政策及诉讼理论"、第六章"辩诉交易与中国司法现状"。

且对于社会公众的思想观念也是个剧烈的冲击,其在社会中的可接受性存在很大疑问。因而,想要在中国成功地移植控辩协商制度,应该走上述两种模式的结合之路。

首先,作为一种新制度,在最初运行的时候,理性的构建是主要的。也就是说,在制度安排上应当经过充分的考虑、详细的论证和周密的设计,而后,在具体的实践中,通过知识的增长和经验的积累,逐渐完善发展控辩协商制度,使其融入并成为中国法律制度的组成部分。

笔者关于中国控辩协商制度之构建,提出应当遵循尊重国情、公正与效率并重、意思自治、循序渐进的原则,从控辩协商的适用范围、控辩协商的主体、控辩协商的内容、控辩协商的程序、控辩协商的监督机制和控辩协商制度中被告人的认罪自愿性保障机制等多方面予以构建。① 特别强调辩诉交易生成的制度基础与文化背景毕竟与中国有着较大的更异,故研究辩诉交易的引进与借鉴,构建中国的控辩协商制度,必须慎而又慎。五年也好,十年也罢,其根本性的问题不在于引进时间之长短,而在于建构质量之高低。从中国国情出发,这个基本原则再老生常谈也必须要谈,公正与效率并重,这个价值追求再难以把握也必须把握。在中国,从警察国到法治国的迈进中,遵循循序渐进的一切事物之发展规律,张扬权利本位,尊重个体意愿,是建立中国控辩协商制度的应当坚持的基本方向。

五、小结

龙宗智教授形象地比喻,"就像看戏人们只注意台上演员的举手投足、剧情演绎而不注意台前的排练和预演一样,庭前程序在诉讼程序研究中是一个容易被忽视的程序"。② 所以,在 2018 年《刑事诉讼法》的修改中,诸如一方面规定控辩双方在庭审程序中平等对抗;另一方面在庭前程序中又不对控辩双方平等武装的情况,并不鲜见。

---

① 关于控辩协商制度的具体构建,详情见冀祥德:《建立中国控辩协商制度研究》,北京大学出版社 2006 年版,第七章"中国控辩协商制度的构建Ⅰ——基本原理"。
② 龙宗智:《刑事庭审制度研究》,中国政法大学出版社 2001 年版,第 146 页。

在刑事诉讼程序中,权利本应无处不在。从控辩平等的理论来看,越是在强调公权力功能与作用的庭前程序中,越应突出权利的配置及其对权力的制约。起诉程序是刑事诉讼的中间环节,这个环节中,就个案而言,以权力制约权力不仅有途径却无保障,而且以权利制约权力更是空谈。拥有起诉裁量权的控方,既是裁判员,又是运动员,可以任意决定诉讼是否继续下去,成为刑事诉讼中第一股可以决定被追诉人命运的力量。那么,这里就是权利的所在之处,就是被追诉人权利易被侵犯之处,就是控辩平等原则更应该确立之处。

权力是把"双刃剑",既伤人又救人。审查起诉为侦查环节把关,它确定的是案件事实,审查的是犯罪嫌疑人是否构成犯罪,以确定是否对其提起公诉。所以,检察机关的补充侦查权就极可能扮演"两性人"的角色:如果在合理限度内发挥作用,就可以还原案件事实真相,明辨是非曲直;但若被滥用则就变成了侵犯权利的"黑洞",超期羁押的"元凶"。而公诉证明标准作为是否提起公诉的尺子,尺子过长则有放纵犯罪之虞,过短则有冤枉好人之嫌,故长短之间在乎控制犯罪与保障人权价值的平衡。当今世界,非犯罪化、轻刑化乃是整个人类刑法历史的发展必然。其中,不起诉权的理性扩张是公诉权的发展趋势。暂缓起诉也好,不起诉也罢,虽使犯罪嫌疑人免于囹圄之苦,却不是要做东郭先生,不是要放纵犯罪,更不是准备成为腐败的温床。它的扩张是有制约的扩张,需要正当程序的约束。提起公诉,意味着控辩双方开始真正意义的对等交锋,控审一体的传统背景使控方需要"避嫌"——在辩方有权在法官面前开口之前,控方也只能出具一纸诉状,以便与辩方同时"登台操戈"。

平等武装,才能平等合作或者平等对抗。简单来说,犯罪嫌疑人只有拥有知悉权才能真正成为诉讼主体,拥有沉默权才能对抗刑讯逼供,拥有申请回避权才能防止不当侵害,拥有保释权才能免受不当羁押,拥有强制措施申请审查权、人身检查申请权才能使可能被侵犯的人身权利得到救济。对于辩护人而言,只有拥有在场权才能防止犯罪嫌疑人权利免受侵犯,拥有会见权、通信权才能与犯罪嫌疑人及时沟通,拥有案件先悉权才能知彼知己,为辩护做好充分的准备。而辩方拥有如此权利才只是控辩平等的武装底线,"就实际地位与实际手段而言,平等是相对的,不平等是绝对的",所谓控辩平等"追求的也许不是一种实质的平等,而是一种'均衡感',即在打击与保护、在国家利益与被告人利益之间的一种社会合理性的'均衡性感觉'"。① 只是,实际上的不平等,不能否认在法律上和形式上的控辩平等而已。更何况,"即使是形式上的控辩平等,也未获得意识上的普遍认同以及在实践中的认可"。②

如此看来,在起诉程序中,确立控辩平等原则远非朝夕间事,毕其功于一役绝无可能。盖因意识需要树立,思想尚需培育,制度当须完善。但路漫漫却并非没路,以控辩协商制度之构建而言,虽然控辩平等是辩诉交易的基础,但"鸡既生蛋,蛋也可产鸡",辩诉交易的引进将会使控辩平等原则不能不确立、不得不确立。

就我国目前之起诉程序而言,改良控辩关系,规制补充侦查权的适用,建立宽严相济的公诉证明标准,引进暂缓起诉制度,适当扩张不起诉的自由裁量权,采用"起诉状一本主义"的公诉方式,改革庭前会议制度与功能,建立庭前准备程序,完善证据开示制度,进一步加强和扩展辩方权利等,均是诉讼制度改革之必然。我们不可能走回头路,而使前功尽弃,只能一路前行,义无反顾。

---

① 龙宗智:《刑事庭审制度研究》,中国政法大学出版社 2001 年版,第 41 页。
② 龙宗智:《刑事庭审制度研究》,中国政法大学出版社 2001 年版,第 143 页。

第十三章 审判程序中之控辩平等

由于刑事诉讼的阶段性特征,在相对封闭的中立法官参与较少的侦查程序和起诉程序中,控辩平等多是在诉讼各方不同场的情况下,以对辩方权利的保障和控方权力规制等方式表现出来。然而,在审判程序中,控辩平等是控辩审三方同场"竞技"必须遵循的基本原则。可以说,公正审判是审判程序的宗旨,控辩平等是公正审判的保障。

一、审判程序中控辩平等之功能

龙宗智教授认为,在"等腰"的三角结构中,诉辩平等是"题中应有之义"。在具有对抗性的法庭诉讼中,平等意味着公平竞争。因此,诉辩平等才能形成一种因均衡而公正的结构。[①] 控辩双方之间在审判阶段中平等武装、平等对抗、平等合作以及受到平等保护,不仅是控辩平等在侦查阶段和起诉阶段的直接延伸,更是最终实现诉讼价值的根本需要。

(一)诉讼结构优化功能

刑事诉讼的目的在于惩罚犯罪和保障人权。为了满足国家追诉犯罪,维护公共利益的要求,刑事诉讼程序必须具有发现事实真相的功能;为了保

---

① 龙宗智:《刑事庭审制度研究》,中国政法大学出版社2001版,第40页。

障人权,刑事诉讼程序又必须具有限制司法权力、保护当事人合法权利的功能。刑事诉讼程序上述两方面的功能对于诉讼结构提出了两方面的基本要求:(1)控辩双方之间平等对抗;(2)法官居中裁判。由此形成一个以控辩均衡为底边,以法官居中裁判为顶点的"等腰三角形"图形。这是司法程序正义结构的理想形态,是诉讼的一般结构。① 这种结构的核心是控辩平等,法官中立既是控辩平等的前提条件,又是控辩平等的内在要求。所以,充分的、富有意义的平等对抗是优化诉讼结构的关键所在。因此,可以说,一方面,控辩平等是刑事诉讼模式进化与发展的法治产物;另一方面,在刑事诉讼模式的演进过程中,控辩平等的理念和实践又对于刑事诉讼模式的演进和诉讼结构的优化起到了积极的促进作用,这在刑事审判程序中表现得尤为突出。正如李心鉴博士所言,"通过赋予控辩双方平等的诉讼权利和设立有关的诉讼规则,以确保控辩双方的平等关系,是审判程序构造的核心问题"。②

(二)实体正义保障功能

控辩双方在审判程序中享有平等的诉讼地位是实现实体正义的需要。控辩双方在法庭上平等对抗,各自提出自己的主张及其主张赖以存在的事实和证据,并且进行平等的对抗和辩论,由此为法官创造了一个兼听则明的环境。"实践表明,当富有探索进取精神的诉讼双方面对面直接交锋时,真理就越有可能被发现,如果所提出来的证据都是恰如其分的,那么,这对于一个公正的陪审团来说,真理就是非常明显不过的了……辩论制的运用可以抵消那种在还没有听完全部事实的情况下就匆忙作出决定的天然倾向。"③"当事者之间的相互作用才是诉讼程序的中心部分这一观念,一般地或者以这样能够最大限度地发现案件真相的理由来说明,或者由当事者接受涉及自己切身利益时必须得到陈述自己意见的机会……"④因此,保证控辩双方在审判程序中享有平等的诉讼地位,进行平等对抗,

---

① 马贵翔:《刑事司法程序正义论》,中国检察出版社 2002 年版,第 22—23 页。
② 李心鉴:《刑事诉讼构造论》,中国政法大学出版社 1998 年版,第 260 页。
③ [美]小查尔斯·F. 亨普希尔:《美国刑事诉讼——司法审判》(第 1 册),北京政法学院刑事诉讼法教研室编印 1982 年版,第 112 页。
④ [日]棚濑孝雄:《纠纷的解决与审判制度》,王亚新译,中国政法大学出版社 1994 年版,第 258—259 页、123 页。

受到平等的保护,在诉讼条件、诉讼机会和诉讼标准上实现真正的平等,对于发现真相、保证实现相对的实体公正,无疑具有重要的意义。

(三)程序正义保障功能

在审判程序中实现控辩双方的平等也是实现程序正义的基本保证。前面提及,真正的正义是一种程序的正义或沟通的正义。只有在平等对话的环境中,控辩双方才可能展开平等的、理性的对话,才能最终实现一种看得见的、为双边都能接受的正义。几乎所有的程序正义都将控辩双方平等作为一项重要的要素。在戈尔丁抽象的判断程序正义的九项标准中有五项都是强调控辩双方在法律地位上的平等;纠纷解决者不应有支持或反对某一方的偏见;对各方当事人的意见给予公平的关注;纠纷解决者应听取双方的论据和证据;纠纷解决者只应在一方在场的情况下听取另一方的意见;各方当事人都应得到公平机会来对另一方提出的论据和证据作出反应。美国著名法学家坎贝赖特也认为"平等防御"就是构成公正的诉讼程序的"最基本的最低限度的要求"之一。①

(四)权力制衡功能

审判阶段中的公权力涉及公诉权和审判权。与侦查权一样,公诉权和审判权也具有天然异化的倾向,在缺乏监督机制的环境下,同样会突破权力界限,脱离权力设计的初衷,损害司法公正,甚至侵害被告人的合法权利。而且由于审判阶段是案件的实体处理阶段,无论是对于国家的公共利益还是被告人个人的权利和利益都有着重大的影响,因此,在审判程序中有效规范和制约公诉权和审判权的行使显得尤为必要。在刑事审判中使辩护方与控诉方处于平等的诉讼地位不仅能够有效约束和监督公诉权的行使,同时也能够对审判权起到一种监督和制衡的作用。正如王亚新先生所言,"当事者在诉讼程序上享有的权利实际上就是对法官权力的直接限制。对当事者刑事诉讼权利的程序保障也就意味着审判过程中法官的创造性作用在程序方面受到严格的制约"。②

(五)人权保障功能

实际上,对国家公权力的制约和对公民权利的保护是相互联

---

① 转引自陈永生:《侦查程序原理论》,中国人民公安大学出版社2003年版,第299页。
② 王亚新:《社会变革中的民事诉讼》,中国法制出版社2001年版,第42页。

系、相互依存的两个问题：限制国家公权力、防止公权力的滥用，不但是维护公共利益的需要；更是保护公民个人权利、防止公权力侵害私权利的需要，反过来，赋予公民个人权利、加强对公民个人权利的保护又会对国家公权力形成制约，起到监督公权力的作用。保护公民个人权利在刑事诉讼中具体表现为赋予被告人程序主体性的地位，使其受到有尊严的对待，而不是将其作为国家追诉犯罪、维护所谓的"公共利益"的工具；既不能以损害个人肢体完整和造成肉体痛苦的手段进行诉讼，又不得以贬损人格的方式进行诉讼。而平等地对待处于同等地位的诉讼当事人则是保障被告人权利和其诉讼主体性地位的基本条件。刑事诉讼立法的历史就是被追诉人权利不断加强的历史，而在这个历史过程中，控辩平等无疑是加强和保护被追诉人权利的重要保障机制。

二、审判程序中之控辩平等

（一）公正之法院

在诉讼结构中，法官是纠纷的裁判者，是适用法律的主体，从某种程度上说，控辩平等是控辩双方在法官面前的平等。法官在诉讼中保持客观中立，不偏不倚地对待控辩双方，给予控辩双方平等的保护，①才能使控辩平等的实现成为可能。"审判法院法官最主要的任务是保证被告人得到公平的审判。保证公平审判的部分工作涉及决定审判前政府机构采取的行为是否公平和恰当。"②因此，一个公正的法院是实现审判阶段控辩平等的前提条件和保证。具体来说，一个公正的法院主要体现在：

1. 独立之审判

从世界范围考察来看，独立之审判，需要从理念到具体的诉讼制度以及法院、法官机构体制的一系列的规范。

（1）确立以审判为中心的原则

法官依法行使审判权，法官只服从法律才能保证审判的独立。1877年颁布的《德国法院组织法》（1975年修正）则更明确地规定：

---

① 关于"平等保护"的内容请详见本书第三章"控辩平等之现代内涵"。
② ［美］斯黛丽等：《美国刑事法院诉讼程序》，陈卫东、徐美君译，中国人民大学出版社2002年版，第183页。

"审判权只服从法律,由法院独立行使。"这种独立被称为"实质独立"(substantive independence),在德国又被称为"职能独立"(Sachliche Unabhaen-gigkeit),在美国则称为"裁判独立"(decisional independence)。①

(2)建立独立的法院组织体制

独立的法院是与行政力量相独立的法院。一般来说,国家结构的组织形式不同,法院组织体制也有所不同,而且即使国家结构组织形式相同,法院组织体系也可能不同,②但设计法院组织体制的基本宗旨都是:使法院高度独立于中央政府和地方政府;法院之间相互独立,不存在行政隶属关系。如美国,法院独立于政府权力之外,由于是联邦制国家,实行双重政治体制,所以法院分为联邦法院和州法院两大系统,③国家机构对50个州的法院没有控制权,联邦法院和州法院之间不存在上下级关系。再如《日本宪法》规定:一切司法权属于最高法院及法律规定下的下级法院。④ 这表明,单一制国家的法院都是中央政府设立的,与地方政府没有必然联系,即使与行政区划完全不同,也不会受到所在地政府的影响。

以审判独立理念建立起的理想法院还是财政独立、自己管理司法行政事务的法院。法院经费来源问题对于法院系统的运转至关重要。世界上大多数国家司法机关的财政权均由中央统管。全国法院的经费列入中央预算,由国家财政统一划拨。联邦制国家一般实行双轨制,如美国。⑤ 单一制国家则多是"统包制",法院经费来

---

① 陈瑞华:《刑事审判原理论》,北京大学出版社1997年版,第164—165页。
② 例如,美国实行的是两套完全独立的法院体系:联邦法院和地方法院,联邦法院和州法院分别适用联邦和州的法律,两套法院体系平等并列,互不从属。联邦法院由地区法院、上诉法院和最高法院组成。而各州的法院名称,结构分别由各州的宪法规定,通常也有最高法院、上诉法院和初审法院。两套系统的分工是明确的。但是,在另外一些联邦制国家,如德国、瑞士,各州的法院也在联邦宪法、联邦法院组织法中加以规定,州法院的管辖权既包括涉及州法院的纠纷,又包括涉及联邦法律的纠纷。因此,这种法院兼具国家性和地方性双重性质。而对于奥地利那样的联邦国家来说,所有法院都是国家的法院,不存在地方的法院。
③ 任允正、刘兆兴:《司法制度比较研究》,中国社会科学出版社1996年版,第87页。
④ 各法院的组成和职能请详见[日]田口守一:《刑事诉讼法》,刘迪、张凌、穆津译,法律出版社2000年版,第147页。
⑤ 美国联邦法院的经费由联邦政府负担,州法院的经费由州政府负担。

自中央财政预算,如日本、法国、英国。① 虽然,各国法院的司法行政事务一度由司法部管理,欧洲大陆以及北欧各国也逐渐意识到欧洲司法制度的独立性和效率面临的问题和挑战,于是开始改革其司法制度。其中重要的改变之一就是由法官、议员、行政官员等共同组成的独立的"司法委员会"行使法官选任、法院经费预算等重要的司法行政事务管理职权。这一改革为国际上维护审判独立的努力和其他国家的司法改革提供了有益的思路和经验。

(3) 建立法官职业保障制度

为法官解决后顾之忧,才能使法官不受制于人。为了保证法官的独立审判,各国一般都给予了法官坚固的职业保障,以使法官能够摆脱种种不必要的心理负担,毫无顾虑地居中裁判。这其中既包括法官的任期制度,法官的晋升制度,法官任免制度,②法官的惩戒制度,还必须赋予法官特殊的豁免权利。③

(4) 严格对法官的素质要求

法官具备专业的技能和较高的素质是实现审判独立的重要条件之一。法官只有在技术上精通法律、熟悉业务,在人格品性上恪守中立、正直无私、严格遵守法律,才能保证其在裁判过程中真正做到超然、中立。世界上许多国家都通过宪法或法律规定严格的法官养成机制、选任条件、选任程序等保证进入法官队伍的人具备应有的素质,以使法官适应司法活动高度专门性的要求。

---

① 在英国,除低级法院外,法院经费也由中央负担,虽然低级的法院——治安法院所需经费完全由郡和区的地方政府负担。不过,地方政府负担这些费用后,中央政府将为其退还 80%的经费。

② 在法官的任命上,应尽量避免立法部门和行政部门的不当影响。目前联邦制国家实行"两级任命模式",联邦政府任命联邦法官,州政府任命州法官,如德国、澳大利亚、美国等。而在单一制国家,司法权统一于中央,全国的法官均由中央政府任命。地方议会或者政府没有权力建立法院,也没有权力任命自己的法官。为此,各国作了变通,如日本,最高法院的院长根据内阁提名由天皇任命,最高法院的其他法官由内阁任命,其任命由天皇认证。下级法院法官的任命须经由最高法院(法官会议)向内阁提出候选人名单,内阁可以从该名单中选择任命,但不能任命该名单之外的人员。再如英国、韩国、芬兰,国家法律授权最高法院任命较低级法院的法官。关于调任问题,《日本法官法》第 48 条规定,不得违反法官意志而撤职、调转职位、调转法院、停职或减薪。

③ 法官除了应当享有普通公民应当享有的诸如言论、出版、集会等权利和自由外,还应当享有"民事司法豁免权"。赋予法官这项特权的目的在于避免使法官因执行司法审判职能而处于不利地位或陷入不利境地,从而确保法官"完全自主和独立地执行其审判职能",并且能"在一种合理程度内拥有免受某种外在及内在压力的自由"。

(5)建立相关配套制度

著名的联邦上诉法官杰罗姆·弗兰克指出:有任何法律经历的人都不会对法官的个性和利益严重地影响他判决案件,就有关决定的类型和实体方面产生争论。认为法官只是穿一件……长袍和任职宣誓,不再是一个人,被剥夺了所有爱好,成为一个无感情的思考机器,是一个危险的神话。① 要做到这一点,就要确立一系列的配套制度对法官的行为进行规范,使其在裁判过程中尽量免受个人感情、利益、价值观、信仰、经历等的影响,保持中立、超然的态度。这些制度包括管辖制度,②回避制度,③合议制及陪审制④等。

---

① 转引自[美]斯黛丽等:《美国刑事法院诉讼程序》,陈卫东、徐美君译,中国人民大学出版社2002年版,第184页。

② 管辖制度的主要目的之一是防止行政机关干预法院的案件分配权,进而干预具体审判过程。拉德布鲁赫先生认为,即使政府不去指定具体法官,如果他对法庭组成或法庭的案件分配拥有影响力,那么就仍有可能对法院采取突袭式的干预,政府就可以为一个政治性诉讼在法院安排有明显倾向性的法官,或者选择由这类法官组成的法庭。克劳斯·罗科信先生认为,管辖制度是"为了要使得每一犯罪行为有一特定的法定的裁判机关,而不致有恣意滥选为该案裁判之法官之可能性"。因此,各国一般都实行管辖裁定。例如,在日本,法院管辖权,同时,《日本法院法》也明确规定了指定管辖(《日本法院法》第15条、16条)和移送管辖权(《日本法院法》第17条、18条)两类裁定管辖。[日]田口守一:《刑事诉讼法》,刘迪、张凌、穆津译,法律出版社2000年版,第148—149页。

③ 实行法官回避制度的目的是在某些诉讼程序上,当可能因为法官的成见而有损诉讼参与人的利益或者使其无法信赖司法保持中立时而采取的防止措施。世界各国一般都规定了法官回避制度。例如,《德国刑事诉讼法》第22—31条对法官回避的各种情形作出了不同的规定,而且这项基本原则也在《德国基本法》第101条第2段的规定中,得到了宪法的保障(判例Bver-fGE 21,139)。日本规定了法官的三种回避制度:责令回避、申请回避和自行回避。英国将回避分为无因回避和有因回避,被告人或其辩护人有权提出无因回避,即无须说明回避的理由,法庭应当接受。对于有因回避,被告人或其辩护人均可提出,但必须申述理由,由法官裁决。汪建成、黄伟明:《欧盟成员国刑事诉讼概论》,中国人民大学出版社2000年版,第77页。

④ 合议制是一种典型的集体决策机制,其突出的优势在于通过法官集体审理的方式可以增强法官集体抵抗外界干扰的能力,同时也可克服法官个人偏见。陪审制对于防止法官的职业偏见和政治偏见具有不可替代的作用。拉德布鲁赫认为,法官独立性的保障不过在于使法官不受外来影响,但难以确保法官不受下意识的冲击。因为法官具有法律工作者、国家公务员和一定社会阶层成员的三重身份,他在政治性诉讼中尤其易于受到这三方面的影响。陪审员对国家权力的完全独立性,以及建立在这一基础上的信赖,促成了无疑完全与现行法律相反的民意,这也赋予国家法律的进一步独立,即在法律上作出宽恕的权限。[德]拉德布鲁赫:《法学导论》,米健、朱林译,中国大百科全书出版社1997年版,第112页。

2. 中立之法官

"审判法院法官最主要的任务是保证被告人得到公平的审判。保证公平审判的部分工作涉及决定审判前政府机构采取的行为是否公平和恰当。"① 公平的审判来自于裁判者的中立,裁判者的中立来自与控方力量的完全分离和独立。

公诉人和法官都是国家权力的行使者,公诉权本身又是从审判权中分离而来的,控方与审判方有着天然的亲和力。同时,由于控方与审判方的目标都是查明案件真相、追究犯罪。所以,先天的亲和力加上目标的同一性不可避免地使控、审之间有所亲近。控辩平等下的庭审方式要求法官居于客观中立的地位,完全摆脱纠问的倾向,将控方与辩方看作平等的双方,成为一个权威的裁判者。在英美法系的庭审中,将公诉人举证活动作为其参与刑事诉讼的核心内容,法官作为控辩之外的独立第三方,处于客观、中立、消极的地位。在法官眼中,公诉人只是原告,与被告方一样,只是其诉讼主张不同。法官并不因为公诉人代表公共利益就有所偏袒,也不因为被告人被指控犯罪而在程序上对其有所歧视。公诉人则必须承担举证责任,其履行举证责任如何直接决定诉讼结局,一旦公诉人举证不力,以前所进行的诉讼活动就全部前功尽弃,导致败诉。在英美法系国家中,公诉人与辩护人是法庭的主角,通过举证、问证、辩论,形成直接的对抗和立体的交锋。而法官只是一个冷眼旁观者,对控辩双方的对抗和交锋作出评判,寻求事实的真相。可见,控、辩之间其诉讼地位的平等性需要得到贯彻,其权力(利)的对等性需要得到保障,尤其是控方举证义务得到贯彻,辩方权利得到实现。

控审分离是现代刑事诉讼的基本原则,也是诉讼职能区分原则的基本要求。在刑事诉讼中,控诉方和裁判方都是国家的专门机关。国家在设置了代表其进行追诉的专门机关——检察机关后,还要设置专门的裁判机关——法院对被告人的刑事责任进行最终的裁定,其考虑主要有三:第一,避免控诉者和裁判者的角色混乱,有

---

① [美]斯黛丽等:《美国刑事法院诉讼程序》,陈卫东、徐美君译,中国人民大学出版社 2002 年版,第 183 页。

效实现国家追诉犯罪和保障人权的功能。第二,加强权力之间的监督和制衡,防止权力被滥用。第三,严格区分控诉与审判职能也是自然正义的基本要求。具体来看,控审分离原则主要有以下几方面的要求:第一,控诉权和裁判权分别由检察院和法院各自独立地行使;法院应专门承担审理和裁判的职能,尽量避免实施任何带有追诉性质的行为;检察院专门承担追究和控诉犯罪的职能,而不能任意干涉裁判活动,更不能实施任何带有裁判性质的活动。第二,法院保持被动性,无控诉即无审判,而且,法院审理和裁判的范围必须限于检察官的起诉对象和范围,而不应任意扩大或缩小。第三,检察官作为控告一方,在承担维护司法正义、实施法律的同时,在法庭上要保持当事人的地位,而不能充当"第二司法官"。

(二) 公平之审判

公平之审判至少必须在程序上同时满足两个条件,即审判公开与程序均等。

1. 审判公开

首先,审判的公开使得法院的审理活动处于当事人和一般社会公众的注视之下,一方面可以有效避免不适当的事由对法院、判决产生影响,使各种干涉势力无机可乘;另一方面能够有效约束法官的行为,使法官始终保持超然、中立的态度。其次,审判公开是公正审判的基础和重要组成要素,任何一个公正的审判程序都以公开性作为最基本的标准和要求。最后,控辩双方要在法庭上展开平等对抗,同样也需要一个公开、透明的环境,否则控诉方极有可能利用其权力来压制辩护方。

2. 程序均等

程序均等原则是裁判者对控辩双方给予平等保护的重要制度保障。程序均等原则要求,一方面,裁判者在刑事庭审过程中需要以一种中立、超然的态度给予控辩双方平等的机会,对控辩双方提出的事实和证据给予同等的关注和尊重,实现"诉讼态度平等";另一方面,控辩双方要富有意义、实质性的参与到法庭审理中,在法庭上拥有平等的机会、便利和条件,实现"诉讼机会"、"诉讼条件"以及"诉讼标准"上的平等。① 法官的诉讼态度以及控辩双方在诉讼机会、诉讼条件以及诉讼标准上的平等程度是控辩平等实现程度的重要标准和体现。《联合国人权委员会关于公正审判和补救权利的宣言》(草案)中指出:"公正的审判要求在程序中尊重双方当事人'平等武装'的原则。"并进一步指出:"在刑事程序中,'平等武装'要求在被告人与检察官之间实现下列程序上的平等:(a)控辩双方有权在相同的时间内出示证据;(b)控辩双方的证人在所有程序事项上应受平等对待;(c)非法获得的证据不应被用来指控被告人或其他任何诉讼之人。"

(三)平等之对抗

控辩双方平等对抗是审判程序的中心。平等对抗的前提是平等武装,而平等武装则意味着在审判程序中应当为控辩双方提供同等或者对等诉讼权利和义务。考虑控辩双方在力量上的现实差距,仅仅赋予被告人应诉权是难以真正实现控辩双方平等对抗的,必须在权利、义务的分配上向被告方倾斜,既赋予被告人必要之辩护特权,又对强大的控方权力予以理性规制。

1.平等对抗中之控方

作为刑事诉讼中的原告,处于主控地位,其主要活动内容就是通过提出证据、证人指控犯罪,通过辩论,对抗辩方的辩解和辩护。与审判方相比,控方是诉讼的发起者和程序控制者;与辩方相比,控方是"事端的挑起者"和接受质询者。

在刑事诉讼中,为了平衡控辩双方的力量,由控诉方承担证明被告人有罪的责任已成为各国普遍的做法。这种证明责任实际上包含三方面内涵。

第一,证明责任。即按照要求的证明标准和水平证明某个特定问题的义务,提出指控罪名的或设立辩护主张的一方有责任提出证据证明。其中的证明标准,对于公诉人来说,至少要形成内心确信,认为现有的证据确实可以证明某个特定事项。

---

① 关于"诉讼态度平等"、"诉讼机会平等"、"诉讼条件平等"以及"诉讼标准平等",参见本书第三章"控辩平等之现代内涵"。

第二,举证责任。提出或满足对某个特定问题确定性证据。如果不就某个特定问题举出证据就要承担败诉的结果。如在杀人案件中,如果控方不能证明有人被杀,那么就是举证失败。也就是说,其指出的证据需要有效和有力,说明某个特定问题。

第三,说服责任。即要在法庭上说服法官或陪审团成员,使其相信证据所证明的事实确实存在和发生。说服责任要求有较高的辩论技巧和综合概括能力,能够抽丝剥茧地将错综复杂的案件总结概括还原成可以被理解的"事实"。要完成这些责任,控方需要履行举证责任,并必须接受辩方质询。

由于控、辩之间在资源的拥有上天然地存在巨大的差距,因此,为了缩小这种差距,使控辩双方在诉讼地位上达到相对的平衡,实现公正的审判,很多国家都通过设定特殊的证据规则来抑制控方权力的行使,其中对控辩关系影响最大的莫过于非法证据排除规则。非法证据排除规则是许多国家法官在采纳和衡量证据过程中运用的一项重要的证据规则。按照该规则,侦控方通过非法手段获取的一切证据均不得被提出和采纳。其能够有效防止侦控机关对被告人权利的不法侵害,防止刑事诉讼价值取向的颠覆。由此看来,非法证据排除规则既是对侦控方权力的有效控制,更是对控辩双方在获取证据能力上的一种平衡。

2. 平等对抗中之辩方

辩方的权利由被告人的权利和辩护人的权利两部分构成。在庭审中,被告人除了享有获得公正、公开审判的权利以外,还享有辩护权、沉默权和保释权、申请回避权。

被告人最基本的权利就是辩护权,其首要表现为被告人自行辩护的权利。被告人行使自行辩护权可以采取的方式有:提出证人、证据证明自己无罪、罪轻;对控方的证人提出询问、对控方证据提出质疑;和控方展开对等的辩论等。其次表现为获得律师帮助的权利。

沉默权作为一种消极的防御权,其核心精神是《公民权利与政治权利国际公约》所规定的"不受强迫自证其罪的权利"。由此,庭审中的被告人可以自主决定是否对案件进行陈述以及作何种陈述。

许多国家都将此权利规定为被告人的一项基本权利。

保释权是无罪推定原则的衍生权利,其一方面固然是保障被告人人身自由权的措施;另一方面也如同申请回避权一般,是保障被告人辩护权的应有内容。

辩护人的权利除了前已详细论述过的阅卷权、会见权、调查取证权和必要的辩护准备时间权外,在审判程序中,辩护人还应享有举证权、问证和辩论权、法庭言论豁免权。

控辩双方是否拥有平等的机会向法官充分展示自己获取的证据,并运用这些证据来证明自己的主张,是其能否进行平等对抗的重要因素。为了保障控辩双方在法庭上的诉讼地位平等,各国一般都规定了控辩双方拥有平等的向法庭出示证据的权利。在美国,控辩双方在开场的陈述阶段出示证据。在英国,起诉方律师和辩护方律师也享有平等的举证权。起诉方律师先作开庭陈述,即扼要列举起诉方准备证明的事实。在起诉方陈述和提证之后,被告人准备提出证人时,辩护律师有权作出开庭陈述,说明他准备的事实。① 在意大利,在宣布开庭阶段,首先由公诉人简要地介绍指控所针对的事实并列举他要求法庭加以采纳的证据。随后,民事当事人的代理人、民事责任人的代理人、对财产刑承担民事责任的人的代理人和被告人的辩护人按顺序列举他们打算证明的事实并要求采纳有关的证据。②

同时,法庭必须保证辩护人行使与控方同等的问证和辩论权。在交叉询问的过程中,控辩双方在询问的次序和次数上应该保持平衡。因为,控辩双方询问的次序和强度对于其能否达到支持己方、推翻对方的目的非常关键,对于辩方来说尤其如此,辩护律师只有获得与控诉方相对平等的问证机会,才有可能进行有效的辩护,与控方进行真正意义上的平等对抗。因此,各国几乎都对控辩双方的

---

① 汪建成、黄伟明:《欧盟成员国刑事诉讼概论》,中国人民大学出版社2000年版,第104页。
② 汪建成、黄伟明:《欧盟成员国刑事诉讼概论》,中国人民大学出版社2000年版,第331页。

问证制定了严格的规则。① 如美国、②日本③等。

另外,法庭辩论阶段是控辩双方进行直接对抗的阶段,在这个阶段给予控辩双方平等的辩论机会非常重要。在日本,调取证据结束以后,进入法庭辩论阶段。首先,检察官就事实和适用法律发表意见(被称为"论述指控")。然后,被告人和辩护人可以发表意见(即所谓的"最终辩论")。通常先由辩护人辩论,然后由被告人作最后陈述。辩论可以反复几轮进行。④ 在英国,起诉方和被告方在提证之后,都有权向陪审团作第二次陈述。如果被告人没有辩护律

---

① 德国刑事诉讼一般不主张检察官、辩护律师进行交叉询问,因为交叉询问容易导致审判长职权的削弱,也为了防止被告人的命运取决于检察官和辩护律师,"防止使审判堕落成为以被告人的有罪或无罪作为赌注的一场决斗"。虽然《德国刑事诉讼法》第239条规定了双方询问,经审判长询问以后,检察官和被告人共同申请询问他们所提名传唤的证人和鉴定人的时候,应当允许检察官和辩护人发言。检察官提名传唤的证人、鉴定人先由检察官询问,次由辩护人询问;公诉被告人提名传唤的证人和鉴定人先由辩护人询问,次由检察官询问、但在司法实践中,这种联合申请从未提过。参见马贵翔:《刑事司法程序正义论》,中国检察出版社2002年版,第269页。

② 在美国,问证分为直接询问、交叉询问、再直接询问和再交叉询问。直接询问的目的是聚集证据以支持律师在开场陈述中阐述的罪刑,传唤证人作证的律师直接询问证人,然后反方律师有机会交叉询问证人。交叉询问的目的是推翻对方的证据堆,通过交叉询问,律师努力找出直接询问期间被遗漏的信息,并且竭力向陪审员传递证人的证言具有怀疑的理由。如果就一个具体问题,交叉询问证人而使证人感到迷惑或不确定时,最先传唤证人作证的律师可能进行再直接询问,以重新聚集被交叉询问推翻的证据堆。再直接询问后,反方可能对再直接询问提出的问题进行再一次交叉询问。当然,美国各辖区都规定了再直接询问和再交叉询问的范围,限制进行再直接或再交叉询问的机会。在英国,起诉方决定传唤的证人在法庭上单个作证,然后由起诉方对证人进行主询问,接着由被告方对证人进行交叉询问,最后由起诉方进行再询问。当然,被告方的证人在法庭上作证,一样要接受主询问、交叉询问和再询问。汪建成、黄伟明:《欧盟成员国刑事诉讼概论》,中国人民大学出版社2000年版,第104—105页。

③ 《日本刑事诉讼规则》第199条之二确定了交叉询问制度。先由请求询问证人的一方进行询问(主询问),然后被问一方询问(反问),接下来由请求者再询问(再次主询问)。询问鉴定人、翻译人的适用询问证人的规定。讯问被告人的顺序与询问证人一样,即先由辩护人对被告人发问,然后检察官提出反问,再由法官补充发问。参见[日]田口守一:《刑事诉讼法》,刘迪、张凌、穆津译,法律出版社2000年版,第233—237页。

④ [日]田口守一:《刑事诉讼法》,刘迪、张凌、穆津译,法律出版社2000年版,第212页。

师,而且只是本人作证,起诉方不能作第二次陈述。① 在美国,控辩双方在最后辩述阶段可以直接与陪审团对话,争辩陪审团为什么应作出如律师要求的判决。最后辩述使律师有机会说服陪审团根据已听审的证据,宣告有罪(起诉方)或无罪(辩护方)才是公平和合理的判决。②

此外,许多国家都规定了律师在法庭上的言论豁免权。《关于律师作用的基本原则》第 20 条规定:律师对于其书面或口头辩护时所发表的关于言论或作为职责任务出现于某一法院、法庭或其他法律或行政当局之前发表的有关言论,应享有民事和刑事豁免权。《法国刑事诉讼法》第 41 条规定:不得对律师在法庭上的发言或向法院提交的诉讼文书提起诽谤、侮辱或藐视法庭的诉讼。《英格兰和威尔士出庭律师行为准则》规定:在通常情况下,律师对他在法庭辩论中的言论享有豁免权。《卢森堡刑法典》第 452 条第 1 款规定:律师"在法庭上的发言或向法庭提交的诉讼文书,只要与诉讼或诉讼当事人有关,就不能对它提起任何诉讼"。在荷兰,对于以口头发言或以其他任何方式藐视法庭、轻谩或辱骂诉讼当事人或证人的律师,首席法官可以给予警告或批评,但首席法官无权给予律师纪律惩戒处分,比如令其暂停执业等,因为这是律师协会纪律惩戒委员会的职权。③ 当然,与一切权利一样,律师法庭言论豁免权也是有界限的,如果律师在法庭上作出一些危害国家政治安全或者严重扰乱司法的行为,如诋毁宪法、攻击国家根本制度、煽动颠覆国家政权,扰乱法庭秩序,妨害司法,将会受到法律的制裁。④

---

① 汪建成、黄伟明:《欧盟成员国刑事诉讼概论》,中国人民大学出版社 2000 年版,第 105 页。
② [美]斯黛丽等:《美国刑事法院诉讼程序》,陈卫东、徐美君译,中国人民大学出版社 2002 年版,第 534—535 页。
③ 熊秋红:《刑事辩护论》,法律出版社 1998 年版,第 302—303 页。
④ 在英国,在法庭上对法官使用藐视或不敬的言词,或在法庭外对于其犯罪和其他方面有关的上级法院使用藐视言论,而冒犯法庭的,即以藐视法庭罪处。《意大利刑事诉讼法》第 279 条规定,公开对政府行为的指责或者追究指向共和国总统的,处 1 年以下有期徒刑或者 5 千至 5 万里拉罚金。

3. 平等对抗中之被害人

作为刑事诉讼中原告一方的被害人,因为主控地位交给了代表国家的公诉人,其一般会成为控方同一阵线之同盟。联合国《为犯罪和滥用权利行为的受害者取得公理的基本原则宣言》指出:为使司法程序满足受害者了解他们的作用以及诉讼的范围、时间、进度和对他们案件处理的情况,在涉及严重罪行和他们要求此种资料时尤其如此;应当让受害者在涉及利益的适当阶段,出庭陈述其观点和所关切的事项以供考虑,而不损及被告并符合有关国家刑事司法制度。不同国家的被害人诉讼地位不同。在英国,被害人的身份是证人,其赔偿主要通过赔偿令等方式满足;在美国,被害人以影响陈述的方式参与诉讼,法官判决时予以考虑;在欧洲大陆,如德国,被害人的权利有四种形式:公诉人都有权提起起诉,轻微案件的自诉,公诉人不起诉时辅助起诉,辅助起诉人。①

三、我国审判程序之改造

如果说,在我国控辩关系的构建中,侦查程序中应实现的为构建控辩平衡,逐步实现控辩平等;起诉程序中平等合作与对抗之间应偏重于构建控辩合作;那么,在审判程序中,控辩关系构建的中心就是平等对抗与平等保护。

(一) 我国审判程序之检视

我国 1996 年修订的《刑事诉讼法》确立了新的审判方式,在保留原来职权主义的庭审模式部分因素的同时,引入了对抗制诉讼的一些技术性因素,如引入了对抗制的证据调查方式,以控辩双方举证代替了法官统揽证据调查;控辩双方在法庭上可以进行辩论、展开对抗等。我国 2012 年修订的《刑事诉讼法》在基本肯定 1996 年修改的基础上,对相关程序又作了进一步修改,并增加了一些规定,不但使其在科学性、精细化和可操作性方面得到了加强,而且完善和增加了一些制度。比如,增加了人民检察院提起公诉时应"将案

---

① 陈卫东、刘计划:《公诉人的诉讼地位探析》,载《法制与社会发展》2003 年第 6 期。

卷材料、证据移送人民法院",删除了起诉书中需"附有证据目录、证人名单和主要证据复印件或照片"的规定;完善了证人、鉴定人出庭制度,增加了强制证人到庭及对拒不到庭作证的证人如何处理的规定,并规定了例外情形,即证人有正当理由或者证人是被告人的配偶、父母、子女的情形;增加了有专门知识的人出庭就鉴定意见提出意见的内容;增加了中止审理的规定;等等。2018年修订的《刑事诉讼法》保留了2012年《刑事诉讼法》关于庭审方式的相关规定,同时增加了认罪认罚从宽制度、缺席审判制度等。可以说,我国目前的庭审方式具有了当事人主义的某些特征,为辩护方与控诉方进行平等对抗提供了基础性条件。但是,不容忽视的是,由于仍然保留了一定的职权主义诉讼的因素,我国当前的这种庭审模式与当事人主义的诉讼结构还存在很大的差别。①

1. 裁判者中立地位失衡

(1) 审判独立之掣肘

我国审判独立的道路还很漫长。剖析其因素主要有:

第一,法院系统不独立。法院在人、财、物上尚不能完全独立,领导干部不当插手过问案件等都对人民法院审判权的独立行使造成干扰。

第二,法院内部司法行政化倾向严重。我国法官管理实行等级管理,官阶设置是等级式,类似行政机关上命下从的模式,法官无从独立;审判委员会与上下级法院之间的监督也是导致法院内部各法官无法独立的原因。

第三,缺乏法官职业保障。我国法官的任期无保障,任免、晋升与惩戒等都与立法机关、党委组织息息相关,法官的职业前途受外部因素影响较大。

第四,法官素质堪忧。法官业务素质、道德素质考核形式化;法官遴选、任命不够公正、公开、透明;法官培训重理论、轻实践,重学历、轻素质,重应急、轻系统化,缺乏规范化、制度化的针对性培训等。

---

① 龙宗智:《刑事庭审制度研究》,中国政法大学出版社2001年版,第120—121页。

(2) 控审关系的错位

我国刑事诉讼法经过几次修改，虽然在区分控审职能、界定控审关系上做了很大的努力，但是并未彻底解决控审职能混淆的问题。例如，防止法官审前预断的机制仍不健全，法官的中立地位没有确立，传统上"先定后审"的弊端仍然存在。在司法实践中，虽然已经实行立审分离，但法官仍然不仅留有一定的庭外调查取证权，而且在法庭调查过程中可以询问被告人、询问证人、鉴定人等。尤其是当公诉人在庭审中，对证明对象搞不清楚、举出的证据达不到证明标准、该收集的证据没有收集时，法官为了使庭审顺利进行，就会主动介入控辩双方的举证活动，以完成"审判任务"。同时，由于法官因袭的思维定式，使他们习惯性地介入到证据调查和辩论中去，从而使倾斜的控辩关系更加倾斜。

2.控方权力义务错位

(1) 法律监督权导致控辩审三方权力(利)错位

应该说，公诉人在庭审中拥有法律监督权兼有利弊。利在于：一方面，由于公诉人直接与审判法官接触，作为当事人，可以最迅速地察觉审判活动中的违法乱纪行为，以便及时予以纠正，维护程序公正。另一方面，也可以在庭审中更接近事实真相，以便最迅速地作出追诉犯罪的反应，比如作出诉讼变更、提供新证据等，维护实体正义，提高诉讼效率。弊在于：一方面，公诉人既有公诉权，又有法律监督权，无疑使公诉人享有了运动员和裁判员的双重身份，在庭审中必然影响控辩平等。尽管检察机关的学者们一再强调这种法律监督并不会破坏控辩审的关系，只是为了保障追诉犯罪的成功和社会秩序的恢复。但是瓜田李下，在制度设立上已经存在不可回避的逻辑问题，公诉人作为一种准司法官所谓的司法权威和公正形象难以维持。另一方面，检察机关一向认为有了法律监督权就有了"尚方宝剑"，实际上反而成了束缚自己手脚的绳子。真正的法律监督应当有相对超脱的地位和权威。公诉人一方面要实现追诉犯罪的目标；另一方面还要维护整个刑事程序的公正，以两种身份看刑事案件，显然是难以超脱的，就算是公诉人的素质再上一层楼，因为事关自身利益和价值，也不可能超脱，更难以说权威了。

对于审判方来说,法官无法克服心理上的障碍来平等地对待其监督者(检察院)和辩护方;对于辩方来说,辩方也无法克服心理上的障碍与同样作为自己的监督者的控诉方平起平坐;对于作为监督者的控方来说,具有作为监督者的心理优势,便无法平等对待辩方。

(2)非法证据排除规则欠缺

从根本上说,证据规则是为了约束国家专门机关工作人员,以保护人权和司法文明的。① 我国2012年修订的《刑事诉讼法》虽然沿袭此前的《刑事诉讼法》规定了一些收集证据、运用证据的规则,并增加了"不得强迫任何人证实自己有罪"的规定以及关于非法证据排除范围和办案机关排除非法证据义务的规定等,但是,这些规则仍然相对简单、笼统,而且缺乏保障性的规则,因而不能够有效预防国家公权力在追诉犯罪过程中对被追诉人合法权利的侵害。

3.辩方权利缺失

(1)被告人权利之缺失

庭审中有"讯问被告人"环节,对于法官来说,固然可以对被告人进行讯问,但是对于控方来说,如果赋予他讯问被告人的权力无疑增强了其重口供、轻证据的办案惯性。由于被告人享有与控方相同的诉讼权利,接受公诉人讯问就违背了这一原则,使被告人沦为公诉人的工作客体,与控辩平等原则更是相差甚远。

同时,我国法律援助制度不尽完善,不能够给被告人提供充分、有效的辩护。由于我国法律援助范围较窄、缺乏必要的物质保障和法律保障等原因,实践中许多被告人实际上并没有得到有效辩护,极大削弱了与控诉方进行对抗的能力。

(2)辩护人权利之缺失

2012年修订的《刑事诉讼法》实施以后,辩护人的阅卷权、会见权在一定程度上得到了保证,但其调查取证权仍然无法充分行使,并由此导致其举证能力相对较低,除此之外,辩护人的执业权利也仍然不能得到充分保障,其问证、辩论权利仍然受到诸多限制。

第一,由于辩护律师职业的特殊性,各国一般都规定辩护律师

---

① 李心鉴:《刑事诉讼构造论》,中国政法大学出版社1998年版,第173页。

有法庭言论豁免权和拒绝作证权,我国律师法规定了法庭言论豁免权但还尚未得到刑事诉讼法的确认,2012年《刑事诉讼法》修订时增加规定了"辩护律师对在执业活动中知悉的委托人的有关情况和信息,有权予以保密"。但 2018年修订后的《刑事诉讼法》第44条也规定,辩护人或者其他任何人不得帮助犯罪嫌疑人、被告人隐匿、毁灭、伪造证据或串供,不得威胁、引诱证人作伪证以及进行其他干扰司法机关诉讼活动的行为,否则会追究其法律责任。这条规定虽然对1996年《刑事诉讼法》第38条作了相应修改,即把主体由"辩护律师和其他辩护人"改为"辩护人或者其他任何人",其目的是"避免实践中可能发生个别侦查机关,以辩护人涉嫌伪证罪为由,随意对辩护人立案侦查和采取强制措施,侵犯辩护人合法权益,也影响原案被追诉人辩护权行使的情况",①但是在到目前为止的司法实践中,还很少有辩护律师以外的主体受到该条规定的处罚,这条规定仍然是悬在律师头上的达摩克利斯之剑,而且按照思维上的惯性,要改变这现状也非一朝一夕就能实现的。由此给律师增加了许多额外的义务,为律师的职业带来了更多的风险。这些对辩护律师权利的限制削弱了辩护权,不符合控辩平等原则的要求。

第二,辩护律师不仅因调查取证权受到限制而影响到举证权,同时,在问证和辩论机会上,控辩双方也不平等。交叉询问制度的基本价值在于保证程序的公正,强调控辩双方诉讼的平等性和手段的平等性,防止程序畸形,创制和实现有利于刑事审判中个体权益维护的特别程序保障。② 我国《刑事诉讼法》和相关的司法解释对于讯问被告人,询问证人、被害人、鉴定人的规定,使我国庭审过程中对人证进行调查的方法具有交叉询问的某些特征,例如,发问以控辩双方为主进行,首先由传唤证人一方询问,然后由诉讼对方进行询问。但是,这种询问机制并不是真正意义上的交叉询问,可能

---

① 郎胜等:《中华人民共和国刑事诉讼法修改与适用》,新华出版社2012年版,第103页。
② 龙宗智:《刑事庭审制度研究》,中国政法大学出版社2001年版,第312页。

出现控辩双方的问证机会不平等。① 法庭辩论权的行使也是如此，司法实践中，法庭辩论始于控方、又终于控方的情形也有不少。

(二)我国审判程序之改造

1.审判方之地位重塑

审判方客观中立的地位应当予以逐步确立，一方面，要实现审判独立；另一方面，应当进一步分离控审权力，重构控审关系。

(1)推进审判独立建设

首先，重构我国法院的组织体制，使法院高度独立于立法机关、行政机关。对于这个问题，中共十八届四中全会决定已经提出，"各级党政机关和领导干部要支持法院、检察院依法独立公正行使职权。建立领导干部干预司法活动、插手具体案件处理的记录、通报和责任追究制度。任何党政机关和领导干部都不得让司法机关做违反法定职责、有碍司法公正的事情，任何司法机关都不得执行党政机关和领导干部违法干预司法活动的要求。对干预司法机关办案的，给予党纪政纪处分；造成冤假错案或者其他严重后果的，依法追究刑事责任"，提出"改革司法机关人财物管理体制，探索实行法院、检察院司法行政事务管理权和审判权、检察权相分离"，等等。但这只是第一步，这些内容具体如何落实，才是接下来最关键的部分。其次，应当保证各个法院之间的独立，明确上级法院对下级法院的监督限于通过二审和再审程序进行监督的基础上，杜绝下级法院向上级法院请示、上级法院作出指导的现象。再次，加强法官个人的独立，逐步取消审判委员会制，真正实现由法官在亲自审理案件的基础上对案件作出裁决。关于这个问题，最高人民法院的巡回法庭正在试行主审法官制度，该制度的主旨即在落实"由审理者裁判，由裁判者负责"的理念，主审法官组成合议庭，由主审法官自己审理案件，自己签发裁判文书，自己承担责任。此外，应该进一步弱化法官管理的行政化，取消按行政级别划分法官等级的做法，改变法院内部类似于行政等级管理的模式，淡化法官管理中的行政色

---

① 有关我国交叉询问的特点及存在的问题，可进一步参见龙宗智：《刑事庭审制度研究》，中国政法大学出版社 2001 年版，第 305—318 页。

彩、长官意志,取消案件审批制,使法官真正能够唯一地服从法律,按照自己的判断去裁决案件等。最后,加强法官的职业保障。应从法律上进一步明确法官职业的不可侵犯性,可以考虑实行法官终身制、不可调换制等;完善法官的任免、晋升、调动、惩戒机制。例如,将法官的任免权统一收归中央或者由高级法院对地方法官进行任免,在这一点上,中共十八届四中全会决定中已经提出要"建立法官、检察官逐级遴选制度。初任法官、检察官由高级人民法院、省级人民检察院统一招录,一律在基层法院、检察院任职。上级人民法院、人民检察院的法官、检察官一般从下一级人民法院、人民检察院的优秀法官、检察官中遴选",该项内容也由各级法院、检察院在具体落实;有关法官的晋升、惩戒由一个权威性、中立性较强的机构负责,而且这个机构是完全独立于行政机关和立法机关的;在程序上,有关法官的任免、晋升、惩戒必须相对公开进行,保证遴选到素质较高的法官,同时又尽量防止因为晋升、惩戒对法官独立产生消极影响。此外,应该给予法官能够比较体面、尊严地生活的待遇,使法官能够在充分的物质保障基础上工作。

(2)控审关系之重构

重构控审关系,重在两个方面:其一,应加强法官的中立性,增强控辩双方的对抗性。我国 1996 年《刑事诉讼法》第 150 条规定,人民法院对提起公诉的案件进行审查后,对于起诉书中有明确的指控犯罪事实并且附有证据目录、证人名单和主要证据复印件或者照片的,应当决定开庭审判。这样修改主要是为了解决当时审判实践中比较突出的"先定后审""先入为主"的问题,庭前审查由实体性审查改为主要是程序性审查。但这一改革在司法实践中的效果并不好。主要是法官在庭前对大部分案卷材料并不熟悉,不了解案件主要争议的问题,难以更好地主持、把握庭审活动,而且由于检察机关不在庭前移送全部案卷材料,辩护律师也无法通过到法院阅卷了解全案证据,特别是对被告人有利的证据。因此,2018 年修订《刑事诉讼法》时,在第 176 条中明确规定,人民检察院提起公诉,应当将案卷材料和证据移送人民法院,并在该法的第 186 条中对人民法院决定开庭的规定也作出相应调整。这样规定是为了增强控辩双方的对抗性,保障法官居中公断,实现司法的公正性,并且提高诉讼效率。① 但这两条规定还存在不足之处,具体而言对"应当将案卷材料和证据移送人民法院"中的"案卷材料和证据"的规定不明确。有学者认为,因为该部分内容涉及侦查机关、检察机关和审判机关,故应由全国人大法工委协调相关部门作出如下解释,"案卷材料、证据应当全部移送。既包括控诉用的证据和有利于辩护方的证据,也包括辩护人、被害人及其诉讼代理人提出的书面意见和辩护律师依法收集的与本案有关的证据"。② 因为只有这样,法官才可以全面看到控辩双方的有罪、无罪证据,从而切实增强控辩双方的对抗,保障法官的居中裁判。与此同时,还应当进一步取消法官庭外调查、庭上询问被告人、询问证人、鉴定人等带有追诉性质的职能。其二,明确庭审中公诉人的法律地位,规定公诉人就是在法官面前与辩方平等的诉讼当事人。检察官作为控告一方,在承担维护司法正义、实施法律的同时,在法庭上要明确当事人的地位,而不能充当"第二司法官",更不能成为"法官之上的法官"。

2. 控方权力之规制

(1)弱化检察监督权

在我国司法制度改良中,应当考虑弱化直至取消检察院的法律监督职能。从控辩平等的理论实质看,给予控方以监督权,尤其是让检察院对法院拥有监督权是妨碍公正审判的重要因素,也正是因为法律给予检察院的这种"特权",才使得检察官可以在法庭上盛气凌人,甚至"不高兴时"即可"愤然"离庭。所以,只有取消检察院的这种监督职能才能从根本上改善控辩双方诉讼地位不平等的状况。法律监督的权能减弱,实际上是解脱检察官的手脚和卸下其思想包袱。公诉人运用专业知识经过对侦查事实和辩护律师的材料进行审查,经过研究和判断,形成一种"内心自信",当把刑事案件起诉到法院时,他不必一定要先和法官沟通以保证定罪率,因为尚

---

① 王敏远等:《刑事诉讼法修改后的司法解释研究》,中国法制出版社2016年版,第199—200页。
② 王敏远等:《刑事诉讼法修改后的司法解释研究》,中国法制出版社2016年版,第201页。

有法院和辩护人两层力量对案件进行再次审视。其只要依据自己的职业判断完成分内的工作，就履行了自己的职责。具体来说，在立法尚未变动的情况下，可考虑继续弱化公诉人在庭审中的监督职能，直至与辩方的权利相对平衡。公诉人提出的审判异议，是与辩方对等的广义上的法律监督，不能认为其为特殊含义的法律监督。在条件成熟时彻底取消检察机关之法律监督权，明确其诉讼中的当事人地位。

（2）强化非法证据排除规则的适用

非法证据排除规则不仅是约束国家公权力行使的重要手段，而且是平衡控辩双方诉讼地位的重要的调节器。我国2018年《刑事诉讼法》第56条规定："采用刑讯逼供等非法方法收集的犯罪嫌疑人、被告人供述和采用暴力、威胁等非法方法收集的证人证言、被害人陈述，应当予以排除。收集物证、书证不符合法定程序，可能严重影响司法公正的，应当予以补正或作出合理解释；不能补正或作出合理解释的，对该证据应当予以排除。在侦查、审查起诉、审判时发现应当排除的证据的，应当依法予以排除，不得作为起诉意见、起诉决定和判决的依据。"这是我国《刑事诉讼法》首次确立非法证据排除规则，应当说这是我国法治建设过程中具有重大意义的一步，也是人权保障事业上具有重要意义的一部。该条规定"确立了侦查机关、起诉机关的非法证据排除职责，从源头上规范非法证据的排除，排除范围更为宽广。规范了诉讼参与人、人民检察院、人民法院各自的职责和义务，创新了检察院对非法证据的监督方式，赋予人民法院对非法证据排除的最终决定权，有利于检察院和法院正确行使职权，保证案件处理环节的'两个独立权'，充分保障诉讼参与人合法权益，保障案件公平处理，最大程度地杜绝错案的发生"。① 但该条规定本身还相对原则和粗疏，即使后来最高人民法院通过了关于如何执行该法的司法解释，但是关于非法证据的排除程序仍然存在一些不足，比如关于非法证据范围的界定不清、刑讯逼供范围模糊、

---

① 王敏远等：《刑事诉讼法修改后的司法解释研究》，中国法制出版社2016年版，第87页。

控方证明手段缺乏合理性与有效性、证明责任分配不明确,等等。①与此同时,因为排除非法证据的社会环境、观念欠缺等,②非法证据排除规则在实践中的运行状况并不理想。"从控方的角度看,由于部分案件是通过口供侦破的,获取口供成为侦破案件的有效手段,因此,有的侦查人员不愿放弃强迫的方法。"③我们应当强化非法证据排除规则的适用,首先,我们应当对《刑事诉讼法》第56条中规定的"刑讯逼供等非法方法"以及"可能严重影响司法公正"的定义进一步进行明确,既需要对其含义进行描述性解释,也需要借助程序对无法解释或解释不清的情形作为"刑讯逼供等非法方法"以及"可能严重影响司法公正"的对待;④其次,健全非法证据排除规则的相关制度,例如,明确非法证据的举证责任,不可为辩方设置较高的证明刑讯逼供的证据门槛,证明证据收集合法性的责任应当由检察官承担,侦查人员应当出庭说明情况,并有相应的实物证据材料予以证明等从而使非法证据排除规则与其他相关证据规则和制度相互配合,形成一个科学的证据规则系统。

3. 辩方权利之扩张

(1)扩张被告人的权利

首先,完善与被告人获得律师帮助权有关的制度,如无效辩护制度、法律援助制度等,保障被告人有效辩护权的实现。其次,赋予被告人接受讯问律师在场的权利,取消公诉人在庭审中"讯问被告人"之规定,落实被告人不受强迫自证其罪特权。

(2)扩张辩护人的权利

前已述及,辩护人的会见权、先悉权、调查取证权当然需要得到扩张,辩护人在庭审中的言论豁免权、举证权和问证、辩论权也迫切需要得到完善与扩张。我国《刑事诉讼法》之再修改,首先,应当考

---

① 陈卫东等:《建设公正高效权威的社会主义司法制度研究》(第3卷),中国人民大学出版社2013年版,第567页。
② 参见陈卫东:《中国刑事证据法的新发展》,《法学家》2010年第5期。
③ 王敏远等:《刑事诉讼法学》,知识产权出版社2013年版,第522页。
④ 王敏远等:《刑事诉讼法修改后的司法解释研究》,中国法制出版社2016年版,第107页。

虑赋予辩护律师保障职业安全所必需的完全法庭言论豁免权和拒绝作证权,使律师能够心无旁骛地履行辩护职责,以防有职业陷阱之虞。其次,应当加强辩护人举证的能力,要进一步保障辩护人出庭前的会见权、先悉权和调查取证权,以便其有充分的时间和条件准备辩护。最后,给予控辩双方平等地问证和辩论机会。控辩双方对于任何一方提出的证据,均有权进行问证调查,而且这种询问应当按照交叉询问规则进行,至少在形式上保证控辩双方在询问的次序和机会上均等。法庭辩论阶段,控辩双方的论辩亦应如此。既然辩论权始于控方,按照控辩平等原则的要求,就应当终于辩方。或许其对于实体裁判没有意义,但是不可忽视其对于辩方尤其是被告人以及一般国民之"看得见的正义"之意义。

四、小结

设置刑事诉讼的目标之一固然是查明犯罪和追究犯罪,实现国家的刑罚权,然而,不可忽视其另外一个价值目标是保障刑事诉讼中的人权,而刑事诉讼中的人权保障就是通过刑事诉讼的进行和在刑事诉讼进行过程中对公民权利和自由的保护。在被告人身上,惩罚犯罪与保障人权是对立统一的。统一姑且不言,就对立来讲,正如有学者所言:"为实现国家刑罚权,强制力的行使是不可避免的,这就会影响犯人及第三者的正常权利。所以,实体真实的发现同个人基本人权的保障成为时常对立着的要素……正因为如此,如何调整两者的对立,便成为问题。夸张地说,刑事诉讼中所有问题的根本点就在于此。"[①]两大法系在刑事诉讼中的价值取向虽有不同,但是共同点却在于惩罚犯罪与保障人权均得以理性地整合,而且其均表现出各人权主体的诉讼权利将会得到最大限度的均衡保障的共同发展趋势,并逐渐融合在控辩平等原则之上。

英国彼得·斯坦说:"自然公平的第一原则是:必须给予诉讼当事人各方充分的机会来陈述本方的理由。这意味着必须将诉讼程序告知他们,并及时通知其任何可能受到的指控,以便于他们行使

---

① [日]土本武司:《刑事诉讼法要义》,有斐阁1991年版,第16—17页。

权利。"所以,控辩双方在刑事诉讼程序的权利上是对等的,不容有所偏颇。同时,控方因其司法资源的先天丰厚,则需要承担更多的义务,而辩方因其有着先天的弱势,故其权利需要得到多方的保障。控辩平等在人权保障中的底线价值在于,保障被告人、即使是事实上有罪的被告人在刑事诉讼活动中被当作一个有尊严的人对待,平等地参加到诉讼程序中来。

在我国,1996年《刑事诉讼法》修改中庭审模式的转变,标志着已经向着控辩平等地道路迈出了第一步,2012年及2018年《刑事诉讼法》的修改虽然进一步推进了这种转变,但是,真正植入控辩平等理念的诉讼模式并没有完全建立起来,侦查程序、起诉程序中控辩关系的结构与审判程序中控辩平等的模式构建之间的矛盾仍然存在。立法者们还是仅从刑事审判中心的视角看待控辩平等,没有认识到控辩平等在整个刑事诉讼程序中的轴心作用。由此可见,期待控辩平等在中国刑事诉讼基本原则中的驻足,尚需时日。

第十四章　救济程序中之控辩平等

为了维护司法权威,保护当事人的利益,对法院作出的裁判不得任意加以变更。但是,受人的认识能力的限制,法官在控辩双方提出的事实和证据的基础上对事实认定的程度依然不可能达到绝对的真实,由此作出的裁判就有可能与客观真实不相符。正如罗尔斯先生所指出的那样,"审判程序是为探求这方面(定罪)的真实情况设计的,但看来不可能把法规设计得使它们总是达到正确的结果……即便法律被仔细地遵循,过程被公正地引导,还是有可能达到错误的结果。一个无罪的人可能被判作有罪,一个有罪的人却可能逍遥法外"。[①]裁判的最终目的是对事实进行正确的认定,并准确地适用法律。因此,有必要设置相应的救济程序对刑事审判中可能出现的错误予以纠正,以使裁判结果最大限度地接近实体真实,使法律得到更准确的适用。而控辩平等则在救济程序中,保障实体公正和程序公正的同时实现的功能。

一、控辩平等在救济程序中之功能

从各国的立法和实践来看,审判救济程序主要

---

① ［美］约翰·罗尔斯:《正义论》,何怀宏等译,中国社会科学出版社 1988 年版,第 81 页。

有两种,一是普通救济程序(上诉审程序),二是非常救济程序(再审程序)。控辩平等作为现代刑事诉讼的一项基本原则,在救济程序中发挥着重要的功能。

(一)控辩平等在普通救济程序中之功能

普通救济程序是一种独立的司法裁判程序,要准用第一审审判程序的规定,理应遵循控辩平等原则,保证控辩双方实现平等武装,法官诉讼态度平等,给予控辩双方平等的保护,从而使控辩双方在诉讼条件、诉讼机会以及诉讼标准上实现平等。与审判程序中一样,控辩平等在普通救济程序中同样发挥着诉讼结构优化功能、实体正义功能和程序正义功能以及权力(利)制衡功能和人权保障功能。而且鉴于普通救济程序所担负的纠错和监督职责,控辩平等对于实现普通救济程序的这两项职能具有重要作用。允许控辩双方平等、有效地参与到普通救济程序的审理中,阐述各自的主张及事实和证据,并且发表其对法律适用问题的意见,而且法官对双方给予平等的关注和对待,这对于发现实体真实和判断一审法院在事实认定及法律适用方面是否存在错误具有积极的保障作用。

(二)控辩平等在非常救济程序中之功能

刑事再审制度是一种特殊的救济程序,其设置目的旨在平衡法的安定性和法的公平性这两个有时相冲突的原则后,纠正那些显失公平的忍无可忍的错误。[①] 从整个刑事诉讼的过程来看,非常救济程序是对其前所有程序中控辩平等原则是否得到真正落实的最后一次检验和救济,因此,在非常救济程序中保证控辩双方享有平等的诉讼地位,不仅仅有利于优化诉讼结构、实现实体正义和程序正义、制约权力和保障人权,而且对于实现非常救济程序的特殊任务——救济功能,实现司法公正具有重要意义。

二、救济程序中之控辩平等

(一)普通救济程序中之控辩平等

在普通救济程序中,控辩平等原则也应像在第一审审判程序中

---

① [法]卡斯东·斯特法尼等:《法国刑事诉讼法精义》(下册),罗结珍译,中国政法大学出版社 1998 年版,第 877 页。

那样要求有一个公正的法院和胜任的法庭确保裁判者以中立、超然的态度去平等地对待控辩双方;进行公开审判,为控辩双方进行平等对抗提供一个相对透明的环境;确保控辩双方在程序上实现对等,进行真正意义上的平等对抗;赋予辩护方必要的特权(如不受强迫自证其罪、辩护特权等)并给予特别的保护;同时让力量相对强大的控诉方承担相对重的义务,以平衡控辩双方之间先天存在的力量差距。但是,普通救济程序毕竟在许多方面诸如审理对象、审理目的以及审理结果有不同于第一审审判程序的特点,相应地,控辩平等原则在普通救济程序的设计过程中就有着独特的体现。

1. 控方上诉权之限制

一般来说,刑事上诉主体主要包括控方和辩方。英美法的上诉程序基本上是对收到有罪判决的被告人的单方面救济过程。在英美法中"禁止双重危险"原则的限制,控方对正式审判程序所作的无罪判决不得以任何理由提出上诉,英国甚至完全禁止控方对陪审团的有罪或无罪裁决提出上诉。在法、德、日等大陆法系国家,虽然控方与辩方在理论上享有平等的上诉权,但是,对控方的上诉权实际上是有限制的,最主要的限制是:检察官不得使用新的证据提出不利于被告人的第二审上诉,而对被告人的上诉没有这样的限制。[①]对控诉方上诉权进行限制,可以有效降低被告人被重新指控的风险,这对于平衡辩护方与控诉方之间的力量无疑具有重要的意义。

2. 上诉不加刑原则

"上诉不加刑"原则又称"禁止不利变更"原则,是保障被告人上诉权的有力措施。受到上诉不加刑原则的保护,被告人方可打消上诉可能加刑的顾虑,相对自由地决定是否提起上诉,从而使自己的权利得到充分的救济。此外,受到上诉不加刑原则的约束,控诉方不能再对被告人作出较一审中更重的指控。因此,可以说,上诉不加刑原则既是对被告人权利的保护,又是对控诉方权力的一种制约,无疑也是实现控辩平等的有效途径,也因此成为各国上诉审裁

---

① 孙长永:《探索正当程序——比较刑事诉讼法专论》,中国法制出版社2005年版,第631—632页。

判的通行原则。在德国和日本,凡是被告人提起上诉的案件以及为了被告人的利益提出上诉的案件,不仅第二审和第三审上诉法院直接判决时不得作出不利于被告人的变更,而且根据第二审、第三审发回的判决进行重审的法院在判决时也不得作出不利于被告人的变更,只有当检察官提出不利于被告人的上诉时,才不适用这一原则。英美法中同样存在上诉不加刑的原则。①

3. 控审职能严格区分

控审分离是刑事诉讼的一项基本原则,也是控辩平等实现的基础条件。作为一种独立的司法裁判程序,普通救济程序理应遵循控审分离的原则,保证司法审判的被动性和中立性,避免控诉职能和审判职能发生混淆,为控辩平等提供坚实的保障。控审分离在普通救济程序中突出地体现在上诉审审查的范围的确定上。受到控审分离、不告不理原则的限制,法院只能在控辩双方抗诉或上诉的范围内进行审理活动。从世界各国的立法例看,上诉审的审查范围主要有两种:部分审查制和全面审查制。部分审查制下,上诉审审查的范围仅限于当事人在上诉书或复审申请书中明确表示不服的部分,而对于上诉书或复审申请书中没有涉及的部分即使存在一些错误,上诉审也不作重新审理和更正。德国是实行部分审查制的典型国家。② 日本现行法承认控诉审的职权调查,但是,对于控诉审的审判对象究竟如何确定,学界有不同观点。田口守一先生认为,上诉审的主要目的是统一解释法律,救济提出异议的当事人,因此,控诉审的审判对象应是当事人提出的控诉理由,通过审查控诉理由来审查原判决。由此,控诉审的职权调查应当从保护当事人特别是被告人的主张的角度进行职权调查。日本的有关判例也承认了这个观点。③

---

① 孙长永:《探索正当程序——比较刑事诉讼法专论》,中国法制出版社 2005 年版,第 650—651 页。

② 陈卫东、李奋飞:《刑事二审"全面审查原则"的理性反思》,载《中国人民大学学报》2001 年第 2 期。

③ [日]田口守一:《刑事诉讼法》,刘迪、张凌、傍津译,法律出版社 2001 年版,第 313 页。

(二)非常救济程序中之控辩平等

鉴于非常救济程序的特殊性,控辩平等在非常救济程序中也有着特殊的要求和表现。

1. 严格贯彻"一事不再理"原则

"一事不再理",在英美法系上又称"禁止双重危险"原则,旨在限制公权力,保障被告人的权利,同时维持程序的终局性和既判力。各国一般将此项原则作为一项人权原则加以强调,防止对被告人进行重复追诉,使其一次次陷入受审的痛苦之中。这项原则只有在极为严格的条件和极少数情况下才存在例外。例如2004年9月在北京召开的第十七届国际刑法大会新通过的《专题四:国内和国际刑事司法管辖权竞合和"一事不再理"原则决议》就指出一事之再理"只能是在符合正义的最高利益和法律明确规定的特别情况下,尤其是在有利于被告的情况下才可以被允许"。可见,一事之再理只适用于有利于被告人,但不利于被告也不是绝对不允许的。① 各国一般都通过再审时效、再审理由等制度设计来严格限制再审程序的提起。

2. 严格限制对被告人不利之再审

由于再审程序是一种非常救济程序,对一事不再理以及既判力等司法原则都是一种突破,因此,各国对于提起再审都非常慎重,都规定了严格的再审理由。虽然各国对再审理由的细节规定有所不同,但是总的特点都是,对于有利于被告的再审理由几乎都规定得较为宽松,限制较少,而对不利于被告人的再审理由则限制较多,甚至有些国家对于不利于被告人的再审完全持禁止的态度。例如,《法国刑事诉讼法》绝对禁止不利于被判刑人的再审,所以再审只能针对有罪判决,而且这有罪的判决不分重罪、轻罪案件。② 这些规定大大降低了被告人的诉讼风险,同时间接增强了辩护方对抗控诉方的能力。此外,许多国家还从提起再审的时效上给予辩护方特殊

---

① 陈光中主编:《刑事再审程序与人权保障》,北京大学出版社2005年版,第204页。

② 陈光中主编:《刑事再审程序与人权保障》,北京大学出版社2005年版,第221页。

的保护。例如,在法国和德国,提起有利于被告人的再审不受任何时效的限制,而提起不利于被告人的再审则受此限制。

3. 处理结果体现有利被告之精神

许多国家都十分重视非常救济程序的人权保障功能,而且为了平衡控辩双方之间的力量,在处理结果上也都遵循有利被告的原则。例如,根据《德国刑事诉讼法典》第 373 条第 2 款的规定,对于有罪判决,当再审程序的提起是有利于被告人时,则判决的结果无论在定性还是量刑上都不得作不利于被判刑人的变更,即"再审不加刑"。法国的刑事诉讼法在再审程序中也遵循"上诉不加刑"的原则,即负责重新审理再审案件的法院有裁判的权力;或者宣告原被判刑的人无罪,或者确认已被撤销的判决成立并宣告判刑判决,但是不得违反"上诉不加刑"的原则,对原被判刑的人判处更为严厉的刑罚。《日本刑事诉讼法》第 435 条也作了类似的规定,即再审不得宣判重于原判的刑罚。①

4. 赋予被告获得刑事赔偿之权利

被告人请求国家在司法误判的情况下给予其刑事赔偿既是对整个刑事诉讼中可能存在的控辩不平等的一种补偿和纠正,又是控辩平等的重要体现。许多国家都赋予了被告获得刑事赔偿的权利。例如,法国的刑事再审制度不仅通过再审之诉纠正司法上的错误,还赋予了受到司法错误损害的人以请求国家赔偿的权利。无辜的被判刑人以及能证明因这一判刑受到损失的人,经确认均可请求得到国家赔偿。在意大利,在再审中被开释的人,如对于原司法错误没有过错,有权要求获得赔偿,如果被判刑人已经死亡,则其配偶、直系亲属和尊亲属、兄弟姐妹、一等亲以内姻亲以及同死者有收养关系的人,可以提出赔偿请求。②

---

① 陈光中主编:《刑事再审程序与人权保障》,北京大学出版社 2005 年版,第 318 页。

② 陈光中主编:《刑事再审程序与人权保障》,北京大学出版社 2005 年版,第 319 页。

三、控辩平等下救济程序之改造

(一)我国救济程序中之控辩关系检视

1. 普通救济程序中之控辩关系检视

与一审审判程序中一样,我国普通救济程序中控辩关系的显著特点也是控辩失衡;裁判者中立地位偏颇;控方权力义务错位;辩方权利缺失等。除此之外,我国普通救济程序中还有其他一些阻碍控辩平等实现的因素。

(1)立法倾向于保护控诉方

从立法条文表面看,我国《刑事诉讼法》对于控诉方的抗诉权给予了较之辩护方上诉权更为严格的限制;被告人在行使上诉权时可以书面形式行使,也可以口头形式行使,而检察机关必须以抗诉书的形式提起抗诉;被告人可以通过原审人民法院提出上诉,也可直接向二审人民法院直接提出上诉,而检察机关只能通过原审人民法院提起抗诉;被告只要不服一审判决即可提起上诉,而检察机关必须在认为一审判决"确有错误"时才能提起抗诉,而不是只要不服一审判决即可提起抗诉。这些规定似乎对控诉方行使权利造成了不利的影响,但是,考察整个二审程序后,不难发现,实际上立法更倾向于保护控诉方。首先,在开庭审理的问题上,控辩双方受到不平等的对待,控诉方受到比辩方更多的保护。对于被告人提起上诉的案件,法院可以酌情决定是否开庭审理,但是对于抗诉案件,法院则必须开庭审理。其次,对于检察机关提起抗诉的案件,不管被告人是否也提起了上诉,第二审法院就不受上诉不加刑原则的限制。最后,二审法院在认为事实不清、证据不足的情况下可以裁定将案件发回重审,由此给了控诉方又一次举证的机会。

(2)实现全面审理,控审不分

我国二审程序实行的是全面审理的原则,二审法院的审理范围完全不受上诉或者抗诉内容的限制,而是要对一审中涉及的所有事实问题和法律适用问题进行全面审理。例如,在共同被告的案件中,法院可以对提起上诉和被提起抗诉的被告人进行审判,也可以对没有提起上诉和未被提起抗诉的被告人进行审判。显然,在这里,法院已经超越了其裁判者的角色,同时扮演起了刑事追诉者的角色。这违背了司法被动性和中立性的司法原理,很难保证法官作为裁判者的中立和消极的地位。在二审程序中,控诉一方的力量由于有了法官的加入而得到加强,而且由于法官中立地位的偏失难以给予控辩双方平等的保护和对待,辩护方的弱势地位更加明显,控辩之间力量失衡的态势更为严重。

(3) 上诉不加刑原则名存实亡

上诉不加刑作为保障被告人上诉权的一项重要原则虽然在立法中明确规定,2018年《刑事诉讼法》第237条规定:第二审人民法院审理被告人或者他的法定代理人、辩护人、近亲属上诉的案件,不得加重被告人的刑罚。第二审人民法院发回原审人民法院重新审判的案件,除有新的犯罪事实,人民检察院补充起诉的以外,原审人民法院也不得加重被告人的刑罚。但是实践中,这项原则往往流于形式,名存实亡。司法实践中,上诉变相加刑的现象并不鲜见,被告人的上诉权仍然受到很大的威胁,也无法真正通过救济程序获得救济。鉴于我国学者已对此问题作过深入的探讨,本书不再赘述。

(4) 不开庭审理现象严重

开庭审理是现代刑事诉讼的一项基本要求。证人、鉴定人、被害人、被告人出庭作证;法官亲自对证据进行调查和采纳,亲自听取被告人和被害人陈述、证人与鉴定人的证词以及检察官和辩护律师的举证、质证和辩论。在开庭审理的环境下,控辩双方才能够进行真正意义上的对抗,辩护方权利才不会被秘密或变相剥夺;也才能避免法官形成预断,偏袒控诉方。所以开庭审理对于保证控辩双方享有平等的诉讼地位具有重要的意义。但是,从我国目前的立法和实践看,立法赋予了二审法官是否进行开庭审理的自由裁量权;对于检察机关抗诉的案件,二审法院必须开庭审理,而对于被告人提起上诉的案件,二审法院则可以分情况决定是否开庭审理。实践中二审开庭审理比例普遍较低。二审不开庭审理所导致的结果是,控辩双方无法在一个中立的法官面前阐明自己的观点,法庭上的平等对抗更无从谈起;公诉权和审判权得不到公开、有效的监督;辩护方权利受到削弱。在这种情况下,二审中的控辩平等丧失了最基本的生存条件。

(5)辩护方权利受到过分的限制

被告人的权利受到的限制除了本书已经在一审程序中提及的以外,在普通救济程序中还有一些特殊的限制。首先,被告人的上诉权利受到过分的限制。被告人的上诉权是对抗控诉方的一项重要权利,在有些国家,上诉权甚至被作为一项宪法性权利加以规定。但是,在我国,被告人的上诉权却受到重重限制,由此,导致二审程序中辩护方的力量进一步被削弱。被告人的上诉权受到的第一个限制源于我国二审程序的虚置。我国特有的"错案追究制"的法官管理制度使得司法实践中"案件请示制度"似乎成为惯例,由此导致二审流于形式,成为一个虚置的程序,被告人的上诉权实际上被变相剥夺,二审应有的救济功能丧失。被告人上诉权的第二个限制来自于较窄范围的上诉对象。根据我国现行《刑事诉讼法》的规定,当事人只能对一审法院作出的判决和裁定提起上诉,法院作出的决定不在上诉对象范围之内。实践中,一审法院为了规避这项规定,以裁定形式作出裁决的事项少之又少,而以决定方式作出裁决的事项却非常普遍。在这种情况下,即使被告对于一审法院作出的决定存有异议,也无从提起上诉,请求二审法院对其予以审查。在这种情况下,我们如何希冀被告人的权利得到救济、获得保护呢?又如何能够奢望普遍救济程序能够对于一审中控辩双方地位可能存在的不平等予以纠正和补救?

2.非常救济程序之控辩关系检视

与一审审判程序和普通救济程序控辩失衡一样,我国非常救济程序中控辩关系总的态势也是失衡的。具体来看,主要表现在以下几个方面。

(1)再审指导思想不利于控辩平等的实现

中国的再审程序被法律定性为"审判监督程序",在"实事求是,有错必纠"的思想指引下,对于任何在认定事实和法律适用方面存有错误的生效判决,检察机关和法院都有权自行提起"审判监督程序",随时纠正生效判决中存在的错误。传统的诸如"节制国家刑罚追诉权""一事不再理""保障人权"等司法理念在我国的再审程序中被忽略。"实事求是,有错必纠"指导思想所带来的是"重实体、轻程序"的做法。司法实践中,为了达到实体公正,探求"事实真相",可以任意地和无数次地提起再审程序,即使是对被告人不利的再审也是如此。由此,许多已受到终审裁判的原审被告人因为曾经实施的一项行为而受到国家的重复追诉,他不仅要忍受一次次受审的痛苦,还要面对命运和前途永远处于不确定的状态的局面。在这种情况下,被告完全沦为国家探求事实真相、追求实体公正的工具,其程序性主体地位完全得不到承认和实现,在再审程序中没有丝毫平等可言。

(2) 控辩双方在再审程序启动方面不平等

在我国,控诉方拥有再审程序的启动权:检察机关只要发现原审裁判"确有错误",就可以提起再审。而辩护方只拥有再审程序的申请权(而且提起申请还要受到 2018 年《刑事诉讼法》第 253 条规定的理由的限制),被告人提起申诉只是使得再审程序启动有了可能性,最后是否可以启动还要取决于法院和检察院。而且,如果被告方是向检察机关提起申诉,就要由检察机关作出决定,本应处于平等地位的控辩双方在这种情况下居然成为申请者和裁判者的不平等关系。司法实践中,由于审查申诉机制的不公开性和非诉讼化,申诉人的申诉尤其是有利于被告人的申诉往往得不到法院和检察院的及时审查或者即使受到审查也以各种抽象的理由被驳回。因此,单就程序的启动上,控辩双方的地位就不平等。

(3) 控审职能混淆,不利于控辩平等的实现

根据我国目前《刑事诉讼法》的规定,人民法院发现生效判决"确有错误"即可自行提起再审程序。这样,法院实际上既是某一案件诉讼主张的提出者,又是该案件的裁判者,因此难以维护其中立性和超然性,必然偏向于诉讼的某一方。① 这显然是控辩平等的最大障碍。此外,我国再审实行的也是"全面审查"的原则。2021年颁布的《最高人民法院关于适用〈中华人民共和国刑事诉讼法〉的解释》第 465 条规定:依照审判监督程序重新审判的案件,人民法

---

① 陈瑞华:《刑事诉讼的前沿问题》,中国人民大学出版社 2000 年版,第 407 页。

院应当重点针对申诉、抗诉和决定再审的理由进行审理。必要时，应当对原判决、裁定认定的事实、证据和适用法律进行全面审查。"全面审查"意味着不受当事人申诉和检察机关抗诉范围的限制，这与司法被动性和中立性的原则是相违背的，也是控辩平等实现的一大障碍。

（4）对辩护方权利保护不够

与控诉方相比，辩护方在整个刑事诉讼中始终处于较为弱势的地位，为了平衡二者之间的力量，本应给予辩护方特殊的保护。但是，从我国目前的现状来看，立法没有给予辩护方必要的保护，司法实践中变相限制、剥夺辩护方权利的做法比比皆是。首先，从提起再审的时效限制看，我国 2018 年《刑事诉讼法》和司法解释对申诉期限都没有加以限制，仅有 2002 年 11 月 1 日起实施的最高人民法院《关于规范人民法院再审立案的若干意见（试行）》中对此问题作了规定，即人民法院对刑事案件的申诉人在刑罚执行完毕后 2 年内提出的申诉，应当受理；并且对超过 2 年提起的申诉应当受理的情形作出了规定。而不是像大多数国家那样为了保护被告人的权利，对有利于被告人的再审的时效不加限制，对不利于被告人的再审时效和次数则严格限制。其次，从再审理由上看，由于我国 2018 年《刑事诉讼法》没有确立一事不再理的原则，本着"实事求是、有错必纠"的精神，检察院和法院启动再审程序的唯一理由就是"确有错误"。司法实践证明，由于这个再审理由过于笼统，使得法院和检察院的自由裁量权过大，再加上缺乏应有的监督机制，再审权就因而始终处于被滥用的危险中。实践中，被告人提出的上诉被任意地驳回以及任意启动再审程序的现象就不足为怪了。这些做法不但破坏了司法的权威性和法的安定性，而且对被告人的权利造成了极大的威胁和侵害，最终使得辩护方力量进一步萎缩，控辩平等对抗成为遥不可及的目标。最后，从再审的处理结果来看，没有体现有利于被告的精神。我国再审程序没有完全确立"不利益变更禁止"的原则，《最高法司法解释》第 469 条规定：除人民检察院抗诉的以外，再审一般不得加重原审被告人的刑罚，这意味着再审后的判决还存在对原审被告人加重判刑的可能。由此可见，我国再审程序中对辩护方这个本就弱小的主体非但没有给予必要的保护,反而从多方面给予压制,控辩平等在这里非但没有得到更正和救济,反而受到了更多的阻碍。

(5)被告获得国家刑事赔偿的权利受到限制

我国《国家赔偿法》把获得国家刑事赔偿的范围仅限于再审改判无罪的情形,而对于其他再审改判轻罪或判处刑罚较轻的被告人则无法获得国家赔偿。但是,司法实践中,一些法院为了逃避这种错案赔偿,往往对应改判无罪的案件仍然维持原判或改判较轻的刑罚。使得本应获得国家赔偿的被告人无法获得应有的赔偿。

(二)控辩平等下救济程序之改造

1. 普通救济程序之改造

要实现普通救济程序中的控辩平等,除了应当按照前述审判程序的改造措施(如重塑审判方地位、规制控方权力、扩张辩方权利)保障控辩双方的平等地位外,还应从以下几方面努力:

(1)平等地对待控辩双方

为了保证控辩双方在普通救济程序中享有平等的诉讼地位,必须改变现行刑事诉讼法对上诉案件和抗诉案件在审理方式上进行不公正地区别对待的做法。甚至有学者主张应将控诉方的"抗诉"改为"上诉",因为这种称谓上区分的背后是控辩双方地位上的不平等,是对检察机关法律监督职能的过度强调。将抗诉改为上诉,可以从形式上弱化检察机关法律监督的角色,强化其作为控诉者一方当事人的角色,从而使控辩平等的原则得到更好的体现。

(2)严格贯彻开庭审理的基本原则

开庭审理应成为普通救济程序的一项基本原则。从我国目前实际看,应当将开庭审理的决定权交由控辩双方,而不是由法院自行决定是否开庭审理。法院原则上对所有上诉案件开庭审理,经过当事人的同意可不开庭审理。从而保证控辩双方在法庭上展开平等对抗,法官兼听则明,实现最大程度上的实体正义和程序正义。

(3)加强对辩护方的保护

除了我们在一审程序中提到的扩张辩护方权利的措施外,还应充分保护被告人的上诉权。改变二审程序流于形式、被虚置的现状,保证被告人能够真正通过普通救济程序获得救济。进一步拓宽上诉对象,将一切可能影响到当事人权益的事项都纳入上诉对象,包括一审法院的判决、裁定和决定,使一审中控辩双方可能存在的不平等状况都能通过普通救济程序获得纠正。

(4)实行"有限审查",严格区分控审职能

控审职能严格区分是保证法官独立且中立地行使审判权,进而保证控辩平等的重要措施。我国目前普通救济程序"全面审理"的原则是阻碍控辩平等实现的关键因素。因此,应当改变这项原则,实行二审"有限审查"的原则,即第二审法院的审查范围应限于控辩双方上诉的部分,保证法院仅仅履行司法裁判的职能,居中进行裁判、平等地对待控辩双方。

2.非常救济程序之改造

(1)重构再审立法指导思想

显然,判决与客观事实不完全相符的案件不能完全称为错案,那么进入再审程序的案件无疑也不完全是错案,其中包括因证据问题而造成的误判,因此简单地将再审程序的性质定为纠错机制,显然是片面的。再审程序实际上是一种补救机制,而非传统上人们理解的纠错机制。事实上,目前再审制度设计上的种种缺陷,在很大程度上源自于"再审程序是纠错机制"这样一个错误认识,以至于忽略了对当事人诉权的尊重,忽略了诉讼民主化的要求。所以必须更新立法的指导思想,彻底摒弃传统上的错误认识,从保障当事人诉权的角度出发,构建我国的再审程序,使之能够真正成为为当事人正当权利提供救济的诉讼机制。在重构再审立法指导思想上,笔者认为,应从以下三方面努力:第一,以公正为基础,以效益为关键。这里要重点强调程序公正的基础地位和程序效益的关键性。第二,实体与程序并重,改变现在重实体、轻程序的错误做法,坚持二者并重的原则,在制度设计中,充分体现对二者的追求。第三,以诉讼权利为本位。新型的诉讼观念要求纠纷的司法最终解决、诉讼地位平等、诉讼中"武器平等"、对诉讼权利的尊重,处分自由,充分对话、诉讼权利的充分救济、诉讼中人权的保护和诉讼参与等。而这一切都要求以诉讼权利为本位,充分尊重当事人的权利并给予其必要的

保护。

(2) 更新再审理念

我国《刑事诉讼法》应确立"一事不再理"的原则,严格限制国家追诉权和刑罚权的行使。一旦国家对被告人的追诉活动结束,就要尽量尊重法院裁判的既判力、确定力和终结性,尽量避免被告人因为一次行为受到重复追诉。因此,对于再审程序的发动应该慎之又慎,而不能像现在这样频频而随意地就启动再审程序。在再审程序的启动上应注意平衡法的安定性和法的公正性。当然,严格限制再审程序不仅要进行观念上的更新,还要加强相关制度如再审时效、再审理由及再审发动主体等制度的改革。

(3) 对再审程序的提起主体进行改革

首先,取消法院再审程序的提起权。法院主动再审,不符合诉审分离的原则,更不符合法院居中裁判的原则,而且在司法实践中真正由法院主动发现错误并提起再审的情况很少,比较世界主要国家的再审制度,由法院作为再审发起主体极为罕见。故笔者认为,在我国再审程序的改革中应坚持再审的被动性原则,构建诉讼化申请再审程序,使法院能够居中裁判、不偏不倚,平等地对待控辩双方。这不仅是世界各国启动再审程序的普遍做法,也是目前我国学术界比较一致的观点。其次,对于检察机关来说,为了保证控辩平等,检察机关不应再享有明显强势的再审启动权,如果检察机关要求再审,也必须以申请的方式提出,以使控辩双方在程序的启动权上实现平等。

(4) 加强对被告人的保护

首先,加强对被告人申诉权的保护。进一步完善申诉制度:对于申诉的主体、申诉理由及管辖、申诉时效等问题在立法上作出明确、具体的规定,减少审查申诉机构的自由裁量权;申诉的受理和审查程序都应公开,对于审查程序采取诉讼化的审查方式,可以借鉴行政听证程序;还要建立申诉的救济机制,申诉人对于申诉结果不服的,可以向上级法院提起上诉,请求上级法院对其申诉进行重新审查。其次,重点对有利于被告人的再审提供更多的程序保障,严格限制不利于被告人的再审。我国再审程序应将再审分为有利于被告人的再审和不利于被告人的再审,从而从再审时效和再审理由、再审处理结果等方面加强对被告人权利的保护。对于有利于被告人的再审,在申请再审的时间上原则上应不加限制;而对不利于被告人的再审,应严格限制申请再审的时间和次数。在再审申请理由上,对有利于被告人的再审,应当适当放宽再审理由,尽量保证被告人能够通过再审程序获得救济;但是,对不利于被告人的再审理由应严格限制,慎重对待。在再审的处理结果上,贯彻有利于被告人的精神,实行"再审不加刑"原则,即对有利于被告人的再审,再审的处理结果不应加重对被告人的处罚。最后,改革我国现行的刑事赔偿制度,充分保障被告人获得刑事赔偿的权利。具体来说,应进一步拓宽刑事赔偿的范围,将受到较重刑罚和定罪的错案被告人也纳入刑事赔偿的对象之中。同时建立刑事赔偿的救济和监控机制,切实保证因受到错误定罪而受到损失的被告人获得应有的赔偿。

四、小结

刑事司法制度的核心是刑事诉讼构造。由此来看,刑事司法制度改革的中心无疑是诉讼结构的改造。刑事诉讼的构造可以区分为纵向构造和横向构造两个部分。就纵向构造而言,包括犯罪案件发生后,从立案到侦查再到起诉、审判、执行的一系列过程,反映的是案件处理过程的传递关系;就横向结构而言,系主要以控、辩、审三方在刑事诉讼活动中的地位与职能,反映的是控、辩、审三方内部及其相互之间的权力(利)配置关系。

就我国刑事诉讼构造的现状而言,在纵向的构造中,《宪法》与《刑事诉讼法》均规定了人民法院、人民检察院和公安机关之间的"分工负责、相互配合、互相制约"关系,被追诉人成为三机关"分工负责、互相配合、互相制约"关系的客体;在横向的诉讼构造中,立法也是重点考虑了公检法三机关的权力配置,将诉讼主体的被追诉人排除在权力(利)配置的整体考虑之外。在这种典型的被追诉人缺位的诉讼结构中,出现"侦""诉""审""分庭抗礼"的情景,形成"铁路警察各管一段"的"井水不犯河水"的诉讼畸形现象,[①]当然不足为怪。

正义是社会制度的首要价值,是人类社会进步和文明的标志,也是司法制度的目标追求。从柏拉图的"和谐论",到罗尔斯的"自由与平等论",无不充满了人们对公平与正义的孜孜以求。2014年中共十八届四中全会通过的《中共中央关于全面推进依法治国若干重大问题的决定》也明确提出:"努力让人民群众在每一个司法案件中感受到公平正义。"而变法者该当十分清醒地认识到,在刑事司法制度的构建中,公平与正义的实现,必须有一个不可或缺的逻辑前提——控辩平等,无论是在侦查程序、起诉程序、审判程序,还是在救济程序。何况,就救济程序而言,如果说迟到的正义为非正义,那么迟到的、又缺失救济的正义更是非正义。这是因为,程序的公正和公理是自由的内在本质,如果有可能的话,人们宁愿选择通过公正的程序实施一项暴力的实体法,也不愿选择通过不公正的程序实施一项较为宽容的实体法。

经济学家哈耶克有言道,"有效率的经济制度往往不是人类设计的产物,而是自发演进的结果"。但是,一个适合国情的民主、科学、高效的刑事司法体制,在中国这样一个有着几千年集权专制传统的国度,却不能依靠其自发演进生成,而要凭借人们艰苦卓绝的共同努力。

[①] 龙宗智:《论配合制约原则的某些"负效应"及其防止》,载《中外法学》1991年第3期。

第十五章　死刑复核程序中之控辩平等

一、引言

自从200多年前贝卡利亚在其著作《论犯罪与刑罚》中对死刑提出质疑以来,越来越多的人们开始思考和研究,"在一个组织优良的管理体制中,死刑是否真的有益和公正"。① 世界上绝大多数国家选择了废除或严格限制死刑的道路。据2015年联合国秘书长向联合国经济及社会理事会提交的第九次报告,截至2013年年底,共有159个国家和地区在法律上或事实上废除了死刑或者暂停执行死刑。② 有关国际性法律文件明确要求缔约国要废除死刑③。严格限制和废除死刑已成为当今世界的一

---

① [意]贝卡利亚:《论犯罪与刑罚》,黄风译,中国方正出版社2004年版,第59页。
② See E/2015/49(2015).
③ 1985年欧洲理事会对《欧洲人权公约》作出《关于废除死刑的第六项附加议定书的增补》,并得到生效。该议定书第1条明确规定:"死刑应予废除。任何人不应被判处死刑或被处决。"1989年联合国又通过了旨在废除死刑的《公民权利与政治权利国际公约》第二项任则议定书,该议定书第1条规定:"(1)在本议定书缔约国范围内,任何人不得被判处死刑。(2)每一缔约国应采取一切必要措施在其管辖范围内废除死刑。"2007年联合国大会历史性地通过了《暂停使用死刑》的决议(第62/149号),旨在全球范围内推动废除死刑。

个发展趋势。

中国属于既保留死刑又严格限制适用死刑的国家,一向贯彻"少杀、慎杀"的刑事政策。但从实践看,我国死刑适用情况仍然不容乐观,与世界法治发展及人权保护的趋势相违背,甚至成为其他国家指责我国人权问题的主要根据之一。

我国刑法学界中批评死刑甚至要求立即废除死刑的呼声越来越高。然而,在我国,废除死刑的条件依然不成熟。但是,应该严格限制死刑,切实贯彻"少杀、慎杀"的政策,在条件成熟时全面废除死刑。从实体法控制上来说,首先要减少死刑罪名;[①]其次,不断提高犯罪适用死刑的标准,严格限制死刑的适用;最后,进一步发挥死缓制度的作用,最大限度地缩小死刑立即执行的范围。从程序法控制上讲,进一步完善死刑一审和二审程序,强化第一审的法庭审判功能,贯彻直接言词原则,确保证人、鉴定人出庭,保证死刑案件的被告人获得公正的审判;对于第二审程序,必须保证死刑案件采用开庭审理的方式。而死刑复核程序作为控制死刑的最后一道屏障,对于限制死刑的适用具有至关重要的意义。在死刑复核程序中,控辩双方能否真正实现平等对于死刑复核程序能否起到限制死刑的作用又至关重要。

二、控辩平等在死刑复核程序中之功能

(一) 死刑复核程序之定位

关于死刑复核程序的性质,目前理论界和学术界主要有以下两种观点:一种观点认为,死刑复核程序主要在"核",而非"审",故应按行政审批的模式来设计死刑复核制度;另一种也是目前学术界主流的观点认为,死刑复核程序是一种司法程序,应按照司法审判程序的要求来进行制度设计。笔者认为,死刑复核程序不是行政审批程序,而是审判程序,是一种特殊的审判程序。

---

① 具体来说,以废止非暴力犯罪的死刑为突破口,逐步废止非致命性普通暴力犯罪死刑、致命性暴力犯罪与战时暴力犯罪死刑,从而在立法上逐渐缩减乃至最后完全废除死刑罪名。

1. 死刑复核程序不应是行政审批程序

诚然,我国当前的死刑复核程序确实带有行政程序的色彩,例如,死刑复核程序大多只书面审核有关诉讼文书及证据材料。2018年《刑事诉讼法》第251条规定,最高人民法院复核死刑案件,应当讯问被告人,辩护律师提出要求的,应当听取辩护律师的意见。在复核死刑案件过程中,最高人民检察院可以向最高人民法院提出意见。最高人民法院应当将死刑复核结果通报最高人民检察院。但依然难以改变死刑复核程序只是法院单方面的活动的特点,辩护律师及检察机关的意见尚未能在一个有效的场合形成直接对抗。但是不能据此推定死刑复核程序应是行政程序,只能说这些都是走向歧途的死刑复核程序的表面特征,而不能代表其本身应具有的性质。理由如下:

首先,我国司法制度中确立了一系列保障法官公正审判的基本原则,例如直接言词原则、辩护原则、回避原则等。如果将死刑复核程序定性为行政审批程序,将会完全否定和抛弃这些原则,使得一审和二审中正当程序和法律原则的贯彻变得没有任何意义。

其次,行政审批程序无法达到死刑复核程序设定的目标。我国现行的死刑复核程序一般是通过不公开的书面审理方式进行的。负责死刑的人民法院主要以下级法院移送的案件卷宗作为核准裁定的依据。人民法院在进行裁定的过程中,控辩双方积极参与的对抗式诉讼模式在死刑复核程序中并没有得到体现。裁判者在没有控辩双方对抗辩论下秘密、书面审理案件,自己启动审核程序,自己控制审核程序,最后又由自己终结审核程序。这种行政审批式的死刑复核程序显然无法真正达到防止错杀、滥杀的目的。

2. 死刑复核程序是一种特殊之审判程序

死刑复核程序虽不属于普通程序的一个独立审级,但其性质仍然是审判程序。

其一,死刑复核程序是死刑案件的特殊程序,是对死刑案件正常审理程序的延伸,也是被判处死刑案件的被告人的诉权的进一步延伸。因此,死刑复核程序仍然是刑事纠纷解决的机制,是审判制度的一部分,当然地属于审判程序。

其二，人民法院是司法机关，其通过诉讼的方式来解决纠纷。诉讼的特征是由法官居中裁判，诉讼结构是三方诉讼的结构形式，必须遵循控审分立、控辩平等、审判中立的原则。因此，死刑复核程序是司法机关进行的司法活动，就应该体现上述诉讼的特征，采取开庭审理的方式，由控辩双方充分参与，法官亲自裁判。

其三，诉讼程序系统、和谐的需要。刑事诉讼系统内部的各个阶段、各个主体以及诉讼系统内部与外部必须协调发展，才能最终实现刑事诉讼的目的。就审判程序的阶段而言，一审、二审以及死刑复核程序、审判监督程序都属于诉讼程序的一个环节，只不过死刑复核程序是针对死刑案件设立的，但是就整个死刑案件的审判来说，任何一个程序环节设立的不协调都可能导致其他程序已作出的努力最终前功尽弃。现行死刑复核程序的行政化色彩有别于一审、二审、审判监督程序的诉讼化，这影响到整个审判程序的和谐进行，不利于刑事诉讼目的的有效实现。

其四，这是实现程序正义价值的需要。诉讼程序具有公开性、参与性、平等性、合法性、合理性、终结性的特点。但是我国行政化的死刑复核程序不具备一般诉讼程序的这些特征，也就更谈不上符合程序正义的价值标准了。

当然，由于死刑复核程序所处理的案件是死刑案件，而且其设计目标(防止错杀、滥杀)本身具有特殊性，因而其必然与一般的审判程序有所不同，例如，证明标准较高，量刑评议程序特殊，审理期限上的特殊，等等。因此，从这个意义上讲，死刑复核程序是一种特殊的审判程序。

(二)控辩平等在死刑复核程序中之功能

1.慎杀功能

公平正义是法律的最高价值，也是司法的终极目标。但是，司法裁判错误似乎又是任何一个社会都不能彻底消除的顽症。① 死刑

---

① 司法裁判错误的原因有很多，从认识论角度讲，人的认识能力在一定时期内是有限的，人们对客观世界的认识与其真实面目之间总存在差距。因此，法律真实与事实真实也难以达到完全一致。即使不存在外界因素的干扰，一名恪尽职守、业务水平很高的法官对案件的认识也难免会出现偏差，作出错误的裁判似乎又是不可避免的。

案件涉及个人的生命被强制剥夺的问题,死刑案件的错判会导致比其他案件更严重的结果,因此,对死刑案件的审判程序必须慎之又慎。但从中外死刑案件的审判实践看,死刑案件的错判率高于其他案件。以美国为例:在对1973—1995年美国死刑案件的研究表明,死刑案件有害错误率达68%。在保留死刑的州中,90%以上的州死刑判决错误率在52%以上;85%的州的错误率在60%以上;3/5的州错误率在70%以上。换言之,在这期间复审的数千桩死刑案件中,平均每10件中就有7件被发现有严重的、可撤销判决的错误。在州法院提出47%的死刑判决有严重错误后,联邦法院又在剩余的死刑案件中发现40%的死刑判决有严重错误。这些错判中,82%属于量刑错误,即轻刑重判;7%属于被告人根本未犯据以判处死刑的犯罪。死刑判决的错误如此之多,以致专家们对在经过三级司法审查后能否发现判决错误,仍存严重怀疑。① 如此高的错判率,使得世界各国对死刑的适用慎之又慎。对死刑案件设置多重防错程序显得非常必要。世界上保留死刑的国家大多通过其最高审判机关以统一的标准进行复核审查,从审判人员的能力素质等主观因素上保证死刑适用的公正。我国也是如此,死刑核准权收归最高人民法院后,死刑复核权由最高人民法院统一行使。防止错杀,纠正错案,理应是死刑复核程序的第一位的功能。

　　在理论上,一个人被确定适用死刑必须符合两个方面的要求:其一,他应当是经过完整的司法程序被确认为犯有死罪的人;其二,他应当是指符合刑事实体法的规定能够被适用死刑的人。因此,死刑复核程序的首要目标是保证适用死刑的人是实施了应当判处死刑的犯罪的人,以严防不应适用死刑的人被适用死刑。控辩双方共同参与到死刑案件的最后一道程序中,各自力陈杀或不杀的理由,发表是否让被告人生命终结的意见,敦促法官对最后"人命关天"的裁量,慎之再慎。

---

① 余松龄:《试论实现在中国废除死刑的伟大目标》,载陈兴良、胡云主编:《中国刑法学会年会论文集(2004年度)第Ⅰ卷:"死刑问题研究"》(上册),中国人民公安大学出版社2004年版,第355页。

2. 少杀功能

如前所述,死刑已被大多数国家视为一种残忍的不人道的刑罚,到目前为止,全球已经有 100 多个国家在法律上或司法实践中废除了死刑。然而,仍然有少数国家不仅在法律上规定了死刑,而且在实践中也执行着死刑。面对世界各国废除死刑的趋势对保留死刑的国家形成的冲击,这些国家都在努力通过立法和司法上的种种控制手段,大幅度减少死刑的适用。以美国的统计数字为例:自 1976 年到 2005 年 11 月 1 日止,美国 38 个州暴力死刑的执行总数从 1999 年最高峰的 98 人逐年降低为 2000 年的 85 人,2001 年的 66 人,2002 年的 71 人,2003 年的 65 人,2004 年的 59 人,到 2005 年 11 月 1 日的 45 人。美国执行死刑人数的降低,立法上的变化并未发挥明显作用,引起这一变化的最重要因素在于各州对死刑案件程序规则的规定,执行越来越严格,尤其是为被判处了死刑的人提供了充足的司法救济途径。①

我国虽然一直在倡导"少杀"的刑事政策,也试图通过立法和司法程序限制死刑的适用,实践中,死刑在近年来适用的数字也在逐步下降,但是,死刑的适用状况依然越来越多地引起世界范围内的广泛而高度的关注。② 在死刑尚不能废除的前提下,通过程序控制死刑,特别是理性设计死刑复核程序,控制死刑的最后一道关口,其作用应当是积极而显著的。③

---

① 白岫云、王秀梅:《美国死刑程序规则及对我国的启示》,载中国人民大学诉讼制度与司法改革研究中心、《中国法学》杂志社主办:《最高人民法院收回死刑复核权之对策会议材料》,第 382 页。

② 2005 年 12 月 10—14 日,笔者赴英国伦敦参加中国批准加入《公民权利与政治权利国际公约》与欧盟成员国第二次研讨会暨中欧人权对话第 17 次研讨会,在对《公民权利与政治权利国际公约》第 6 条"关于死刑的适用"一节的讨论时,中方代表的发言几次被打断,外方代表对中国死刑的适用现状表示出极大感慨。

③ 根据以往的司法实践,经最高人民法院复核的案件,一般都有 25%—30% 的案件最终被发回重审。由此推断,当所有死刑案件核准权都收归最高人民法院后,会比往年少杀 1/4 的人。就美国而言,上诉程序使得大量的人摆脱死刑,在 1997 年至 2000 年,共有 6208 人因被判处死刑投入监狱,其中 2312 人通过上诉法院的判决、复审或减刑摆脱了死刑。参见[英]罗吉尔·胡德:《死刑的全球考察》,刘仁文译,中国人民大学出版社 2005 年版,第 261 页。

在死刑复核程序的设计中,让控辩双方参与进来,特别是通过辩方的充分参与,对被告人不宜适用死刑的理由据理而争,借以说服法官"枪下留人",对实现"少杀"的目标,无疑是有直接作用的。正如1984年5月25日联合国经济社会理事会通过的《关于保护死刑犯权利的保障措施》第4条规定,"只有在对被告的罪行根据明确和令人信服的证据而对事实没有其他解释余地的情况下,才能判处死刑"。可杀可不杀的绝对不杀。

3. 公正功能

形式正义要求在司法中平等地适用法律,同种情况同等处理,类似情况类似处理。它强调实体规则与司法结果的逻辑统一,强调司法裁决的统一。作为实质正义中最易感知的部分,形式正义是社会公众借助朴素的观念便能直接感知的。死刑作为剥夺人的生命权的最严厉的刑罚,其在司法中的适用历来被视为衡量形式正义的最重要的指标,严格限制死刑已成为国际司法准则的最低限度的标准。这进一步要求,司法机关必须运用一切正当性资源来求证个案中适用死刑的正当性,这其中既包括通过证据对犯罪事实进行理性求证,严格遵循实体规则和正当程序,也包括一定时期内保持刑事裁决中适用死刑个案标准的一贯和统一。

我国现行《刑法》对死刑的适用标准未作出明确、具体的有可操作性的规定,《刑事诉讼法》对死刑的证明标准也未作出明确规定,加上死刑核准权的部分下放,使得各地适用死刑标准不统一,有损司法的公平和公正。死刑核准权收归最高人民法院后,应该将死刑复核程序之封闭式单方运作机制,改变为法官中立、控辩双方平等参与的公开审判机制,运用统一的标准对死刑案件进行复核,从而尽可能消除一审、二审死刑适用标准不统一的弊病,最大限度地保障死刑裁决的准确性和公正性。

三、死刑复核程序中之控辩平等

一个程序的参与主体对于程序的运行起着至关重要的作用。因此,谈及死刑复核程序,就不能避开对其参与主体的讨论。笔者以控辩平等为刑事诉讼的基本原则,认为在死刑复核程序的主体构成中,除去被告人和法官这两个不可或缺的角色之外,辩护律师、检察官、被害人的充分参与,也是死刑复核程序构建的目标价值要求。

(一) 死刑复核程序中之被告人

司法正义的最基本要求是,一切犯罪人始终应受到惩罚、但同时强调受追诉的人享有自我保护的一切可能。从该种意义而言,刑事诉讼程序既应当保护社会的利益与秩序,也应当保护个人的自由与权利,没有对个人权利的尊重,就不可能有真正公正的裁判。

在死刑复核程序中,影响最直接的人莫过于被告人。且无论被告人是否有罪,也无论其是否罪该当诛,即使从寻常百姓所言之"死个明白"的视角,也应当允许被告人参与到死刑复核程序中来。何况,在现代刑事诉讼中,被告人本来就是诉讼的主体,死刑复核程序也是一种诉讼程序。所以,不仅应当规定被告人有权参与该程序,而且应当让其有充分的机会、有效而富有意义地参与到死刑复核程序中来,并享有各种权利、义务。

联合国《公民权利与政治权利国际公约》第 14 条第 5 款规定,"凡被判有罪者,应有权向较高级法庭对其定罪及刑罚依法进行复审"。联合国经济社会理事会《关于保护死刑犯权利的保障措施》第 6 条规定,"任何被判处死刑的人有权向较高级的法院上诉,并采取步骤确保必须提出这种上诉"。在美国,被告人享有非常充分的救济机会,他不仅可以直接就法院作出的实体裁判向上级法院提起上诉(直接上诉),而且可以侦查或审判机关的行为侵犯了其宪法权利为由提起人身保护令程序,以达到推翻实体定罪的目的(间接上诉)。在日本,被告人对区法院作出的死刑判决不服的,首先可以向高等法院提起上诉,如果高等法院作出了维持死刑判决的裁定,被告人还可以申请再审。① 可见,赋予被判处死刑的被告申请救济并参与到死刑复核程序中来的权利是国际社会通行的做法。

按照控辩平等原则的要求,被告人应当与检察官在法律地位上平等。但是,作为个体的被告人与代表国家的检察机关在参与诉讼

---

① 陈永生:《对我国死刑复核程序之检讨——以中国古代及国外的死刑救济制度为视角》,载《比较法研究》2004 年第 4 期。

的能力方面存在很大的差距，这必将导致控辩双方地位的不平衡。在死刑复核程序中，这种不平衡表现得更为明显。在一审或二审中被判处死刑的被告人，首先，在心理上处于弱势状态，其次又被长期羁押，与外界联系受到诸多限制，其所掌握的诉讼资源与检察机关相比，也有天壤之别。因此，为了改善死刑复核程序中控辩双方失衡的现象，就必须从程序和实体上赋予被告人更多的"特权"。

1. 获得辩护之权利

辩护权是被告人最重要的程序性权利之一。死刑复核程序中被告人的辩护权尤为重要。首先，必须保障被告人自行辩护的权利，保证被告人能够在法官面前充分陈述有关的事实，表达自己的意见，改变当前法官会见被告人"蜻蜓点水"、敷衍了事的做法，确保承审法官亲自会见被告人，并给予充分的时间和机会。其次，必须保障被告人获得律师帮助的权利，对死刑案件的被告人实行强制辩护制度。委托辩护的，保障其辩护渠道的畅通无阻；没有能力委托辩护的，国家应为其指定合格律师提供有效辩护。《日本刑事诉讼法》规定审理死刑案件必须有辩护律师参与。该法第289条规定："(1)在审理适用死刑或无期徒刑或最高刑期超过三年惩役或监禁的案件时，如果没有辩护人到场不得开庭。(2)在没有辩护人到场不得开庭的情形下，辩护人不到场时或并没有辩护人时，审判官依职权提出辩护人"。《俄罗斯刑事诉讼法典》第51条规定，"被告人被指控实施了可能判处死刑的犯罪"，其案件的审理必须有辩护人参加。

2. 有效辩护之保障

有学者认为，对于保障被告人获得律师帮助的权利，应坚持三个原则：一是平等原则(equality)，即保证被告人不分种族、宗教、性别等都能平等地获得律师帮助的权利；二是及时迅速原则(promptness)，即要求辩护律师在尽可能早的时间内进入诉讼程序；三是有效原则(effectiveness)，即要求辩护律师提供高质量的法律服务。只有这样,才能使得被告人的辩护权获得足够充分的保护。① 针对我国在死刑复核程序中存在的问题,有效辩护的保障应特别强调三点:一是应保证被告人有充分的时间和条件选任律师并与其选任的律师联络;二是建立法律援助死刑案件质量评估机制,保障承担法律援助律师辩护的质量;三是保证被告人与其律师会见联络的畅通性与秘密性,保证被告人在毫无心理障碍的情况下与其律师交流案情和意见。

(二)死刑复核程序中之辩护人

1. 辩护律师参与死刑复核程序之意义

辩护律师介入死刑复核程序是对被告人诉讼能力的救助。被告人在死刑复核程序中的弱势地位较其他诉讼程序更为显著。司法实践中,被告人一旦一审被判处死刑,就会立即被关押到看守所专门为死刑犯设置的羁押室。可以说,此时的辩护律师,是被告人的"救命稻草"。被告人寄望于辩护律师,能够通过他的专业知识和能力,令其"起死回生"。事实上,在国家诉讼制度的设计中,辩护律师确实起着不可或缺的作用,他们的参与将保证定罪与量刑的准确性。特别是在生死攸关的死刑复核程序中,即使是控方,也不会希望将任何一个无辜者送上"断头台"。可见,确保被告人在死刑复核程序中获得律师的有效帮助,不仅有助于维护死刑复核程序最低限度的公正,让该死的"死的明白",又是纠正错判、防止错杀的最有效的制度保障之一。

2. 辩护律师参与死刑复核程序之依据

2018 年《刑事诉讼法》新增的第 251 条规定:最高人民法院复核死刑案件,应当讯问被告人,辩护律师提出要求的,应当听取辩护律师的意见。这是我国辩护律师参与死刑复核程序的法律依据。同时,第 35 条第 3 款规定:"犯罪嫌疑人、被告人可能被判处无期徒刑、死刑,没有委托辩护人的,人民法院、人民检察院和公安机关应当通知法律援助机构指派律师为其提供辩护。"对于在死刑复核程

---

① EU-CHINA Dialogue Seminar on Human Rights-London, 12th-13th, December 2005, p. 29.

序中是否应当为被告人指定辩护法律没有作出明确规定,但是,可以将《刑事诉讼法》第 35 条第 3 款合理地理解为"犯罪嫌疑人、被告人可能被判处死刑而没有委托辩护人的,人民法院、人民检察院和公安机关应当指定承担法律援助义务的人为其辩护,包括侦查起诉阶段、一审、二审、审判监督程序以及死刑复核程序的整个诉讼阶段"。2021 年出台的《法律援助法》第 25 条也特别规定:国家应当为申请法律援助的死刑复核案件被告人提供法律援助律师。虽然该条款作出了"被告人申请"的条件限制,但其首次以法律的形式明确规定了死刑复核案件中被告人获得法律援助之权利,保障了在死刑复核阶段律师参与权。因而,目前来看,律师介入死刑复核程序具有充足的法律依据。

此外,确定被告人及其辩护人在死刑复核中的辩护权是国际刑事司法规则关于公正审判标准的基本要求。联合国经济社会理事会《关于保护死刑犯权利的保障措施》第 5 条规定:"只有经过法律程序提供确保审判公正的各种可能的保障,至少相当于《公民权利与政治权利国际公约》第 14 条所载的各项措施,包括任何被怀疑或被控告了可判处死刑的人有权在诉讼过程的每一阶段取得适当的法律援助后,才可根据主管法庭的终审执行死刑。"死刑复核程序是死刑案件在诉讼过程中经历的一个阶段,也是死刑案件的终审程序,按照我国政府已签署的《公民权利与政治权利国际公约》的上述要求,应当在死刑复核程序中确立被告人及其辩护人的辩护权。这是毫无疑义的。

3. 辩护律师在死刑复核程序中之权利

2018 年《刑事诉讼法》第 251 条仅规定了辩护律师在死刑复核程序中提出意见的权利,笔者认为,在死刑复核程序中为了使被告人获得有效辩护,至少还必须保证辩护律师享有以下权利:

(1)自由会见权

在死刑复核程序中,律师要为被告人辩护,前提条件是能自由而充分地会见被告人。各有关机关、部门、场所必须保障辩护律师不受任何限制地会见被告人。

(2) 充分阅卷权

与会见权一样,查阅、复制案卷也是辩护人开展有效辩护不可缺少的权利。司法实践中,辩护律师在死刑复核程序中的阅卷权受到种种非难。为此,最高人民法院收回死刑复核权后,应当采取有效措施,确保律师为了提供辩护任意阅查卷宗,并可复制。

(3) 完全调查取证权

死刑复核程序中的辩护律师应与一、二审律师一样,有权开展调查取证工作。如辩护律师发现有利于被告人的证据,尤其是能使被告人免于死刑判决或免于死刑立即执行的证据,均有权开展调查取证工作。同时还应当赋予辩护律师申请法院调查取证的权利,人民法院对于辩护律师的申请,无正当理由予以拒绝或者不予答复的,最高人民法院不得核准对被告人的死刑判决。

(4) 任意发表意见权

作为辩护权的一项内容,死刑复核程序中的辩护律师当然而且必须发表辩护意见,法院必须听取律师的辩护意见,把听取辩护意见作为死刑复核程序的一项必要内容。在死刑执行前的任何阶段、均允许辩护律师发表意见,法院必须听取并记录在案。

4. 死刑案件有效辩护之保障

前已述及,辩护律师在死刑复核程序中具有举足轻重和不可代替的地位。由于死刑复核程序关乎到被告人的生与死,因此,较之普通刑事案件,对于辩护律师的专业素质和能力应该有更高的要求和标准。尽管检察官代表国家公权力对被告人死刑的适用进行着强有力的指控,但是,出色的辩护律师仍然能够从容应对,甚至力挽狂澜,通过积极的调查和有效的辩护对死刑案件的判决起着至关重要的作用。

就美国的实践来看,律师在死刑案件中起的作用是巨大的,甚至在一定程度上直接决定了死刑实际执行的多寡。纽约州有系统的律师培训和认证制度,死刑案件公共律师事务机构和私人律师辩护办公室的律师每年都要系统地得到有关辩护技巧、业务等方面的专业培训和检查,所以,律师的作用在死刑案件中得到了充分的表现,纽约州被判死刑的案件和实际执行死刑的案件就很少。而得克萨斯州则一直高居美国执行死刑总数的榜首,一个很重要的原因就在于辩护律师素质低、经验不足、不敬业,使一审被判处死刑的案件居高不下,被告人的上诉中,律师作用又往往流于形式,发挥不了积极有效的作用。据统计,在其他的州,死刑案件被告人的上诉可能往复走完州法院设置的9个环节,而在得克萨斯州,至多也就是进行2—3个环节,律师提不出新的证据或者有力的辩护理由,使被告人难免于被判处死刑和死刑犯难免于被执行死刑的命运。

我国律师在死刑案件辩护中也面临着很严峻的问题:一方面是刑事辩护的共性问题,例如,控辩双方地位相差悬殊,辩护律师的作用不被重视,执业环境恶劣,执业权利得不到保障等,形成了一个罕见的刑事诉讼世界奇观:辩护律师既要肩负着维护被告人合法权益的光荣使命,在法庭上下为捍卫被告人的权利奔走呼吁,又要为自己的执业活动战战兢兢,担惊受怕,不得不为改变执业中的不公正待遇而自我维权,如履薄冰。所以,一向以理性、平和著称的陈兴良教授,竟也感叹出"为辩护权而辩护"的万言檄文。① 有学者戏称,"每次有辩护律师参加的学术会议,都是一次辩护律师的诉苦大会"。② 另一方面是死刑案件辩护的个性问题,笔者认为,最突出的问题就是没有呈现出死刑案件辩护的特殊性。③ 长期以来,将死刑案件辩护这种"对生命的辩护",混同于普通刑事案件的辩护,缺少死刑案件辩护的专业律师组织,没有评价死刑案件辩护质量的专门机制。为此,笔者认为,必须针对上述死刑案件辩护的个性问题,对我国死刑案件的辩护制度进行对策性改造、具体建议如下:

---

① 陈兴良:《为辩护权辩护》,载《中美"律师辩护职能与司法公正"研讨会论文集》,第128页。

② 关于提高辩护律师地位和改善律师执业环境的文章,笔者写过多篇。现在想说的是:辩护律师不能仅"扯着嗓子"要权利、要地位、要平等、要合作,还要回过头来,深刻地自我反思;必须大力强调律师执业修养、自律意识和道德操守等能力和品性的培养。

③ 有学者从死刑案件诉讼程序的复杂性、死刑判决的严重性和死刑案件辩护律师所面临的压力等方面,比较了其相对于普通刑事案件辩护的特殊性,认为律师在死刑案件中具有不同于在其他刑事案件中的更为重要的责任。参见熊秋红:《论死刑案件中的辩护》,载《中国司法》2004年第4期。

(1)构建死刑案件辩护律师准入制度

首先,必须提高律师参与刑事辩护的"门槛",彻底改变当前凡是取得律师执业资格的人员无论执业时间之长短、执业水平之高低均可从事刑事辩护的不正常状况,建立刑事辩护律师专业资格,提高刑事辩护律师素质,保障刑事辩护的质量。笔者认为,要提高刑事辩护质量,培养高素质的刑事辩护律师队伍,必须从改革资格考试制度入手,在我国现有的全国司法人员资格统一考试的基础上,设立专门的刑事辩护律师专业资格考试。一般律师要想进入刑事业务领域,必须下大功夫对刑事方面的法律进行更加系统、深入地学习,才可能通过专门的考试,取得刑事辩护律师资格。严格的专门考试不仅可以从客观上强化刑事辩护律师的专业知识水平,而且有助于增强刑事辩护律师的职业责任感和精英意识。对于社会来说,基于严格的专业考试而选拔出来的人更容易取得大众的信任和尊重,这对于提高刑事辩护律师的社会地位和荣誉感,都将十分有益。[①]

在笔者之设计中,从事律师执业工作满2年的律师,通过刑事辩护律师资格考试,方可取得刑事辩护律师执业资格,从事刑事案件之辩护与代理业务。取得刑事辩护律师执业资格并从事该职业满3年的,本人申请,经过有关机构考核合格的,授予死刑案件辩护律师执业资格,才能从事死刑案件的辩护与代理。

(2)构建死刑案件辩护质量考评机制

建立死刑案件律师辩护质量考评机制,有计划、有步骤地培训从事死刑案件辩护的律师,考核死刑案件的辩护质量,特别是死刑案件中法律援助的质量,以不断提高死刑案件辩护律师的专业水平和能力,充分发挥律师在死刑案件中的积极作用。

(三)死刑复核程序中之被害人

在死刑复核程序中,我国法律没有赋予被害人任何诉讼权利,而是将被害人天然地排斥在死刑复核程序之外。在人权保障观念

[①] 关于建立辩护律师资格制度的专题研究,详请见冀祥德:《建立刑事辩护专业资格制度的法律思考》,载《中国律师》2001年第2期。

日益深入人心的今天,要求被告人参与到死刑复核程序中的声音越来越多,然而,对于死刑案件中如何保护被害人的权利,人们却常常忽视。笔者认为,无论是从实体公正还是程序公正的角度,被害人均应参与到死刑复核程序中来。

1. 被害人参与死刑复核程序之意义

(1)被害人参与死刑复核程序的实体意义

死刑复核程序的目的在于"防止错杀、滥杀,注重慎杀",这与被害人利益并行不悖。在遭到犯罪侵害后,被害人及其家属在心理上迫切希望国家司法机关能够将侵害人绳之以法。但是,这种对侵害人进行"复仇"的心理,只是针对对其真正进行侵害的特定人的。如果司法机关将某一被告人错误地认定为特定案件的侵害人而实施刑法,那么对于被害人来说,其报复心理依旧无法得以实现。但是,被害人如果可以确信被判处死刑的犯罪分子正是对自己造成严重侵害的人时,绝大部分都希望犯罪分子被立即执行死刑。所以,在"注重慎杀"的立场上,被害人的利益与死刑复核程序的设置是具有对抗性的。那么,法官在复核死刑案件的过程中,无疑会在"慎杀"的观念上,慎之又慎。而且,正是因为被害方对案件处理结果的关注,最高人民法院是否裁定核准死刑无疑会对被害人及其亲属在心理上产生巨大的影响,并直接影响到其身心健康以及对国家司法的信念,从而会对社会的稳定造成一定的影响。有鉴于此,让被害人参与到死刑复核程序中,便具有了实体上的意义。

(2)被害人参与死刑复核程序的程序意义

程序正义是一种"过程价值",它主要体现在程序的运作过程中,是评价程序本身正义性的标准。一项法律程序本身是否具有程序正义所要求的品质,要看它是否能使那些受程序结果影响的人受到应有的待遇,而不是看它能否产生好的结果。被害人参与死刑复核程序,享有相应的参与权,具有天然的正当性,这也是程序正义的基本要求。如果将被害人排斥在死刑复核程序之外,使之对影响自己权益的程序一无所知,并且在其权益受到重大影响时,也不能够阐述自己的意见,无疑违背了程序正义的基本理念。而且,实践中,被害人往往具有"非理性"的一面。如果在没有其参与的死刑复核程序中不核准死刑立即执行,那么其很有可能会通过上访、静坐、请愿等方式来表达不满和意见,从而消减司法程序解纷、疏愤之能。相反,如果让被害人实质性地参与到死刑复核程序中,给予其充分表达意见的权利,那么这种程序上的公正,会使其更容易接受"看得见"的裁判结果。

2. 被害人在死刑复核程序中之权利

具体来说,被害人在死刑复核程序中应享有以下几方面的权利:

(1)知悉案件进程的权利

即被害人在死刑复核程序中,应有权得知复核案件的合议庭组成,以便决定是否对有关人员提出回避申请。被害人应有权及时知悉程序的进展,了解案情的变化。

(2)委托代理人参与死刑复核程序的权利

由于死刑复核程序的专业性和特殊性,基于控辩平等原则之要求,应该允许被告人委托代理人参与死刑复核程序,以更有利于被害人意见的表达和利益的保护。

(3)表达意见的权利

被害人可以本人或者通过其诉讼代理人向复核案件的法官表达对案件处理的意见和建议,提供相关证据材料。

(4)被告知复核结果的权利

对判处死刑的案件,应当将复核结果告知被害人。被害人提出要求的,应当向其说明不核准死刑的事实理由和法律根据。

(四)死刑复核程序中之检察官

对于检察官是否应该参与到死刑复核程序中来,人们的分歧很大。2005年11月19日至20日,在中国法学会《中国法学》杂志社和中国人民大学诉讼制度与司法改革研究中心共同举办的"死刑复核程序专题研究"国际研讨会上,有的学者主张,在具体的死刑个案中,检察机关已经至少自逮捕至一审程序,全面参与了案件的诉讼,该说的已经说清楚了,并且案件之所以进入到死刑复核程序,正是由于检察机关的控诉主张得到了法院的采信,故应把最后说话的机会留给被告人及其辩护人。有的学者主张,死刑复核程序是最高人民法院内部自行审查案件的程序,所以应该排斥检察官的参与。但是,也有的学者主张检察机关应当参与死刑复核程序,来自检察机关的学者甚至主张,检察官应当列席最高人民法院审判委员会或者合议庭关于死刑复核案件的讨论会议。笔者认为,从当下之法律规定看,检察机关作为国家的法律监督机关,在刑事诉讼中承担着控诉的职能,也承担着审判监督的职能,因而,有权介入作为死刑案件最后一道关口的死刑复核程序中来;从发展的观点看,随着程序公正、公开理念的不断深入,死刑复核程序中,被告人及其辩护人和检察官及被害人的共同参与,正是控辩平等原则的基本要求。目前,人民检察院参与复核死刑案件已经在 2018 年《刑事诉讼法》中规定,该法第 251 条第 2 款指出:"在复核死刑案件过程中,最高人民检察院可以向最高人民法院提出意见。最高人民法院应当将死刑复核结果通报最高人民检察院。"这也意味着"提出意见"仅仅是检察机关的权力而不是职责,另外也未规定最高人民法院对于检察机关意见的处理标准、程序等,因而实践中该条款并不利于检察机关的全面有效参与。

1. 检察官参与死刑复核程序之意义

具体来说,检察官参与死刑复核程序,其意义主要表现在以下几个方面:

(1)检察机关介入死刑复核程序是行使公诉权的必然要求

检察机关的公诉权应当贯穿于案件的整个审理过程中,包括在一审程序中出庭支持公诉,提起二审程序的抗诉权,出庭支持抗诉的权力等。在死刑案件中,一审或二审的死刑判决须经死刑复核程序后才能生效,检察机关的公诉权自然应延伸至死刑复核程序。只有经过死刑复核程序作出生效裁判,检察机关的公诉权才真正行使完毕。因此,检察机关介入死刑复核程序是其公诉权的必要组成部分和合理延伸。检察机关只有介入死刑复核程序,才能保证其公诉目的的最终实现。如果检察机关无法参与到作出生效裁判的死刑复核程序中,即使在先前的一审、二审程序中充分行使了公诉权,其公诉的目的也难以得到有效实现。

(2）检察机关介入死刑复核程序是实现程序正义的要求

从法理上讲，死刑复核程序回避检察机关的参与，违背了程序正义的要求，不具有正当性基础。公开是审判程序的最基本要求，是公平和正义的保障。最高人民法院复核死刑案件，同样要公开。很难想象，没有公开，没有控辩双方的参与，如何避免非正义、不公正现象的出现。决不能以保障被告人人权之名而固守死刑复核程序是法院自行审查的封闭程序。

（3）检察机关介入死刑复核程序有利于法院全面审查案件事实，发现事实真相，从而作出正确的判断。检察机关能够运用专业的诉讼技能向法院提出证据以支持其控诉主张，并与辩方就认定事实和适用法律进行充分的辩论，使法官做到兼听则明。从审判实践来看，相当数量的死刑案件进入死刑复核程序后，被告人及其辩护人都会重复提出或提出新的证据和理由以证明被告人无罪或罪轻，如果没有检察机关作为其对立面参与诉讼，法官就可能片面地受到诉讼双方的影响，难以客观全面地作出判断，控辩平等的诉讼原则，在死刑复核程序中就成为缺失。

（4）检察机关介入死刑复核程序也是其行使法律监督权的要求

死刑复核程序作为一个特殊的审判监督程序是刑事诉讼程序的组成部分，当然属于检察机关法律监督的范围。我国2018年《刑事诉讼法》第251条第2款规定了检察机关参与死刑复核程序的方式，虽然《刑事诉讼法》中没有对检察机关在死刑复核程序中的监督方式作出明确规定，但不能据此推断《刑事诉讼法》对检察机关监督死刑复核程序没有法律上的授权。现行《刑事诉讼法》对检察机关在监督死刑执行过程中发现不应当判处死刑的，应当提出纠正意见的规定，足以说明检察机关对刑事诉讼的监督是贯穿于整个诉讼过程的，当然包括死刑复核程序。

2.检察官在死刑复核程序中之权利

检察官在死刑复核程序中的权利主要有以下几种：

（1）提出书面意见或者出席死刑复核法庭

对于最高人民法院不开庭的死刑复核案件，最高人民检察院应当提供书面意见，说明原控诉主张及其理由。对于最高人民法院开庭审理的死刑复核案件,最高人民检察院应当派员出席死刑复核法庭,发表意见,阐明主张。

(2)对最高人民法院予以核准死刑的裁定提出复议请求

对于最高人民法院不予核准死刑的裁定,检察机关不能提出复议。但是,对于最高人民法院拟予核准死刑、而最高人民检察院有不同意见的,可以向最高人民法院提出复议请求,并另行组成合议庭审查,以体现对"生命的审判"的慎重。

(3)对死刑复核活动是否合法进行监督

监督事项主要包括:审判组织的组成是否合法,有无侵犯当事人诉讼权利之情形,审理程序是否合法等内容。

有学者提出检察机关应当享有派员列席最高人民法院审判委员会或合议庭关于死刑复核案件讨论的权利,①对此,笔者认为,在当下法律与政策之背景下、检察机关享有派员列席最高人民法院审判委员会或合议庭关于死刑复核案件讨论的权利,是有依据的。②但是,从法治诉讼制度的要求看,检察官列席法官对于其指控案件的研究,即使其不发表意见,其"检察监督"的隐性功能也是显而易见的。试想,让一个握有侦查、逮捕大权的检察长列席法院审判委员会对案件的研究,持有与检察机关不同意见的法官能够畅所欲言吗?另言之,从控辩平等的原则出发,如果控方可以参加审判机关对案件的研究,那么辩方也应当享有同样的权利,如此,合议庭之秘密评审制度便成为空谈。

(五)死刑复核程序中之法官

1. 法官在死刑复核程序中之意义

中国历来是一个崇尚权力的国度。在 20 世纪 80 年代前,国家的权力结构具有鲜明的行政化特征,以公、检、法三机关的权力地位为例,警察的权力在"以阶级斗争为纲"和"对敌专政"的时代背景

---

① 相关观点参见张智辉、李哲:《死刑复核程序改革与检察机关的介入权》;高宏雷:《检察机关参与死刑复核程序的若干思考》;李江海:《死刑复核:检察机关不应离开》,分别载于周国均、陈卫东主编:《死刑复核程序专题研究》,中国方正出版社 2006 年版,第 318、334、342 页。

② 《人民法院组织法》第 38 条和《关于司法体制和工作机制改革的初步意见》。

之下,有着鲜明的优势。政法院校的学生,以毕业分配到公安机关为荣,人们习惯的称谓公、检、法三机关的排列顺序也是例证。曾几何时,"专政"的氛围逐渐淡去,法官不仅可以判决罪之有无,而且一纸判决既可以使一个公司日进斗金,也可以让一个企业立即破产,法官的权力日趋彰显,于是,人们又有了"大盖帽两头翘,吃了原告吃被告"之艳羡。而当一个个"市长""书记""局长""经理""明星"被戴上手铐,带到检察机关接受调查时,人们又有了"检察院,两把剑,前面刺公安,后面刺法院,捎带着律师"之说。现象的背后,是人们对权力的膜拜,而对权力膜拜的原因,则是基于权力的惩罚与威慑功能。用一位政法部门领导的话说就是,"权力是打出来的,权力是判出来的,权力是罚出来的,权力是管出来的,权力是查出来的","不打,不判,不罚,不管,不查,就没有权力"。

2. 死刑复核程序对法官了权力之要求

但是,打也好,判也好,罚也好,管也好,查也好,都远不及"杀"之厉害。生命已去,杳如黄鹤,决不逆转。死刑复核程序中的法官,可以说身处权力的顶峰,真正的掌握着"生杀予夺"之大权。当高堂正襟危坐,手举法槌之时,一边是被害方的声泪俱下,悲痛欲绝,捶胸顿足,义愤填膺,另一边则是被告方的千般辩解,悲天悯人,望眼欲穿,苦苦相求,作为裁判者的法官能否"坐怀不乱",始终处于理性、中立之状态,而不偏袒任何一方、不仅是对死刑复核程序法官职业操守和法律素养的基本要求,更是控辩平等原则的最低限度。由于在诉讼结构中,法官作为纠纷的裁判者是适用法律的主体,因此而成为法律的化身,控辩平等实际上在很大程度上是控辩双方在法官面前的平等,是要求法官在诉讼中保持客观中立、不偏不倚地对待控辩双方,对控辩双方加以平等的保护。具体而言,裁判者在诉讼中应当尽力抑制自己的偏见,并给予双方平等参与诉讼的机会,对于控辩双方向法庭提供的意见和证据,法官应当加以同等的关注和评断,并要在充分考虑控辩双方意见的基础之上才能形成最后的判决。

四、控辩平等下死刑复核程序之改造

我国现行的死刑复核程序,从严格意义上来讲,并不具备典型司法程序的特征,法院主动发动,单方控制,秘密操作,控辩缺位,使其更类似于行政机关内部的复核处理程序,控辩双方有限的参与到复核程序,而非完全采取对抗式的方式,并不能完全规避这种模式下带来的弊端。在中国目前案件结局易受多种因素影响的现实背景下,死刑复核程序的该种设计使公众对司法权的监督困难重重,有可能导致的结果就是公众对司法的不信任以及司法权威的破坏和丧失。

(一)死刑复核程序检讨

我们不得不承认,由于制度设计的疏漏,现行死刑复核程序在一定程度上无法起到慎重死刑适用,坚持少杀、慎杀、防止错杀的作用。

1. 程序单方控制性

第一,死刑复核程序是上下级法院的一种材料报送过程。这种过程几乎是秘密的,诉讼方无从知晓,更无从介入。

第二,死刑复核程序的审理过程是以秘密阅卷为主,不开庭,控辩双方无法采用对抗式的方式参与其中当面表达意愿,对复核结果难以施加有效的影响。

第三,与不开庭审理方式紧密相连的是程序的单方控制性,主要表现在死刑复核程序的全过程由审判法院全程控制,法院主导着全部程序的过程,控辩双方被动等待裁决的结果,无法对死刑复核的整个活动实施有效的制约和牵制,诉讼方特别是被告人期待通过死刑复核程序进一步进行申辩,并与司法权展开理性对话的要求落为空谈。

2. 司法权行政化

在未经控辩双方申请的情况下,由司法主体自行对案件实施审查与复核活动。积极主动的干预是行政权的显著特征。死刑复核程序由于司法权的主动性而在一定程度上失去了诉讼的性质,司法权可能会丧失中立性及司法权运作过程中的冷静与自律,最终裁判

结论也难以获得争议双方的信服。

3. 程序虚置性

在实践中,第二审程序与死刑复核程序合并为同一程序,对经过二审后仍然判处死刑的,在判决裁定的结论部分注明:"根据最高人民法院依法授权高级人民法院核准部分死刑案件的规定,本判决(或裁定)即为死刑判决(裁定)。"至此,死刑复核程序完全流于形式,这显示出死刑复核程序已经不仅在运作上出现可怕的行政化倾向,而且因为最高人民法院的"授权"而出现严重的萎缩甚至虚无。

4. 效率中心化

笔者认为,虽然"迟来的正义是非正义",但是对于今天所谓的"快速正义"更应保持警惕。司法实践中的"从重从快","从重"到了忽视案件明显疑点的程度,"从快"到了不给被追诉人任何申告机会的程度,即使不算是草率,至少不能说是严谨。生命因丧失而不可回复,更显其珍贵,死刑是以法律与正义的名义剥夺个体的生命,更应慎重。在死刑复核程序中对公正的追求应压倒对效率的盲目推崇。

(二)死刑复核程序改造

由于死刑复核程序是人民法院对判处死刑的案件进行复审核准所遵循的特别审判程序,是死刑判决能够生效并交付执行的关键性程序,所以,死刑复核程序的设置是否科学,直接关系到死刑的准确适用和严格适用问题。针对我国部分死刑核准权下放所引发的问题,2005年10月26日,最高人民法院发布《人民法院第二个五年改革纲要》明确决定,将死刑核准权统一收归最高人民法院行使。2007年死刑核准权的收回,对于严格控制死刑适用,统一死刑适用标准,落实宪法保障人权的规定具有重要作用。然而,对于保障死刑案件的质量而言,仅仅收回死刑核准权是不够的。在复核程序改造中,除去笔者前述之控辩双方平等参与并保障权力(利)之平衡外,还需要对该程序进行如下改造:

1. 构建听证程序

听证(hearing)即是指可就系争问题提供证据,陈述理由,并由行使裁判权的个人或机关作出裁决的相对或正式的程序。听证的目的在于为争议各方,尤其是可能被剥夺权益的一方,创造陈述意见的机会。在死刑复核程序中采用听证的方式审理案件,允许控辩双方参与死刑复核程序的审理,负责复核的法官在充分听取控辩双方意见和当面询问、调查的基础上形成自己的判断,得出最终的结论。由于听证程序吸收了检察官、被告人、辩护律师等各方参与,对于增强死刑复核案件的透明度、避免错案发生、保障被告人的权利具有积极的意义。目前,我国死刑复核程序已增设听取被告人陈述、辩护律师意见以及最高人民检察院可以提出意见,但尚未达到完整的听证程序标准。并且听证程序只是介于书面审理和诉讼程序之间的一种过渡性程序,对于暂时缓解最高人民法院收回死刑复核权的压力具有一定的作用、在条件成熟时,还是尽快将其全面转为完整的诉讼程序。

2. 实行三审终审

笔者认为,对死刑复核程序的终极改造是取消死刑复核程序,对死刑案件进行三审终审制。现行死刑复核程序在具体设计环节和运作方式上的缺陷反映出中国普通救济程序在基本框架结构设计方面存在问题。二审程序的流于形式和死刑复核的名存实亡,导致大多数案件事实上进行的是一审终审,普通救济程序的功能价值在实践中无法真正贯彻实现。死刑复核程序的设计过多地强调人民法院的职权,是一种权力型程序而非权利型程序。从加强诉讼双方尤其是辩护方主体性的角度,必须增加被告人权利保护与救济的机会。废除死刑复核程序,实行死刑案件三审终审制,乃是制度构造的根本出路。

在笔者看来,具体制度设计上,实行三审终审制最关键的改革措施,是将普通救济程序分为事实审和法律审;第二步是取消全面审查原则,将第二审和第三审法院审查的范围限制在上诉和抗诉所提出的理由上;第三步是重新设计第二审和第三审法院的审理方式;第四步是重新构建高级人民法院和最高人民法院的裁判活动方式;第五步是建立中国式的司法判例制度。但就我国目前的实际情况而言,直接取消死刑复核程序,建立死刑案件三审终审的条件还不成熟,为此,笔者建议,目前对死刑案件的复核,先采取听证程序,作为建立死刑案件三审终审的过渡性程序,待时机成熟时,再过渡至三审终审制。

3. 规范相关制度

(1)证明标准:特殊还是一般?

当下,关于死刑案件的证明标准,学界意见基本一致,即死刑案件应当高于普通刑事案件"排除合理怀疑"的证明标准,而适用"排除一切合理怀疑"最高的证明标准。笔者赞同将死刑案件程序区分为定罪程序与量刑程序而适用不同的证明标准,其中,对于定罪的证明标准坚持与普通刑事案件相同的"排除合理怀疑标准",对于量刑的证明标准,控方主张排除被告人死刑的,适用"排除一切合理怀疑"的证明标准。

(2)审理方式:开庭审还是书面审?

我国当前的死刑复核程序采取的是不开庭审理的方式,通过书面审理复核死刑案件。死刑复核程序的单方面、不公开、书面化的不开庭审理方式,与程序公开、公正的原则是不相吻合的。因此,在最高院将死刑核准权收回之际,学者们强烈呼吁改革现存的死刑复核审理方式。

既然将死刑复核程序定性为一种特殊的审判程序,就应尽量按照审判程序对其进行设计。坚持开庭审为原则,并对事实没有争议的案件在符合某些条件的情况下,有条件的适用书面审,并保障被告人、辩护律师及检察机关的介入。

以开庭审为原则,将死刑复核由现在的间接、书面、秘密审理改革为控辩双方同时到场的言词审理。如果控辩双方对事实的认定有不同的意见,特别是对证据的真实性和证明力有不同看法的,就必须开庭审理,按照正常的审理程序提审被告人,传唤证人、鉴定人等出庭作证。除涉及国家秘密、个人隐私等法定不公开审理的案件外,应允许社会公众旁听和新闻报道。

当然,在当前司法资源较紧张的情况下,也可以考虑符合一定条件的死刑复核采用书面审,例如,控辩双方对事实的认定没有异议,只对法律的适用有不同意见,那么在征得控辩双方同意的基础上可以考虑采用书面的审理方式,在提审被告人的前提下,听取控辩双方的意见,无需传唤证人、鉴定人出庭作证,作出居中裁判。

(3)审理内容:事实审还是法律审?

对于死刑核准程序的审理内容,究竟是将其设定为事实审、法律审还是对事实、法律都进行审理的全面审理,学界存在不同看法。

一种观点认为,死刑核准案件主要审查案件所适用的法律和程序是否正确合法,对于事实和证据只需做形式上的审查。其理由是,绝大多数刑事案件都经过二审的审理,二审就是对事实和法律问题进行全面审查的方式,因此,如果在死刑核准程序中再进行事实的审查,就容易导致司法资源的浪费,降低诉讼效率。

另一种观点认为,死刑核准案件应坚持全面审理,既审查案件的事实和证据,又审查法律适用是否正确,量刑是否适当。

考虑死刑复核程序的功能和目的,笔者同意第二种观点。原因是,尽管二审已对事实加以审查,但在我国目前一审、二审走过场、刑讯逼供等违法现象较为普遍的情况下,死刑案件改判的原因大部分是证明事实的证据存在问题,因此,死刑复核程序有必要对事实和法律进行全面审理。

(4)审理期限:有期限还是无期限?

我国《刑事诉讼法》没有规定死刑复核程序的审理期限,关于应否限定死刑复核程序的审理期限及期限长短,学术界意见也不一致。大多数学者认为,基于死刑案件的慎重性,没有必要设置期限。也有观点认为,可以考虑为死刑复核设置一定期限,但同时规定较为宽松的复核期限,因为,从某种程度上说,死刑复核时间越长,越有利于减少死刑立即执行的适用。

从法理上讲,审判应是没有期限的,法官根据自由心证的原则对案件事实和证据进行充分调查,排除合理怀疑,从而对案件作出判决。但是,考虑诉讼的效率和司法资源的紧张,为审理期限作出合理的规定是符合实际情况的。死刑复核程序是特殊的审判程序,具有特殊的功能和目标,因此应相应为其设置一个合理的审理期限,笔者建议死刑复核程序审理期限应为1—3年。

(6)审理的地点:集中审还是分开审?

当然,审理组织的设立也决定了审理的地点,通过设置死刑复核庭来复核死刑案件,则审理的地点理所当然在北京。但是这样的设置仍然存在难度和需要考虑成本问题。现阶段死刑复核案件都在北京审理,在外地的被告人、辩护律师、出庭的检察官都要赶到北京,成本是很高的,尤其是边远地区。而且,也要解决被告人的羁押场所、管理等问题。不过,网络技术的进步似乎能为这些问题提供解决的途径,例如,不用将被告人实际押到北京,通过网络视频的方式进行当面审理。尤其是利用疫情以来快速发展的远程庭审技术,不必将被告人实际押送到北京就能参加庭审,可以最大程度减轻死刑复核庭审压力,降低成本,同时也可以达到预期之效果。

(7)关于裁决的方式:判决还是裁定?

死刑案件经过复核后,应按照下列情形分别处理:原判决认定事实和适用法律正确的,裁定予以核准;原判决事实不清或者证据不足的,裁定撤销原判,发回重新审判,但是,为了保护被告人的权利,应该限制裁定死刑案件发回重审的次数;原判决认定事实正确,但适用法律有错误,或者量刑不当的,应直接改判。

五、小结

伴随着关于死刑存与废的两个多世纪的讨论,实践越来越清楚地证明,"用死刑来向人们证明法律的严峻是没有益处的"。[①] 当今世界,虽然,废除死刑的国家已占绝对多数,有关之国际性文件也要求缔约国必须废除死刑,但是,在保留死刑的国家,基于对刑法功能的不同认识,依然存在对死刑适用的两种截然不同的观念,其一是基于偏重人道和刑罚的矫正功能而严格限制死刑,其二是偏重报应与刑罚的威慑功能而扩大死刑的适用。[②] 然而,人们已经开始逐渐明白这样一个道理——严格限制死刑,尽快废除死刑是任何一个文明国家的理性选择。我国在死刑适用中"少杀、慎杀"的政策,是基于国情之需的现实选择。

从程序上控制死刑的适用,特别是从其最后一道防线——死刑

---

① [意]贝卡利亚:《论犯罪与刑罚》,黄风译,中国方正出版社2004年版,第63页。
② 胡云腾:《存与废——死刑基本理论研究》,中国检察出版社2000年版,第43页。

复核程序来减少死刑的适用,防止错杀、滥杀,其功能与意义该当无须赘言。我国现行之死刑复核程序由于存在制度设计与运行中的诸多缺陷而备受诟病,最高人民法院死刑复核权的收回吹响了死刑复核程序改革的号角。也的确如是,对于我国来说,死刑复核权由最高人民法院统一行使,并以此构建合理、科学的死刑复核程序是我们严格限制死刑、最终达到废除死刑目标迈出的重要一步。

必须坦言,一方面,现行死刑复核程序的构造反映出了对程序内在价值的忽视和淡漠。毕竟,与实体公正所体现的"结果价值"不同,程序公正主要张扬的是一种过程价值。它注重是否使那些受程序结果影响或左右的人受到应得的公正待遇,用笔者的话来说,就是"让该死的死个明白",而不是看它是否产生好的结果。另一方面,保证死刑案件的审判质量,实现"少杀""慎杀",杜绝"滥杀",仅仅依靠死刑复核权的收回是远远不够的。因为,不仅程序的内部要素和结构直接影响到程序设计的应有功能的实现,而且其他相关程序的完善,也必然影响到死刑复核程序本身功能的发挥,更何况,死刑复核权的收回,仅仅解决了统一死刑案件标准的问题,仅仅是科学、合理的构造整个死刑复核程序的一个方面。

控辩平等作为一种诉讼理念维系着诉讼制度和程序设计的正当性,使诉讼制度和程序的构造趋于公正与理性。但以此检视我国的死刑复核程序,却不难发现其中控辩平等基本理念的严重缺失。以被告人在该程序中的地位为例,长期以来,被告人似乎就是死刑复核程序的"局外人"。我国以往的做法是,承办死刑复核案件的法官仅仅以阅卷的方式了解案情并作出最后的裁定。死刑复核更是与辩护律师不相干系,直到被告人"死刑已行"方才得知案件结果的辩护律师并非个别。其实,死刑复核程序也是一种诉讼程序,控辩平等原则自应贯彻其中,而被告人既然是诉讼的主体,当然也是死刑复核程序的主体,充分而有效地参与死刑复核程序,是被告人的一种权利,而不是从法官权力或义务的角度出发来规定法官必须会见被告人。

在人权保障观念日益深入人心的今天,要求被告人及其辩护人参与到死刑复核程序中的声音越来越多,学界及实务界对此已获共识。然而,对于死刑案件中如何保护被害人的权利,人们却常常忽视。在死刑复核程序中,法律没有赋予被害人任何诉讼权利,而是将被害人天然地排斥在死刑复核程序之外。对于检察官是否应该参与到死刑复核程序中来,人们的分歧更大。笔者一向认为,死刑复核程序是一种审判程序,检察官作为控诉一方应该参与到死刑复核程序中来。因为,控辩平等要求在观念上将检察院与被告人视同为刑事诉讼中的双方当事人,只有将检察院与被告人同列为当事人,才能实现两者的真正平等。但是,在我国,检察机关在法律上被规定为是国家的专门机关,而不是刑事诉讼的一方当事人,因此,作为国家专门机关的检察机关不可能与作为公民的被告人之间有真正意义上的平等。让检察机关参与到死刑复核程序中来,就要逐渐弱化直至完全取消检察机关对法院的监督权,尽可能多地限制检察机关的权力。这是控辩平等原则在中国刑事诉讼中驻足之必然。

当然,死刑复核程序的改造还必须直面我国死刑案件辩护中存在的问题,例如,死刑案件中被告人获得律师帮助的权利没有被规定为宪法性权利;没有死刑案件辩护的专业律师;委托辩护的质量明显高于指定辩护的质量;刑事法律援助的对象过于狭窄;法律援助律师介入刑事诉讼的时间过晚;死刑辩护律师的权利受到的限制太多等。这些问题的存在极大影响了死刑案件辩护的质量,要限制死刑,做到"少杀""慎杀",就必须改善目前的这种情况,确保为每一个可能被判处死刑的被告人,提供有效的、高质量的辩护,真正发挥辩护律师在遏制死刑方面的作用。这也是死刑复核程序中控辩平等原则对刑事辩护的基本要求。

第十六章　从控辩关系看我国刑事诉讼制度的演进发展

1949年2月28日,中共中央发布《关于废除国民党政府六法全书的指示》指出,在新的法律未发布之前,应以共产党的政策以及人民政府与解放军发布的各种纲领、法律、条例、决议作依据。新中国是在反帝、反封建、反官僚资本主义取得胜利的基础上建立的,这决定了其在废除六法全书后,既不会承继清末修律过程中制定的相关法律制度以及形成的司法制度,也不会借鉴英、美、法、德等国家的法律制度及司法制度,而是以第一个社会主义国家——苏联的法律制度及司法制度作为摹本,①从无到有进行法律制度和司法制度建设,而这在一定程度上也决定了我国法治建设的独特性和曲折性。以新中国成立后,特别是改革开放40多年来控辩关系的演进为观察研究视角,对我国的刑事诉讼法律制度进行反思性总结和前瞻性研究,无疑是有意义的。笔者认为,我国的控辩关系自新中国成立以来,以从无法可依到有法可依,从失序到规范,从非理性对抗到理性对抗,从以对抗为主、合作为辅到以合作为主、对抗为辅为主要特征,向着建设中国

---

① 汪海燕:《我国刑事诉讼模式的演进》,北京大学出版社2008年版,第151页。

特色社会主义法治国家目标,逐步演进、发展、成熟,主要经历了无序、失衡、对抗、对抗与合作四个阶段。

一、无法可依状态下的控辩关系无序阶段

(一)制度创设上的尝试

从制度规范层面看,1979年之前,我国没有制定统一的刑事诉讼法对控诉权、辩护权以及控辩关系予以规范和调整,和控诉权、辩护权有关的规定都散落在《宪法》、《法院组织法》和《检察院组织法》中,尤其是和辩护权有关的规定,不但数量极少,且都是原则性规定,而关于控辩关系,几乎当时所有的法律中都没有涉及,控辩关系处于全然的无序状态。1954年颁行的《宪法》只规定了由人民检察院独立行使检察权,人民法院审理案件原则上一律公开进行,被告人有权获得辩护,但对于控辩之间的关系并无具体规定。同年颁布的《人民法院组织法》和《人民检察院组织法》只对人民法院和人民检察院行使职权的原则、职责权限、组织架构及任免程序等进行了规定,其中法院组织法对被告人的辩护权进行了规定,对于辩护权的具体落实及控辩关系都无涉及。同样,1954年颁布的《逮捕拘留条例》,虽然对搜查、拘留、逮捕、取保候审、监视居住等侦查或强制措施的实施主体和程序进行了规范,但该条例只涉及人民法院、人民检察院和公安机关的职权以及被追诉人的少量权利(如搜查时的在场权或见证权),而对于辩护权及控辩关系则完全没有涉及。新中国成立初期,除上述3部法律、1部条例外,关于诉讼及审判程序,再无其他法律规范,以至于董必武在1954年担任最高人民法院院长之初即提出,为顺利开展审判工作,要总结各地法院的审判经验和程序。按照董必武的要求,时任最高人民法院副院长的马锡五带领调查组对14个大中城市高中级人民法院刑事案件审理程序和13个大中城市高中级人民法院民事案件审理程序进行了调研,并在此基础上形成了《各级人民法院刑、民事案件审判程序总结(草稿)》(以下简称《总结(草稿)》),该《总结(草稿)》经最高人民法院审判委员会审议通过后,于1956年10月17日印发全国法院参酌

执行,并报全国人大常委会备案。① 其中,刑事案件审判程序总结为制定刑事诉讼法奠定了基础,1957年《刑事诉讼法草案(草稿)》开始征求意见,但直到1962年,经过修改的《刑事诉讼法草案(初稿)》才又重新开始接受讨论。1963年3月到4月,《刑事诉讼法草案》的第三稿、第四稿、第五稿、第六稿相继形成,对无罪推定原则、人民检察院和公安机关的侦查分工、侦查监督、刑事第二审审理程序、二审法院对被告人的近亲属及辩护人为被告人利益提起的上诉是否可以加重刑罚以及死刑复核审查程序等相关争议问题,均进行了讨论。② 但因为历史原因,该部法律并未获得通过,直到1978年12月,党的十一届三中全会召开,才让刑事诉讼法的制定重回正轨。③ 在此期间,1975年《宪法》对审判机关和检察机关只规定了一条,且规定由各级公安机关行使检察机关的职权,检察和审理案件,都必须实行群众路线,关于辩护权的规定消失殆尽;1978年《宪法》虽然恢复了1954年《宪法》关于公开审理和被告人有权获得辩护的规定,但仍然仅限于原则性规定。

(二)司法实践中的曲折与混乱

从实践层面看,自1957年到1966年,我国先后经历了反右派、大跃进、反右倾等运动,可以说这是我国法制建设在曲折中前进的10年,而自1966年开始的"文化大革命"则是刚起步的我国法制建设被严重破坏的10年。

无论是从制度规范层面,还是从实践层面,1979年第一部《刑

---

① 何兰阶、鲁明健:《当代中国的审判工作》,当代中国出版社1993年版,第73—74页。

② 参见《最高人民法院党组关于刑事诉讼法制定情况的汇报(1957年)》《关于〈刑事诉讼法草案(初稿)〉的修改情况和几个主要问题的报告(1963年4月12日)》《关于刑事诉讼法修改情况的说明(1963年4月13日)》《关于1963年刑事诉讼法草案讨论制定经过的汇报》《关于讨论刑事诉讼法草案意见的汇集(1963年11月16日)》,载吴宏耀、种松志主编:《中国刑事诉讼法典百年(中)1906年—2012年》,中国政法大学出版社2012年版,第724页以下。

③ 卞建林、谢澍:《"以审判为中心"与刑事程序法治现代化》,载《法治现代化研究》2017年第1期。

事诉讼法》出台前,诉讼形态下的控辩关系在我国基本不存在,①控辩关系处于无法可依的状态,在此背景下,控辩关系当然是无序、失范,甚至是扭曲的。

二、制度恢复重建时期的控辩关系失衡阶段

(一)控辩关系第一次有法可依

新中国第一部《刑事诉讼法》于1979年正式颁布,该法不但规定了公、检、法三机关的职责,在程序上对三机关如何行使权力进行了规范和制约,而且以专章(第四章)规定了辩护权,对辩护人及辩护律师的职责和权利进行了规定。具体而言,包括:规定公、检、法三机关必须依法取证,严禁刑讯逼供和以威胁、利诱、欺骗和其他非法的方式取证;规定被告人有权获得辩护,其可以随时为自己辩护,在审判阶段还可以获得律师的帮助;规定辩护律师可以与在押的被告人会见、通信以及查阅卷宗、收集证据,其他辩护人在经过法院许可后,也可以了解案情,同在押的被告人会见、通信,以帮助被告人实现辩护权;等等。与此同时,《法院组织法》和《检察院组织法》也正式颁布,人民法院、人民检察院和法官、检察官的职责定位进一步得到明确。此后,《律师暂行条例》也于1980年获得通过,该条例规定了律师的性质、任务、职责和权力、资格条件及工作机构。② 1981年,最高人民法院、最高人民检察院、公安部和司法部联合发布《关于律师参加诉讼的几项具体规定的联合通知》,对律师阅卷、会见在押被告人、诉讼文书的送达等具体问题进一步作出规定,刑事辩护制度的基本框架初步确立。1979年《刑事诉讼法》的颁布实施是我国刑事诉讼制度发展史上的巨大进步,其第一次明确了控辩双方的职能,较为详细地规定了被告人的辩护权以及辩护律师和其他辩护人的权利,规定了辩护律师可以介入的阶段,同时也对控诉机关行使权力进行了规范。此后,《律师暂行条例》《关于律师参加诉讼的

---

① 冀祥德等:《从对抗转向合作:中国控辩关系新发展》,载《中国司法》2011年第12期。

② 张志铭:《回眸和展望:百年中国律师的发展轨迹》,载《国家检察官学院学报》2013年第1期。

几项具体规定的联合通知》等法律法规及司法解释的颁布,对《刑事诉讼法》中的律师辩护制度及控辩关系等内容进行了进一步细化,控辩关系第一次实现了有法可依。

此后,我国的经济、社会、政治、文化等因为改革开放以及市场经济的发展发生了巨大变化,自由、平等、权利和竞争等观念逐渐孕育而生,以立法为中心的法制建设进入"快车道",如被告人有权获得辩护直接被规定进1982年《宪法》,辩护权再次成为一种宪法权利;1982年《宪法》第5条第1款规定的"国家维护社会法制的统一和尊严",为依法治国方略的提出奠定了宪法基础;1993年党的十四届三中全会通过的《中共中央关于建立社会主义市场经济体制若干问题的决定》首次在党的正式文件中提出"依法行政",进一步丰富了依法治国的内涵。尤其是,在这个时期,我国陆续出台了《民法通则》《民事诉讼法》《行政诉讼法》《海商法》《经济合同法》等多部法律,法制建设成绩斐然。与此同时,1979年制定的《刑事诉讼法》也逐渐显现出其与经济社会发展和法制建设不同步的问题,表现在控辩关系上,一方面,控辩不分,辩护律师在当时作为"国家法律工作人员",履行了过多的与辩护人"天职"不一致的职能;另一方面,表现为控辩权力(利)失衡,公、检、法三家都戴"大盖帽"下的互相配合、共同对"敌",使得辩方的地位低下,权利弱小,与控方强势的地位与强大的权利无法同日而语。①

(二)有法可依中的控辩失衡

尽管1979年《刑事诉讼法》的制定让控辩关系有法可依,但也要看到该法在第1条即规定"以马克思列宁主义毛泽东思想为指针,以宪法为根据,结合我国各族人民实行无产阶级领导的、工农联盟为基础的人民民主专政即无产阶级专政的具体经验和打击敌人、保护人民的实际需要制定",其中"无产阶级专政的具体经验""打击敌人"等都是以政治概念代替了法律概念;没有"犯罪嫌疑人"的概念,尤其是在"强制措施"一章,对被追诉人所用概念绝大多数为

---

① 冀祥德等:《从对抗转向合作:中国控辩关系新发展》,载《中国司法》2011年第12期。

"人犯",反映出立法上的有罪推定观念,形成了我国超职权主义的刑事诉讼模式。在该种诉讼模式下,控辩关系是不正常的,甚至是严重失衡的,主要表现在以下几个方面:

1. 控辩双方的诉讼地位不平等

1979 年《刑事诉讼法》没有确立无罪推定的刑事诉讼原则,被追诉人的地位是"敌人"或"人犯",是无产阶级专政的对象,而不是与控方具有平等地位的诉讼一方当事人。法律虽然规定被告人有权获得辩护,但同时也规定被告人有权获得辩护的时间是在人民法院决定开庭审判后,在开庭 7 日以前向被告人送达起诉书副本,告知其可以委托辩护人。这意味着,在侦查阶段和审查起诉阶段,被追诉人作为被侦查和审查起诉的对象(大多数时候已经失去了人身自由),只能凭借自己极其微弱的力量独自面对强大的国家机器——侦查机关和检察机关,其间既没有任何中立的第三方就侦查机关和检察机关针对他的搜查、扣押、拘留、逮捕、讯问等侦查措施或强制措施的合法、合理性进行判断,也没有可以依靠的其他支持力量,作为控诉一方的侦查机关和检察机关在审判机关没有对被追诉人作出有罪判决的情况下可以单方面决定在相当长时间内(侦查、审查起诉阶段甚至延续到审判阶段)剥夺或限制被追诉人包括人身自由在内的多项基本权利,侦查机关和检察机关相对于被追诉人具有绝对优势地位。不仅如此,即便 1979 年《刑事诉讼法》规定了律师可以在审判阶段介入诉讼,但因为介入时间较迟——在开庭 7 日以前向被告人送达起诉书副本时方告知其可以委托辩护人,这使得被告人家属委托律师以及辩护律师准备辩护都受严格的时间限制,辩护质量无法得到保证,有些案件甚至来不及委托律师,控辩双方在审前阶段及审判阶段的诉讼地位都极端不平等。而且,1979 年《刑事诉讼法》的立法理念距离无罪推定原则甚远,无论是在公检法机关还是在律师的观念里,被追诉人都是"敌人"或"人犯",是被打击或专政的对象。当时的律师作为身着警服、乘坐警车的"国家法律工作人员",很难正确认识辩护律师应有的职责和定位,经常在不自觉中将自己放到控诉人一方,与检察院一起履行起与辩护职能截然相反的控诉职能,控辩职能严重不分,这又进一步加剧了控辩双方地位的不平等。

2. 控辩双方的权力(利)配置不平衡

1979年《刑事诉讼法》虽然规定辩护人可以在审判阶段介入诉讼,但被告人即便委托了辩护律师,其权利也仅限于可以查阅卷宗、收集证据,同在押的被告人会见和通信,而其他辩护人若要获得相关权利,则需要经过法院同意。实际上,即使是这些非常有限的辩护权,也因为种种原因而很难得到落实,律师的会见难、阅卷难等问题始终是律师行使辩护权中的老大难问题,尤其是在20世纪80年代的"严打"期间,辩护律师在"严重危害社会治安"的刑事案件中介入诉讼的时间被进一步压缩,而政法机关在该阶段的办案机制和证据标准等方面常态化地突破1979年《刑事诉讼法》的规定,各地不同程度地出现过公、检、法三机关联合办案的情形,普遍存在"先定后审""先判后审"的现象,①控方几乎在整个刑事诉讼过程中行使权力都不受任何限制,辩护制度在一定程度上形同虚设。

3. 控审权力之间密切配合有余而相互制约不足

1979年《刑事诉讼法》和1982年《宪法》都规定了公、检、法三机关"应当分工负责,互相配合,互相制约",但在司法实践中,公、检、法三机关之间总体上呈现出密切配合有余而相互制约不足,并一致对被追诉人之"敌"的状态,尤其是作为审判机关的法院对作为控诉机关的检察院与公安机关的制约不足,而这在一定程度上又加剧了控辩之间力量的不平衡。控审之间之所以会配合有余而制约不足,一方面是思想观念的原因,另一方面则和相关法律规定有关系。1982年《宪法》明确规定人民检察机关是法律监督机关,但其对检察机关的法律监督权并没有进行界定,而早于该《宪法》制定的1979年《刑事诉讼法》则没有提出法律监督权的问题,当然更不会对此进行界定,法律监督权行使的对象、范围、内容和方式是含混不清的,这在一定程度上会带来权力行使的乏力或泛化问题。具体而言,对侦查机关,根据1979年《刑事诉讼法》的相关规定,除采

---

① 孙长永主编:《中国刑事诉讼法制四十年回顾、反思与展望》,中国政法大学出版社2021年版,第51页。

取逮捕措施需经检察机关批准外,侦查机关可自行决定采取搜查、扣押、拘留等几乎其他所有侦查措施或强制措施;相关条文虽然规定"严禁刑讯逼供和以威胁、引诱、欺骗以及其他非法的方法收集证据",但对于通过以上非法方法取得的证据并没有规定排除规则,检察机关很难对侦查机关的非法取证行为进行程序上的有效监督并给予其不利程序或实体后果的处置等。对审判机关,1979年《刑事诉讼法》第13条第2款规定"贪污罪、侵犯公民民主权利罪、渎职罪以及人民检察院认为需要自己直接受理的其他案件,由人民检察院立案侦查和决定是否提起公诉",第112条又规定,"出庭的检察人员发现审判活动有违法情况,有权向法庭提出纠正意见",在有罪推定观念还较为普遍的情况下,实践中难免会出现极少数检察机关在法庭上当场纠正审判活动甚至因为法院没有按照其起诉书的意见认定犯罪并科处刑罚而根据相关条款对法官追责等情形,法官也会在一定程度上存在顾虑。这些方面合力作用,使刑事诉讼中被追诉人则直接被沦为刑事诉讼的客体,更遑论控辩双方平等武装与平等对抗。

总之,1979年第一部《刑事诉讼法》的颁布使得控辩关系有法可依,但因为传统观念的惯性力量以及制度上的不健全,控辩关系是严重失衡的,这在20世纪80年代初的"严打"中表现得尤为突出,成为酿成冤错案件的重要根源之一。

三、制度快速演进中的控辩关系对抗阶段

(一)对抗式诉讼结构形成

随着改革开放的持续深入,我国的经济、政治、文化、社会等建设取得了长足的进步,人们的法制观念也发生了极大变化,亟须对1979年《刑事诉讼法》予以修改。1996年,我国的《刑事诉讼法》进行第一次修改,人权保障理念得以体现,吸收了无罪推定原则的精神,扩张了律师辩护权,在审判程序中建构起对抗式诉讼模式,向塑造控辩双方平等对抗的新型诉讼结构迈进了一大步。

1.吸收了无罪推定原则的精神

无罪推定原则是现代刑事诉讼的基本原则之一。1996年《刑

事诉讼法》虽然没有明确规定该原则,但其取消了1979年《刑事诉讼法》中对被追诉人"人犯"的带有先天有罪推定色彩的称谓,并在第12条规定"未经人民法院依法判决,对任何人都不得确定有罪",这是对无罪推定原则精神的实质吸收和采纳,是对过去相当长一段时间内有罪推定观念的颠覆。根据该条规定,任何人只要没有被人民法院宣判有罪,其就是无罪的,而不是"敌人"或"人犯",其就应该享有宪法和法律赋予的合法权利,尤其是和人身自由、生命、健康、财产等相关的基本权利,这些权利不能受到非法侵犯,哪怕是侦查机关、检察机关也必须依法行使侦查权、审查起诉权,并接受权利的制约。不但如此,1996年《刑事诉讼法》第140条还规定,"对于补充侦查的案件,人民检察院仍然认为证据不足,不符合起诉条件的,可以作出不起诉的决定";第195条则规定,人民法院对于"证据不足,不能认定被告人有罪的案件,应当作出证据不足、指控的犯罪不能成立的无罪判决"。这实际上是在我国《刑事诉讼法》中第一次确立了疑罪从无的原则,而疑罪从无原则不但是无罪推定原则的重要内容,同时也是证据裁判原则的重要基础,更是人权保障理念在司法领域的重要体现。

2. 进一步加强了被追诉人的诉讼主体地位及权利保障

1996年《刑事诉讼法》吸收了当事人主义的因素,在确立疑罪从无原则的基础上,进一步加强了对被追诉人的诉讼主体地位及权利的确认和保障,同时对控诉方的部分权力进行了规范和限制。一是加强了被追诉人的诉讼主体地位。1996年《刑事诉讼法》第33条规定,"公诉案件自案件移送审查起诉之日起,犯罪嫌疑人有权委托辩护人",并规定"人民检察院自收到移送审查起诉的案件材料之日起三日以内,应当告知犯罪嫌疑人有权委托辩护人";第96条规定,"犯罪嫌疑人在被侦查机关第一次讯问后或者采取强制措施之日起,可以聘请律师为其提供法律咨询、代理申诉、控告。犯罪嫌疑人被逮捕的,聘请的律师可以为其申请取保候审"。根据这两条规定,被追诉人有权委托辩护人的时间由1979年《刑事诉讼法》规定的审判阶段被提前到审查起诉阶段,且其在侦查阶段即可聘请律师提供法律帮助,而检察机关在审查起诉阶段也多了一项告知犯罪嫌疑人有权委托律师的义务,被追诉人的诉讼主体地位得到了进一步确认和加强。二是加强了对被追诉人的权利保障。1996年《刑事诉讼法》扩大了制定辩护的范围,首次确立了法律援助制度,其第33条对辩护权进行了具体规定,规定辩护律师"可以查阅、摘抄、复制本案的诉讼文书、技术性鉴定材料",其他辩护人经检察机关或法院许可也可行使上述权利;第37条规定,辩护律师在经同意后可向证人或其他单位和个人收集和本案有关的材料,在经检察机关或法院许可,并经同意后可想被害人或者其近亲属、被害人提供的证人收集和本案有关的材料……以上规定使得辩护权的内容更加具体且更具可操作性,切实加强了对被追诉人的权利保障。三是限制和进一步规范了控诉机关的部分权力。1996年《刑事诉讼法》第8条规定"人民检察院依法对刑事诉讼实行法律监督",法律监督权得到了一定程度的明确和界定;第142条第2款规定"对于犯罪情节轻微,依照刑法规定不需要判处刑罚或者免除刑罚的,人民检察院可以作出不起诉决定",取代了1979年《刑事诉讼法》第101条"依照刑法规定不需要判处刑罚或者免除刑罚的,人民检察院可以免予起诉",取消了检察机关的定罪权;取消了由公安机关执行的、几乎不受任何监督和制约的收容审查制度,将该制度中和犯罪有关的内容纳入拘留、逮捕措施中接受相应的监督。

3. 在庭审中确立了对抗式的刑事诉讼结构

"如果法官本身就是控告者,那么,只有上帝才能充当辩护人。"正因如此,控审分离原则作为现代刑事诉讼的另一项基本原则对于控辩关系的平衡才会格外重要。控审分离原则虽然在1979年《刑事诉讼法》中得到了确立,如规定了公、检、法三机关之间"应当分工负责,互相配合,互相制约",并对公安局、检察院、法院的职责进行了明确,但因为司法观念以及相关制度仍有待完善等原因,该原则在贯彻落实中仍然存在较多问题,控审不分的情形不但在制度规定中存在,在司法实践中更是大量存在。如1979年《刑事诉讼法》第114条规定,"公诉人在审判庭上宣读起诉书后,审判人员开始审问被告人",之后经审判长许可,公诉人、辩护人才可以讯问或向被告人发问;第116条规定,"审判人员应当向被告人出示物证,让他辨认";第123条规定,"合议庭认为案件证据不充分,或者发现新的事实,需要退回人民检察院补充侦查或者自行调查的",可以延期审理。这些规定意味着法庭调查程序是由合议庭主导的审问式程序,审判机关在一定程度上仍然充当着主动追究犯罪的追诉者角色,而非被动、中立的裁判者角色。对此,1996年《刑事诉讼法》进行了相应修改:一是弱化了人民法院主动追诉犯罪的权力,强化了其中立的裁判者地位以及审判权,如第165条删除了"合议庭认为案件证据不充分,或者发现新的事实,需要退回人民检察院补充侦查或者自行调查的"条款,取消了法院主动将案件退回检察机关补充侦查的权力,限制了法院较为广泛的自行调查的权力,在第158条规定合议庭只有在核实证据时,才权力进行调查,且取消了合议庭的搜查权等。二是确立了对抗式的刑事诉讼结构。1996年《刑事诉讼法》第155条规定,"由公诉人在法庭上宣读起诉书后,被告人、被害人可以就起诉书指控的犯罪进行陈述,公诉人可以讯问被告人。被害人、附带民事诉讼的原告人和辩护人、诉讼代理人,经审判长许可,可以向被告人发问",将法庭调查程序由法官主导的审问式程序变革为以控辩双方为主推进的对抗程序,即由公诉人、辩护人向法庭出示证据,公诉人、当事人、辩护人可以对证据和案情发表意见,互相质证、辩论,充分发挥公诉人、辩护人在庭审中的作用,[①]对抗式诉讼结构在我国的刑事诉讼中初步确立。

由此可以看出,1996年的《刑事诉讼法》修改进一步确立和强化了被追诉人的诉讼主体地位以及权利保障,吸收了当事人主义的因素,确立了控辩对抗式庭审模式,对1979年《刑事诉讼法》中规定的控诉权和审判权的范围都进行了一定程度的限缩,对控诉权和审判权的行使给予更多的制约和监督,弱化了1979年《刑事诉讼法》中的超职权主义色彩。自此,我国刑事诉讼中的控辩关系进入了对抗阶段,其中尤为值得一提的是1996年颁布、1997年起开始正式实施的《律师法》,其将律师的身份定位由"国家的法律工作者"改为

[①] 汪海燕:《我国刑事诉讼模式的演进》,北京大学出版社2008年版,第154—156页。

"社会法律工作者",该定位更侧重于强调律师代表的是委托人的利益,而非公共利益的代言人,律师可以无须再过多地考虑遥远的国家利益,控辩关系进入了一个以对抗为主的阶段。①

(二)控辩关系从非理性对抗到理性对抗

1996年《刑事诉讼法》修改中,吸纳了无罪推定原则一些精神,被追诉人诉讼地位得到显著提高,辩护权大大扩张,尤其是在庭审中对抗制的刑事诉讼结构的初步构建,都使得控辩对抗成为一种新的诉讼形态。然而,由于修法中借鉴西方国家诉讼制度时没有充分考虑中国国情,过多地借鉴了英美法系的制度,而对于大陆法系的制度和中国的实际问题缺乏审慎考察研究,因此制度引进后的"水土不服"或者"器官移植"后的排异效应十分显著,控辩关系呈现出明显的非理性对抗特征,以致不少刑事辩护律师被按照《刑法》第306条指控追究,会见难、阅卷难、调查取证难的"刑事辩护三难"很快成为普遍性问题,一大批律师退出或者拒绝刑事辩护,出现了"刑事辩护的路为什么越走越难"的一片哀叹。

具体来说,1996年《刑事诉讼法》虽然明确规定了律师的会见权、阅卷权和调查取证权,但与此同时,又对这些权利的内容及行使进行了较为严格的限制:关于会见权,规定"涉及国家秘密的案件,律师会见在押的犯罪嫌疑人,应当经侦查机关批准"。关于阅卷权,将审查起诉阶段的阅卷范围仅限于"本案的诉讼文书、技术鉴定材料",②且在第150条规定检察机关对提起公诉的案件,不再随案移送全部案卷材料,而只需移送"证据目录、证人名单和主要证据复印件或者照片"。关于调查取证权,规定辩护律师必须经过证人或者其他有关单位和个人同意,才可以向他们收集与本案有关的材料。此外,1996年《刑事诉讼法》虽然规定辩护律师可以申请人民检察院、人民法院收集、调取证据,或者申请人民法院通知证人出庭作证,但是1998年最高人民法院《关于执行〈中华人民共和国刑事诉

---

① 冀祥德等:《从对抗转向合作:中国控辩关系新发展》,载《中国司法》2011年第12期。

② 孙长永主编:《中国刑事诉讼法制四十年回顾、反思与展望》,中国政法大学出版社2021年版,第56页。

讼法〉若干问题的解释》和1999年《最高检诉讼规则》又规定,辩护律师申请人民法院、人民检察院收集、调取证据的,人民法院、人民检察院认为必要或需要调查取证时,辩护律师方可收集、调取。

这些严格的限制很快就导致了实践中律师会见难、阅卷难、调查取证难问题的大量涌现。关于会见难问题。律师即便是会见非涉密案件的犯罪嫌疑人,也几乎都要经过批准或变相批准,有的侦查机关会以"案件涉及国家秘密"为由拒绝律师会见,有的侦查机关则不及时安排律师会见或限定会见的次数和时间,或者对会见的谈话内容或记录进行限制等。① 关于阅卷难问题。根据1996年《刑事诉讼法》的规定,律师在审查起诉期间只能看到本案的诉讼文书及相关技术鉴定材料,即便法律规定辩护律师在审判阶段阅卷的范围为"本案所指控的犯罪事实的材料",其实质上在审判阶段也难以查阅案件的全部证据材料,而是只能看到由公诉机关决定和提供的"证据目录、证人名单和主要证据复印件或者照片",阅卷权很难有效实现。② 关于调查取证难问题。根据1996年《刑事诉讼法》及相关司法解释的规定,辩护律师收集证据必须经过证人或者其他有关单位和个人同意,人民法院、人民检察院在认为必要或需要调取证据时,才会同意律师关于调取证据的申请。在实践中,难免会出现一些证人或有关单位拒绝作证的情形,③ 当然也存在有的法院、检察院以没有必要或不需要为由否定律师申请的情况。不但如此,1997年《刑法》修订时又在第306条增设了律师伪证罪,这不但增加了律师的调查取证困难,而且对律师执业中的人身自由、安全构成了最大威胁。④

"三难"问题是控辩双方非理性对抗的必然结果,究其原因,主

---

① 陈卫东主编:《刑事诉讼法实施问题调研报告》,中国方正出版社2000年版,第223—227页。
② 孙长永主编:《中国刑事诉讼法制四十年回顾、反思与展望》,中国政法大学出版社2021年版,第57页。
③ 李学宽:《论起诉阶段律师辩护功能》,载陈光中、江伟主编:《诉讼法论丛》(第3卷),法律出版社1999年版,第141页。
④ 孙业群:《做一个刑辩律师究竟有多难——律师参与刑事诉讼活动有关问题的思考》,载《中国律师》2003年第4期,第68页。

要是因为受到长期以来"敌我矛盾"观念的影响,而律师的职业定位又发生了显著变化,从公共利益、国家利益的代言人转向代表被追诉人的利益,于是就会有不少侦查人员、检察人员在将被追诉人当作"犯罪人"的同时,理所当然地将辩护律师视作"犯罪人"的代言人和法律的"异己分子",控辩双方缺乏沟通,更难言合作。控辩双方庭下的不沟通、不合作,直接导致庭上的不留情、硬碰硬,控辩冲突屡屡发生。① 不仅如此,控辩关系这种非理性对抗还进一步延伸到审辩关系之间,"死磕派"律师应运而生。

控辩双方的非理性对抗,刑事辩护律师强烈抗议,以及"死磕派"律师的大量出现,引起了法学界和立法机关、司法机关乃至全社会的高度关注。与此同时,顺应时代的要求,我国于2004年对1982年《宪法》进行了第三次修改,在第33条第3款增加规定"国家尊重和保障人权",这是我国宪法史上具有跨时代意义的一次重大修改,对于我国的法治建设具有极为重要的意义。与宪法修改相适应,同时也是为了适应社会、政治、经济、文化以及法治建设的进一步要求,中央于2008年年底开始了新的一轮司法体制与工作机制改革,在这一过程中,经过法学界、立法机关、司法机关和律师界的共同努力,控辩关系逐渐从非理性对抗转向理性对抗,一直到2012年《刑事诉讼法》的第二次修改,控辩关系基本转向比较理性的对抗阶段。

四、刑事诉讼制度完善中的控辩关系对抗兼合作阶段

控辩对抗既有利于实体公正和程序公正的实现,同时也有利于保障人权。但是,对抗的前提必然是司法资源的大量占用和司法成本的高昂投入,结果必然是诉讼效率的降低。随着经济、社会、科技等的高速发展,进入刑事司法视野的社会矛盾也越来越多、越来越复杂,快速增加的犯罪案件与有限增长的刑事司法资源的紧张关系越来越突出,如何在现有的司法资源配置下,有效应对犯罪案件日益增多的问题,实现国家治理和社会发展的基本平衡,维护社会治

---

① 冀祥德等:《从对抗转向合作:中国控辩关系新发展》,载《中国司法》2011年第12期。

安秩序,成为世界上多数国家司法体制改革中都在考虑解决的问题。正是在这种司法情势下,世界上多数法治国家都在刑事诉讼立法和实践中,选择调整控辩关系,不断地从控辩平等对抗一步步转向控辩平等合作,我国的控辩关系转型就是在这个背景下展开的。①

(一)控辩关系进入以对抗为主、合作为辅的阶段

1. 人权的司法保障进一步明确和加强

2004年《宪法》修正案在第33条第3款增加规定"国家尊重和保障人权"之后,2012年《刑事诉讼法》修改时在第2条也新增了"尊重和保障人权"的规定,人权的司法保障成为刑事诉讼法明确的任务之一,被追诉人的诉讼主体地位和权利保障得到了进一步提高和加强。具体表现在:2012年《刑事诉讼法》第79条细化了逮捕条件,特别是对1996年第60条"采取取保候审、监视居住等方法,尚不足以防止社会危险性"中的"社会危险性"作了具体明确的规定,将其限定于可能实施新的犯罪,有危害国家安全、公共安全或社会秩序的现实危险,可能毁灭、伪造证据等5种情形,降低了逮捕条件的模糊性和不确定性,有利于对被追诉人合法权利的保障;第86条完善了审查批准逮捕程序,增加了审查批准逮捕应当讯问犯罪嫌疑人的规定与程序,增加了应当听取辩护律师意见的情形,审查逮捕程序中的当事人主义因素得到了加强;第91条明确规定被追诉人被逮捕后应当立即送看守所羁押,并删除了1996年《刑事诉讼法》第71条中关于有碍侦查不通知家属的规定,在一定程度上能够有效防止刑讯逼供的发生;第33条将被追诉人有权委托辩护人的时间由1996年规定的审查起诉之日进一步提前到自被侦查机关第一次讯问或者采取强制措施之日,并规定侦查机关此时对犯罪嫌疑人有告知其有权委托辩护人的义务,同时规定在押被追诉人的监护人、近亲属可以代为委托辩护人,扩大了聘请辩护律师的主体范围,被追诉人的权利范围进一步扩大;第34条删除了1996年《刑事诉讼法》第34条将法律援助限定于"公诉人出庭公诉的案件"的规

---

① 关于本问题之专论,详见冀祥德等:《建立中国控辩协商制度研究》,北京大学出版社2006年版。

定,扩大了法律援助的范围,没有聘请辩护人的"尚未完全丧失辨认或者控制自己行为能力的精神病人"也被列入法律援助的范围;第36至第40条吸收和完善了律师法中关于律师会见权、阅卷权的规定,恢复了提起公诉时的全案移送制度,规定了辩护律师在侦查阶段的权利内容,设置了辩方对于阻碍辩护职责履行的救济渠道等,有利于律师辩护权的实现;第50条在1996年《刑事诉讼法》第43条的基础上增加规定"不得强迫任何人证实自己有罪",并在第54至第58条增加了有关非法证据排除的规定,其中包括非法证据的范围、非法证据的调查核实程序、检察人员证明取证合法性的义务、确认或不能排除非法取证情形时的不利后果归属等,根据上述规定,刑事诉讼每个阶段的办案机关都有排除非法证据的义务;第211条规定审判人员应当"告知被告人适用简易程序审理的法律规定,确认被告人是否同意适用简易程序审理",只有在被告人同意的情况下才能适用简易程序审理案件,加强了当事人的程序选择权,这体现了对适用简易程序的慎重以及对被告人诉讼权利的尊重;在侦查一章增加了第八节——技术侦查措施,将技术侦查纳入法治轨道,同时强调犯罪嫌疑人基本权利保障;等等。

2. 对抗式诉讼结构进一步完善

1996年《刑事诉讼法》确立了对抗式的刑事诉讼结构,由控辩双方为主推动法庭调查程序的进行,但在适用简易程序的案件、再审案件及死刑复核案件的审理中,相关规定都没有明确规定检察机关必须参加,并由此导致了检察机关在这3类案件中几乎都是缺席的,对抗式在这3类案件中也并未实现。2012年《刑事诉讼法》对此进行了修改,进一步完善了对抗式诉讼结构,控辩平等武装下的平等对抗得以进一步完善。譬如,第210条规定"适用简易程序审理公诉案件,人民检察院应当派员出席法庭",强调了适用简易程序的公诉案件审理中检察官的出庭义务,而1996年《刑事诉讼法》第175条规定"适用简易程序审理公诉案件,人民检察院可以不派员出席法庭";第240条规定"在复核死刑案件过程中,最高人民检察院可以向最高人民法院提出意见","最高人民法院应当将死刑复核结果通报最高人民检察院",而在1996年和1979年的《刑事诉讼法》中,检察机关是不介入死刑复核程序的,2012年《刑事诉讼法》对于死刑复核案件的检察监督进行了强调,不但明确最高人民检察院可以在复核死刑案件的过程中向最高人民法院提出意见,而且规定最高人民法院有将死刑复核结果通报给最高人民检察院的义务;第245条在1996年《刑事诉讼法》第206条规定的基础上增加一款规定"人民法院开庭审理的再审案件,同级人民检察院应当派员出席法庭"。上述规定在增强了适用简易程序案件、审判监督案件、死刑复核案件审理中的控辩对抗性同时,也进一步强化了人民法院的中立性、被动性。

3. 控辩关系由对抗开始转向合作

控辩对抗式诉讼结构的确立符合世界刑事诉讼发展的趋势,有利于保障被追诉人的合法权益,有利于司法公正的实现,但因为该种诉讼模式程序上的复杂性,在面对简单案件或者事实清楚、证据充分的案件时,存在着效率较低的劣势。根据2012年《刑事诉讼法》第2条的规定,我国刑事诉讼法的任务之一是"保证准确、及时地查明犯罪事实",其中"准确"是对司法公正的要求,而"及时"是对司法效率的要求。正是基于在保证司法公正基础上对于司法效率的考虑,2012年《刑事诉讼法》扩大了简易程序的适用范围,其第208条第1款规定,基层人民法院管辖的案件,只要符合"(一)案件事实清楚、证据充分的;(二)被告人承认自己所犯罪行,对指控的犯罪事实没有异议的;(三)被告人对适用简易程序没有异议的"这3个条件,即可适用简易程序。适用简易程序的案件不再受1996年《刑事诉讼法》第174条规定的"三年以下有期徒刑"、自诉案件等条件的限制,且关于是否适用简易程序,被告人有最终决定权,检察机关只有建议权,而非1996年《刑事诉讼法》中规定的由检察机关"建议或者同意"方可适用简易程序。2012年《刑事诉讼法》第208条第1款第(二)项和第(三)项体现了被告人在刑事诉讼中的合作意向,这同时也是控辩之间进一步合作的基础。由此,控辩关系开始从对抗转向对抗与合作共存,但以对抗为主、合作为辅的新发展阶段。

(二)控辩关系进入以合作为主、对抗为辅的阶段

这个阶段是以 2018 年《刑事诉讼法》第三次修改为标志开始的,比较突出地表现在本次修法中扩大了简易程序适用范围,确立了值班律师制度,规定了认罪认罚从宽制度,同时对于侦查、检察、审判机关的职能进行了比较科学的调整,特别是简易程序范围的扩大和认罪认罚从宽制度的构建与完善,控辩关系从对抗开始转向合作,从对抗为主、合作为辅的状态,转向以合作为主、对抗为辅。

1. 确立了值班律师制度

2018 年《刑事诉讼法》第 36 条在 2012 年《刑事诉讼法》的法律援助制度之后增加规定"法律援助机构可以在人民法院、看守所等场所派驻值班律师",对于没有委托辩护人、法律援助机构也没有指派律师为其提供辩护的被追诉人,由值班律师为其提供法律咨询、程序选择建议、申请变更强制措施、对案件处理提出意见等法律帮助,确立了值班律师制度,并在第 174 条规定,"犯罪嫌疑人自愿认罪,同意量刑建议和程序适用的,应当在辩护人或者值班律师在场的情况下签署认罪认罚具结书",在一定程度上保证了没有辩护人的犯罪嫌疑人认罪认罚的自愿性以及认罪认罚具结书的真实性、合法性,从而也就在一定程度上保障了犯罪嫌疑人的诉讼权利及其他合法权利。

2. 确立了认罪认罚从宽制度

2014 年 6 月 27 日,全国人大常委会表决通过《关于授权最高人民法院、最高人民检察院在部分地区开展刑事案件速裁程序试点工作的决定》,授权"两高"在北京、天津、福州、厦门等 18 个城市开展程序试点工作。在此授权下,最高人民法院、最高人民检察院、公安部、司法部联合制定了《关于在部分地区开展刑事案件速裁程序试点工作的办法》,对事实清楚,证据充分,被告人自愿认罪,当事人对适用法律没有争议的危险驾驶、交通肇事、盗窃、诈骗、抢夺、伤害、寻衅滋事罪等情节较轻,依法可能判处 1 年以下有期徒刑、拘役、管制的案件,或者依法单处罚金的案件,在一定条件下可以适用速裁程序,进一步简化了刑事诉讼法规定的相关诉讼程序。在刑事速裁程序试点的基础上,中央又部署了认罪认罚从宽试点改革。2014

年10月23日,党的十八届四中全会通过《中共中央关于全面推进依法治国若干重大问题的决定》,首次提出"完善刑事诉讼中认罪认罚从宽制度"。2016年7月22日,十八届中央全面深化改革领导小组第二十六次会议审议通过了《关于认罪认罚从宽制度改革试点方案》。2016年9月3日,全国人大常委会表决通过《关于授权最高人民法院、最高人民检察院在部分地区开展刑事案件认罪认罚从宽制度试点工作的决定》,授权"两高"在北京、天津、福州、厦门等18个城市开展刑事案件认罪认罚从宽制度试点工作,其中刑事速裁程序被纳入认罪认罚试点工作中,其适用范围扩大到3年有期徒刑以下刑罚的案件。2016年11月16日,最高人民法院、最高人民检察院、公安部、国家安全部、司法部联合出台《关于在部分地区开展刑事案件认罪认罚从宽制度试点工作的办法》。2017年10月,最高人民法院又联合司法部出台了《关于开展刑事案件律师辩护全覆盖试点工作的办法》,在8个省(直辖市)试点刑事案件律师辩护全覆盖,以切实维护当事人合法权益、促进司法公正。① 2018年10月,《刑事诉讼法》第三次修改通过,认罪认罚从宽制度在此次修改中被正式确立,且该制度适用的案件范围非常广,几乎所有刑事案件的被追诉人只要认罪认罚,都可以适用该制度。不但如此,认罪认罚从宽制度影响的程序非常多,从侦查到起诉,再到审判,认罪认罚从宽制度的适用几乎贯穿于刑事诉讼的全过程,涉及辩护制度、强制措施制度等多项基本制度,其中对辩护制度的影响最大,对刑事辩护的数量和质量提出更高要求。可以说,认罪认罚从宽制度就是中国特色的控辩协商制度。

3. 对侦查、检察、审判机关的职能进行了适当调整

2018年《刑事诉讼法》第120条规定,侦查人员在讯问犯罪嫌疑人时"应当告知犯罪嫌疑人享有的诉讼权利,如实供述自己罪行可以从宽处理和认罪认罚的法律规定",这意味着侦查机关在侦破案件的方式上也可能会因此而有所调整,认罪认罚从宽制度或许会

---

① 许聪、卞子琪:《提升司法质效 确保宽严相济》,载《人民法院报》2018年3月16日。

成为其破案的重要途径之一。2018年《刑事诉讼法》除了对侦查机关的上述规定外,其第173条、第190条也规定,人民检察院在审查认罪认罚案件时、人民法院在开庭审理认罪认罚案件时,都应当告知被追诉人其享有的诉讼权利和认罪认罚的法律规定;人民检察院还应当听取和记录犯罪嫌疑人、辩护人或者值班律师、被害人及其诉讼代理人关于"涉嫌的犯罪事实、罪名及适用的法律规定""从轻、减轻或者免除处罚等从宽处罚的建议""认罪认罚后案件审理适用的程序""其他需要听取意见的事项"这4个方面的意见,并"应当提前为值班律师了解案件有关情况提供必要的便利";人民法院则应当"审查认罪认罚的自愿性和认罪认罚具结书内容的真实性、合法性"。同时,第176条规定,"犯罪嫌疑人认罪认罚的,人民检察院应当就主刑、附加刑、是否适用缓刑等提出量刑建议,并随案移送认罪认罚具结书等材料"。第201条规定,对于认罪认罚案件,人民法院依法作出判决时,一般应当采纳人民检察院指控的罪名和量刑建议。根据上述一系列规定,在认罪认罚案件中,侦查机关、检察机关、审判机关的职能都有了适当调整,其中既包括三机关都有的告知义务以及为值班律师了解案件提供必要便利的义务,也包括检察机关独有的听取、记录犯罪嫌疑人、辩护人或者值班律师等意见和根据犯罪嫌疑人认罪认罚情况提出量刑意见的义务,审判机关独有的审查检察机关移送起诉的认罪认罚案件中被告人认罪认罚的自愿性和认罪认罚具结书真实性和合法性的义务。相关法律和司法解释还规定,人民法院在检察机关提出的量刑意见无明显不当的情况下一般应当采纳检察机关指控的罪名和量刑建议。这些规定既体现出控辩双方之间在认罪认罚案件中具有较高程度的合作,同时也在相当大程度上体现出审判机关对控辩双方合意的尊重,而合作的顺利进行和合意的最终达成是建立在控辩平等的基础上。控辩平等不仅对于认罪认罚之后的从宽结果非常重要,而且对在诉讼过程中达成认罪认罚与从宽之间合意的方式也很重要,还对于认罪认罚与从宽合意达成过程的规范化很重要。①

可以说,相对体系化的认罪认罚从宽制度的确立,标志着我国的控辩关系正式走向以合作为主、对抗为辅阶段,而这也是控辩双方平等武装、平等对抗、平等保护、平等合作的时代内涵在我国新时期刑事司法体制改革的具体体现。

五、刑事诉讼制度中控辩关系的纵横考察

纵横考察世界和我国的刑事诉讼发展史,不难发现,刑事诉讼模式同其他社会制度一样,是动态的、发展的,经历了一个从非理性走向理性、从野蛮走向文明的历程。

(一)世界范围内刑事诉讼制度及控辩关系的演进

从世界范围看,在漫长的人类社会历史进程中,刑事诉讼模式先后出现了弹劾式、纠问式以及混合式等基本类型,②控辩关系也随着刑事诉讼模式的发展一起演变。

1. 弹劾式诉讼及私人追诉主义中的控辩关系

在人类社会早期的很长一段时间,人们解决纠纷和争端的方式是同态复仇。进入奴隶制社会后,社会的各方面都发生了快速的改变,人们在仍然认可同态复仇有其合理性的同时,也认识到其对部族和社会稳定、发展带来的巨大危险,从而开始寻找一种既能够吸收同态复仇中的合理性,又能够有效避免冲突升级的解决纠纷的方式,而当时的人们仍然在很大程度上保留着对原始民主、平等和正义的追求和向往。这些因素综合作用,决定了当时出现的刑事诉讼是弹劾式的,而这也是有史记载的最早的刑事诉讼模式。

在我国,西周时期的《吕刑》中便有"两造具备,师听五辞"的记载,成书于两汉之间的《周礼·秋官·大司寇》中也有"以两造禁民讼,入束矢于朝,然后听之。以两剂禁民狱,入钧金。三日,乃致于朝,然后听之"的记载,其中,"讼"是民事诉讼,"狱"是刑事诉讼,这两类诉讼都由原告向官府提起,要求"两造具备",即原、被告双方

---

① 王敏远:《认罪认罚从宽制度中的重点、难点问题》,载《人民司法》2019年第10期。

② 冀祥德:《关于控辩平等原则演进的思考》,载《河北法学》2008年第7期。

都要到庭,审判官要听取双方的陈述,以免诉讼中虚诬及冤枉之事发生。在古雅典,诉讼一般在露天广场进行,原、被告双方各站在一块指定的粗石上,裁判者在当中进行审理,诉讼可由受害人或其法定代理人提出,也可由任何公民可以提出,前者为"私诉",后者为"公诉",私诉可以随时停止,而公诉只要开始就必须进行到宣判,否则将对提起公诉者处以罚金刑,公诉审判结果可以导致被追诉人受到刑事处罚。① 在日耳曼王国时期,法官通常拿着拐杖坐在石椅上,其他人则坐在法官两侧或下侧的长凳上,法官在诉讼中的主要职责是监督参与诉讼的双方当事人按照既定的程序参加诉讼,并在此基础上作出判决予以宣告。起诉人在诉讼中如果无法证实自己提出的控告,其将会被当作虚假控告者并受到非常严厉的刑事处罚,即便其撤诉或者在起诉后自行和解,也会受到一定的处罚。②

从以上记载可以看出,最早的弹劾式诉讼及其中的控辩关系主要有以下特点:第一,实行私诉,由追诉者本人或其他任何公民提出控告或申诉启动审判程序,作为审判者的第三方奉行"不告不理"原则;第二,追诉者与被追诉者诉讼地位平等,享有同等的诉讼权利、负有同等的诉讼义务,如举证、辩论等;第三,双方都必须出席审判,否则被视为撤诉或败诉,并可能会被当作虚假控告者接受较为严厉的惩罚;第四,审判在公开的场合进行,且采用言辞辩论方式;第五,法官处于消极的居中裁判地位,其只负责主持和裁判,诉讼的胜负裁决只取决于双方当事人的举证与辩论。

2. 纠问式诉讼及国家追诉主义中的控辩关系

在解决纠纷争端方面,弹劾式诉讼显然比同态复仇的暴力手段要先进和文明得多,但随着社会生产力的不断提高,其弊端也不断暴露出来,如神明裁判中的荒谬性等,尤其是其将针对私人的哪怕是严重的犯罪也只当成是私人之间的纠纷,而与国家无关,只能由受害人等私人提起控诉,这实质上是同态复仇另一种形式的延续,对于受害人的权利保护、追究犯罪以及维护社会秩序的稳定非常不

---

① 何勤华:《法律文明的起源——一个历史学、考古学、人类学和法学的跨学科研究》,载《现代法学》2019 年第 1 期。

② 何勤华主编:《外国法制史》,法律出版社 2016 年版,第 81—83 页。

利。随着集权制封建国家的建立,统治阶级逐渐认识即使是针对私人的犯罪,也是对其统治秩序的一种侵犯,有必要强化国家司法力量对于犯罪行为的惩罚,国家有责任对任何犯罪行为进行主动追究,而不仅仅是消极、被动裁判。这就需要对已有的弹劾式诉讼进行改革,于是纠问式诉讼应运而生。

在我国,战国时期是由诸侯称霸争雄走向统一的中央集权国家的时期,也是封建制国家的形成时期。最终,秦国统一六国,建立了强大的秦王朝。秦代对诉讼进行了明确的划分,即依据诉讼主体的地位,将诉讼分为两种:一是官吏代表官府对罪犯提起诉讼,相当于今天的公诉;二是当事人直接对罪犯起诉,相当于今天的自诉。[1] 汉代的"告劾"也分两个方面:一是当事人直接到官府告诉,二是由政府官吏(主要是监察御史和司隶校尉等)察举非法、举劾犯罪。官府受理案件后,会对被告人立即进行逮捕。之后,便是审讯和裁判。在我国古代,所有的封建王朝在对被告定罪的过程中都非常重视口供的作用,而审判官获取口供的主要方式是刑讯。

在欧洲,公元388年,基督教成为罗马帝国的国教。[2] 公元476年,法兰克王国在西罗马帝国的废墟上建立起来,西欧的奴隶制社会开始走向终结,封建王权逐渐加强,纠问式诉讼程序得到发展,至查雷梅格妮及其继任者统治时期,形成了著名的法兰克纠问式诉讼。[3] 到公元9世纪中叶,法兰克帝国被分裂为法兰西、德意志和意大利这3个王国,西欧正式进入封建割据时期,教会在这个过程中也趁机扩张势力,法兰克纠问式诉讼程序因被教会法吸收而被保留下来。到公元10世纪,教皇在教会事务上的最高立法权逐步确立,且《圣经》的解释权也被教会垄断。相应地,教会建立了刑事特别法庭(宗教裁判所)。1215年,教会在第四次拉特兰宗教会议上废除了神明裁判,并逐渐将神示证据制度废弃不用,转而设立了一套新的证据制度——法定证据制度,但法定证据制度在当时只能适用

---

[1] 曾宪义、赵晓耕主编:《中国法制史》,中国人民大学出版社2016年版,第68页。
[2] [日]盐野七生:《罗马人的故事·基督的胜利》,徐越译,中信出版社2013年版,第253页。
[3] 汪海燕:《我国刑事诉讼模式的选择》,北京大学出版社2008年版,第32页。

于被告人自愿认罪且具有两名目击证人的情形。① 于是,通过刑讯被告人获得有罪供述不但成为司法实践中的自然选择,也成为纠问式诉讼得以顺利进行的重要条件。因此,刑讯方式在司法实践中逐渐得到确认并成为常规的犯罪调查手段。②

从上述历史记载可以看出,纠问式诉讼及其中的控辩关系主要有以下特点:第一,纠问式诉讼程序不再是公开的、言词的,而是秘密的、书面的;第二,控诉职能和审判职能是合为一体的,追诉者同时也是裁判者,其不但积极主动地参与调查取证等活动,同时也有权决定案件的最终结果,相比之下,被追诉人失去了诉讼主体的地位,成为诉讼的对象,其面对强大的国家机器,越发显得弱小而无助,控辩双方的诉讼地位和诉讼权利处于严重不平等的状态;第三,实行"有罪推定"原则,用法定证据制度替代了神示证据制度,重视口供的作用,刑讯逼供是完全合法的,甚至相关法律对刑讯逼供的条件、程序和方法都进行了详细规定,被追诉人的权利很难得到重视和保护。

3. 混合式诉讼及国家追诉主义中的控辩关系

"在大陆法系国家中,过分强调采用纠问式的审判方法,是由于罗马法的复兴和受教会审判程序的影响所引起的。"③纠问式诉讼的出现是人类文明发展的又一个里程碑,国家开始主动追究犯罪,这不仅弥补了追诉者(被害人)一方诉讼能力的不足,而且使得刑事诉讼日益成为统治阶级为维护统治秩序而自觉运用的统治工具,④刑事审判因以证据裁判制度代替神示证据制度而逐步摆脱迷信、愚昧,向文明迈进了更深的一步。但其弊端也是显而易见的,如放弃了弹劾式诉讼中的"不告不理"以及控辩平等原则,裁判者独

---

① Aaron M. Schreiber, "The Jurisprudence of Dealing with Unsatisfactory Fundamental Laws A ComparativeGlance at the Different Approaches in Medieval Criminal Law. Jewish Law and the United States Supreme Court", 11 *Pace L. Rev.* 535(1991), p.538.
② 李昌盛:《法定证据制度和刑讯——兼与张友好同志商榷》,载《司法》2009 年第 4 辑,第 310 页。
③ [美]约翰·亨利·梅里曼:《大陆法系》,顾培东、禄正平译,法律出版社 2004 年版,第 135 页。
④ 刘计划:《控审分离论》,法律出版社 2013 年版,第 19 页。

揽追诉审判大权于一身,欠缺监督制衡管道,同时,裁判者自行侦查追诉,本身就是追诉者之角色,根本不可能无偏颇之虞,更遑论公正客观之裁判。①被追诉者的利益很难得到尊重和保护,司法日益向专横的方向发展,刑讯逼供泛滥且合法化,其法定证据制度虽然有重视理性和逻辑的一面,但其完全否认裁判者的自由裁量权,又有其僵化的一面。相比之下,"普通法系刑事诉讼程序的性质基本上是控诉式的",②作为普通法发源地的英国在公元407年就被古罗马帝国放弃管辖,罗马法对英国的影响非常小,盎格鲁—撒克逊人于公元5世纪中期入侵带来的习惯法及私人追诉主义下的弹劾式诉讼和公元1066年入侵的诺曼人的习惯法相互渗透、不断融合,其间,虽然教会力量不断强大,但并未取得与王权之间斗争的胜利,反而是法律被置于教会与王权之上,处于最高位置。公元1154年,亨利二世继位,中央法院、令状制度、陪审团制度等相继确立,普通法已经初具规模。在上述制度中,刑事案件陪审团制度的创设最初就是为了防止大陆法系国家普遍实行的纠问式诉讼中国家权力过于集中的问题,但当时的审判陪审团和起诉陪审团组成基本相同,其有罪判决的公正性存在疑问,不利于被告人。1351年左右,有成文法规定被告人可以对起诉陪审团成员提出回避,这就促使起诉陪审团和审判陪审团相分离。起诉陪审团和审判陪审团的分离,即控诉主体与审判主体的分离对于英国没有走上欧洲大陆纠问式诉讼的道路具有重要意义。

(1)大陆法系代表国家刑事诉讼制度的近现代化。公元14世纪,文艺复兴在意大利起源,并逐步传播到欧洲各地,其带来的后果之一便是十七八世纪的欧洲出现了一大批资产阶级启蒙思想家,"天赋人权"、"人民主权"、"法律面前人人平等"、分权制衡等各种新锐思想猛烈冲击着封建等级秩序与教会神权社会秩序,思想革命催生了新的法律思维方法,它对于实体法和程序法以及司法组织和

---

① 冀祥德:《关于控辩平等原则演进的思考》,载《河北法学》2008年第7期。
② [美]约翰·亨利·梅里曼:《大陆法系》,顾培东、禄正平译,法律出版社2004年版,第134页。

司法行政的革新,都产生了重大影响。① 在大陆法系代表国家的法国,1789 年大革命之后的革命者曾经对法国封建集权制下的纠问式刑事诉讼发起挑战,并试图用一套全新的、以英国刑事诉讼制度为模板设计的刑事诉讼制度来代替它。但是,由于政治环境、历史传统、民族个性等差异,采用英国对抗式诉讼制度后的法国犯罪率畸高,无法实现有效的社会控制,尝试很快失败了。1801 年的雨月法律,调整了控诉机构,加强了预审程序的职权因素并借此加强了社会控制,有复辟纠问式诉讼的倾向,是一部较为反动和严苛的法律,②但即便如此,法国也很难再回到完全的纠问式诉讼模式。在这种情况下,法国的启蒙先驱们富有创造性地将法国的"国王代理人"制度变革为"检察官"制度,由国家检察官代表国家行使公诉案件的指控职能,并将其全面规定到 1808 年《拿破仑治罪法典》中,现代刑事诉讼中的控审分离原则由此确立。在此阶段,法国的统治者一直在寻求加强社会控制和保障当事人权利之间的平衡,并在旧制度实行的纠问式诉讼与中间时期的对抗式诉讼之间进行选择,制定了 1811 年的《重罪审理法典》,现代检察制度也在该法典中再次得到确认,预审(侦查)、追诉、审判三大职能良性互动的格局在刑事诉讼中形成,其中预审中的侦查职能由之前的预审法官主持改为由同时行使指控职能的国家检察官行使,法官从侦查职能中脱离出来,成为审判程序的主导者和主持人,而国家检察官则成为整个审前程序的主导者,法国的刑事诉讼也由此明显地被区分为审前程序和审判程序两个阶段。就这样,法国在吸收了英国刑事诉讼中弹劾式因素的基础上,采取国家追诉主义方式,并保留了纠问式诉讼中的一些元素,形成了法国自己的混合式刑事诉讼制度——职权主义刑事诉讼制度。法国的新刑事诉讼制度和诉讼模式对欧洲各国产生了重大影响,而德国是受其影响最早的国家之一。自 19 世纪初至 19 世纪中叶,德国各地陆续废除了长期以来实行的纠问式诉讼

---

① [美]约翰·亨利·梅里曼:《大陆法系》,顾培东、禄正平译,法律出版社 2004 年版,第 14 页。

② 汪海燕:《我国刑事诉讼模式的选择》,北京大学出版社 2008 年版,第 60 页。

制度,并在借鉴法国刑事诉讼制度基础上创立了具有自己特色的检察官制度,采纳了新的诉讼原则,如法官独立审判、保护公民免受任意羁押、控审分离等,确立了现代职权主义刑事诉讼法治的制度框架,形成了德国的混合式刑事诉讼制度。法德等大陆法系国家职权主义诉讼模式中控辩关系的特点在于,在提起刑事诉讼后,法官依照职权主宰诉讼进程,诉讼终结与控辩双方意思关系不大。从这个意义上说,控辩平等原则在大陆法系国家中存在一定的缺失,而大陆法系国家也正在进行从辩方缺乏权利保护向加强权利保护方面转变。①

(2)普通法系代表国家刑事诉讼制度的近现代化。作为普通法系代表国家的英国,其刑事诉讼制度向近现代化发展的路径和法德等大陆法系国家有很大的差异,其现今的对抗式诉讼制度在形式和内容上均与其之前的弹劾式诉讼制度一脉相承,文艺复兴、资产阶级革命等社会变革并没有带动英国刑事诉讼制度的革新,不过英国也陆续针对其过去的弹劾式诉讼制度在被害人权利保护、追诉犯罪的效率以及社会安全保障方面的欠缺进行了一系列的改革,其中最重要的是借鉴大陆法系国家的检察制度,设置了专职警察和代表国家追诉犯罪的公诉人——皇家检察署,由他们对犯罪行为进行调查,赋予他们在调查过程中收集证据并在此基础上决定起诉与否的权力,以及代表国家利益出席法庭提起公诉的权力。专职警察机关以及检察机关的产生,体现了英国刑事诉讼从私人追诉主义的弹劾式诉讼模式向国家追诉主义的纠问式诉讼模式转变,在这个过程中,公开审判原则、直接言词原则、陪审团制度以及限制法官权力等私人追诉主义弹劾式诉讼中合理元素都被保留下来,最终的结果便是形成了具有英国特色的混合式刑事诉讼程序——当事人主义的刑事诉讼制度。美国作为英国曾经的殖民地,法律制度和司法程序深受英国普通法的影响,保留了对抗式或者当事人主义的刑事诉讼模式,仅在检察制度上借鉴法国设立了检察官制度,可以说是当代

---

① 冀祥德:《关于控辩平等原则演进的思考》,载《河北法学》2008年第7期。

对抗式(或当事人主义)刑事诉讼程序最典型的代表。① 在英美等普通法系国家,随着国家独占追诉权体制的逐步确立,控辩双方的力量乃至诉讼地位上的实质不平等越来越严重,新的程序正义理念认为,如果法律一味地鼓励双方对抗,那么其中能力较弱的一方事实上就不能充分有效地参与诉讼,刑事诉讼也就无法实现公正。在新的程序正义理论的影响下,英美国家的刑事诉讼程序开始逐渐减少控辩双方不必要的对抗,加强控辩双方之间的平等对抗与合作,保证控辩双方从形式上的平等走向实质上的平等,如确立了辩护方的"先悉权"等。②

(3)混合式刑事诉讼制度中的控辩关系。因为历史和传统上的巨大差异,普通法系和大陆法系刑事诉讼制度的近现代化沿着两条脉络在前进,而在这个过程中,两大法系国家也在相互借鉴、相互融合,并形成了各具特色的混合式诉讼制度,但这些各具特色的混合式诉讼制度在控辩关系方面又具有共性:第一,确立了刑事被追诉人的诉讼主体地位,加强了对被追诉人的权利保障,实行无罪推定原则,承认其沉默权。第二,贯彻落实了控审分离、控辩平等原则,法院及法官从控诉职能中脱离出来,设立了专门的检察机关来代表国家行使控诉职能,控辩双方地位平等、权利平等,强调控辩双方的平等武装,控辩双方在审判中公平地行使举证、质证和辩论的权力(权利),并借此推动审判程序往前进展。第三,控诉职能和辩护职能在刑事诉讼中活动中呈现出既对立又统一的辩证关系。没有控诉,则无需辩护,而没有辩护,则无法检查和甄别控诉的真伪,诉讼也就失去了现代法治意义,成为专制的纠问式诉讼。控诉和辩护之间的这种辩证关系理性推动着现代刑事诉讼活动的发展,保证审判权在中立、公正、不偏不倚的前提下,辨别真伪,科学裁判。

(二)我国刑事诉讼制度及控辩关系的近现代化

与欧洲大陆纠问式诉讼在很大程度上是一种内部力量使之消亡不同,我国纠问式诉讼制度的转型是在"不变法就亡国"这样一

---

① 汪海燕:《我国刑事诉讼模式的选择》,北京大学出版社2008年版,第85页。
② 冀祥德:《关于控辩平等原则演进的思考》,载《河北法学》2008年第7期。

种背景下开始的,而且由于封建势力的强大、保守势力的阻挠,转型的被动与不彻底也就在情理之中,①这种转型上的被动与不彻底在一定程度上一直影响着我国刑事诉讼模式的选择和定型。

1. 清末及民国时期的刑事诉讼制度选择及控辩关系

清末修律是清王朝统治者为平息内忧外患在不得已的情况下推行的一项举措,其借鉴1890年《日本刑事诉讼法》制定的《刑事诉讼律草案》虽然没有正式实施,却开启了中国刑事诉讼制度近现代化转型的大门,而其选择的和纠问式诉讼制度较接近的职权主义诉讼模式、诉讼结构则被延续下来。民国时期的刑事诉讼制度从总体上是按照大陆法系国家的职权主义诉讼制度模式设计的,但在实践中因为各种原因并未按照大陆法系的职权主义诉讼制度模式来运行,纠问式诉讼在实践中仍然是主流,尤其是在镇压革命的过程中,控审不分、刑讯逼供等纠问式诉讼中才有的手段畅行无阻,职权主义诉讼制度徒有其表,被追诉者的权利几乎完全无法得到保障,我国刑事诉讼制度的近现代化仍然任重而道远。

2. 新民主主义革命时期的刑事诉讼制度选择及控辩关系

新中国是在推翻封建主义、帝国主义和官僚资本主义取得胜利的基础上建立的,这在相当程度上决定了我国现代刑事诉讼制度是在反对封建专制集权、帝国主义的侵略和官僚资本主义的压制的过程中逐步建立起来的。换而言之,我国的刑事诉讼制度近现代化不但和反对封建专制紧密结合,而且一直和国家、民族的救亡图存及在此基础上的谋求发展联系在一起。正因如此,欧美国家的刑事诉讼制度在向近现代刑事诉讼制度转变之初就在注重惩罚犯罪的同时也注重对个人自由和基本权利的保障,注重控辩之间的平等武装、平等对抗,注重公权力之间的制衡和权利保障对权力行使的制约,而我国刑事诉讼制度在向近现代化发展的过程中,从开始便更关注集体生存权和发展权,更注重对代表最广大人民利益却四面环敌的新生革命政权的维护,而对个人权利和自由的保障则处于相对次要的地位,这也是我国刑事诉讼制度对个人的自由和权利保障长

---

① 汪海燕:《我国刑事诉讼模式的演进》,北京大学出版社2008年版,第110页。

期较弱的重要原因之一,这同时也在一定程度上决定了新中国选择职权主义刑事诉讼制度的倾向。这种状况从苏维埃政权时期就已初见端倪,中华苏维埃临时政府的相关法律法规虽然贯彻控审分离原则,实行审检合署、分工负责,规定了废除刑讯逼供、被告人有辩护权,但同时也规定取消律师制度,①虽然规定了审判公开,但同时也规定允许旁听群众在法庭上发言,揭发反革命犯罪。② 抗日民主政权以及解放战争时期基本延续了苏维埃时期各种刑事诉讼的原则和做法,但内容上更加系统、完整,形式上更加成熟,关于人权保障的内容也不断增加,如《陕甘宁边区法庭规则》详细规定了候讯、开庭审理、摧案等规则,规定了讯问被告人的态度和方式,规定了被告人有选任辩护人到庭的权利。③ 不过,自1942年至1949年10月新中国成立,因为斗争形势的严峻性,检察人员几乎全员加入了战斗,检察机关始终处于被撤销或者停止工作状态,检察职能开始由法院和保安机关承担,后来由公安机关和群众团体行使,这些都增加了刑事诉讼中的职权主义因素,控辩之间的关系也因为控审不分或控诉权力行使不可控而受到较大影响。可以说,苏维埃政权、抗日民主政权以及解放战争时期的刑事诉讼制度和司法实践为新中国成立后的刑事司法活动积累了大量经验,为刑事诉讼制度的选择和控辩关系向前发展奠定了基础。

六、我国刑事诉讼制度及控辩关系的未来

新中国的刑事诉讼制度是在彻底废除旧法统的基础上从零起步,逐步建立发展起来的,控辩关系经历了从新中国成立初期到1979年第一部《刑事诉讼法》颁布时的无序阶段,从1979年到1996年《刑事诉讼法》第一次修改时的失衡阶段,从1996年到2012年

---

① 汪海燕:《我国刑事诉讼模式的演进》,北京大学出版社2008年版,第140页。
② 孙伟:《中央苏区时期反腐败斗争的法律监督》,载《江西师范大学学报(哲学社会科学版)》2013年第4期。
③ 《陕甘宁边区法庭规则》规定:"讯问被告应以恳切态度,不得用威胁、詈骂,非刑逼迫或利诱、诈欺及其他不正当之方法,应予以辩论犯罪嫌疑人之机会。""刑事被告人于侦查完毕之后,得选任有法律知识之辩护人到庭辩护。"

《刑事诉讼法》第二次修改时的对抗阶段,从2012年至今的对抗兼合作阶段。其中,对抗阶段又分为非理性对抗和理性对抗两个阶段,对抗兼合作阶段又分为以对抗为主、合作为辅和以合作为主、对抗为辅两个阶段。漫观世界有关国家现代刑事诉讼制度的发展历程,从控辩关系演变的角度看我国刑事诉讼制度70多年的发展,可以发现,其一直在以控辩平等为追求,沿着从"法制"转向"法治"的轨道,逐步向前发展,虽然这一过程有时曲折,甚至在某些制度或者机制上也还存在着一定程度的不足,但是,该制度的演进一直是正向的、积极的、合乎诉讼法治规律的,并呈现出鲜明的中国特色。

然而,问题还是存在的。譬如"刑事辩护三难"问题,律师会见难、阅卷难的问题在一定程度上得到了解决,但调查取证难的问题仍然没有得到根治,尤其是侦查阶段的调查取证权在相关法律和司法解释中并没有明确,律师因顾虑职业风险,一般也不敢在侦查阶段以积极方式行使调查权,[①]而侦查阶段在相当大程度上决定了刑事案件的最终走向。不但如此,因为在审前阶段的律师会见权和阅卷权在一定程度上得到了解决,律师履职方面困难的焦点逐渐转移到审判阶段,主要表现在由于证人出庭作证率低,导致律师发问难、质证难,以及少数法官在审理中随意打断或限制律师的质疑与发问导致的法庭辩论难问题。[②] 发问难、质证难、辩论难看似与控辩关系的关系不大,实质上在一定程度上仍然是控辩关系中曾经存在的问题的延续,尤其是少数法官存在的随意打断或限制律师质疑或发问导致的辩论难问题,从某种角度看也是因为这少数法官在不自觉中混淆了控审职能,将自己放到了控诉方的位置上。除此之外,2018年3月颁行的《监察法》,将原由检察机关侦查的职务犯罪案件全部移交给监察委员会管辖,监察机关调查的88种刑事案件被调查人在调查期间不能获得律师帮助。与此同时,虽然监察机关将案件移送人民检察院审查起诉后应当允许辩护律师介入,但在实践中律师

---

① 孙长永主编:《中国刑事诉讼法制四十年回顾、反思与展望》,中国政法大学出版社2021年版,第64页。
② 韩旭:《以保障律师职业权利 让法官律师良性互动》,载《人民法院报》2015年9月10日。

(包括值班律师)在此类案件中的会见权还是会受到一定程度的限制。不但如此,在近年开始的"扫黑除恶"专项行动中,涉黑和涉众案件在侦查阶段的律师会见权也受到了一定的限制。① 如上种种,都在一定程度上影响着良性、科学控辩关系的未来发展。

笔者认为,控辩关系是衡量一个国家刑事诉讼制度以及司法制度文明程度的关键元素。从控辩关系演变的角度,从纵横两个视阈对世界刑事诉讼制度发展和我国、特别是新中国成立以来刑事诉讼法制的发展历程进行回顾,我们可以明显看出,我国刑事诉讼制度一直在以控辩平等为追求,沿着从"法制"到"法治"转向的轨道,积极向前发展。在这个过程中,虽然因为多方面的主客观原因,还存在很多不如人意的地方,但不可否认,我国的刑事诉讼制度是在不断进步的,其发展符合世界刑事诉讼制度发展的趋势:控审分离原则在刑事诉讼制度和刑事司法实践中不断得到强化,控诉方不断向当事人一方角色转变,被追诉人的刑事诉讼主体地位和权利保障不断加强,控辩关系从混乱无序阶段走向有法可依阶段,走向对抗阶段,再走向对抗兼合作阶段,控辩平等原则除了传统意义上的平等武装与平等对抗之外,在当代法治视野特别是人类命运共同体构建之时代背景之下,又吸纳凝聚了平等保护与平等合作的现代内涵,②程序公正日益得到重视,司法在关注公正的同时也开始不断兼顾效率。

回望我国近些年刑事司法制度改革,总的方向是与世界刑事诉讼制度的发展基本一致,但具体的制度和机制改革又审慎地考虑了中国的现实国情,呈现出鲜明的中国特色,如进行了庭审实质化改革、速裁程序改革、司法责任制改革、非法证据排除规则,以及认罪认罚从宽制度等,尤其是最高人民检察院近年对逮捕程序进行的司法化改造试点工作,是检察机关在现行《宪法》《刑事诉讼法》框架内,在尊重刑事司法规律的前提下,顺应刑事诉讼制度发展趋势,作

---

① 孙长永主编:《中国刑事诉讼法制四十年回顾、反思与展望》,中国政法大学出版社2021年版,第70页。
② 冀祥德:《和谐社会语境下的控辩平等——以构建平等合作诉讼模式为中心的研究》,载《法学家》2008年第3期。

出的重大尝试,而学术界和实务界在一定程度上对逐步实现对侦查中强制措施和强制性侦查行为的司法审查也形成了较为一致的认识。① 在未来,这些已经在进行的改革还有待继续深化,各项已经初步确立的制度也还有待进一步完善,对被追诉人在刑事诉讼各阶段的诉讼权利及其他合法权利的保障有待进一步加强,侦查权、审查起诉、审判权之间的互相制约,尤其是审判权对侦查权和审查起诉权的制约有待进一步加强,改革在注重司法公正的同时也要更加注重效率方面的价值,"以审判为中心"的诉讼制度改革还应进一步深化。

尤其值得充分肯定地是,新中国成立 70 多年来,控辩关系从无序到失衡,从非理性对抗到理性对抗,从对抗到合作,从以对抗为主、合作为辅到以合作为主、对抗为辅,展现出我国刑事司法制度曲折中前进、螺旋式上升的特点,也在一定程度上彰显出着我国从"法制"建设到"法治"建设过程中的若干特征。可以看出,我国控辩关系的这样一种发展轨迹,是基本符合世界刑事诉讼发展规律的,也符合中国特色我国社会主义建设的基本国情。那么,我国控辩关系的未来是什么样?我认为,这是一个值得法学界和法律界十分关注的问题。无疑,无论是控方,还是辩方,我们都渴望构建起更加良性、科学、契合刑事诉讼规律、具有中国特色的控辩关系。在我看来,当下应当主要考虑以下三个方面的问题:

第一,修改《宪法》第 140 条、《刑事诉讼法》第 7 条,把《宪法》和《刑事诉讼法》规定的"公检法"三机关之间的关系,改为规范调整"公检法律"四主体之间的关系,就是把"刑事诉讼三机关"改为"刑事诉讼四主体"。《宪法》第 140 条和《刑事诉讼法》第 7 条所规定的"公检法三机关"分工负责、互相配合、互相制约已经完成了它的历史使命,现在到了按照刑事诉讼规律强调"公检法律四主体"关系的时候了。良性、科学的控辩关系寓于"公检法律四主体"关系之中。

---

① 谢鹏程:《检察理论:在职能深刻调整中砥砺前行》,载《检察日报》2019 年 1 月 9 日。

第二,构建以审判为中心诉讼制度改革的三个重要支点。第一个支点是构建以公诉为中心的控诉制度,第二个支点是构建以辩护为中心的被追诉人权利保障制度,有了前两个支点,才能构建起以审判为中心的诉讼制度这第三个支点。现代刑事诉讼构造的基本特征依然是控辩审三方的等边三角形结构,在以审判为中心诉讼制度构建的大格局中,控诉方的支点就是以控诉职能为根本要求的以公诉为中心,而不是以其他职能为中心。辩方的支点就是以辩护职能为根本要求、围绕被追诉人权利保障制度的以辩护为中心。没有这三大支点,就不可能真正构建起以审判为中心的诉讼制度。在三大支点为坐标的控辩审三方的等边三角形结构中,才有良性的、科学的控辩关系。

第三,笔者曾撰文提出,中国刑事诉讼制度发展的基本方向是"简者更简,繁者更繁"①,认罪认罚从宽制度就是其中的"简者更简"。但是,需要注意的是,"简者更简"本质是控辩协商,而控辩协商必须以被追诉人享有沉默权和案件知情权(证据开示或者完全阅卷权)为前提保障。目前我国的认罪认罚从宽制度之所以诟病颇多,一方面是"名不正",则理不顺——认罪认罚从宽是适用控辩协商程序之后的结果,而不是制度本身。故笔者坚持认为,其名称应该是控辩协商制度;另一方面,沉默权、证据开示和控辩协商三种制度是"孪生兄弟",缺一不可②,没有沉默权制度,没有完善的证据开示制度,而且强调控方主导,怎么可能有法治形态下的认罪认罚从宽制度(控辩协商制度)?毋庸讳言,只有在控辩协商制度中,才有良性的、科学的控辩关系。

七、小结

毋庸讳言,法治现代化既不是某个国家或地区法治发展的个别

---

① 冀祥德:《被告人认罪案件程序改革的基本方向》,载《人民检察》2008年第14期。又见冀祥德:《刑事审判程序改革的基本方向:简者更简,繁者更繁》,载《人民司法》2006年第8期。

② 关于本问题之专论,详见冀祥德:《辩诉交易、沉默权、证据开示关系论——兼论中国司法改革若干问题》,载《政法论坛》2006年第3期。

态势,也非孤立封闭的法律现象,而是一个具有国际性的、开放的法治发展过程。这一具有革命性的法治发展过程,对人类法律生活产生了深刻的影响,极大地推动了各民族、各国家和各地区法律文化的碰撞与融合,飞快地促进了人类法律文明的成长。①刑事诉讼制度的现代化同样如此,各国现代刑事诉讼制度的形成都离不开借鉴他国的先进经验,当然也离不开本国的国情。法国虽然是最早实现刑事诉讼制度现代化的国家,但是其刑事诉讼制度的现代化是在吸收英国弹劾式(或对抗式)诉讼制度中当事人主义因素的基础上,再结合本国的国家追诉主义传统并进行了检察制度的创新等才实现的;德国的现代刑事诉讼制度创设最早受到法国的影响,但也形成了其尤其注重对警察活动合法性进行控制和监督的特色;英国的现代刑事诉讼制度也吸收了法德等大陆法系国家的国家追诉主义,向其借鉴并设置了专职警察和代表国家追诉犯罪的公诉人——皇家检察署;美国则在继承英国弹劾式(或对抗式)刑事诉讼制度和司法传统的同时,吸收了法国的检察制度,但其也开创了刑事诉讼权利宪法化的先河;日本则在"二战"前先确立了法德职权主义模式的刑事诉讼制度,在"二战"后进行了向英美当事人主义诉讼模式方向转变的根本性改革;意大利也于1988年在原有的大陆法系职权主义诉讼制度的传统上,移植了英美法系国家当事人主义诉讼制度中的一部分内容,重新调整和设计了意大利的刑事诉讼制度。正因如此,我们应当用全球化的眼光来关注我国刑事程序法治现代化的问题,即需要超越狭隘的东方主义或西方主义的法律发展模式,走出一条契合我国传统与现实,适合我国国情,能够反映我国民族法律精神的刑事程序法治现代化道路。② 事实上,我国的刑事诉讼制度发展至今也是在遵循这一理念,从最初1979年《刑事诉讼法》以苏联的刑事诉讼制度为模板,到1996年《刑事诉讼法》吸收了普通法系国家的当事人主义因素确立了对抗式诉讼结构,再到2012年《刑事诉讼法》在进一步完善对抗式诉讼结构的同时在简易程序

---

① 公丕祥:《国际化与本土化:法制现代化的时代挑战》,载《法学研究》1997年第1期。
② 公丕祥:《全球化时代的中国法制现代化议题》,载《法学》2009年第5期。

中增加了控辩合作的因素,再到2018年《刑事诉讼法》修改设立具有鲜明中国特色的认罪认罚从宽制度,无一不体现了我国在结合本国国情基础上对世界先进法治文明成果的借鉴和吸收。

近些年来,世界各国都对各自的刑事诉讼制度进行了一些具有针对性的改革,这一方面是立法对司法现实诉求的回应;另一方面也反映了各国在个人自由和公共安全两种价值之间不断寻求平衡。普通法系国家如英国,针对其追诉犯罪的效率以及社会安全保障方面的欠缺,在司法改革中简化了起诉预审程序,①逐渐扩充了警察在搜查和拦截方面的权力,②缩小了陪审团审理案件的范围,加强了量刑指导规则的制定,从而在一定程度上加强了追诉犯罪和社会控制的力量;美国则修正了在排除规则上的强硬立场,相继确立了"必然发现的例外""独立来源的例外""善意例外""削弱因果联系""质疑"等例外。大陆法系国家如法国,则针对其对被追诉人权利保障不够的问题,取消了预审法官先行羁押的权力,并将该权力移交给新设立的自由与羁押法官,③加强了对被追诉人权利的保障,设置了被告人"审前认罪出庭程序",④提高了追诉犯罪的效率等;德国为解决国家司法资源的有限性以及法官的认知能力的局限性与案件审判压力大之间的矛盾,也在刑事司法实践中逐步形成了一种类似美国辩诉交易的协商性司法制度;⑤2000年至现在的日本也引进了有关强化刑事裁判和迅速审判的多种对策,如创设了争点整理程序以确保连日集中开庭审理以及法官诉讼指挥权得以充分发挥,与此同时,设立了审前整理程序,完善了即决裁判程序、国选辩护人制度等。⑥

---

① 齐树洁:《英国司法制度》,厦门大学出版社2007年版,第538页。
② 刘方权:《论搜查——以英美法为分析参照》,载陈兴良主编:《刑事法律评论》(第12卷),中国政法大学出版社2003年版,第501页。
③ [法]贝尔纳·布洛克:《法国刑事诉讼法》,罗结珍译,中国政法大学出版社2009年版,第390—394页。
④ [法]贝尔纳·布洛克:《法国刑事诉讼法》,罗结珍译,中国政法大学出版社2009年版,第478—479页。
⑤ 邵建东:《德国司法制度》,厦门大学出版社2010年版,第296—299页。
⑥ [日]田口守一:《刑事诉讼法》,张凌、于秀峰译,中国政法大学出版社2010年版,第3—13页。

从上述改革举措可以发现,各国围绕调整控辩关系,主要致力于几个方面的改革:一是在通过对羁押等各种审前程序进行诉讼化改造,加强审前程序中的控辩平等保障。二是通过进一步完善审判程序,加强了庭审的实质化,加强了量刑指导,审判程序中的控辩平等武装、平等对抗也得到了进一步加强。三是通过设置和完善控辩协商程序、速裁程序等,加强控辩合作,在保证司法公正的基础上提高司法效率,缓解司法资源的匮乏。

参考文献

(以引文先后为序)

一、著作类

1. 陈光中、[加]丹尼尔·普瑞方廷主编:《联合国刑事司法准则与中国刑事法制》,法律出版社1998年版。

2. 谭世贵:《刑事诉讼原理与改革》,法律出版社2002年版。

3. 蔡墩铭:《刑事诉讼法论》,台北,五南图书出版公司1999年版。

4. 陈朴生:《刑事诉讼法实务》,1998年自版再订初版。

5. 国际人权法教程项目组编:《国际人权法教程》,中国政法大学出版社2002年版。

6. 孔璋:《中美控诉制度比较研究》,中国检察出版社2003年版。

7. 李学军:《美国刑事诉讼规则》,中国检察出版社2003年版。

8. 周欣:《欧美日本刑事诉讼——特色制度与改革动态》,中国人民公安大学出版社2002年版。

9. 樊崇义:《迈向理性的刑事诉讼法学》,中国人民公安大学出版社2006年版。

10. 孙长永:《探索正当程序:比较刑事诉讼法专论》,中国法制出版社2005年版。

11. 谢佑平、万毅:《刑事诉讼法原则:程序正义的基石》,法律出版社 2002 年版。

12. 陈卫东主编:《刑事诉讼法实施问题调研报告》,中国方正出版社 2001 年版。

13. 田文昌主编:《刑事辩护学》,群众出版社 2001 年版。

14. 陈永生:《侦查程序原理论》,中国人民公安大学出版社 2003 年版。

15. 陈瑞华:《刑事诉讼的前沿问题》,中国人民大学出版社 2000 年版。

16. 陈瑞华:《程序性制裁理论》,中国法制出版社 2005 年版。

17. 王敏远:《刑事司法理论与实践检讨》,中国政法大学出版社 1999 年版。

18. 陈瑞华:《刑事审判原理论》,北京大学出版社 1997 年版。

19. 黄东熊:《刑事诉讼法论》,台北,三民书局 1995 年版。

20. 林钰雄:《刑事诉讼法》,台北,学林文化出版公司 2001 年版。

21. 汪建成、黄伟明:《欧盟成员国刑事诉讼概论》,中国人民大学出版社 2000 年版。

22. 陈卫东主编:《刑事诉讼法》,中国人民大学出版社 2004 年版。

23. 左卫民:《在权利话语与权利技术之间:中国司法的新思考》,法律出版社 2002 年版。

24. 冀祥德、方洁主编:《中国刑事诉讼法学发展与瞻望》,方志出版社 2013 年版。

25. 王亚新:《社会变革中的民事诉讼》,中国法制出版社 2001 年版。

26. 张文显:《二十世纪西方法哲学思潮研究》,法律出版社 1996 年版。

27. 陈光中主编:《公民权利和政治权利国际公约批准与实施问题研究》,中国法制出版社 2002 年版。

28. 宋英辉、吴宏耀:《刑事审判前程序研究》,中国政法大学出版社 2002 年版。

29. 陈光中主编：《辩诉交易在中国》，中国检察出版社 2003 年版。

30. 陈光中主编：《刑事诉讼法学》（新编），中国政法大学出版社 1996 年版。

31. 李心鉴：《刑事诉讼构造论》，中国政法大学出版社 1992 年版。

32. 陈卫东：《中国律师学》，中国人民大学出版社 1990 年版。

33. 宋英辉：《刑事审判前程序研究》，中国政法大学出版社 2002 年版。

34. 李义冠：《美国刑事审判制度》，法律出版社 1999 年版。

35. 徐美君：《侦查讯问程序正当性研究》，中国人民公安大学出版社 2003 年版。

36. 陈荣富：《公共管理学前沿问题研究》，黑龙江人民出版社 2002 年版。

37. 程味秋：《外国刑事诉讼法概论》，中国政法大学出版社 1994 年版。

38. 何家弘：《外国犯罪侦查制度》，中国人民大学出版社 1995 年版。

39. 张穹主编：《公诉问题研究》，中国人民公安大学出版社 2000 年版。

40. 姜伟、钱舫、徐鹤喃主编：《公诉制度教程》，法律出版社 2002 年版。

41. 杨诚、单民主编：《中外刑事诉讼制度》，法律出版社 2000 年版。

42. 樊崇义、陈卫东、种松志主编：《现代公诉制度研究》，中国公安大学出版社 2005 年版。

43. 徐鹤喃、刘林呐：《刑事程序公开论》，法律出版社 2002 年版。

44. 冀祥德：《建立中国控辩协商制度研究》，北京大学出版社 2006 年版。

45. 龙宗智:《刑事庭审制度研究》,中国政法大学出版社 2001 年版。

46. 马贵翔:《刑事司法程序正义论》,中国检察出版社 2002 年版。

47. 胡云腾:《存与废:死刑基本理论研究》,中国检察出版社 2000 年版。

48. 任允正、刘兆兴:《司法制度比较研究》,中国社会科学出版社 1996 年版。

49. 熊秋红:《刑事辩护论》,法律出版社 1998 年版。

50. 陈光中:《刑事再审程序与人权保障》,北京大学出版社 2005 年版。

51. 周国均、陈卫东主编:《死刑复核程序专题研究》,中国方正出版社 2006 年版。

52. 汪海燕:《我国刑事诉讼模式的演进》,北京大学出版社 2008 年版。

53. 何兰阶、鲁明健:《当代中国的审判工作》,当代中国出版社 1993 年版。

54. 吴宏耀、种松志主编:《中国刑事诉讼法典百年(中)1906 年—2012 年》,中国政法大学出版社 2012 年版。

55. 何兰阶、鲁明健:《当代中国的审判工作》,当代中国出版社 1993 年版。

56. 孙长永主编:《中国刑事诉讼法制四十年回顾、反思与展望》,中国政法大学出版社 2021 年版。

57. 何勤华主编:《外国法制史》,法律出版社 2016 年版。

58. 曾宪义、赵晓耕主编:《中国法制史》,中国人民大学出版社 2016 年版。

59. 汪海燕:《我国刑事诉讼模式的选择》,北京大学出版社 2008 年版。

60. 刘计划:《控审分离论》,法律出版社 2013 年版。

61. 齐树洁:《英国司法制度》,厦门大学出版社 2007 年版。

62. 邵建东:《德国司法制度》,厦门大学出版社 2010 年版。

63. 汪建成:《冲突与平衡:刑事程序理论的新视角》,北京大学出版社 2006 年版。

64. 汪建成:《理想与现实:刑事证据理论的新探索》,北京大学出版社 2006 年版。

65. 冀祥德:《劳教制度废除后之国家制裁体系重构》,方志出版社 2015 年版。

66. 冀祥德等著:《建立中国刑事辩护准入制度理论与实证研究》,中国社会科学出版社 2010 年版。

67. 冀祥德主编:《司法制度新论》,社会科学文献出版社 2009 年版。

68. 冀祥德主编:《律师法学新发展》,中国社会科学出版社 2016 年版。

69. 冀祥德:《最新刑事诉讼法释评》,中国政法大学出版社 2012 年版。

70. 陈兴良、胡云腾主编:《死刑问题研究》,中国人民公安大学出版社 2004 年版。

二、论文类

1. 汪建成:《论刑事诉讼程序》,载《法学评论》2000 年第 2 期。
2. 冀祥德:《冤案:不仅仅是制度之缺失》,载《中国律师》2006 年第 9 期。
3. 冀祥德:《民愤的正读》,载《现代法学》2006 年第 1 期。
4. 周国均:《控、辩平衡与保障律师的诉讼权利》,载《法学研究》1998 年第 1 期。
5. 刘梅湘:《犯罪嫌疑人知悉权初探》,载《国家检察官学院学报》2004 年第 4 期。
6. 冀祥德:《必须尽快取消刑法第 306 条》,载《中国律师》2004 年第 7 期。
7. 陈永生:《刑事诉讼的程序性制裁》,载《现代法学》2004 年第 1 期。
8. 蒋庆红:《刑事诉讼中的程序性制裁问题探讨》,载《广西政法管理干部学院学报》2005年第1期。

9. 王俊民、闫召华:《内地与澳门程序性违法法律后果之比较》,载《黑龙江省政法管理干部学院学报》2005年第6期。

10. 林山田:《论刑事程序原则》,载《台大法学论丛》第28卷第2期。

11. 曾有田:《刑事诉讼法之宪法观》,载《月旦法学杂志》1999年2月第45期。

12. 财团法人华冈法学基金会举办,杨建华主持之《检察官强制处分权争议》研讨会(发言摘要),载《月旦法学杂志》1995年10月第6期。

13. 陈志龙:《侦查中强制处分之决定》,载《月旦法学杂志》1995年10月第6期。

14. [加]柯特·T.格雷弗斯、西蒙·N.维登琼斯:《当前刑事诉讼中存在的问题探讨》,载江礼华、杨诚主编:《外国刑事诉讼制度探微》,法律出版社2000年版。

15. 王云海:《日本的刑事司法改革》,载《中国刑事法杂志》2003年第2期。

16. 江伟:《市场经济与民事诉讼法学的使命》,载《现代法学》1996年第3期。

17. 邱联恭:《程序选择权之法理——着重于阐述其理论基础并准以展望新世纪民事程序法学》,载《民事诉讼法之研讨》(四),台北,三民书局1987年版。

18. 唐力:《当事人程序主体性原则——兼论"以当事人为本"之诉讼构造法理》,载《现代法学》2003年第5期。

19. 陈永生:《对我国死刑复核程序之检讨——以中国古代及国外的死刑救济制度为视角》,载《比较法研究》2004年第4期。

20. 汪建成、孙远:《论司法的权威与权威的司法》,载《法学评论》2001年第4期。

21. [加]罗伯特·E.司各特、威廉姆·J.斯汤兹:《作为合同的辩诉交易》,载江礼华、杨诚主编:《外国刑事诉讼制度探微》,法律出版社2000年版。

22. 冀祥德:《中国刑事辩护的困境与出路》,载《政法论坛》2004 年第 2 期。

23. 陈兴良:《为辩护权辩护》,载《中美〈律师辩护职能与司法公正〉研讨会论文集》。

24. 赵旭光:《辩护律师的职责、保密义务与作证拒绝权》,载《中美〈律师辩护职能与司法公正〉研讨会论文集》。

25. 田文昌:《关于律师职责定位的深层思考》,载《中美〈律师辩护职能与司法公正〉研讨会论文集》。

26. 林劲松:《对抗制国家的无效辩护制度》,载《环球法律评论》2006 年第 4 期。

27. 熊秋红:《论死刑案件中的辩护》,载《中国司法》2004 年第 4 期。

28. 冀祥德:《建立中国刑事辩护专业资格制度的法律思考》,载《法学论坛》2001 年第 1 期。

29. 李步云:《论人权的本源》,载《政法论坛》2004 年第 2 期。

30. 汪建成、孙远:《口供规则体系论纲》,载《北京大学学报》2002 年第 2 期。

31. 汪建成:《刑法和刑事诉讼法关系新解》,载陈光中、江伟主编:《诉讼法论丛》(第 3 卷),法律出版社 1999 年版。

32. 樊崇义:《2018 年〈刑事诉讼法〉最新修改解读》,载《中国法律评论》2018 年第 6 期。

33. 冀祥德:《从对抗转向合作:中国控辩关系新发展》,载《中国司法》2011 年第 12 期。

34. 冀祥德:《论控辩平等之理论基础》,载《求是学刊》2009 年第 5 期。

35. 冀祥德:《控辩平等之现代内涵解读》,载《政法论坛》2007 年第 6 期。

36. 冀祥德:《刑事审判改革的基本立场:简者更简,繁者更繁》,载《人民司法》2006 年第 8 期。

37. 陈瑞华:《刑事诉讼的公力合作模式——良性协商制度在中国的兴起》,载《法学论坛》2019 年第 4 期。

38. 冀祥德:《构建中国的控辩协商制度》,载《法律适用》2007年第8期。

39. 牛金臣、张宁:《控审平衡视野下审判权的扩张与限制》,载《山东审判》2010年第6期。

40. 龙宗智:《完善认罪认罚从宽制度的关键是控辩平等》,载《环球法律评论》2020年第2期。

41. 赵恒:《刑事诉讼程序试点实证研究》,载《中国刑事法杂志》2016年第21期。

42. 胡云腾:《去分歧凝共识确保认罪认罚从宽制度贯彻落实》,载《法制日报》2019年12月11日。

43. 顾永忠:《刑事辩护制度改革实证研究》,载《中国刑事法杂志》2019年第5期。

44. 周新:《值班律师参与认罪认罚案件的实践性反思》,载《法学论坛》2019年第4期。

45. 汪海燕:《三重悖理:认罪认罚从宽程序中值班律师制度的困境》,载《法学杂志》2019年第12期。

46. 冀祥德:《刑事辩护三难问题与刑法修正案》,载《中国社会科学学报》2011年第5期。

47. 瓮怡洁:《美国对不得强迫自证其罪的限制及对我国的启示》,载《比较法研究》2014年第6期。

48. 冀祥德:《构建审判程序中的控辩平等》,载《人民司法》2008年第21期。

49. 王敏远:《认罪认罚从宽制度的新发展——〈关于适用认罪认罚从宽制度的指导意见〉解析》,载《国家检察官学院学报》2020年第3期。

50. 冀祥德:《构建我国救济程序中的控辩平等》,载《人民司法》2008年第21期。

51. 陈永生:《论辩护方以强制程序取证的权利》,载《法商研究》2003年第1期。

52. 中国政法大学刑事法律研究中心:《英国刑事诉讼制度的新发展》,载陈光中、江伟主编:《诉讼法论丛》(第2卷),法律出版社

1998 年版。

53. 冀祥德:《中国刑事辩护本体省思》,载《中国司法》2005 年第 5 期。

54. 冀祥德:《刑事辩护:本体属性 有效辩护 准入制度——兼论刑事诉讼法修改若干问题》,载《中国司法》2006 年第 8 期。

55. 左得起、韩杨:《论审查起诉阶段中的补充侦查》,载《国家检察官学院学报》2003 年第 3 期。

56. 周光权:《足够、合理而非确实、充分》,载陈兴良主编:《刑事法判解》(第 2 卷),法律出版社 2000 年版。

57. 朱朝亮:《检察官起诉裁量权之各国比较》(上),载《月旦法学杂志》1996 年第 19 期。

58. 孙长永:《日本的起诉犹豫制度及其借鉴意义》,载《检察论丛》(第 1 卷),法律出版社 2000 年版。

59. 蔡杰、冯亚景:《我国起诉替代措施的理论与实践》,载徐静村主编:《刑事诉讼前沿研究》(第 4 卷),中国检察出版社 2005 年版。

60. 刘本燕:《建立暂缓起诉制度,构建和谐法治社会》,载陈光中、陈卫东主编:《诉讼法理论与实践》(2005 年卷),方正出版社 2005 年版。

61. 何家弘:《论美国检察制度的特色》,载《外国法译评》1995 年第 4 期。

62. 龙宗智:《英国的刑事诉讼政策简介》,载《人民检察》1987 年第 7 期。

63. 张朝霞:《德国不起诉制度》,载陈光中、江伟主编:《诉讼法论丛》(第 4 卷),法律出版社 2000 年版。

64. 陈合达:《对不起诉权运行状况的调查报告》,载《中国刑事法杂志》2005 年第 5 期。

65. 冀祥德:《构建中国的量刑建议制度》,载《法商研究》2005 年第 4 期。

66. 李奋飞:《从"复印件主义"走向"起诉状一本主义"——对我国刑事公诉方式改革的一种思考》,载《国家检察官学院学报》

2003 年第 2 期。

68. 陈兴良：《从"法官之上的法官"到"法官前的法官"——刑事法治视野中的检察权》，载李贵连主编：《中外法学文萃——纪念北京大学法学院百年校庆》（上），北京大学出版社 2004 年版。

68. 朱卫国：《法律人共同体的形成是塑造律师职业道德的重要条件》，载中国法学网 2006 年 4 月 6 日。

69. 汪建成：《论我国刑事诉讼中的证据开示制度》，载《法制日报》1999 年 12 月 5 日。

70. 蒋惠岭、王劲松：《国外法院体制比较研究》，载《法律适用》2004 年 1 月。

71. 陈卫东、刘计划：《公诉人的诉讼地位探析》，载《法制与社会发展》2003 年第 6 期。

72. 陈卫东、李奋飞：《刑事二审"全面审查原则"的理性反思》，载《中国人民大学学报》2001 年第 2 期。

73. 龙宗智：《论配合制约原则的某些"负效应"及其防止》，载《中外法学》1991 年第 3 期。

74. 樊崇义：《2018 年〈刑事诉讼法〉最新修改解读》，载《中国法律评论》2018 年第 6 期。

75. 卞建林、谢澍：《"以审判为中心"与刑事程序法治现代化》，载《法治现代化研究》2017 年第 1 期。

76. 冀祥德等：《从对抗转向合作：中国控辩关系新发展》，载《中国司法》2011 年第 12 期。

77. 张志铭：《回眸和展望：百年中国律师的发展轨迹》，载《国家检察官学院学报》2013 年第 1 期。

78. 李学宽：《论起诉阶段律师辩护功能》，载陈光中、江伟主编：《诉讼法论丛》（第 3 卷），法律出版社 1999 年版。

79. 孙业群：《做一个刑辩律师究竟有多难——律师参与刑事诉讼活动有关问题的思考》，载《中国律师》2003 年第 4 期。

80. 王敏远：《认罪认罚从宽制度中的重点、难点问题》，载《人民司法》2019 年第 10 期。

81. 冀祥德：《关于控辩平等原则演进的思考》，载《河北法学》

2008年第7期。

82. 何勤华:《法律文明的起源———一个历史学、考古学、人类学和法学的跨学科研究》,载《现代法学》2019年第1期。

83. 李昌盛:《法定证据制度和刑讯——兼与张友好同志商榷》,载《司法》2009年第4辑。

84. 孙伟:《中央苏区时期反腐败斗争的法律监督》,载《江西师范大学学报(哲学社会科学版)》2013年第4期。

85. 韩旭:《以保障律师职业权利　让法官律师良性互动》,载《人民法院报》2015年9月10日。

86. 冀祥德:《和谐社会语境下的控辩平等——以构建平等合作诉讼模式为中心的研究》,载《法学家》2008年第3期。

87. 公丕祥:《国际化与本土化:法制现代化的时代挑战》,载《法学研究》1997年第1期。

88. 公丕祥:《全球化时代的中国法制现代化议题》,载《法学》2009年第5期。

89. 谢鹏程:《检察理论:在职能深刻调整中砥砺前行》,载《检察日报》2019年1月9日。

90. 冀祥德:《被告人认罪案件程序改革的基本方向》,载《人民检察》2008年第14期。

91. 冀祥德:《辩诉交易、沉默权、证据开示关系论——兼论中国司法改革若干问题》,载《政法论坛》2006年第3期。

三、译著类

1. [法]福柯:《规训与惩罚》,刘北成、杨远婴译,生活·读书·新知三联书店1999年版。

2. [法]孟德斯鸠:《论法的精神》(上、下册),张雁深译,商务印书馆1985年版。

3. [德]马克斯·韦伯:《经济与社会》,林荣远译,商务印书馆1997年版。

4. [美]约翰·肯尼思·加尔布雷思:《权力的分析》,陶远华、苏世军译,河北人民出版社1998年版。

5. [德]拉德布鲁赫:《法学导论》,米健、朱林译,中国大百科全书出版社 1997 年版。

6.《马克思恩格斯选集》(第 2 卷),人民出版社 1995 年版。

7.《马克思恩格斯选集》(第 3 卷),人民出版社 1995 年版。

8. [英]霍布斯:《利维坦》,黎思复等译,商务印书馆 1985 年版。

9. [法]卢梭:《社会契约论》,何兆武译,商务印书馆 2003 年版。

10. [英]洛克:《政府论》,叶启芳、瞿菊农译,商务印书馆 1995 年版。

11. [法]皮埃尔·勒鲁:《论平等》,王允道译,肖厚德校,商务印书馆 1998 年版。

12. [法]卢梭:《论人类不平等的起源和基础》,李常山译,商务印书馆 1962 年版。

13. [美]罗伯特·达尔:《论民主》,李柏光、林猛译,商务印书馆 1999 年版。

14. [法]托克维尔:《论美国的民主》,董果良译,商务印书馆 1991 年版。

15. [英]梅因:《古代法》,沈景一译,商务印书馆 1959 年版。

16. [法]卡斯东·斯特法尼等:《法国刑事诉讼法精义》,罗结珍译,中国政法大学出版社 1998 年版。

17. [美]梅利曼:《大陆法系》,顾培东、禄正平译,知识出版社 1984 年版。

18. [日]土本武司:《日本刑事诉讼法要义》,董璠舆、宋英辉译,台北,五南图书公司 1997 年版。

19.《美国联邦刑事诉讼规则和证据规则》,卞建林译,中国政法大学出版社 1996 年版。

20. [美]斯黛丽等:《美国刑事法院诉讼程序》,陈卫东、徐美君译,中国人民大学出版社 2002 年版。

21. [日]田口守一:《刑事诉讼法》,刘迪、张凌、穆津译,法律出版社 2000 年版。

22. [德]罗科信:《刑事诉讼法》(第 24 版),吴丽琪译,法律出版社 2003 年版。

23. [美]戈尔丁:《法律哲学》,齐海滨译,生活·读书·新知三联书店 1987 年版。

24. [美]博登海默:《法理学:法律哲学与法律方法》,邓正来译,中国政法大学出版社 1999 年版。

25. [古希腊]亚里士多德:《政治学》,颜一、秦典华译,中国人民大学出版社 2003 年版。

26. [德]康德:《道德形而上学原理》,苗力田译,上海人民出版社 1986 年版。

27. [日]棚濑孝雄:《纠纷的解决与审判制度》,王亚新译,中国政法大学出版社 1994 年版。

28. [斯洛文尼亚]卜思天·儒佩基奇:《从刑事诉讼法治透视反对自证有罪原则》,王铮、降华玮译,载《比较法研究》1999 年第 2 期。

29. [美]爱伦·豪切斯特勒·斯黛丽、南希·弗兰克:《美国刑事法院诉讼程序》,陈卫东、徐美君译,中国人民大学出版社 2002 年版。

30. [爱尔兰]J. M. 凯利:《西方法律思想简史》,王笑红译,法律出版社 2002 年版。

31. [英]丹宁勋爵:《法律的正当程序》,李克强、杨百揆、刘庸安译,法律出版社 1999 年版。

32. [日]谷口安平:《程序的正义与诉讼》(增补本),王亚新、刘荣军译,中国政法大学出版社 2002 年版。

33. [意]贝卡利亚:《论犯罪与刑罚》,黄风译,中国大百科全书出版社 1993 年版。

34.《日本刑事诉讼法典》,宋英辉译,中国政法大学出版社 2000 年版。

35.《意大利刑事诉讼法典》,黄风译,中国政法大学出版社 1994 年版。

36. [日]中岛弘道:《举证责任研究》,载《举证责任选译》,西南政法学院 1987 年版。

37.［意］朱赛佩·格罗索:《罗马法史》,黄风译,中国政法大学出版社 1994 年版。

38.［英］麦高伟、杰弗里·威尔逊主编:《英国刑事司法程序》,姚永吉等译,法律出版社 2003 年版。

39.［英］培根:《论司法》,水天同译,载《培根论说文集》,商务印书馆 1996 年版。

40.［英］迈克·麦考韦利:《对抗制的价值和审前刑事诉讼程序》,载《英国法律周刊专辑》,法律出版社 1999 年版。

41.［英］A. J. M. 米尔恩:《人的权利与人的多样性——人权哲学》,夏勇、张志铭译,中国大百科全书出版社 1995 年版。

42.《法国刑事诉讼法典》,余叔通、谢朝华译,中国政法大学出版社 1997 年版。

43.［德］约阿希姆·赫尔曼:《德国刑事诉讼法典》,李昌珂译,中国政法大学出版社 1995 年版。

44.［美］乔恩·R. 华尔兹:《刑事证据大全》,何家弘译,中国人民公安大学出版社 1993 年版。

45.［斯洛文尼亚］卜思天·M. 儒攀基奇:《刑法理念的批判》,丁后盾译,中国政法大学出版社 2000 年版。

46.［美］小查尔斯·F. 亨普希尔:《美国刑事诉讼》,中国政法大学教务处 1984 年翻印版。

47.［美］波斯纳:《法律之经济分析》,蒋兆康译,台北,商务印书馆 1987 年版。

48.［美］小查尔斯·F. 亨普希尔:《美国刑事诉讼——司法审判》,北京政法学院刑事诉讼法教研室 1982 年编印版。

49.［英］罗吉尔·胡德:《死刑的全球考察》,刘仁文译,中国人民大学出版社 2005 年版。

50.［日］盐野七生:《罗马人的故事·基督的胜利》,徐越译,中信出版社 2013 年版。

51.［美］约翰·亨利·梅里曼:《大陆法系》,顾培东、禄正平译,法律出版社 2004 年版。

52. [法]贝尔纳·布洛克:《法国刑事诉讼法》,罗结珍译,中国政法大学出版社 2009 年版。

四、外文类

1. David Konig, *Law and Society in the Puritan Massachusetts: Essex County*, 1629 – 1692, Chapel Hill: University of North Carolina Press, 1974.

2. William Guthrie, *Lectures on the Fourteenth Article of Amendment to the Constitution of the United States.*

3. Roland Pennock & John Chapman, *Nomos IX: Equality*, New York: Atherton Press, 1969.

4. Sidney Verba, Steve Kelrnan, *Elites and the Idea of Equality: A Com – parison of Japan, Sweden and U. S.*, Cambridge: Havard University Press, 1987.

5. Baron de Montesquiat, *The Spirit of Law*, New York: The Colonial Press, 1900.

6. Ronald Dworkin, *Taking Rights Seriously*, London: Duckworth, 1977, p. 227.

7. Ana D. Bostan, *The Right to A Fair Trial: Balancing Safety and Civil Liberties*, Cardozo Journal of International and Comparative Law Summer, 2004.

8. Arpad Erdei, *Introduction: Comparative Comments from the Hungrian Perspective*, *Martinus Nijhhoff Publishers*, Comparative Law Yearbook, 1985, Vol. 9.

9. Nowak, Manfred, *UN Covenant on Civil and Political Rights*, CCPR Commentary, N. P. Eegel Publisher, Kehl/Strasbourg/Arlington, 1993.

10. Malgorzata Wasek-Wiaderek, *Principle of " Equality of Arms" in Criminal Procedure Under Article 6 of the European Convention on Human Rights & Its Function in Criminal Justice of Selected European Countries*, December 2000, Leuven University

Press.

11. S. Frankowski, A. Wasek, *Evolution of the Polish Criminal Justice System After World War Two—An Overview*, European Journal of Crime, Criminal Law and Criminal Justice, No. 2/1993.

12. Economic and Social Council: *Civil and Political Rights, Including The Questions of Torture and Detention, Report of the Working Group on Arbitrary Detention(Addndum)*, Mission to China, E/CN. 4/2005/6/Add. 4, 29 December 2004.

13. M. Graham, *Handbook On Federal Evidence* 615. 1 at 585(2d ed. 1981); see also 1 A. Amsterdam, *Trial Manual For The Defence of Criminal Cases*? 348 at 1-469(4th ed. 1984).

14. 3 J. Weinstein & M. Berger, *Weinstein's Evidence* p. 615[01] (1988); 3 D. Louisell & C. Mueller, *Federal Evidence* 595 - 96 (1979).

15. Jay Sterling Silver, *Equality of Arms and the Adversarial Process: A New Constitutional Right*, Wisconsin Law Review, July, 1990/August, 1990.

16. Goldwasser, *Limiting a Criminal Defendant's Use of Peremptory Challenges: On Symmetry and the Jury in a Criminal Trial*, 102 Harv. L. Rev. 808, 825-26. 1989.

17. Mireille Delmas-Marty, *The Criminal Process and Human Rights*, Martinus Nijhoff Publishers, 1995.

18. Charles H. Whitebread, Christopher Slobogin, *Criminal Procedure—An Analysis of Cases And Concepts*, New York: The Foundation Press, Inc. Mineola, 1986.

19. Mauro Cappelletti, *Who Watches the Watchmen—A Comprative Study on Judicial Independence*, in Judicial Independence, Martinus Nijhoff Publishers, 1985.

20. Shimon Shetreet, *Judicial Independence: New Conceptul Dimensions and Contemporary Challenges*, in Judicial Independence, Martinus Nijhoff Publishers, 1985.

21. Kaufman, *Does the Judge Have a Right to Qualified Counsel*, 61 A. B. A. J. 569,569(1975), quoted in United States v. Cronic, 466 U. S. 648,655(1984).

22. Andrew Ashworth, *The Criminal Process—An Evaluative Study*, Oxford University Press. 1998.

23. Joachim Herrmann, *Models for the reform of Criminal Procedure in Europe: Comparative Remarks on Changes Trial Structure and Europe Altematives to Plea Bargaining*, In Criminal Science in a Global Society: Essays in Honor of Gerhard O. W. Mueller, Fred B. Rothman Co. ,1994.

24. Eliahu Harnon, *Plea Bargaining in Isral—The Proper Function of the Prosecution and the Role of the Victim*, Isral Law Review: Volume 31 Numhers 1-3, Winter-Summer 1997.

25. Mauro Cappelletti, Bryaut G. Garth, *International Encyclopedia of Comparative Law*, Martinus Nijhoff Publishers, 1986, p. 43.

26. Daphne Huang, *The Right to A Fair Trial in China*, Pacific Rim Law & Policy Association, Pacific Rim Law & Policy Journal, January 1998.

27. Mirjan Damaška, *The Faces of Justice and State Authority*, New Haven and London: Yale University, 1986.

28. Lee Bridges, *Jacqueline Hodgson, Improving Custodial Legal Advice*, Criminal Law Review 103, 1995.

29. Leonard Levy, *Origins of the Fifth Amendment*, Macmillan Publishing Company, 1986.

30. de Smith, Woolf H. & Jowell J. , *Principles of Judicial Review*, London: Sweet & Maxwell, 1999.

31. Aaron M. Schreiber, *The Jurisprudence of Dealing with Unsatisfactory Fundamental Laws A Comparative Glance at the Different Approaches in Medieval Criminal Law*, Jewish Law and the United States Supreme Court, 11 Pace L. Rev. 535(1991), p. 538.

跋

至今依然愧疚于博士毕业择业时那两个单位的领导和友人,当然也很清晰地记得2004年的那个炎炎夏日,我是如何神差鬼使般地来到了中国社会科学院法学研究所①——这个被称作中国法学研究国家队的为无数法学学子所仰慕和神往的殿堂。

基于先后两届所领导的共同信任和栽培,基于老师们、同学们的通力惠助和支持,我一边工作,一边学习;一边做事,一边做人;一边前行,一边思考;一边教育他人,一边接受教育,似乎就没有停顿过,任自己的身影在法学所这个不大的院子里穿梭。

时光就如同白驹过隙一般,在时间的原点悄悄划过了四个轮回之后,顾首回望,竟有了当年孔子在河边一般的叹息:"逝者如斯夫,不舍昼夜!"是的,对于时间,古希腊哲学家赫拉克利特早就提出过著名的论断,"人不能两次涉过同一条河流"。被称为古代百科全书式人物的古希腊另一位哲学家亚里士多德,更早就提出,"有两种东西是不可毁灭的,即变化与时间"。其实,谁都明白,在人类出现之前,时间已经存在;在人类毁灭之后,时间还将继

---

① 最高人民检察院检察理论研究所和中国人民公安大学都通知录用我,我与中国人民公安大学签订了合同,并将档案组织人事关系转入,中国社会科学院法学研究所向中国人民公安大学交违约金后,我去了中国社会科学院法学研究所。

续。时间依赖于瞬间的连续性和瞬间的可分性，就像线依赖于点一样。时间与河流都是单向的流动，慨叹又有几何？除非人是不死的，时间是永恒的，或者就去佛教的西方净土、基督教的天堂、伊斯兰教的天国、道教中玉皇大帝的琼楼玉宇、希腊诸神的世界等。但岂不知，宗教也都是人创造的。宗教建立这样一个理想的、或者虚幻的世界，其实揭示了人的一种希望和追求：超越短暂的人生，获得永恒的生活。

北京时间 2006 年 7 月 12 日凌晨，"中国飞人"刘翔在瑞士洛桑田径超级大奖赛男子 110 米栏的比赛中，以 12 秒 88 打破了沉睡 13 年之久、由英国名将科林·杰克逊创造的 12 秒 91 的世界纪录。当人们欢呼雀跃之时，我突然在想，"12 秒 88"，原来时间都可以精确到如此程度；钟表为谁设计呢？为你，为他，为我，让我们的每一瞬间都能够刻上时间的印记……记得海德格尔把人进行自我设计的这种时间表称为时间性（temporality），①在他看来，生命在这里只是一个数字。数字的大小可以表明生命时间的长短，而生命的意义似乎与此并不成正比，尽管不无关系。于是，我想起了康德的那句名言，"最崇高和最令人敬畏的东西，乃是我们头上的星空和闪光的道德法则"。这与中国古人"太上立德，其次立功，再次立言"的"三不朽"的说法如出一辙：修万世师表之德行，建名垂千古之功业，传流芳百世之思想。生命的意义和价值不在于时间之长短，而在于是否达到了"不朽"。

其实，"道德法则"也好，"三不朽"也罢，都没有永远漂浮在我们不可企及的天际，而是每天流淌在我们的血液之中。于是，怎样通过有限的生命，实现永恒的价值和意义，不仅是我们凝神冥思的问题，实际上它早已暗暗支配着我们的整个生活。想到在这个熙熙攘攘、喧闹浮躁的世界打拼、奔波、应酬之余，应该会给这个世界留下一点什么？宝马香车，豪华别墅，高官厚禄，巨额存款，也许正是这些身外之物，永远不能永恒。但或许，雪泥鸿爪，拈花一笑，轻水

---

① 时间性（temporality）显然不同于时间（time）。我们每个人对于时间的安排、使用和感受，都来源于这种时间性。时间性就是时间的源头。有了时间性，我们才可能对时间进行测量、把握。

微澜,雁鸣长空……人生中的某些东西,虽然是稍纵即逝,却具有深长、永恒的意味。

翻开当年博士论文的"后记",依然是心潮澎湃。而今,却似乎已经没有了那时"居轩冕之中,不可无山林之气味;处林泉之下,须当怀廊庙之经纶"的豪情。我在想,这或许就是法学所的"正直精邃"所赐予的理性。毕竟,用李林教授的话说,"中国现在有 620 多所法学院校系,但只有一个国家级的兼具法学研究和法学教学功能的法学研究机构","在这样一种得天独厚的体制和环境中学习,得到的远比失去的多得多"。① 我颇有同感。

法学所无愧于中国学术之殿堂。当年,隋炀帝对他的大臣杨素夸耀自己说,"朕的文采是满朝第一"。于是,隋王朝在文学史上是一张白纸。陈子昂登幽州台悲叹"前不见古人,后不见来者",正是针对这种文学断层而言。而在法学所,无论是先去的泰斗,还是正在影响中国乃至世界法学的大师,睿智而谦和,明理而宽容。襟怀坦荡,若仙风道骨;提携后辈,胜父母情长。寻不见轻狂、尖刻,更难觅睚眦、恩怨。在法学所不大的院落里,灵动着的是天地间不可灭的生灵之间的爱。

除去理性、自谦之外,法学所还让我增长了智慧。固然,用亚里士多德的观点来看,这也是既有理论智慧(sophia),又有实践智慧(thronesis)。理论智慧浓厚了我对科学和学术研究的兴趣(智商),而实践智慧作为一种获得的必须深思熟虑的能力,使人考虑如何让自身培养出一种将会使环境适合的生存状态,把那些不适合我们自身的事物改变或清除,使我们生存环境的周围出现适合自身的事物(情商)。正如英国哲学家培根所言:"狡诈者轻鄙学问,愚鲁者羡慕学问,聪明者则运用学问。知识本身并没有告诉人们怎样运用它,运用的智慧在于书本之外。这是技艺,不体验就学不到。"当然,我非聪明者,但也不轻鄙学问,故唯羡人之智慧。

我在想:如果说,法学研究、法学教育之于法学所,还有很长的

---

① 李林:《在2006届研究生毕业典礼大会上的致词》,载 http://www.Iolaw.orgn/shownews.asp?id=14489,2007年8月6日访问。

路要走,那么,学问之于我,可谓"万里长征"刚刚迈出第一步。突然记起,南宋易安居士李清照南渡后,丧夫失家,在双溪写了一首描写自己心境的词,其中有句曰:"舴艋舟,载不动,许多愁。"这道理,若用在法学研究上,是否也值得记取?法学,也是浩瀚海洋中的一条小船,也许载负不了太多的使命,但法学所"轻舟已过万重山""直挂云帆济沧海"的美好景象,依然激励我,乘风破浪,不断前行。

或许:心地上无风涛,随在皆青山绿水;性天中有化育,触处见鱼跃鸢飞。

真诚感谢法学所以及法学所所有的前辈、领导、老师和同仁,特别感谢我的博士后合作导师王敏远教授、博士生导师汪建成教授和硕士生导师陈兴良教授,永远感谢我的父母、兄嫂和姐妹,由衷感谢我的夫人赵元英和儿子冀放。

法律出版社法学学术出版分社原任社长茅院生博士、现任社长朱宁女士和编辑高山、刘文科先生为本书的出版给予了诸多帮助,我的研究生杨瑞清、张文秀、辛艳,在有关资料的查阅、整理和文稿的校对中,做了大量的工作,一并致以诚挚谢意。

2008 年 5 月 1 日
谨识于北京圆明园花园寓所